STRONG

KB210962

중졸 검정고시
기출이 답이다

5년간
기출문제

시대에듀

인생의 새로운 갈림길에서 열심히 노력하며
성공을 꿈꾸는 진취적인 여러분께 악수를 청합니다.

1 검정고시는 제2의 배움을 다시 시작할 수 있도록 정부가 보장하는 제도입니다.

배움에는 흔히 끝이 없다고들 합니다. 검정고시는 부득이한 이유로 정규 학교 교육을 받지 못하거나 중도에 포기한 사람, 자신만의 꿈을 위해 새로운 길을 선택하는 사람들에게 또 다른 교육의 기회를 주어 제2의 인생을 다시 시작할 수 있도록 정부가 보장하는 제도입니다. 이를 통해 사회 진출의 기초를 마련할 수 있게 해 줍니다.

2 검정고시는 자신과의 싸움이며, 미래에 대한 도전입니다.

검정고시는 어려운 환경을 극복하고 미래를 개척하는 굳은 신념의 상징이라고 할 수 있습니다. 그래서 사회에서도 자신과의 싸움에서 이겨낸 사람의 인내심과 성실함을 높이 평가하고 있습니다.

3 시험공부에는 왕도가 없습니다.

매일 꾸준히 공부하는 것만이 합격의 지름길이며, 출제 문제의 의도를 파악하고 실력을 늘려간다면 반드시 원하는 목표에 도달할 것으로 확신합니다. 다만, 어떤 수험서를 선택하는가에 따라 수험 기간이 길어질 수도, 짧아질 수도 있습니다. 그래서 검정고시에 가장 효과적으로 대비할 수 있도록 본서를 출간하게 되었습니다.

4 검정고시는 밝은 앞날을 약속하는 시험입니다.

검정고시는 배움의 시기를 놓치거나 새로운 배움의 길을 선택한 사람들에게 더 많은 기회를 제공하는 시험이며, 이를 통해 얻게 되는 자신감과 실력은 사회의 어떤 분야에서든지 자신의 꿈을 이루는 데에 도움이 될 것입니다.

5 수험생 모두에게 행운이 함께하기를 기원합니다.

검정고시를 준비하는 모든 수험생이 희망과 용기를 가지고 학업에 전념할 수 있도록 도움이 되고자 하는 마음에서 본서를 출간한 만큼 수험생 모두에게 좋은 결과가 있기를 기원합니다.

합격의 공식 ▶ 시대에듀

자격증 · 공무원 · 금융/보험 · 면허증 · 언어/외국어 · 검정고시/독학사 · 기업체/취업

이 시대의 모든 합격! 시대에듀에서 합격하세요!

www.youtube.com ➜ 시대에듀 ➜ 구독

중졸 검정고시 합격후기 REVIEW

reat * * *

검정고시 합격으로 자존감을 찾았어요.

과거 자신을 스스로 '초졸 인간'이라고 여기며 부끄럽게 생각했습니다. 한 남자의 아내이자 두 아이의 어머니였지만, 가슴 한구석에는 항상 갈증이 있었습니다. 나이가 많아 학원을 꾸준히 다닐 엄두를 내지 못하던 차에, 착한 우리 아이들의 소개로 시대에듀 동영상 강의를 듣게 되었습니다. 강의를 듣다가 이해가 되지 않는 것은 아이들에게 물어보기도 하고, 게시판에 질문을 올리기도 했습니다. 강의를 처음 들을 때는 컴퓨터에 대해서 거의 까막눈이었지만, 두세 달이 지나니 인터넷 검색도 할 수 있게 되었습니다. 중졸 검정고시에 합격하고 나니 다른 세상에 사는 것 같습니다. 가족 그리고 강의를 해 주신 선생님들과 이 기쁨을 함께 나누고 싶습니다. 고맙습니다.

cpy * * *

부족했던 과목까지 극복할 수 있었어요!

처음엔 주변에서 다들 학원을 다니기에, 혼자서 강의로 공부한다는 게 솔직히 마음에 걸리긴 했습니다. 거의 세 달은 편하게 공부했고, 마지막 남은 한 달 열심히 기출문제 풀고 틀린 답 위주로 열심히 공부했습니다. 제가 인터넷 강의를 처음 들어 봤는데 굉장히 재밌게 들었네요! 특히나 한국사 선생님 강의가 재미있었어요. 중학교 때 기초도 달리고, 많이 부족했는데 그래도 부담되는 학원비 내지 않고도 만족스러운 점수를 얻을 수 있다는 건 시대에듀가 있어서인 것 같아요. 기출문제를 열심히 풀었던 게 도움이 됐던 것 같아요. 그리고 제가 특히나 어려움을 겪던 수학에 대한 팁인데요, 나오는 문제가 거의 비슷해서 푸는 방법과 문제 패턴은 다 똑같습니다. 비슷한 문제 몇 개만 풀 줄 알아도, 평균 올리는 데 아주 많은 도움이 돼요. 다시 예전으로 돌아간다면 또 시대에듀를 선택할 거지만, 그때는 좀 더 열심히 하고 싶네요. 시대에듀에서 강의를 들은 건 후회 없는 선택이었던 것 같아요. 감사합니다.

bvc * * *

드디어 중학교 졸업장을 따게 되었습니다. 고졸도 빨리 도전하고 싶네요.

저는 50살이 훌쩍 넘은 아저씨입니다. 세상을 살다 보니 학력이 항상 제 발목을 잡더군요. 그래서 이제라도 중학교 졸업장을 따보고 싶다는 생각에 인터넷 강의를 알아보던 중 시대에듀가 좋다고 해서 상담도 받아 보고 공부를 시작했습니다. 처음에는 공부한 지 너무 오래되어 많이 힘들었습니다. 검은 것은 글씨고 하얀 건 종이로밖에 안 보이더군요. 그래도 열심히 강의를 듣고 공부하다보니 점점 자신감이 생기더라고요. 직장 생활을 하면서도 하루에 2~3시간씩 꼬박꼬박 공부했습니다. 이왕 시작한 거 한 번에 합격하고 싶었고 최선을 다했습니다. 알고 있던 문제들이 많이 나와서 쉽게 문제를 풀어나갈 수가 있었습니다. 저녁에 집에서 답을 맞혀 보았는데 합격이었어요. 제 아내도 한 번에 합격한 저를 칭찬하며 웃는 모습을 보는데 참 기분이 묘하더라고요. 이번 중졸 검정고시 시험에 합격했으니 고졸 검정고시 시험도 빨리 도전하고 싶습니다. 고졸 검정고시 강의도 시대에듀에서 진행하려고 합니다. 합격하게 해 주신 것에 대한 감사의 마음으로 합격후기를 써 보았습니다. 저에게 즐거움을 주신 선생님들과 시대에듀에게 정말 감사드립니다.

중졸 검정고시 시험 안내 INFORMATION

◈ 시험 일정

구분	공고일	접수일	시험일	합격자 발표
제1회	2월 초순	2월 중순	4월 초·중순	5월 초·중순
제2회	6월 초순	6월 중순	8월 초·중순	8월 중·하순

◈ 시험 과목

구분	시험 과목	비고
중졸	필수: 국어, 수학, 영어, 사회, 과학(5과목) 선택: 도덕, 기술·가정, 체육, 음악, 미술, 정보 중 1과목	6과목

◈ 시험 시간표

구분	과목	시간
1교시	국어	09:00~09:40(40분)
2교시	수학	10:00~10:40(40분)
3교시	영어	11:00~11:40(40분)
4교시	사회	12:00~12:30(30분)
중식(12:30~13:30)		
5교시	과학	13:40~14:10(30분)
6교시	선택 과목	14:30~15:00(30분)

※ 1교시 응시자는 시험 당일 08:40까지 지정 시험실에 입실해야 하며, 2~6교시 응시자는 해당 과목 시험 시간 10분 전까지 시험실에 입실해야 함.
※ 매 교시 시험 시작 시간(입실 시간)은 동일함.
※ 장애인 응시자의 경우, 원서 접수 시 신청자에 한하여 시험 시간을 과목당 10분 연장함. 단, 매 교시 시험 시작 시간은 동일함.

◈ 출제 기준 및 문항 형식

출제 기준	• 2015 개정 교육과정에서 출제 • 검정(또는 인정)교과서를 활용하는 교과의 출제 범위 ➜ 가급적 최소 3종 이상의 교과서에서 공통으로 다루고 있는 내용으로 출제(단, 국어와 영어의 경우 교과서 외의 지문 활용 가능) • 중졸 검정고시는 문제은행식 출제 방식 도입에 따라 기출문제 영역 포함 30% 내외 출제가 가능하며, 과목에 따라 그 비율이 달라질 수 있음. • 중졸 검정고시 '사회' 과목에 역사(한국사만 출제, 세계사 제외)를 포함하여 출제 • 중학교 졸업 정도의 지식과 그 응용 능력을 측정할 수 있는 수준으로 출제
문항 형식	• 과목별 문항 수: 25문항(단, 수학 20문항) • 문항당 배점: 4점(단, 수학 5점) • 과목별 배점: 100점 • 문제 형식: 4지 택 1형 필기시험

◈ 응시자격 및 제한

가. 응시자격

❶ 초등학교 졸업자 및 이와 동등 이상의 학력이 있다고 인정된 사람

❷ 초·중등교육법시행령 제29조의 규정에 의하여 학적이 정원 외로 관리되는 자

❸ 3년제 고등공민학교 졸업자 및 졸업예정자

❹ 중학교에 준하는 각종학교의 졸업자 또는 졸업 예정자

❺ 보호소년 등의 처우에 관한 법률 시행령 제69조 제2호에 해당하는 자

　　※ 본 공고문에서 졸업예정자라 함은 최종 학년에 재학 중인 자를 말한다.

나. 응시자격 제한

❶ 중학교 또는 초·중등교육법시행령 제97조 제1항 제2호의 학교를 졸업한 자 또는 재학 중인 자

　　※ 응시자격은 시험시행일까지 유지해야 함(공고일 현재 재학 중이 아닌 자여서 적법하게 응시원서를 접수하였다 하더라도, 그 이후 시험일까지 편입학 등으로 재학생의 신분을 획득한 경우에는 응시자격을 박탈함).

❷ 공고일 이후 초등학교 졸업자

　　※ 단, 당해 연도 중학교 졸업자는 2월 말까지 재학생 신분에 해당되어 1회차 중졸 검정고시 응시가 제한됨.

❸ 공고일 기준으로 고시에 관하여 부정 행위를 한 자로서 처분일로부터 응시자격 제한 기간이 경과되지 아니한 자

◈ 합격자 결정

가. 시험 합격

각 과목을 100점 만점으로 하여 전 과목 평균 60점 이상을 취득한 자를 합격자로 결정함.

※ 단, 평균이 60점 이상이라 하더라도 결시 과목이 있을 경우에는 불합격 처리함.

나. 과목 합격

❶ 시험 성적 60점 이상인 과목에 대해서는 과목 합격을 인정하고, 본인이 원하면 다음 회의 시험부터 해당 과목의 시험을 면제하고 그 면제되는 과목의 성적을 시험 성적에 합산함.

❷ 기존 과목 합격자가 해당 과목을 재응시할 경우, 기존 과목 합격 성적과 상관없이 재응시한 과목 성적으로 합격 여부를 결정함.

※ 과목 합격자에게는 신청에 의하여 과목 합격 증명서를 교부함.

◈ 구비 서류

공통 제출 서류	• 응시원서(소정 서식) 1부[접수처에서 교부] • 동일한 사진 2매(모자를 쓰지 않은 상반신, 3.5cm×4.5cm, 응시원서 제출 전 3개월 이내 촬영) • 본인의 해당 최종학력증명서 1부 • 응시수수료: 없음 • 신분증 지참[주민등록증, 외국인등록증, 운전면허증, 주민등록번호가 포함된 대한민국 여권(※ 주민등록번호가 없는 신규 여권은 여권정보증명서 지참), 청소년증, 주민등록번호가 포함된 장애인등록증(복지카드) 중 하나]

★ 상기 내용은 2024년도 제2회 검정고시 공고문을 참고하였습니다. 응시하고자 하는 시·도 교육청의 공고문을 반드시 확인하시기 바랍니다.

최신 기출 문항 핵심 키워드 KEYWORD

◆ **국어** ▶ **2024년도 제2회 기출문제**

번호	출제 문제 핵심 키워드	번호	출제 문제 핵심 키워드
1번	듣기 · 말하기) 격려하는 말하기	14번	문학) 현대 시 – 표현상의 특징 파악하기
2번	듣기 · 말하기) 토론 참여자의 역할	15번	문학) 현대 시 – 운율을 형성하는 요소 파악하기
3번	문법) 언어의 특성	16번	문학) 현대 시 – 화자의 정서 파악하기
4번	문법) 한글 맞춤법	17번	문학) 고전 소설 – 작품의 내용 파악하기
5번	문법) 국어의 음운 체계	18번	문학) 고전 소설 – 인물의 태도 파악하기
6번	문법) 표준 발음법	19번	문학) 고전 소설 – 인물 파악하기
7번	문법) 단어의 품사	20번	읽기) 핵심 주장 파악하기
8번	문법) 문장의 종류	21번	읽기) 내용의 적절성 판단하기
9번	쓰기) 개요의 세부 내용 유추하기	22번	읽기) 적절한 접속어 활용하기
10번	쓰기) 바르게 고쳐쓰기	23번	읽기) 글의 세부 내용 파악하기
11번	문학) 현대 소설 – 인물의 심리 파악하기	24번	읽기) 적절한 단어 유추하기
12번	문학) 현대 소설 – 작품의 내용 파악하기	25번	읽기) 단어의 사전적 의미 파악하기
13번	문학) 현대 소설 – 서술상의 특징 파악하기		

◆ **수학** ▶ **2024년도 제2회 기출문제**

번호	출제 문제 핵심 키워드	번호	출제 문제 핵심 키워드
1번	소인수분해	11번	부등식의 해를 수직선에 나타내기
2번	수의 대소 관계	12번	연립방정식의 해
3번	문자를 사용한 식	13번	삼각형에서 평행선과 선분의 길이의 비
4번	일차방정식의 해	14번	경우의 수
5번	그래프의 이해	15번	제곱근의 덧셈과 뺄셈
6번	평행선의 성질	16번	이차방정식의 해
7번	히스토그램	17번	이차함수의 그래프의 성질
8번	유한소수로 나타낼 수 있는 분수	18번	삼각비
9번	지수법칙 – 거듭제곱의 거듭제곱	19번	원주각의 성질
10번	다항식의 덧셈과 뺄셈	20번	평균

◆ 영어 ▶ 2024년도 제2회 기출문제

번호	출제 문제 핵심 키워드	번호	출제 문제 핵심 키워드
1번	'shy'의 의미	14번	글을 쓴 목적 파악하기
2번	단어의 의미 관계	15번	대화의 내용 파악하기
3번	적절한 be동사 넣기	16번	글과 일치하지 않는 내용 파악하기
4번	적절한 접속사 넣기	17번	글에서 언급되지 않은 내용 찾기
5번	적절한 의문사 넣기	18번	인물이 제안한 내용 파악하기
6번	빈칸에 들어갈 내용 유추하기	19번	주어진 그래프의 이해와 빈칸 넣기
7번	빈칸에 들어갈 단어 유추하기	20번	글의 문맥 이해하고 어울리지 않는 문장 찾기
8번	일정표 내용 파악하기	21번	글의 문맥 이해하고 'They'에 대해 유추하기
9번	빈칸에 들어갈 단어 유추하기	22번	안전 수칙으로 언급되지 않은 내용 찾기
10번	대화 후 이어질 행동 유추하기	23번	글의 주제 파악하기
11번	빈칸에 들어갈 내용 유추하기	24번	글을 쓴 목적 파악하기
12번	대화의 주제 파악하기	25번	글의 문맥 이해하고 이어질 내용 찾기
13번	홍보문 내용 파악하기		

◆ 사회 ▶ 2024년도 제2회 기출문제

번호	출제 문제 핵심 키워드	번호	출제 문제 핵심 키워드
1번	경도	14번	균형 가격과 균형 거래량
2번	열대 우림 기후	15번	실업
3번	제주도	16번	단체 행동권
4번	물 자원	17번	구석기 시대
5번	다국적 기업	18번	세도 정치
6번	도심	19번	백제의 역사
7번	지구 온난화	20번	대조영
8번	지리적 표시제	21번	삼국사기
9번	재사회화	22번	조선 시대 세종의 업적
10번	학습성	23번	독도
11번	법률	24번	이순신
12번	민주 선거의 기본 원칙	25번	4 · 19 혁명
13번	심급 제도		

최신 기출 문항 핵심 키워드 KEYWORD

◈ 과학 ▶ 2024년도 제2회 기출문제

번호	출제 문제 핵심 키워드	번호	출제 문제 핵심 키워드
1번	중력	14번	균계
2번	진폭	15번	생물을 구성하는 단계
3번	니크롬선의 저항	16번	대뇌
4번	대류	17번	폐포
5번	운동 에너지	18번	체세포 분열 과정
6번	역학적 에너지	19번	특정 형질에 대한 유전자형
7번	기체의 상태 변화	20번	맨틀
8번	응고	21번	지구의 자전
9번	원소	22번	화성
10번	밀도	23번	염화 나트륨
11번	산화 환원 반응	24번	포화 수증기량 곡선
12번	구리의 연소 반응	25번	별의 겉보기 등급과 절대 등급
13번	광합성 과정		

◈ 도덕 ▶ 2024년도 제2회 기출문제

번호	출제 문제 핵심 키워드	번호	출제 문제 핵심 키워드
1번	도덕	14번	다문화 사회에서의 바람직한 태도
2번	도덕 원리 검사 방법	15번	마음의 평화를 얻기 위한 방법
3번	행복한 삶을 위한 좋은 습관	16번	평화 통일을 위한 노력
4번	인권	17번	평화적 갈등 해결 방법
5번	바람직한 삶의 목적	18번	과학 기술의 바람직한 활용 방안
6번	사이버 폭력	19번	청렴
7번	도덕 추론 과정	20번	통일 한국의 추구 가치
8번	아리스토텔레스	21번	환경 파괴 문제
9번	우정	22번	바람직한 시민의 자질
10번	세계 시민	23번	도덕적 성찰의 방법
11번	이웃과의 관계	24번	바람직한 국가의 역할
12번	정보 통신 매체 활용을 위한 덕목	25번	환경 친화적 삶을 위한 실천 태도
13번	간디		

◆ 2024년도 중졸 검정고시 출제 교육과정 개편 사항

출제 교육과정 변경

2020년도 중졸 검정고시		2024년도 중졸 검정고시
2009 개정 교육과정	▶	**2015 개정 교육과정**

※ 2021년도부터 2015 개정 교육과정을 바탕으로 문제 출제

주요 과목 개편 사항

2024년도 중졸 검정고시

국어
- **신설**: 말하기 불안 대처, 고전 재해석, 연극
- **고등학교 과정으로 이동**: 문법 영역의 음운의 변동과 문법 요소, 로마자 표기법, 외래어 표기법 등의 표기법
- **삭제**: 독자의 정체성, 작가의 태도, 전통적인 말하기, 문화 비교 등

수학
- **신설**: 정비례와 반비례, 입체도형에서 회전체 개념, 산점도와 상관관계
- **고등학교 과정으로 이동**: 연립일차부등식, 이차함수의 최대 · 최소
- **삭제**: 최대공약수와 최소공배수의 활용, 피타고라스 정리의 활용, 도수분포표에서의 평균, 등식의 변형

사회
- **신설**: 금융과 기업가 정신
- **고등학교 과정으로 이동**: 국제 수지

과학
- **신설**: 화학 반응에서의 에너지 출입, 과학과 나의 미래, 재해 재난과 안전, 과학 기술과 인류 문명
- **고등학교 과정으로 이동**: 지진파와 이를 이용한 지구의 층상구조 파악, 생명의 진화, 염색체와 유전의 관계, 산 · 염기, 산화 반응
- **삭제**: 빛과 파동에서 상의 작도

이 책의 구성과 특징 STRUCTURES

기출문제

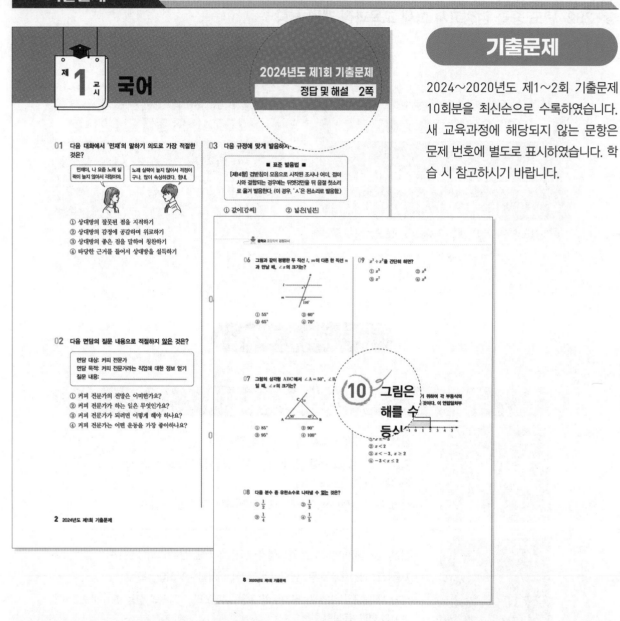

기출문제

2024~2020년도 제1~2회 기출문제 10회분을 최신순으로 수록하였습니다. 새 교육과정에 해당되지 않는 문항은 문제 번호에 별도로 표시하였습니다. 학습 시 참고하시기 바랍니다.

특별 제공 무료 해설 강의

2024년도 최신 기출문제까지 전 문항 해설 강의를 무료로 제공하고 있습니다. 혼자서도 쉽게 학습해 보세요.

★ 기출문제 온라인 제공 경로: sdedu.co.kr ➡ 학습자료실 ➡ 기출문제 ➡ "검정고시" 검색

무료 해설 강의 QR 링크 ▶

정답 및 해설

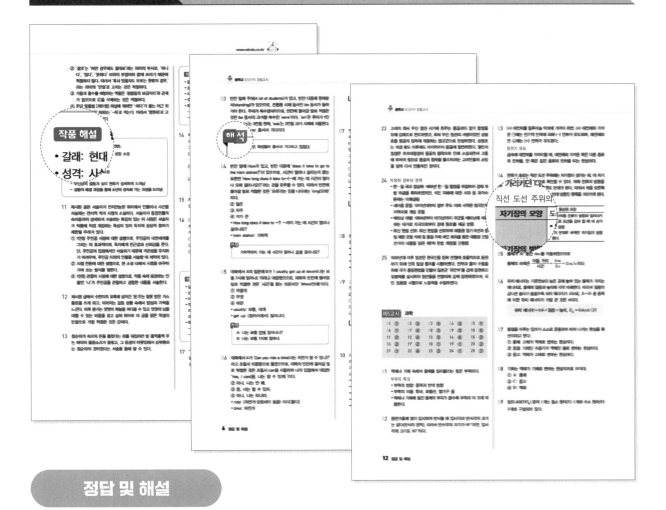

정답 및 해설

"작품 해설", "해석" 등 추가 자료를 적극 활용하세요. 복습하면서 오답 정리를 하는 데 많은 도움이 될 것입니다.

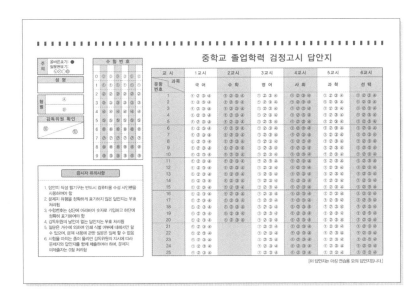

OMR(모의 답안지)

실제 시험과 유사한 마킹 연습용 모의 답안지입니다. 문제 풀이 후 채점 시 사용하여 실전 감각을 익힐 수 있습니다.

이 책의 차례 CONTENTS

기출문제

정답 및 해설

중 · 졸 · 검 · 정 · 고 · 시

2024년도

합격의 공식 시대에듀 www.sdedu.co.kr

01 다음 대화에서 '민재'의 말하기 의도로 가장 적절한 것은?

> 민재야, 나 요즘 노래 실력이 늘지 않아서 걱정이야.

> 노래 실력이 늘지 않아서 걱정이구나. 많이 속상하겠다. 힘내.

① 상대방의 잘못된 점을 지적하기
② 상대방의 감정에 공감하며 위로하기
③ 상대방의 좋은 점을 말하며 칭찬하기
④ 타당한 근거를 들어서 상대방을 설득하기

02 다음 면담의 질문 내용으로 적절하지 않은 것은?

> 면담 대상: 커피 전문가
> 면담 목적: 커피 전문가라는 직업에 대한 정보 얻기
> 질문 내용: _____

① 커피 전문가의 전망은 어떠한가요?
② 커피 전문가가 하는 일은 무엇인가요?
③ 커피 전문가가 되려면 어떻게 해야 하나요?
④ 커피 전문가는 어떤 운동을 가장 좋아하나요?

03 다음 규정에 맞게 발음하지 않은 것은?

> ■ 표준 발음법 ■
> [제14항] 겹받침이 모음으로 시작된 조사나 어미, 접미사와 결합되는 경우에는 뒤엣것만을 뒤 음절 첫소리로 옮겨 발음한다. (이 경우, 'ㅅ'은 된소리로 발음함.)

① 값이[갑씨]　　② 넓은[널븐]
③ 읊어[을퍼]　　④ 흙은[흐근]

04 다음에서 설명하는 모음이 들어 있는 단어는?

> 이중 모음이란 소리를 낼 때 입술의 모양이나 혀의 위치가 달라지는 모음을 말한다.

① 강진　　② 부산
③ 영월　　④ 전주

05 다음 단어의 공통된 특성으로 적절한 것은?

> 바다 사탕 엄마 연필

① 수량이나 순서를 나타낸다.
② 대상의 동작이나 작용을 나타낸다.
③ 사람이나 사물의 이름을 나타낸다.
④ 대상의 성질이나 상태를 나타낸다.

06 다음을 참고할 때 밑줄 친 단어의 기본형으로 적절한 것은?

> 국어사전에서 동사와 형용사를 찾을 때는 활용할 때 변하지 않는 부분인 어간에 '-다'를 붙인 기본형으로 찾아야 한다.
> 예 달리니, 달리는, 달렸다 → 달리다

① 담장에 <u>작은</u> 참새가 앉았다. → 작다
② 여기에 <u>서니</u> 독도가 보인다. → 섰다
③ 서관에는 <u>많은</u> 책이 있다. → 많았다
④ 여름에 <u>먹는</u> 냉면은 맛있다. → 먹는다

07 밑줄 친 부분의 문장 성분이 ㉠과 같은 것은?

> 내 동생은 ㉠ <u>연구원이</u> 되었다.

① 바람이 세차게 <u>분다</u>.
② 봄꽃이 활짝 <u>피었다</u>.
③ 민서는 <u>연예인이</u> 아니다.
④ <u>아기가</u> 아장아장 걷는다.

08 밑줄 친 부분이 '한글 맞춤법'에 맞게 표기된 것은?

① 편지에 우표를 <u>부치지</u> 않고 보냈다.
② 감기가 다 <u>낳아서</u> 병원에서 퇴원했다.
③ 이번 학교 축제에는 <u>반드시</u> 참여할 거야.
④ 나는 친구가 낸 수수께끼의 정답을 <u>마쳤다</u>.

09 다음 개요에서 통일성에 <u>어긋나는</u> 부분은?

제목	동물이 행복한 동물원은 없다.
서론	• 좁은 우리 안에 갇힌 동물을 본 경험 ············· ㉠
본론	• 동물원은 동물이 살기에 부적합한 환경임. ······· ㉡ 　– 동물원 돌고래들의 짧은 평균 수명 • 동물원에서 동물은 극심한 스트레스를 받음. ···· ㉢ 　– 스트레스로 인한 코끼리들의 이상 행동 • 동물원은 야생 동물을 보호하는 기능을 함. ······ ㉣ 　– 사육사들의 따뜻한 돌봄을 받는 반달가슴곰
결론	동물의 행복을 위해서 동물원을 없애야 함.

① ㉠　　　　　　② ㉡
③ ㉢　　　　　　④ ㉣

10 ㉠~㉣에 대한 고쳐쓰기 방안으로 적절하지 <u>않은</u> 것은?

> 수많은 생물들이 ㉠ <u>습지를</u> 보금자리로 삼아 살고 있다. ㉡ <u>결코</u> 습지가 사라진다면 이곳에 사는 생물들도 사라질 것이다. 그런데 우리나라의 습지가 급속히 사라지고 있다. ㉢ <u>습지는 가뭄과 홍수를 예방해 주는 역할도 한다.</u> 서해안 갯벌의 경우 간척 사업 등으로 인해 이미 갯벌의 1/3이 사라졌다. 우리가 습지를 보존하지 못하면 우리나라 습지에 사는 생물들을 ㉣ <u>영원이</u> 다시 보지 못하게 될지도 모른다.

① ㉠: 조사의 쓰임을 고려하여 '습지의'로 바꾼다.
② ㉡: 문장의 호응이 맞지 않으므로 '만일'로 고친다.
③ ㉢: 글의 흐름에서 벗어난 내용이므로 삭제한다.
④ ㉣: 한글 맞춤법에 어긋나므로 '영원히'로 고친다.

[11~13]

다음 글을 읽고 물음에 답하시오.

> **[앞부분 줄거리]** 숙모의 심부름을 간 문기는 고깃집에서 거스름돈보다 더 많은 돈을 받는다. 그 사실을 안 수만이는 돈을 쓰자고 문기를 유혹하여 사고 싶었던 물건들을 함께 산다. 그러나 양심의 가책을 느낀 문기는 남은 돈은 고깃집 마당에 던지고 샀던 물건들은 버린다. 하지만 수만이가 이것을 믿지 않고 문기에게 돈을 계속 요구하며 괴롭히자 문기는 숙모의 돈을 훔쳐서 수만이에게 준다. 이후 이웃집 점순이가 숙모의 돈을 훔쳤다는 죄를 뒤집어쓴다.
>
> 그날 밤이었다. 아랫방 들창 밑에 훌쩍훌쩍 우는 어린아이 울음소리가 났다. 아랫집 심부름하는 아이 점순이 음성이었다. 숙모가 직접 그 집에 가서 무슨 말을 한 것은 아니로되 자연 그 말이 한 입 걸러 두 집 걸러 그 집에까지 들어갔고, 그리고 그 집주인 여자는 점순이를 때려 쫓아낸 것이다. 먼저는 동네 아이들이 모여 지껄지껄하더니 차차 하나 가고 둘 가고 훌쩍훌쩍 우는 그 소리만 남는다. 방 안의 문기는 그 밤을 뜬눈으로 새웠다.
>
> 이튿날 아침이다. 문기는 밥을 두어 술 뜨다가는 고만둔다. 뭐 그 돈을 갚기 위한 그것이 아니다. 도무지 입맛이 나지 않았다. 학교엘 갔다. 첫 시간은 수신 시간[1], 그리고 공교로이[2] 제목이 '정직'이다. 선생님은 뒷짐을 지고 교단 위를 왔다 갔다 하며 거짓이라는 것이 얼마나 악한 것이고 정직이 얼마나 귀하고 중한 것인가를 누누이 말씀한다. 그럴 때마다 문기는 가슴이 뜨끔뜨끔해진다. 문기는 자기 한 사람에게만 들리기 위한 정직이요 수신 시간인 듯싶었다. 그만치 선생님은 제 속을 다 들여다보고 하는 말인 듯싶었다.
>
> 운동장에서 문기는 풀[3]이 없다. 사람 없는 교실 뒤 버드나무 옆 그런 데만 찾아다니며 고개를 숙이고 깊은 생각에 잠기거나 팔짱을 찌르고 왔다 갔다 하기도 한다. 그러다 누가 등을 치면 소스라쳐 깜짝깜짝 놀란다.
>
> 언제나 다름없이 하늘은 맑고 푸르건만 문기는 어쩐지 그 하늘조차 쳐다보기가 두려워졌다. 자기는 감히 떳떳한 얼굴로 그 하늘을 쳐다볼 만한 사람이 못 된다 싶었다.
>
> 언제나 다름없이 여러 아이들은 넓은 운동장에서 마음대로 뛰고 마음대로 지껄이고 마음대로 즐기건만 문기 한 사람만은 어둠과 같이 컴컴하고 무거운 마음에 잠겨 고개를 들지 못한다. 무엇보다도 문기는 전일처럼 맑은 하늘 아래서 아무 거리낌 없이 즐길 수 있는 마음이 갖고 싶다. 떳떳이 하늘을 쳐다볼 수 있는, 떳떳이 남을 대할 수 있는 마음이 갖고 싶었다.
>
> – 현덕, 「하늘은 맑건만」 –
>
> 1) 수신 시간: 일제 강점기의 도덕 시간.
> 2) 공교로이: 생각하지 않았거나 뜻하지 않게 우연히.
> 3) 풀: 세찬 기세나 활발한 기운.

11 윗글의 서술자에 대한 설명으로 가장 적절한 것은?

① 서술자인 '나'가 자신이 겪은 사건을 서술하고 있다.
② 서술자가 사건의 전개와 배경의 변화에 따라 바뀌고 있다.
③ 서술자가 사건과 등장인물의 심리를 직접적으로 설명하고 있다.
④ 서술자인 '나'가 주변 인물의 사건을 간접적으로 전달하고 있다.

12 윗글을 읽은 학생의 반응으로 가장 적절한 것은?

① 친구와의 약속을 지키려고 노력해야겠어.
② 정직하고 떳떳하게 사는 태도가 중요하지.
③ 성실하게 수업에 참여하는 자세가 필요해.
④ 하늘을 쳐다볼 수 있는 여유를 가져야겠어.

13 윗글에서 알 수 있는 내용으로 가장 적절한 것은?

① 문기는 자신의 행동이 정당하다고 생각했다.
② 점순이는 아랫집에서 심부름을 하며 살았다.
③ 선생님은 문기의 잘못을 이미 알고 '정직'을 주제로 수업했다.
④ 숙모는 직접 아랫집에 가서 주인 여자에게 점순이가 돈을 훔쳤다고 말했다.

[14~16]

다음 글을 읽고 물음에 답하시오.

눈을 가만 감으면 ㉠ 굽이 잦은 풀밭 길이,
개울물 돌돌돌 길섶¹⁾으로 흘러가고,
백양 숲 사립을 가린 초집들도 보이구요.

송아지 몰고 오며 바라보던 진달래도
저녁노을처럼 산을 둘러 퍼질 것을,
어마씨²⁾ 그리운 솜씨에 향그러운 꽃지짐.

어질고 고운 그들 멧남새³⁾도 캐어 오리.
집집 끼니마다 봄을 씹고 사는 마을.
감았던 그 눈을 뜨면 마음 도로 애젓하오⁴⁾.

- 김상옥, 「사향(思鄕)⁵⁾」 -

1) 길섶: 길의 가장자리. 흔히 풀이 나 있는 곳을 가리킨다.
2) 어마씨: 어머니.
3) 멧남새: 산나물.
4) 애젓하오: 애틋하오. 섭섭하고 애가 타는 듯하오.
5) 사향(思鄕): 고향을 생각함.

14 윗글에서 시적 화자가 떠올린 고향의 모습으로 적절하지 **않은** 것은?

① 고깃배가 나란히 들어선 항구
② 온 산을 둘러 피어 있는 진달래
③ 어머니의 맛있고 향긋한 꽃지짐
④ 산나물을 캐서 돌아오는 사람들

15 윗글에서 느낄 수 있는 시적 화자의 주된 정서는?

① 그리움 ② 두려움
③ 부러움 ④ 지겨움

16 ㉠과 같은 감각적 이미지가 쓰인 것은?

① 구수한 청국장 냄새
② 하늘에 울리는 종소리
③ 달콤한 사랑의 추억
④ 노랗게 물든 황금 들판

[17~19]

다음 글을 읽고 물음에 답하시오.

놀부는 더욱 화를 내며 나무란다.
"이놈아, 들어 보아라. 쌀이 아무리 많다고 해도 너를 주려고 섬¹⁾을 헐며, 벼가 많다고 하여 너 주려고 노적²⁾을 헐며, 돈이 많이 있다 한들 너 주자고 돈꿰미를 헐며, 곡식 가루나 주고 싶어도 너 주자고 큰독에 가득한 걸 떠내며, 옷가지나 주려 한들 너 주자고 행랑채에 있는 아랫것들을 벗기며, 찬밥을 주려 한들 너 주자고 마루 아래 청삽사리를 굶기며, 술지게미나 주려 한들 새끼 낳은 돼지를 굶기며, 콩이나 한 섬 주려 한들 농사질 황소가 네 필인데 너를 주고 소를 굶기겠느냐. 염치없고 생각 없는 놈이로다."
"아무리 그렇더라도 죽는 동생 한 번만 살려 주십시오."

〈중략〉

흥부 아내의 말이 변하여 울음이 되니 흥부가 말없이 듣고 있다가 자리에서 일어섰다.
"여보 마누라, 울지 말아요. 내가 오늘 읍내를 나갔다 오리다."
"읍내는 무엇 하려요?"
"양식을 좀 꾸시라도 얻어 와야 저 자식들을 믹이지."
"여보 영감, 그 모양에 곡식 먹고 도망한다고 안 줄 테니 가 보아야 소용없는 일입니다."
"가장이 나서는데 그게 무슨 소리! 어찌 될지는 가 봐야 아는 일이지 장 안에서 도포³⁾나 꺼내 와요."
"아이고, 우리 집에 무슨 장이 있단 말이오?"
"어허, 닭장은 장이 아닌가? 가서 내 갓도 챙겨 나와요."
"갓은 또 어디에 있답니까?"
"뒤뜰 굴뚝 속에 가 봐요."
"세상에 갓을 어찌 굴뚝 속에 두었단 말입니까?"
"그런 게 아니라 지난번 국상⁴⁾ 뒤에 어느 친구한테 흰 갓 하나를 얻었는데 우리 형편에 칠해 쓸 수도 없고 연기에 그을려 쓰려고 굴뚝 속에 넣어 둔 지 벌써 오래요."

[A] ┌ 흥부가 그렇게 저렇게 의관을 갖추는데 모양이 볼만했다. 헌 망건을 꺼내 쓸 때 물렛줄로 줄을 삼고 박 조각으로 관자 달아서 상투를 매어 쓰고, 갓 테 떨어진 파립은 노끈을 총총 매어 갓끈 삼아 달아 쓰고, 다 떨어진 고의 적삼 살점이 울긋불긋, 발바닥은 뻥 뚫리고 목만 남은 헌 버선에 짚 대님이 희한하다.
    └

- 작자 미상, 「흥부전」 -

1) 섬: 곡식 등을 담기 위하여 짚으로 엮어 만든 그릇.
2) 노적: 곡식 등을 한데에 수북이 쌓음.
3) 도포: 예전에 통상예복으로 입던 남자의 겉옷. 소매가 넓고 등 뒤에는 딴 폭을 댄다.
4) 국상: 국민 전체가 상중에 상복을 입던 왕실의 초상.

17 '놀부'와 비슷한 성격의 인물로 가장 적절한 것은?

① 일회용품 줄이기를 실천하는 사람

② 돈은 많으면서 남을 전혀 돕지 않는 사람

③ 파도에 밀려서 온 쓰레기를 청소하는 사람

④ 혼자 사는 노인을 방문하여 말벗이 되어 주는 사람

18 '흥부'에 대한 설명으로 적절하지 <u>않은</u> 것은?

① 가족의 생계에 대해 전혀 관심이 없다.

② 자식을 먹이기 위해 읍내로 가려고 한다.

③ 아내의 판단과 충고를 받아들이지 않는다.

④ 양식을 빌리러 가기 어려울 정도로 행색이 초라하다.

19 [A]에 대한 설명으로 적절한 것은?

① 사건을 요약적으로 제시한다.

② 배경을 통해 사건을 암시한다.

③ 인물 사이의 갈등을 강조한다.

④ 인물의 모습을 해학적으로 표현한다.

[20~22]

다음 글을 읽고 물음에 답하시오.

> ㉠ 세금은 그것을 납부하는 방식에 따라 직접세와 간접세로 나눌 수 있다. 직접세는 세금을 내야 하는 의무가 있는 사람과 실제로 그 세금을 내야 하는 사람이 일치하는 세금으로 소득세, 법인세, 재산세, 상속세 등이 직접세에 해당한다.
>
> 조금 더 자세히 살펴보면, 직접세는 소득이나 재산에 따라 누진적으로 적용되는 경우가 많다. 즉 소득이 많은 사람은 세율이 높아 세금을 많이 내고 소득이 적은 사람은 세율이 낮아 세금을 적게 내는 식이다. 그렇기 때문에 직접세는 소득 격차를 줄이고 소득을 재분배하는 효과가 있다. ㉡ 직접세를 걷는 입장에서는 모든 사람의 소득이나 재산을 일일이 조사하여 그에 따라 세금을 거두어야 한다는 번거로움이 있다.
>
> 간접세는 세금을 내야 하는 의무가 있는 사람과 실제로 그 세금을 내는 사람이 다른 세금이다. 부가 가치세를 비롯하여 개별 소비세, 인지세 등이 간접세에 해당한다.
>
> 간접세는 소득이나 재산에 상관없이 모두에게 똑같이 적용된다. 예를 들어 음료수를 사 마실 때, 소득이 많은 사람이든 소득이 적은 사람이든 동일한 음료수를 산다면 모두 똑같은 세금을 내고 있는 셈이다. 그렇기 때문에 간접세를 걷는 입장에서는 편리하게 세금을 걷을 수 있다. 하지만 간접세는 같은 액수의 세금이라도 소득이 적은 사람에게는 소득에 비해 내야 할 세금의 비율이 높아지기 때문에 소득이 적은 사람일수록 세금에 대한 부담감이 커진다는 문제점이 있다.
>
> – 조준현, 「중학생인 나도 세금을 내고 있다고?」 –

20 윗글의 내용과 일치하지 <u>않는</u> 것은?

① 직접세는 소득 격차 감소와 소득 재분배의 효과가 있다.

② 직접세는 간접세보다 세금을 걷는 입장에서 걷기 편하다.

③ 간접세는 소득이나 재산에 상관없이 모두에게 똑같이 적용된다.

④ 간접세는 소득이 적은 사람일수록 세금에 대한 부담이 크다.

21 ㉠과 같은 설명 방법이 사용된 것은?

① 김 교수는 "백색 소음이 집중력을 높인다."라고 말했다.
② 원통형 기둥은 위아래 지름이 일정한 기둥을 뜻한다.
③ 소설은 길이에 따라 단편, 중편, 장편 소설로 나눈다.
④ 젖산은 약한 산성이어서 유해균 증식을 억제할 수 있다.

22 ㉡에 들어갈 말로 적절한 것은?

① 그러나　　　　② 따라서
③ 그렇다면　　　④ 왜냐하면

[23~25]
다음 글을 읽고 물음에 답하시오.

　　근래에는 아직 초등학교에도 입학하지 않은 어린아이들이 부모와 똑같은, 혹은 더 많은 양의 소금을 섭취하고 있다고 한다. 이는 대단히 ㉠ 심각한 문제이다. 아이들은 어른들보다 혈액량이 적어 똑같은 양의 소금을 섭취하더라도 혈액 속 염화나트륨의 비율이 어른들보다 훨씬 높아지기 때문이다.
　　이뿐만 아니라 어릴 때부터 소금을 많이 먹으면 혀가 ㉡ 둔감해져 점점 더 짜고 자극적인 맛을 찾게 된다. 짠맛은 중추를 자극한다. 만약 계속해서 소금을 과하게 섭취한다면 아이들은 이런 쾌감을 유지하기 위해 배가 고프지 않더라도 음식을 계속 먹는 '음식 중독'에 걸릴 수 있다. 결국 폭식증이나 비만에 시달리게 되는 것이다.
　　문제는 여기서 그치지 않는다. 영국의 한 대학 연구팀에서 4세에서 18세까지 아동 및 청소년 1,688명을 일주일간 관찰한 결과, 짜게 먹는 아이일수록 음료를 많이 마신다는 사실을 ㉢ 발견했다. 소금이 체세포의 수분을 빼앗아 그만큼 갈증이 나기 때문이다. 그런데 대부분의 아이들은 갈증을 달래기 위해 건강에 좋은 음료가 아니라, 단맛이 강한 탄산음료를 찾는다. 탄산음료 속에 녹아 있는 탄수화물은 비만을 더욱 ㉣ 부추길 수 있다.
　　소금은 분명 맛있는 유혹이지만, 너무 많이 섭취하면 우리의 세포를 죽이고 건강을 위협한다. 건강을 생각한다면 지금이라도 당장 소금 섭취를 줄여야 한다.
　　　　　　　　　　　　　　－ 클라우스 오버바일, 「소금의 덫」 －

23 윗글을 읽는 방법으로 가장 적절한 것은?

① 주장과 근거를 파악한다.
② 상징적 의미를 추론한다.
③ 경험과 깨달음을 구분한다.
④ 갈등의 해결 과정을 분석한다.

24 윗글에서 글쓴이가 말하고자 하는 바로 가장 적절한 것은?

① 탄산음료는 갈증 해소에 도움이 된다.
② 건강을 위해 소금 섭취를 줄여야 한다.
③ 음식 중독은 사회적으로 심각한 문제이다.
④ 자녀를 위해 부모들이 직접 요리를 해야 한다.

25 ㉠~㉣의 사전적 의미로 적절하지 않은 것은?

① ㉠: 상태나 정도가 매우 깊고 중대하다.
② ㉡: 감정이나 감각이 무뎌지다.
③ ㉢: 아직 알려지지 않은 사실 따위를 찾아내다.
④ ㉣: 남의 의견을 판단 없이 믿고 따르다.

01 다음은 24를 소인수분해하는 과정을 나타낸 것이다. 24를 소인수분해한 것은?

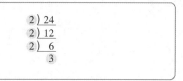

① 2×3
② 2×3^2
③ $2^3 \times 3$
④ $2^3 \times 3^2$

02 다음 수를 작은 수부터 차례대로 나열할 때, 세 번째 수는?

$$-\frac{2}{3}, \quad 4, \quad 3, \quad -5, \quad 11$$

① -5
② $-\frac{2}{3}$
③ 3
④ 4

03 다음은 가로의 길이가 4 cm, 세로의 길이가 a cm인 직사각형이다. 이 직사각형의 넓이를 문자를 사용한 식으로 바르게 나타낸 것은?

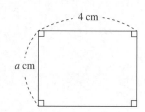

① $(2+a) \, \text{cm}^2$
② $(4+a) \, \text{cm}^2$
③ $(2 \times a) \, \text{cm}^2$
④ $(4 \times a) \, \text{cm}^2$

04 $a=5$일 때, $2a+3$의 값은?

① 11
② 13
③ 15
④ 17

05 다음 좌표평면 위에 있는 점 A의 좌표는?

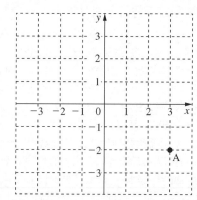

① $\text{A}(3, -2)$
② $\text{A}(2, 3)$
③ $\text{A}(-3, 2)$
④ $\text{A}(-3, -2)$

06 그림과 같이 평행한 두 직선 l, m이 다른 한 직선 n과 만날 때, $\angle x$의 크기는?

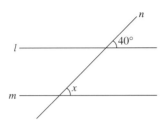

① $40°$　　　　② $60°$

③ $80°$　　　　④ $100°$

07 다음은 어느 반 학생 30명을 대상으로 하루 수면 시간을 조사하여 나타낸 도수분포표이다. 하루 수면 시간이 6시간 미만인 학생 수는?

수면 시간(시간)	도수(명)
4 이상 $\sim$ 5 미만	5
5 $\sim$ 6	3
6 $\sim$ 7	4
7 $\sim$ 8	15
8 $\sim$ 9	3
합계	30

① 5명　　　　② 6명

③ 7명　　　　④ 8명

08 순환소수 $0.\dot{2}$를 기약분수로 나타낸 것은?

① $\dfrac{1}{9}$　　　　② $\dfrac{2}{9}$

③ $\dfrac{1}{3}$　　　　④ $\dfrac{4}{9}$

09 $2a \times 3a^2$을 간단히 한 것은?

① $2a$　　　　② $3a^2$

③ $5a^3$　　　　④ $6a^3$

10 일차부등식 $20x \geq 40$을 풀면?

① $x > 2$　　　　② $x \geq 2$

③ $x \leq 2$　　　　④ $x < 2$

11 그림은 일차함수 $y = -\dfrac{3}{2}x + 3$의 그래프이다. 이 일차함수의 그래프의 y절편은?

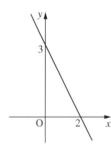

① -3　　　　② 2

③ 3　　　　④ 6

12 그림과 같이 $\overline{AB} = \overline{AC}$ 인 이등변삼각형 ABC에서 ∠A의 이등분선과 변 BC의 교점을 D라고 하자. $\overline{BD} = 4 \, \text{cm}$ 일 때, $\overline{BC}$ 의 길이는?

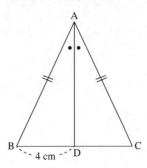

① 7 cm
② 8 cm
③ 9 cm
④ 10 cm

13 그림에서 △ABC∽△DEF일 때, $\overline{DE}$ 의 길이는?

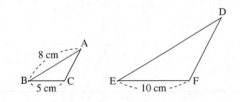

① 12 cm
② 14 cm
③ 16 cm
④ 18 cm

14 그림과 같이 주머니 속에 모양과 크기가 같은 흰 공 3개, 검은 공 5개가 들어 있다. 이 주머니에서 임의로 한 개의 공을 꺼낼 때, 흰 공이 나올 확률은?

① $\dfrac{3}{8}$
② $\dfrac{1}{2}$
③ $\dfrac{5}{8}$
④ $\dfrac{3}{4}$

15 $2\sqrt{5} + 3\sqrt{5}$ 를 간단히 한 것은?

① $5\sqrt{5}$
② $6\sqrt{5}$
③ $7\sqrt{5}$
④ $8\sqrt{5}$

16 이차방정식 $(x-7)^2 = 0$의 근은?

① 4   ② 5

③ 6   ④ 7

17 이차함수 $y = \dfrac{1}{4}x^2$의 그래프에 대한 설명으로 옳은 것은?

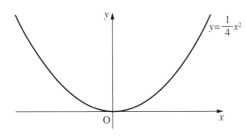

① 위로 볼록이다.

② y축을 축으로 한다.

③ 점 $(-1, \ 2)$를 지난다.

④ 꼭짓점의 좌표는 $\left(\dfrac{1}{4}, \ 0\right)$이다.

18 그림과 같이 직각삼각형 ABC에서 $\overline{AB} = 13$, $\overline{BC} = 12$, $\overline{CA} = 5$일 때, $\cos B$의 값은?

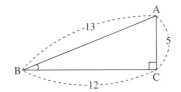

① $\dfrac{5}{13}$ ② $\dfrac{5}{12}$

③ $\dfrac{12}{13}$ ④ $\dfrac{12}{5}$

19 그림과 같이 원 O의 중심에서 두 현 AB, CD에 내린 수선의 발을 각각 M, N이라고 하자. $\overline{AB} = \overline{CD} = 8 \ cm$, $\overline{OM} = 5 \ cm$일 때, $\overline{ON}$의 길이는?

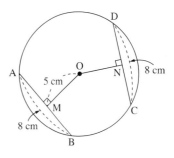

① 5 cm   ② 6 cm

③ 7 cm   ④ 8 cm

20 다음 자료는 학생 5명의 수학 점수를 조사하여 나타낸 것이다. 이 자료의 중앙값은?

(단위: 점)

80	75	85	95	90

① 75   ② 80

③ 85   ④ 90

제 3 교시 **영어**

2024년도 제1회 기출문제

정답 및 해설 **5쪽**

01 다음 밑줄 친 단어의 뜻으로 가장 적절한 것은?

> Everyone thinks that ice cream is <u>delicious</u>.

① 쉬운 ② 기능한
③ 맛있는 ④ 흥미로운

02 다음 중 두 단어의 의미 관계가 나머지 셋과 다른 것은?

① big — small
② dry — wet
③ old — young
④ tall — high

[03~04]
다음 빈칸에 들어갈 말로 가장 적절한 것을 고르시오.

03

> A lot of students _____ standing in line.

① am ② is
③ was ④ were

04

> How _____ does it take to go to the train station?

① long ② many
③ often ④ tall

[05~06]
다음 대화의 빈칸에 들어갈 말로 가장 적절한 것을 고르시오.

05

> A: _____ do you usually get up?
> B: It usually get up at seven.

① How ② What
③ When ④ Which

06

> A: Can you ride a bike?
> B: _____.

① Yes, I can
② No, I don't
③ Yes, you can
④ No, I'm not

07 다음 빈칸에 공통으로 들어갈 말로 가장 적절한 것은?

> ○ I play the piano in my _____ time.
> ○ You can have this candy for _____.

① busy ② close
③ free ④ hard

12 2024년도 제1회 기출문제

08 다음은 가족이 주말에 할 일이다. Tom이 할 일은?

Father	Mother	Tom	Emma
water the plants	clean the windows	do the laundry	bake cookies

① 식물 물 주기   ② 창문 닦기
③ 빨래하기   ④ 쿠키 굽기

09 그림으로 보아 빈칸에 들어갈 말로 가장 적절한 것은?

A: What is the girl doing?
B: She is _____.

① reading a book   ② drawing a picture
③ listening to music   ④ playing basketball

10 다음 대화가 끝난 후 두 사람이 함께 갈 장소는?

A: I'm worried about my leg. I can't walk easily.
B: Why don't you see a doctor?
A: I think I should. Can you go with me now?
B: Sure.

① 병원   ② 서점
③ 문구점   ④ 우체국

11 다음 대화의 빈칸에 들어갈 말로 가장 적절한 것은?

A: How's the weather outside?
B: It's raining. _____?
A: No, I don't. I have to buy one.

① What time is it
② How have you been
③ Where did you get it
④ Do you have an umbrella

12 다음 대화의 주제로 가장 적절한 것은?

A: We need to change the meeting time. It's too early.
B: I agree. What about 10 a.m.?
A: That's much better.

① 회의 시간 변경   ② 회의 장소 변경
③ 회의 주제 변경   ④ 회의 참가자 변경

13 다음 홍보문을 보고 알 수 <u>없는</u> 것은?

World Food Festival
○ **Date**: April 13th - 14th
○ **Time**: 11 a.m. - 4 p.m.
○ **Place**: Seaside Park
Come and Enjoy!
Try food from all over the world!

① 행사 날짜   ② 행사 시간
③ 행사 장소   ④ 행사 참가비

14 다음 방송의 목적으로 가장 적절한 것은?

> Hello, everyone. I have something to tell you about tomorrow's lunch menu. The original menu was spaghetti, cake, and orange juice. However, we'll serve milk instead of orange juice. Sorry about the change.

① 기부금 모금
② 학교 규칙 안내
③ 새로운 요리사 소개
④ 점심 메뉴 변경 공지

15 다음 대화에서 B가 수영장에 가지 못하는 이유는?

> A: Steve and I are going to the swimming pool this Saturday. Do you want to join us?
> B: Sorry, but I'm taking a trip with my family this weekend.
> A: Okay. Maybe next time.

① 수학 시험이 있어서
② 가족 여행을 가야 해서
③ 치과 예약이 있어서
④ 축구 경기를 해야 해서

16 다음 Moai에 대한 설명과 일치하지 않는 것은?

> Have you ever heard of the Moai? They are on Easter Island. They are tall, human-shaped stones. Most of them are about four meters tall, and the tallest one is around 20 meters tall. They mainly face towards the village, and some are looking out to sea.

① 이스터섬에 있다.
② 사람 모양의 돌이다.
③ 대부분 높이가 약 20미터이다.
④ 주로 마을 쪽을 보고 있다.

17 다음 글에서 City Flea Market에 대해 언급된 내용이 아닌 것은?

> City Flea Market is a great place for many shoppers. It is open every Saturday. It is in front of the History Museum. You can buy clothes, shoes, books, and toys at low prices in this market.

① 열리는 요일　　② 열리는 장소
③ 주차 정보　　④ 판매 품목

18 다음 글에서 Jimin이 제안한 것으로 가장 적절한 것은?

> My big problem at school is getting poor grades on tests. I never do well on them. So, I asked Jimin for advice. Jimin suggested making a study group. He told me that studying with friends could help me do better on tests.

① 친구들과 함께 공부하기
② 조용한 공부 장소 찾기
③ 시험공부 계획 세우기
④ 선생님께 질문하기

19 다음 그래프로 보아 빈칸에 들어갈 말로 가장 적절한 것은?

Our Classmates' Interests

Others(5%)
Reading books(10%)
Listening to music(15%)
Playing computer games(25%)
Playing sports(45%)

> More than forty percent of the students in our class are interested in _____.

① playing sports
② playing computer games
③ listening to music
④ reading books

20 다음 글의 흐름으로 보아 어울리지 <u>않는</u> 문장은?

> Last year, I went to a mountain. ① I took a cable car to the middle of the mountain. ② My father bought a new car. ③ Then, I hiked to the top. ④ At the top, I found that the trees were red and yellow. It was amazing and exciting to see beautiful autumn leaves.

21 다음 밑줄 친 <u>It</u>이 가리키는 것으로 가장 적절한 것은?

> Do you like walking? How many steps do you walk in a day? Walking can offer lots of health benefits to people of all ages. <u>It</u> may help prevent certain diseases, so you can live a long life. It also doesn't require any special equipment and can be done anywhere.

① Equipment
② Life
③ Stress
④ Walking

22 도서관 이용 시 주의해야 할 사항으로 언급되지 <u>않은</u> 것은?

> **Library Rules**:
> ○ Return books on time.
> ○ Do not make loud noises.
> ○ Do not eat any food.

① 제시간에 책 반납하기
② 시끄럽게 하지 않기
③ 음식 먹지 않기
④ 책에 낙서하지 않기

23 다음 글의 주제로 가장 적절한 것은?

> Do you know what to do when there is a fire? You should shout, "Fire!" You need to cover your face with a wet towel. You have to stay low and get out. Remember to use the stairs, not the elevator. Also, you need to call 119 as soon as possible.

① 건강한 식생활 방법
② 지진의 원인과 대처법
③ 화재 발생 시 행동 요령
④ 전자 제품 사용 시 유의점

24 다음 글을 쓴 목적으로 가장 적절한 것은?

> My name is John Brown. I'd like to report a problem on Main Street. This morning I saw that the traffic lights were broken. I'm afraid this might cause an accident. Please come and check right away.

① 사과하려고
② 신고하려고
③ 축하하려고
④ 홍보하려고

25 다음 글의 바로 뒤에 이어질 내용으로 가장 적절한 것은?

> Yoga is a mind and body practice that can build strength and balance. It may also help manage pain and reduce stress. There are a lot of types of yoga. Let's take a look at the various types of yoga.

① 요가의 좋은 점
② 다양한 요가의 유형
③ 요가가 시작된 나라
④ 요가할 때 주의할 점

01 ㉠에 들어갈 자원으로 가장 적절한 것은?

> ○○신문 　　　　　○○○○년 ○○월 ○○일
>
> **첨단 산업에 필수적인 (㉠)**
>
> 원자 번호 21번 스칸듐(Sc), 39번 이트륨(Y), 57~71번까지 총 17개의 원소 그룹을 말한다. 스마트폰, 전기차 배터리 등을 만드는 데 없어서는 안 될 중요한 자원이 되었지만 생산 지역이 한정되어 있고 생산량도 매우 적다.

① 석탄
② 철광석
③ 희토류
④ 천연가스

02 다음에서 설명하는 것으로 가장 적절한 것은?

> ○ 한 장소를 상징하는 대표적인 건축물이나 조형물 등을 말한다.
> ○ 주변 경관 중에서 눈에 가장 잘 띄기 때문에 사람들이 자신의 위치를 파악하는 데 도움을 준다.

① 위도
② 랜드마크
③ 행정 구역
④ 날짜 변경선

03 다음에서 설명하는 문화 지역으로 가장 적절한 것은?

> ○ 북부 아프리카, 서남아시아, 중앙아시아 일대에 나타난다.
> ○ 주로 이슬람교를 믿으며, 유목과 관개 농업을 볼 수 있다.

① 건조 문화 지역
② 북극 문화 지역
③ 유럽 문화 지역
④ 오세아니아 문화 지역

04 ㉠에 들어갈 기후로 가장 적절한 것은?

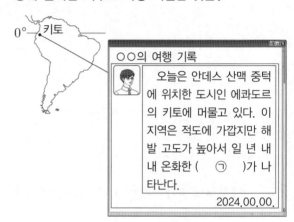

> 0° • 키토
>
> ○○의 여행 기록
>
> 오늘은 안데스 산맥 중턱에 위치한 도시인 에콰도르의 키토에 머물고 있다. 이 지역은 적도에 가깝지만 해발 고도가 높아서 일 년 내내 온화한 (㉠)가 나타난다.
>
> 2024.00.00.

① 건조 기후
② 고산 기후
③ 열대 기후
④ 한대 기후

05 다음에서 설명하는 섬으로 옳은 것은?

> ○ 우리나라에서 가장 동쪽에 위치한 영토이다.
> ○ 섬 전체가 천연기념물로 지정되어 있다.

① 독도
② 마라도
③ 울릉도
④ 제주도

06 다음에서 설명하는 농업으로 옳은 것은?

> ○ 열대 기후 지역에서 선진국의 자본과 기술, 원주민의 노동력을 결합하여 상품 작물을 대규모로 재배한다.
> ○ 주요 작물로는 천연고무, 카카오, 바나나 등이 있다.

① 낙농업
② 수목 농업
③ 혼합 농업
④ 플랜테이션

07 ㉠에 들어갈 자연재해로 가장 적절한 것은?

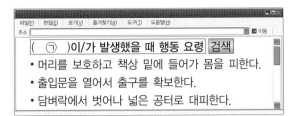

(㉠)이/가 발생했을 때 행동 요령 검색
• 머리를 보호하고 책상 밑에 들어가 몸을 피한다.
• 출입문을 열어서 출구를 확보한다.
• 담벼락에서 벗어나 넓은 공터로 대피한다.

① 가뭄
② 지진
③ 폭설
④ 홍수

08 ㉠에 들어갈 지형으로 옳은 것은?

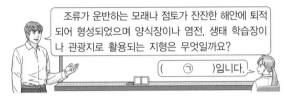

조류가 운반하는 모래나 점토가 잔잔한 해안에 퇴적되어 형성되었으며 양식장이나 염전, 생태 학습장이나 관광지로 활용되는 지형은 무엇일까요?

(㉠)입니다.

① 갯벌
② 고원
③ 피오르
④ 용암 동굴

09 ㉠에 들어갈 내용으로 옳은 것은?

○ 서로 다른 두 나라 화폐의 교환 비율을 (㉠)이라고 한다.
○ (㉠)은 외국 화폐 1단위와 교환되는 자국 화폐의 가격으로 표시한다.

① 환율
② 실업률
③ 경제 성장률
④ 물가 상승률

10 다음 설명에 해당하는 문화의 속성은?

○ 한번 만들어진 문화는 고정되는 것이 아니라 시간이 흐름에 따라 끊임없이 변화한다.
○ 휴대 전화가 급속하게 보급되면서 공중전화가 점차 사라져 가고 있는 것을 그 예로 들 수 있다.

① 변동성
② 수익성
③ 일회성
④ 희소성

11 다음 퀴즈에 대한 정답으로 옳은 것은?

◁ 노동권 침해 사례 ▷

회사원 김○○ 씨가 회사에 결혼한다고 말하자 회사는 결혼한 여성은 근무할 수 없다며 사표를 강요하였습니다. 결국 김○○ 씨는 결혼 후 회사를 그만두게 되었습니다. 김○○ 씨의 사례는 어디에 해당할까요?

① 권력 분립
② 부당 해고
③ 임금 체불
④ 국민 투표

12 다음 설명에 해당하는 것은?

○ 선거구를 미리 법률로 획정하는 것이다.
○ 특정 정당이나 특정 후보에게 유리하도록 임의로 선거구를 변경하는 것을 막아 선거가 공정하게 치러지도록 보장한다.

① 심급 제도
② 지역화 전략
③ 사법부의 독립
④ 선거구 법정주의

13 다음에서 설명하는 정치 주체는?

○ 정치 과정에 참여하는 국가 기관이다.
○ 국회에서 제정한 법률에 근거하여 구체적인 정책을 수립하고 이를 실행에 옮긴다.

① 언론
② 정당
③ 정부
④ 이익 집단

14 다음 심판을 담당하는 기관은?

> 위헌 법률 심판, 헌법 소원 심판, 탄핵 심판, 권한 쟁의 심판, 정당 해산 심판

① 국회
② 지방 법원
③ 헌법 재판소
④ 선거 관리 위원회

15 다음에서 설명하는 것은?

> ○ 개인이나 단체가 소유한, 경제적 가치가 있는 실물 자산이다.
> ○ 아파트나 빌딩 등과 같이 움직여 옮길 수 없는 자산이다.

① 예금
② 적금
③ 현금
④ 부동산

16 표는 아이스크림의 가격에 따른 수요량과 공급량을 나타낸 것이다. 이를 통해 알 수 있는 균형 가격은?

가격(원)	1,000	1,500	2,000	2,500	3,000
수요량(개)	300	250	200	150	100
공급량(개)	100	150	200	250	300

① 1,000원
② 1,500원
③ 2,000원
④ 2,500원

17 다음 유적이 처음으로 만들어진 시대는?

○ 명칭: 탁자식 고인돌
○ 용도: 주로 지배자의 무덤으로 사용

① 구석기 시대
② 신석기 시대
③ 청동기 시대
④ 철기 시대

18 ㉠에 들어갈 내용으로 옳은 것은?

> 〈조선 후기 ┌─㉠─┐ 의 등장〉
> ○ 주요 인물: 정약용, 박지원, 박제가 등
> ○ 특징: 현실 문제를 해결하기 위해 토지 제도 개혁, 상공업 발전 등을 주장함.

① 불교
② 도교
③ 실학
④ 풍수지리설

19 다음 퀴즈의 정답으로 옳은 것은?

> 조선 시대에 영조와 정조가 붕당의 대립을 줄이고 왕권을 강화하고자 실시한 정책은 무엇일까요?

① 호패법
② 탕평책
③ 과전법
④ 위화도 회군

20 ㉠에 들어갈 왕은?

> 〈통일 신라 시대 ㉠ 의 정책 〉
> ○ 교육 제도: 국학 설치
> ○ 지방 제도: 9주 5소경 설치
> ○ 토지 제도: 관료전 지급, 녹읍 폐지

① 세조   ② 신문왕
③ 유형원   ④ 흥선 대원군

21 다음 설명에 해당하는 내용으로 옳은 것은?

> 청과의 전쟁에 패한 후 청에게 복수하여야 한다는 움직임이 일어났다. 이를 주도한 효종은 성곽과 무기를 정비하고 군대를 양성하여 청을 정벌하고자 하였다.

① 북벌 운동   ② 화랑도 조직
③ 별무반 편성   ④ 광주 학생 항일 운동

22 ㉠에 들어갈 내용으로 가장 적절한 것은?

> 〈신라의 ㉠ 과정 〉
> 신라와 당의 동맹 → 백제의 멸망 → 고구려의 멸망
> → 신라와 당의 전쟁에서 신라 승리

① 삼국 통일   ② 신분제 폐지
③ 금속 활자 발명   ④ 임진왜란 승리

23 ㉠에 해당하는 나라는?

> 〈학습 주제: ㉠ 이/가 몽골의 침입에 맞서 싸우다.〉
> ○ 강화도 천도   ○ 삼별초의 항쟁
> ○ 팔만대장경 완성

① 가야   ② 발해
③ 고려   ④ 조선

24 다음 정책을 추진한 정부는?

> ○ 한·일 국교 정상화   ○ 베트남 파병
> ○ 새마을 운동   ○ 유신 헌법 선포

① 김대중 정부   ② 김영삼 정부
③ 노태우 정부   ④ 박정희 정부

25 ㉠에 들어갈 답변으로 옳은 것은?

 1938년 일제는 인력과 물자를 수탈하기 위해 국가 총동원법을 만들었어요. 이를 근거로 벌어진 상황이 무엇일까요?

 ㉠ 입니다.

① 병자호란   ② 과거제 시행
③ 서경 천도 운동   ④ 일본군 '위안부' 동원

01 다음 설명에 해당하는 힘은?

○ 액체나 기체 속에서 물체를 밀어 올리는 힘이다.
○ 힘의 크기는 액체나 기체에 잠긴 물체의 부피가 클수록 크다.

① 부력
② 중력
③ 마찰력
④ 탄성력

02 그림은 레이저 빛이 평면거울에 입사하여 반사되는 모습을 나타낸 것이다. 반사각의 크기가 $60°$일 때, 입사각의 크기는?

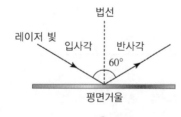

① $40°$
② $50°$
③ $60°$
④ $70°$

03 그림과 같이 (＋)대전체를 알루미늄 막대에 가까이 하였을 때, 알루미늄 막대의 양 끝 ㉠과 ㉡에 유도되는 전하의 종류가 옳게 짝지어진 것은?

　　㉠　　　㉡
① （＋）　　（＋）
② （＋）　　（－）
③ （－）　　（－）
④ （－）　　（＋）

04 그림은 전류가 흐르는 도선 위에 놓인 나침반의 모습을 나타낸 것이다. 전류가 흐르는 방향을 반대로 하였을 때 나침반의 모습은? (단, 전류에 의한 자기장만 고려한다.)

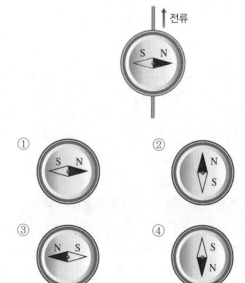

05 그래프는 일정한 속력으로 운동하는 물체의 시간에 따른 이동 거리를 나타낸 것이다. 이 물체의 속력은?

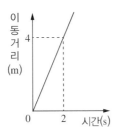

① 2 m/s   ② 4 m/s
③ 6 m/s   ④ 8 m/s

06 그림온 질량이 같온 물체 A ~D 의 위치를 니디낸 것이다. A ~D 중 중력에 의한 위치 에너지가 가장 큰 것은? (단, 물체의 중력에 의한 위치 에너지는 지면을 기준으로 한다.)

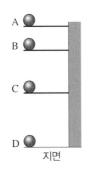

① A   ② B
③ C   ④ D

07 다음 ㉠에 해당하는 현상은?

> 향수병 마개를 연 채로 놓아두면 향수 입자는 사방으로 퍼진다. 이처럼 물질을 이루는 입자가 스스로 운동하여 퍼져 나가는 현상을 ㉠ (이)라고 한다.

① 융해   ② 응결
③ 응고   ④ 확산

08 그림은 물질의 상태 변화를 나타낸 것이다. A ~D 중 기화에 해당하는 것은?

① A   ② B
③ C   ④ D

09 그림은 암모니아(NH_3)의 분자 모형을 나타낸 것이다. 암모니아 분자 1개를 구성하는 수소 원자(H)의 개수는?

① 1개   ② 2개
③ 3개   ④ 4개

10 그림은 서로 섞이지 않는 액체 A ~D 를 컵에 넣고 일정 시간이 지난 뒤의 모습을 나타낸 것이다. A ~D 중 밀도가 가장 큰 것은?

① A   ② B
③ C   ④ D

11 다음은 과산화 수소를 분해하여 물과 산소가 생성되는 반응의 화학 반응식이다. ㉠에 해당하는 것은?

$$2H_2O_2 \rightarrow 2\boxed{\text{㉠}} + O_2$$

① N_2
② H_2O
③ CO_2
④ NH_3

12 그래프는 마그네슘을 연소시켜 산화 마그네슘이 생성될 때 마그네슘과 산화 마그네슘의 질량 관계를 나타낸 것이다. 마그네슘 3 g을 모두 연소시켰을 때 생성된 산화 마그네슘의 질량은?

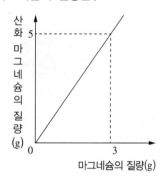

① 2 g
② 3 g
③ 4 g
④ 5 g

13 다음은 무궁화에 대한 설명이다. 이 생물이 속하는 계는?

○ 광합성을 하여 스스로 양분을 만든다.
○ 뿌리, 줄기, 잎, 꽃이 발달한 다세포 생물이다.

① 균계
② 동물계
③ 식물계
④ 원생생물계

14 다음은 생물의 호흡 과정이다. ㉠에 해당하는 것은?

포도당 + 산소 → ㉠ + 물 + 에너지

① 산소
② 질소
③ 헬륨
④ 이산화 탄소

15 사람의 소화계에 속하지 <u>않는</u> 기관은?

① 간
② 위
③ 폐
④ 소장

16 다음 ㉠에 해당하는 것은?

사람 심장의 심방과 심실 사이, 심실과 동맥 사이에는 혈액이 거꾸로 흐르지 않고 한 방향으로만 흐르게 하는 ㉠ 이/가 존재한다.

① 융털
② 판막
③ 폐포
④ 혈구

17 다음 설명에 해당하는 것은?

○ 내분비샘에서 만들어져 혈액을 따라 이동한다.
○ 혈당량을 조절하는 인슐린, 글루카곤이 그 예이다.

① 물
② 호르몬
③ 무기 염류
④ 바이타민

18 그림은 어떤 동물 세포 1개의 생식세포 형성 과정을 나타낸 것이다. 이와 같은 과정으로 만들어지는 것은?

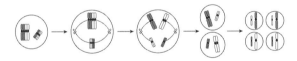

① 정자
② 간 세포
③ 심장 세포
④ 이자 세포

19 그림은 어느 집안의 ABO식 혈액형 가계도를 유전 자형으로 나타낸 것이다. ㉠에 해당하는 유전자형은? (단, 돌연변이는 없다.)

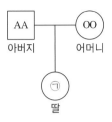

① AO
② BO
③ BB
④ AB

20 지진이 발생할 때 생긴 진동을 분석하여 지구 내부 구조를 연구하는 방법은?

① 화석 연구
② 오존층 연구
③ 지진파 연구
④ 태양풍 연구

21 다음 설명에 해당하는 암석의 종류는?

○ 열과 압력을 받아 성질이 변한 암석이다.
○ 알갱이들이 재배열되어 줄무늬가 나타나기도 한다.

① 변성암
② 심성암
③ 퇴적암
④ 화산암

22 다음은 월식에 대한 설명이다. 월식이 일어날 수 있는 달의 위치는?

> 월식은 달이 지구 주위를 공전하는 동안 지구의 그림자 속으로 들어가 어둡게 보이는 현상이다.

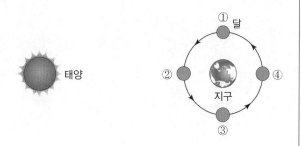

23 그림과 같이 태양계 행성을 물리적 특성에 따라 분류할 때 지구형 행성에 해당하지 <u>않는</u> 행성은?

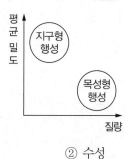

① 금성   ② 수성
③ 목성   ④ 화성

24 다음 설명에 해당하는 전선은?

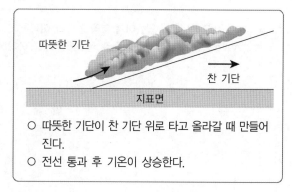

○ 따뜻한 기단이 찬 기단 위로 타고 올라갈 때 만들어진다.
○ 전선 통과 후 기온이 상승한다.

① 온난 전선   ② 정체 전선
③ 폐색 전선   ④ 한랭 전선

25 그림은 지구에서 6개월 간격으로 별을 관측한 연주 시차를 나타낸 것이다. 연주 시차가 발생하는 원인은?

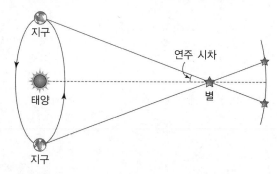

① 별의 공전   ② 지구의 공전
③ 지구의 자전   ④ 태양의 자전

01 다음에서 설명하는 인간의 특성은?

> 사람은 혼자서는 살아가기 어려우므로 다른 사람과 도움을 주고받으며 더불어 살아가고자 한다.

① 배타적 존재
② 사회적 존재
③ 맹목적 존재
④ 충동적 존재

02 다음 중 도덕 원리에 해당하는 것은?

① 정직해야 한다.
② 장미꽃은 아름답다.
③ 해는 동쪽에서 뜬다.
④ 서울은 대한민국의 수도이다.

03 다음 퀴즈에 대한 정답으로 옳은 것은?

> '이것'은 불교의 핵심 원리로서 남을 깊이 사랑하고 가엾게 여기는 마음입니다. 생명 존중을 강조하는 '이것'은 무엇일까요?

① 분노
② 자비
③ 준법
④ 쾌락

04 이웃 간의 갈등을 해결하기 위한 적절한 자세를 〈보기〉에서 고른 것은?

> ── 보기 ──
> ㄱ. 양보 ㄴ. 배려 ㄷ. 이기심 ㄹ. 사생활 침해

① ㄱ, ㄴ
② ㄱ, ㄹ
③ ㄴ, ㄷ
④ ㄷ, ㄹ

05 ㉠에 들어갈 내용으로 적절하지 <u>않은</u> 것은?

> **주제: 자아**
> • 의미: 자신의 참된 모습
> • 개인적 자아: (㉠   )

① 소망
② 능력
③ 가치관
④ 사회적 관습

06 다음에서 설명하는 지구 공동체의 도덕 문제는?

> **도 덕 신 문** 20○○년 ○월 ○일
>
> 산업 혁명 이후 대량 생산과 대량 소비를 하는 시대가 열리면서 자연의 파괴가 시작되었다. 공장의 매연과 자동차의 배기가스로 대기가 오염되고, 공장 폐수와 생활 하수로 물이 오염되고 있다.

① 환경 문제
② 종교 문제
③ 인종 차별
④ 아동 학대

07 다음 학생이 추구하는 가치 중 성격이 <u>다른</u> 것은?

① 사랑
② 용돈
③ 감사
④ 진리

08 다음과 관련된 문제를 해결하기 위해 필요한 덕목은?

> 스마트폰에 너무 많은 시간을 빼앗겨 학교생활까지 지장을 받을 뿐만 아니라 중독으로 이어지는 경우도 있다.

① 방관
② 자애
③ 절제
④ 정직

09 어느 학생의 서술형 평가 답안이다. 밑줄 친 ㉠~㉢ 중 옳지 <u>않은</u> 것은?

> 문제: 봉사 활동에 참여하는 바람직한 자세를 서술하시오.
>
> 〈학생 답안〉
> ㉠ 자기의 이익보다는 공익을 추구해야 하고, ㉡ 보수나 대가를 바라지 않아야 한다. ㉢ 다른 사람의 명령에 따라 억지로 참여해야 하며, ㉣ 일회성으로 끝나지 않고 꾸준히 참여해야 한다.

① ㉠
② ㉡
③ ㉢
④ ㉣

10 진정한 우정을 맺기 위한 방법으로 적절한 것은?

① 학생1
② 학생2
③ 학생3
④ 학생4

11 다음에서 설명하는 인권의 특징은?

> 모든 사람은 인종, 피부색, 언어, 종교 등과 관계없이 누구나 동등하게 권리를 누려야 한다.

① 보편성
② 일회성
③ 폐쇄성
④ 폭력성

12 다음과 관련하여 도덕적 실천 의지를 기르기 위한 노력으로 적절하지 <u>않은</u> 것은?

> 어려움에 처한 사람을 도와야 한다는 것을 알면서도 그냥 지나친다.

① 공감
② 관심
③ 독단
④ 용기

13 ㉠에 들어갈 가치로 적절하지 <u>않은</u> 것은?

① 평등
② 혐오
③ 공정
④ 복지

14 통일을 해야 하는 이유를 〈보기〉에서 고른 것은?

> ● 보기 ●
> ㄱ. 분단 비용 지출을 늘리기 위해서
> ㄴ. 이산가족의 고통을 해소하기 위해서
> ㄷ. 군사적 긴장 관계를 심화시키기 위해서
> ㄹ. 문화적·역사적 동질성을 회복하기 위해서

① ㄱ, ㄴ ② ㄱ, ㄷ
③ ㄴ, ㄹ ④ ㄷ, ㄹ

15 다음에서 문화를 바라보는 관점은?

문화의 다양성을 이해하고 인정해야 해.

문화가 생기게 된 배경을 그 사회의 관점에서 바라봐야 해.

① 문화 상대주의 ② 문화 절대주의
③ 문화 이기주의 ④ 자문화 중심주의

16 ㉠에 들어갈 내용으로 적절하지 않은 것은?

> **탐구 주제: 환경 친화적인 삶**
> ○ 의미: 주변 환경에 미치는 영향을 생각하며 행동하는 삶
> ○ 실천 방법: (　　　　㉠　　　　)

① 과대 포장 안 하기 ② 일회용품 애용하기
③ 장바구니 사용하기 ④ 대중교통 이용하기

17 그림에서 전달하려는 내용과 관련된 용어는?

살다 보면 길이 보이지 않을 때도 있어.

그렇다고 좌절하거나 포기하지는 말아야 돼.

새 길을 만들면 되지 뭐!

① 익명성 ② 가치 전도
③ 시민 불복종 ④ 회복 탄력성

18 다음에 해당하는 사상가는?

> 인간의 본성상 자연스럽게 어울려 가족을 이루고, 마을을 이루며, 마을이 커지면서 국가가 형성되었다는 자연발생설을 주장함.

① 칸트 ② 롤스
③ 슈바이처 ④ 아리스토텔레스

19 생태 중심주의 자연관을 〈보기〉에서 고른 것은?

> ● 보기 ●
> ㄱ. 자연의 무분별한 개발을 강조한다.
> ㄴ. 자연을 그 자체로 소중하다고 본다.
> ㄷ. 생태계 전체에 대한 배려를 강조한다.
> ㄹ. 인간은 자연을 지배할 권리를 지닌 존재라고 본다.

① ㄱ, ㄴ ② ㄱ, ㄹ
③ ㄴ, ㄷ ④ ㄷ, ㄹ

20 다음에서 언어폭력에만 '✓'를 표시한 학생은?

행위　　　　　　　　　　　　　학생	A	B	C	D
• 꼬집거나 고의로 밀친다.	✓	✓		✓
• 외모를 비하하는 별명을 부른다.	✓		✓	✓
• 거짓 소문으로 상대방을 괴롭힌다.		✓	✓	✓

① A ② B
③ C ④ D

21 다음에서 설명하는 시민의 자질은?

> 국가의 정책과 법을 만드는 과정에 자발적으로 참여함.

① 주인 의식　　　　② 피해 의식
③ 특권 의식　　　　④ 경쟁 의식

22 다음에 해당하는 세대 간 소통을 위한 방법은?

> 부모와 자녀는 서로를 이해하기 위해 상대방의 처지에서 생각해 보려고 노력해야 한다.

① 청렴　　　　② 차별
③ 자아도취　　　　④ 역지사지

23 교사의 질문에 대한 대답으로 적절한 것은?

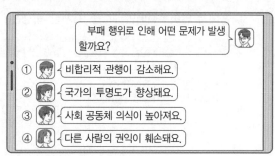

부패 행위로 인해 어떤 문제가 발생할까요?

① 비합리적 관행이 감소해요.
② 국가의 투명도가 향상돼요.
③ 사회 공동체 의식이 높아져요.
④ 다른 사람의 권익이 훼손돼요.

24 과학 기술의 바람직한 활용 방안으로 적절하지 **않은** 것은?

① 인류 전체의 복지 증진에 기여해야 한다.
② 미래 세대에 대한 책임 의식을 가져야 한다.
③ 어떠한 경우에도 유용성만을 추구해야 한다.
④ 인간의 존엄성과 인권 향상을 위해 노력해야 한다.

25 마음의 평화를 얻기 위한 자세로 적절한 것은?

① 증오심을 표출한다.
② 긍정적 마음을 갖는다.
③ 비관적 태도를 지닌다.
④ 타인의 실수를 용서하지 않는다.

01 다음 대화에서 ㉠에 담긴 '민재'의 말하기 의도로 가장 적절한 것은?

> 민재: 지후야, 내일 축구 경기 잊지 않았지?
> 지후: 나는 첫 출전이라 팀에 방해가 되는 건 아닌지 걱정이야. 실수라도 하면 어쩌지?
> 민재: ㉠ 지난번에 연습할 때 엄청 잘했잖아. 긴장하지 말고 평소 실력을 발휘하면 잘할 수 있을 거야!
> 지후: 고마워, 내일 열심히 하자!

① 감사   ② 격려
③ 사과   ④ 양보

02 다음은 학생의 일기이다. 일기를 쓴 '나'가 보완해야 할 점으로 가장 적절한 것은?

> **○○의 일기**
> 나는 오늘 국어 시간에 토론에 참여했다. 토론은 '급식 자율 배식'에 관한 주제로 진행되었다. 평소 말하기에는 자신이 있었기 때문에 별다른 준비를 하지 않았다. 하지만 막상 토론을 해 보니, 상대방의 주장에 반박할 타당한 근거가 떠오르지 않아 당황스러웠다. 우물쭈물하다가 토론이 끝나 버려 매우 아쉬웠다.

① 토론의 절차와 규칙을 준수한다.
② 상대방을 존중하는 언어를 사용한다.
③ 자신의 감정을 앞세워 상대방을 비판하지 않는다.
④ 상대방의 주장에 반박할 타당한 근거를 미리 마련한다.

03 다음과 관련 있는 언어의 특성으로 가장 적절한 것은?

> '버스'를 '가방'으로, '사람'을 '토끼'로, '책상'을 '비행기'로 바꾸어 말한다면 다른 사람들이 잘 알아들을 수 없을 것이다.

① 언어는 시간의 흐름에 따라 끊임없이 변화한다.
② 언어의 의미와 말소리 사이에는 필연적인 관계가 없다.
③ 언어는 같은 언어를 사용하는 사람들 사이의 약속이다.
④ 언어를 사용하여 새로운 단어나 문장을 끊임없이 만들어 낼 수 있다.

04 밑줄 친 부분이 '한글 맞춤법'에 맞게 표기된 것은?

① <u>된장찌게</u> 가격이 너무 올랐어.
② 이따 수업 <u>맞히고</u> 도서관에 가자.
③ 오늘은 <u>웬지</u> 그림을 그리고 싶어.
④ 남은 짐들은 모두 집으로 <u>부쳤어</u>.

05 다음 설명에 해당하는 자음은?

> '잇몸소리'는 혀끝과 윗잇몸이 닿아서 나는 소리이다.

① ㄱ   ② ㅁ
③ ㅈ   ④ ㅌ

06 다음 규정에 맞게 발음하지 **않은** 것은?

■ 표준 발음법 ■

[제11항] 겹받침 'ㄺ ㄻ ㄿ'은 어말 또는 자음 앞에서 각각 [ㄱ, ㅁ, ㅂ]으로 발음한다.
다만, 용언의 어간 말음 'ㄺ'은 'ㄱ' 앞에서 [ㄹ]로 발음한다.

① 굵고[굴:꼬] ② 맑게[막께]
③ 읊고[읍꼬] ④ 젊지[점:찌]

07 밑줄 친 단어의 품사가 ㉠과 같은 것은?

그곳의 경치는 ㉠ 아름답다.

① 밥이 정말 맛있다.
② 새로 산 신발이 나에게 작다.
③ 사진을 보니 옛 추억이 생각난다.
④ 학생들이 운동장에서 축구를 한다.

08 다음 설명에 해당하는 예로 적절하지 **않은** 것은?

주어와 서술어의 관계가 두 번 이상 나타나는 문장을 '겹문장'이라고 한다.

① 토끼가 들판에서 풀을 뜯는다.
② 바람이 불고 나무가 흔들린다.
③ 나는 겨울이 오기를 기다린다.
④ 비가 와서 우리는 소풍을 연기했다.

09 다음 개요의 ㉠에 들어갈 내용으로 가장 적절한 것은?

처음	웃음에 대한 사람들의 경험
중간	1. 웃음의 신체적 효과 　가. 폐 기능을 개선할 수 있다. 　나. 근육의 긴장을 풀 수 있다. 2. 웃음의 정신적 효과 　가. 불안감을 해소할 수 있다. 　나. 행복감과 편안함을 얻을 수 있다. 3. 웃음의 사회적 효과 　가. ㉠ 　나. 공동체의 분위기를 긍정적으로 만들 수 있다.
끝	웃음의 중요성

① 면역력을 강화할 수 있다.
② 스트레스를 해소할 수 있다.
③ 심장 건강을 증진할 수 있다.
④ 타인과의 유대감을 강화할 수 있다.

10 ㉠~㉣에 대한 고쳐쓰기 방안으로 적절하지 **않은** 것은?

지금까지 내가 겪은 많은 일 가운데 가장 기억에 남는 일은 축구부 활동을 ㉠ 했다. 나는 초등학교 3학년 때 축구부 감독님께 ㉡ 발각되어서 축구부에 들어갔다. ㉢ 이번 월드컵에서 우리나라 축구 대표 팀이 좋은 성과를 거두었다. 그런데 초등학교 5학년 때 축구부가 해체되었고, 다시 축구를 하려면 전학을 가서 기숙사 생활을 해야 했다. ㉣ 왜냐하면 나는 축구를 그만두게 되었다.

① ㉠: 문장의 호응을 고려하여 '할 것이다'로 바꾼다.
② ㉡: 문맥에 어울리지 않으므로 '발탁'으로 바꾼다.
③ ㉢: 글의 흐름에서 벗어난 내용이므로 삭제한다.
④ ㉣: 문장이 자연스럽게 연결되도록 '결국'으로 바꾼다.

[11~13]

다음 글을 읽고 물음에 답하시오.

"아부지!"

부르는 소리가 들렸다. 만도는 깜짝 놀라며 얼른 뒤를 돌아보았다. 그 순간 만도의 두 눈은 무섭도록 크게 떠지고, 입은 딱 벌어졌다. 틀림없는 아들이었으나, 옛날과 같은 진수는 아니었다. 양쪽 겨드랑이에 지팡이를 끼고 서 있는데, 스쳐가는 바람결에 한쪽 바짓가랑이가 펄럭거리는 것이 아닌가. 만도는 눈앞이 노래지는 것을 어찌지 못했다. 한참 동안 그저 멍멍하기만 하다 코허리가 찡해지면서 두 눈에 뜨거운 것이 핑 도는 것이었다.

"에라이, 이놈아!"

만도의 입술에서 모질게 튀어나온 첫마디였다. 떨리는 목소리였다. 고등어를 든 손이 불끈 주먹을 쥐고 있었다.

"이기 무슨 꼴이고, 이기?"

"아부지!"

"이놈아, 이놈아⋯⋯."

만도의 들창코가 크게 벌름거리다가 훌쩍 물코를 들이마셨다. 진수의 두 눈에서는 어느 결에 눈물이 꾀죄죄하게 흘러내리고 있었다. 만도는 모든 게 진수의 잘못이기나 한 듯 험한 얼굴로,

"가자, 어서!"

무뚝뚝한 한마디를 던지고는 성큼성큼 앞장을 서 가는 것이었다.

〈중략〉

개천 둑에 이르렀다. 외나무다리가 놓여 있는 그 시냇물이다. 진수는 슬그머니 걱정이 되었다. 물은 그렇게 깊은 것 같지 않지만, 밑바닥이 모래흙이어서 지팡이를 짚고 건너가기가 만만할 것 같지 않기 때문이다. 외나무다리 위로는 도저히 건너갈 재주가 없고⋯⋯. 진수는 하는 수 없이 둑에 퍼지고 앉아서 바짓가랑이를 걷어 올리기 시작했다. 만도는 잠시 멀뚱히 서서 아들의 하는 양을 내려다보고 있다가,

"진수야, 그만두고 자아, 업자."

하는 것이었다.

"업고 건너면 일이 다 되는 거 아니가. 자아, 이거 받아라."

고등어 묶음을 진수 앞으로 민다.

"⋯⋯."

진수는 퍽 난처해하면서, 못 이기는 듯이 그것을 받아 들었다. 만도는 등어리¹⁾를 아들 앞에 갖다 대고 하나밖에 없는 팔을 뒤로 버쩍 내밀며,

"자아, 어서!"

진수는 지팡이와 고등어를 각각 한 손에 쥐고, 아버지의 등어리로 가서 슬그머니 업혔다. 만도는 팔뚝을 뒤로 돌리면서 아들의 하나뿐인 다리를 꼭 안았다. 그리고,

"팔로 내목을 감아야 될끼다."

했다. 진수는 무척 황송한 듯 한쪽 눈을 찍 감으면서, 고등어와 지팡이를 든 두 팔로 아버지의 굵은 목줄기²⁾를 부둥켜안았다. 만도는 아랫배에 힘을 주며, '끙!' 하고 일어났다. 아랫도리가 약간 후들거렸으나, 걸어갈 만은 했다. 외나무다리 위로 조심조심 발을 내디디며 만도는 속으로,

'이제 새파랗게 젊은 놈이 벌써 이게 무슨 꼴이고? 세상을 잘못 만나서 진수 니 신세도 참 똥이다, 똥!'

이런 소리를 주워섬겼고³⁾, 아버지의 등에 업힌 진수는 곧장 미안스러운 얼굴을 하며,

'나꺼정 이렇게 되다니 아부지도 참 복도 더럽게 없지. 차라리 내가 죽어 버렸더라면 나았을 낀데⋯⋯.'

하고 중얼거렸다.

㉠ 만도는 아직 술기가 약간 있었으나, 용케 몸을 가누며 아들을 업고 외나무다리를 조심조심 건너가는 것이었다. 눈앞에 우뚝 솟은 용머리재가 이 광경을 가만히 내려다보고 있었다.

 – 하근찬, 「수난이대」 –

1) 등어리: '등'의 방언.
2) 목줄기: '목덜미'의 방언.
3) 주워섬기다: 들은 대로 본 대로 이러저러한 말을 아무렇게나 늘어놓다.

11 윗글에 나타난 인물들의 심리 상태로 적절하지 <u>않은</u> 것은?

① 만도는 처음에 진수의 모습을 보고 매우 놀란다.
② 진수는 만도가 자신을 업는 것에 대해 미안해한다.
③ 만도는 현재 진수의 상황에 대해 안타까워하고 있다.
④ 진수는 자신을 외면하는 만도에게 증오심을 느끼고 있다.

12 윗글에서 알 수 있는 내용으로 적절하지 <u>않은</u> 것은?

① 만도는 진수의 아버지이다.
② 진수는 외나무다리를 보고 난감해한다.
③ 진수는 지팡이를 내려놓고 만도의 등에 업혔다.
④ 만도는 한쪽 팔이 없고, 진수는 한쪽 다리가 없다.

13 윗글의 내용을 고려할 때, ㉠에 대한 설명으로 가장 적절한 것은?

① 만도와 진수의 대립 양상을 드러낸다.
② 현실을 회피하려는 만도의 심정을 강조한다.
③ 등장인물이 난관을 극복해 나가는 모습을 보여 준다.
④ 현재 상황에 대한 인물들의 냉소적인 태도를 암시한다.

[14~16]

다음 글을 읽고 물음에 답하시오.

> 먼 훗날 당신이 찾으시면
> 그때에 내 말이 '잊었노라'
>
> 당신이 속으로 나무라면
> '무척 그리다가 잊었노라'
>
> 그래도 당신이 나무라면
> '믿기지 않아서 잊었노라'
>
> 오늘도 어제도 아니 잊고
> 먼 훗날 그때에 '잊었노라'
>
> — 김소월, 「먼 후일」 —

14 윗글에 대한 설명으로 가장 적절한 것은?

① 의인화한 소재들을 나열하고 있다.

② 시적 상황을 가정하여 표현하고 있다.

③ 의문문의 형식을 사용하여 표현하고 있다.

④ 화자의 감정을 자연물에 이입시키고 있다.

15 윗글에서 운율을 형성하는 요소로 적절하지 <u>않은</u> 것은?

① 각 행을 세 마디로 끊어 읽을 수 있다.

② 각 연을 동일한 글자로 시작하고 있다.

③ 동일한 시어를 반복적으로 사용하고 있다.

④ 유사한 문장 구조가 여러 번 나타나고 있다.

16 윗글에 나타난 화자의 주된 정서로 가장 적절한 것은?

① 임에 대한 그리움

② 이웃에 대한 연민

③ 이상향에 대한 동경

④ 자신에 대한 부끄러움

[17~19]

다음 글을 읽고 물음에 답하시오.

북곽 선생이 소스라치게 놀라 달아나는데, 혹 사람들이 ㉠ <u>자기</u>를 알아볼까 겁을 먹고는 한 다리를 목에 걸어 귀신 춤을 추고 귀신 웃음소리를 내었다. 문을 박차고 달아나다가 그만 들판의 움 속에 빠졌는데, 그 안에는 똥이 그득 차 있었다. 겨우 버둥거리며 붙잡고 나와 머리를 내밀고 살펴보니 이번엔 범이 앞길을 막고 떡 버티고 서 있다. 범이 얼굴을 찌푸리며 구역질을 하고, 코를 가리고 머리를 돌리면서 한숨을 쉬며,

"㉡ 선비, 어이구. 지독한 냄새로다."

하였다. 북곽 선생은 머리를 조아리고 엉금엉금 기어서 앞으로 나가 세 번 절하고 꿇어앉아 머리를 들며,

"범님의 덕이야말로 참으로 지극합니다. 군자들은 범의 빠른 변화를 본받고, 제왕은 범의 걸음걸이를 배우며, 사람의 자제들은 범의 효성을 본받고, 장수들은 범의 위엄을 취합니다. 범의 이름은 신령한 용과 함께 나란하여, 구름은 용을 따르고 바람은 범을 따릅니다. 인간 세상의 천한 사람이 감히 범님의 영향 아래에 있습니다."

하니 범이 호통을 치며,

"가까이 오지도 마라. ㉢ 내 일찍이 들으매 선비 유 자는 아첨 유 자로 통한다더니 과연 그렇구나. 네가 평소에는 천하의 나쁜 이름이란 이름은 모두 끌어모아다가 함부로 우리 범에게 덮어씌우더니, 이제 사정이 급해지니까 면전에서 낯간지러운 아첨을 하는구나. 그래, 누가 네 말을 곧이듣겠느냐?"

〈중략〉

북곽 선생은 자리를 옮겨 엎드리고 엉거주춤 절을 두 번하고는 머리를 거듭 조아리며,

"옛글에 이르기를, '비록 악한 사람이라도 목욕재계[1]하면 하느님도 섬길 수 있다.'라고 했으니, ㉣ 이 천한 신하, 감히 범 님의 다스림을 받고자 합니다."

하고는 숨을 죽이고 가만히 들어 보나, 오래도록 범의 분부가 없었다. 두렵기도 하고 황송하기도 하여 손을 맞잡고 머리를 조아리며 우러러 살펴보니, 날이 밝았고 범은 이미 가 버렸다.

[A] ┌ 아침에 김을 매러 가는 농부가 있어서,
    │ "북곽 선생께서 어찌하여 이른 아침부터 들판에 절을 하고 계십니까?"
    │ 하고 물으니 북곽 선생은,
    │ "내가 『시경』[2]에 있는 말을 들었으니, '하늘이 높다 이르지만 감히 등을 굽히지 않을 수 없고 땅이 두텁다 이르지만 살금살금 걷지 않을 수 없네.' 하였다네."
    └ 라며 대꾸했다.

> — 박지원, 「호질」 —

1) 목욕재계: 부정(不淨)을 타지 않도록 깨끗이 목욕하고 몸가짐을 가다듬는 일.

2) 『시경』: 오경(五經)의 하나. 중국 최고(最古)의 시집으로, 주나라 초부터 춘추 시대까지의 시 311편을 수록함.

17 윗글의 내용으로 적절하지 <u>않은</u> 것은?

① 북곽 선생은 귀신 춤을 추며 달아났다.
② 북곽 선생의 몸에서는 지독한 냄새가 풍겼다.
③ 범은 북곽 선생의 말을 곧이곧대로 받아들였다.
④ 범은 북곽 선생에게 인사도 없이 사라져 버렸다.

18 [A]에 드러난 '북곽 선생'의 태도로 가장 적절한 것은?

① 허세를 부리고 있다.
② 농부를 칭찬하고 있다.
③ 잘못을 자책하고 있다.
④ 범에게 고마워하고 있다.

19 ㉠~㉣ 중 가리키는 대상이 나머지와 <u>다른</u> 것은?

① ㉠   ② ㉡
③ ㉢   ④ ㉣

[20~22]
다음 글을 읽고 물음에 답하시오.

[A]
해양 쓰레기의 60에서 80퍼센트는 플라스틱이 차지하고 있다. 플라스틱 쓰레기는 바다를 떠다니다가 잘게 부서져 새와 바다거북, 돌고래와 같은 동물들에게 해를 끼치고 있다. (㉠) 흉물스럽게 버려진 플라스틱 쓰레기는 자연 경관을 해쳐 관광 산업에도 피해를 주며, 선박의 안전도 위협한다. 그뿐만 아니라, 사람의 눈에 잘 보이지 않는 미세 플라스틱은 물고기의 내장이나 싱싱한 굴 속에도 유입되어 우리의 식탁에 오른다. 결국은 우리의 건강까지 위협하는 것이다.

지질 시대에 만들어진 석유는 지구가 매우 오랜 기간에 걸쳐 만들어 낸 소중한 자원이다. 하지만 우리는 이 소중한 석유를 겨우 10분가량 사용할 플라스틱으로 만들었다가, 다시 수백 년 동안 분해되지 않는 쓰레기로 만들고 있다. 길바닥에 나뒹구는 쓰레기로, 바다를 떠다니는 해양 쓰레기로, 매립장에 가득 쌓인 쓰레기로 말이다. 지금까지 사람들이 만들어 낸 모든 플라스틱 쓰레기는 썩지 않고 이 지구 어딘가에 존재하고 있다. 그런데도 계속해서 플라스틱을 이렇게 편하게 쓰고 쉽게 버려도 될까? 손이 닿는 곳이면 어디에나 있는 플라스틱을 전혀 사용하지 않고 생활하기는 어렵겠지만, 줄일 수 있다면 줄여 보자. 특히 짧은 시간 사용하고 버리는 일회용 플라스틱 제품은 더더욱 선택하지 말자.

– 박경화, 「플라스틱은 전혀 분해되지 않았다」–

20 윗글에서 알 수 있는 글쓴이의 핵심 주장으로 가장 적절한 것은?

① 일회용품을 많이 사용하자.
② 국내외의 해양 생물을 보호하자.
③ 플라스틱의 생산을 전면 금지하자.
④ 플라스틱 사용을 줄이려고 노력하자.

21 다음은 윗글의 [A]를 정리한 내용이다. ㉮에 들어갈 수 <u>없는</u> 것은?

> • 플라스틱 쓰레기로 인한 다양한 문제점
>   – 플라스틱 쓰레기는 [㉮]

① 쉽게 분해되어 토양을 오염시킨다.
② 자연 경관을 해쳐 관광 산업에 피해를 준다.
③ 바다거북, 돌고래와 같은 동물들에게 해를 끼친다.
④ 해산물에 유입되어 식탁에 올라 인간의 건강을 위협한다.

22 ㉠에 들어갈 말로 적절한 것은?

① 결코   ② 또한
③ 그렇지만   ④ 왜냐하면

[23~25]

다음 글을 읽고 물음에 답하시오.

소리를 들으면 모양이나 색깔을 보는 사람들이 있어요. 바로 공감각자들이지요. 공감각이란 어떤 하나의 감각이 다른 영역의 감각을 일으키는 것을 말해요.

영국 화가 데이비드 호크니의 그림 「풍덩」을 감상하면 공감각을 이해할 수 있습니다. 호크니는 수영장에서 다이빙할 때 들리는 '풍덩' 소리를 그림에 표현했거든요. 귀로 듣는 '풍덩' 소리를 어떻게 눈으로 보게 했을까요? 색채와 기법, 구도 등 여러 요소로 조화를 이루어 그것을 가능하게 했지요.

먼저 (㉠)을/를 살펴볼까요? 수영장의 파란색 물과 다이빙 보드의 노란색이 무척 선명하게 보이는군요. 유화 물감 대신 아크릴 물감을 사용했기 때문이지요. 아크릴 물감은 유화 물감보다 빨리 마르고 색채도 더 선명하고 강렬합니다.

다음은 기법입니다. 물보라가 ㉡일어나는 부분만 붓으로 흰색을 거칠게 칠하고 다른 부분은 롤러를 사용해 파란색으로 매끈하게 칠했네요. 선명한 아크릴 물감, 거칠고 매끈한 붓질의 대비가 다이빙할 때의 '풍덩' 소리와 물보라를 강조하고 있지요.

끝으로 구도인데요. 캘리포니아의 집, 수영장의 수평선, 다이빙 보드의 대각선이 야자수 줄기의 수직선과 대비를 이루네요. 거실 유리창에는 맞은편 건물이 비치고요. 한낮의 눈부신 햇살과 무더위, 정적을 나타낸 것이지요.

– 이명옥, 「그림에서 들려오는 소리」 –

23 윗글에서 알 수 있는 데이비드 호크니의 그림 〈풍덩〉에 대한 설명으로 적절한 것은?

① 파도가 치는 소리를 그림에 표현했다.
② 유화 물감을 사용하여 색을 선명하게 표현했다.
③ 롤러를 사용해 물보라를 노란색으로 매끈하게 칠했다.
④ 수영장의 수평선이 야자수 줄기의 수직선과 대비를 이룬다.

24 ㉠에 들어갈 단어로 적절한 것은?

① 색채   ② 소리
③ 질감   ④ 향기

25 밑줄 친 부분이 ㉡과 같은 의미로 쓰인 것은?

① 나는 오늘 아침 일찍 일어났다.
② 물에 세제를 풀자 거품이 일어났다.
③ 민수가 외출하기 위해 자리에서 일어났다.
④ 그는 감기에 걸렸지만 금방 털고 일어났다.

2024년도 제2회 기출문제
정답 및 해설 20쪽

01 다음은 84를 소인수분해하는 과정을 나타낸 것이다. 84를 소인수분해한 것은?

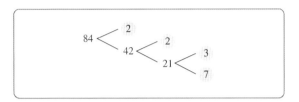

① 3×7 ② $2 \times 3 \times 7$
③ $2^2 \times 3 \times 7$ ④ $2^3 \times 3 \times 7$

02 다음 중 수의 대소 관계가 옳은 것은?

① $-4 > -3$ ② $-\dfrac{1}{2} < \dfrac{5}{2}$
③ $0 > (-3)^2$ ④ $5 < 4$

03 그림은 밑변의 길이가 $6 \, \text{cm}$이고 높이가 $a \, \text{cm}$인 직각삼각형이다. 이 직각삼각형의 넓이를 문자를 사용하여 나타낸 식으로 옳은 것은?

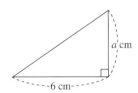

① $\dfrac{(6+a)}{2} \, \text{cm}^2$ ② $\dfrac{(6 \times a)}{2} \, \text{cm}^2$
③ $(6+a) \, \text{cm}^2$ ④ $(6 \times a) \, \text{cm}^2$

04 일차방정식 $3x - 5 = 3 + x$의 해는?

① 1 ② 2
③ 3 ④ 4

05 다음은 어느 학생이 집으로부터 $5 \, \text{km}$ 떨어진 도서관까지 자전거를 타고 가는 동안 시간에 따른 이동 거리를 나타낸 그래프이다. 이 학생이 집을 출발한 후 10분 동안 이동한 거리는?

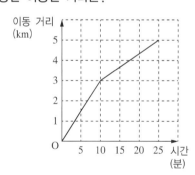

① $1 \, \text{km}$ ② $2 \, \text{km}$
③ $3 \, \text{km}$ ④ $4 \, \text{km}$

06 그림과 같이 평행한 두 직선 l, m이 다른 한 직선 n과 만날 때, $\angle x$의 크기는?

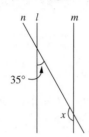

① 135°　　　　② 140°

③ 145°　　　　④ 150°

07 다음은 어느 반 학생 25명의 통학 시간을 조사하여 나타낸 히스토그램이다. 통학 시간이 30분 미만인 학생 수는?

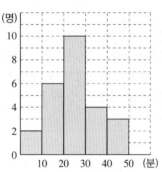

① 18명　　　　② 19명

③ 20명　　　　④ 21명

08 분수 $\dfrac{x}{2^2 \times 7}$를 유한소수로 나타낼 수 있을 때, x의 값이 될 수 있는 가장 작은 자연수는?

① 1　　　　② 3

③ 5　　　　④ 7

09 $(2x^3)^2$을 간단히 한 것은?

① $2x^5$　　　　② $2x^6$

③ $4x^5$　　　　④ $4x^6$

10 $(5a-2b)+(2a+3b)$를 간단히 한 것은?

① $7a-b$　　　　② $7a+b$

③ $8a-b$　　　　④ $8a+b$

11 일차부등식 $5x-20 \geq 0$의 해를 수직선 위에 나타낸 것은?

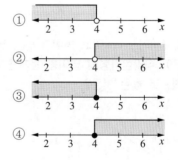

12 그림은 연립방정식 $\begin{cases} x + y = 3 \\ 3x - y = 1 \end{cases}$ 의 해를 구하기 위하여 두 일차방정식의 그래프를 좌표평면 위에 나타낸 것이다. 이 연립방정식의 해는?

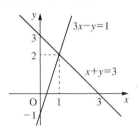

① $x = 0$, $y = 3$ ② $x = 1$, $y = 0$

③ $x = 1$, $y = 2$ ④ $x = 2$, $y = 1$

13 그림과 같이 삼각형 ABC에서 변 BC에 평행한 직선이 두 변 AB, AC와 만나는 점을 각각 D, E라고 하자. $\overline{AC} = 15\,\mathrm{cm}$, $\overline{AD} = 4\,\mathrm{cm}$, $\overline{AE} = 6\,\mathrm{cm}$일 때, x의 값은?

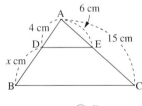

① 6 ② 7

③ 8 ④ 9

14 그림과 같이 1에서 10까지의 자연수가 각각 적힌 공 10개가 들어 있는 주머니가 있다. 이 주머니에서 공 한 개를 꺼낼 때, 4의 배수 또는 6의 배수가 나오는 경우의 수는?

① 1 ② 2

③ 3 ④ 4

15 $7\sqrt{5} - 4\sqrt{5}$ 를 간단히 한 것은?

① $3\sqrt{5}$ ② $4\sqrt{5}$

③ $5\sqrt{5}$ ④ $6\sqrt{5}$

16 이차방정식 $(x - 2)(x + 5) = 0$의 한 근이 -5일 때, 다른 한 근은?

① 1 ② 2

③ 3 ④ 4

17 이차함수 $y = (x-2)^2$의 그래프에 대한 설명으로 옳은 것은?

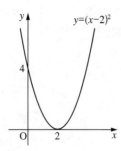

① 위로 볼록이다.
② 점 $(4, 0)$을 지난다.
③ 꼭짓점의 좌표는 $(2, 0)$이다.
④ 직선 $y = 2$를 축으로 한다.

18 그림과 같이 직각삼각형 ABC에서 $\overline{AB} = 10$, $\overline{BC} = 6$, $\overline{CA} = 8$일 때, $\tan B$의 값은?

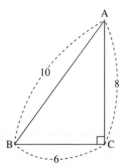

① $\dfrac{3}{5}$
② $\dfrac{3}{4}$
③ $\dfrac{4}{5}$
④ $\dfrac{4}{3}$

19 그림과 같이 원 O 위에 서로 다른 네 점 A, B, C, D가 있다. 호 AB에 대한 원주각 $\angle ABC = 40°$일 때, $\angle ADB$의 크기는?

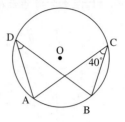

① $40°$
② $45°$
③ $50°$
④ $55°$

20 다음 자료는 학생 4명이 주말 동안 봉사 활동에 참여한 시간을 조사하여 나타낸 것이다. 이 자료의 평균은?

(단위: 시간)

	4 5 7 8	

① 5시간
② 6시간
③ 7시간
④ 8시간

01 다음 밑줄 친 단어의 뜻으로 가장 적절한 것은?

> I feel shy when I speak in front of people.

① 고마운   ② 신나는
③ 피곤한   ④ 부끄러운

02 다음 밑줄 친 두 단어의 의미 관계와 다른 것은?

> Don't make a loud noise in our quiet area.

① rich — poor   ② kind — nice
③ clean — dirty   ④ full — empty

[03~04]
다음 빈칸에 들어갈 말로 가장 적절한 것을 고르시오.

03

> There _____ many wonderful places in Korea.

① are   ② be
③ is   ④ was

04

> I called him yesterday, _____ he didn't answer.

① but   ② of
③ to   ④ with

[05~06]
다음 대화의 빈칸에 들어갈 말로 가장 적절한 것을 고르시오.

05

> A: _____ color do you like more, yellow or blue?
> B: I prefer blue to yellow.

① How   ② Where
③ Which   ④ Why

06

> A: What's the matter, John? Are you okay?
> B: I hurt my back when I lifted a box yesterday.
> A: _____.

① That's too bad
② I'm afraid I can't
③ I look forward to it
④ Turn off the water

07 다음 빈칸에 공통으로 들어갈 말로 가장 적절한 것은?

> ○ Please take a _____ at this picture.
> ○ He will _____ after my dog when I'm away.

① buy   ② look
③ tell   ④ wear

08 다음은 Julia의 내일 일정표이다. 내일 오후 8시에 할 일은?

8:00 a.m.	12:00 p.m.	4:00 p.m.	8:00 p.m.
exercise at the gym	have lunch with Mike	go shopping with Mary	do English homework

① 체육관에서 운동하기
② Mike와 점심 먹기
③ Mary와 쇼핑하기
④ 영어 숙제 하기

09 그림으로 보아 빈칸에 들어갈 말로 가장 적절한 것은?

A: What is the girl doing?
B: She is _____ a ball.

① buying
② kicking
③ throwing
④ washing

10 다음 대화가 끝난 후 오후에 두 사람이 함께 할 일은?

A: Are you free this afternoon?
B: Yeah, why?
A: I was thinking we could go to the library and study together.
B: Okay. That sounds like a good plan.

① 집에서 숙제하기
② 서점에서 책 읽기
③ 학교에서 수업 듣기
④ 도서관에서 공부하기

11 다음 대화의 빈칸에 들어갈 말로 가장 적절한 것은?

A: What should we do for Jane's birthday?
B: Let's have dinner at her favorite restaurant.
A: _____.

① He must be tired
② Nice to meet you
③ That's a good idea
④ It's not your fault

12 다음 대화의 주제로 가장 적절한 것은?

A: Sam, what do you do in your free time?
B: I like watching movies. What about you?
A: I enjoy playing the guitar.

① 여가 활동
② 영화 예매
③ 음악 감상
④ 여행 계획

13 다음 홍보문을 보고 알 수 없는 것은?

Summer Science Camp
○ **Place**: National Science Museum
○ **Date**: August 10th - 11th, 2024
○ To sign up, visit www.sciencecamp.org.
  Meet and learn from real scientists!

① 행사 장소
② 행사 날짜
③ 참가 인원
④ 신청 방법

14 다음 방송의 목적으로 가장 적절한 것은?

> Good evening, ladies and gentlemen. The musical is going to start soon. Please turn off your phones. Also, please avoid taking photos during the show. We hope you have a wonderful time!

① 관람 예절 안내 ② 예매 방법 설명
③ 장소 변경 공지 ④ 출연 배우 소개

15 다음 대화에서 A가 동아리 활동에 참여하지 못하는 이유는?

> A: I won't be able to make it to our club meeting today.
> B: Oh no, I'm sorry to hear that. Why not?
> A: I have a bad cold.

① 감기에 걸려서
② 날씨가 너무 추워서
③ 콘서트에 가야 해서
④ 친구와 약속이 있어서

16 다음 Songkran에 대한 설명과 일치하지 <u>않는</u> 것은?

> Songkran, a big festival in Thailand, is held in April. This festival celebrates the traditional Thai New Year. You can enjoy a big water fight at the festival. You can also try traditional Thai food.

① 태국에서 4월에 열리는 큰 축제이다.
② 태국의 전통적인 새해맞이 행사이다.
③ 축제 기간 동안 소싸움을 즐길 수 있다.
④ 태국 전통 음식을 맛볼 수 있다.

17 다음 글에서 Siberian tiger에 대해 언급된 내용이 <u>아닌</u> 것은?

> The Siberian tiger is the biggest cat in the world. It lives in cold places in eastern Russia. It has orange fur with black stripes. It likes to eat big animals like deer. A hungry tiger can eat almost 30 kilograms in one night.

① 서식지 ② 수명
③ 털 무늬 ④ 먹이

18 다음 글에서 Yumi가 제안한 것으로 가장 적절한 것은?

> These days, I often forget things that I need to do. For example, I forgot to bring my soccer uniform today. I asked Yumi for advice. She suggested making a list of things to do. It might be helpful.

① 축구 연습하기
② 운동복 구매하기
③ 전문가와 상담하기
④ 할 일 목록 작성하기

19 그래프로 보아 빈칸에 들어갈 말로 가장 적절한 것은?

Our Students' Favorite Smartphone Activities

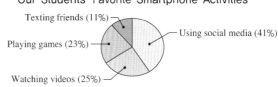

Texting friends (11%)
Using social media (41%)
Playing games (23%)
Watching videos (25%)

> More students at our school like _____ than watching videos on their smartphones.

① using social media
② calling friends
③ playing games
④ texting friends

20 다음 글의 흐름으로 보아 어울리지 <u>않는</u> 문장은?

My favorite season is summer. ① I love going to the beach and playing in the sand. ② Swimming in the sea feels great. ③ I also enjoy eating ice cream to cool down. ④ Earth's ice is melting fast. Summer is the best time to have fun.

21 다음 글에서 밑줄 친 <u>They</u>가 가리키는 것으로 가장 적절한 것은?

Imagine you are on the 10th floor. Can you see ants on the street? Of course not. But eagles can. They are great hunters because of their powerful eyes. <u>They</u> can see rabbits up to 3.2 kilometers away.

① ants   ② eagles
③ rabbits   ④ kilometers

22 다음 글에서 동물원 안전 수칙으로 언급되지 <u>않은</u> 것은?

Zoo Safety Rules:
• Don't feed the animals.
• Don't enter any cages.
• Keep your voice down.

① 먹이 주지 않기
② 사진 찍지 않기
③ 우리에 들어가지 않기
④ 목소리 낮춰 말하기

23 다음 글의 주제로 가장 적절한 것은?

I'll share some tips on how I reduce my stress. First, I go outside for a walk. When I get some fresh air, I feel better. I also listen to my favorite music. It helps me relax. I hope these tips can help you feel less stressed.

① 올바른 걷기 자세
② 대기 오염의 심각성
③ 클래식 음악의 역사
④ 스트레스를 줄이는 방법

24 다음 글을 쓴 목적으로 가장 적절한 것은?

I ordered a black cap from your website on July 3rd. But the cap I got is brown, not black. I'm sending the wrong cap back to you. Please return my money when you receive the brown cap.

① 주문하려고
② 교환하려고
③ 환불을 요청하려고
④ 분실 신고 하려고

25 다음 글의 바로 뒤에 이어질 내용으로 가장 적절한 것은?

We can learn many useful things by reading. Reading good books helps us build thinking skills and understand others' feelings. What kinds of books should we read, then? Here is how to choose the right books.

① 다양한 독서 방법
② 잘못된 의사소통 사례
③ 창의적인 사람의 특징
④ 적절한 책을 고르는 방법

01 ㉠에 들어갈 내용으로 옳은 것은?

> ○ 주제 : (㉠) 차이에 따른 인간 생활
> ○ 사례 : 미국의 실리콘 밸리와 인도는 약 12시간의 시차가 나는데, 이러한 지리적 특성이 인도의 정보 기술 산업 발달에 큰 몫을 하였다. 양쪽의 밤낮이 반대가 되어 작업을 끊임없이 할 수 있기 때문이다.

① 경도   ② 기온
③ 해류   ④ 강수량

02 밑줄 친 ㉠에 해당하는 기후는?

> ○○에게, 오늘도 ㉠ 이곳은 덥단다.
> 사회 선생님께서 ㉠ 이곳은 가장 추운 달의 평균 기온이 18℃ 이상이고 연중 덥고 습하다고 하셨어. 하지만 괜찮아! 낮에 쏟아진 스콜이 더위를 식혀 주니까.

① 냉대 기후   ② 한대 기후
③ 지중해성 기후   ④ 열대 우림 기후

03 지도에 표시된 (가) 지역에 대한 설명으로 적절하지 않은 것은?

① 용암 동굴인 만장굴이 있다.
② 화강암 산지인 설악산이 있다.
③ 작은 화산체인 오름이 분포한다.
④ 화산 지형인 성산 일출봉이 있다.

04 ㉠에 들어갈 내용으로 가장 적절한 것은?

> ○ 건조 기후 지역은 강수량보다 증발량이 많아 (㉠) 이/가 부족한 현상이 나타난다.
> ○ 국제 하천 주변의 일부 국가들은 용수 확보를 위해 (㉠)을/를 둘러싼 갈등을 겪고 있다.

① 슬럼   ② 해식애
③ 현무암   ④ 물 자원

05 다음에서 설명하는 것은?

> 국경을 넘어 제품 기획과 생산, 판매 활동을 하는 기업으로 두 개 이상의 국가에 자회사, 영업소, 생산 공장을 운영함.

① 노동조합   ② 민주주의
③ 석회동굴   ④ 다국적 기업

06 ㉠에 들어갈 검색어로 옳은 것은?

> ㉠ [검색]
> 검색 결과 행정 기관과 기업의 본사가 밀집되어 있음. 접근성이 좋고 주산에 유동 인구가 많음. 중심 업무 지구가 형성됨.

① 도심   ② 비무장 지대
③ 개발 제한 구역   ④ 세계 자연 유산

07 다음에서 설명하는 환경 문제는?

> 대기 중에 온실가스의 양이 많아지면서 온실 효과가 과도하게 나타나 지구의 평균 기온이 높아지는 현상

① 인구 공동화　　　② 전자 쓰레기
③ 지구 온난화　　　④ 해양 쓰레기

08 다음에서 설명하는 지역화 전략은?

> ○ 사례: 보성 녹차, 성주 참외, 의성 마늘 등
> ○ 의미: 특정 상품을 생산지의 기후와 지형, 토양 등 지역의 자연환경과 독특한 재배 방법으로 생산하고 품질이 우수했을 때 원산지의 지명을 상표권으로 인정하는 제도

① 인플레이션　　　② 생태 발자국
③ 지리적 표시제　　④ 기후 변화 협약

09 다음에서 설명하는 개념은?

> ○ 의미: 지위나 사회 환경의 변화로 다시 새로운 지식과 기술, 생활 양식 등을 배우는 것
> ○ 사례: 직장이 바뀌어서 새로운 지식과 기술을 익히는 것, 우리나라에 이민 온 외국인이 한국 문화를 배우는 것

① 재사회화　　　② 귀속 지위
③ 역할 갈등　　　④ 지방 자치 제도

10 다음에서 강조하는 문화의 속성은?

> 문화는 선천적으로 타고나는 것이 아니라 후천적으로 배우는 것이다. 한국 사람이 한국어로 말할 수 있는 것은 후천적으로 한국어를 배웠기 때문이다.

① 수익성　　　② 안전성
③ 학습성　　　④ 희소성

11 ㉠에 들어갈 내용으로 옳은 것은?

> 국회는 국민이 직접 뽑은 대표들로 구성된 국민의 대표 기관이며, (㉠)을 제정·개정한다.

① 관습　　　② 도덕
③ 법률　　　④ 종교 규범

12 민주 선거의 기본 원칙으로 옳지 <u>않은</u> 것은?

① 비밀 선거　　　② 제한 선거
③ 직접 선거　　　④ 평등 선거

13 다음에서 설명하는 것은?

> ○ 급을 달리하는 법원에서 여러 번 재판을 받을 수 있도록 하는 제도이다.
> ○ 우리나라에서는 일반적으로 하나의 사건에 대해 세 번까지 재판을 받을 수 있다.

① 심급 제도　　　② 선거 공영제
③ 선거구 법정주의　④ 국민 참여 재판 제도

14 표는 라면의 가격에 따른 수요량과 공급량을 나타낸 것이다. 라면의 균형 가격과 균형 거래량은?

가격(원)	1,000	2,000	3,000	4,000
수요량(개)	250	200	150	100
공급량(개)	50	100	150	200

　　　　균형가격　　　　균형거래량
① 1,000원　　　　250개
② 2,000원　　　　100개
③ 3,000원　　　　150개
④ 4,000원　　　　200개

15 다음에서 설명하는 것은?

> 일을 할 수 있는 능력이 있고 일을 하고자 하는 마음도 있지만 일자리가 없어서 일을 하지 못하는 상태

① 신용　　　　② 실업
③ 환율　　　　④ 물가 지수

16 '노동3권' 중 ㉠에 들어갈 내용으로 옳은 것은?

> 헌법 제33조 ① 근로자는 근로 조건의 향상을 위하여 자주적인 단결권·단체 교섭권 및 ㉠ 을 가진다.

① 자유권　　　　② 평등권
③ 국민 투표권　　　　④ 단체 행동권

17 다음 유물을 처음으로 제작한 시대의 생활 모습으로 옳지 <u>않은</u> 것은?

〈주먹도끼〉

① 사냥을 하였다.
② 동굴에서 살았다.
③ 뗀석기를 사용하였다.
④ 철제 농기구를 제작하였다.

18 ㉠에 들어갈 내용으로 옳은 것은?

> 〈학습 주제: ㉠ 의 전개〉
> ○ 시기: 조선 순조, 헌종, 철종 3대 60여 년
> ○ 정치: 일부 유력 가문이 외척의 지위를 이용하여 정치 권력을 독점함
> ○ 사회: 삼정의 문란이 심화됨.

① 골품제　　　　② 세도 정치
③ 제가 회의　　　　④ 병참 기지화 정책

19 ㉠에 해당하는 나라는?

* ㉠ 의 역사

고이왕		무령왕		성왕
주변의 마한 소국 병합	➡	22담로 설치	➡	사비 천도

① 고려　　　　② 백제
③ 옥저　　　　④ 고조선

20 ㉠에 해당하는 인물은?

(㉠)은/는 옛 고구려 장군 출신으로 고구려 유민과 말갈인 일부를 이끌고 지린성 동모산 근처에 도읍을 정하고 발해를 건국하였다.

① 원효   ② 대조영
③ 정약용   ④ 흥선 대원군

21 다음에서 설명하는 역사서는?

고려 인종의 명을 받아 김부식이 유교적 입장에서 편찬한 역사서로, 주로 신라, 고구려, 백제에 대한 역사를 기록하고 있다.

① 천마도   ② 농사직설
③ 삼국사기   ④ 대동여지도

22 ㉠에 들어갈 내용으로 옳은 것은?

〈조선 시대 세종의 업적〉
○ 국방: 4군 6진 개척
○ 문화: 자격루 제작, 훈민정음 창제
○ 정치: 경연의 활성화, (㉠)

① 집현전 설치   ② 화랑도 조직
③ 유신 헌법 제정   ④ 한국 광복군 창설

23 ㉠에 해당하는 나라는?

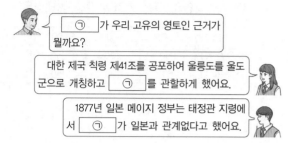

㉠ 가 우리 고유의 영토인 근거가 뭘까요?

대한 제국 칙령 제41조를 공포하여 울릉도를 울도군으로 개칭하고 ㉠ 를 관할하게 했어요.

1877년 일본 메이지 정부는 태정관 지령에서 ㉠ 가 일본과 관계없다고 했어요.

① 독도   ② 강화도
③ 거문도   ④ 제주도

24 ㉠에 해당하는 인물은?

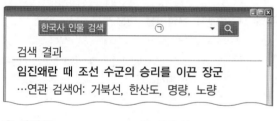

한국사 인물 검색   ㉠   🔍

검색 결과
임진왜란 때 조선 수군의 승리를 이끈 장군
…연관 검색어: 거북선, 한산도, 명량, 노량

① 강감찬   ② 김유신
③ 윤봉길   ④ 이순신

25 다음에서 설명하는 사건은?

○ 배경: 3 · 15 부정 선거(1960년)
○ 과정: 학생과 시민들이 전국적인 시위를 전개함.
○ 결과: 이승만이 대통령직에서 물러남.

① 3 · 1 운동   ② 4 · 19 혁명
③ 6 · 25 전쟁   ④ 광주 학생 항일 운동

01 그림과 같이 수평면에서 물체를 끌어당겨 움직일 때 접촉면에서 물체의 운동 방향과 반대 방향으로 작용하는 힘 A는?

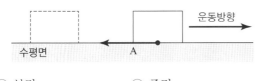

① 부력
② 중력
③ 마찰력
④ 탄성력

02 그림은 횡파의 모습을 나타낸 것이다. ㉠에 해당하는 것은?

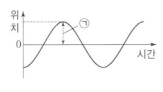

① 주기
② 진폭
③ 파장
④ 진동수

03 표는 니크롬선에 걸리는 전압을 2 V 씩 높이면서 측정한 전류의 세기를 나타낸 것이다. 이 니크롬선의 저항은? (단, 니크롬선을 제외한 모든 저항은 무시한다.)

전압(V)	2	4	6
전류(A)	1	2	3

① 0.5 Ω
② 1 Ω
③ 2 Ω
④ 4 Ω

04 다음 설명에 해당하는 열의 이동 방법은?

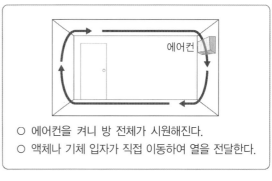

○ 에어컨을 켜니 방 전체가 시원해진다.
○ 액체나 기체 입자가 직접 이동하여 열을 전달한다.

① 단열
② 대류
③ 복사
④ 전도

05 무게가 20 N 인 물체를 지면으로부터 5 m 높이까지 일정한 속력으로 들어 올렸을 때 중력에 대하여 한 일의 양은? (단, 공기의 저항은 무시한다.)

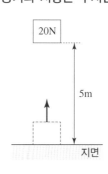

① 25 J
② 50 J
③ 75 J
④ 100 J

06 다음 설명에서 ㉠에 공통으로 해당하는 것은?

○ 물체의 위치 에너지와 운동 에너지의 합을 ㉠ 에너지라고 한다.
○ 공기의 저항이 없으면 자유 낙하하는 물체의 ㉠ 에너지는 일정하다.

① 빛   ② 열
③ 전기   ④ 역학적

07 그림과 같이 피스톤을 눌러 기체의 부피를 변화시켰을 때 주사기 속 기체의 압력과 입자 사이의 거리 변화로 옳은 것은? (단, 온도는 일정하고 기체의 출입은 없다.)

피스톤

	압력	입자 사이의 거리
①	감소	변화 없음
②	감소	증가
③	증가	변화 없음
④	증가	감소

08 그림의 상태 변화 A ~ D 중 쇳물이 식어 단단한 철이 되는 현상에 해당하는 것은?

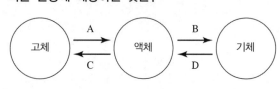

① A   ② B
③ C   ④ D

09 다음 설명에서 ㉠에 공통으로 해당하는 것은?

○ ㉠ 은/는 물질을 이루는 기본 성분이다.
○ 일부 금속 ㉠ 은/는 특정한 불꽃 반응 색을 나타낸다.

① 원소   ② 분자
③ 혼합물   ④ 화합물

10 표는 물질 A ~ D 의 질량과 부피를 나타낸 것이다. 밀도가 가장 큰 것은?

물질	A	B	C	D
질량(g)	10	20	30	50
부피(mL)	10	10	20	20

① A   ② B
③ C   ④ D

11 다음 화학 반응식에서 수소 분자 3개와 질소 분자 1개가 모두 반응할 때 생성되는 암모니아 분자의 개수는?

$$3H_2 + N_2 \rightarrow 2NH_3$$

① 2개   ② 3개
③ 4개   ④ 5개

12 표는 구리가 연소할 때 반응한 구리와 생성된 산화 구리(Ⅱ)의 질량을 나타낸 것이다. ㉠에 해당하는 것은?

구리(g)	4	8	12
산화 구리(Ⅱ)(g)	5	㉠	15

① 8
② 10
③ 12
④ 14

13 다음은 식물의 광합성 과정이다. ㉠에 해당하는 것은?

$$㉠ + 물 \xrightarrow{\text{빛에너지}} 포도당 + 산소$$

① 녹말
② 수소
③ 질소
④ 이산화 탄소

14 다음 설명에 해당하는 생물계는?

> 다른 생물로부터 양분을 얻는 생물 무리로, 버섯과 곰팡이가 포함된다.

① 균계
② 동물계
③ 식물계
④ 원핵생물계

15 생물을 구성하는 단계 중 ㉠에 공통으로 해당하는 것은?

> ○ ㉠ 은/는 생명체를 구성하는 기본 단위이다.
> ○ 모양과 기능이 비슷한 ㉠ 이/가 모여 조직을 이룬다.

① 세포
② 기관
③ 기관계
④ 개체

16 그림의 A~D 중 다음 설명에 해당하는 것은?

> ○ 좌우 두 개의 반구로 이루어져 있다.
> ○ 기억, 추리, 판단, 학습 등의 정신 활동을 담당한다.

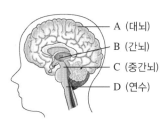

A (대뇌)
B (간뇌)
C (중간뇌)
D (연수)

① A
② B
③ C
④ D

17 다음 설명에서 ㉠에 해당하는 것은?

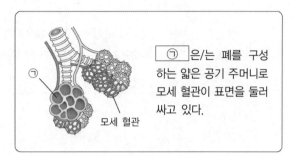

㉠ 은/는 폐를 구성하는 얇은 공기 주머니로 모세 혈관이 표면을 둘러싸고 있다.

① 융털   ② 이자
③ 폐포   ④ 네프론

18 그림은 체세포 분열 과정의 일부를 나타낸 것이다. 전기 단계에서 세포 1개 당 염색체 수가 4개일 때, 1개의 딸세포 A의 염색체 수는? (단, 돌연변이는 없다.)

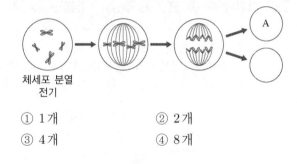

체세포 분열 전기

① 1개   ② 2개
③ 4개   ④ 8개

19 그림은 어느 집안의 특정 형질에 대한 유전자형을 가계도로 나타낸 것이다. ㉠에 해당하는 유전자형은? (단, 돌연변이는 없다.)

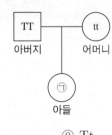

① TT   ② Tt
③ tt   ④ TTtt

20 다음은 지권의 층상 구조에 대한 설명이다. ㉠에 해당하는 것은?

㉠ 은 지구 내부 구조에서 가장 두꺼운 층이고 지구 전체 부피의 약 80%를 차지하고 있다.

① 지각   ② 맨틀
③ 외핵   ④ 내핵

21 다음 현상이 나타나는 원인은?

어느 날 밤 우리나라 북쪽 하늘을 2시간 동안 관찰하였더니 북극성을 중심으로 북두칠성이 시계 반대 방향으로 30° 정도 이동하였다.

① 달의 공전   ② 달의 자전
③ 지구의 공전   ④ 지구의 자전

22 다음 설명에 해당하는 태양계의 행성은?

○ 과거에 물이 흘렀던 흔적이 있다.
○ 얼음과 드라이아이스로 된 극관이 있다.

① 금성　　　　　② 화성
③ 목성　　　　　④ 토성

23 그림은 염분이 $35.0\,\mathrm{psu}$인 해수 $1000\,\mathrm{g}$에 녹아 있는 염류의 양을 나타낸 것이다. ㉠에 해당하는 염류는?

① 황산 칼슘　　　② 염화 나트륨
③ 염화 마그네슘　④ 황산 마그네슘

24 그림은 기온에 따른 포화 수증기량 곡선을 나타낸 것이다. 공기 A~D 중 포화 상태인 것을 모두 고른 것은?

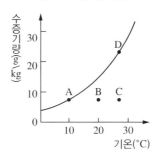

① A, B　　　　　② A, D
③ B, C　　　　　④ C, D

25 표는 별 A~D의 겉보기 등급과 절대 등급을 나타낸 것이다. 지구에서 맨눈으로 보았을 때 가장 밝게 보이는 별은?

별	A	B	C	D
겉보기 등급	−2.0	−1.0	1.0	2.0
절대 등급	1.0	2.0	−2.0	−1.0

① A　　　　　② B
③ C　　　　　④ D

01 ㉠에 들어갈 용어로 가장 적절한 것은?

> (㉠)은/는 옳고 그름을 판단할 수 있는 기준을 제공하고, 옳은 일을 자발적으로 실천할 수 있도록 돕는다.

① 강요
② 도덕
③ 본능
④ 욕망

02 다음 대화에서 교사가 사용한 도덕 원리 검사 방법은?

> 선생님, 제가 새치기를 한 것은 바쁜 일이 있었기 때문이에요.

> 바쁘다고 모든 사람이 새치기를 한다면 어떤 결과가 따르겠니?

학생   교사

① 사실 관계 검사
② 정보 원천 검사
③ 증거 확인 검사
④ 보편화 결과 검사

03 행복한 삶을 위한 좋은 습관을 〈보기〉에서 고른 것은?

> ─── 보기 ───
> ㄱ. 시간을 낭비한다.
> ㄴ. 독서를 생활화한다.
> ㄷ. 사소한 일에도 금방 화를 낸다.
> ㄹ. 건강을 위해 꾸준히 운동을 한다.

① ㄱ, ㄴ
② ㄱ, ㄷ
③ ㄴ, ㄹ
④ ㄷ, ㄹ

04 다음에서 인권의 특징에만 '✓'를 표시한 학생은?

특징	A	B	C	D
• 인간이라면 누구나 누려야 하는 권리	✓	✓		✓
• 누구도 절대 침해해서는 안 되는 권리	✓		✓	✓
• 인종, 성별에 따라 차별할 수 있는 권리		✓	✓	✓

① A
② B
③ C
④ D

05 ㉠에 들어갈 대답으로 적절하지 않은 것은?

> 바람직한 삶의 목적을 설정할 때 고려할 점은 무엇일까?
> ㉠

① 사회에 도움을 줄 수 있어야 해.
② 그 자체로 의미 있고 옳은 것이어야 해.
③ 돈을 많이 벌 수 있다면 법을 어겨도 돼.
④ 다른 사람에게 고통과 피해를 주지 않아야 해.

06 다음에서 설명하는 폭력의 유형은?

> 수치심을 느끼게 하는 사진, 동영상을 인터넷이나 사회 관계망 서비스(SNS)에 퍼뜨리는 행위

① 절도
② 약물 중독
③ 신체 폭력
④ 사이버 폭력

07 도덕 추론 과정에서 ⊙에 들어갈 용어는?

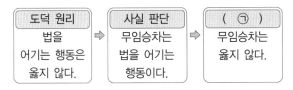

도덕 원리	사실 판단	(⊙)
법을 어기는 행동은 옳지 않다.	무임승차는 법을 어기는 행동이다.	무임승차는 옳지 않다.

① 가치 갈등　　　　② 고정 관념
③ 도덕 판단　　　　④ 이해 조정

08 다음 퀴즈에 대한 정답으로 옳은 것은?

'그'는 고대 그리스의 철학자로서 우리가 궁극적으로 추구하는 것은 행복이라고 하였습니다. 행복은 도덕적 행동을 습관화할 때 얻을 수 있음을 강조한 이 사상가는 누구일까요?

① 순자　　　　② 로크
③ 슈바이처　　　　④ 아리스토텔레스

09 다음에서 설명하는 개념은?

친구 사이에서 느끼는 따뜻하고 친밀한 정서적 유대감

① 효　　　　② 우정
③ 경로　　　　④ 자애

10 ⊙에 들어갈 내용으로 적절하지 않은 것은?

탐구 주제: 세계 시민
• 의미: 지구촌의 문제에 관심을 가지고, 이를 해결하기 위해 적극적으로 노력하는 사람
• 세계 시민이 갖추어야 할 도덕적 가치: (⊙)

① 인류애　　　　② 연대 의식
③ 차별 의식　　　　④ 평화 의식

11 이웃과의 관계에서 필요한 도덕적 자세를 〈보기〉에서 고른 것은?

보기
ㄱ. 서로 대화하고 소통한다.
ㄴ. 서로 양보하는 자세를 갖는다.
ㄷ. 갈등이 생기면 자신의 이익만을 내세운다.
ㄹ. 상호 간에 관심을 갖고 사생활을 침해한다.

① ㄱ, ㄴ　　　　② ㄱ, ㄹ
③ ㄴ, ㄷ　　　　④ ㄷ, ㄹ

12 정보 통신 매체 활용을 위한 덕목으로 적절하지 않은 것은?

① 절제　　　　② 존중
③ 책임　　　　④ 해악

13 (가)에 들어갈 인물은?

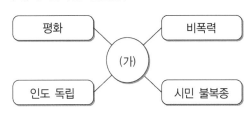

평화 — (가) — 비폭력
인도 독립 — (가) — 시민 불복종

① 간디　　　　② 공자
③ 노자　　　　④ 칸트

14 다문화 사회에서의 바람직한 태도로 적절한 것은?

① 우리 문화만을 고집한다.
② 인류의 보편적 가치를 추구한다.
③ 다른 문화에 대해 편견을 갖는다.
④ 문화가 다르다는 이유로 차별한다.

15 ㉠에 들어갈 내용으로 적절하지 <u>않은</u> 것은?

① 미움과 원한 표출하기
② 용서와 사랑 실천하기
③ 감정과 욕구 조절하기
④ 몸과 마음 건강하게 하기

16 교사의 질문에 적절한 대답을 한 학생은?

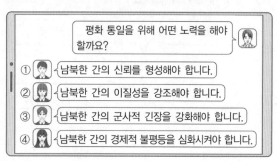

17 평화적 갈등 해결 방법을 〈보기〉에서 고른 것은?

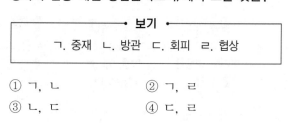

① ㄱ, ㄴ   ② ㄱ, ㄹ
③ ㄴ, ㄷ   ④ ㄷ, ㄹ

18 다음은 서술형 평가 문제와 학생 답안이다. 밑줄 친 ㉠~㉢ 중 적절하지 <u>않은</u> 것은?

문제: 과학 기술의 바람직한 활용 방안을 서술하시오.
〈학생 답안〉
　　과학 기술을 활용할 때는 ㉠ 인간 존엄성과 인권 향상에 기여해야 하며, ㉡ 무분별한 과학 지상주의를 지양해야 한다. 또한 ㉢ 인간의 복지를 증진하는 방향인지 숙고하며, ㉣ 미래 세대는 제외하고 현재 세대에 미치는 영향만을 고려해야 한다.

① ㉠   ② ㉡
③ ㉢   ④ ㉣

19 다음에서 설명하는 용어는?

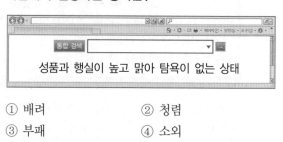

① 배려   ② 청렴
③ 부패   ④ 소외

20 통일 한국이 추구해야 할 가치에 해당하지 <u>않는</u> 것은?

① 독재　　　　　② 민주
③ 자주　　　　　④ 정의

21 나음에 해당하는 국제 사회의 문제는?

> 세계 각국은 지구 온난화 방지를 위해 온실가스 배출량을 제한하고, 해로운 쓰레기가 국제적으로 이동하는 것을 규제하는 협약을 체결했다.

① 빈부 격차　　　　② 성 상품화
③ 종교 갈등　　　　④ 환경 파괴

22 (가)에 들어갈 내용으로 적절한 것은?

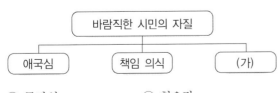

① 무관심　　　　② 혐오감
③ 참여 의식　　　④ 특권 의식

23 도덕적 성찰의 방법으로 적절하지 <u>않은</u> 것은?

좌우명을 정하고 삶의 지침으로 삼을 수 있어.	자신을 돌이켜 보는 명상을 할 수 있어.	자신의 나쁜 습관을 반복하고자 다짐할 수 있어.	자신의 행동을 반성하며 일기를 쓸 수 있어.
학생 1	학생 2	학생 3	학생 4

① 학생 1　　　　② 학생 2
③ 학생 3　　　　④ 학생 4

24 바람직한 국가의 역할로 옳은 것만을 〈보기〉에서 모두 고른 것은?

> ━━━ 보기 ━━━
> ㄱ. 공정한 법과 제도 마련
> ㄴ. 국민의 생명과 재산 보호
> ㄷ. 사회적 차별과 갈등 조장
> ㄹ. 인간다운 삶을 위한 복지 제도 운영

① ㄱ, ㄴ　　　　② ㄴ, ㄷ
③ ㄷ, ㄹ　　　　④ ㄱ, ㄴ, ㄹ

25 환경 친화적 삶을 위한 실천 태도로 적절하지 <u>않은</u> 것은?

① 일회용품 사용 줄이기
② 식사 후 음식 많이 남기기
③ 가까운 거리를 이동할 때 걷기
④ 사용하지 않는 전기 플러그 뽑아 두기

아이들이 답이 있는 질문을 하기 시작하면 그들이 성장하고 있음을 알 수 있다.

-존 J. 플롬프-

중·졸·검·정·고·시

2023년도

01 다음 대화에서 ㉠에 담긴 '나윤'의 의도로 적절한 것은?

> 강현: 나윤아, 다음 주에 학생회에서 자선 바자회 행사를 주최한다고 하는데, 우리 반이 참가할 필요가 있을까?
> 나윤: 응, 바자회 행사의 의의를 생각하면 참가하는 게 좋을 거 같아.
> 강현: 왜 그렇게 생각해? 수익금을 학급비로 쓸 수 있게 해 주는 것도 아니라던데.
> 나윤: 바자회에서 쓰지 않는 물건을 서로 사고팔면, 자원도 재활용되고 저렴한 가격에 물건을 구입해서 좋잖아. 수익금을 학급비로 쓸 수는 없지만 그걸로 불우이웃을 도울 예정이래. ㉠ 그러니 바자회에 참가하는 게 좋지 않겠니?
> 강현: 네 말을 듣고 보니 그렇네. 나도 집에 가서 바자회에 낼 만한 물건을 찾아봐야겠어.

① 감사   ② 설득
③ 위로   ④ 칭찬

02 다음과 같이 말하였을 때, 공감하며 반응한 대화로 가장 적절한 것은?

> 나 이번에 진짜 열심히 공부했는데 시험을 너무 못 봤어. 내 장래 희망을 이루기 위해서는 성적을 올려야 하는데 오히려 떨어졌어. 어떡하지?

① 지나간 시험을 말해서 뭐 하냐? 시험은 끝났으니까 그만 얘기해.
② 그랬구나. 열심히 준비했는데 결과가 좋지 않아서 너무 속상하겠다.
③ 이번 시험 쉬웠는데, 넌 공부를 했는데도 성적이 떨어졌다니 이해가 안 된다.
④ 아이참, 너 때문에 나까지 우울해진다. 나 배고프니까 떡볶이나 먹으러 가자.

03 다음에서 설명하는 언어의 특성에 해당하는 예로 적절하지 **않은** 것은?

> 언어는 시간의 흐름에 따라 새로 생기거나, 소리나 뜻이 변하거나, 예전에 사용하던 말이 사라지기도 한다.

① '스마트폰'은 새로운 물건이 만들어지면서 새로 생긴 말이다.
② '어리다'는 의미가 '어리석다'에서 '나이가 적다'로 변하였다.
③ '천(千, 1000)'을 뜻하는 고유어 '즈믄'은 현재 거의 쓰이지 않는다.
④ 우리가 '나비[나비]'라고 부르는 곤충을 영어에서는 'butterfly[버터플라이]'라고 부른다.

04 밑줄 친 모음이 사용된 단어는?

> 국어의 모음에는 발음할 때 입술이나 혀가 고정되어 움직이지 않는 단모음과, 입술 모양이나 혀의 위치가 달라지는 <u>이중 모음</u>이 있다.

① 개미   ② 나라
③ 수레   ④ 예의

05 다음 규정에 맞게 발음하지 **않은** 것은?

> ■ 표준 발음법 ■
> [제10항] 겹받침 'ㄳ', 'ㄵ', 'ㄼ, ㄽ, ㄾ', 'ㅄ'은 어말 또는 자음 앞에서 각각 [ㄱ, ㄴ, ㄹ, ㅂ]으로 발음한다.

① 넓다[넙따]   ② 앉다[안따]
③ 없다[업따]   ④ 핥다[할따]

06 밑줄 친 품사의 특성으로 가장 적절한 것은?

> ○ 가을 하늘이 <u>파랗다</u>.
> ○ <u>예쁜</u> 동생이 태어났다.
> ○ 아이들이 <u>즐겁게</u> 뛰놀고 있다.

① 사물의 이름을 나타낸다.
② 대상의 움직임을 나타낸다.
③ 대상의 상태나 성질을 나타낸다.
④ 놀람, 느낌, 부름, 대답을 나타낸다.

07 밑줄 친 부분의 문장 성분이 ⊙과 같은 것은?

> ⊙ <u>하얀</u> 꽃잎이 바닥에 쌓였다.

① 꽃이 <u>활짝</u> 피었다.
② 동생이 <u>우유를</u> 마신다.
③ 소년은 <u>어른이</u> 되었다.
④ 가을은 <u>독서의</u> 계절이다.

08 밑줄 친 부분의 표기가 바른 것은?

① 어서 <u>오십시요</u>.
② 손을 <u>깨끗히</u> 씻자.
③ 나는 <u>몇일</u> 동안 책만 읽었다.
④ 그가 배낭을 <u>메고</u> 공원에 간다.

[09~10]

다음 글을 읽고 물음에 답하시오.

> 그날은 가만히 있어도 땀이 날 정도로 무척 더웠다. 나는 빨리 집에 들어가 씻고 싶다는 생각뿐이었다. 나는 걸음을 재촉하여 집 근처에 도착하였다.
> [A] ⎡ 그런데 골목길 한 구석에서 주인을 잃은 강아지가 나를 애처롭게 바라보고 있었다. 모르는 척 집에 들어가려고 했지만 문득 떠오른 병아리 '민들레' 때문에 나는 발을 뗄 수 없었다.
> 초등학교 2학년 때, 어느 따스한 봄날이었다. 학교 앞에서 한 할머니께서 병아리를 ⊙ <u>파는</u> 것을 보았다. 노란 털로 ⓒ <u>덥여</u> 있는 병아리가 정말 귀여웠다. ⓒ <u>병아리는 아직 다 자라지 않은 어린 닭으로 닭의 새끼를 말한다.</u> 나는 병아리를 키우게 해 달라고 엄마를 졸랐다. 내가 너무 간절하였기 때문인지 처음에는 반대하셨던 엄마도 ⓔ <u>절대</u> 허락해 주셨고, 그렇게 해서 나와 병아리 '민들레'의 인연이 시작되었다.

09 다음은 [A]를 영상으로 만들기 위한 계획이다. ㉮에 들어갈 구성 요소로 알맞은 것은?

번호	장면 그림	구성 요소	내용
S#1		장면 내용	강아지가 소녀를 바라보고 있음
		배경 음악	잔잔한 분위기의 음악
		㉮	힘없는 강아지 소리

① 대사
② 효과음
③ 내레이션
④ 촬영 방법

10 ⊙~ⓔ에 대한 고쳐쓰기 방안으로 적절하지 <u>않은</u> 것은?

① ⊙: 높임 표현이 잘못되었으므로 '파시는'으로 고친다.
② ⓒ: 맞춤법에 어긋나므로 '덮여'로 고친다.
③ ⓒ: 글의 통일성을 해치므로 삭제한다.
④ ⓔ: 문장 호응이 맞지 않으므로 '결코'로 바꾼다.

[11~13]

다음 글을 읽고 물음에 답하시오.

> "아름아, 뭐하니?"
> 어머니가 문 사이로 고개를 디밀었다.
> '헉, 깜짝이야.'
> 나는 짜증을 냈다.
> "엄마! 노크!"
> 어머니는 '아차.' 하다, 도리어 큰소리를 냈다.
> "노크는 무슨 노크. 지금 방송 시작하는데, 안 봐?"
> "벌써 할 때 됐어요?"
> "응, 광고하고 있어. 빨리 나와."
> 나도 방송국 웹사이트에 들어가 예고편을 봤다. 설렘과 어색함, 신기함과 민망함이 섞여 복잡한 마음이 들었지만, 사실 동영상을 보고 제일 먼저 든 생각은 이거였다.
> '아, 나는 저거보단 훨씬 괜찮게 생겼는데…….'
> 카메라에 비친 내 모습이 실제보다 못해 억울하고 섭섭한 거였다. 연예인들도 실제로 보면 두 배는 더 예쁘고 멋지다는데, 아마 이런 경우를 두고 하는 말인 듯했다. 그러니 일반인들은 오죽할까. 더구나 방송 한 번에 이리 심란한 기분이라니, 연예인이 되려면 자기를 보통 좋아하지 않고선 힘들겠구나 싶은 마음도 들었다. 문밖에 선 어머니가 "근데" 하고 덧붙였다.
> "왜 그렇게 놀라? 뭐 이상한 거 보고 있었던 거 아냐?"
> 나는 부루퉁히 궁얼댔다.
> "내가 뭐 아빤 줄 아나……."
> 어머니가 눈을 동그랗게 뜨고 다그쳤다.
> "아빠? 아빠가 그래?"
> 나는 그렇긴 뭐가 그렇냐며, 곧 나갈 테니 얼른 문 닫으라 핀잔을 줬다. 어머니는 끝까지 의심을 거두지 못한 얼굴로 자리를 떴다. 나는 인터넷 뉴스 창을 닫고, 방송국 홈페이지에 들어가 동영상을 한 번 더 돌려 봤다.
> "실제 나이 17세. 신체 나이 80세. 누구보다 빨리 자라, 누구보다 아픈 아이 아름. 각종 합병증에 시달리면서도 웃음을 잃지 않는 아름에게 어느 날 시련이 닥쳐오는데……."
> 다시 봐도 낯선 영상이었다. 17. 80. 합병증. 웃음……. 하나하나 짚어 보면 다 맞는 말인데, 그게 그렇게 알뜰하게 배열된 걸 보니 사실이 사실 같지 않았다.
> '괜히 하자고 한 걸까?'
> 막상 완성된 영상이 전파를 타고 전국에 송출될 생각을 하니 걱정스러웠다. 내가 모르는 이들에게 나를 보여 준다는 게 언짢기도 했다. 정확한 건 본방송이 끝난 후에 알게 될 터였다.
>
> – 김애란, 『두근두근 내 인생』 –

11 윗글의 서술상 특징으로 가장 적절한 것은?

① 이야기의 진행에 따라 서술자가 달라진다.
② 서술자가 모든 인물의 속마음을 알고 있다.
③ 서술자인 '나'가 자신의 생각을 직접 이야기한다.
④ 작품 밖 서술자가 인물의 행동을 관찰하고 있다.

12 '아름'의 심리에 대한 설명으로 적절하지 않은 것은?

① 노크하지 않은 엄마에게 짜증이 났다.
② 방송 예고편을 보고 마음이 복잡하였다.
③ 영상 속 자신의 모습을 보고 만족하였다.
④ 모르는 사람들이 자신을 볼 것이 언짢았다.

13 다음 감상에 대한 설명으로 가장 적절한 것은?

> 나는 본방송을 앞둔 아름이의 마음이 이해돼. 왜냐하면 나도 퀴즈 프로그램에 출연한 적이 있었거든. 방송 시작 전까지 긴장되기도 하고 설레기도 했어.

① 중심 소재의 상징적 의미를 찾았다.
② 작품의 사회·문화적 배경을 분석하였다.
③ 작품에 나타나는 중심 갈등을 파악하였다.
④ 자신의 경험을 바탕으로 인물에게 공감하였다.

[14~16]

다음 글을 읽고 물음에 답하시오.

> 길이 끝나는 곳에서도 ⎤
> 길이 있다   [A]
> 길이 끝나는 곳에서도 ⎦
> 길이 되는 사람이 있다
> ㉠ 스스로 봄 길이 되어
> 끝없이 걸어가는 사람이 있다
> ㉡ 강물은 흐르다가 멈추고
> ㉢ 새들은 날아가 돌아오지 않고
> ㉣ 하늘과 땅 사이의 모든 꽃잎은 흩어져도
> 보라
> 사랑이 끝난 곳에서도
> 사랑으로 남아 있는 사람이 있다
> 스스로 사랑이 되어
> 한없이 봄 길을 걸어가는 사람이 있다
>
> – 정호승, 「봄 길」 –

14 윗글에 대한 설명으로 적절하지 않은 것은?

① 색채 대비를 통해 선명한 이미지를 제시한다.
② 현실 상황을 여러 자연물에 빗대어 표현한다.
③ 비슷한 문장 구조를 반복하여 의미를 강조한다.
④ 단정적인 어조를 통해 화자의 강한 믿음을 드러낸다.

15 ㉠~㉢ 중 함축적 의미가 <u>다른</u> 것은?

① ㉠   ② ㉡

③ ㉢   ④ ㉣

16 다음을 참고할 때, [A]와 같은 표현이 쓰인 것은?

> 시에서 역설이란 겉으로는 뜻이 모순되고 이치에 맞지 않는 것 같지만, 그 속에 진리를 담고 있는 표현을 말한다.

① 이것은 소리 없는 아우성

② 돌담에 속삭이는 햇발같이

③ 나는 나룻배 / 당신은 행인

④ 젖지 않고 가는 삶이 어디 있으랴

[17~19]

다음 글을 읽고 물음에 답하시오.

> 허생은 집에 비가 새고 바람이 드는 것도 아랑곳하지 않고 글 읽기만 좋아하였다. 그래서 아내가 삯바느질을 해서 그날그날 겨우 입에 풀칠을 하는 처지였다.
> 어느 날 허생의 아내가 배고픈 것을 참다못해 훌쩍훌쩍 울며 푸념을 하였다.
> "당신은 평생 과거도 보러 가지 않으면서 대체 글은 읽어 뭘 하시렵니까?"
> 그러나 허생은 아무렇지도 않게 껄껄 웃으며 말하였다.
> "내가 아직 글이 서툴러 그렇소."
> "그럼 공장이¹⁾ 노릇도 못 한단 말입니까?"
> "배우지 않은 공장이 노릇을 어떻게 한단 말이오?"
> "그러면 장사치 노릇이라도 하시지요."
> "가진 밑천이 없는데 장사치 노릇을 어떻게 한단 말이오?"
> 그러자 아내가 왈칵 역정²⁾을 내었다.
>
> [A] ┌ "당신은 밤낮 글만 읽더니, 겨우 '어떻게 한단 말이오.' 소리만 배웠나 보구려. 공장이 노릇도 못 한다, 장사치 노릇도 못 한다, 그럼 하다못해 도둑질이라도 해야 할 └ 것 아니오?"
>
> 허생이 이 말을 듣고 책장을 덮어 치우고 벌떡 일어났다.
> "아깝구나! 내가 애초에 글을 읽기 시작할 때 꼭 십년을 채우려 했는데, 이제 겨우 칠년밖에 안 되었으니 어쩔거나!"
>
> **[중간 줄거리]** 허생은 아내의 성화에 집을 나와 서울에서 가장 부자라는 변씨를 찾아가 만 냥을 빌렸다. 그러고는 여러 지역으로 이동하는 길목이 있는 안성으로 가서 과일을 몽땅 사들이기 시작하였다.

> 얼마 안 가서 나라 안의 과일이란 과일은 모두 동이 나버렸다. 잔치나 제사를 지내려고 해도 과일이 없으니 상을 제대로 차릴 수가 없었다. 이렇게 되니, 과일 장수들은 너나없이 허생한테 몰려와서 제발 과일 좀 팔라고 통사정을 하였다. 결국 허생은 처음 값의 열 배를 받고 과일을 되팔았다.
> "허허, 겨우 만냥으로 나라의 경제를 흔들어 놓았으니, ㉠이 나라 형편이 어떤지 알 만하구나."
> – 박지원, 「허생전」 –

1) 공장이: 예전에 물건 만드는 것을 직업으로 하던 사람.
2) 역정: 몹시 언짢거나 못마땅하여 내는 화.

17 윗글에서 '허생'에 대한 설명으로 적절하지 <u>않은</u> 것은?

① 집안일에 무관심하였다.

② 해마다 과거 시험에 떨어졌다.

③ 계획하였던 글공부를 마치지 못하였다.

④ 과일을 독점적으로 판매하여 이익을 얻었다.

18 [A]에서 '아내'가 '허생'에게 역정을 내는 이유로 가장 적절한 것은?

① 장사를 하겠다고 해서

② 돈을 벌어 오지 않아서

③ '아내'의 무능함을 비난해서

④ 글공부를 열심히 하지 않아서

19 ㉠의 의미로 가장 적절한 것은?

① 예의범절이 무너지고 있구나.

② 신분 질서가 흔들리고 있구나.

③ 나라의 경제 구조가 취약하구나.

④ 관리들의 부정부패가 심각하구나.

[20~22]

다음 글을 읽고 물음에 답하시오.

중국 신장의 요구르트, 스페인 랑하론의 하몬, 우리나라 구례 양동 마을의 된장. 이 음식들의 공통점은 무엇일까? 이것들은 모두 발효 식품으로, 세계의 장수 마을을 다룬 어느 방송에서 각 마을의 장수 비결로 꼽은 음식들이다.

발효 식품은 건강식품으로 널리 알려져 있다. 또한, 다양한 발효 식품이 특유의 맛과 향으로 사람들의 입맛을 사로잡고 있다. 앞에서 소개한 요구르트, 하몬, 된장을 비롯하여 달콤하고 고소한 향으로 우리를 유혹하는 빵, 빵과 환상의 궁합을 자랑하는 치즈 등을 그 예로 들 수 있다. 이렇게 몸에도 좋고 맛도 좋은 식품을 만들어 내는 발효란 무엇일까? 그리고 발효 식품은 왜 건강에 좋을까? 먼저 발효의 개념을 알아보고, 우리나라의 전통 발효 식품을 중심으로 발효 식품의 우수성을 자세히 알아보자.

발효란 곰팡이나 효모와 같은 미생물이 탄수화물, 단백질 등을 분해하는 과정을 말한다. 미생물이 유기물에 작용하여 물질의 성질을 바꾸어 놓는다는 점에서 발효는 부패와 비슷하다. 하지만 ㉠ 발효는 우리에게 유용한 물질을 만드는 반면에, 부패는 우리에게 해로운 물질을 만들어 낸다는 점에서 차이가 있다. 그래서 발효된 물질은 사람이 안전하게 먹을 수 있지만, 부패한 물질은 식중독을 일으킬 수 있어서 함부로 먹을 수 없다.

__㉡__, 발효를 거쳐 만들어지는 전통 음식에는 무엇이 있을까? 가장 대표적인 전통 음식으로 김치를 꼽을 수 있다. 김치는 채소를 오랫동안 저장해 놓고 먹기 위해 조상들이 생각해 낸 음식이다. 김치는 우리가 채소의 영양분을 계절에 상관없이 섭취할 수 있도록 해 주고, 발효 과정에서 더해진 좋은 성분으로 우리의 건강을 지키는 데도 도움을 준다.

        – 진소영, 『맛있는 과학 44–음식 속의 과학』 –

20 윗글에서 설명하는 중심 내용으로 가장 적절한 것은?

① 김치 담그는 방법
② 발효 식품의 우수성
③ 식중독 예방의 중요성
④ 여러 나라의 장수 비결

21 ㉠에 사용된 설명 방법으로 가장 적절한 것은?

① 과정   ② 대조
③ 예시   ④ 정의

22 이어질 내용을 고려할 때, ㉡에 들어갈 말로 가장 적절한 것은?

① 그래도   ② 그러나
③ 그렇다면   ④ 왜냐하면

[23~25]

다음 글을 읽고 물음에 답하시오.

더위는 우리가 근본적인 고민을 하도록 만든다. 당장의 더위를 해결하지 않는 이상 그 어떤 것도 중요하지 않음을 몸소 경험함으로써 우리는 알게 모르게 이 시대의 문제를 마주하게 된다. 그렇다. 기후 변화는 현대의 큰 문제이다. 모든 이의 피부에 와 닿는 가장 심각한 전지구적 문제, 나와 무관하다며 모든 것을 무시해 버려도 끝내 외면할 수 없는 생존의 문제이다.

국제 생태 발자국 네트워크(GFN)라는 단체가 운영하는 '지구 생태 용량 과용의 날'이라는 것이 있다. 지구의 일 년 치 자원을 12월 31일에 다 쓰는 것으로 가정하고 실제로 자원이 모두 소모되는 날을 측정하는 것이다. 이 날이 2015년에는 8월 13일이었는데 2016년에는 8월 8일로 5일 앞당겨졌다. 또한, 우리가 현재처럼 자원을 소비하면서 자원을 지속적으로 사용할 수 있는 상태를 유지하기 위해서는 지구가 3.3개 필요하다고 한다. 한마디로 [㉠   ]고 할 수 있다.

그런데도 우리는 더위 앞에서 에너지 사용량을 줄이는 데까지 생각이 미치지 못한다. ㉡ 더위에 대응하는 근본적인 대책에 관해 우리 모두 관심이 적다. 우리 모두가 이렇게 위험성을 인식하지 못하고 있는 사실이 이 더위보다 충격적이라 할 수 있다. 지금부터라도 기후 변화가 중요한 문제임을 인식하고 자원을 아껴 사용해야 할 것이다. 그리고 지속적으로 발전할 수 있는 녹색 성장을 준비해야 할 것이다.

– 김산하, 『김산하의 야생 학교』 –

23 위와 같은 글을 읽는 방법으로 가장 적절한 것은?

① 육하원칙에 따라 사건을 요약한다.
② 등장인물 간의 갈등 원인을 찾아본다.
③ 주장과 근거를 중심으로 내용을 파악한다.
④ 시간의 흐름에 따른 대상의 변화를 정리한다.

24 글의 맥락을 고려할 때, ㉠에 들어갈 내용으로 가장 적절한 것은?

① 미세먼지로 대기 오염이 심하다
② 에너지의 사용량과 그 증가량이 심하다
③ 오랜 가뭄으로 물 부족 문제가 심각하다
④ 해양 오염으로 동물들의 생존 문제가 심각하다

25 ㉡에 해당하는 글쓴이의 생각으로 적절하지 않은 것은?

① 더위에 익숙해지도록 한다.
② 지구의 자원을 아껴 사용한다.
③ 기후 변화의 위험성을 인식한다.
④ 지속 가능한 녹색 성장을 준비한다.

01 다음은 54를 소인수분해하는 과정을 나타낸 것이다. 54를 소인수분해한 것은?

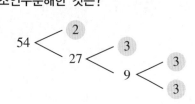

① 2×3^2 ② $2^2 \times 3^2$

③ 2×3^3 ④ $2^2 \times 3^3$

02 다음 수를 작은 수부터 차례대로 나열할 때, 넷째 수는?

$$3, \quad -7, \quad \frac{1}{2}, \quad -1, \quad 1$$

① -1 ② $\frac{1}{2}$

③ 1   ④ 3

03 $a = 2$일 때, $3a + 1$의 값은?

① 3   ② 5

③ 7   ④ 9

04 일차방정식 $4x - 4 = x + 2$의 해는?

① 1   ② 2

③ 3   ④ 4

05 순서쌍 $(2, -3)$을 좌표평면 위에 나타낸 점은?

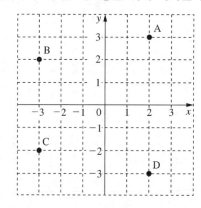

① A   ② B

③ C   ④ D

06 그림과 같이 평행한 두 직선 l, m이 다른 한 직선 n과 만날 때, $\angle x$의 크기는?

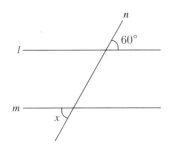

① 30°　　　　　　　② 40°
③ 50°　　　　　　　④ 60°

07 다음은 학생 20명을 대상으로 1분 동안의 윗몸 일으키기 기록을 줄기와 잎 그림으로 나타낸 것이다. 윗몸 일으키기 기록이 40회 이상인 학생의 수는?

윗몸 일으키기 기록

(1 | 2는 12회)

줄기	잎
1	2　4　6
2	1　2　5　5　6　7
3	2　3　3　7
4	5　7　7　9
5	3　6　9

① 4　　　　　　　　② 5
③ 6　　　　　　　　④ 7

08 순환소수 $0.\dot{5}$를 기약분수로 나타낸 것은?

① $\dfrac{1}{3}$　　　　　　② $\dfrac{4}{9}$

③ $\dfrac{5}{9}$　　　　　　④ $\dfrac{2}{3}$

09 $a^2 \times a^2 \times a^3$을 간단히 한 것은?

① a^7　　　　　　② a^8
③ a^9　　　　　　④ a^{10}

10 다음 문장을 부등식으로 옳게 나타낸 것은?

> 한 권에 700원인 공책 x권의 가격은 3500원 이상이다.

① $700x \geq 3500$　　② $700x > 3500$
③ $700x \leq 3500$　　④ $700x < 3500$

11 그림은 일차함수 $y = 2x + k$의 그래프이다. 상수 k의 값은?

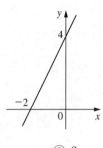

① 2　　　　　② 3

③ 4　　　　　④ 5

12 그림과 같이 $\overline{AB} = \overline{AC}$ 인 이등변삼각형 ABC에서 $\angle A$의 이등분선과 $\overline{BC}$의 교점을 D라고 하자. $\overline{BC} = 10\,\text{cm}$일 때, $\overline{BD}$의 길이는?

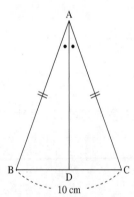

① 4 cm　　　　② 5 cm

③ 6 cm　　　　④ 7 cm

13 그림에서 두 원기둥 A와 B는 서로 닮음이고 밑면의 반지름의 길이가 각각 $2\,\text{cm}$, $3\,\text{cm}$이다. 원기둥 A의 높이가 $4\,\text{cm}$일 때, 원기둥 B의 높이는?

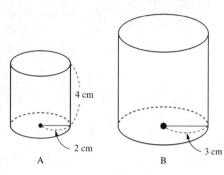

① 6 cm　　　　② 6.5 cm

③ 7 cm　　　　④ 7.5 cm

14 그림과 같이 1에서 10까지의 자연수가 각각 적힌 공 10개가 들어 있는 주머니가 있다. 이 주머니에서 공 한 개를 꺼낼 때, 짝수가 적힌 공이 나올 확률은?

① $\dfrac{1}{5}$　　　　② $\dfrac{3}{10}$

③ $\dfrac{2}{5}$　　　　④ $\dfrac{1}{2}$

15 $\sqrt{8} = a\sqrt{2}$일 때, a의 값은?

① 1   ② 2

③ 3   ④ 4

16 이차방정식 $x^2 - 5x + 6 = 0$의 한 근이 2이다. 다른 한 근은?

① 3   ② 4

③ 5   ④ 6

17 이차함수 $y = -(x-1)^2 + 1$의 그래프에 대한 설명으로 옳은 것은?

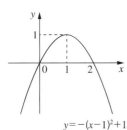

$y = -(x-1)^2 + 1$

① 아래로 볼록이다.

② 점 $(0,\ 2)$를 지난다.

③ 직선 $x = 0$을 축으로 한다.

④ 꼭짓점의 좌표는 $(1,\ 1)$이다.

18 직각삼각형 ABC에서 $\overline{AB} = 5$, $\overline{BC} = 4$, $\overline{AC} = 3$일 때, $\tan B$의 값은?

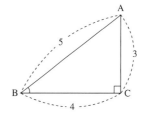

① $\dfrac{3}{5}$ ② $\dfrac{3}{4}$

③ $\dfrac{4}{5}$ ④ $\dfrac{4}{3}$

19 그림과 같이 원 O에서 호 AB에 대한 중심각 $\angle AOB = 80°$일 때, 호 AB에 대한 원주각 $\angle APB$의 크기는?

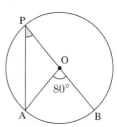

① $30°$ ② $40°$

③ $50°$ ④ $60°$

20 다음 자료는 학생 5명이 방학 동안 읽은 책의 권수를 조사하여 나타낸 것이다. 이 자료의 중앙값은?

(단위: 권)

3	0	3	1	2

① 0   ② 1

③ 2   ④ 3

01 다음 밑줄 친 단어의 뜻으로 가장 적절한 것은?

> My sister is really <u>funny</u>. She makes me laugh a lot.

① 슬픈　　　　　② 게으른
③ 수줍은　　　　④ 재미있는

02 다음 중 두 단어의 의미 관계가 나머지 셋과 <u>다른</u> 것은?

① pass － fail
② sit － stand
③ say － tell
④ begin － end

[03~04]
다음 빈칸에 들어갈 말로 가장 적절한 것을 고르시오.

03

> Mr. Kim _____ my Korean teacher last year.

① is　　　　　　② are
③ was　　　　　④ were

04

> It was raining, _____ I took my umbrella.

① if　　　　　　② or
③ so　　　　　　④ for

[05~06]
다음 대화의 빈칸에 들어갈 말로 가장 적절한 것을 고르시오.

05

> A: _____ were you late for school?
> B: Because I missed the bus.

① Why　　　　　② What
③ When　　　　④ Where

06

> A: I am not feeling well. I think I have a cold.
> B: _____.

① That's too bad
② Yes, I'd love to
③ You're welcome
④ Thank you for your help

07 다음 빈칸에 공통으로 들어갈 말로 가장 적절한 것은?

> ○ Some shops _____ on Sundays.
> ○ My school is very _____ to the post office.

① free　　　　　② next
③ close　　　　④ among

08 다음 대화에서 A가 찾아가려는 곳의 위치로 옳은 것은?

> A: Excuse me, how can I get to the library?
> B: Go straight two blocks and turn right. It's on your left.
> A: Thank you.

09 그림으로 보아 빈칸에 들어갈 말로 가장 적절한 것은?

> A: What is the boy doing?
> B: He is _____ a picture.

① buying   ② taking
③ sitting   ④ playing

10 다음 대화에서 두 사람이 할 운동으로 가장 적절한 것은?

> A: What are you going to do on sports day?
> B: I am going to play soccer.
> A: Me, too. I'm really looking forward to it.
> B: Good luck. Let's do our best.

① 농구   ② 수영
③ 야구   ④ 축구

11 다음 대화의 빈칸에 들어갈 말로 가장 적절한 것은?

> A: Are you happy with your school uniform, Jane?
> B: _____.
> A: Why not?
> B: I don't like the color.

① Yes, I really like it
② I'm really happy for you
③ No, I'm not very happy with it
④ You should bring your own lunch

12 다음 대화의 주제로 가장 적절한 것은?

> A: My father's birthday is coming. What should I get for him?
> B: How about a nice tie?
> A: That sounds good. I think he needs one.

① 생일 선물   ② 시험 성적
③ 여가 활동   ④ 여행 계획

13 다음 홍보문을 보고 알 수 <u>없는</u> 것은?

> **City Library Book Camp**
> **Date**: May 6th (Saturday), 2023
> **Time**: 9:00 a.m.-11:00 a.m.
> **Place**: City Library
> **Activities**:
> - Talking about books
> - Meeting authors

① 참가 인원   ② 행사 일시
③ 행사 장소   ④ 활동 내용

14 다음 방송의 목적으로 가장 적절한 것은?

> Good morning, everyone. I would like to give you some safety tips in case of a fire. Make sure you cover your mouth with a wet cloth. Also, use stairs instead of elevators.

① 기상 악화 예보　　② 일정 변경 공지
③ 건물 내 시설 소개　④ 화재 안전 수칙 안내

15 다음 대화에서 회의 시간을 바꾸려는 이유는?

> A: We need to change the time for tomorrow's meeting. It's too early.
> B: I agree. How about 10 a.m.?
> A: That's much better.

① 늦게 도착해서
② 교통 체증이 심해서
③ 회의 시간이 길어서
④ 너무 이른 시간이어서

16 cookie cup에 관한 다음 글의 내용과 일치하지 않는 것은?

> Here's an eco-friendly item! It's a cookie cup. It is a cookie made in the shape of a cup. After using the cup, you can just eat it instead of throwing it away. By doing this, you can make less trash.

① 친환경 제품이다.
② 유리로 만든다.
③ 먹을 수 있다.
④ 쓰레기를 줄일 수 있다.

17 다음 글의 흐름으로 보아 어울리지 않는 문장은?

> I want to win the school singing contest. ⓐ <u>I love singing.</u> ⓑ <u>And I think I have a good voice.</u> ⓒ <u>I'm a really poor tennis player.</u> ⓓ <u>However, I am too shy to sing in front of many people.</u> How can I feel more comfortable singing on stage?

① ⓐ　　　　　　② ⓑ
③ ⓒ　　　　　　④ ⓓ

18 다음 글에서 Gina가 제안한 것으로 가장 적절한 것은?

> Gina and I saw a little dog on our way to school. The dog seemed to have a broken leg, and we were worried about it. Gina suggested that we take it to an animal doctor.

① 아침 일찍 일어나기
② 개를 공원에서 산책시키기
③ 친구와 함께 공부하기
④ 개를 수의사에게 데려가기

19 그래프로 보아 빈칸에 들어갈 말로 가장 적절한 것은?

Favorite Club Activities Daehan School

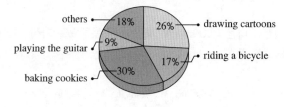

> The most popular club activity among the students at Daehan school is _____.

① drawing cartoons　　② riding a bicycle
③ baking cookies　　　④ playing the guitar

20 다음 글에서 David에 대해 언급된 내용이 <u>아닌</u> 것은?

My name is David. I am good at painting. I want to be a famous artist like Vincent Van Gogh. My favorite painting is *The Starry Night*. Please visit my blog and check out my artwork.

① 잘하는 것   ② 출신 학교

③ 장래 희망   ④ 가장 좋아하는 그림

21 다음 밑줄 친 It이 가리키는 것으로 가장 적절한 것은?

Bees are very helpful to humans. First, bees give us honey. Honey is a truly wonderful food. <u>It</u> is good for our health and tastes good. Second, bees help produce many fruits like apples and peaches.

① bird   ② honey

③ apple   ④ peach

22 수업 규칙으로 언급되지 <u>않은</u> 것은?

Class Rules
- Help each other.
- Take notes in class.
- Bring your textbooks.

① 활동 시간 지키기   ② 서로 도와주기

③ 수업 중 필기하기   ④ 교과서 가져오기

23 다음 글의 주제로 가장 적절한 것은?

Today, I will talk about what makes a good leader. First, a good leader is friendly and easy to talk to. Second, a good leader gives advice to people. Lastly, a good leader listens to others carefully.

① 조언의 필요성   ② 좋은 리더의 특징

③ 아침 식사의 중요성   ④ 운동을 해야 하는 이유

24 다음 편지의 목적으로 가장 적절한 것은?

Thank you for inviting me to your home last Friday. I had a really good time and the food was great. The bulgogi was very delicious. Also, thank you for showing me how to cook tteokbokki.

① 감사   ② 거절

③ 불평   ④ 사과

25 다음 글의 바로 뒤에 이어질 내용으로 가장 적절한 것은?

Smartphones can cause some health problems. One problem is dry eyes because we don't often blink when using smartphones. Another problem is neck pain. Looking down at one can cause neck pain. Here are some tips to solve these problems.

① 스마트폰 요금제를 선택하는 방법

② 스마트폰 종류별 특징과 수리 방법

③ 스마트폰을 저렴하게 구입하는 다양한 방법

④ 스마트폰 사용으로 인한 건강 문제 해결 방법

01 ㉠에 들어갈 내용으로 옳은 것은?

㉠ 는 적도를 기준으로 북쪽으로 북위 0°~90°, 남쪽으로 남위 0°~90°로 나타냅니다.

① 경도
② 위도
③ 랜드마크
④ 도로명 주소

02 ㉠에 들어갈 기후로 옳은 것은?

○ 건조 기후는 연 강수량을 기준으로 ㉠ 와 스텝 기후로 구분한다.
○ ㉠ 지역은 스텝 기후 지역보다 강수량이 적으며, 오아시스나 관개 수로를 이용해 밀, 대추야자 등을 재배한다.

① 사막 기후
② 툰드라 기후
③ 열대 우림 기후
④ 서안 해양성 기후

03 다음 설명에 해당하는 지형은?

석회암이 지하수에 녹으며 형성된 지형으로, 종유석, 석순, 석주 등이 나타난다.

① 갯벌
② 오름
③ 주상 절리
④ 석회 동굴

04 다음 설명에 해당하는 자원의 특성은?

자원이 지구상에 고르게 분포하지 않고 일부 지역에 집중되어 분포하는 특성이다.

① 창의성
② 편재성
③ 학습성
④ 공유성

05 ㉠에 들어갈 내용으로 옳은 것은?

㉠ 은/는 여성 100명에 대한 남성의 수를 말한다. 일부 국가에서는 남아 선호 사상 등으로 인해 ㉠ 불균형의 문제가 발생하기도 한다.

① 관습
② 도덕
③ 문화
④ 성비

06 다음 설명에 해당하는 것은?

자신이 그 집단에 속해 있다는 소속감과 '우리'라는 공동체 의식이 강한 집단이다.

① 내집단
② 외집단
③ 역할 갈등
④ 역할 행동

07 다음 설명에 해당하는 정치 주체는?

이해관계를 같이하는 사람들이 자신들의 특수한 이익을 실현하기 위해 만든 단체이다.

① 개인
② 대통령
③ 감사원
④ 이익 집단

08 ㉠에 들어갈 내용으로 옳은 것은?

← 긴급 재난 문자

🔊 열대 지역 바다에서 발생한 ㉠ 이/가 한반도로 북상 중입니다. 강풍과 폭우 피해에 유의하시기 바랍니다.

① 황사   ② 가뭄
③ 태풍   ④ 폭설

09 ㉠, ㉡에 해당하는 것으로 옳은 것은?

국가의 주권이 미치는 범위를 영역이라고 하며, ㉠ 와/과 영해의 수직 상공을 ㉡ (이)라고 한다.

	㉠	㉡
①	영토	영공
②	영공	영토
③	영토	배타적 경제 수역
④	영공	배타적 경제 수역

10 다음에서 설명하고 있는 것은?

○ 의미: 한 개인이 자신이 속한 사회의 언어, 규범, 가치관 등을 배워 나가는 과정
○ 기능: 자신만의 독특한 개성과 자아를 형성함.

① 선거   ② 사회화
③ 심급 제도   ④ 빈부 격차

11 ㉠, ㉡에 해당하는 것으로 옳은 것은?

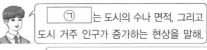 ㉠ 는 도시의 수나 면적, 그리고 도시 거주 인구가 증가하는 현상을 말해.

도시의 무분별한 팽창을 막고 녹지를 확보하기 위해 ㉡ 을 설정하기도 해.

	㉠	㉡
①	도시화	도심
②	인구 공동화	도심
③	도시화	개발 제한 구역
④	인구 공동화	개발 제한 구역

12 다음 설명에 해당하는 국가 기관은?

법을 해석하고 적용해 분쟁을 해결해 주는 역할을 한다.

① 법원   ② 국세청
③ 기상청   ④ 금융 감독원

13 다음 설명에 해당하는 것은?

개인과 개인 사이에서 일어난 법률관계에 관한 다툼을 해결하기 위한 재판이다.

① 선거 재판   ② 행정 재판
③ 민사 재판   ④ 형사 재판

14 그래프와 같이 수요 곡선이 오른쪽으로 이동하였을 때, 균형 가격과 균형 거래량의 변화로 옳은 것은? (단, 다른 조건은 일정함.)

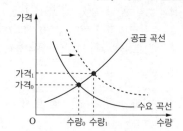

	균형 가격	균형 거래량
①	상승	감소
②	상승	증가
③	하락	감소
④	하락	증가

15 다음에서 설명하고 있는 제도는?

○ 의미: 국가 기관에서 선거 과정을 관리하고 선거 운동 비용의 일부를 국가와 지방 자치 단체가 부담하는 제도
○ 목적: 선거 운동의 과열과 부정 선거 방지, 후보자에게 선거 운동의 균등한 기회 보장

① 의원 내각제　　② 주민 투표제
③ 선거 공영제　　④ 주민 소환제

16 ㉠, ㉡에 들어갈 경제 활동으로 옳은 것은?

○ (㉠): 필요한 재화나 서비스를 만들어 내거나 그 가치를 높이는 활동
○ (㉡): 필요한 재화나 서비스를 구매하여 사용하는 활동

	㉠	㉡		㉠	㉡
①	소비	생산	②	분배	생산
③	생산	분배	④	생산	소비

17 다음에서 설명하는 유물이 처음으로 제작된 시대는?

만주와 한반도 지역의 비파형 동검은 중국식 동검과 모양이 다르고, 칼날과 손잡이를 따로 만들어 조립한 것이 특징이다.

비파형 동검

① 구석기 시대　　② 신석기 시대
③ 청동기 시대　　④ 철기 시대

18 다음 정책을 시행한 고구려의 왕은?

○ 남진 정책을 추진함.
○ 수도를 평양으로 옮김.
○ 백제의 수도 한성을 함락함.

① 진흥왕　　　　② 장수왕
③ 충선왕　　　　④ 선덕 여왕

19 다음 설명에 해당하는 고려 후기 정치 세력은?

○ 명분과 도덕을 중시하는 성리학을 공부함.
○ 공민왕의 개혁에 참여하며 정치 세력을 형성함.
○ 대표적 인물: 정몽주, 정도전 등

① 사림　　　　　② 진골
③ 6두품　　　　④ 신진 사대부

20 밑줄 친 ㉠에 해당하는 나라는?

> 대조영이 세운 ㉠ 나라에 대해 알고 있니?
>
> 응, 9세기 전반에는 고구려의 옛 땅을 대부분 회복하고 전성기를 이루어 당으로부터 해동성국이라 불리었어.

① 발해   ② 신라
③ 고조선   ④ 후백제

21 ㉠에 들어갈 책으로 옳은 것은?

> 질문 | ㉠ 에 대해 알려 주세요.
> 답변 | 조선 태조에서 철종까지의 역사적 사실을 기록한 책으로, 1997년 유네스코 세계 기록 유산으로 등재되었습니다.

① 『농사직설』   ② 『동의보감』
③ 『고려사절요』   ④ 『조선왕조실록』

22 다음 설명에 해당하는 민족 운동은?

> ○ 일제 강점기 최대 규모의 민족 운동임.
> ○ 대한민국 임시 정부 수립의 계기가 됨.

① 3 · 1 운동   ② 새마을 운동
③ 국채 보상 운동   ④ 물산 장려 운동

23 밑줄 친 ㉠에 해당하는 법은?

> 광해군 시기에 ㉠공납의 폐단을 극복하고 국가 재정을 확보하고자 경기도에서 처음 시행한 법이다. 집집마다 토산물을 납부하게 한 방식을 바꾸어 토지를 기준으로 하여 쌀로 납부하도록 하였다.

① 대동법   ② 유신 헌법
③ 노비안검법   ④ 국가 총동원법

24 ㉠에 들어갈 내용으로 옳은 것은?

> 〈수행 평가 계획서〉
> ○ 주제: ㉠ 시기 이순신의 활약
> ○ 조사할 내용 – 한산도 대첩
>   – 옥포 해전

① 병자호란   ② 신미양요
③ 임진왜란   ④ 정묘호란

25 다음 설명에 해당하는 정부는?

> 분단 이후 최초로 남과 북의 정상이 평양에서 만나 6 · 15 남북 공동 선언을 발표하였다(2000년). 이 선언에서 남과 북은 경제, 문화 등 교류와 협력을 활성화하고 이산가족 문제 등을 조속히 풀어 나가기로 합의하였다.

① 전두환 정부   ② 노태우 정부
③ 김영삼 정부   ④ 김대중 정부

01 그림의 용수철은 무게 1 N의 추를 매달 때마다 1 cm 씩 늘어난다. 이 용수철에 추 A를 매달았더니 3 cm 늘어났다. 추 A의 무게는?

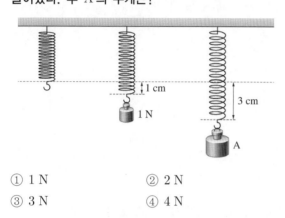

① 1 N   ② 2 N
③ 3 N   ④ 4 N

02 다음 중 가장 진동수가 큰 파동은?

①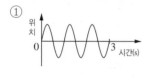

②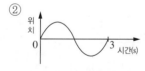

③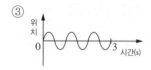

④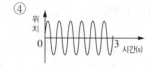

03 그림은 온도가 다른 두 물체 A와 B를 접촉시켜 놓았을 때 시간에 따른 온도 변화를 나타낸 것이다. 이에 대한 설명으로 옳은 것은? (단, 외부와의 열 출입은 없다.)

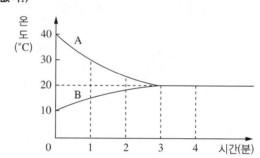

① 열평형 온도는 20 ℃이다.
② 1분일 때 열은 B에서 A로 이동한다.
③ 2분일 때 A의 온도는 B의 온도보다 낮다.
④ 열평형에 도달할 때까지 걸린 시간은 2분이다.

04 표는 가전제품의 소비 전력을 나타낸 것이다. 두 가전제품을 동시에 1시간 동안 사용하였을 때 소비된 총 전기 에너지의 양은?

가전제품	소비 전력
선풍기	50 W
텔레비전	100 W

① 70 Wh
② 150 Wh
③ 300 Wh
④ 600 Wh

05 그림과 같이 A 지점에서 자유 낙하시킨 공이 B 지점을 지날 때 감소한 위치 에너지가 10 J이었다면 증가한 운동 에너지의 크기는?

(단, 공기 저항은 무시한다.)

① 1 J ② 5 J
③ 10 J ④ 20 J

06 그림은 밀폐된 주사기의 피스톤을 눌러 변화된 모습을 나타낸 것이다. 주사기 속 공기의 변화에 대한 설명으로 옳은 것은?

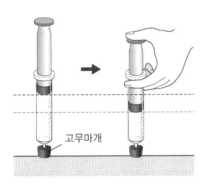

① 질량이 증가한다.
② 부피가 줄어든다.
③ 입자 수가 증가한다.
④ 입자들 사이의 거리가 멀어진다.

07 다음 설명에 해당하는 물질의 상태 변화는?

○ 차가운 음료가 담긴 컵의 표면에 물방울이 맺힌다.
○ 추운 겨울날 실내에 들어가면 안경이 뿌옇게 흐려진다.

① 기화 ② 응고
③ 액화 ④ 융해

08 그림은 리튬 원자(Li)가 리튬 이온(Li⁺)이 되는 과정을 모형으로 나타낸 것이다. 리튬 원자가 잃은 전자의 개수는?

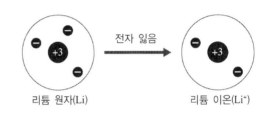

① 1개 ② 2개
③ 4개 ④ 8개

09 그림은 1기압에서 고체 팔미트산의 가열 시간에 따른 온도 변화를 나타낸 것이다. A~D 중 팔미트산의 녹는점에 해당하는 온도는?

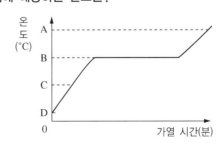

① A ② B
③ C ④ D

10 그림은 여러 물질을 컵에 넣었을 때의 모습을 나타낸 것이다. 물질이 뜨거나 가라앉는 까닭을 설명할 수 있는 물질의 특성은?

① 밀도
② 녹는점
③ 어는점
④ 끓는점

11 그림은 수증기(H_2O)를 생성하는 반응의 부피 모형과 화학반응식을 나타낸 것이다. 수소(H_2) 기체 2 L 가 모두 반응할 때 생성되는 수증기(H_2O)의 부피는? (단, 온도와 압력은 일정하다.)

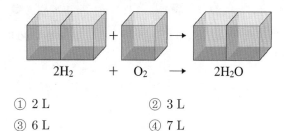

$$2H_2 \quad + \quad O_2 \quad \longrightarrow \quad 2H_2O$$

① 2 L
② 3 L
③ 6 L
④ 7 L

12 그림은 생물을 5가지의 계로 분류한 것이다. 다음 중 식물계에 속하는 생물은?

① 대장균
② 소나무
③ 아메바
④ 호랑이

13 그림은 검정말을 이용한 식물의 광합성 실험 장치를 나타낸 것이다. 광합성을 통해 검정말이 생성한 기체는?

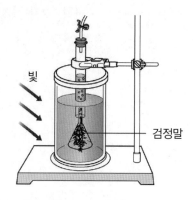

① 산소
② 수소
③ 염소
④ 이산화 탄소

14 다음 중 몸속에 침입한 세균을 잡아먹는 혈액의 성분은?

① 혈장
② 백혈구
③ 적혈구
④ 혈소판

15 그림은 사람의 소화 기관을 나타낸 것이다. A∼D 중 이자액을 만들어 십이지장으로 분비하는 기관은?

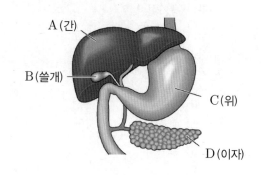

① A
② B
③ C
④ D

16 다음 중 사람의 배설계에 속하지 <u>않는</u> 기관은?

① 방광 ② 심장
③ 콩팥 ④ 오줌관

17 그림과 같이 순종의 황색 완두와 순종의 녹색 완두를 교배하였다. 이때 자손 1대에서 얻은 100개의 완두 중 황색 완두의 개수는? (단, 돌연변이는 없다.)

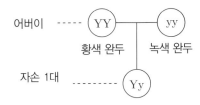

① 25개 ② 50개
③ 75개 ④ 100개

18 단세포 생물인 짚신벌레 1마리가 한 번의 체세포 분열을 마쳤다. 이때 짚신벌레의 개체 수는?

① 2마리 ② 4마리
③ 6마리 ④ 8마리

19 그림은 등속 운동을 하는 물체의 시간에 따른 속력을 나타낸 것이다. 이 물체가 0~4초 동안 이동한 거리는?

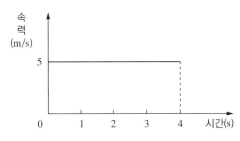

① 5 m ② 10 m
③ 20 m ④ 40 m

20 그림과 같이 광물에 묽은 염산을 떨어뜨려 거품이 발생하는 깃으로 알 수 있는 광물의 특성은?

① 광택 ② 굳기
③ 자성 ④ 염산 반응

21 그림은 달의 공전을 나타낸 것이다. A 위치에서 관측할 때 (가)~(라) 중 보름달의 위치는?

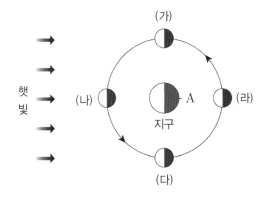

① (가) ② (나)
③ (다) ④ (라)

22 다음 설명에 해당하는 태양계의 행성은?

○ 목성형 행성이다.
○ 대적점이 있다.
○ 태양계 행성 중 반지름
  이 가장 크다.

① 수성　　　　　② 금성
③ 목성　　　　　④ 토성

23 그림은 해수의 층상 구조를 나타낸 것이다. A ~ D 의 해수에 대한 설명으로 옳은 것은?

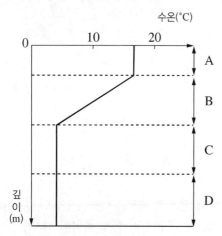

① A 는 바람에 의해 혼합된다.
② B 는 위아래로 잘 섞인다.
③ C 의 수온이 가장 높다.
④ D 에 도달하는 태양 에너지가 가장 많다.

24 그림의 A ~ D 는 우리나라 주변의 기단을 나타낸 것이다. 다음 중 우리나라의 한여름 날씨에 주로 영향을 주는 고온 다습한 기단은?

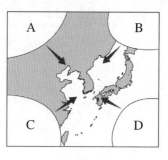

① A　　　　　② B
③ C　　　　　④ D

25 표는 별 A ~ D 의 겉보기 등급과 절대 등급을 나타낸 것이다. 지구로부터의 거리가 10 pc 에 있는 별은?

구분	겉보기 등급	절대 등급
A	1.0	−1.0
B	1.0	−2.0
C	1.0	1.0
D	1.0	2.0

① A　　　　　② B
③ C　　　　　④ D

01 다음에서 설명하는 개념은?

> 인간으로서 마땅히 지켜야 할 도리를 의미한다.

① 도덕　　　　② 도구
③ 욕구　　　　④ 혐오

02 세대 간 갈등 해결을 위해 필요한 자세가 <u>아닌</u> 것은?

① 공감　　　　② 비난
③ 격려　　　　④ 소통

03 다음에서 설명하는 개념은?

> 전 세계의 교류가 일상화되어 정치, 경제, 사회, 문화 등 여러 분야에서 서로 연결되는 현상

① 세계화　　　　② 이질화
③ 분업화　　　　④ 개인화

04 다음에서 설명하는 도덕 원리 검사 방법은?

> ○ 입장을 바꿔서 도덕 원리를 적용해 보는 것이다.
> ○ "친구를 괴롭혀도 괜찮다."라고 주장하는 학생에게 "그럼, 다른 친구가 너를 괴롭혀도 괜찮겠니?"라고 역할을 바꿔 묻는 방법이다.

① 사실 관계 검사　　　　② 정보 원천 검사
③ 역할 교환 검사　　　　④ 반증 사례 검사

05 과학 기술의 발달로 인한 문제점은?

① 교통수단의 발달로 이동 시간이 줄었다.
② 통신 기술의 발달로 연락이 편리해졌다.
③ 의료 기술의 발달로 건강이 증진되었다.
④ 촬영 장비의 발달로 불법 촬영이 증가하였다.

06 ㉠에 들어갈 용어로 알맞은 것은?

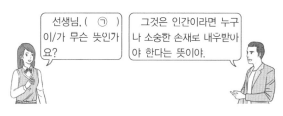

선생님, (㉠)이/가 무슨 뜻인가요?

그것은 인간이라면 누구나 소중한 손재로 내우받아야 한다는 뜻이야.

① 진로 탐색　　　　② 인종 차별
③ 인간 존엄성　　　　④ 집단 이기주의

07 부패 방지를 위한 노력으로 적절하지 <u>않은</u> 것은?

① 뇌물 수수를 허용한다.
② 청렴 교육을 실시한다.
③ 공익 신고자를 보호한다.
④ 부패에 대한 처벌을 강화한다.

08 ㉠에 들어갈 검색어로 옳은 것은?

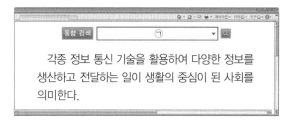

통합 검색　　　㉠

각종 정보 통신 기술을 활용하여 다양한 정보를 생산하고 전달하는 일이 생활의 중심이 된 사회를 의미한다.

① 농업 사회　　　　② 중세 사회
③ 산업화 사회　　　　④ 정보화 사회

09 진정한 친구의 모습으로 알맞은 것은?

① 뒤에서 친구를 험담한다.
② 친구에게 무례하게 대한다.
③ 친구를 믿어 주고 배려한다.
④ 친구의 나쁜 행동을 방관한다.

10 교사의 질문에 대한 대답으로 적절하지 <u>않은</u> 것은?

> 이웃 관계에서 필요한 도덕적 자세는 무엇일까요?

① 만나면 먼저 반갑게 인사해요.
② 무거운 짐을 들고 있을 때 도와줘요.
③ 밤늦은 시간에 시끄럽게 노래를 불러요.
④ 어려운 상황에 놓인 이웃을 위해 봉사해요.

11 폭력이 비도덕적인 이유는?

① 타인에게 고통을 주기 때문이다.
② 인간의 존엄성을 보장하기 때문이다.
③ 안전한 사회를 만들 수 있기 때문이다.
④ 타인의 자유를 존중할 수 있기 때문이다.

12 평화적 갈등 해결 방법으로 옳지 <u>않은</u> 것은?

① 협상   ② 조정
③ 폭력   ④ 중재

13 ㉠에 들어갈 용어로 옳은 것은?

> 정의로운 사회란 공정한 사회 규칙이나 제도를 마련하여 사회 구성원을 (㉠) 없이 대우하는 사회를 뜻한다.

① 배려   ② 존중
③ 차별   ④ 책임

14 다음에서 설명하는 용어로 옳은 것은?

> ○ 부모에 대한 자녀의 도리
> ○ 부모를 공경하고 사랑하는 것

① 효도   ② 절약
③ 청결   ④ 우애

15 ㉠에 들어갈 용어로 옳은 것은?

> **탐구 주제: (㉠) 실천 방법 찾기**
> 발표 내용
> ○ 1모둠: 길거리의 꽃을 함부로 꺾지 않는다.
> ○ 2모둠: 타인의 생명을 하찮게 여기는 말을 삼간다.
> ○ 3모둠: 자신을 사랑하고 자신의 몸이 다치지 않도록 조심한다.

① 환경오염   ② 고정관념
③ 유언비어   ④ 생명 존중

16 공정한 경쟁이 필요한 이유로 옳은 것을 〈보기〉에서 고른 것은?

> ─── 보기 ───
> ㄱ. 개인과 사회 전체의 발전을 위해
> ㄴ. 안정된 사회 질서를 무너뜨리기 위해
> ㄷ. 서로 신뢰할 수 있는 사회를 만들기 위해
> ㄹ. 부유한 사람에게 더 유리한 기회를 주기 위해

① ㄱ, ㄴ   ② ㄱ, ㄷ
③ ㄴ, ㄹ   ④ ㄷ, ㄹ

17 ㉠에 공통으로 들어갈 용어로 가장 적절한 것은?

> **발표 주제: 생태 중심주의**
> 인간도 (㉠)의 일부분입니다. (㉠)은/는 모든 생명체가 서로 영향을 주고받으며 함께 살아가는 거대한 생태계입니다.

① 기계   ② 학문
③ 기술   ④ 자연

18 통일 한국의 바람직한 모습으로 가장 적절한 것은?

① 세계 평화를 위협해야 한다.
② 국민의 인권을 보장해야 한다.
③ 보편적 가치를 무시해야 한다.
④ 문화적으로 폐쇄된 국가여야 한다.

19 환경 친화적 소비 생활의 모습으로 적절하지 <u>않은</u> 것은?

① 물건 과대 포장하기
② 먹을 만큼만 주문하기
③ 친환경 마크 제품 구매하기
④ 일회용 컵 대신 개인 컵 사용하기

20 ㉠에 공통으로 들어갈 용어로 가장 적절한 것은?

> (㉠)(이)란 자신의 생각과 의지대로 살아갈 수 있는 권리이다. 국가는 (㉠)을/를 보장해야 한다. 국민들은 직업이나 종교 등 삶의 방식을 스스로 선택할 수 있어야 한다.

① 명상
② 자유
③ 지식
④ 방관

21 다음 대화 중 양심에 대한 설명으로 옳지 <u>않은</u> 것은?

학생 1: 도덕적인 행동을 하도록 하는 마음의 명령이야.
학생 2: 우리가 자발적으로 옳은 일을 하도록 이끌어.
학생 3: 나쁜 일을 하더라도 죄책감을 느끼지 않게 해.
학생 4: 자신의 잘못에 대해 부끄러움을 느끼게 해.

① 학생 1
② 학생 2
③ 학생 3
④ 학생 4

22 삶의 목적을 설정해야 하는 이유로 옳지 <u>않은</u> 것은?

① 자신의 삶을 의미 있게 살기 위해
② 자신의 행동에 대한 책임을 지지 않기 위해
③ 삶 속에서 부딪히는 어려움을 극복해 내기 위해
④ 외부의 유혹에도 흔들리지 않는 삶을 살기 위해

23 다음 강연자가 설명하는 사회는?

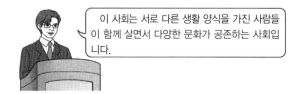

> 이 사회는 서로 다른 생활 양식을 가진 사람들이 함께 살면서 다양한 문화가 공존하는 사회입니다.

① 독재 사회
② 다문화 사회
③ 이기주의 사회
④ 물질주의 사회

24 다음에서 설명하는 개념은?

> 도덕적으로 옳다고 여기는 것을 굳게 믿고, 그것을 실천하려는 의지

① 이기심
② 무관심
③ 비도덕성
④ 도덕적 신념

25 ㉠에 들어갈 용어로 가장 적절한 것은?

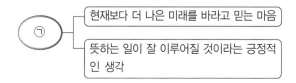

㉠
- 현재보다 더 나은 미래를 바라고 믿는 마음
- 뜻하는 일이 잘 이루어질 것이라는 긍정적인 생각

① 고통
② 한계
③ 분노
④ 희망

01 다음 대화에서 ㉠에 들어갈 말로 적절하지 <u>않은</u> 것은?

> 내일이 동아리 첫 모임이라 자기소개를 해야 하는데 긴장해서 제대로 말을 못할까 봐 불안해.

> ㉠

① 너무 떨릴 때는 심호흡을 해 봐.
② 말할 내용을 반복해서 연습해 봐.
③ 동아리에 가입하는 방법을 찾아봐.
④ 말할 때 참고할 수 있는 메모를 준비해 봐.

02 다음 면담을 원활하게 진행하기 위해 보완할 점으로 가장 적절한 것은?

간호사가 장래 희망인 나는 진로 정보를 얻기 위해 동네 병원의 간호사님께 미리 연락드려 방문 날짜와 시간을 정한 후, 병원을 방문하여 면담을 하였다. 간호사님께서 나에게 필요한 말씀을 알아서 해 주실 거라 생각해서 별다른 준비를 하지 않았다. 그런데 내 예상과는 달리 면담이 원활하게 진행되지 않았고, 결국 간호사님의 나이, 사는 곳 등 엉뚱한 질문만 하고 말았다.

① 면담 대상자를 미리 정한다.
② 면담 일정을 사전에 협의한다.
③ 적절한 면담 장소를 선정한다.
④ 면담 목적에 맞는 질문을 준비한다.

03 다음 규정을 참고할 때 표기와 발음이 일치하는 것은?

> **■ 표준 발음법 ■**
> [제8항] 받침소리로는 'ㄱ, ㄴ, ㄷ, ㄹ, ㅁ, ㅂ, ㅇ'의 7개 자음만 발음한다.
> [제9항] 받침 'ㄲ, ㅋ', 'ㅅ, ㅆ, ㅈ, ㅊ, ㅌ', 'ㅍ'은 어말 또는 자음 앞에서 각각 대표음 [ㄱ, ㄷ, ㅂ]으로 발음한다.

① 꽃   ② 밖
③ 입   ④ 팥

04 다음에서 설명하는 품사에 해당하는 것은?

> ○ 사람이나 사물의 이름을 대신 나타낸다.
> ○ 상황에 따라 가리키는 대상이 달라진다.

① 너   ② 나무
③ 예쁘다   ④ 어머나

05 밑줄 친 부분의 문장 성분이 ㉠과 같은 것은?

> 아기가 ㉠ 방긋방긋 웃는다.

① 물이 <u>얼음이</u> 되었다.
② 친구가 <u>빨리</u> 달린다.
③ 동생이 <u>새</u> 신발을 샀다.
④ 밤하늘에 <u>별이</u> 반짝거린다.

06 ㉠~㉣ 중 한글 맞춤법에 맞게 쓴 것은?

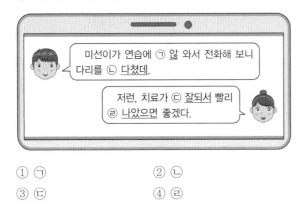

미선이가 연습에 ㉠ <u>않</u> 와서 전화해 보니 다리를 ㉡ <u>다쳤데</u>.

저런, 치료가 ㉢ <u>잘되서</u> 빨리 ㉣ <u>나았으면</u> 좋겠다.

① ㉠

② ㉡

③ ㉢

④ ㉣

07 다음에 해당하는 단어로 가장 적절한 것은?

> 우리말에 본디부터 있던 말 또는 그것에 기초하여 새로 만들어진 말

① 구름

② 육지

③ 체온계

④ 바이올린

08 ㉠에 해당하는 예로 가장 적절한 것은?

> 세종대왕은 발음 기관의 모양을 본떠 만든 자음 기본자에 획을 더하여 다른 자음자를 만들었다. 이러한 가획의 원리로 창제된 글자에는 ⬚㉠⬚ 이 있다.

① ㄴ

② ㅆ

③ ㅇ

④ ㅋ

09 다음 개요에서 ㉠에 들어갈 세부 내용으로 가장 적절한 것은?

처음	늘 함께 있지만 정작 잘 모르는 머리카락
중간	1. 머리카락의 정의 2. 머리카락의 구조 3. 머리카락의 기능 ……… ㉠
끝	우리 몸에 꼭 필요한 머리카락

① 개인에 따라 성장 속도가 다름.

② 모양에 따라 직모, 파상모, 축모로 나뉨.

③ 두피 온도를 유지할 수 있게 도움을 줌.

④ 모수질, 모피질, 모표피로 구성되어 있음.

10 ㉠~㉣에 대한 고쳐쓰기 방안으로 적절하지 <u>않은</u> 것은?

> ㉠ <u>한옥의 재료는</u> 나무, 흙, 돌 같은 자연에서 얻은 재료로 자연과 어울리게 지은 집이다. 옛사람들은 집을 지을 때 함부로 산을 깎거나 물길을 막지 않았고 집을 짓는 재료를 지나치게 ㉡ <u>다듬지</u> 않았다. ㉢ <u>서구 문화가 들어오면서 우리나라의 주거 생활 양식도 크게 바뀌었다.</u> 집을 살아 있는 자연의 한 부분으로 여기고, 집이 자연과 조화를 이루어야 한다는 ㉣ <u>조상들에</u> 생각이 한옥에 고스란히 담겨 있는 것이다.

① ㉠: 문장 호응을 고려하여 '한옥은'으로 고친다.

② ㉡: 의미가 분명히 드러나도록 '다듬어지지'로 고친다.

③ ㉢: 글의 흐름에서 벗어난 내용이므로 삭제한다.

④ ㉣: 조사의 쓰임에 맞도록 '조상들의'로 바꾼다.

[11~13]

다음 글을 읽고 물음에 답하시오.

> "느 집엔 이거 없지."
>
> 하고 생색 있는 큰소리를 하고는 제가 준 것을 남이 알면은 큰일 날 테니 여기서 얼른 먹어 버리란다. 그리고 또 하는 소리가
>
> "너 봄 ㉠ 감자가 맛있단다."
>
> "난 감자 안 먹는다, 니나 먹어라."
>
> 나는 고개도 돌리려고 않고 일하던 손으로 그 감자를 도로 어깨 너머로 쑥 밀어 버렸다.
>
> 그랬더니 그래도 가는 기색이 없고 뿐만 아니라 쌔근쌔근 하고 심상치 않게 숨소리가 점점 거칠어진다. 이건 또 뭐야, 싶어서 그때에야 비로소 돌아다보니 나는 참으로 놀랐다. 우리가 이 동리에 들어온 것은 근 삼 년째 되어 오지만 여지껏 가무잡잡한 점순이의 얼굴이 이렇게까지 홍당무처럼 새빨개진 법이 없었다. ㉮ 게다가 눈에 독을 올리고 한참 나를 요렇게 쏘아보더니 나중에는 눈물까지 어리는 것이 아니냐. 그리고 바구니를 다시 집어 들더니 이를 꼭 악물고는 엎어질 듯 자빠질 듯 논둑으로 힝하게[1] 달아나는 것이다.
>
> 어쩌다 동리 어른이
>
> "너 얼른 ㉡ 시집을 가야지?"
>
> 하고 웃으면
>
> "염려 마세유. 갈 때 되면 어련히 갈라구……."
>
> 이렇게 천연덕스리 받는 점순이였다. 본시 부끄럼을 타는 계집애도 아니거니와 또한 분하다고 눈에 눈물을 보일 얼병이[2]도 아니다. 분하면 차라리 나의 등어리를 ㉢ 바구니로 한번 모지게 후려 쌔리고 달아날지언정.
>
> 그런데 고약한 그 꼴을 하고 가더니 그 뒤로는 나를 보면 잡아먹으려고 기를 복복 쓰는 것이다.
>
> 설혹 주는 감자를 안 받아먹은 것이 실례라 하면 주면 그냥 주었지 "느 집엔 이거 없지."는 다 뭐냐. 그렇잖아도 즈이는 마름[3]이고 우리는 그 손에서 배재[4]를 얻어 ㉣ 땅을 부치므로 일상 굽신거린다. 우리가 이 마을에 처음 들어와 집이 없어서 곤란으로 지날 제 집터를 빌리고 그 위에 집을 또 짓도록 마련해 준 것도 점순네의 호의였다. 그리고 우리 어머니 아버지도 농사 때 양식이 딸리면 점순네한테 가서 부지런히 꾸어다 먹으면서 인품 그런 집은 다시 없으리라고 침이 마르도록 칭찬하고 하는 것이다. 그러면서도 열일곱씩이나 된 것들이 수군수군하고 붙어 다니면 동리의 소문이 사납다고 주의를 시켜 준 것도 또 어머니였다. 왜냐하면 내가 점순이하고 일을 저질렀다가는 점순네가 노할 것이고 그러면 우리는 땅도 떨어지고 집도 내쫓기고 하지 않으면 안 되는 까닭이었다.
>
> — 김유정, 「동백꽃」 —

1) 힝하게: 지체하지 않고 매우 빨리 가는 모양.
2) 얼병이: 다부지지 못하여 어수룩하고 얼빠져 보이는 사람.
3) 마름: 지주를 대리하여 소작권을 관리하는 사람.
4) 배재: 땅을 소작할 수 있는 권리.

11 윗글의 서술자에 대한 설명으로 가장 적절한 것은?

① 서술자가 작품 밖에 위치한다.
② 주인공이 직접 자신의 경험을 이야기한다.
③ 등장인물이 다른 인물의 속마음을 알려 준다.
④ 전지적 서술자가 인물의 심리와 상황을 제시한다.

12 ㉮에 나타난 '점순'의 심리 상태로 가장 적절한 것은?

① 기쁨   ② 분함
③ 고마움   ④ 지루함

13 ㉠~㉣ 중 다음 설명에 해당하는 것은?

> ○ '나'에 대한 '점순'의 애정과 관심
> ○ '나'와 '점순'이 갈등하게 되는 계기

① ㉠   ② ㉡
③ ㉢   ④ ㉣

[14~16]
다음 글을 읽고 물음에 답하시오.

> ㉠ 내 고장 칠월은
> 청포도가 익어 가는 시절
>
> 이 마을 전설이 주저리주저리 열리고
> 먼 데 하늘이 꿈꾸며 알알이 들어와 박혀
>
> 하늘 밑 푸른 바다가 ㉡ 가슴을 열고
> 흰 돛단배가 곱게 밀려서 오면
>
> ㉢ 내가 바라는 손님은 고달픈 몸으로
> 청포(靑袍)를 입고 찾아온다고 했으니
>
> 내 그를 맞아 이 포도를 따 먹으면
> ㉣ 두 손은 함뿍 적셔도 좋으련
>
> 아이야 우리 식탁엔 은쟁반에
> 하이얀 모시 수건을 마련해 두렴   **[A]**
>
> — 이육사, 「청포도」—

14 윗글에 대한 설명으로 가장 적절한 것은?

① 계절의 변화에 따라 시상을 전개하고 있다.
② 모순된 표현을 통해 주제를 강조하고 있다.
③ 문답 구조를 반복하여 운율을 형성하고 있다.
④ 색채 대비를 통해 시적 분위기를 조성하고 있다.

15 ㉠~㉣ 중 함축적 의미가 밑줄 친 부분과 가장 유사한 것은?

> 이 시는 일제 강점기에 발표되었다. 당시 시대 상황을 고려할 때, 조국 광복을 기다리는 마음을 노래한 시라고 볼 수 있다.

① ㉠   ② ㉡
③ ㉢   ④ ㉣

16 [A]에 드러난 화자의 태도로 가장 적절한 것은?

① 두려움   ② 부끄러움
③ 만족스러움   ④ 정성스러움

[17~19]
다음 글을 읽고 물음에 답하시오.

> 하루는 길동이 부하들을 모아 놓고 의논했다.
> "함경 감사가 탐관오리 짓을 하며 기름을 짜듯 착취를 일삼으니 백성이 견딜 수 없는 상태라고 한다. 더 이상 그대로 두고 지켜볼 수 없으니, 너희들은 나의 지휘대로 움직여라."
> 길동은 부하들에게 계책을 일러 주고 각자 따로 움직여서 아무 날 밤에 아무 곳에서 만나기로 기약했다. ㉠ 그리고는 그날 밤이 되자 성의 남문 밖에 불을 질렀다.
>
> **[중간 줄거리]** 백성들이 모두 나와 불길을 잡을 때 길동의 무리는 돈과 곡식, 무기를 훔쳐 달아났다.
>
> 함경 감사는 홍길동이 감영[1]을 털었음을 깨닫고 군사를 모아 뒤를 쫓기 시작했다. ㉡ 길동은 날이 샐 즈음에 부하들과 함께 둔갑법[2]과 축지법을 써서 소굴로 돌아왔다. 함경 감영의 돈과 곡식을 많이 훔쳤으니, 행여 길에서 잡힐 수도 있다고 염려해서였다.
> ㉢ 하루는 길동이 여러 부하를 모아 놓고 의논했다.
> "우리가 합천 해인사의 재물을 빼앗고, 함경 감영의 돈과 곡식을 훔쳐 냈다는 소문이 널리 퍼졌다. ㉣ 게다가 감영 곳곳에 내 이름을 붙이고는 찾고 있으니 오래지 않아 잡힐 듯하다. 이에 ㉮ 대비책을 준비했으니, 너희는 내 재주를 지켜보아라."
> 말을 마치자마자 길동은 풀로 허수아비 일곱을 만들더니, 주문을 외우고 혼백을 불어넣었다. 그러자 일곱 명의 길동이 새로 생겨나서 한곳에 모이더니 한꺼번에 뽐내며 크게 소리를 치고 야단스럽게 지껄이는 것이 아닌가. 부하들이 아무리 살펴보아도 누가 진짜 길동인지 알 수가 없었다. 여덟 길동이 조선 팔도에 하나씩 흩어져서 각각 부하 수백 명씩을 거느리고 다니니, 그중 어디에 진짜 길동이 있는지 모를 지경이었다.
> — 허균, 『홍길동전』—

1) 감영: 조선 시대에 관찰사가 직무를 보던 관아.
2) 둔갑법: 마음대로 자기 몸을 감추거나 다른 것으로 변하게 하는 술법.

17 윗글에 나타난 사회적 모습으로 가장 적절한 것은?

① 주변국과의 교류가 활발하였다.
② 신분 차별이 없는 평등한 사회였다.
③ 탐관오리의 횡포로 백성들이 살기 어려웠다.
④ 물자가 풍족하여 남의 재물을 탐하지 않았다.

18 ㉠~㉢ 중 다음 설명에 해당하는 것은?

> 고전 소설에서는 현실 세계에서 일어날 수 없는, 신비롭고 기이한 일들이 일어나기도 한다.

① ㉠   ② ㉡

③ ㉢   ④ ㉣

19 ㉮의 내용으로 가장 적절한 것은?

① 함경 감영으로 가서 죄를 자백함.

② 백성들에게 돈과 곡식을 나누어 줌.

③ 군사들에게 들키지 않게 밤에만 다님.

④ 가짜 길동들을 만들어 자신을 찾지 못하게 함.

[20~22]

다음 글을 읽고 물음에 답하시오.

> 우리 몸의 소화 과정에는 기계적 소화와 화학적 소화가 있다. 먼저, 기계적 소화는 물리적인 운동을 통해 음식물을 잘게 부수는 과정을 말한다. 사과를 먹는 과정을 예로 들어 보자.
>
> 사과를 한 입 베어 문다. → 잘게 부서진 사과 조각들을 혀로 이리저리 섞으면서 부수는 걸 돕는다. → 잘게 부서진 사과 조각을 꿀꺽 삼킨다. → 사과 조각은 위를 거쳐 소장과 대장으로 내려가고, 장은 아래위로 움직이면서 사과 조각을 다진다. 이러한 일련의 작용을 바로 [㉠] 소화라 한다.
>
> 이와 반대로 ㉡ 화학적 소화란 우리 몸속의 소화 효소를 이용해 물질의 성분을 바꾸는 것을 말한다. 소화 효소는 소화 기관에서 분비되어 음식물의 소화를 돕는 효소인데, 입에서는 침, 위에서는 펩신, 이자에서는 트립신 등이 분비된다. 이러한 소화 효소들이 밖에서 들어온 음식물을 화학적으로 분해하고, 몸의 각 기관에 골고루 보내는 것이다.
>
>   – 남종영, 「설탕 중독, 노예가 되어 버린 혀」 –

20 윗글을 읽고 나눈 대화에서 '언니'의 조언으로 적절하지 **않은** 것은?

> 동생: 효소, 이자, 펩신 등 생소한 단어가 많아서 글을 이해하기 어려운데 어떻게 하지?
>
> 언니: _____

① 사실과 의견을 구분하며 읽어 봐.

② 참고 자료를 읽으며 배경지식을 넓혀 봐.

③ 인터넷이나 도서관에서 모르는 것을 찾아봐.

④ 단어의 의미를 추측해 본 뒤 사전에서 확인해 봐.

21 ㉠에 들어갈 말로 가장 적절한 것은?

① 기계적   ② 부분적

③ 전체적   ④ 화학적

22 ㉡과 유사한 설명 방법이 사용된 것은?

① 피지가 피부 밖으로 배출되지 못하면 먼지와 함께 굳어 모공 안에 쌓이게 된다.

② 생물은 식물과 동물로 나뉘고, 동물은 다시 절지동물, 연체동물, 척추동물로 나뉜다.

③ 갯벌이란 밀물과 썰물이 드나드는 곳에 펼쳐진 모래 점토질의 평탄한 땅을 말한다.

④ 남극은 거대한 얼음 대륙으로 이루어져 있는 반면, 북극은 거대한 얼음 바다로 되어 있다.

[23~25]

다음 글을 읽고 물음에 답하시오.

야간 경관 조명을 시의 정책으로 적극적으로 추진하여 성공한 대표적인 사례가 프랑스 리옹이다. 1989년 당선된 미셸 느와르 시장은 선거 ㉠공약대로 5년간 매년 시 재정의 5%를 야간 경관 조성 사업에 투자하여 150개 건물과 다리에 조명 기기를 설치함으로써 도시 전체를 커다란 조명 예술 작품으로 바꿔 놓았다. 이 계획은 컨벤션 산업과 연계되어 리옹을 세계적인 관광 도시와 국제회의 도시로 ㉡부상시키는 데 큰 역할을 하였고, 리옹은 '빛의 도시', '밤이 아름다운 도시'라는 명성을 갖게 되었다.

도시의 야간 조명은 단순히 어둠을 밝히기 위한 수단이 아니라 감성을 자극할 수 있어야 한다. 또한, 조명을 무조건 밝고 화려하게 한다고 좋은 것은 아니다. 요란한 색채의 조명을 서로 경쟁하듯이 밝게만 한다면 마치 테마파크와 같은 장면이 연출될 것이며 깊이 없고 ㉢산만한 경관이 만들어질 것이다. 강조할 곳, 연출이 필요한 부분에는 과감하게 조명 시설을 설치하고, 도시 전체적으로는 인공조명을 최소한으로 줄이는 등 적극적이면서 동시에 ㉣절제된 조명 계획이 적용되어야 한다. 우리나라 도시도 야간 조명을 이용하여 도시 전체를 하나의 예술 작품으로 만들어 나가는 노력이 필요하다.

– 이진숙, 「밤이 아름다운 도시」 –

23 윗글의 서술상 특징으로 가장 적절한 것은?

① 시각 자료를 활용하였다.

② 관련된 속담을 사용하였다.

③ 구체적 사례를 제시하였다.

④ 전문가의 의견을 인용하였다.

24 윗글에서 글쓴이가 말하고자 하는 바로 가장 적절한 것은?

① 조명은 어둠을 밝히기 위한 수단일 뿐이다.

② 도시 경관 사업에 들어가는 예산을 줄여야 한다.

③ 야간 조명은 밝고 화려한 색채를 사용해야 한다.

④ 조명을 이용하여 도시를 가꾸는 노력이 필요하다.

25 ㉠~㉣의 사전적 의미로 적절하지 <u>않은</u> 것은?

① ㉠: 개인적 다짐이나 목표.

② ㉡: 어떤 대상이 더 좋은 위치로 올라섬.

③ ㉢: 어수선하여 질서나 통일성이 없음.

④ ㉣: 정도에 넘지 않게 알맞게 조절하여 제한함.

01 다음은 28을 소인수분해하는 과정을 나타낸 것이다. 28을 소인수분해한 것은?

$$
\begin{array}{r}
2)\ 28 \\
2)\ 14 \\
\hline
7
\end{array}
$$

① 2×7　　　　② $2^2 \times 7$

③ 2×7^2　　　　④ $2^2 \times 7^2$

02 $(-2) \times (+3)$을 계산하면?

① -6　　　　② -1

③ 1　　　　④ 6

03 $a = -3$일 때, $4 + a$의 값은?

① 1　　　　② 2

③ 3　　　　④ 4

04 일차방정식 $1 - 2x = -5$의 해는?

① 1　　　　② 2

③ 3　　　　④ 4

05 다음 좌표평면 위의 네 점 A, B, C, D의 좌표를 나타낸 것으로 옳은 것은?

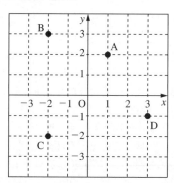

① $A(2,\ 1)$　　　　② $B(-2,\ -2)$

③ $C(-2,\ 2)$　　　　④ $D(3,\ -1)$

06 그림과 같이 원 O에서 $\overparen{AB} = 6 \text{ cm}$, $\overparen{CD} = 12 \text{ cm}$ 이고 $\angle COD = 80°$일 때, $\angle x$의 크기는?

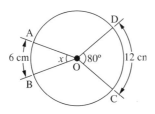

① 40° ② 50°

③ 60° ④ 70°

07 다음은 20가지 과자의 10 g당 나트륨 함량을 조사하여 나타낸 도수분포표이다. 10 g당 니트륨 함량이 70 mg 이상인 과자의 수는?

나트륨 함량 (mg)	과자의 수(가지)
$10^{이상} \sim 30^{미만}$	2
30 ~ 50	5
50 ~ 70	9
70 ~ 90	3
90 ~ 110	1
합계	20

① 3 ② 4

③ 12 ④ 13

08 분수 $\dfrac{x}{2^2 \times 3 \times 5}$를 유한소수로 나타낼 수 있을 때, x의 값이 될 수 있는 가장 작은 자연수는?

① 1 ② 2

③ 3 ④ 4

09 $(2a)^3$을 간단히 한 것은?

① $2a^3$ ② $4a^3$

③ $6a^3$ ④ $8a^3$

10 연립방정식 $\begin{cases} x + y = 6 \\ x = 2y \end{cases}$의 해는?

① $x = 1$, $y = 0$ ② $x = 2$, $y = 1$

③ $x = 3$, $y = 3$ ④ $x = 4$, $y = 2$

11 그림은 일차함수 $y = x - 3$의 그래프이다. 이 그래프의 y절편은?

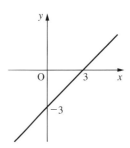

① -3 ② -1

③ 1 ④ 3

12 그림과 같이 삼각형 ABC에서 $\angle A = 100°$, $\angle B = 40°$ 이고 $\overline{AB} = 7$일 때, x의 값은?

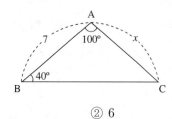

① 5
② 6
③ 7
④ 8

13 그림과 같이 $\overline{AC} = 24$, $\overline{BC} = 30$인 삼각형 ABC에서 변 BC에 평행한 직선이 두 변 AB, AC와 만나는 점을 각각 D, E라고 하자. $\overline{AE} = 8$일 때, x의 값은?

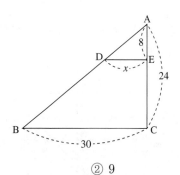

① 8
② 9
③ 10
④ 11

14 서로 다른 두 개의 주사위를 동시에 던질 때, 나오는 두 눈의 수의 합이 4가 되는 경우의 수는?

① 1
② 3
③ 5
④ 7

15 $\sqrt{(-5)^2}$ 의 값은?

① -10
② -5
③ 5
④ 10

16 이차방정식 $(x-1)(x+4) = 0$의 한 근이 -4이다. 다른 한 근은?

① 1
② 2
③ 3
④ 4

17 이차함수 $y = \dfrac{1}{2}x^2$의 그래프에 대한 설명으로 옳은 것은?

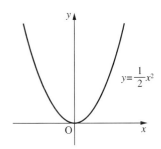

① 위로 볼록이다.
② 점 $(1,\ 1)$를 지난다.
③ 직선 $x = 1$을 축으로 한다.
④ 꼭짓점의 좌표는 $(0,\ 0)$이다.

18 직각삼각형 ABC에서 $\overline{AB} = 17$, $\overline{BC} = 15$, $\overline{AC} = 8$일 때, $\sin B$의 값은?

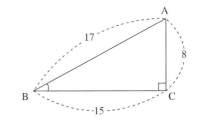

① $\dfrac{8}{15}$ ② $\dfrac{8}{17}$

③ $\dfrac{15}{8}$ ④ $\dfrac{15}{17}$

19 그림에서 두 점 A, B는 점 P에서 원 O에 그은 두 접선의 접점이다. $\angle PAB = 65°$일 때, $\angle ABP$의 크기는?

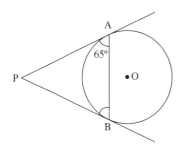

① $55°$ ② $60°$
③ $65°$ ④ $70°$

20 다음 자료는 학생 8명의 운동화 크기를 조사하여 나타낸 것이다. 이 자료의 최빈값은?

(단위: mm)

230	270	265	250
250	250	230	265

① $230\,\mathrm{mm}$ ② $250\,\mathrm{mm}$
③ $265\,\mathrm{mm}$ ④ $270\,\mathrm{mm}$

01 다음 밑줄 친 단어의 뜻으로 가장 적절한 것은?

> I love my friends. They're very <u>special</u> to me.

① 엄격한   ② 용감한
③ 특별한   ④ 현명한

02 다음 중 두 단어의 의미 관계가 나머지 셋과 <u>다른</u> 것은?

① fast − slow   ② large − big
③ late − early   ④ long − short

[03~04]
다음 빈칸에 들어갈 말로 가장 적절한 것을 고르시오.

03

> There _____ a big tree in front of my house.

① be   ② is
③ are   ④ were

04

> She didn't eat dessert _____ she was too full.

① to   ② by
③ from   ④ because

[05~06]
다음 대화의 빈칸에 들어갈 말로 가장 적절한 것을 고르시오.

05

> A: _____ do you think of my new skirt?
> B: It looks good on you.

① Who   ② What
③ Where   ④ Which

06

> A: I can't walk. I broke my leg yesterday.
> B: _____.

① Yes, I am
② Nice to meet you
③ You're welcome
④ I'm sorry to hear that

07 다음 빈칸에 공통으로 들어갈 말로 가장 적절한 것은?

> ○ It's _____ outside. You should wear a coat.
> ○ He said he had a sore throat. Did he catch a _____?

① cold   ② soft
③ tall   ④ well

08 다음 대화에서 A가 찾아가려는 곳의 위치로 옳은 것은?

> A: Excuse me, how can I get to City Hall?
> B: Go straight one block and turn right. You'll find it on your left.
> A: Thank you.

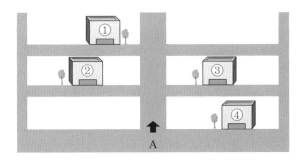

09 그림으로 보아 빈칸에 들어갈 말로 가장 적절한 것은?

> A: What is the boy doing?
> B: He is _____ a bike.

① riding
② eating
③ singing
④ cooking

10 다음 대화에서 두 사람이 함께 갈 장소는?

> A: Where are you going, Minsu?
> B: I'm going to the school gym to play basketball.
> A: Really? Can I join you?
> B: Sure. Let's go together.

① 체육관
② 보건실
③ 미술실
④ 도서관

11 다음 대화의 빈칸에 들어갈 말로 가장 적절한 것은?

> A: You look so happy today. What's up?
> B: _____.
> A: Oh, where did you find your dog?
> B: He was in the park near my house.

① I failed the test
② I'm a Canadian
③ I found my missing dog
④ I don't like vegetables

12 다음 대화의 주제로 가장 적절한 것은?

> A: Boram, what's your plan for this vacation?
> B: I plan to take guitar lessons. How about you?
> A: I'm going to visit my grandparents in Jeju-do.

① 친구 관계
② 방학 계획
③ 생일 선물
④ 운동 추천

13 다음 홍보문을 보고 알 수 <u>없는</u> 것은?

> ***Robot Making Class***
> ○ **Date**: August 25th, 2023
> ○ **Place**: Science Room
> ○ **Activities**: You will make a robot and learn how to control it.

① 수업 날짜
② 수업 장소
③ 수업료
④ 수업 활동

14 다음 방송의 목적으로 가장 적절한 것은?

> Hello, students. Tomorrow is Sports Day. Please remember to wear comfortable clothes and shoes. Keep the rules to play safely and fairly. Stay with your classmates during the events. Have fun!

① 지역 특산물 소개
② 체육 대회 유의 사항 설명
③ 백화점 행사 홍보
④ 학교 식당 공사 일정 안내

15 다음 대화에서 A가 Nepal로 여행 가고 싶은 이유는?

> A: I want to travel to Nepal someday.
> B: What makes you want to go there?
> A: I want to climb the wonderful mountains.

① 멋진 산을 오르고 싶어서
② 은하수 사진을 찍고 싶어서
③ 외국인 친구를 사귀고 싶어서
④ 새로운 문화를 경험하고 싶어서

16 White Winter Festival에 관한 다음 글의 내용과 일치하지 <u>않는</u> 것은?

> The White Winter Festival starts in the last week of January and goes on for five days. People can enjoy ice fishing. There is also a snowman building contest. Musicians play live music at night.

① 1월 마지막 주에 시작한다.
② 얼음낚시를 즐길 수 있다.
③ 눈사람 만들기 대회가 있다.
④ 음악가들이 오전에 공연을 한다.

17 다음 글에서 Elena에 대해 언급된 내용이 <u>아닌</u> 것은?

> I'm Elena from France. I want to be a fashion designer someday. I tried on a *hanbok* when I visited Korea in 2020. I loved the style of *hanbok*. My dream is to make such beautiful clothes in the future.

① 출신 국가   ② 장래 희망
③ 한국 방문 연도   ④ 반려동물

18 다음 글에서 Susan이 제안한 것으로 가장 적절한 것은?

> Susan and I walked home together yesterday. We saw that the walls around the school looked ugly. We wanted to make them pretty and colorful. Susan suggested that we paint pictures on the walls.

① 벽에 그림 그리기
② 밝게 인사하기
③ 청바지 재활용하기
④ 선생님 찾아뵙기

19 그래프로 보아 빈칸에 들어갈 말로 가장 적절한 것은?

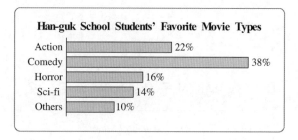

Han-guk School Students' Favorite Movie Types

Action	22%
Comedy	38%
Horror	16%
Sci-fi	14%
Others	10%

> Han-guk School students like _____ movies the most.

① action   ② comedy
③ horror   ④ sci-fi

20 다음 글의 흐름으로 보아 어울리지 <u>않는</u> 문장은?

> Jiho's father runs a small restaurant. ① He makes amazing spaghetti. ② Jiho wants to learn how to cook it. ③ So, he's going to practice cooking spaghetti with his father this week. ④ Burgers are his favorite food. He hopes to make delicious spaghetti like his father.

21 다음 밑줄 친 <u>them</u>이 가리키는 것으로 가장 적절한 것은?

> I read the news about newly designed buses. It says people can get on these buses more easily. The buses have no steps and have very low floors. Even a person in a wheelchair can use <u>them</u> without any help.

① books
② buses
③ people
④ windows

22 캠핑 시 주의해야 할 사항으로 언급되지 <u>않은</u> 것은?

> ○ Don't put up a tent right next to the river.
> ○ Don't feed wild animals.
> ○ Don't leave your trash behind.

① 강 바로 옆에 텐트 치지 않기
② 야생 동물에게 먹이 주지 않기
③ 쓰레기 남겨 두지 않기
④ 텐트 안에서 요리하지 않기

23 다음 글의 주제로 가장 적절한 것은?

> Are you feeling down? Here are some tips to help you feel better. First, go outdoors. Getting lots of sunlight makes you feel happy. Another thing you can do is exercise. You can forget about worries while working out.

① 수면과 건강의 관계
② 다양한 호르몬의 역할
③ 지구 온난화의 원인
④ 기분이 나아지게 하는 방법

24 다음 글을 쓴 목적으로 가장 적절한 것은?

> Hello, Mr. Brown. The school concert is coming. My music club members are preparing for the concert. We need a place to practice together. Can we please use your classroom this week?

① 과제를 확인하기 위해서
② 봉사 활동에 지원하기 위해서
③ 교실 사용을 허락받기 위해서
④ 마을 축제에 초대하기 위해서

25 다음 글의 바로 뒤에 이어질 내용으로 가장 적절한 것은?

> Visiting markets is a good way to learn about the culture of a country. You can meet people, learn history, and taste local food. I'd like to introduce some famous markets around the world.

① 다양한 조리 방법 제안
② 용돈 관리의 중요성 강조
③ 세계의 유명한 시장들 소개
④ 외국어를 배워야 하는 이유 설명

01 ㉠에 들어갈 내용으로 옳은 것은?

○ 단원: 온대 기후 지역의 생활 모습
○ 주제: (㉠   )의 특징
○ 학습 내용
  - 분포 지역: 이탈리아, 그리스, 미국 캘리포니아 연안 등
  - 주민 생활: 수목 농업(여름), 곡물 농업(겨울)

① 고산 기후
② 스텝 기후
③ 지중해성 기후
④ 열대 우림 기후

02 다음 설명에 해당하는 문화 지역으로 가장 적절한 것은?

○ 북반구의 툰드라 지역을 중심으로 분포한다.
○ 순록 유목과 사냥을 바탕으로 생활하는 지역이 있다.

① 건조 문화 지역
② 인도 문화 지역
③ 북극 문화 지역
④ 아프리카 문화 지역

03 ㉠, ㉡에 들어갈 지역을 지도의 A~D에서 고른 것은?

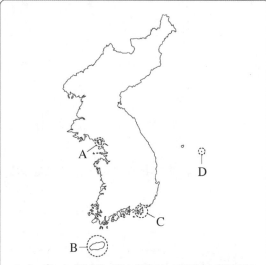

○ (㉠): 한라산, 성산 일출봉, 거문오름 용암동굴계가 유네스코 세계 자연 유산에 등재되었다.
○ (㉡): 우리나라에서 가장 동쪽에 위치한 섬으로, 동도와 서도 및 여러 개의 바위섬으로 이루어져 있다.

	㉠	㉡		㉠	㉡
①	A	B	②	A	C
③	B	D	④	C	D

04 ㉠, ㉡에 들어갈 내용으로 옳은 것은?

○ (㉠) 발전: 강한 바람이 지속적으로 부는 곳에서 바람의 힘을 이용해 전기를 생산한다.
○ (㉡) 발전: 밀물과 썰물 때의 바다 높이 차이를 이용하여 전기를 생산한다.

	㉠	㉡		㉠	㉡
①	풍력	조력	②	풍력	지열
③	지열	조력	④	지열	풍력

05 다음 설명에 해당하는 것은?

> 특정한 장소를 상품으로 인식하고, 그 장소의 이미지를 개발하는 지역화 전략이다.

① 역도시화
② 장소 마케팅
③ 임금 피크제
④ 자유 무역 협정

06 밑줄 친 ㉠에 해당하는 지형으로 옳은 것은?

> ○○에게,
> 나는 노르웨이에 여행을 왔어. 오늘 다녀온 곳은 ㉠ 빙하의 침식으로 생긴 골짜기에 바닷물이 들어오면서 형성된 만이야. 경치가 좋아서 여행 온 관광객이 많아.

① 고원
② 사막
③ 산호초
④ 피오르

07 다음 설명에 해당하는 것은?

> 기업이 성장하며 기업의 본사, 연구소, 공장 등이 각각의 기능을 수행하는 데 적합한 지역을 찾아 지리적으로 분산되는 것이다.

① 이촌 향도
② 공간적 분업
③ 인구 공동화
④ 지리적 표시제

08 ㉠에 들어갈 내용으로 가장 적절한 것은?

> (㉠)은/는 주로 석탄을 사용하는 화력 발전소와 노후 경유차의 운행 등으로 발생하며 호흡기에 나쁜 영향을 미칠 수 있다.

① 도시 홍수
② 미세 먼지
③ 지진 해일
④ 열대 저기압

09 다음 설명에 해당하는 사회화 기관은?

> ○ 사회화를 목적으로 만든 공식적인 기관이다.
> ○ 사회생활에 필요한 지식과 규범, 가치 등을 체계적으로 교육한다.

① 가정
② 직장
③ 학교
④ 대중 매체

10 다음 학생이 지닌 문화 이해의 태도는?

> 우리는 한 사회의 문화를 이해할 때, 그 사회가 처한 특수한 환경과 맥락 속에서 이해해야 합니다.

① 문화 사대주의
② 문화 상대주의
③ 문화 제국주의
④ 자문화 중심주의

11 다음 설명에 해당하는 정치 참여 주체는?

> ○ 의미: 사회 문제를 해결하고 집단의 특수 이익이 아닌 공익을 실현하기 위해 시민들이 자발적으로 만든 집단
> ○ 기능: 정부 활동 감시 및 여론 형성, 시민의 정치 참여 유도 등

① 개인
② 기업
③ 이익 집단
④ 시민 단체

12 ㉠에 들어갈 내용으로 가장 적절한 것은?

> 우리나라는 (㉠)을/를 위해 선거구 법정주의
> 와 선거 공영제를 시행하고, 선거 관리 위원회를 두고
> 있다.

① 공정한 선거 운영
② 합리적 자산 관리
③ 효과적 민간 외교
④ 국제 거래 활성화

13 ㉠에 들어갈 내용으로 옳은 것은?

> ○ 우리나라의 (㉠)은/는 국가의 대표이자 동
> 시에 행정부 수반으로서의 권한을 갖는다.
> ○ 국민의 선거를 통해 선출된 우리나라의 (㉠)
> 은/는 국회에서 의결된 법률안을 거부할 수 있다.

① 장관
② 대통령
③ 국무총리
④ 국회의원

14 다음의 권한을 가진 기관으로 옳은 것은?

> ○ 주로 3심 사건의 최종적인 재판을 담당한다.
> ○ 명령·규칙 또는 처분이 헌법이나 법률에 위반되는
> 지 여부를 최종적으로 심사할 권한을 가진다.

① 감사원
② 대법원
③ 가정 법원
④ 지방 의회

15 다음 내용에 해당하는 개념으로 옳은 것은?

> ○ 시장에서 수요와 공급의 상호 작용에 의해 형성된다.
> ○ 생산자와 소비자의 활동을 어떻게 조절할지 알려
> 주는 신호등 역할을 한다.

① 기대 수명
② 무역 장벽
③ 생애 주기
④ 시장 가격

16 ㉠에 들어갈 내용으로 옳은 것은?

> (㉠)은/는 한 나라의 생산 규모나 국민 전
> 체의 소득을 파악하기에 유용하지만, 소득 분배 수
> 준이나 빈부 격차의 정도를 파악하기 힘들다는 한계
> 를 가지고 있어요.

① 실업률
② 물가 지수
③ 인구 밀도
④ 국내 총생산

17 다음 유물이 처음 제작된 시대는?

> **역사 유물 카드**
> ○ 명칭: 주먹도끼
> ○ 발견 지역: 경기 연천 전곡리
> ○ 용도: 사냥, 나무 손질, 고기 자르기 등

① 구석기 시대
② 신석기 시대
③ 청동기 시대
④ 철기 시대

18 밑줄 친 '그'에 해당하는 고구려의 왕은?

> 그는 백제를 공격하여 한강 이북 지역을 차지하였으
> 며, 신라에 침입한 왜를 물리쳤다. 또한 '영락'이라는
> 연호를 사용하고 스스로 '태왕'이라 칭하였다.

① 인종
② 현종
③ 지증왕
④ 광개토 대왕

19 ㉠에 들어갈 인물로 옳은 것은?

> 역사 스피드 퀴즈

> 불교 대중화를 위해 '나무아미타불'을
> 열심히 외우면 극락에 갈 수 있다고 한
> 신라의 승려는?

① 원효
② 만적
③ 강감찬
④ 조광조

20 고려 광종의 정책으로 옳은 것을 〈보기〉에서 고른 것은?

보기
ㄱ. 서원 정리   ㄴ. 과거제 실시
ㄷ. 훈민정음 반포   ㄹ. 노비안검법 시행

① ㄱ, ㄴ   ② ㄱ, ㄷ
③ ㄴ, ㄹ   ④ ㄷ, ㄹ

21 다음 설명에 해당하는 조선의 정치 세력은?

○ 훈구 세력의 비리를 비판함.
○ 성종 때 본격적으로 중앙 정계에 진출함.
○ 무오, 갑자, 기묘, 을사사화 등을 겪음.

① 사림   ② 개화파
③ 권문세족   ④ 진골 귀족

22 ㉠에 들어갈 전쟁으로 옳은 것은?

질문   [㉠   ]에 대해 알려 주세요.
답변   청은 군사를 이끌고 조선을 침략하였습니다. 인조는 남한산성으로 들어가 항전하였지만, 청에 항복하였습니다. 소현 세자를 비롯한 많은 백성들이 청으로 끌려갔습니다.

① 병자호란   ② 신미양요
③ 임진왜란   ④ 살수 대첩

23 다음 설명에 해당하는 사건은?

1894년 고부에서 농민들이 부당한 세금 징수에 항의하며 봉기하였다. 농민군은 전라도 일대를 장악하고 전주성을 점령하였다. 외세가 개입하자 농민군은 정부와 전주 화약을 맺고 집강소를 설치하였다.

① 3·1 운동
② 국채 보상 운동
③ 서경 천도 운동
④ 동학 농민 운동

24 다음 정책을 시행한 조선의 왕은?

○ 화성 건설
○ 규장각 설치
○ 대전통편 편찬

① 세조   ② 정조
③ 장수왕   ④ 진흥왕

25 다음 설명에 해당하는 사건은?

1987년 박종철이 경찰의 고문으로 사망하는 사건이 발생하였다. 이에 국민들은 진상 규명을 요구하였으나 정부가 거부하였다. 그러자 국민들은 정권 퇴진과 대통령 직선제 개헌을 요구하며 전국적으로 시위를 벌였다.

① 북벌론
② 6월 민주 항쟁
③ 애국 계몽 운동
④ 광주 학생 항일 운동

01 그림과 같이 지구 위의 어느 위치에서 공을 놓더라도 공은 지구 중심 방향으로 떨어진다. 이 현상을 나타나게 하는 힘은?

① 부력   ② 중력
③ 마찰력   ④ 탄성력

02 그림과 같이 흰색 종이 위에 빨간색, 초록색, 파란색 빛을 비추었을 때 합성되어 보이는 색 ㉠은?

① 흰색   ② 남색
③ 보라색   ④ 주황색

03 그림은 니크롬선에 걸어 준 전압에 따른 전류의 세기를 나타낸 것이다. 이 니크롬선의 저항은?

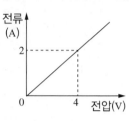

① 1 Ω   ② 2 Ω
③ 3 Ω   ④ 5 Ω

04 표는 여러 가지 물질의 비열을 나타낸 것이다. 각 물질 1 kg에 같은 열량을 가하였을 때 온도 변화가 가장 큰 물질은?

물질	철	콩기름	에탄올	물
비열 (kcal/(kg · ℃))	0.11	0.47	0.57	1.00

① 철   ② 콩기름
③ 에탄올   ④ 물

05 그림은 레일을 따라 운동하는 쇠구슬의 모습을 나타낸 것이다. 레일 위의 지점 A~D 중 쇠구슬의 운동 에너지가 가장 큰 곳은? (단, 공기 저항과 마찰은 무시한다.)

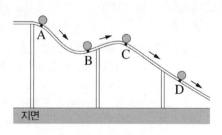

① A   ② B
③ C   ④ D

06 표는 물체가 일정한 속력으로 움직이는 동안 시간에 따른 출발점으로부터의 이동 거리를 나타낸 것이다. 이 물체의 속력은?

시간(s)	0	1	2	3	4
이동 거리(m)	0	1	2	3	4

① 1 m/s   ② 5 m/s
③ 10 m/s   ④ 20 m/s

07 그림과 같이 용기에 들어 있는 기체의 온도를 25 ℃ 에서 90 ℃ 로 높였을 때 기체의 부피 변화와 기체 입자의 운동 변화로 옳은 것은? (단, 외부 압력은 일정하고 기체의 출입은 없다.)

 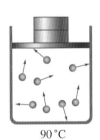

25 ℃   90 ℃

부피   입자 운동
① 감소   빨라진다
② 감소   느려진다
③ 증가   빨라진다
④ 증가   느려진다

08 표는 1기압에서 물을 가열하면서 온도를 5분 간격으로 측정하여 기록한 것이다. 물의 끓는점은?

시간(분)	0	5	10	15	20	25	30
온도(℃)	25	51	78	95	100	100	100

① 25 ℃   ② 51 ℃
③ 78 ℃   ④ 100 ℃

09 다음 설명에 해당하는 원소는?

○ 불꽃 반응 색은 노란색이다.
○ 염화 나트륨과 질산 나트륨에 공통으로 포함된 원소이다.

① 구리   ② 칼륨
③ 나트륨   ④ 스트론튬

10 그림은 여러 가지 고체 물질의 용해도 곡선이다. 다음 중 40 ℃ 의 물 100 g에 가장 많이 녹을 수 있는 물질은?

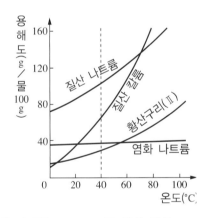

① 질산 나트륨   ② 질산 칼륨
③ 황산 구리(Ⅱ)   ④ 염화 나트륨

11 그림과 같이 구리 8 g이 모두 산소와 반응하여 산화구리(Ⅱ) 10 g이 생성되었다. 이때 반응한 산소의 질량 ㉠은?

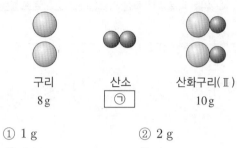

구리	산소	산화구리(Ⅱ)
8g	㉠	10g

① 1 g
② 2 g
③ 3 g
④ 4 g

12 다음 중 동물계에 속하는 생물이 <u>아닌</u> 것은?

① 나비
② 참새
③ 개구리
④ 해바라기

13 그림은 질소(N_2) 기체와 수소(H_2) 기체가 반응하여 암모니아(NH_3) 기체를 생성하는 반응의 부피 모형과 화학 반응식을 나타낸 것이다. ㉠에 알맞은 숫자는? (단, 온도와 압력은 일정하다.)

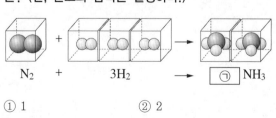

$$N_2 + 3H_2 \longrightarrow \boxed{㉠} NH_3$$

① 1
② 2
③ 5
④ 10

14 그림은 식물의 잎에서 일어나는 광합성 과정을 나타낸 것이다. 광합성 결과 생성된 물질 ㉠은?

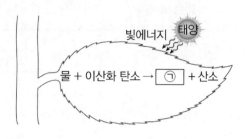

물 + 이산화 탄소 → ㉠ + 산소

① 포도당
② 무기염류
③ 바이타민
④ 아미노산

15 그림은 동물의 구성 단계를 나타낸 것이다. 이 중 연관된 기능을 하는 기관들이 모여 특정한 역할을 하는 단계는?

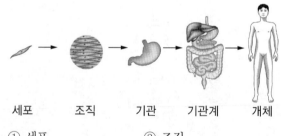

세포　조직　기관　기관계　개체

① 세포
② 조직
③ 기관계
④ 개체

16 그림은 녹말이 포도당으로 분해되는 과정을 나타낸 것이다. 이와 같이 음식물 속의 크기가 큰 영양소가 세포 안으로 흡수될 수 있도록 크기가 작은 영양소로 분해되는 과정은?

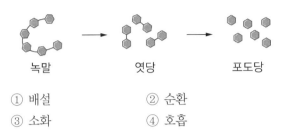

녹말   엿당   포도당

① 배설   ② 순환
③ 소화   ④ 호흡

17 다음 설명에 해당하는 혈관은?

○ 온몸에 그물처럼 퍼져 있는 매우 가느다란 혈관이다.
○ 혈관 벽이 한 겹의 세포층으로 되어 있어 물질 교환이 잘 일어난다.

① 대동맥   ② 대정맥
③ 폐동맥   ④ 모세 혈관

18 그림은 사람 눈의 구조를 나타낸 것이다. A ~ D 중 시각 세포가 있으며 상이 맺히는 곳은?

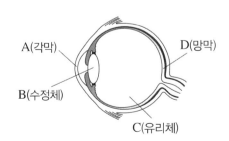

A(각막)   D(망막)
B(수정체)
C(유리체)

① A   ② B
③ C   ④ D

19 그림과 같이 순종인 둥근 완두(RR)와 순종인 주름진 완두(㉠)를 교배하여 자손 1대를 얻었다. 이때 유전자형 ㉠은? (단, 돌연변이는 없다.)

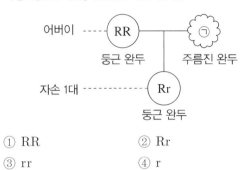

어버이 ---- RR ⚬ ㉠
둥근 완두   주름진 완두

자손 1대 ---------- Rr
둥근 완두

① RR   ② Rr
③ rr   ④ r

20 다음 중 지구를 둘러싸고 있는 대기이며 여러 가지 기체로 이루어져 있는 지구계의 구성 요소는?

① 기권   ② 수권
③ 지권   ④ 생물권

21 다음 설명에 해당하는 광물의 특성은?

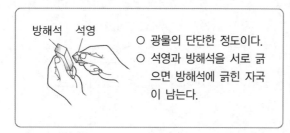

○ 광물의 단단한 정도이다.
○ 석영과 방해석을 서로 긁으면 방해석에 긁힌 자국이 남는다.

① 색
② 굳기
③ 자성
④ 염산 반응

22 그림과 같이 지구가 태양 주위를 1년에 한 바퀴씩 도는 운동은?

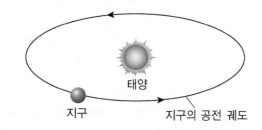

① 일식
② 월식
③ 지구의 공전
④ 지구의 자전

23 다음 중 밀물과 썰물에 의해 해수면의 높이가 주기적으로 높아졌다 낮아졌다 하는 현상은?

① 장마
② 조석
③ 지진
④ 태풍

24 표는 우리나라에 영향을 주는 기단의 성질을 나타낸 것이다. 기단 A~D 중 춥고 건조한 겨울 날씨에 주로 영향을 주는 것은?

기단	A	B	C	D
성질	온난 건조	저온 다습	고온 다습	한랭 건조

① A
② B
③ C
④ D

25 그림은 지구에서 관측한 별의 연주 시차를 나타낸 것이다. 별 A~D 중 지구에서 가장 가까운 것은?
(단, 초(″)는 연주 시차의 단위이다.)

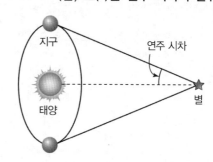

별	연주 시차
A	0.13″
B	0.19″
C	0.38″
D	0.77″

① A
② B
③ C
④ D

01 이웃 간 갈등 해결을 위한 올바른 자세는?

① 불신　　　　② 양보
③ 강요　　　　④ 협박

02 다음에서 설명하는 개념은?

○ 한 번 잃으면 소생할 수 없기에 소중한 것
○ 사람이 살아서 숨 쉬고 활동할 수 있게 하는 힘

① 해킹　　　　② 절망
③ 생명　　　　④ 중독

03 ㉠에 들어갈 대답으로 적절한 것은?

우리는 왜 도덕적 성찰을 해야 할까?

㉠

① 같은 잘못을 반복하기 위해서야.
② 인간은 이미 완벽한 존재이기 때문이야.
③ 마음의 건강은 중요하지 않기 때문이야.
④ 반성을 통해 더 나은 사람이 될 수 있기 때문이야.

04 다음 사례에 해당하는 국제 사회의 문제는?

지구 한편에서는 수많은 사람들이 먹을 것이 없어 죽어가고 있다. 오랫동안 굶주린 아이들은 영양실조에 걸려 건강이 위태롭다.

① 대기 오염　　　　② 빈곤과 기아
③ 오존층 파괴　　　　④ 사이버 폭력

05 ㉠에 들어갈 적절한 용어는?

(㉠)
부모가 자식에게
아낌없이 베푸는 사랑

(효도)
부모를 사랑하고
정성껏 잘 섬기는 도리

① 소외　　　　② 경쟁
③ 무시　　　　④ 자애

06 올바른 도덕적 신념으로 가장 적절한 것을 〈보기〉에서 고른 것은?

─── 보기 ───

ㄱ. 어려운 사람을 도와야 한다.
ㄴ. 자신의 행동에 책임을 져야 한다.
ㄷ. 나보다 약한 사람을 때려도 된다.
ㄹ. 피부색에 따라 사람을 차별해도 된다.

① ㄱ, ㄴ　　　　② ㄱ, ㄷ
③ ㄴ, ㄹ　　　　④ ㄷ, ㄹ

07 진정한 우정을 맺는 방법으로 가장 적절한 것은?

① 친구와 서로 배려하는 마음을 지닌다.
② 친구와 다투면 다시는 만나지 않는다.
③ 친밀한 사이일수록 예의를 지키지 않는다.
④ 경쟁에서 친구를 이기기 위해 반칙을 한다.

08 다음 대화 중 인권에 대한 설명으로 옳지 <u>않은</u> 것은?

① 학생 1
② 학생 2
③ 학생 3
④ 학생 4

09 바람직한 이성 교제의 자세로 적절하지 <u>않은</u> 것은?

① 서로의 인격을 존중한다.
② 책임감 있는 태도를 가진다.
③ 성별이 다르다는 이유로 차별한다.
④ 상대의 입장을 배려하여 행동한다.

10 다문화 사회에서의 올바른 태도를 〈보기〉에서 고른 것은?

보기
ㄱ. 우리 문화만을 최고로 여긴다.
ㄴ. 타 문화를 무조건적으로 수용한다.
ㄷ. 보편 규범에 근거하여 문화를 성찰한다.
ㄹ. 인권을 침해하는 문화는 비판적으로 검토한다.

① ㄱ, ㄴ
② ㄱ, ㄷ
③ ㄴ, ㄹ
④ ㄷ, ㄹ

11 ㉠에 들어갈 검색어로 옳은 것은?

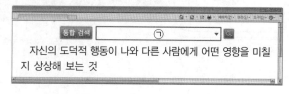

자신의 도덕적 행동이 나와 다른 사람에게 어떤 영향을 미칠지 상상해 보는 것

① 고정 관념
② 권력 남용
③ 도덕적 상상력
④ 지역 이기주의

12 사회적 약자의 권리를 보장하기 위한 방법으로 가장 적절한 것은?

① 사회적 약자의 의견을 무시한다.
② 사회적 약자를 이유 없이 차별한다.
③ 사회적 약자에 대한 부정적인 편견을 가진다.
④ 사회적 약자의 생활을 지원할 수 있는 제도를 마련한다.

13 ㉠에 들어갈 대답으로 가장 적절한 것은?

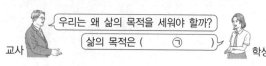

교사: 우리는 왜 삶의 목적을 세워야 할까?
학생: 삶의 목적은 (㉠)

① 자신에게 좌절감을 주기 때문입니다.
② 어려운 일을 극복하는 힘이 되기 때문입니다.
③ 행복을 달성하는 데 방해가 되기 때문입니다.
④ 수동적인 삶의 태도를 갖도록 하기 때문입니다.

14 마음의 고통을 유발하는 원인이 <u>아닌</u> 것은?

① 욕심　　　　② 집착
③ 걱정　　　　④ 행복

15 다음 설명에 해당하는 것은?

> 두 가지 이상의 목표나 동기, 감정 등이 서로 충돌하고 대립하는 상태를 의미함.

① 화해　　　　② 협력
③ 갈등　　　　④ 평화

16 ㉠에 들어갈 용어로 가장 적절한 것은?

> 학생: 선생님, 친구의 휴대 전화를 몰래 숨긴 것이
> 　　　(㉠)인가요? 저는 그냥 장난이었어요.
> 선생님: 그 친구의 기분을 생각해 보았니?

① 폭력　　　　② 칭찬
③ 경청　　　　④ 응원

17 다음에서 설명하는 올바른 갈등 해결의 방법은?

> ○ 제삼자가 개입하여 갈등을 해결함.
> ○ 갈등의 당사자들은 제삼자의 해결책을 따라야 함.

① 조롱　　　　② 중재
③ 비난　　　　④ 회피

18 교사의 질문에 바르게 답한 학생은?

정보화 사회의 바람직한 행동에는 무엇이 있을까요? — 교사
학생 1: 언어 예절을 지켜요.
학생 2: 불법 사이트를 개설해요.
학생 3: 타인의 저작권을 침해해요.
학생 4: 확인되지 않은 정보를 퍼뜨려요.

① 학생 1　　　② 학생 2
③ 학생 3　　　④ 학생 4

19 바람직한 애국심을 실천하는 자세로 가장 적절한 것은?

① 자기 나라를 맹목적으로 추종한다.
② 국민으로서 권리와 의무를 실천한다.
③ 법을 어기고 사회 질서를 어지럽힌다.
④ 다른 나라의 문화를 무조건 헐뜯는다.

20 다음에서 설명하는 개념은?

> ○ 의미: 공정한 절차를 무시하고 부당한 방법으로 자기 이익을 챙기는 행위
> ○ 사례: 학연, 지연이 있는 사람에게 뇌물이나 친분, 권력 등을 악용하여 부당한 이익을 얻는 일

① 부패　　　　② 사랑
③ 인권　　　　④ 예절

21 평화 통일을 이루기 위한 자세로 적절하지 <u>않은</u> 것은?

① 화해와 공동 번영을 추구한다.
② 통일을 향한 공감대를 형성한다.
③ 상대방을 적대적 대상으로만 바라본다.
④ 상호 간 협력을 통해 신뢰를 회복한다.

22 다음 대화에서 알 수 있는 정의로운 국가가 추구해야 할 가치는?

정의로운 국가란 어떤 국가여야 한다고 생각해?

경제적 여건에 상관없이 최소한의 인간다운 생활을 보장하는 정책을 운영하는 국가라고 생각해.

① 차별
② 복지
③ 억압
④ 혼란

23 과학 기술의 활용으로 인한 문제점을 〈보기〉에서 고른 것은?

> ● 보기 ●
> ㄱ. 디지털 범죄가 일어난다.
> ㄴ. 환경 파괴 문제를 가속화한다.
> ㄷ. 인류의 건강 증진에 이바지한다.
> ㄹ. 멀리 있는 사람과 대화가 가능하다.

① ㄱ, ㄴ
② ㄱ, ㄷ
③ ㄴ, ㄹ
④ ㄷ, ㄹ

24 도덕 추론 과정에서 ㉠에 들어갈 용어는?

> ○ 도덕 원리: 절도는 옳지 않다.
> ↓
> ○ (㉠) 판단: 남의 물건을 허락 없이 가져가는 것은 절도이다.
> ↓
> ○ 도덕 판단: 남의 물건을 허락 없이 가져가는 것은 옳지 않다.

① 연대
② 유희
③ 사실
④ 양성

25 환경친화적 소비 생활의 실천 사례에 해당하는 것은?

① 과소비와 충동구매를 생활화하기
② 물품을 구매할 때 장바구니 사용하기
③ 가까운 거리를 이동할 때 자동차 타기
④ 다회용기 대신 일회용 종이컵 사용하기

중 · 졸 · 검 · 정 · 고 · 시

2022년도

| 제1회 | 기출문제 |
| 제2회 | 기출문제 |

01 다음 대화에 대한 설명으로 가장 적절한 것은?

> 사회자: 우리 학교 화단이 허전하다는 의견이 많습니다. 이 문제를 해결할 수 있는 의견을 말해 주십시오.
> 학생 1: 봄을 맞아 꽃들을 심는 건 어떨까요?
> 학생 2: 동의합니다. 꽃 이름을 알려주는 팻말을 함께 붙이는 것도 좋겠습니다.
> 사회자: 네, 좋은 의견 감사합니다. 다른 의견 있으십니까?

① 진로를 위한 상담이다.
② 문제 해결을 위한 토의이다.
③ 직업 선택을 위한 전문가 면담이다.
④ 전학 온 친구를 위한 학교 소개이다.

02 다음 말하기 상황을 고려할 때 ㉠의 의도로 가장 적절한 것은?

① '재희'의 안부가 궁금하다.
② '재희'에게 도움을 요청한다.
③ '재희'의 잘못된 점을 지적한다.
④ '재희'와 학교 밖에서 만나고 싶다.

03 다음 표준 발음법 규정에 맞지 않는 것은?

> ■ 표준 발음법 ■
> [제5항] 'ㅢ'는 이중모음 [ㅢ]로 발음한다.
>   다만 3. 자음을 첫소리로 가지고 있는 음절의 'ㅢ'는 [ㅣ]로 발음한다.

① 무늬[무니]
② 의자[의자]
③ 희망[히망]
④ 띄어쓰기[띠어쓰기]

04 다음 밑줄 친 낱말이 문장에서 바르게 쓰인 것은?

> ○ 반드시: 틀림없이 꼭
> ○ 반듯이: 작은 물체, 또는 생각이나 행동 등이 비뚤어지거나 기울거나 굽지 않고 바르게

① 겨울이 가면 **반듯이** 봄이 온다.
② 이번 시험에는 **반드시** 합격할 것이다.
③ 비가 오는 날이면 **반듯이** 허리가 쑤신다.
④ 큰 지진 뒤에는 **반듯이** 피해가 일어난다.

05 다음 밑줄 친 부분의 예로 적절하지 <u>않은</u> 것은?

> **[탐구 과제]**
> 관용 표현은 둘 이상의 낱말이 합쳐져 원래의 뜻과는 다른 특별한 뜻을 나타내는 관습적인 말입니다. 그중 <u>신체 부위와 관련한 관용 표현</u>을 찾아봅시다.

① 아이가 **눈이 작아서** 귀엽다.
② 그는 **귀가 얇아서** 남의 말을 잘 믿는다.
③ 이야기가 재미있어서 **배꼽 빠지게** 웃었다.
④ 그는 사회생활을 많이 해서인지 **발이 넓다**.

06 ㉠에 해당하는 것은?

> 단모음은 발음할 때 입술을 둥글게 오므려 소리 내는 ㉠ <u>원순 모음</u>과 그렇지 않은 평순 모음으로 나눌 수 있어요.

원순 모음   평순 모음

① ㅏ   ② ㅗ
③ ㅡ   ④ ㅣ

07 밑줄 친 단어의 품사가 <u>다른</u> 것은?

① 그는 <u>매우</u> 착하다.
② 일을 <u>빨리</u> 끝내다.
③ <u>새</u> 옷을 꺼내 입다.
④ 선물을 <u>살며시</u> 건네주다.

08 ㉠에 해당하는 것은?

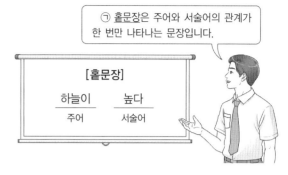

> ㉠ 홑문장은 주어와 서술어의 관계가 한 번만 나타나는 문장입니다.

[홑문장]

하늘이   높다
주어   서술어

① 국화가 활짝 피었다.
② 민호가 소리도 없이 다가왔다.
③ 나는 노래하고 영희는 춤춘다.
④ 비가 그쳐서 지수는 외출하였다.

09 (가)에 들어갈 내용으로 가장 적절한 것은?

근거 1	즉석식품을 자주 섭취할 경우 우리 몸에 필요한 여러 영양소가 결핍되기 쉽다.
근거 2	즉석식품에는 나트륨과 식품 첨가물이 과다하게 함유되어 있다.

⇓

주장	(가)

① 즉석식품의 과도한 섭취는 건강에 해롭다.
② 즉석식품의 포장 관리를 철저히 해야 한다.
③ 즉석식품에서 발생하는 쓰레기를 줄여야 한다.
④ 즉석식품에는 우리 몸에 필요한 영양소가 들어 있다.

10 다음은 글쓰기 계획의 일부이다. ㉠에 해당하는 내용으로 가장 적절한 것은?

> ◉ 우리 지역 축제 보고서 쓰기 계획 ◉
>
> ○ 목적: (㉠   )
> ○ 기간: 2022년 ○월 ○일~○월 ○일
> ○ 방법: 설문 조사
>   • 대상: 축제 방문자
>   • 내용:
>
> | ◆ 축제의 만족도는? | (□ 안에 체크하세요.) | |
> |---|---|---|
> | □ 매우 불만족 □ 불만족 □ 보통 □ 만족 □ 매우 만족 | | |
> | 〈매우 불만족/불만족〉일 때 응답하세요. | 〈만족/매우 만족〉일 때 응답하세요. | |
> | • 축제에 만족하지 못한 이유는?
• 축제에서 고쳐야 할 점은? | • 축제에서 좋았던 행사는?
• 다음 해에 참가하고 싶은 행사는? | |

① 우리 지역 환경오염의 심각성을 알리기 위해
② 우리 지역 청소년 시설의 현황을 조사하기 위해
③ 우리 지역 축제의 문제점과 발전 방안을 찾기 위해
④ 전통 시장을 홍보해서 지역의 축제 예산을 늘리기 위해

[11~13]
다음 글을 읽고 물음에 답하시오.

> 위층의 소리는 멈추지 않았다. 드르륵거리는 ㉠ 소리에 머리털이 진저리를 치며 곤두서는 것 같았다. 철없고 상식 없는 요즘 젊은 엄마들이 아이들에게 집안에서 자전거나 스케이트보드 따위를 타게도 한다는데, 아무래도 그런 것 같았다. 인터폰의 수화기를 들자, 경비원의 응답이 들렸다. 내 목소리를 알아채자마자 길게 말꼬리를 늘이며 지레 짚었다. 귀찮고 성가셔하는 표정이 눈앞에 역력히 떠올랐다.
> "위층이 또 시끄럽습니까? 조용히 해 달라고 말씀드릴까요?"
> 잠시 후 인터폰이 울렸다.
> "충분히 주의하고 있으니 염려 마시랍니다."
> 경비원의 전갈이었다. 염려 마시라고? 다분히 도전적인 저의(底意)¹⁾가 느껴지는 전언이었다. 게다가 드르륵드르륵 소리는 여전하지 않은가? 이젠 한판 싸워 보자는 얘긴가? 나는 인터폰을 들어 다짜고짜 909호를 바꿔 달라고 말했다. 신호음이 서너 차례 울린 후에야 신경질적인 젊은 여자의 응답이 들렸다.

> "아래층인데요. 댁이 그런 식으로 말할 건 없잖아요? 나도 참을 만큼 참았다고요. 공동 주택에는 지켜야 할 규칙들이 있잖아요? 난 그 ㉡ 소리 때문에 병이 날 지경이에요."
> "여보세요. 난 날아다니는 나비나 파리가 아니에요. 내 집에서 맘대로 움직이지도 못하나요? 해도 너무하시네요. 이틀거리로 전화를 해대시니 저도 피가 마르는 것 같아요. 저더러 어쩌라는 거예요?"
> "하여튼 아래층 사람 고통도 생각하시고 주의해 주세요."
> 나는 거칠게 수화기를 내려놓았다. "뻔뻔스럽긴. 이젠 순 배짱이잖아?" 소리 내어 욕설을 퍼부어도 화가 가라앉지 않았다. 그렇다고 언제까지 경비원을 사이에 두고 '하랍신다', '하신다더라' 하며 신경전을 펼 수도 없는 일이었다. 화가 날수록 침착하고 부드럽게 처신해야 한다는 것은 나이가 가르친 지혜였다. 지난겨울 선물로 받은, 아직 쓰지 않은 실내용 슬리퍼에 생각이 미친 것은 스스로도 신통했다. 선물도 무기가 되는 법. 발소리를 죽이는 푹신한 슬리퍼를 선물함으로써 ㉢ 소리를 죽이라는 메시지와 함께 소리 때문에 고통받는 내 심정을 간접적으로 나타낼 수 있으리라. 사려 깊고 양식 있는 이웃으로서 공동생활의 규범에 대해 조곤조곤 타이르리라.
> 위층으로 올라가 벨을 눌렀다. 안쪽에서 "누구세요?" 묻는 ㉣ 소리가 들리고도 십 분 가까이 지나 문이 열렸다. '이웃 사촌이라는데 아직 인사도 없이…….' 등등 준비했던 인사말과 함께 포장한 슬리퍼를 내밀려던 나는 첫마디를 뗄 겨를도 없이 우두망찰했다.²⁾ 좁은 현관을 꽉 채우며 휠체어에 앉은 젊은 여자가 달갑잖은 표정으로 나를 올려다보았다.
> "안 그래도 바퀴를 갈아 볼 작정이었어요. 소리가 좀 덜 나는 것으로요. 어쨌든 죄송해요. 도와주는 아줌마가 지금 안 계셔서 차 대접할 형편도 안 되네요."
> 여자의 텅 빈, 허전한 하반신을 덮은 화사한 빛깔의 담요와 휠체어에서 황급히 시선을 떼며 나는 할 말을 잃은 채 부끄러움으로 얼굴만 붉히며 슬리퍼 든 손을 등 뒤로 감추었다.
>
> – 오정희, 「소음공해」 –

1) 저의(底意): 겉으로 드러나지 아니한, 속에 품은 생각.
2) 우두망찰하다: 정신이 얼떨떨하여 어찌할 바를 몰랐다.

11 윗글의 내용으로 가장 적절한 것은?

① 경비원은 층간 소음 문제를 적극적으로 해결하였다.
② 위층 여자는 아래층의 소음에 대해 여러 번 항의하였다.
③ '나'는 위층 여자의 사정을 알고 나서 부끄러움을 느꼈다.
④ '나'는 위층 여자를 오해하였던 것이 미안하여 사과의 선물을 전달하였다.

12 윗글을 연극으로 공연하고자 할 때, 준비할 소품으로 볼 수 **없는** 것은?

① 화사한 빛깔의 담요
② 선물로 준비한 과일
③ 포장된 실내용 슬리퍼
④ 바퀴 소리가 큰 휠체어

13 ㉠~㉣ 중 성격이 **다른** 것은?

① ㉠   ② ㉡
③ ㉢   ④ ㉣

14 윗글에 대한 설명으로 가장 적절한 것은?

① 어른이 된 화자가 어린 시절을 회상한다.
② 속마음을 반대로 표현하여 현실을 비판한다.
③ 의성어를 통해 어머니의 발소리를 경쾌하게 표현하였다.
④ 감각적 표현을 통해 유년의 행복하였던 기억을 생생하게 전달한다.

15 [A]에 나타난 화자의 정서와 거리가 **먼** 것은?

① 무서움
② 외로움
③ 쓸쓸함
④ 부끄러움

[14~16]
다음 글을 읽고 물음에 답하시오.

열무 삼십 단을 이고
㉠ 시장에 간 우리 엄마
안 오시네, 해는 시든 지 오래
나는 ㉡ 찬밥처럼 방에 담겨
[A] 아무리 천천히 숙제를 해도
엄마 안 오시네, ㉢ 배춧잎 같은 발소리 타박타박
안 들리네, 어둡고 무서워
금 간 ㉣ 창틈으로 고요히 빗소리
빈방에 혼자 엎드려 훌쩍거리던

아주 먼 옛날
지금도 내 눈시울을 뜨겁게 하는
그 시절, 내 유년[1]의 윗목[2]

– 기형도, 「엄마 걱정」 –

1) 유년: 나이가 어린 때.
2) 윗목: 온돌방에서 아궁이로부터 먼 쪽의 방바닥. 불길이 잘 닿지 않아 아랫목보다 상대적으로 차가운 쪽이다.

16 ㉠~㉣ 중 밑줄 친 '이것'에 해당하는 것은?

일하러 간 엄마를 기다리는 '나'의 모습을 이것에 빗대어 표현하였다.

① ㉠   ② ㉡
③ ㉢   ④ ㉣

[17~19]

다음 글을 읽고 물음에 답하시오.

규중 부인이 아침 단장을 마치매, 칠우가 모여 할 일을 함께 의논하여 각각 맡은 일을 이루어 내는지라. 하루는 칠우가 모여 바느질의 공을 의논하는데 ⊙ 척 부인이 긴 허리를 뽐내며 말하기를,

"여러 벗들은 들으라. 가는 명주, 굵은 명주, 흰 모시, 가는 실로 짠 천, 파랑, 빨강, 초록, 자주 비단을 다 내어 펼쳐 놓고 남녀의 옷을 마련할 때, 길이와 넓이며 솜씨와 격식을 내가 아니면 어찌 이루리오. 그러므로 옷 짓는 공은 내가 으뜸이 되리라."

ⓒ 교두 각시가 두 다리를 빠르게 놀리며 뛰어나와 이르되,

"척 부인아, 그대 아무리 마련을 잘 한들 베어 내지 아니하면 모양이 제대로 되겠느냐? 내 공과 내 덕이니 네 공만 자랑 마라."

세요 각시가 가는 허리를 구부리며 날랜 부리 돌려 이르되,

"두 벗의 말이 옳지 않다. 진주 열 그릇이라도 꿴 후에야 보배라 할 것이니, 재단에 두루 능하다 하나 내가 아니면 옷 짓기를 어찌하리오. 잘게 누빈 누비, 듬성하게 누빈 누비, 맞대고 꿰맨 솔기, 긴 옷을 지을 때 나의 날램고 빠름이 아니면 어찌 잘게 뜨며, 굵게 박아 마음대로 하리오. 척 부인이 재고 교두 각시가 옷감을 베어 낸다 하나, 나 아니면 공이 없으련만 두 벗이 무슨 공이라 자랑하느뇨."

ⓒ 청홍흑백 각시가 얼굴이 붉으락 푸르락하여 화내며 말 하기를,

"세요야, 네 공이 내 공이라. 자랑 마라. 네 아무리 잘난 체하나 한 솔기나 반 솔기인들 내가 아니면 네 어찌 성공 하리오."

② 감투 할미가 웃으며 이르되,

"각시님네, 웬만히 자랑하소. 이 늙은이 머리부터 발끝까지 온몸으로 아기씨네 손부리 아프지 아니하게 바느질 도와 드리나니, 옛말에 이르기를 '닭의 입이 될지언정 소의 꼬리는 되지 말라'고 했소. ㉮ 청홍흑백 각시는 세요의 뒤를 따라다니며 무슨 말을 하시느뇨. 실로 얼굴이 아까워라. 나는 매양 세요의 귀에 찔렸으나, 낯가죽이 두꺼워 견딜만하여 아무 말도 아니하노라."

– 규중의 어느 부인, 「규중의 일곱 벗」 –

17 ⊙~②에 해당하는 내용이 적절한 것은?

	외적 특징		실제 사물
⊙	긴 허리	......	자
ⓒ	두 다리	......	다리미
ⓒ	두꺼운 낯	......	골무
②	붉으락푸르락한 얼굴	......	가위

① ⊙   ② ⓒ

③ ⓒ   ④ ②

18 윗글의 내용으로 보아 빈칸에 들어갈 말로 적절한 것은?

> 칠우가 모여 함께 이루어 내는 일은 (   )이다.

① 옷 만들기

② 집 안 정리하기

③ 규중 부인 깨우기

④ 규중 부인의 머리 꾸미기

19 ㉮의 의미로 가장 적절한 것은?

① 이야기를 좋아하는 규중 부인

② 바늘이 꽂혀 있는 골무의 모습

③ 화려하게 장식된 규중 부인의 방

④ 바늘귀에 꿰여 달려 있는 실의 모습

[20~22]

다음 글을 읽고 물음에 답하시오.

여름밤에 잠을 못 자게 하는 두 가지 공포는 밤새도록 더위가 가시지 않는 열대야 현상과 [⊙   ]이다. 밤새 가로수에 매달려 우는 매미 때문에 창문을 열어 놓을 수가 없다. 도로를 지나다니는 차들의 경적도 시끄럽지만, 매미의 기세도 보통이 아니다.

하지만 매미는 원래 밝은 낮에만 울고 어두워지면 울지 않았다. 매미의 수컷이 내는 소리에는 세 가지 의미가 있는데, 첫째, 주변에 있는 매미들에게 자신의 존재를 알리고, 둘째, 자신의 영역을 침범하지 말라고 경고하고, 셋째, 암컷을 유인해 짝짓기를 하는 것이다. 특히 매미의 울음소리는 수컷이 암컷 매미를 만나 짝짓기를 하여 종족을 번식하는데 없어서는 안 될 신호인 셈이다. 그런데 가로등이나 상점 간판의 네온사인, 자동차의 전조등과 같은 인공 불빛으로 밤이 너무 밝아지자 낮이 아닌데도 매미들이 우는 것이다.

[A]

사람도 빛 공해의 피해를 입고 있다. 우리나라의 도시에 사는 아이들은 시골에 사는 아이들보다 안과를 자주 찾는다. 세계적으로 유명한 과학 잡지 「네이처」에서는 밤에 항상 불을 켜 놓고 자는 아이의 34퍼센트가 근시라는 조사 결과를 발표하였다. 불빛 아래에서는 잠드는데 ⓒ 걸리는 시간인 수면 잠복기가 길어지고 뇌파도 불안정해진다. 이 때문에 도시의 눈부신 불빛은 아이들의 깊은 잠을 방해하고 있는 것이다.

이와 같이 도시의 빛 공해로 인해 생물체들이 피해를 입고 있다. 생물체가 살아가려면 햇빛이 필요하듯이 어둠과 고요도 꼭 있어야 한다. 어둠 속에서 편히 쉬어야 다시 생기를 얻을 수 있기 때문이다. 생명을 위해 이제 도시의 밤하늘에 어둠과 고요를 돌려주자. 인공의 불빛이 아닌 자연의 별빛을 밝히자.

– 박경화, 「도시의 밤은 너무 눈부시다」 –

20 윗글의 ⓐ에 들어갈 내용으로 가장 적절한 것은?

① 아파트 위층에서 들리는 세탁기 소리
② 운동장에서 들리는 아이들의 웃음소리
③ 집 안에서 키우는 반려견의 발자국 소리
④ 창밖에서 들리는 시끄러운 매미 울음소리

21 [A]에 대한 설명으로 가장 적절한 것은?

① 질문을 통해 화제에 집중하게 하고 있다.
② 속담을 이용하여 독자의 흥미를 불러일으키고 있다.
③ 과장된 수치를 사용하여 경각심을 불러일으키고 있다.
④ 세계적으로 유명한 과학 잡지를 인용하여 신뢰도를 높이고 있다.

22 ⓒ과 같은 의미로 쓰인 것은?

① 감기에 <u>걸리다</u>.
② 그림이 벽에 <u>걸리다</u>.
③ 물고기가 그물에 <u>걸리다</u>.
④ 밥하는 시간이 오래 <u>걸리다</u>.

[23~25]
다음 글을 읽고 물음에 답하시오.

남극과 북극 가운데 어디가 더 추울까? 남극이 훨씬 춥다. 육지는 바다에 비해 쉽게 데워지고 쉽게 식는다. 남극은 이러한 육지가 밑에 있어서 한겨울에 해당하는 8월 말 무렵이면 높은 곳에서는 기온이 영하 70℃ 가까이 내려간다고 한다. 역사상 최저 기온은 영하 89℃였다. 이러한 기후 조건 때문에 남극에는 연구를 목적으로 거주하는 사람들 외에는 원주민이 없다. [ⓐ] 남극의 추위를 견뎌내기가 그만큼 어렵기 때문이다.

북극은 주변에 있는 바다와 해류의 영향을 받는다. 얼음 덩어리보다 상대적으로 온도가 높은 바다에서 상승하는 따뜻한 공기 때문에 겨울에는 최저 기온이 영하 30~40℃까지 내려가지만, 여름에는 영상 10℃ 정도로 비교적 따뜻하다. 그리고 북극에는 우리가 에스키모라고 알고 있는 원주민인 이누이트인들이 살아가고 있다.

– 고현덕 외, 『살아있는 과학 교과서 1』 –

23 윗글의 내용과 일치하지 <u>않는</u> 것은?

① 북극이 남극보다 훨씬 춥다.
② 북극은 해류의 영향을 받는다.
③ 이누이트인이 북극에 살고 있다.
④ 육지는 바다에 비해 쉽게 데워진다.

24 다음 빈칸에 들어갈 말로 가장 적절한 것은?

윗글은 남극과 북극의 ( ) 특징을 대비하여 설명하고 있다.

① 경제적　　　　　② 기후적
③ 문화적　　　　　④ 역사적

25 ⓐ에 들어갈 말로 가장 적절한 것은?

① 또한　　　　　　② 그러나
③ 왜냐하면　　　　④ 예를 들면

01 56을 소인수분해한 결과로 옳은 것은?

① $2^2 \times 7$ ② $2^3 \times 7$

③ 2×7^2 ④ $2^2 \times 7^2$

02 다음 중 수의 대소 관계가 옳은 것은?

① $-2 < 0$

② $-1 < -2$

③ $3 < -1$

④ $7 < 4$

03 $x = 3$, $y = -1$일 때, $2x + y$의 값은?

① -1 ② 1

③ 3 ④ 5

04 그림은 가로의 길이가 $7\,cm$, 세로의 길이가 $x\,cm$인 직사각형이다. 이 직사각형의 둘레의 길이가 $24\,cm$일 때, x의 값은?

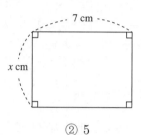

① 4 ② 5

③ 6 ④ 7

05 그림과 같이 평행한 두 직선 l, m이 다른 한 직선 n과 만날 때, $\angle x$의 크기는?

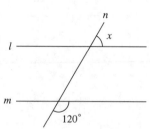

① $40°$ ② $60°$

③ $80°$ ④ $100°$

06 그림과 같이 원 O에서 $\angle AOB = 30°$, $\angle COD = 90°$, $\overarc{CD} = 12$ cm일 때, x의 값은?

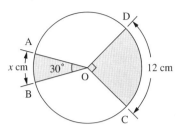

① 3   ② 4

③ 5   ④ 6

07 다음은 청소년 40명의 일일 평균 스마트폰 사용 시간을 조사하여 만든 도수분포표이다. 일일 평균 스마트폰 사용 시간이 3시간 이상인 청소년의 수는?

사용 시간(시간)	청소년 수(명)
0^{이상} ~ 1^{미만}	2
1 ~ 2	8
2 ~ 3	10
3 ~ 4	12
4 ~ 5	8
합계	40

① 16   ② 18

③ 20   ④ 22

08 $\dfrac{4}{9}$를 순환소수로 나타낸 것은?

① $0.\dot{1}$ ② $0.\dot{2}$

③ $0.\dot{3}$ ④ $0.\dot{4}$

09 $a \times a^2 \times a^3$을 간단히 한 것은?

① a^3 ② a^4

③ a^5 ④ a^6

10 연립방정식 $\begin{cases} x + y = 1 \\ 2x - y = 2 \end{cases}$ 의 해는?

① $x = -1,\ y = 2$

② $x = 0,\ y = 1$

③ $x = 1,\ y = 0$

④ $x = 2,\ y = -1$

11 일차함수 $y = ax$의 그래프를 y축의 방향으로 2만큼 평행이동하면 일차함수 $y = -2x + 2$의 그래프와 일치한다. 상수 a의 값은?

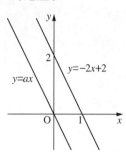

① -2

② -1

③ 1

④ 2

12 그림과 같이 평행사변형 $ABCD$에서 $\overline{AB} = 5\,\mathrm{cm}$, $\angle D = 120°$일 때, x, y의 값은?

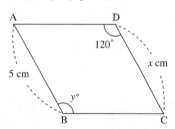

① $x = 5$, $y = 60$

② $x = 5$, $y = 120$

③ $x = 6$, $y = 60$

④ $x = 6$, $y = 120$

13 그림에서 $\triangle ABC \backsim \triangle DEF$일 때, $\triangle ABC$와 $\triangle DEF$의 닮음비는?

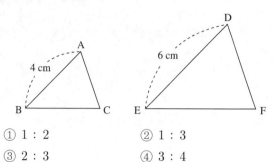

① $1 : 2$

② $1 : 3$

③ $2 : 3$

④ $3 : 4$

14 그림과 같은 주사위 한 개를 한 번 던질 때, 나오는 눈의 수가 3 이상일 확률은?

① $\dfrac{1}{6}$

② $\dfrac{1}{3}$

③ $\dfrac{1}{2}$

④ $\dfrac{2}{3}$

15 $3\sqrt{2} + \sqrt{2}$ 를 간단히 한 것은?

① $\sqrt{2}$

② $2\sqrt{2}$

③ $3\sqrt{2}$

④ $4\sqrt{2}$

16 이차방정식 $(x-1)(x-3)=0$의 한 근이 1이다. 다른 한 근은?

① 3   ② 4

③ 5   ④ 6

17 이차함수 $y=-2x^2$의 그래프에 대한 설명으로 옳은 것은?

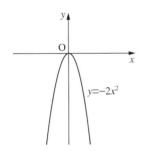

① 위로 볼록하다.

② x축에 대칭이다.

③ 점 $(1, 2)$을 지난다.

④ 꼭짓점의 좌표는 $(0, -2)$이다.

18 직각삼각형 ABC에서 $\overline{\mathrm{AB}}=5$, $\overline{\mathrm{BC}}=4$, $\overline{\mathrm{AC}}=3$일 때, $\cos B$의 값은?

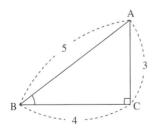

① $\dfrac{3}{5}$ ② $\dfrac{3}{4}$

③ $\dfrac{4}{5}$ ④ $\dfrac{5}{4}$

19 그림과 같이 원 O에서 호 AB에 대한 원주각 $\angle \mathrm{APB}$의 크기가 $35°$일 때, 이 호에 대한 중심각 $\angle \mathrm{AOB}$의 크기는?

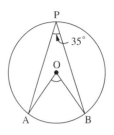

① $50°$ ② $60°$

③ $70°$ ④ $80°$

20 다음 중 음의 상관관계를 나타내는 산점도는?

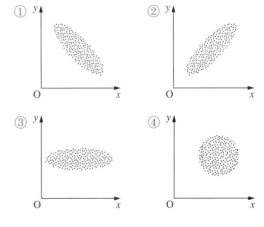

01 다음 밑줄 친 단어의 뜻으로 가장 적절한 것은?

> I heard this movie is <u>boring</u>, so I don't want to watch it.

① 지루한　　② 즐거운
③ 무서운　　④ 놀라운

02 다음 중 두 단어의 의미 관계가 나머지 셋과 <u>다른</u> 것은?

① buy － sell
② tell － speak
③ push － pull
④ start － finish

03 다음 빈칸에 들어갈 말로 가장 적절한 것은?

> This _____ one of my favorite songs.

① be　　② is
③ am　　④ are

[04~06]
대화의 빈칸에 들어갈 말로 가장 적절한 것을 고르시오.

04

> A: Excuse me, how _____ is this book?
> B: It's only five dollars.

① far　　② tall
③ long　　④ much

05

> A: Can you please _____ the dishes?
> B: I'm sorry, but I don't have time. I'll do it later.

① go　　② call
③ hear　　④ wash

06

> A: I like this jacket very much.
> B: Why do you like it?
> A: _____.

① I like the color
② They look so tired
③ Don't worry about it
④ I am reading a magazine

07 다음 빈칸에 공통으로 들어갈 말로 가장 적절한 것은?

> ○ You can't _____ your car here.
> ○ Let's go to the _____ for a picnic.

① fly　　② cook
③ park　　④ watch

08 다음은 Alice의 주간 계획표이다. 목요일에 할 일은?

Tuesday	Wednesday	Thursday	Friday
ride my bike	go swimming	make pizza	play soccer

① 자전거 타기　② 수영하기
③ 피자 만들기　④ 축구하기

09 그림으로 보아 빈칸에 들어갈 말로 가장 적절한 것은?

A: What is the boy doing?
B: He is _____ the violin.

① driving　② playing
③ reading　④ walking

10 다음 대화가 끝난 후 두 사람이 만날 장소는?

A: Why don't we play badminton today?
B: Sure. Where shall we meet?
A: How about the school playground?
B: O.K. See you there at 3 o'clock.

① 경찰서　② 도서관
③ 운동장　④ 주차장

11 다음 대화의 빈칸에 들어갈 말로 가장 적절한 것은?

A: Mom, can I go to the movies?
B: Who are you going to go with?
A: _____.

① At 3 o'clock
② I'm going to go with Sora
③ We're going to see *The Planet*
④ We'll meet in front of the theater

12 다음 대화의 주제로 가장 적절한 것은?

A: Which season do you like?
B: I like summer because I can go to the beach.
A: I love skiing, so I like winter.

① 새해 소망
② 좋아하는 계절
③ 여행지 추천
④ 외국인 친구 소개

13 다음 홍보문을 보고 알 수 없는 것은?

Learn from Artists
○ Place: Modern Art Museum
○ Date: May 7th, 2022
○ Activity: Drawing pictures with artists

① 장소　② 날짜
③ 참가비　④ 활동 내용

14 다음 방송의 목적으로 가장 적절한 것은?

> Good afternoon. Welcome to the downtown library. We have a special event today. Julia Smith will talk about her new book, *Harry Botter*, in the main hall at 2 p.m. If you're a fan, please don't miss this event!

① 기부 방법 설명
② 화장실 고장 공지
③ 중고 서적 판매 광고
④ 도서관 특별 행사 안내

15 다음 대화에서 B가 긴장한 이유는?

> A: Hi, Judy. You look worried. What's wrong?
> B: I have to give a speech in English. I'm so nervous.
> A: Don't worry. You'll do a good job.

① 요리 대회에 출전해서
② 약속 시간에 늦어서
③ 좋아하는 배우를 만나서
④ 영어로 연설을 해야 해서

16 seahorse에 관한 다음 글의 내용과 일치하지 <u>않는</u> 것은?

> The seahorse is very interesting in many ways. It is a kind of fish, but it looks like a horse. It swims standing up. It moves slowly in the water. When it is in danger, it can change its color.

① 말처럼 생겼다.
② 서서 헤엄친다.
③ 빠르게 이동한다.
④ 색을 바꿀 수 있다.

17 주어진 말에 이어질 두 사람의 대화를 〈보기〉에서 찾아 순서대로 가장 적절하게 배열한 것은?

> Seho, where are you going?

─── 보기 ───
(A) To the library. I need to return these books.
(B) Yes, please. Thank you!
(C) They look heavy. Do you need any help?

① (A) − (B) − (C)
② (A) − (C) − (B)
③ (B) − (A) − (C)
④ (B) − (C) − (A)

18 다음 글에서 Minsu가 버스에서 내린 이유로 가장 적절한 것은?

> Yesterday, Minsu got on a bus. He put his card on the reader to pay the fare. But the machine said that there was not enough money on his card. So he had to get off the bus. He was embarrassed.

① 버스를 잘못 타서
② 목적지에 도착해서
③ 버스가 갑자기 고장 나서
④ 버스 카드 잔액이 부족해서

19 그래프로 보아 빈칸에 들어갈 말로 가장 적절한 것은?

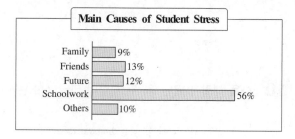

> More than 50% of the students chose _____ as the main cause of their stress.

① family
② friends
③ future
④ schoolwork

20 Franz Liszt에 관한 다음 글에서 언급된 내용이 <u>아닌</u> 것은?

> Have you heard of Franz Liszt? He was born in Hungary in 1811. His father played the cello, so Liszt became interested in music. Liszt first started playing the piano when he was seven. He later became a great pianist, composer, and teacher.

① 작곡한 작품의 수
② 태어난 나라
③ 피아노를 치기 시작한 나이
④ 직업

21 다음 밑줄 친 <u>they</u>가 가리키는 것으로 가장 적절한 것은?

> The Sahara Desert is a very hot place. It is difficult for animals to survive there, but ants can live in this environment. How can <u>they</u> do that? Because their bodies can reflect the heat from the sun.

① ants   ② bears
③ foxes   ④ lions

22 수영장에서 지켜야 할 규칙으로 언급되지 <u>않은</u> 것은?

○ Do not run.
○ Do not eat food.
○ Do not dive into the pool.

① 뛰지 않기
② 음식 먹지 않기
③ 다이빙하지 않기
④ 사진 촬영하지 않기

23 다음 글의 주제로 가장 적절한 것은?

> There are many good things about using a smartphone. First, I can get in touch with my friends anywhere. Also, I can easily get the information I need. This is useful when I have a lot of homework to do.

① 다양한 원격 수업 방법
② 인터넷 중독의 위험성
③ 스마트폰 사용의 좋은 점
④ 학교 숙제가 필요한 이유

24 다음 글을 쓴 목적으로 가장 적절한 것은?

> Hello, Dr. Brown. I have a problem. I keep buying things that I don't need. So I have a lot of unnecessary things. I really want to break this bad habit. What should I do?

① 조언을 구하기 위해서
② 환불을 요청하기 위해서
③ 주말 약속을 잡기 위해서
④ 전시회를 소개하기 위해서

25 다음 글의 바로 뒤에 이어질 내용으로 가장 적절한 것은?

> Why do people dance? They dance to express feelings, give happiness to others, or enjoy themselves. Now, let's take a look at different kinds of dance around the world.

① 여러 나라의 인사법
② 세계의 다양한 춤 소개
③ 감정을 잘 표현하는 방법
④ 책을 많이 읽어야 하는 이유

01 다음에서 설명하는 것은?

> 어떤 장소나 지역에 대한 정보를 수치화하여 컴퓨터에 입력·저장한 후, 가공·분석·처리하여 다양하게 표현해 주는 체계

① 시차
② 표준시
③ 랜드마크
④ 지리 정보 시스템

02 다음 자료에서 (가)에 해당하는 기후는?

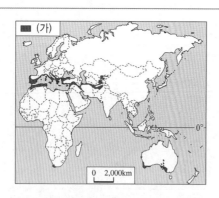

> ○ 지도에 표시된 (가)는 여름에는 고온 건조하고, 겨울에는 온난 습윤하다.
> ○ 이 지역은 주로 올리브, 포도 등의 수목 농업이 이루어진다.

① 고산 기후
② 툰드라 기후
③ 지중해성 기후
④ 열대 우림 기후

03 다음 내용에 해당하는 지형은?

> ○ 용암이 빠른 속도로 식어 굳으면서 다각형의 기둥 모양으로 쪼개짐.
> ○ 주로 제주도에 분포함.

① 갯벌
② 모래사장
③ 석회 동굴
④ 주상절리

04 다음에서 설명하는 자연재해는?

> ○ 집중 호우에 의한 하천의 범람으로 발생
> ○ 가옥이나 농경지 등이 침수되어 재산 및 인명 피해 발생

① 홍수
② 황사
③ 폭염
④ 가뭄

05 다음 설명에 해당하는 자원은?

> ○ 자동차 보급의 확산으로 수요가 급증함.
> ○ 편재성이 매우 크고, 국제적 이동량이 많음.
> ○ 주요 수출국: 사우디아라비아, 러시아, 아랍 에미리트 등

① 구리
② 석유
③ 석탄
④ 철광석

06 다음에서 설명하는 것은?

> 푸드 마일리지를 줄이기 위한 대안으로 등장하였으며, 지역에서 생산된 먹거리를 해당 지역에서 직접 소비하는 것을 뜻한다.

① 공정 무역   ② 로컬 푸드
③ 혼합 농업   ④ 플랜테이션

07 개발 제한 구역의 설정 목적으로 가장 적절한 것은?

① 도시 내 시가지 개발
② 대규모 중공업 단지 조성
③ 도시의 무질서한 팽창 방지
④ 각종 건축물의 자유로운 건설

08 ㉠, ㉡에 들어갈 말로 옳은 것은?

> ○   ㉠   은/는 국가의 주권이 미치는 해역이다.
> ○   ㉡   은/는 국가의 주권이 미치는 육지와 바다의 수직 상공이다.

	㉠	㉡		㉠	㉡
①	영해	영공	②	영해	영토
③	영공	영해	④	영토	영공

09 다음 상황을 설명하는 용어로 적절한 것은?

> ○○은 신인 가수 그룹의 리더로서 중요한 오디션이 있던 날, 어머니의 건강이 위독하다는 연락을 받았다. 그는 오디션에 참가해야 할지 어머니에게 가야 할지 고민에 빠졌다.

① 외집단   ② 재사회화
③ 역할 갈등   ④ 지역 갈등

10 다음 내용에 해당하는 문화의 속성은?

> 문화는 한 사회의 구성원들이 공통으로 가지는 생활 양식이다. 이를 통해 사회 구성원들은 특정한 상황에서 서로의 행동을 쉽게 이해하고 예측할 수 있다.

① 공유성   ② 선천성
③ 수익성   ④ 일회성

11 ㉠에 들어갈 내용으로 적절한 것은?

> 우리나라의 지방 자치 단체는 의결 기관인 (㉠)와/과 집행 기관인 지방 자치 단체장으로 구성됩니다.

① 국회
② 대통령
③ 국무회의
④ 지방 의회

12 다음에서 설명하는 일반적인 정부 형태는?

> 국민이 선거를 통해 의회를 구성하고, 의회 다수당의 대표가 총리(수상)가 된다. 총리는 내각을 구성할 권한을 가진다.

① 대통령제
② 절대 왕정
③ 귀족 정치제
④ 의원 내각제

13 ㉠에 들어갈 국민의 기본권은?

○ 의미: 국가 권력의 간섭을 받지 않고 자유롭게 생활
   할 수 있는 권리
○ 관련 조항: 모든 국민은 직업선택의 자유를 가진다.
   (헌법 제15조)

① 자유권　　　　　② 평등권
③ 참정권　　　　　④ 사회권

14 다음의 역할을 담당하는 국가 기관은?

○ 선거와 국민 투표의 공정한 관리
○ 정당 및 정치 자금에 관한 사무, 선거 참여 홍보
   활동

① 감사원　　　　　② 선거 관리 위원회
③ 헌법 재판소　　　④ 국가 인권 위원회

15 ㉠에 들어갈 경제 개념은?

(㉠)은/는 어떤 것을 선택함으로써 포기하게 되
는 대안의 가치 중 가장 큰 것을 의미하며, 편익과 더불
어 합리적 선택을 위해 고려해야 할 요소이다.

① 수요　　　　　　② 실업
③ 기회비용　　　　④ 물가 지수

16 ㉠에 해당하는 경제 주체는?

인플레이션 발생 시, (㉠)은/는 물가 안정을 위
해 과도한 재정 지출을 줄이고, 공공요금 인상을 억제
하며, 세금을 늘리는 정책을 집행한다.

① 가계　　　　　　② 정부
③ 기업　　　　　　④ 법원

17 다음 유물이 처음으로 제작된 시대는?

○ 명칭: 빗살무늬 토기
○ 용도: 식량을 저장하고 음식을 조리하는 데 사용함.

① 구석기 시대　　　② 신석기 시대
③ 청동기 시대　　　④ 철기 시대

18 다음 설명에 해당하는 고구려의 왕은?

○ '영락'이라는 독자적인 연호를 사용함.
○ 신라에 침입한 왜군을 물리치고 금관가야를 공격함.
○ 영토를 넓혀 만주와 한반도 중부에 걸치는 대제국
   을 건설함.

① 내물왕　　　　　② 신문왕
③ 근초고왕　　　　④ 광개토 대왕

19 ㉠에 해당하는 국가는?

⟨　㉠　의 발전 과정⟩
○ 대조영: 만주 동모산 근처에서 나라를 세움.
○ 무왕: 장문휴를 보내 당의 산둥 반도를 공격함.
○ 선왕: 당으로부터 '해동성국'이라 불리며 전성기를
   이룸.

① 가야　　　　　　② 발해
③ 부여　　　　　　④ 백제

20 ⊙에 들어갈 내용으로 옳은 것은?

> 〈공민왕의 개혁 정치〉
> ○ 쌍성총관부를 공격하여 철령 이북의 땅을 되찾음.
> ○ 신돈을 등용하고 ⊙ .

① 삼국을 통일함
② 경복궁을 중건함
③ 훈민정음을 창제함
④ 전민변정도감을 설치함

21 다음 설명에 해당하는 전쟁은?

> ○ 원인: 조선 인조 때 청의 군신 관계 요구 거부
> ○ 전개: 청의 침략 → 남한산성에서 항전
> ○ 결과: 조선이 삼전도에서 항복, 청과 군신 관계 체결

① 병자호란
② 임진왜란
③ 살수 대첩
④ 봉오동 전투

22 ⊙에 들어갈 내용으로 가장 적절한 것은?

> ○ 조선 후기 ⊙
> • 한글 소설, 사설시조 유행
> • 판소리와 탈춤 공연
> • 풍속화와 민화의 유행

① 성리학의 전래
② 불교 예술의 발달
③ 서민 문화의 발달
④ 서양 문물의 수용

23 다음 설명에 해당하는 사건은?

> 김옥균, 박영효 등의 급진 개화파가 정변을 일으켜 근대 국가 건설을 목표로 한 개혁을 추진하였으나, 청군의 개입으로 3일 만에 실패하였다.

① 3·1 운동
② 갑신정변
③ 홍경래의 난
④ 만민 공동회

24 다음 대화 내용에 해당하는 제도는?

> 이제부터 군포를 1년에 1필만 내는 법이 시행된다고 하네.
> 정말인가? 군포를 반만 내도 되니 부담이 줄어들겠군.

① 균역법   ② 진대법
③ 호패법   ④ 유신 헌법

25 다음 설명에 해당하는 사건은?

> ○ 신군부의 비상계엄 전국 확대에 반발하여 일어남.
> ○ 광주에서 계엄군의 무력 진압으로 많은 사상자가 발생함.
> ○ 1980년대 민주화 운동의 중요한 원동력이 됨.

① 6·10 만세 운동
② 국채 보상 운동
③ 동학 농민 운동
④ 5·18 민주화 운동

01 그림과 같이 용수철에 물체를 매달아 화살표 방향으로 잡아당겼다. 용수철이 원래 길이보다 늘어났을 때 물체에 작용하는 탄성력의 방향은?

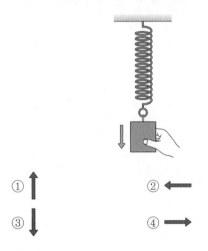

① ↑   ② ←
③ ↓   ④ →

02 그림과 같이 레이저 빛이 입사각 70°로 평면거울에 입사할 때 반사각의 크기는?

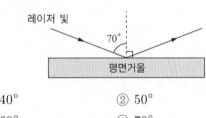

① 40°   ② 50°
③ 60°   ④ 70°

03 그래프는 온도가 다른 두 물체 A 와 B 를 접촉시켜 놓았을 때 시간에 따른 온도 변화를 나타낸 것이다. 열 평형에 도달할 때까지 걸리는 시간은?

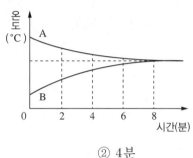

① 2분   ② 4분
③ 6분   ④ 8분

04 소비 전력이 20 W 인 전구를 4시간 동안 사용할 때 전구가 소비하는 전기 에너지의 양은?

① 70 Wh   ② 80 Wh
③ 90 Wh   ④ 100 Wh

05 그림은 전기 회로에 연결된 전류계의 모습을 나타낸 것이다. 전류의 세기는? (단, (−)단자가 5 A에 연결되어 있다.)

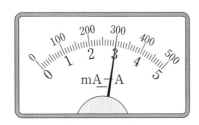

① 1 A
② 2 A
③ 3 A
④ 4 A

06 그림은 사람이 물체에 5 N의 힘을 가해 힘의 방향으로 4 m 이동시킨 것을 나타낸 것이다. 이 사람이 물체에 한 일의 양은?

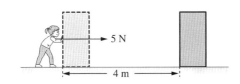

① 10 J
② 20 J
③ 30 J
④ 40 J

07 그림은 고무풍선을 씌운 삼각 플라스크를 가열할 때 풍선의 부피가 커지는 모습을 나타낸 것이다. 다음 중 풍선의 부피 변화에 영향을 준 것은? (단, 압력은 일정하다.)

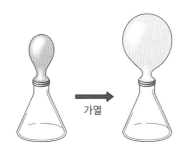

① 냄새
② 색깔
③ 소리
④ 온도

08 그림은 물질의 상태 변화를 나타낸 것이다. A∼D 중 얼음이 녹아 물이 되는 과정은?

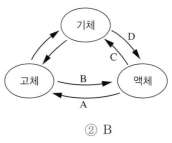

① A
② B
③ C
④ D

09 그림은 수소 원자가 전자를 잃는 과정을 나타낸 것이다. 다음 중 수소 이온식으로 옳은 것은?

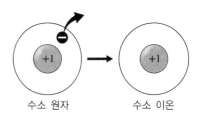

① H^-
② H
③ H^+
④ H^{2+}

10 그림은 과산화 수소(H_2O_2)의 분자 모형을 나타낸 것이다. 수소와 산소의 원자 수의 비는?

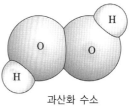

과산화 수소

	수소	:	산소
①	1	:	1
②	1	:	2
③	1	:	3
④	1	:	4

11 그림은 원유를 가열하여 증류탑에서 분리하는 과정을 나타낸 것이다. 다음 중 원유를 증류할 때 이용한 물질의 특성은?

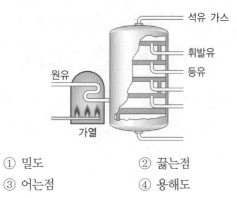

① 밀도　　　　　　② 끓는점
③ 어는점　　　　　④ 용해도

12 다음은 구리와 산소가 반응하여 산화 구리(II)를 생성하는 화학 반응식이다. ㉠에 해당하는 것은?

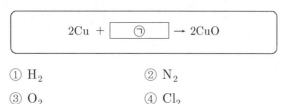

$$2Cu + \boxed{㉠} \rightarrow 2CuO$$

① H_2　　　　　　② N_2
③ O_2　　　　　　④ Cl_2

13 다음 중 식물계에 속하는 생물이 아닌 것은?

① 민들레
② 소나무
③ 옥수수
④ 푸른곰팡이

14 다음은 빛에너지를 이용한 광합성 과정이다. ㉠에 해당하는 것은?

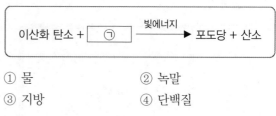

이산화 탄소 + ㉠ → 포도당 + 산소 (빛에너지)

① 물　　　　　　　② 녹말
③ 지방　　　　　　④ 단백질

15 다음 설명에 해당하는 것은?

○ 두 개의 세포가 둘러싸서 식물 잎의 기공을 만든다.
○ 기공을 열거나 닫아서 증산 작용을 조절한다.

① 물관
② 열매
③ 뿌리털
④ 공변세포

16 다음 설명에 해당하는 사람의 기관계는?

○ 음식물의 소화와 흡수에 관여한다.
○ 입, 식도, 위, 소장 등으로 구성되어 있다.

① 배설계　　　　　② 소화계
③ 순환계　　　　　④ 호흡계

17 그림은 귀의 구조를 나타낸 것이다. A ~ D 중 다음 설명에 해당하는 것은?

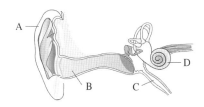

○ 청각 세포가 분포하여 소리 자극을 받아들인다.
○ 달팽이 모양의 구조이다.

① A   ② B
③ C   ④ D

18 그림과 같이 염색체가 세포의 중앙에 나란히 배열되는 체세포 분열 단계는?

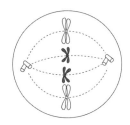

① 간기   ② 전기
③ 중기   ④ 말기

19 순종의 보라색 꽃 완두(AA)와 흰색 꽃 완두(aa)를 교배하여 얻은 잡종 1대의 유전자형은? (단, 돌연변이는 없다.)

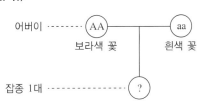

① AA   ② Aa
③ aa   ④ a

20 다음 설명에 해당하는 광물의 특성은?

노란색인 황동석을 조흔판에 긁었을 때 나타나는 광물 가루의 색은 녹흑색이다.

① 밀도   ② 자성
③ 조흔색   ④ 염산 반응

21 그림은 판게아가 여러 대륙으로 분리되는 과정을 순서없이 나타낸 것이다. A ~ C를 시간 순서대로 나열한 것은?

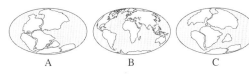

① A - C - B
② B - A - C
③ C - A - B
④ C - B - A

22 그림은 일식을 관측한 모습이다. 다음 중 태양을 가려 일식 현상을 일으키는 천체는?

개기 일식

부분 일식

① 달   ② 목성
③ 토성   ④ 화성

23 염분이 $35\,\mathrm{psu}$인 해수 $2\,\mathrm{kg}$에 녹아 있는 염류의 총량은?

① 50 g　　　　② 60 g
③ 70 g　　　　④ 80 g

24 다음 설명에 해당하는 우리나라의 계절은?

○ 주로 시베리아 기단의 영향을 받아 춥고 건조한 날씨가 나타난다.
○ 북서 계절풍이 많이 분다.

① 봄　　　　② 여름
③ 가을　　　　④ 겨울

25 다음 설명에 해당하는 우리은하의 구성 천체는?

○ 성간 물질이 밀집되어 구름처럼 보인다.
○ 주변의 밝은 별에서 오는 별빛을 반사하여 우리 눈에 보인다.

① 암흑 성운　　　　② 반사 성운
③ 산개 성단　　　　④ 구상 성단

01 다음에서 소개하는 사상가는?

◆ 도덕 인물 카드 ◆

○ 고대 그리스의 사상가
○ "성찰하지 않는 삶은 살 가치가 없다."라고 주장하며 반성하는 삶을 강조함.

① 공자
② 칸트
③ 석가모니
④ 소크라테스

02 다음에서 설명하고 있는 용어는?

○ 인간의 정신 활동으로 얻게 되는 가치
○ 진(眞), 선(善), 미(美), 성(聖) 등

① 정신적 가치
② 물질적 가치
③ 수단적 가치
④ 도구적 가치

03 도덕적으로 살아야 하는 이유로 적절하지 <u>않은</u> 것은?

① 자신과 타인에게 도움이 되기 때문입니다.
② 인간으로서 마땅히 따라야 할 의무이기 때문입니다.
③ 진정한 행복을 추구하기 위해서입니다.
④ 개인의 도덕성은 사회에 아무런 영향을 줄 수 없기 때문입니다.

04 ㉠에 공통으로 들어갈 개념으로 가장 적절한 것은?

(㉠)은/는 어떤 상황을 도덕 문제로 민감하게 느끼고 반응하는 마음의 상태를 말한다. (㉠)이/가 높은 사람일수록 도덕적 행동을 실천할 가능성이 높다.

① 자아 정체성
② 정서적 건강
③ 비판적 사고
④ 도덕적 민감성

05 참된 우정이 필요한 이유로 적절하지 <u>않은</u> 것은?

① 정서적 안정을 줄 수 있다.
② 성숙한 인격을 형성할 수 있다.
③ 공동체 의식을 훼손할 수 있다.
④ 타인과 관계를 맺는 능력을 기를 수 있다.

06 가족 간의 도리에 관한 설명으로 가장 적절한 것은?

① 우애는 자녀가 부모님을 잘 섬기는 것이다.
② 효도는 형제자매 간의 두터운 정과 사랑이다.
③ 자애는 부모가 대가 없이 자녀에게 베푸는 사랑이다.
④ 부부 간에는 가깝고 편하기 때문에 예절을 생략해도 된다.

07 성(性)에 대한 바람직한 관점을 〈보기〉에서 고른 것은?

> ● 보기 ●
> ㄱ. 성의 인격적 가치를 소중히 여긴다.
> ㄴ. 성의 쾌락적 측면만을 추구해야 한다.
> ㄷ. 성을 상품화하는 수단으로 생각해야 한다.
> ㄹ. 성에 대한 균형 잡힌 시각을 가져야 한다.

① ㄱ, ㄴ   ② ㄱ, ㄹ
③ ㄴ, ㄷ   ④ ㄷ, ㄹ

08 ㉠에 들어갈 대답으로 적절하지 <u>않은</u> 것은?

행복한 삶을 사는 데 좋은 습관이 왜 필요할까요?

㉠

① 훌륭한 성품을 갖게 합니다.
② 긍정적인 자세를 갖게 합니다.
③ 건강한 삶을 살 수 있도록 합니다.
④ 외형적인 모습만 가꿀 수 있게 합니다.

09 바람직한 이웃 간의 자세로 적절한 것은?

① 배려   ② 혐오
③ 해악   ④ 무시

10 다음에서 설명하는 사이버 공간의 특성은?

> 사이버 공간에서는 자신이 누구인지 밝히지 않을 수 있다. 자신의 신분이나 정체성을 드러내지 않고 활동할 수 있기 때문에 무책임한 행동을 하기 쉽다.

① 개방성   ② 익명성
③ 홍보성   ④ 획일성

11 다음에 해당하는 정보화 시대의 도덕 문제는?

극장에서 상영 중인 영화네! 불법인 줄 알지만 공짜로 내려받아 봐야지.

① 세대 갈등   ② 악성 댓글
③ 저작권 침해   ④ 사이버 따돌림

12 학교 폭력에 대처하는 방법으로 적절하지 <u>않은</u> 것은?

① 자신의 의사를 명확하게 표현해야 한다.
② 사소한 행동도 폭력이 될 수 있음을 알아야 한다.
③ 다른 사람에게 알리기보다 혼자 참고 견뎌야 한다.
④ 법과 제도 및 전문 기관을 적극적으로 활용해야 한다.

13 인권에 대한 설명으로 적절하지 <u>않은</u> 것은?

① 성인에게만 주어지는 권리이다.
② 누구나 누려야 하는 보편적 가치이다.
③ 모든 사람이 태어날 때부터 가지는 권리이다.
④ 인간으로서 마땅히 보장받아야 할 기본적 권리이다.

14 양성평등에 대한 설명으로 가장 적절한 것은?

① 성별에 따라 부당하게 차별하는 것이다.
② 성 역할에 대한 고정관념을 유지하는 것이다.
③ 항상 남성을 우대하고 여성을 배제하는 것이다.
④ 여성과 남성을 동등한 인격체로 존중하는 것이다.

15 다음에서 설명하고 있는 용어는?

> 각 문화의 다양성을 인정하고, 문화가 가진 독특한 환경과 역사적·사회적 상황에서 다른 문화를 바라보는 태도

① 연고주의
② 사대주의
③ 문화 상대주의
④ 자문화 중심주의

16 ㉠에 들어갈 개념으로 적절한 것은?

> (㉠)은/는 특정 국가의 국민으로서만이 아닌 지구 공동체의 일원으로서 공동체 의식을 가지고 지구촌 문제 해결을 위해 협력하는 사람을 의미한다.

① 세계 시민
② 특권 계층
③ 소수 민족
④ 사회적 약자

17 다음 내용이 설명하는 개념은?

> ○ 사회적으로 옳고 그름을 판단하는 기준
> ○ 사회를 구성하고 유지하는 공정한 원리

① 인권 침해
② 사회 정의
③ 부패 행위
④ 시민 불복종

18 바람직한 국가의 역할로 적절한 것은?

① 국민의 삶을 불안하게 한다.
② 국민의 생명과 재산을 보호한다.
③ 국민 간의 갈등 상황을 방치한다.
④ 국민 간의 빈부격차를 심화시킨다.

19 다음에 해당하는 갈등 해결 방법은?

갈등 당사자끼리 이렇게 합의하게 되어 기쁩니다.

① 협상
② 비난
③ 조롱
④ 협박

20 평화 통일을 이루기 위한 자세로 적절하지 않은 것은?

① 통일에 대한 관심을 가져야 한다.
② 올바른 안보 의식을 갖춰야 한다.
③ 북한 주민에 대한 편견을 가져야 한다.
④ 다름을 인정하고 포용하는 자세를 지녀야 한다.

21 다음 내용에 해당하는 통일의 필요성으로 가장 적절한 것은?

> 북에 계신 어머니와의 상봉을 마치고 돌아온 아들은 "불쌍한 나의 어머니! 가슴이 찢어져요. 함께 살자고 떨어질 줄 모르시던 어머니, 통일이 되기를 그토록 빌던 어머니의 모습이 눈앞에서 사라지지 않아요."라며 절절한 그리움을 편지글로 표현하였다.

① 군사적 긴장 완화
② 경제적 이익 증대
③ 주변 국가의 원조
④ 이산가족 고통 해소

22 다음 대화에서 을의 입장으로 가장 적절한 것은?

자연은 인간의 삶에 도움이 될 때 가치가 있습니다. (갑)

자연은 인간의 이익과 관계없이 본래적 가치를 지닙니다. (을)

① 인간은 자연의 지배자야.
② 자연은 그 자체로 소중해.
③ 자연을 보호할 필요는 없어.
④ 자연을 무분별하게 개발할 필요가 있어.

23 교사의 질문에 대한 대답으로 적절한 것은?

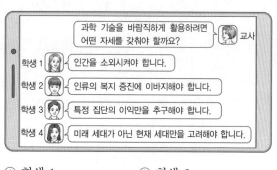

과학 기술을 바람직하게 활용하려면 어떤 자세를 갖춰야 할까요? (교사)

학생 1 ─ 인간을 소외시켜야 합니다.
학생 2 ─ 인류의 복지 증진에 이바지해야 합니다.
학생 3 ─ 특정 집단의 이익만을 추구해야 합니다.
학생 4 ─ 미래 세대가 아닌 현재 세대만을 고려해야 합니다.

① 학생 1
② 학생 2
③ 학생 3
④ 학생 4

24 도덕 추론의 과정에서 ㉠에 들어갈 용어는?

> ○ (㉠): 타인에게 피해를 주는 행동을 하면 안 된다.
> ○ 사실 판단: 부정행위는 타인에게 피해를 주는 행동이다.
> ○ 도덕 판단: 부정행위를 하면 안 된다.

① 도덕 원리
② 대중 문화
③ 진로 탐색
④ 가치 전도

25 ㉠에 들어갈 조언으로 가장 적절한 것은?

삶을 주체적으로 의미 있게 살려면 어떻게 해야 할까? ─ ㉠

① 마주치는 시련과 어려움을 무조건 피해야 해.
② 지금 해야 할 일을 나중으로 미루는 것이 좋아.
③ 주위 사람이 원하는 삶보다는 네가 원하는 삶을 살아.
④ 정신적 가치보다는 육체적 쾌락만을 추구하는 것이 나아.

01 다음 대화에서 '민지'의 의도로 적절한 것은?

수철아, 좀 덥지 않니?

응, 민지야. 내가 창문 열게.

① 감사 ② 요청
③ 위로 ④ 칭찬

02 다음에 해당하는 예로 적절한 것은?

> '나 전달법'은 '너'를 주어로 하여 상대의 말과 행동을 표현하는 방법인 '너 전달법'과 달리, '나'를 주어로 하여 상대의 말과 행동에 대한 자신의 생각과 감정을 표현하는 방법이다.

① 누가 음악을 이렇게 크게 틀었니?
② 너는 어떻게 그런 말을 할 수가 있니?
③ 너한테 그런 말을 들으면 나는 속상해.
④ 너처럼 친구를 놀리는 건 나쁜 짓이야.

03 ㉠과 ㉡에 공통으로 들어갈 문장 성분은?

> ○ 동생이 (㉠) 먹었다.
> ○ 나는 어머니께 (㉡) 드렸다.

① 주어 ② 보어
③ 목적어 ④ 관형어

04 ㉠의 예로 적절하지 <u>않은</u> 것은?

> ■ 한글 맞춤법 ■
> [제1항] 한글 맞춤법은 표준어를 ㉠ 소리대로 적되, 어법에 맞도록 함을 원칙으로 한다.

① 꽃 ② 밤
③ 나무 ④ 하늘

05 밑줄 친 단어의 공통적인 특성으로 적절한 것은?

> ○ 나는 책을 <u>읽었다</u>.
> ○ 강아지가 빨리 <u>달린다</u>.

① 다른 말을 꾸며 준다.
② 문장에서 주로 주어로 쓰인다.
③ 부름, 응답, 놀람 등을 나타낸다.
④ 사람이나 사물의 움직임을 나타낸다.

06 다음에서 설명하는 언어의 특성은?

> 백(百)을 뜻하는 '온'이나 천(千)을 뜻하는 '즈믄'은 지금은 거의 쓰이지 않는다. 또 '어리다'라는 말은 '어리석다'라는 뜻에서 오늘날에는 '나이가 적다'라는 뜻으로 바뀌었다.

① 사회성 ② 역사성
③ 자의성 ④ 창조성

07 다음 자음의 공통적인 특성으로 알맞은 것은?

> ㅁ, ㅂ, ㅃ, ㅍ

① 두 입술 사이에서 나는 입술소리이다.
② 입안이나 코안이 울리면서 나는 울림소리이다.
③ 혀끝이 윗니의 잇몸에 닿으면서 나는 잇몸소리이다.
④ 성대 근육을 긴장시켜 숨이 거세게 나는 거센소리이다.

08 ㉠에 해당하는 자음이 <u>아닌</u> 것은?

> 훈민정음의 자음 글자는 '상형의 원리'를 기본으로 다섯 개의 ㉠ <u>기본 글자</u>를 만들고, 이러한 기본 글자에 획을 더한 '가획의 원리'에 따라 'ㅋ, ㄷ, ㅌ, ㅂ, ㅍ, ㅈ, ㅊ, ㆆ, ㅎ'을 만들었다.

① ㄱ
② ㄹ
③ ㅅ
④ ㅇ

09 다음 계획서를 바탕으로 보고서를 작성할 때 유의할 점으로 적절하지 <u>않은</u> 것은?

> ○ 목적: 우리 고장의 문화재 조사하기
> ○ 조사 기간: 8월 1일부터 8월 10일까지
> ○ 조사 내용: 우리 고장 문화재의 종류와 특징
> ○ 조사 방법: 우리 고장 문화재 답사
>   인터넷과 책에서 관련 자료 조사
>   우리 고장 문화재 해설사 인터뷰

① 조사한 내용을 과장하거나 왜곡하지 않는다.
② 인터넷과 책에서 찾은 자료의 출처를 밝힌다.
③ 조사한 자료는 사실에 근거하지 않더라도 활용한다.
④ 인터뷰 내용은 문화재 해설사의 동의를 얻어 인용한다.

10 ㉠~㉣ 중 글의 통일성을 고려할 때 적절하지 <u>않은</u> 것은?

제목	자전거를 탈 때 안전모를 쓰자	
처음	자전거 운행 시 안전모 착용 실태	― ㉠
중간	○ 공유 자전거 이용 활성화 • 자동차 이용률을 낮추어 친환경적임.	㉡
	○ 안전모 미착용에 따른 문제점 • 사소한 사고에도 인명 피해가 커짐.	㉢
	○ 안전모의 착용률을 높이는 방법 • 안전모의 필요성을 강조하는 광고를 함.	㉣
끝	자전거 운행 시 안전모 착용 당부	

① ㉠
② ㉡
③ ㉢
④ ㉣

[11~13]

다음 글을 읽고 물음에 답하시오.

우리가 명선이한테서 순순히 얻어 낸 ㉠ <u>금반지</u>는 두 번째 것으로 마지막이었다. 아버지와 어머니가 온갖 지혜를 짜내어 백방으로 숨겨 둔 장소를 알아내려 안간힘을 다해 보았으나 금반지 근처에만 얘기가 닿아도 명선이는 입을 굳게 다문 채 침묵 속의 도리질로 완강히 버티곤 했다.

날이 가고 달이 갔다. 어느덧 초가을로 접어드는 날씨였다. 남쪽에서 쳐 올라오는 국방군에 밀려 ㉡ <u>인민군</u>이 북쪽으로 쫓겨 가기 시작한다는 소문이 돌았다. 생각보다 전쟁이 일찍 끝나 남쪽으로 피란 갔던 명선이네 숙부가 어느 날 불쑥 마을에 다시 나타날 경우를 생각하면서 어머니는 딱할 정도로 조바심을 치기 시작했다. 내가 벌써 귀띔을 해 줘서 어른들은 명선이가 숙부에게 버림받은 게 아니라 스스로 도망쳤다는 사실을 이미 알고 있었다. 전쟁이 끝나기 전에 어떻게든 명선이의 입을 열게 하려고 아버지는 수단 방법을 안 가릴 기세였다.

그날도 나는 명선이와 함께 부서진 다리에 가서 놀고 있었다. 예의 그 위험천만한 곡예 장난을 명선이는 한창 즐기는 중이었다. 콘크리트 부위를 벗어나 그 애가 앙상한 철근을 타고 거미처럼 지옥의 가장귀를 향해 조마조마하게 건너갈 때였다. 그때 우리들 머리 위의 하늘을 두 쪽으로 가르는 굉장한 폭음이 귀뺨을 갈기는 기세로 갑자기 울렸다. 푸른 하늘 바탕을 질러 하얗게 호주기 편대가 떠가고 있었다. ㉢ <u>비행기</u>의 폭음에 가려 나는 철근 사이에서 울리는 비명을 거의 듣지 못했다. 다른 것은 도무지 무서워할 줄 모르면서도 유독 비행기만은 병적으로 겁을 내는 서울 아이한테 얼핏 생각이 미쳐, 눈길을 하늘에서 허리가 동강이 난 다리로 끌어 내렸을 때, 내가 본 것은 강심을 겨냥하고 빠른 속도로 멀어져 가는 한 송이 ㉣ <u>쥐바라숭꽃</u>이었다.

명선이가 들꽃이 되어 사라진 후 어느 날 한적한 오후에 나는 그때까지 한 번도 성공한 적이 없는 모험을 혼자서 시도해 보았다. 겁쟁이라고 비웃는 사람이 아무도 없으니까 의외로 용기가 나고 마음이 차갑게 가라앉는 것이었다.

－ 윤흥길, 「기억 속의 들꽃」 －

11 윗글의 서술상 특징으로 가장 적절한 것은?

① 작품 속에서 서술자가 계속 바뀌고 있다.
② 작품 밖 서술자가 등장인물을 관찰하고 있다.
③ 작품 속 인물이 경험한 내용을 서술하고 있다.
④ 작품 밖에서 서술자가 인물의 심리를 제시하고 있다.

12 '명선이'에 대한 설명으로 적절하지 않은 것은?

① 금반지를 숨겨 두고 있다.
② 숙부로부터 버림을 받았다.
③ 위험천만한 곡예 장난을 하였다.
④ 비행기를 병적으로 무서워하였다.

13 ㉠~㉢ 중 다음 설명에 해당하는 것은?

6・25 전쟁의 폭력으로 죽어 간 한 소녀를 상징한다.

① ㉠   ② ㉡
③ ㉢   ④ ㉣

[14~16]

다음 글을 읽고 물음에 답하시오.

내 를 건너서 ㉠ 숲으로
㉡ 고개를 넘어서 마을로

어제도 가고 오늘도 갈
나의 길 새로운 길

㉢ 민들레가 피고 까치가 날고
㉣ 아가씨가 지나고 바람이 일고

나의 길은 언제나 새로운 길
오늘도…… 내일도……

내를 건너서 숲으로
고개를 넘어서 마을로 [A]

－ 윤동주, 「새로운 길」 －

14 윗글의 표현상 특징으로 가장 적절한 것은?

① 색채 대비를 통해 시상을 전개하고 있다.
② 소리를 흉내 내는 말로 생동감을 살리고 있다.
③ 동일한 시어를 반복하여 운율을 형성하고 있다.
④ 후각적 심상을 통해 시적 분위기를 조성하고 있다.

15 다음을 참고할 때, ㉠~㉣ 중 내 의 함축적 의미와 가장 유사한 것은?

이 시에서 '길'이 인생을 상징한다고 보면, '내'는 인생에서 극복해야 할 시련이나 장애물로 해석할 수 있다.

① ㉠   ② ㉡
③ ㉢   ④ ㉣

16 [A]에 대한 설명으로 가장 적절한 것은?

① 계절의 변화로 화자의 심리를 드러낸다.
② 대상을 의인화하여 친근감을 느끼게 한다.
③ 과거와 현재를 대비하여 상실감을 표현한다.
④ 공간의 이동을 통해 화자의 지향을 보여 준다.

[17~19]

다음 글을 읽고 물음에 답하시오.

"오늘 밤 새벽 때를 함지에다 머물게 하고, 내일 아침 돋는 해를 부상지에다 매어 두면 가련하신 우리 아버지 좀 더 모셔보련마는, 날이 가고 달이 가니 뉘라서 막을쏘냐. 애고 애고, 설운지고."

천지가 사정없어 이윽고 닭이 우니 심청이 하릴없어,

"닭아 닭아, 우지 마라. 제발 덕분에 우지 마라. 반야[1] 진관에서 닭 울음 기다리던 맹상군이 아니로다. 네가 울면 날이 새고, 날이 새면 나 죽는다. 죽기는 섧잖아도 의지 없는 우리 아버지 어찌 잊고 가잔 말이냐?"

어느덧 동방이 밝아 오니, 심청이 아버지 진지나 마지막 지어 드리리라 하고 문을 열고 나서니, 벌써 뱃사람들이 사립문밖에서,

"오늘이 배 떠나는 날이오니 수이 가게 해 주시오."

하니, 심청이 이 말을 듣고 ㉠ 얼굴빛이 없어지고 손발에 맥이 풀리며 목이 메고 정신이 어지러워 뱃사람들을 겨우 불러,

"여보시오 선인네들, 나도 오늘이 배 떠나는 날인 줄 이미알고 있으나, 내 몸 팔린 줄을 우리 아버지가 아직 모르십니다. 만일 아시게 되면 지레 야단이 날 테니, 잠깐 기다리면 진지나 마지막으로 지어 잡수시게 하고 말씀 여쭙고 떠나게하겠어요."

하니 뱃사람들이,

"그리하시지요."

하였다. 심청이 들어와 눈물로 밥을 지어 아버지께 올리고, 상머리에 마주 앉아 아무쪼록 진지 많이 잡수시게 하느라고 자반도 떼어 입에 넣어 드리고 김쌈도 싸서 수저에 놓으며,

"진지를 많이 잡수셔요."

심 봉사는 철도 모르고,

"야, 오늘은 반찬이 유난히 좋구나. 뉘 집 제사 지냈느냐."

그날 밤에 꿈을 꾸었는데, 부자간은 천륜지간[2]이라 꿈에 미리 보여 주는 바가 있었다.

"아가 아가, 이상한 일도 있더구나. 간밤에 꿈을 꾸니, 네가 큰 수레를 타고 한없이 가 보이더구나. 수레라 하는 것이 귀한 사람이 타는 것인데 우리 집에 무슨 좋은 일이 있을 란가 보다. 그렇지 않으면 장 승상 댁에서 가마 태워 갈란가 보다."

심청이는 저 죽을 꿈인 줄 짐작하고 둘러대기를,

"그 꿈 참 좋습니다."

하고 진짓상을 물려 내고 담배 태워 드린 뒤에 밥상을 앞에 놓고 먹으려 하니 간장이 썩는 눈물은 눈에서 솟아나고, 아버지 신세 생각하며 저 죽을 일 생각하니 정신이 아득하고 몸이 떨려 밥을 먹지 못하고 물렸다. 그런 뒤에 심청이 사당[3]에 하직하려고 들어갈 제, 다시 세수하고 사당 문을 가만히 열고 하직인사를 올렸다.

– 작자 미상, 「심청전」 –

1) 반야: 한밤중.
2) 천륜지간: 천륜으로 맺어진 사이. '천륜'은 부모와 자식 간에 하늘의 인연으로 정해져 있는 사회적 관계나 혈연적 관계를 뜻함.
3) 사당: 조상의 신주를 모셔 놓은 집.

17 윗글에 대한 설명으로 가장 적절한 것은?

① 전통적인 효 사상이 반영되어 있다.
② 간결하고 건조한 문체를 사용하고 있다.
③ 시대적 배경을 구체적으로 묘사하고 있다.
④ 영웅적 인물이 등장하여 갈등을 해결하고 있다.

18 ㉠에서 짐작할 수 있는 '심청'의 심리와 거리가 먼 것은?

① 걱정   ② 긴장
③ 분노   ④ 불안

19 윗글에 대한 감상으로 가장 적절한 것은?

① '심 봉사'가 딸의 상황을 모르고 있어서 안타깝다.
② 뱃사람을 기다리게 하는 '심청'의 태도가 무례하다.
③ 새벽 닭 우는 장면을 떠올리니 희망찬 느낌이 든다.
④ '심청'의 부탁을 들어주지 않는 뱃사람들이 야속하다.

[20~22]

다음 글을 읽고 물음에 답하시오.

㉠ '모두를 위한 디자인'은 노인이나 장애를 가진 사람도 사용하는 데 불편하지 않은 디자인을 말한다. 이 디자인은 처음에 장애인과 노약자 같은 사회적 약자를 위한 복지 차원에서 시작되었다. 그러나 지금은 좀 더 보편적인 의미인 '모든 사람을 위한 디자인'이라는 의미로 통용되고 있으며, 개인이 사용하는 도구나 물건은 물론 공공시설 같은 환경으로까지 확대되고 있다.

이 디자인이 시작된 미국에서는 신체, 인종, 종교, 문화 차이에 따라 차별을 받지 않도록 규정하는 '동등한 기회' 정신이 보편화되어 있는데, 이러한 가치관이 디자인에도 적용되었다. 옆으로 긴 막대 모양의 문손잡이(옛날에 주로 쓰이던 동그란 문손잡이는 손이 불편하거나 악력이 약한 사람이 사용하기에는 힘들다), 휠체어를 자유롭게 이용할 수 있는 지하철의 엘리베이터(지하철 계단에 설치된 휠체어 리프트보다 훨씬 유용하다), 횡단보도에서 파란불이 켜질 때 나오는 소리, 공공장소나 대중교통에서 나오는 다국어 음성 안내 등을 '모두를 위한 디자인'이라 부를 수 있다. 이런 디자인은 사회적 약자뿐만이 아니라 사회적 약자가 아닌 사람에게도 유용하다.

'모두를 위한 디자인'의 원칙을 보면, 이와 같은 특징을 잘 이해할 수 있다.

㉮

이 외에도 비싸지 않아야 하고 내구성이 있어야 한다. 또한 품질이 좋고 심미적이어야 하며, 인체와 환경을 배려해야 함은 말할 것도 없다.

– 김신, 「모두를 위한 디자인」 –

20 윗글에서 '모두를 위한 디자인'이 적용된 예가 <u>아닌</u> 것은?

① 건물 출입구의 계단
② 지하철의 엘리베이터
③ 횡단보도의 신호등 소리
④ 긴 막대 모양의 문손잡이

21 ㉠과 같은 설명 방법이 사용된 것은?

① 동물은 척추동물과 무척추동물로 나뉜다.
② 발효 음식의 예로 김치와 간장, 된장이 있다.
③ 지구촌 곳곳의 폭염과 화재의 원인은 기후 변화이다.
④ 정삼각형은 변의 길이와 내각의 크기가 모두 같은 삼각형이다.

22 ㉮에 들어갈 원칙으로 적절하지 <u>않은</u> 것은?

① 누구나 쉽게 접근할 수 있어야 한다.
② 누가 쓰더라도 차별 받는 느낌이 없어야 한다.
③ 무리한 힘을 들이지 않아도 사용할 수 있어야 한다.
④ 잘못 다루었을 때 원래 상태로 되돌리기 어려워야 한다.

[23~25]
다음 글을 읽고 물음에 답하시오.

파스퇴르가 살던 시대 사람들은 미생물이 저절로 발생한다고 믿었습니다. 권위 있는 학자들도 예외는 아니어서 이러한 믿음을 학설로 굳혀 놓기까지 했습니다. ⟦ ㉮ ⟧ 파스퇴르는 권위에 따르지 않고 실험을 통해 반론을 폈습니다.
㉠ 파스퇴르는 멸균하지 않은 육즙은 발효되었지만, 멸균한 육즙은 발효가 일어나지 않고 원래의 맛과 모습을 계속 유지한다는 사실을 알아냈습니다. 생명이 없는 육즙이 변형되어 생명체인 미생물이 발생하는 것은 불가능하다는 사실을 보여 준 것이지요. 미생물이 무생물로부터 자연적으로 발생하는 것이 아니라 사람처럼 생명을 지닌 고유한 존재라는 사실을 입증했습니다.

의심은 마법사의 물과 같습니다. 의심하는 순간 죽어 있던 진실이 생명을 얻고 살아나기 시작하니까요. 그렇다고 밑도 끝도 없이 의심만 해야 한다는 이야기는 아닙니다. ㉯ 모두가 옳다고 주장하는 이야기라도 틀릴 수 있다는 사실을 잊지 말아야 한다는 것입니다.
"자유 낙하를 하는 두 물체 중 더 무거운 것이 더 빨리 땅에 떨어진다."
㉡ 아리스토텔레스는 이렇게 주장하고, 대부분의 사람은 이 주장을 별 의심 없이 받아들였습니다. 하지만 ㉢ 갈릴레이는 이 주장에 의문을 품었습니다. 그리고 여러 번의 실험으로 모든 물체는 그 무게와 관계없이 똑같은 속도로 자유 낙하한다는 사실을 증명해 냈습니다.
㉣ 코페르니쿠스 역시 누구나 믿고 따르던 프톨레마이오스의 생각, 즉 우주의 중심이 지구라는 생각에 의심을 품었습니다. 그리고 지구가 태양을 중심으로 돈다는 지동설을 주장했습니다.
이처럼 탐구하는 것은 우리를 둘러싸고 있는 잘못된 믿음에 의심을 품고, 새로운 가설을 세우고 실험으로 입증하여 그 잘못을 바로잡는 일을 뜻합니다.
– 남창훈, 「의심, 생명을 불어넣는 마법사의 물」 –

23 윗글의 내용과 일치하는 것은?

① 멸균한 육즙에서는 발효가 일어난다.
② 미생물은 무생물로부터 자연적으로 발생한다.
③ 프톨레마이오스는 우주의 중심이 태양이라고 생각했다.
④ 모든 물체는 무게와 관계없이 같은 속도로 자유 낙하한다.

24 ㉮에 들어갈 말로 가장 적절한 것은?

① 그러나   ② 그리고
③ 따라서   ④ 왜냐하면

25 ㉠~㉣ 중 윗글에서 ㉯를 뒷받침하는 사례로 제시된 인물이 <u>아닌</u> 것은?

① ㉠   ② ㉡
③ ㉢   ④ ㉣

01 다음은 36을 소인수분해하는 과정을 나타낸 것이다. 36을 소인수분해한 것은?

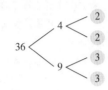

① 2×3　　　　② $2^2 \times 3$

③ 2×3^2　　　　④ $2^2 \times 3^2$

02 $(-3) + (+5)$를 계산하면?

① 2　　　　② 3

③ 4　　　　④ 5

03 다음을 문자를 사용한 식으로 바르게 나타낸 것은?

> 한 개에 500원인 막대 사탕 a개의 가격

① $(500 + a)$원　　　　② $(500 - a)$원

③ $(500 \times a)$원　　　　④ $(500 \div a)$원

04 일차방정식 $4x - 3 = 6 + x$의 해는?

① 3　　　　② 4

③ 5　　　　④ 6

05 다음 좌표평면 위에 있는 점 A의 좌표는?

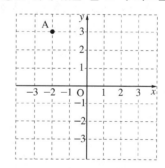

① $A(-2, -3)$　　　　② $A(-2, 3)$

③ $A(2, -3)$　　　　④ $A(2, 3)$

06 그림과 같이 원 O에서 ∠AOB = 30°, ∠COD = 150°이고, 부채꼴 AOB의 넓이가 5 cm²일 때, 부채꼴 COD의 넓이는?

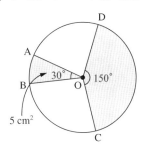

① 10 cm²　　　　② 15 cm²

③ 20 cm²　　　　④ 25 cm²

08 다음 분수 중 유한소수로 나타낼 수 있는 것은?

① $\frac{1}{3}$　　　　② $\frac{1}{5}$

③ $\frac{1}{7}$　　　　④ $\frac{1}{9}$

09 $-2x^2 \times 3x^5$을 간단히 한 것은?

① $-6x^7$　　　　② $-6x^{10}$

③ $5x^7$　　　　④ $5x^{10}$

07 다음은 어느 반 학생 25명의 하루 평균 통화 시간을 조사하여 나타낸 히스토그램이다. 하루 평균 통화 시간이 40분 이상인 학생 수는?

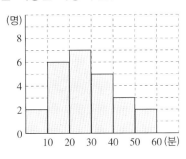

① 3　　　　② 5

③ 7　　　　④ 9

10 일차부등식 $2x \leq 6$의 해를 수직선 위에 나타낸 것은?

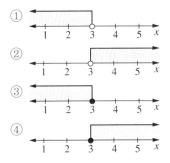

11 그림은 일차함수 $y = ax + 2$의 그래프이다. 상수 a의 값은?

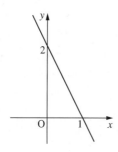

① -2 ② -1
③ 1 ④ 2

12 그림과 같이 $\overline{AB} = \overline{AC}$인 이등변삼각형 ABC에서 $\angle B = 45°$일 때, $\angle x$의 크기는?

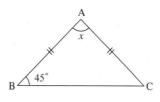

① $80°$ ② $85°$
③ $90°$ ④ $95°$

13 그림에서 □ABCD ∽ □EFGH이고 닮음비가 $5 : 3$이다. $\overline{BC} = 10\,\text{cm}$일 때, $\overline{FG}$의 길이는?

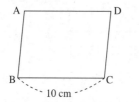

① $3\,\text{cm}$ ② $4\,\text{cm}$
③ $5\,\text{cm}$ ④ $6\,\text{cm}$

14 항아리에 1부터 9까지의 자연수가 각각 하나씩 적힌 공 9개가 들어 있다. 이 항아리에서 공 한 개를 꺼낼 때, 3의 배수가 적힌 공이 나올 경우의 수는?

① 1 ② 2
③ 3 ④ 4

15 $5\sqrt{3} - 3\sqrt{3}$을 간단히 한 것은?

① $-2\sqrt{3}$ ② $-\sqrt{3}$
③ $\sqrt{3}$ ④ $2\sqrt{3}$

16 다항식 $x^2 + 5x + 6$을 인수분해한 것은?

① $(x+2)(x+3)$ ② $(x+2)(x+4)$

③ $(x+3)^2$ ④ $(x+4)(x+5)$

17 이차함수 $y = x^2 + 1$의 그래프에 대한 설명으로 옳은 것은?

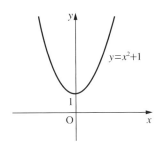

① 위로 볼록하다.

② 점 $(1,\ 1)$을 지난다.

③ 직선 $x = 0$을 축으로 한다.

④ 꼭짓점의 좌표는 $(1,\ 0)$이다.

18 그림과 같이 반지름의 길이가 1인 사분원에서 $\sin 42°$의 값은? (단, 0.67, 0.74는 어림한 값이다.)

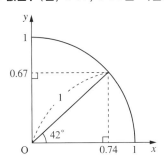

① 0 ② 0.67

③ 0.74 ④ 1

19 그림과 같이 원 O의 중심에서 두 현 AB, CD에 내린 수선의 발을 각각 M, N이라고 하자. $\overline{OM} = \overline{ON} = 5\ cm$, $\overline{CD} = 16\ cm$일 때, $\overline{AM}$의 길이는?

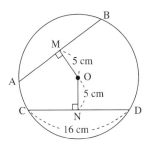

① $5\ cm$ ② $6\ cm$

③ $7\ cm$ ④ $8\ cm$

20 다음 자료는 학생 8명의 수학 퀴즈 점수를 조사하여 나타낸 것이다. 이 자료의 최빈값은?

(단위: 점)

8	7	8	6	9	10	10	8

① 7점 ② 8점

③ 9점 ④ 10점

01 다음 밑줄 친 단어의 뜻으로 가장 적절한 것은?

> He is a very <u>famous</u> singer and has a lot of fans.

① 독특한   ② 유명한
③ 친절한   ④ 편안한

02 다음 중 두 단어의 의미 관계가 나머지 셋과 <u>다른</u> 것은?

① rise − fall
② win − lose
③ open − close
④ end − finish

03 다음 빈칸에 들어갈 말로 가장 적절한 것은?

> Kate is good at skating, but she _____ good at skiing.

① are   ② does
③ isn't   ④ don't

[04~06]
다음 대화의 빈칸에 들어갈 말로 가장 적절한 것을 고르시오.

04

> A: How _____ do you play basketball?
> B: Three times a week.

① tall   ② often
③ many   ④ pretty

05

> A: Tom, what are you doing?
> B: Mom, I'm _____ for my math textbook. I can't find it.
> A: Why don't you check under the bed?

① putting   ② sleeping
③ looking   ④ wearing

06

> A: Jessica, how about going to the flower festival today?
> B: Sure, Dad. What time do you want to go?
> A: _____.

① I'll buy a cap
② That's a nice flower
③ I'm taking a taxi
④ Let's leave home at 2 o'clock

07 다음 빈칸에 공통으로 들어갈 말로 가장 적절한 것은?

> ○ He looks _____ his father.
> ○ What do you _____ to do during the vacation?

① try   ② like
③ take   ④ work

08 다음 대화에서 A가 찾아가려는 곳의 위치로 옳은 것은?

> A: Excuse me. How do I get to the post office?
> B: Go straight one block and turn left. It's on your right.
> A: Thank you.

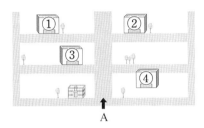

09 그림으로 보아 빈칸에 들어갈 말로 가장 적절한 것은?

> A: What is the boy doing?
> B: He is _____ in the pool.

① flying   ② writing
③ drawing   ④ swimming

10 다음 대화가 끝난 후 두 사람이 주문할 음식은?

> A: What would you like to eat for dinner?
> B: What about hamburgers?
> A: Well, I had that for lunch. Why don't we order a pizza?
> B: Sounds great.

① 피자   ② 샐러드
③ 스파게티   ④ 스테이크

11 다음 대화의 빈칸에 들어갈 말로 가장 적절한 것은?

> A: Mr. Smith, can I go home early today?
> B: Oh, you don't look so good. What's wrong?
> A: _____.

① You're welcome
② I have a high fever
③ I'm happy to hear that
④ You should exercise more

12 다음 대화의 주제로 가장 적절한 것은?

> A: What do you do in your free time?
> B: I like to bake cookies. How about you?
> A: I usually watch movies.

① 여가 활동
② 장래 희망
③ 영화 추천
④ 선호 음식

13 다음 홍보문을 보고 알 수 없는 것은?

> **Star Dance Club**
> ○ We practice K-pop dance every Friday.
> ○ We need five new members.
> ★ To sign up, email the club president at dance@school.kr.

① 연습 요일
② 활동 장소
③ 모집 인원
④ 신청 방법

14 다음 방송의 목적으로 가장 적절한 것은?

> Good morning, everyone. Let me tell you some safety rules for riding a bike in the park. First, put on a helmet to protect your head. Second, wear bright colors at night so that people can see you easily.

① 보건실 이전 공지
② 지역 관광 명소 홍보
③ 공원 내 편의 시설 소개
④ 자전거 운행 시 안전 수칙 안내

15 다음 대화에서 B가 늦은 이유는?

> A: You're late. What happened?
> B: I'm so sorry. I took the wrong subway.
> A: That's terrible. I'm glad you're here before the game starts.

① 수업이 늦게 끝나서
② 지하철을 잘못 타서
③ 표를 구하지 못해서
④ 심부름을 해야 해서

16 Ocean Hotel에 관한 다음 글의 내용과 일치하지 않는 것은?

> Ocean Hotel is next to the beach. Every room has a view of the sea. Guests can eat fresh seafood at the hotel restaurant. There are also free boat tours for all guests.

① 해변 옆에 있다.
② 모든 객실에서 바다를 볼 수 있다.
③ 식당에서 신선한 해산물을 먹을 수 있다.
④ 무료 버스 관광을 제공한다.

17 다음 글의 흐름으로 보아 어울리지 않는 문장은?

> I would like to introduce our new orchestra member, Sophie. ⓐ She plays the violin. ⓑ She has lots of experience playing in orchestras. ⓒ The violin is smaller than the guitar. ⓓ She has won many violin contests. Let's all welcome Sophie.

① ⓐ   ② ⓑ
③ ⓒ   ④ ⓓ

18 다음 글에서 Mike가 책을 빌리지 못한 이유로 가장 적절한 것은?

> Mike had to read some books for his science project. So, he went to the library yesterday. He found the books there. However, he couldn't borrow them because he left his library card at home.

① 이미 너무 많은 책을 빌려서
② 필요한 책이 도서관에 없어서
③ 도서관 카드를 집에 두고 와서
④ 도서관 공사로 대출이 중단되어서

19 그래프로 보아 빈칸에 들어갈 말로 가장 적절한 것은?

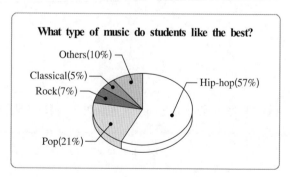

What type of music do students like the best?

Others(10%)
Classical(5%)
Rock(7%)
Hip-hop(57%)
Pop(21%)

> More than half of the students like _____ the best.

① hip-hop   ② pop
③ rock   ④ classical

20 다음 글에서 언급된 내용이 <u>아닌</u> 것은?

My name is David. This is my family photo. Here is my younger sister, Christine. She is in the third grade. Next to her, my parents are sitting in chairs. My father is a teacher, and my mother is a doctor. We are a happy family.

① 글쓴이의 이름 　② 여동생의 학년
③ 아버지의 직업 　④ 어머니의 나이

21 다음 밑줄 친 them이 가리키는 것으로 가장 적절한 것은?

Here's how to relax your eyes when they feel tired. Close your eyes and press <u>them</u> gently with your fingers. When you finish, cover your eyes with warm towels. This will make your eyes feel more relaxed.

① eyes 　　② hands
③ towels 　　④ glasses

22 영화관에서 지켜야 할 사항으로 언급되지 <u>않은</u> 것은?

○ Don't talk loudly.
○ Don't use cell phones.
○ Don't throw trash on the floor.

① 크게 말하지 않기
② 휴대폰 사용하지 않기
③ 앞좌석 발로 차지 않기
④ 바닥에 쓰레기 버리지 않기

23 다음 글의 주제로 가장 적절한 것은?

These days robots play many different roles. Some robots take orders at restaurants. Others make coffee at cafés. They also work as guides at airports. They even talk to people as friends.

① 로봇의 다양한 역할
② 온라인 쇼핑의 장단점
③ 컴퓨터 교육의 필요성
④ 친구 간 대화의 중요성

24 다음 글을 쓴 목적으로 가장 적절한 것은?

Hi, Sam. It's me, Chris. I know we were going to play soccer today. But it's raining now, and I heard that it will not stop until tonight. So, why don't we change the plan?

① 계획 변경을 제안하려고
② 경기 규칙을 설명하려고
③ 최신 스피커를 광고하려고
④ 공부에 관한 조언을 구하려고

25 다음 글의 바로 뒤에 이어질 내용으로 가장 적절한 것은?

Do you like cheese? Making cheese at home is easy and fun. It takes only 30 minutes. And you just need some milk, lemon juice, and salt. Now, let's take a look at the steps to make cheese with these three things.

① 버터 활용 사례
② 캠핑 음식의 종류
③ 주요 소금 생산지
④ 치즈를 만드는 절차

01 ㉠, ㉡에 해당하는 것으로 옳은 것은?

> ┌─────────────────────────────┐
> │ ㉠ 은/는 한 나라의 표준시를 정하는 기준이
> │ 되는 선이다. 지구는 24시간 동안 360°를 회전하기 때
> │ 문에 ㉡ 15°마다 1시간의 시차가 발생한다.
> └─────────────────────────────┘

	㉠	㉡
①	적도	경도
②	적도	위도
③	표준 경선	경도
④	표준 경선	위도

02 다음 편지글에 나타난 지역의 기후는?

> ┌─────────────────────────────┐
> │ ○○에게,
> │   ○○아 안녕, 나는 오늘 브라질의 아마존 강 근처
> │ 를 탐험했어. 이곳은 덥고 습한 지역이지만, 다행히 한
> │ 낮에는 스콜이라고 불리는 소나기가 내려서 그때는 조
> │ 금 시원한 기분이 들기도 해.
> └─────────────────────────────┘

① 스텝 기후
② 사막 기후
③ 툰드라 기후
④ 열대 우림 기후

03 다음에서 설명하는 지역으로 옳은 것은?

> ┌─────────────────────────────┐
> │ 힌두교의 발상지로, 다양한 종교와 언어가 나타나고
> │ 소를 신성시한다.
> └─────────────────────────────┘

① 인도 문화 지역
② 아프리카 문화 지역
③ 오세아니아 문화 지역
④ 라틴 아메리카 문화 지역

04 다음에서 설명하는 자연재해는?

> ┌─────────────────────────────┐
> │ 오랜 기간 비가 오지 않아 땅이 메마르고 물이 부족
> │ 해지는 재해로, 농업 활동에 지장을 초래한다.
> └─────────────────────────────┘

① 가뭄   ② 태풍
③ 폭설   ④ 홍수

05 다음 설명에 해당하는 것은?

> ┌─────────────────────────────┐
> │ ○ 도시의 중심부에 위치하여 접근성이 좋고 땅값이
> │   비쌈.
> │ ○ 상업과 업무 기능이 밀집된 중심 업무 지구가 형
> │   성됨.
> └─────────────────────────────┘

① 도심
② 촌락
③ 주변 지역
④ 개발 제한 구역

06 우리나라의 영역 중 ㉠에 해당하는 것은?

> ┌─────────────────────────────┐
> │ ㉠ 은/는 국가의 주권이 미치는 바다로, 기
> │ 선으로 부터 측정하여 그 바깥쪽 12해리의 선까지에 이
> │ 르는 수역으로 한다.
> └─────────────────────────────┘

① 영공
② 영토
③ 영해
④ 배타적 경제 수역

07 (가), (나)에 해당하는 것으로 옳은 것은?

> (가) 바람을 이용해 전력을 생산하며, 산지나 해안 등 바람이 강하고 지속적으로 부는 지역에서 유리하다.
> (나) 땅 속의 열을 이용해 전력을 생산하며, 아이슬란드, 뉴질랜드 등 화산 지대에서 볼 수 있다.

	(가)	(나)
①	조력 발전	지열 발전
②	풍력 발전	지열 발전
③	조력 발전	원자력 발전
④	풍력 발전	원자력 발전

08 ㉠에 들어갈 산맥으로 옳은 것은?

> ㉠ 에는 세계 최고봉인 에베레스트 산이 위치한다. 이 산맥과 인접한 국가에서는 등산객들을 대상으로 한 관광 산업이 발달하였다.

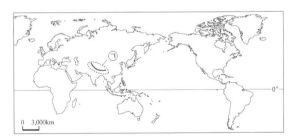

① 로키 산맥　　　② 우랄 산맥
③ 안데스 산맥　　④ 히말라야 산맥

09 다음과 같은 사회적 지위의 공통적인 특성은?

> ○ 교사　　○ 대학생　　○ 회사원

① 귀속 지위에 해당한다.
② 태어날 때부터 자연적으로 주어진다.
③ 지위에 따라 기대되는 행동 양식이 없다.
④ 개인의 의지와 노력으로 얻게 되는 지위이다.

10 다음 내용에 해당하는 문화의 속성은?

> 문화는 언어와 문자 등을 통해 다음 세대에 전승되면서 더욱 풍부하고 다양해진다.

① 축적성　　　　② 유동성
③ 안전성　　　　④ 수익성

11 다음에서 설명하는 민주 선거의 원칙은?

> 일정한 연령 이상의 국민이면 누구나 선거권을 갖는 원칙이며 재산, 성별, 인종 등을 이유로 선거권을 부당하게 제한하지 않는 것을 의미한다.

① 공개 선거　　　② 대리 선거
③ 보통 선거　　　④ 차등 선거

12 그래프와 같이 공급 곡선이 A에서 B로 이동하였을 때, 균형 가격과 균형 거래량의 변화로 옳은 것은? (단, 다른 조건은 일정함.)

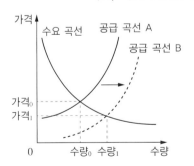

	균형 가격	균형 거래량
①	상승	증가
②	하락	증가
③	상승	감소
④	하락	감소

13 다음에서 설명하는 것은?

> ○ 주민과 그들이 뽑은 대표들이 지역의 사무를 자율적으로 처리하는 제도
> ○ '민주주의의 학교', '풀뿌리 민주주의'라고도 함.

① 심급 제도　　　　② 문화 사대주의
③ 증거 재판주의　　④ 지방 자치 제도

14 밑줄 친 ㉠에 해당하는 재판은?

> 경찰이 대형 마트에서 500만 원대의 전자 제품을 훔친 A씨를 붙잡았다. 이 사건에 대해 검사가 법원에 공소를 제기하면서 ㉠ 재판이 시작되었다.

① 가사 재판　　　　② 선거 재판
③ 형사 재판　　　　④ 행정 재판

15 ㉠에 해당하는 국가 기관으로 옳은 것은?

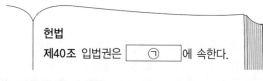

> 헌법
> 제40조 입법권은 　㉠　 에 속한다.

① 국회　　　　　　② 감사원
③ 대법원　　　　　④ 헌법 재판소

16 다음 설명에 해당하는 자원의 특성은?

> 인간의 욕구는 무한하지만 이를 충족해 줄 자원이 상대적으로 부족한 상태

① 합리성　　　　　② 희소성
③ 효율성　　　　　④ 형평성

17 다음 유물이 처음 제작된 시기의 생활 모습으로 옳지 않은 것은?

〈빗살무늬 토기〉

① 움집을 짓고 살았다.
② 간석기를 사용하였다.
③ 철제 무기를 제작하였다.
④ 농경과 목축이 시작되었다.

18 다음에서 설명하는 고려의 왕은?

> 호족 세력을 포섭하기 위해 유력한 호족들과 혼인 관계를 맺었으며, 사심관 제도, 기인 제도를 실시하여 호족을 견제하였다. 또한 후손들에게 훈요 10조를 남겨 통치의 교훈으로 삼도록 하였다.

① 대조영
② 장수왕
③ 박혁거세
④ 태조 왕건

19 다음에서 설명하는 역사서는?

> 승려 일연은 단군 이야기를 포함하여 고대로부터 전해오는 역사와 설화 등을 담은 역사서를 저술하였다.

①『경국대전』
②『삼국유사』
③『동의보감』
④『삼강행실도』

20 ㉠에 들어갈 내용으로 옳은 것은?

〈진흥왕의 업적〉
○ 한강 유역으로 진출하여 영토 확장
○ [㉠]을/를 통해 인재 양성
○ 황룡사를 건립하여 불교 진흥

① 별무반　　　　② 화랑도
③ 삼별초　　　　④ 훈련도감

21 ㉠에 들어갈 국가로 옳은 것은?

위화도 회군으로 권력을 장악한 이성계는 과전법을 실시한 후, 새 왕조 개창에 반대하던 정몽주 등을 제거하고 [㉠]을/를 건국하였다.

① 백제　　　　② 신라
③ 조선　　　　④ 고구려

22 조선 정조의 업적으로 옳은 것을 〈보기〉에서 고른 것은?

─── 보기 ───
ㄱ. 척화비 건립
ㄴ. 규장각 설치
ㄷ. 훈민정음 창제
ㄹ. 수원 화성 건설

① ㄱ, ㄴ　　　　② ㄱ, ㄷ
③ ㄴ, ㄷ　　　　④ ㄴ, ㄹ

23 ㉠에 들어갈 내용으로 옳은 것은?

〈수행평가 보고서〉
주제: [㉠]
○ 전개: 황토현 전투 → 전주 화약 체결 → 집강소 설치 → 우금치 전투

① 병인양요
② 살수대첩
③ 동학 농민 운동
④ 6월 민주 항쟁

24 ㉠에 들어갈 내용으로 옳은 것은?

3·1 운동 이후 중국 상하이에 수립되었고, 민주 공화제를 지향하였어.

① 청해진
② 교정도감
③ 독립협회
④ 대한민국 임시 정부

25 다음에서 설명하는 민주화 운동이 일어난 배경은?

1960년 4월 19일, 학생과 시민들은 이승만 정부의 퇴진을 요구하며 대규모 시위를 벌였다. 학생과 시민의 저항이 거세지자 이승만은 결국 대통령직에서 물러났다.

① 단발령
② 금융 실명제
③ 새마을 운동
④ 3·15 부정 선거

01 다음에서 설명하는 힘은?

○ 지구가 물체를 당기는 힘이다.
○ 힘의 방향은 지구 중심을 향한다.
○ 힘의 크기는 물체의 질량에 비례한다.

① 부력　　　　　② 중력
③ 마찰력　　　　④ 탄성력

02 암실에서 흰 종이 위에 놓인 빨간색 공에 파란색 빛을 비추었을 때 관찰되는 공의 색은?

① 검은색　　　　② 노란색
③ 빨간색　　　　④ 파란색

03 그림은 전류가 흐르는 원형 코일 옆에 놓인 나침반을 나타낸 것이다. 전류가 흐르는 방향이 반대일 때, 나침반의 모습은? (단, 전류에 의한 자기장만 고려한다.)

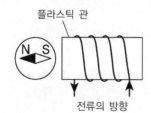

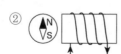

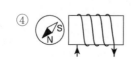

04 다음 설명의 ㉠에 해당하는 것은?

(㉠)은/는 열이 물질을 거치지 않고 직접 이동하는 현상이다.

① 단열　　　　　② 대류
③ 복사　　　　　④ 전도

05 표는 물체 A ~ D의 질량과 A ~ D를 들어 올린 높이를 나타낸 것이다. A ~ D 중 위치 에너지가 가장 많이 증가한 것은?

물체	질량(kg)	들어 올린 높이(m)
A	1	1
B	1	2
C	2	1
D	2	2

① A　　　　　② B
③ C　　　　　④ D

06 그림은 P 지점에서 가만히 놓은 쇠구슬이 운동하는 모습을 나타낸 것이다. 지점 A, B, C에서 쇠구슬의 역학적 에너지 크기를 비교한 것으로 옳은 것은? (단, 공기 저항과 마찰은 무시한다.)

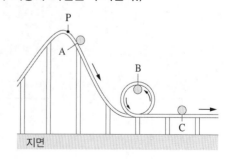

① A = B = C
② A > B > C
③ B > C > A
④ C > B > A

07 나트륨의 원소 기호는?

① na
② nA
③ Na
④ NA

08 그림은 어떤 물질의 상태 변화를 나타낸 것이다. 이에 대한 설명으로 옳은 것은?

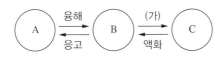

① A는 기체이다.
② B는 고체이다.
③ C는 액체이다.
④ (가)는 기화이다.

09 다음 중 순물질을 모두 고른 것은?

구리, 설탕, 우유, 소금물

① 구리, 설탕
② 설탕, 우유
③ 구리, 소금물
④ 우유, 소금물

10 그림은 일정량의 기체의 압력에 따른 부피 변화를 나타낸 것이다. 2기압일 때 기체의 부피(mL)는? (단, 온도는 일정하다.)

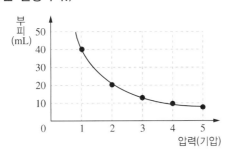

① 10
② 20
③ 30
④ 40

11 다음은 암모니아(NH_3) 기체가 생성되는 반응의 화학 반응식을 나타낸 것이다. 질소(N_2) 기체 1 L와 수소(H_2) 기체 3 L가 모두 반응할 때 생성되는 암모니아(NH_3) 기체의 부피(L)는? (단, 온도와 압력은 일정하다.)

$$N_2 + 3H_2 \rightarrow 2NH_3$$

① 1
② 2
③ 3
④ 4

12 다음 중 화학 변화에 해당하는 것은?

① 김치가 시어진다.
② 두부를 작게 자른다.
③ 아이스크림이 녹는다.
④ 물을 가열하면 수증기가 된다.

13 다음 중 생물 다양성의 감소 원인이 <u>아닌</u> 것은?

① 환경 오염
② 서식지 파괴
③ 무분별한 남획
④ 멸종 위기종 보호

14 다음 중 원생생물계에 속하는 생물이 <u>아닌</u> 것은?

① 김
② 소나무
③ 아메바
④ 짚신벌레

15 그림과 같이 순종의 황색 완두(YY)와 순종의 녹색 완두(yy)를 교배하여 얻은 잡종 1대를 자가 수분시켜 잡종 2대를 얻었을 때, 잡종 2대에서 황색 완두와 녹색 완두의 표현형의 비는?

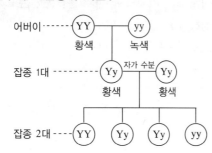

	황색 완두	:	녹색 완두
①	1	:	1
②	2	:	1
③	3	:	1
④	4	:	1

16 그림은 식물의 호흡 결과 생성된 기체를 확인하기 위한 실험 장치를 나타낸 것이다. 이 장치를 어두운 곳에 오래 두었더니 시험관 A의 석회수만 뿌옇게 흐려졌다. 석회수를 뿌옇게 만든 기체는?

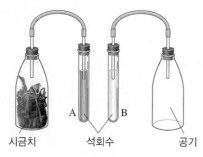

① 산소
② 수소
③ 질소
④ 이산화 탄소

17 그림은 사람의 소화 기관을 나타낸 것이다. A~D 중 쓸개즙을 생성하고, 요소를 합성하는 기관은?

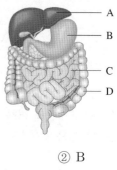

① A
② B
③ C
④ D

18 그림은 생식세포 분열 과정의 일부를 나타낸 것이다. 감수 1분열 전기 단계인 세포의 염색체 수가 4개일 때, 딸세포 A의 염색체 수는? (단, 돌연변이는 없다.)

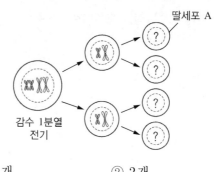

① 1개
② 2개
③ 4개
④ 8개

19 광합성에 영향을 주는 환경 요인으로 옳은 것만을 〈보기〉에서 모두 고른 것은?

┌─────── 보기 ───────┐
ㄱ. 온도
ㄴ. 빛의 세기
ㄷ. 이산화 탄소의 농도
└─────────────────┘

① ㄱ, ㄴ
② ㄱ, ㄷ
③ ㄴ, ㄷ
④ ㄱ, ㄴ, ㄷ

20 다음 중 어두운색을 띠는 광물을 많이 포함하고 있는 화산암은?

① 대리암   ② 석회암
③ 현무암   ④ 화강암

21 다음 설명에 해당하는 태양계의 행성은?

○ 주로 수소와 헬륨으로 이루어져 있다.
○ 태양계의 행성 중 부피와 질량이 가장 크다.

① 수성   ② 지구
③ 화성   ④ 목성

22 그림은 태양의 표면을 나타낸 것이다. 주변보다 온도가 낮아 어둡게 보이는 A의 명칭은?

① 채층   ② 흑점
③ 코로나   ④ 플레어

23 다음 중 성층권의 특징으로 옳은 것은?

① 오존층이 존재한다.
② 공기의 대류가 활발하게 일어난다.
③ 높이 올라갈수록 기온이 낮아진다.
④ 비가 내리는 기상 현상이 나타난다.

24 표는 별 A~D의 겉보기 등급과 절대 등급을 나타낸 것이다. A~D 중 지구에서 가장 가까운 별은?

별 \ 등급	겉보기 등급	절대 등급
A	−1.5	1.4
B	0.5	−5.1
C	1.3	−8.7
D	2.1	−3.7

① A   ② B
③ C   ④ D

25 그림은 기온에 따른 포화 수증기량을 나타낸 것이다. 기온 A~D 중 포화 수증기량이 가장 적은 것은?

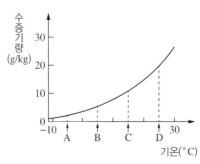

① A   ② B
③ C   ④ D

01 다음 일기에서 알 수 있는 인간의 특성은?

> 20○○년 ○월 ○일
>
>   학교에서 집으로 돌아가다가 도움을 필요로 하는 할머니를 지나쳐 갔다. 처음에는 집에 가고 싶은 생각에 지나쳐 갔지만 양심의 가책을 느껴서 할머니를 도우러 갔다.

① 도구적 존재
② 도덕적 존재
③ 문화적 존재
④ 유희적 존재

02 다음 대화에서 교사가 사용한 비판적 사고의 방법은?

학생: 귀찮아서 쓰레기를 교실에 버렸어요.

교사: 모든 사람이 너처럼 귀찮다고 쓰레기를 버리면 교실은 어떻게 될까?

① 반증 사례 검사
② 오류와 편견 검사
③ 보편화 결과 검사
④ 사실적 판단 검사

03 도덕 추론 과정에서 ㉠에 들어갈 용어는?

> ○ 도덕 원리: 다른 사람을 돕는 행위는 옳다.
>   ↓
> ○ 사실 판단: 봉사 활동은 다른 사람을 돕는 행위이다.
>   ↓
> ○ (㉠) 판단: 봉사 활동은 옳다.

① 관찰   ② 도덕
③ 의식   ④ 교차

04 도덕적 신념 형성에 필요한 보편적 가치로 옳은 것은?

① 평화   ② 맹목
③ 방종   ④ 환상

05 행복한 삶을 위해 필요한 것을 〈보기〉에서 고른 것은?

> ─────● 보기 ●─────
> ㄱ. 좋은 습관
> ㄴ. 허례허식
> ㄷ. 정서적 건강
> ㄹ. 부정적 자아관

① ㄱ, ㄴ   ② ㄱ, ㄷ
③ ㄴ, ㄹ   ④ ㄷ, ㄹ

06 세계 시민으로서 할 수 있는 도덕적 실천으로 옳은 것은?

① 난민을 위해 기부하기
② 민족적 정체성만 강조하기
③ 잘못된 편견을 가지고 외국인을 대하기
④ 해외에서 일어나는 전쟁 소식에 무관심하기

07 현대 사회의 가정 윤리로 적절하지 <u>않은</u> 것은?

① 충분한 의사소통하기
② 서로의 가치를 존중하며 대화하기
③ 민주적 협의를 통해 집안일 나누기
④ 시대에 맞지 않는 전통 관습을 그대로 따르기

08 ㉠에 들어갈 덕목은?

◆ 덕목 탐구 보고서 ◆

○ 덕목: (㉠)
○ 의미: 상대방의 처지와 감정을 헤아려 보살펴 주고 도와 줌.
○ 사례: 몸이 아픈 친구의 입장에서 생각하여 도와 줌.

① 경건   ② 무지
③ 배려   ④ 탐욕

09 청소년기의 올바른 이성 교제 태도로 가장 적절한 것은?

① 서로를 존중하는 자세 갖기
② 잘못된 부탁이라도 무조건 들어주기
③ 이성에게 잘 보이기 위해 비싼 선물 주기
④ 이성 교제를 성적 욕구의 수단으로 생각하기

10 밑줄 친 ㉠에 들어갈 대답으로 적절하지 <u>않은</u> 것은?

인간에게 인권은 왜 필요할까요?

___㉠___ 필요합니다.

① 인간다운 삶을 살기 위해
② 차별받지 않는 삶을 위해
③ 인간 존엄성을 보장하기 위해
④ 개인의 자율성을 침해하기 위해

11 다음은 서술형 평가 문제와 학생 답안이다. 밑줄 친 ㉠~㉣ 중 적절하지 <u>않은</u> 것은?

문제: 이웃 사이에 필요한 도덕적 자세는?

〈답안〉
　이웃과 함께 살아가기 위해서 나의 행동이 이웃에게 좋은 영향을 주는지 생각해야 한다. 구체적으로 ㉠ 늦은 저녁에 음악을 크게 트는 것, ㉡ 층간 소음을 일으키지 않는 것, ㉢ 예절을 지켜 인사하는 것, 그리고 ㉣ 어려울 때 서로 돕는 것이다.

① ㉠   ② ㉡
③ ㉢   ④ ㉣

12 바람직한 시민이 갖추어야 할 자질이 <u>아닌</u> 것은?

① 준법정신
② 참여의식
③ 책임의식
④ 이기주의

13 교사의 질문에 대한 대답으로 옳은 것은?

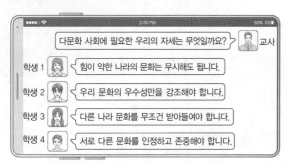

다문화 사회에 필요한 우리의 자세는 무엇일까요? 교사

학생 1 ─ 힘이 약한 나라의 문화는 무시해도 됩니다.

학생 2 ─ 우리 문화의 우수성만을 강조해야 합니다.

학생 3 ─ 다른 나라 문화를 무조건 받아들여야 합니다.

학생 4 ─ 서로 다른 문화를 인정하고 존중해야 합니다.

① 학생 1 　　② 학생 2

③ 학생 3 　　④ 학생 4

14 정보화 시대의 도덕적 자세로 옳지 <u>않은</u> 것은?

① 타인의 사생활 존중

② 사이버 폭력 행위 금지

③ 자유로운 유언비어 유포

④ 다른 사람의 저작권 존중

15 일상생활에서 발생하는 갈등 원인을 〈보기〉에서 고른 것은?

─── 보기 ───

ㄱ. 가치관의 차이

ㄴ. 원활한 의사소통

ㄷ. 이해관계의 충돌

ㄹ. 공정한 분배 실현

① ㄱ, ㄴ 　　② ㄱ, ㄷ

③ ㄴ, ㄹ 　　④ ㄷ, ㄹ

16 다음에서 소개하는 인물은?

◆ 도덕 인물 카드 ◆

○ 인도의 민족 운동 지도자

○ 식민지 지배에 굴하지 않고 비폭력 불복종 운동을 실천하여 독립에 기여함.

① 김구 　　② 공자

③ 간디 　　④ 칸트

17 학교 폭력 피해자의 대처 방법으로 가장 적절한 것은?

① 일단 선생님께 알리고 함께 대책을 세운다.

② 괴롭히는 상대에게 싫다는 말을 하지 않는다.

③ 문제를 확대시키지 않도록 혼자 조용히 참는다.

④ 돈을 주어 더는 폭력을 행사하지 않도록 부탁한다.

18 정의로운 국가의 역할로 옳은 것은?

① 인간의 기본권 축소

② 국민의 거주권 제한

③ 공정한 법과 제도 마련

④ 자유로운 경제 활동 금지

19 밑줄 친 ㉠에 들어갈 사례로 가장 적절한 것은?

〈가치의 종류〉
○ 물질적 가치: _____㉠_____
○ 정신적 가치: ....

① 사랑
② 재물
③ 우정
④ 평화

20 부패가 발생하는 원인으로 옳지 않은 것은?

① 혈연, 학연을 강조하는 사회 분위기
② 부당하게 자신의 이익을 챙기려는 태도
③ 사회 구성원들 사이에 공유된 청렴 의식
④ 뇌물 수수, 인사 청탁을 당연하게 생각하는 분위기

21 통일이 필요한 이유로 옳지 않은 것은?

① 민족 공동체를 회복하기 위해
② 이산가족의 고통을 해소하기 위해
③ 인류의 보편적 가치를 실현하기 위해
④ 남북 간의 문화 차이를 확대시키기 위해

22 인간 중심주의 자연관을 〈보기〉에서 고른 것은?

─── 보기 ───
ㄱ. 인간이 자연의 주인이다.
ㄴ. 인간이 자연을 통제해서는 안 된다.
ㄷ. 자연을 인간을 위한 도구로 여긴다.
ㄹ. 자연이 가진 본래적 가치를 존중한다.

① ㄱ, ㄴ
② ㄱ, ㄷ
③ ㄴ, ㄹ
④ ㄷ, ㄹ

23 환경친화적 삶을 위한 실천 태도로 옳은 것은?

① 쓰레기 분리배출 하기
② 일회용 종이컵 많이 사용하기
③ 물건을 살 때 장바구니 대신 비닐봉지 사용하기
④ 장기 외출 시 사용하지 않는 전기 플러그 꽂아 두기

24 과학 기술의 발달이 가져다 준 혜택으로 옳은 것은?

① 환경 오염
② 인간 소외
③ 새로운 질병 확산
④ 생활의 편리 증가

25 도덕적인 삶을 위한 노력을 〈보기〉에서 고른 것은?

─── 보기 ───
ㄱ. 보람된 삶을 추구함.
ㄴ. 가치 있는 목표를 설정함.
ㄷ. 자신을 부정적으로 바라봄.
ㄹ. 배타적인 삶의 태도를 가짐.

① ㄱ, ㄴ
② ㄱ, ㄷ
③ ㄴ, ㄹ
④ ㄷ, ㄹ

많이 보고 많이 겪고 많이 공부하는 것은 배움의 세 기둥이다.

– 벤자민 디즈라엘리 –

중·졸·검·정·고·시

2021년도

합격의 공식 시대에듀 www.sdedu.co.kr

01 다음 대화에서 '수연'의 말하기 목적으로 가장 적절한 것은?

민재야, 미술 시간에 쓰려는데 물감 좀 빌려줄래?

응, 수연아. 찾아서 줄게.

① 격려
② 부탁
③ 사과
④ 조언

02 다음 질문 목록에 들어갈 내용으로 적절하지 않은 것은?

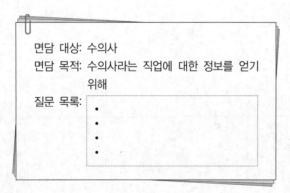

면담 대상: 수의사
면담 목적: 수의사라는 직업에 대한 정보를 얻기 위해
질문 목록:
·
·
·
·

① 수의사의 가족 관계
② 수의사라는 직업의 장점
③ 수의사가 되기 위해 필요한 자격증
④ 수의사로 일하면서 느꼈던 직업적 보람

03 밑줄 친 단어의 품사가 다른 것은?

① 시험이 끝나서 즐겁다.
② 동생의 방은 깨끗하다.
③ 친구가 운동장을 달린다.
④ 가을 하늘이 맑고 푸르다.

04 밑줄 친 부분이 올바르게 쓰인 것은?

① 그 일은 내가 먼저 할께.
② 이 설겆이는 누가 할래?
③ 감기가 어서 낳기를 바라.
④ 좋아하는 사진을 벽에 붙이자.

05 다음 표준 발음법 규정을 적용할 수 있는 단어는?

■ 표준 발음법 ■
[제12항] 받침 'ㅎ'의 발음은 다음과 같다.
　　　3. 'ㅎ' 뒤에 'ㄴ'이 결합되는 경우에는, [ㄴ]으로 발음한다.

① 놓는
② 입학
③ 각하
④ 쌓으니

06 다음 설명에 해당하는 자음은?

> 입술소리는 '두 입술 사이에서 나는 소리'이다.

① ㄱ   ② ㅂ

③ ㅇ   ④ ㅎ

07 밑줄 친 부분이 ㉠에 해당하는 것은?

> 문장을 이루는 데 필요한 주성분에는 주어, ㉠ 목적어, 보어, 서술어가 있다.

① 소년은 <u>어른이</u> 되었다.
② 겨울에는 <u>연을</u> 날렸다.
③ 화단에 장미꽃이 피었다.
④ <u>강아지가</u> 재채기를 하였다.

08 ㉠~㉣ 중 글의 통일성을 고려할 때 적절하지 <u>않은</u> 것은?

제목	건강을 위해 탄산음료 섭취를 줄이자.
처음	과도한 탄산음료 섭취 실태 ·············· ㉠
중간	○ 과도한 탄산음료 섭취의 문제점 ·········· ㉡ • 과도한 당류 섭취로 인해 비만의 우려가 있다. ○ 탄산음료 섭취를 줄일 수 있는 방법 ········· ㉢ • 탄산음료 대신 물을 마신다. ○ 탄산음료 판매로 얻는 경제적 효과 ········ ㉣ • 자선 활동 비용을 충당할 수 있다.
끝	과도한 탄산음료 섭취를 줄여야 함.

① ㉠   ② ㉡

③ ㉢   ④ ㉣

09 ㉠~㉣에 대한 고쳐쓰기 방안으로 적절하지 <u>않은</u> 것은?

> 독도에 살았던 희귀한 생물에는 독도 강치가 있다. ㉠ 독도에는 다양한 암석과 지형, 지질 구조가 있다. 독도 강치는 독도를 중심으로 동해 연안에 살았던 바다사자이다. 덩치가 크고 지능이 좋았던 독도 강치는 ㉡ 먹이가 풍부한 독도 주변에서 수만 마리가 서식하였다. 그러나 일제 강점기 때 무자비한 포획으로 독도 강치는 ㉢ 멸망되었고 이제는 박제로 밖에 ㉣ 볼수없다.

① ㉠: 글의 흐름에서 벗어난 내용이므로 삭제한다.
② ㉡: 조사의 쓰임이 맞지 않으므로 '먹이에게'로 바꾼다.
③ ㉢: 문맥에 맞지 않으므로 '멸종'으로 바꾼다.
④ ㉣: 띄어쓰기가 바르지 않으므로 '볼 수 없다'로 고친다.

10 ㉠에 들어갈 내용으로 적절하지 <u>않은</u> 것은?

> **우리 고장 야생화를 조사하여 보고서 쓰기**
> ○ 목적: 우리 고장의 야생화를 조사하여 보고서를 쓴다.
> ○ 조사 내용: 우리 고장 야생화의 종류
>   우리 고장 야생화의 특징
>   우리 고장 야생화의 서식지
> ○ 조사 방법: 야생화 애호가 인터뷰
>   우리 고장 야생화 박물관 방문
>   인터넷 및 관련 책 조사
> ○ 보고서를 쓸 때 유의할 점: _____ ㉠

① 조사한 내용은 야생화 전문가에게 사실 여부를 확인한다.
② 야생화 애호가의 인터뷰 내용은 동의를 구하여 인용한다.
③ 야생화 박물관에서 찾은 자료는 재미를 위해 과장한다.
④ 인터넷 및 책에서 찾은 내용은 출처를 밝힌다.

[11~13]
다음 글을 읽고 물음에 답하시오.

> 형이 돈을 많이 벌어 오면 — 이런 기대에 온 집안 식구가 하루하루를 매달려 살았다. 어느 날 밤, 형은 돌아왔다. 옷과 운동화와 과자와 고기를 한 짐이나 되게 사 가지고. 형이 정말 돈을 벌어서 별의별 것을 다 사 가지고 온 것이었다. 아버지는 밤중이지만 동네 사람을 모아 큰 잔치를 벌이지 못해 안달을 했다.
>
> [가] ┌ 형이 험악한 얼굴을 하고 안 된다고 했다. 잔치는커녕 동생들이 좋아서 떠드는 것도 못하게 윽박질렀다.
>
> 수남이는 지금도 그날 밤 일이 생생하다. 그날 밤 형의 ㉠ 누런 똥빛 얼굴은 정말로 못 잊겠다. 꼭 악몽 같다.
>
> 다음 날 형은 읍내에서 온 순경한테 수갑이 채워져 붙들려 갔다. 형은 악을 써서 변명을 하며 갔다.
>
> "2년 만에 빈손으로 집에 들어갈 수는 없었단 말이야. 도저히 그럴 수는 없었단 말이야."
>
> 그래서 읍내 ㉡ 양품점을 털어 돈과 물건을 훔친 것이다. 다음에 수남이가 형을 본 것은 읍내에 현장 검증인가를 나왔을 때다. 도둑질한 것을 다시 한번 되풀이해 보여 주는 것인데, 딴 ㉢ 구경꾼들 틈에 섞여 수남이는 몸서리를 치면서 그것을 봤다. 그 도둑놈과 형제간이란 게 두고두고 생각해도 몸서리가 쳐졌다.
>
> 아버지는 화병으로 몸져눕고 집안 형편은 말이 아니었다. 수남이는 드디어 어느 날 형이 그랬던 것처럼 서울 가서 돈 벌어 오겠다고 집을 나섰다. 아버지는 말리지 않았다.
>
> 문지방을 짚고 일어나 앉아서 띄엄띄엄 수남이를 타일렀다.
>
> "무슨 짓을 하든지 그저 도둑질을 하지 말아라, 알았쟈?"
>
> 그런데 도둑질을 하고 만 것이다. 하지만 수남이는 스스로 그것은 결코 도둑질이 아니었다고 변명을 한다.
>
> 그런데 왜 그때, 그렇게 떨리고 무서우면서도 짜릿하니 기분이 좋았던 것인가? 문제는 그때의 그 쾌감이었다. 자기 내부에 도사린 부도덕성이었다. 오늘 한 짓이 도둑질이 아닐지 모르지만 앞으로 도둑질을 할지도 모르겠다는 생각이 들었다. 형의 일이 자기와 정녕 무관한 일이 아니란 생각이 들었다.
>
> 소년은 아버지가 그리웠다. 도덕적으로 자기를 견제해 줄 어른이 그리웠다.
>
> 주인 영감님은 자기가 한 짓을 나무라기는커녕 손해 안 난 것만 좋아서 "오늘 운 텄다."고 좋아하지 않았던가.
>
> 수남이는 짐을 꾸렸다. 아아, 내일도 바람이 불었으면. 바람이 물결치는 보리밭을 보았으면.
>
> 마침내 결심을 굳힌 수남이의 얼굴은 누런 똥빛이 말끔히 가시고, 소년다운 ㉣ 청순함으로 빛났다.
>
> — 박완서, 「자전거 도둑」 —

11 윗글에서 알 수 있는 내용으로 적절하지 **않은** 것은?

① 아버지는 형이 돌아온 날 잔치를 열고 싶어하였다.
② 수남이는 형의 현장 검증 장면을 구경꾼들 틈에서 보았다.
③ 아버지는 서울로 돈 벌러 가겠다는 수남이를 말렸다.
④ 주인 영감님은 손해나지 않은 것을 좋아하였다.

12 [가]에 나타난 '형'의 심리로 가장 적절한 것은?

① 동생들이 좋아하는 모습에 쑥스러워 한다.
② 자신에 대한 식구들의 기대가 충족되어 뿌듯해 한다.
③ 자신이 도둑질한 사실이 밝혀질 것 같아서 걱정한다.
④ 가지고 온 물건을 동네 사람들에게 빼앗길까 봐 두려워한다.

13 ㉠~㉣ 중 다음 설명과 가장 관련이 있는 것은?

> ○ 비양심적이고 부도덕한 태도를 상징함.
> ○ 형이 옳지 않은 일을 하였다는 수남의 생각을 드러냄.

① ㉠   ② ㉡
③ ㉢   ④ ㉣

[14~16]

다음 글을 읽고 물음에 답하시오.

> 우리가 눈발이라면
> 허공에서 쭈빗쭈빗 흩날리는
> ㉠ 진눈깨비는 되지 말자
> 세상이 바람 불고 춥고 어둡다 해도
> 사람이 사는 마을
> 가장 낮은 곳으로
> 따뜻한 ㉡ 함박눈이 되어 내리자
> 우리가 눈발이라면
> 잠 못 든 이의 창문가에서는
> ㉢ 편지가 되고
> 그이의 깊고 ㉮ 붉은 상처 위에 돋는
> ㉣ 새살이 되자
>
>   – 안도현, 「우리가 눈발이라면」 –

14 윗글에 대한 이해로 가장 적절한 것은?

① 청유형 문장을 사용하고 있다.
② 묻고 답하는 형식이 드러나 있다.
③ 사계절의 변화에 따라 시상을 전개하고 있다.
④ 직유법을 사용하여 화자의 정서를 표현하고 있다.

15 ㉠~㉣ 중 시적 화자가 지향하는 대상이 <u>아닌</u> 것은?

① ㉠   ② ㉡
③ ㉢   ④ ㉣

16 ㉮와 같은 심상이 나타난 것은?

① 향기로운 꽃 냄새
② 짭조름한 소금 맛
③ 활짝 핀 노란 개나리
④ 개구리 소리 개굴개굴

[17~19]

다음 글을 읽고 물음에 답하시오.

용골대가 모든 장졸을 뒤로 물린 후, 왕비와 세자, 대군을 모시고 장안의 재물과 미녀를 거두어 돌아갈 채비를 꾸렸다. 오랑캐에게 잡혀가는 사람들의 슬픈 울음소리가 장안을 진동했다.

박 씨가 계화를 시켜 용골대에게 소리쳤다.

"무지한 오랑캐 놈들아! 내 말을 들어라. 조선의 운수가 사나워 은혜도 모르는 너희에게 패배를 당했지만, 왕비는 데려가지 못할 것이다. 만일 그런 뜻을 둔다면 내 너희를 몰살할 것이니 당장 왕비를 모셔 오너라."

하지만 용골대는 오히려 코웃음을 날렸다.

"참으로 가소롭구나. 우리는 이미 조선 왕의 항서를 받았다. 데려가고 안 데려가고는 우리 뜻에 달린 일이니, 그런 말은 입 밖에 내지도 마라."

오히려 욕설만 무수히 퍼붓고 듣지 않자 계화가 다시 소리쳤다.

"너희의 뜻이 진실로 그러하다면 이제 내 재주를 한 번 더 보여 주겠다."

계화가 주문을 외자 문득 공중에서 두 줄기 무지개가 일어나며 모진 비가 천지를 뒤덮을 듯 쏟아졌다. 뒤이어 얼음이 얼고 그 위로는 흰 눈이 날리니, 오랑캐 군사들의 말발굽이 땅에 붙어 한 걸음도 옮기지 못하게 되었다. 그제야 용골대는 사태가 예사롭지 않음을 깨달았다.

"당초 우리 왕비께서 분부하시기를 장안에 신인(神人)이 있을 것이니 이시백의 후원을 범치 말라 하셨는데, 과연 그것이 틀린 말이 아니었구나. 지금이라도 부인에게 빌어 무사히 돌아가는 편이 낫겠다."

용골대가 갑옷을 벗고 창칼을 버린 뒤 무릎을 꿇고 애걸하였다.

"소장이 천하를 두루 다니다 조선까지 나왔지만, 지금까지 무릎을 꿇은 적은 한 번도 없었습니다. 이제 부인 앞에 무릎을 꿇어 비나이다. 부인의 명대로 왕비는 모셔 가지 않을 것이니, 부디 길을 열어 무사히 돌아가게 해 주십시오."

무수히 애원하자 그제야 박 씨가 발을 걷고 나왔다.

"원래는 너희의 씨도 남기지 않고 모두 죽이려 했었다. 하지만 내가 사람 목숨 죽이는 것을 좋아하지 않기에 용서하는 것이니, 네 말대로 왕비는 모셔 가지 마라. 너희가 부득이 세자와 대군을 모셔 간다면 그 또한 하늘의 뜻이기에 거역하지 못하겠구나. 부디 조심하여 모셔 가라. 그렇게 하지 않으면 신장과 갑옷 입은 군사를 몰아 너희를 다 죽인 뒤, 너희 국왕을 사로잡아 분함을 풀고 무죄한 백성까지 남기지 않을 것이다. 나는 앉아 있어도 모든 일을 알 수 있다. 부디 내 말을 명심하여라."

오랑캐 병사들은 황급히 머리를 조아리고 용골대는 다시 애원을 했다.

      – 작자 미상, 「박씨전」 –

17 윗글에 대한 설명으로 적절한 것은?

① 말장난으로 웃음을 유발한다.
② 1인칭 서술자가 사건을 서술한다.
③ 신비롭고 기이한 일들이 일어난다.
④ 사람처럼 말하는 동물이 등장한다.

18 윗글의 내용과 일치하지 않는 것은?

① 용골대는 짐을 꾸려 돌아갈 준비를 하였다.
② 계화가 주문을 외자 오랑캐 군사들은 꼼짝을 못하였다.
③ 용골대는 박 씨에게 무릎을 꿇고 애원하였다.
④ 용골대는 조선의 왕비를 조심해서 모셔 가겠다고 말하였다.

19 윗글에 드러난 박 씨 의 태도로 가장 적절한 것은?

① 당당함   ② 비겁함
③ 공손함   ④ 나태함

[20~22]

다음 글을 읽고 물음에 답하시오.

우리 음식 생활에서 고추는 가장 기본적인 식재료로 사랑 받고 있다. 붉은색 김치는 우리나라를 상징하는 음식 중 하나이다. 그래서 우리 조상들이 아주 오래전부터 고추를 먹은 것으로 잘못 알고 있는 사람이 많다. 인도와 동남아시아에도 우리처럼 고추의 원산지가 자기 나라라고 생각하는 사람들이 많다. 그러나 우리나라와 인도, 동남아시아 등지에서 고추를 먹기 시작한 것은 16세기에 들어서이다.

그렇다면 고추의 고향은 어디일까? 바로 중남미이다. 고추는 오랫동안 중남미인들이 먹어 온 음식 가운데 하나로 중남미 고대 국가의 ㉠ 유물 중에는 고추가 그려진 그릇들이 있다. 이 고추를 에스파냐와 포르투갈 사람들이 배에 실어 유럽으로 가지고 갔다. 그것이 인도양을 거쳐 인도와 동남아시아로 왔고, 뒤이어 우리나라에까지 들어온 것이다. 이렇듯 고추의 ㉡ 재배 지역은 나뭇가지처럼 ㉢ 사방으로 뻗어 나갔다.

우리나라에 고추가 들어오기 전까지 김치는 소금물에 절이기만 해서 ㉣ 발효시킨 것으로 흰색이었다. 고추가 들어온 다음 비로소 김치는 붉은색으로 바뀌었고, 고추 특유의 붉은 색깔과 매운맛이 더욱 식욕을 돋우게 되었다. 영양 면에서는 비타민 시(C) 등이 더 풍부해졌으며, 고추 속의 캡사이신 성분이 채소가 시어 문드러지는 것을 막아 음식을 더욱 오랫동안 보관할 수 있게 되었다. 수백 년 사이에 김치는 우리 삶에 더욱 중요한 음식이 되었고, 나아가 우리 음식 문화의 상징이 되었다.

– 전국지리교사모임, 『지리, 세상을 날다』 –

20 윗글에 대한 설명으로 가장 적절한 것은?

① 용어의 개념을 정의하고 있다.
② 설문 조사 자료를 활용하고 있다.
③ 전문가와 한 인터뷰 내용을 인용하고 있다.
④ 묻고 답하는 방식으로 정보를 전달하고 있다.

21 ㉠~㉣의 사전적 의미로 적절하지 않은 것은?

① ㉠: 과거의 조상이 후세에 남긴 물건.
② ㉡: 식물을 심어 가꿈.
③ ㉢: 동, 서, 남, 북 네 방위를 통틀어 이르는 말.
④ ㉣: 보람이나 효과를 나타냄.

22 윗글의 내용과 일치하지 <u>않는</u> 것은?

① 고추의 원산지는 우리나라이다.
② 우리나라는 16세기부터 고추를 먹기 시작하였다.
③ 고추가 들어오기 전 우리나라 김치의 색깔은 흰색이었다.
④ 고추에는 음식을 오래 보관할 수 있게 하는 성분이 있다.

24 윗글의 내용으로 볼 때 ㉠으로 적절하지 <u>않은</u> 것은?

① 인권이 누구에게나 적용된다는 것을 인식한다.
② 인권을 침해받는 약자들에게 관심을 가져야 한다.
③ 인권이 책임을 동반한 권리라는 것을 명심한다.
④ 인권의 존중보다 경제적 이익을 더 중시한다.

[23~25]
다음 글을 읽고 물음에 답하시오.

우리는 누구나 사람답게 살 권리, 즉 인권을 가지고 있다. 그런데 종종 다른 사람은 신경 쓰지 않고 자신의 권리만 내세우는 사람을 볼 수 있다. 이로 인해 인권을 침해받는 사람이 생기기도 한다. 이러한 사람 없이 모든 사람들의 인권을 지키기 위해서는 ㉠ <u>우리의 노력</u>이 필요하다. 그렇다면 우리는 어떻게 해야 할까?

먼저 우리는 인권은 인간이 갖는 보편적인 권리로, 누구에게나 적용되어야 한다는 것을 인식해야 한다. 인권은 국적, 종교, 직업, 성별, 연령에 관계없이 인간이라면 누구나 가지는 권리이다. 그러므로 어떤 조건으로도 인권을 제한할 수 없다.

하지만 아직도 열악한 환경에서 인권을 침해받으며 고통을 겪는 사람들이 있다. 이런 약자들까지도 인권을 누려야 할 사람들이다. 그렇기 때문에 우리는 이들의 인권에 관심을 가져야 한다.

또한 우리는 인권이 책임을 동반한 권리라는 것을 명심해야 한다. 모든 사람이 인권을 가지고 있다는 것은 다른 사람의 인권을 존중할 책임 또한 가지고 있다는 뜻이다. 인간은 혼자 살아갈 수 없고 많은 사람들과 관계를 ㉡ <u>맺으며</u> 살아가는 존재이기 때문이다.

인권은 누구에게나 적용되는 보편적인 권리이자 책임을 다할 때 누릴 수 있는 권리이다. 우리는 자신의 인권은 물론이고 다른 사람의 인권을 소중히 여겨 모든 사람들의 인권을 지키기 위해 노력해야 한다.

– 정용주, 「인권이 뭘까요」 –

25 밑줄 친 부분이 ㉡과 같은 의미로 쓰인 것은?

① 눈에는 눈물방울이 맺어 있었다.
② 열매를 맺은 나무를 찾아 나섰다.
③ 좋은 인연을 맺었던 소년을 만났다.
④ 하던 일의 끝을 맺고 점심을 먹었다.

23 윗글을 읽는 방법으로 가장 적절한 것은?

① 무대 공연을 상상하며 읽는다.
② 주장과 근거를 파악하며 읽는다.
③ 인물의 생애를 따라가며 읽는다.
④ 등장인물의 갈등에 유의하며 읽는다.

01 다음은 두 수 24와 90을 소인수분해하여 최대공약수를 구하는 과정이다. ㉠에 알맞은 수는?

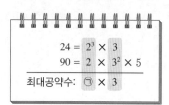

$$24 = 2^3 \times 3$$
$$90 = 2 \times 3^2 \times 5$$
최대공약수: ㉠ × 3

① 2
② 2^2
③ 2^3
④ 2^4

02 다음 중 절댓값이 가장 큰 수는?

① -5
② -2
③ 1
④ 4

03 $a = 3$일 때, $2a + 1$의 값은?

① 3
② 5
③ 7
④ 9

04 일차방정식 $5x - 2 = 3x + 8$의 해는?

① -1
② 1
③ 3
④ 5

05 다음은 어느 학생이 집에서 출발하여 학교까지 갈 때, 시간에 따른 이동 거리를 나타낸 그래프이다. 이 학생이 출발한 후 30분 동안 이동한 거리는?

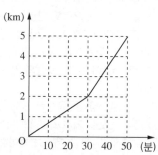

① 1 km
② 2 km
③ 3 km
④ 4 km

06 모든 면의 모양이 정사각형인 정다면체는?

① 정사면체

② 정육면체

③ 정팔면체

④ 정십이면체

07 다음은 어느 학급의 학생 20명을 대상으로 지난 일주일 동안 독서한 시간을 조사하여 나타낸 도수분포표이다. 이 학생들 중 일주일 동안 독서한 시간이 6시간 이상인 학생의 수는?

독서 시간(시간)	학생 수(명)
$0^{이상} \sim 2^{미만}$	2
2 ~ 4	7
4 ~ 6	6
6 ~ 8	4
8 ~ 10	1
합계	20

① 3명

② 5명

③ 7명

④ 9명

08 순환소수 $0.\dot{7}$을 기약분수로 나타낸 것은?

① $\dfrac{5}{9}$

② $\dfrac{2}{3}$

③ $\dfrac{7}{9}$

④ $\dfrac{8}{9}$

09 $2x \times x^2$을 간단히 한 것은?

① $2x$

② $2x^2$

③ $2x^3$

④ $2x^4$

10 연립방정식 $\begin{cases} y = 2x \\ x + y = 9 \end{cases}$ 의 해는?

① $x = -3, \ y = -6$

② $x = -3, \ y = 6$

③ $x = 3, \ y = -6$

④ $x = 3, \ y = 6$

11 일차함수 $y = x + 2$의 그래프는 일차함수 $y = x$의 그래프를 y축의 방향으로 a만큼 평행이동한 것이다. 상수 a의 값은?

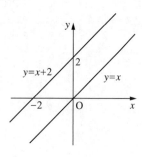

① -1 ② 0

③ 1 ④ 2

12 그림과 같이 $\triangle ABC$에서 $\angle B = 50°$, $\angle C = 50°$, $\overline{AB} = 5\,cm$일 때, x의 값은?

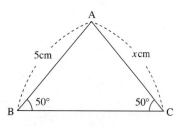

① 3 ② 4

③ 5 ④ 6

13 그림과 같이 직각삼각형 ABC에서 $\overline{AB} = 6\,cm$, $\overline{BC} = 8\,cm$일 때, x의 값은?

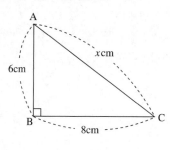

① 9 ② 10

③ 11 ④ 12

14 그림과 같이 포도 맛 사탕 3개, 딸기 맛 사탕 7개가 들어있는 주머니가 있다. 이 주머니에서 한 개의 사탕을 임의로 꺼낼 때, 포도 맛 사탕이 나올 확률은?

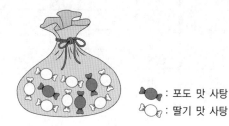

     : 포도 맛 사탕

     : 딸기 맛 사탕

① $\dfrac{3}{10}$ ② $\dfrac{2}{5}$

③ $\dfrac{1}{2}$ ④ $\dfrac{3}{5}$

15 $6\sqrt{3} - 2\sqrt{3}$을 간단히 한 것은?

① $\sqrt{3}$ ② $2\sqrt{3}$

③ $3\sqrt{3}$ ④ $4\sqrt{3}$

16 $(x+1)(x+3)$을 전개한 것은?

① x^2+2x-3

② x^2+2x+3

③ x^2+4x-3

④ x^2+4x+3

17 이차함수 $y=2x^2-2$의 그래프에 대한 설명으로 옳은 것은?

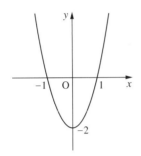

① 위로 볼록하다.

② 점 $(1,\ 1)$을 지난다.

③ 직선 $x=1$을 축으로 한다.

④ 꼭짓점의 좌표는 $(0,\ -2)$이다.

18 직각삼각형 ABC에서 $\overline{AB}=13$, $\overline{BC}=12$, $\overline{AC}=5$일 때, $\sin B$의 값은?

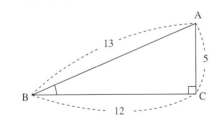

① $\dfrac{5}{13}$

② $\dfrac{5}{12}$

③ $\dfrac{12}{13}$

④ 1

19 그림에서 두 점 A, B는 점 P에서 원 O에 그은 두 접선의 접점이다. $\overline{PA}$와 $\overline{PB}$의 길이의 합이 $12\,\mathrm{cm}$일 때, $\overline{PA}$의 길이는?

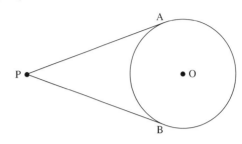

① $4\,\mathrm{cm}$

② $5\,\mathrm{cm}$

③ $6\,\mathrm{cm}$

④ $7\,\mathrm{cm}$

20 다음 중 양의 상관관계를 나타내는 산점도는?

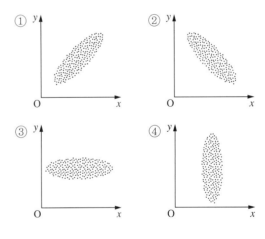

제 3 교시 영어

01 다음 밑줄 친 단어의 뜻으로 가장 적절한 것은?

> You should be <u>polite</u> to others.

① 공손한
② 명랑한
③ 성실한
④ 정직한

02 다음 밑줄 친 두 단어의 의미 관계와 <u>다른</u> 것은?

> A lion is <u>big</u> and a cat is <u>small</u>.

① fast − quick
② high − low
③ light − heavy
④ same − different

03 다음 빈칸에 들어갈 말로 가장 적절한 것은?

> These shoes _____ really expensive.

① is
② be
③ are
④ was

[04~06]

다음 대화의 빈칸에 들어갈 말로 가장 적절한 것을 고르시오.

04

> A: Can you sing well?
> B: _____, but I can dance well.

① Yes, I am
② Yes, I do
③ No, I can't
④ No, I didn't

05

> A: Excuse me. Where is the bank?
> B: Go straight two blocks and _____ left. It'll be on your right.

① push
② turn
③ use
④ write

06

> A: What is Alice good at?
> B: _____.

① She's having dinner
② She's good at drawing
③ She doesn't like music
④ She has a younger sister

07 다음 대화의 빈칸에 공통으로 들어갈 말로 가장 적절한 것은?

> A: These plants look dry. You should _____ them.
>
> B: You're right. They need a lot of _____.

① food   ② show

③ tell   ④ water

08 다음은 Tom의 여행 계획이다. 토요일에 할 일은?

Thursday	Friday	Saturday	Sunday
Go to the beach	Eat street food	Visit a museum	Ride a boat

① 해변에 가기

② 길거리 음식 먹기

③ 박물관 방문하기

④ 보트 타기

09 다음 그림으로 보아 빈칸에 들어갈 말로 가장 적절한 것은?

> A: What is the boy doing?
>
> B: He is _____.

① washing a car

② taking a walk

③ moving a desk

④ playing the drums

10 다음 대화가 끝난 후 A가 이용할 교통수단은?

> A: Dad, can you give me a ride to school?
>
> B: Sorry, David. I have to go to a business meeting.
>
> A: That's okay. I'll go by bus.

① 버스

② 비행기

③ 승용차

④ 지하철

11 나음 대화의 빈칸에 들어갈 말로 가장 적절한 것은?

> A: Which do you prefer, the mountains or the ocean?
>
> B: _____ because I love swimming.

① I like the fresh air

② I like the ocean better

③ He likes to go hiking

④ Mountains are beautiful

12 다음 대화의 주제로 가장 적절한 것은?

> A: What do you want to be in the future?
>
> B: I want to be a writer. What about you?
>
> A: Well, I'm interested in taking pictures. So, I want to be a photographer.
>
> B: Great. That's the perfect job for you.

① 가족 소개

② 공부 방법

③ 선물 구입

④ 장래 희망

13 다음 방송의 목적으로 가장 적절한 것은?

> Attention, students. The new science room is open from today. Let me tell you the safety rules to follow. First, make sure to use safety glasses. Second, don't run around in the room. Be safe and have fun.

① 수업 변경 공지
② 학생의 날 행사 홍보
③ 과학실 안전 수칙 안내
④ 동아리 회원 모집 공고

14 다음 대화에서 B가 부산에 간 이유는?

> A: You went to Busan last week, didn't you?
> B: Yes, I went there to attend my uncle's wedding.

① 바다 야경을 보려고
② 맛있는 음식을 먹으려고
③ 삼촌 결혼식에 참석하려고
④ 할머니 생신을 축하하려고

15 다음 대화의 빈칸에 들어갈 말로 가장 적절한 것은?

> A: I went to the food festival yesterday.
> B: Good for you! What food did you try?
> A: _____.

① It was very comfortable
② I always cook for my friends
③ He usually goes there on foot
④ I tried the ice cream sandwich

16 다음 대화의 내용에 따라 (a)~(c)를 순서대로 배열한 것은?

> A: Excuse me. How can I use this ticket machine?
> B: First, choose the station you want to go to. Next, press the number of tickets. Then, put your card into the machine.

> (a) 카드를 넣는다.
> (b) 승차권 매수를 누른다.
> (c) 가고 싶은 역을 고른다.

① (a) − (c) − (b)
② (b) − (a) − (c)
③ (c) − (a) − (b)
④ (c) − (b) − (a)

17 다음 연극 초대장을 보고 알 수 없는 내용은?

> **Invitation for a Play**
> Title: The Wooden Toy
> When: June 16th, 3p.m.
> Where: School Gym
> Please come and enjoy the play.

① 연극 제목
② 공연 일시
③ 공연 장소
④ 주연 배우

18 다음 글의 내용과 일치하지 <u>않는</u> 것은?

These days, we don't get many visitors to our town. This is because there is not enough information about our town on the internet. So we are planning to create a town homepage. We are also going to make a video introducing our town.

① 요즘 마을에 방문객이 많지 않다.
② 인터넷상에는 마을에 대한 충분한 정보가 있다.
③ 마을 홈페이지를 만들 계획이다.
④ 마을을 소개하는 비디오를 제작할 예정이다.

19 다음 글에서 코끼리가 발로 땅을 치는 이유로 가장 적절한 것은?

Have you ever seen an elephant hit the ground with its feet? It does this to communicate with other elephants. Elephants can feel shaking with their feet, so they can get a message from far away.

① 운동을 하기 위해
② 소화를 촉진하기 위해
③ 발바닥 상태를 점검하기 위해
④ 다른 코끼리와 소통하기 위해

20 다음 그래프로 보아 빈칸에 들어갈 말로 가장 적절한 것은?

When Teenagers Feel Happy

Talking with friends　65%
Playing games　15%
Eating food　10%
Traveling with parents　10%

More than half of the teenagers feel happy when they _____ .

① talk with friends
② play games
③ eat food
④ travel with parents

21 다음 글에서 언급된 내용이 <u>아닌</u> 것은?

Today, I saw the movie, *Move to Mars*. It is about a man who is trying to live on Mars. It is a science fiction movie made by my favorite director, Seho Lee. I think it is an interesting movie.

① 영화 제목
② 영화 장르
③ 영화관 위치
④ 감독 이름

22 다음 밑줄 친 <u>them</u>이 가리키는 것으로 가장 적절한 것은?

I have two goals this year. The first one is to get along with my new classmates. I hope they are nice. The second one is to read many books. I will read <u>them</u> as often as possible.

① books
② classes
③ feelings
④ goals

23 다음 글을 쓴 목적으로 가장 적절한 것은?

Hello, I'm Steve, and I would like to join your project, "No Unhappy Dogs." I love dogs and I'd be happy to do many things for them. I am sure I can be a big help to your project.

① 문화 센터 소개
② 도서관 공사 공지
③ 동물원 개장 안내
④ 프로젝트 참가 신청

24 다음 글의 주제로 가장 적절한 것은?

> Do you want to make special *ramyeon*? This is my recipe. First, boil water and put in *ramyeon* and sauce. Add some carrots and *gimchi*. And put in some milk and cheese. Now, enjoy!

① 다양한 김치의 종류
② 특별한 라면 요리법
③ 라면이 인기 있는 이유
④ 김치가 건강에 미치는 영향

25 다음 글의 바로 뒤에 이어질 내용으로 가장 적절한 것은?

> The earth is dying because of trash. Think about all the plastic bags and paper boxes you throw away each day. We need to do something about this. Let me tell you how we can reduce trash in our daily lives.

① 지구 온난화가 생기는 원인
② 미세 먼지로 인한 피해 사례
③ 쓰레기를 줄일 수 있는 방법
④ 과학자들이 우주를 연구하는 이유

01 다음에서 ㉠에 들어갈 자연 재해는?

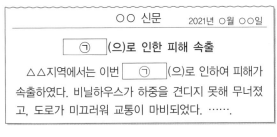

> ○○ 신문   2021년 ○월 ○○일
>
> **㉠ (으)로 인한 피해 속출**
>
> △△지역에서는 이번 ㉠ (으)로 인하여 피해가 속출하였다. 비닐하우스가 하중을 견디지 못해 무너졌고, 도로가 미끄러워 교통이 마비되었다. ……．

① 가뭄　　　　② 폭설
③ 폭염　　　　④ 황사

02 다음에서 설명하는 개념으로 가장 적절한 것은?

> ○ 상품의 생산, 유통, 소비의 전 과정에서 생산자를 포함한 여러 경제 주체들에게 이익이 공정하게 분배되도록 하는 무역이다.
> ○ 생산자의 노동에 정당한 대가를 지급하고자 한다.

① 랜드마크
② 공정 무역
③ 원격 탐사
④ 노예 무역

03 다음에서 ㉠에 들어갈 주제로 가장 적절한 것은?

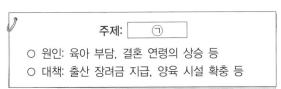

> 주제: ㉠
> ○ 원인: 육아 부담, 결혼 연령의 상승 등
> ○ 대책: 출산 장려금 지급, 양육 시설 확충 등

① 저출산
② 난민 유입
③ 인종 차별
④ 지역 분쟁

04 다음에서 ㉠에 들어갈 것은?

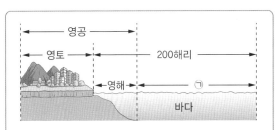

> ○ ㉠ 은/는 영해 기선으로부터 200해리까지의 수역에서 영해를 제외한 수역이다.
> ○ ㉠ 에서 연안국은 어업 활동과 천연 자원의 탐사, 개발, 이용, 관리 등에 대한 독점적 권리를 갖는다.

① 백두대간
② 개발 제한 구역
③ 비무장 지대(DMZ)
④ 배타적 경제 수역(EEZ)

05 다음에서 설명하는 현상으로 가장 적절한 것은?

> ○ 낮에는 업무나 쇼핑 등으로 도심에 사람이 모이지만 밤에는 도심 밖의 집으로 돌아가 도심이 텅 빈 것처럼 한산해지는 현상이다.
> ○ 출·퇴근 시간대에 교통 혼잡을 불러일으키기도 한다.

① 슬럼화
② 이촌 향도
③ 인구 공동화
④ 성비 불균형

06 다음에서 설명하는 섬은?

> ○ 우리나라에서 제일 큰 섬이며, 화산 활동으로 형성되었다.
> ○ 대표적인 자연 경관으로 한라산, 성산 일출봉, 만장굴 등이 있다.

① 독도
② 울릉도
③ 제주도
④ 마안도

07 다음에서 설명하는 발전 방식은?

> ○ 밀물과 썰물의 수위 차이를 이용하여 전기를 생산한다.
> ○ 우리나라 시화호 발전소의 발전 방식이다.

① 화력 발전
② 조력 발전
③ 지열 발전
④ 원자력 발전

08 다음에서 설명하는 기후는?

> ○ 가장 따뜻한 달의 평균 기온이 10℃ 미만이다.
> ○ 전통적으로 주민들은 순록 유목, 수렵, 어로 활동을 한다.
> ○ 얼었던 땅이 여름에 녹아 건물이 기울어지는 것을 막기 위해 고상 가옥을 짓기도 한다.

① 열대 기후
② 건조 기후
③ 온대 기후
④ 한대 기후

09 다음에서 설명하는 집단은?

> ○ 구성원들 간에 직접적이고 친밀한 상호 작용이 이루어진다.
> ○ 대표적인 예로 가족, 또래 집단 등을 들 수 있다.

① 외집단
② 1차 집단
③ 2차 집단
④ 이익 집단

10 다음에서 ㉠에 들어갈 주제는?

> 주제: ㉠
>
> ○ 의미: 다른 사회의 문화는 우수한 것으로 여기고, 자신의 문화는 열등한 것으로 여기는 태도.
> ○ 장·단점: 선진 문물을 받아들이는 데 도움을 주기도 하지만, 자기 문화의 주체성을 잃을 수 있음.

① 문화 사대주의
② 문화 상대주의
③ 문화 제국주의
④ 자문화 중심주의

11 다음 중 '노동 3권'에 해당하지 않는 권리는?

① 단결권
② 단체 교섭권
③ 단체 행동권
④ 재판 청구권

12 다음에서 설명하는 법은?

> ○ 범죄의 종류와 처벌의 기준을 정한 법이다.
> ○ 공적인 생활 영역을 다루는 공법으로 분류된다.

① 민법
② 형법
③ 상법
④ 소비자 기본법

13 감사원의 기능으로 옳은 것은?

① 법률을 제정하거나 개정한다.
② 재판을 통해 분쟁을 해결한다.
③ 선거와 국민 투표를 공정하게 관리한다.
④ 행정 기관 및 공무원의 직무를 감찰한다.

14 다음에서 설명하는 금융 상품은?

> ○ 기업이 자본금을 마련하기 위해 발행한 것으로 이를 소유한 사람을 주주라고 한다.
> ○ 일반적으로 수익성이 높은 만큼 위험성도 높다.

① 주식   ② 보험
③ 적금   ④ 예금

15 그래프는 빵 시장의 수요·공급 곡선을 나타낸 것이다. 빵의 균형 가격과 균형 거래량은?

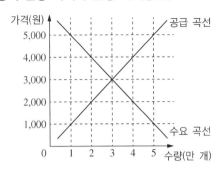

	균형 가격	균형 거래량
①	1,000원	1만 개
②	2,000원	4만 개
③	3,000원	3만 개
④	4,000원	2만 개

16 다음에서 설명하는 개념은?

> 한 개인이 가지는 둘 이상의 지위에 서로 다른 역할이 동시에 요구될 때, 어떤 역할을 우선적으로 수행해야 할지를 두고 느끼는 내적 고민이다.

① 재사회화
② 역할 갈등
③ 귀속 지위
④ 상호 작용

17 다음 유적이 처음으로 만들어진 시대의 생활 모습으로 가장 적절한 것은?

탁자식 고인돌

① 주로 동굴에서 생활하였다.
② 농경과 목축을 시작하였다.
③ 철제 농기구를 사용하였다.
④ 지배자인 군장이 등장하였다.

18 다음 정책을 시행한 고구려의 왕은?

○ 불교 수용
○ 태학 설립
○ 율령 반포

① 광종   ② 세종
③ 의자왕   ④ 소수림왕

19 조선 광해군의 정책으로 옳은 것은?

① 훈민정음 창제
② 수원 화성 축조
③ 중립 외교 추진
④ 노비안검법 시행

20 다음에서 ㉠에 들어갈 정책은?

조선 영조는 붕당 간의 대립을 완화하고자 ㉠ 을/를 실시하여 노론과 소론의 온건파를 중심으로 각 붕당의 인물들을 고르게 등용하였다.

① 탕평책   ② 진대법
③ 사창제   ④ 독서삼품과

21 다음에서 ㉠에 들어갈 내용은?

〈거란의 침략과 격퇴〉
○ 1차 침략: 서희의 외교 담판으로 ㉠ .
○ 2차 침략: 양규 등의 활약으로 거란군을 물리침.
○ 3차 침략: 강감찬 등이 귀주에서 거란군을 격퇴함.

① 우산국을 정복함
② 강동 6주를 획득함
③ 4군 6진을 개척함
④ 쓰시마 섬을 정벌함

22 다음 대화 내용에 해당하는 신라의 인물은?

나무아미타불만 외우면 극락에 갈 수 있다고 하여 불교 대중화에 힘썼어.

또 불교 종파 간의 사상적 대립을 조화시키려고 노력하였지.

① 원효   ② 김홍도
③ 이성계   ④ 정약용

23 다음에서 설명하는 단체는?

○ 1907년 안창호, 양기탁 등이 조직한 비밀 결사
○ 대성 학교, 오산 학교를 설립하여 민족 교육 실시
○ 일제가 조작한 105인 사건으로 해체

① 삼별초
② 화랑도
③ 신민회
④ 별무반

24 다음에서 ㉠에 들어갈 사건은?

학생	㉠ 에 대해 알려 주세요.
교사	1987년 대통령 선거를 앞두고 야당과 학생, 시민은 대통령 직선제로의 개헌을 요구하는 시위를 벌였습니다. 전국적으로 시위가 계속되자 정부와 여당은 대통령 직선제를 수용하였습니다.

① 3·1 운동
② 6·25 전쟁
③ 6월 민주 항쟁
④ 동학 농민 운동

25 다음에서 ㉠에 들어갈 내용으로 가장 적절한 것은?

〈물산 장려 운동〉

○ 평양에서 시작하여 전국으로 확산됨.
○ '내 살림 내 것으로'라는 구호를 내세움.
○ ㉠ 을/를 통해 민족 산업을 육성하고자 함.

① 대동법 실시
② 국산품 애용
③ 표준어 제정
④ 지계 발급 추진

01 그림과 같이 수평면에 놓여 있는 나무 도막을 화살표 방향으로 잡아당겼다. 용수철이 원래 길이보다 늘어났을 때 나무도막에 작용하는 탄성력의 방향은?

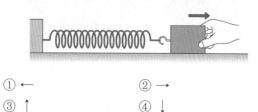

① ←   ② →
③ ↑   ④ ↓

02 다음 설명에 해당하는 것은?

○ 매질의 한 점이 1초 동안 진동하는 횟수이다.
○ 단위로 Hz(헤르츠)를 사용한다.

① 골   ② 마루
③ 반사   ④ 진동수

03 그림은 저항이 3Ω인 꼬마전구에 3V의 전압을 걸어준 전기회로를 나타낸 것이다. 이때 전류계에 흐르는 전류의 세기는? (단, 꼬마전구를 제외한 모든 저항은 무시한다.)

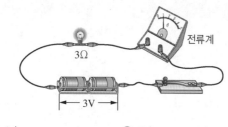

① 1A   ② 2A
③ 4A   ④ 5A

04 그래프는 온도가 다른 두 물체 A와 B를 접촉시켜 놓았을 때 시간에 따른 온도 변화를 나타낸 것이다. 열평형 상태의 온도는?(단, 외부와의 열 출입은 없다.)

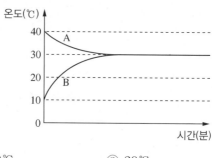

① 10℃   ② 20℃
③ 30℃   ④ 40℃

05 그림과 같이 무게가 10N인 물체를 지면으로부터 높이 1m까지 들어 올렸을 때 사람이 중력에 대하여 한 일은? (단, 공기의 저항은 무시한다.)

① 5J   ② 10J
③ 15J   ④ 20J

06 그림은 A에서 가만히 놓은 물체가 곡면을 따라 운동하는 모습을 나타낸 것이다. A∼D 중 속력이 가장 빠른 지점은? (단, 모든 마찰은 무시한다.)

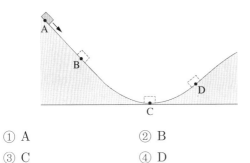

① A
② B
③ C
④ D

07 그림은 25℃의 물에 잉크를 넣었을 때 잉크가 확산되는 모습을 나타낸 것이다. 다음 중 25℃의 물과 비교하여 잉크가 더 빠르게 확산되는 물의 온도는?

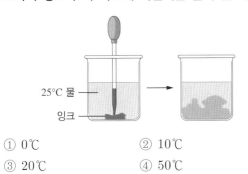

25℃ 물
잉크

① 0℃
② 10℃
③ 20℃
④ 50℃

08 그림은 여름철 물놀이 후 물 밖으로 나왔을 때 몸에 묻은 물이 기화하여 추위를 느끼는 상황이다. 이때 물이 흡수하는 열에너지는?

① 기화열
② 승화열
③ 액화열
④ 융해열

09 그림은 리튬의 원자 모형을 나타낸 것이다. 리튬 원자의 전자 개수는?

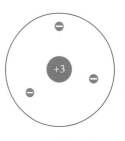

① 1개
② 2개
③ 3개
④ 4개

10 다음 중 원소 이름과 원소 기호를 옳게 짝지은 것은?

① 황 – He
② 칼슘 – Ca
③ 나트륨 – Li
④ 플루오린 – K

11 그림은 어떤 액체 물질의 가열 곡선이다. A∼D 중 온도가 일정한 구간은?

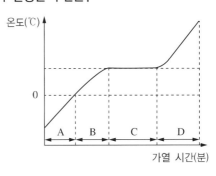

온도(℃)

0

A B C D

가열 시간(분)

① A
② B
③ C
④ D

12 다음은 메테인(CH_4)이 산소와 반응하여 이산화 탄소와 물을 생성하는 화학 반응식이다. ㉠에 해당하는 물질은?

$$CH_4 + 2 \boxed{㉠} \rightarrow CO_2 + 2H_2O$$

① O_2(산소)
② H_2(수소)
③ N_2(질소)
④ CO(일산화 탄소)

13 다음은 식물이 빛에너지를 이용하여 이산화 탄소와 물을 원료로 양분을 만드는 광합성 과정이다. ㉠에 해당하는 것은?

$$이산화 탄소 + 물 \xrightarrow{빛에너지} \boxed{㉠} + 산소$$

① 메테인
② 포도당
③ 무기염류
④ 바이타민

14 다음 중 식물체 내의 물이 수증기 형태로 잎의 기공을 통해 공기 중으로 빠져 나가는 현상은?

① 생식
② 유전
③ 변이
④ 증산 작용

15 다음은 녹말이 침 속의 아밀레이스에 의해 소화되는 과정이다. 단맛이 나는 물질 ㉠은?

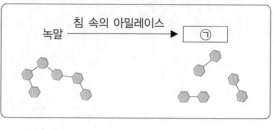

① 엿당
② 지방
③ 단백질
④ 쓸개즙

16 그림은 모형을 이용하여 호흡 운동 원리를 알아보기 위한 실험 과정이다. 고무 막을 아래로 당길 때 일어나는 변화는?

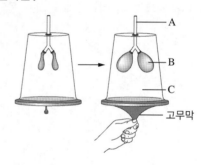

① A를 통해 공기가 나간다.
② B가 부풀어 오른다.
③ C의 부피가 감소한다.
④ C의 압력이 증가한다.

17 다음은 사람이 액체 상태의 화학 물질을 자극으로 받아들여 단맛, 짠맛, 신맛 등을 느끼는 과정을 나타낸 것이다. ㉠에 해당하는 감각 기관은?

$$\boxed{㉠} 의 맛세포 \rightarrow 미각 신경 \rightarrow 뇌$$

① 눈
② 귀
③ 혀
④ 피부

18 그림은 사람의 혈액을 구성하는 성분을 나타낸 것이다. A~D 중 가운데가 오목한 원반 모양이며 산소를 운반하는 것은?

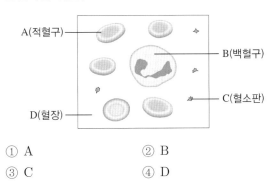

① A
② B
③ C
④ D

19 그림은 순종 황색 완두(YY)와 순종 녹색 완두(yy)를 교배하여 잡종 1대에서 황색 완두를 얻은 결과를 나타낸 것이다. ㉠의 유전자형은? (단, 돌연변이는 없다.)

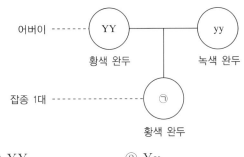

① YY
② Yy
③ yy
④ y

20 그림은 암석의 순환 과정을 나타낸 것이다. A~D 중 퇴적암에 해당하는 것은?

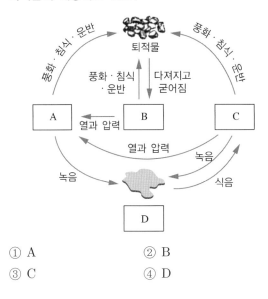

① A
② B
③ C
④ D

21 다음 중 지하 깊은 곳에서 형성된 마그마가 지각의 약한 틈을 뚫고 지표로 분출되는 현상은?

① 빙하
② 성단
③ 화산 활동
④ 석회 동굴

22 그림은 기온에 따른 포화 수증기량 곡선을 나타낸 것이다. A~D 공기 중 포화 수증기량이 가장 큰 것은?

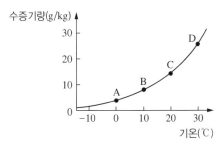

① A
② B
③ C
④ D

23 그림은 해수의 깊이에 따른 수온 분포이다. A ~D 중 수심이 깊어질수록 수온이 급격히 낮아지는 구간은?

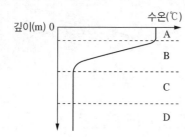

① A
② B
③ C
④ D

25 지구에서 바라본 우리은하의 일부로 그림과 같이 밤 하늘에 희뿌연 띠 모양으로 관측되는 것은?

① 맨틀
② 흑점
③ 오존층
④ 은하수

24 그림은 태양계 행성을 물리적 특성에 따라 지구형 행성과 목성형 행성으로 분류한 것이다. 다음 중 목성형 행성에 속하는 것은?

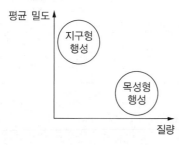

① 수성
② 금성
③ 화성
④ 목성

01 다음에서 설명하는 인간 본성에 대한 관점은?

> 모든 사람은 태어날 때부터 다른 사람을 불쌍히 여기고 자신의 잘못을 부끄러워하는 마음을 가지고 태어난다.

① 인간의 본성은 본래 선하다.
② 인간의 본성은 본래 악하다.
③ 인간의 본성은 본래 선하지도 악하지도 않다.
④ 인간의 본성은 환경에 의해 결정되는 것이다.

02 다음에서 설명하는 것은?

> 도덕적 추론의 과정에서 어떤 사실이나 주장의 타당성, 정확성 등을 합리적으로 검토하는 사고

① 독단적 사고 ② 수동적 사고
③ 배타적 사고 ④ 비판적 사고

03 ㉠에 들어갈 단어로 적절하지 <u>않은</u> 것은?

> 정신적 가치: 사랑, 지혜, (㉠) 등

① 돈 ② 봉사
③ 행복 ④ 우정

04 다음에서 설명하는 용어는?

> 자신의 목표, 역할, 가치관 등을 통합적으로 이해하여 내가 누구인가를 일관되게 인식하는 것

① 가치 전도
② 자아 정체성
③ 도덕적 민감성
④ 도덕적 상상력

05 다음과 같은 갈등 해결 방법은?

> 얘들아, 계속 서로 말도 안 하고 지낼 거야?
> 내가 자리 마련할 테니까 함께 이야기해 보는 게 어때?

학생1   제3자   학생2

① 경쟁 ② 조정
③ 강요 ④ 비방

06 도덕 공부의 올바른 목적을 〈보기〉에서 고른 것은?

> **보기**
>
> ㄱ. 타율적인 사람이 되기 위함
> ㄴ. 올바른 인격을 형성하기 위함
> ㄷ. 경제적 이익만을 추구하기 위함
> ㄹ. 바람직한 삶의 목적을 설정하기 위함

① ㄱ, ㄴ ② ㄱ, ㄷ
③ ㄴ, ㄹ ④ ㄷ, ㄹ

07 다음에서 소개하는 사상가는?

◈ 도덕 인물 카드 ◈
○ 고대 그리스 철학자
○ 우리가 궁극적으로 추구하는 것은 행복이라고 함
○ 행복은 도덕적 행동을 습관화할 때 얻을 수 있음을 강조함

① 니체
② 홉스
③ 만델라
④ 아리스토텔레스

08 세대 간의 올바른 소통 방법을 〈보기〉에서 고른 것은?

───── 보기 ─────
ㄱ. 경청   ㄴ. 명령
ㄷ. 배려   ㄹ. 무시

① ㄱ, ㄴ
② ㄱ, ㄷ
③ ㄴ, ㄹ
④ ㄷ, ㄹ

09 사회적 약자를 지원하기 위한 방안으로 적절하지 않은 것은?

① 장애인 차별을 금지하는 법률을 제정한다.
② 저소득층을 위한 장학금 제도를 폐지한다.
③ 이주 노동자들에게 한국어 강좌를 주기적으로 제공한다.
④ 경제적으로 어려운 소외 계층을 위해 생계비를 지원한다.

10 다음은 어느 학생의 서술형 평가 내용이다. 밑줄 친 ㉠~㉢ 중 적절하지 않은 것은?

문제: 다문화를 바라보는 올바른 자세를 서술하시오.

〈학생 답안〉
㉠ 문화가 다르다는 이유로 차별하지 말아야 하며, ㉡ 다른 문화에 대한 편견과 고정관념을 가져야 한다. 그리고 ㉢ 문화 상대주의적 태도를 가지며 ㉣ 다른 문화를 배려하고 존중하는 자세를 지녀야 한다.

① ㉠
② ㉡
③ ㉢
④ ㉣

11 다음에서 설명하는 인권의 특징은?

인간이라면 누구나 태어날 때부터 지니는 하늘로부터 부여받은 인간의 권리이다.

① 익명성
② 특수성
③ 천부성
④ 획일성

12 진정한 사랑을 실천하는 방법으로 적절한 것은?

① 자신의 욕망만을 채운다.
② 서로에게 지나치게 집착한다.
③ 서로의 부족한 면을 채워준다.
④ 상대방의 성공을 위해 무조건 희생한다.

13 과학 기술의 바람직한 활용 방향으로 적절한 것을 〈보기〉에서 고른 것은?

> ── 보기 ──
> ㄱ. 물질 만능주의를 조장한다.
> ㄴ. 미래 세대에 미칠 영향을 고려한다.
> ㄷ. 환경 오염과 생태계 파괴를 방치한다.
> ㄹ. 인간 존중을 실천하는 방향으로 개발한다.

① ㄱ, ㄴ   ② ㄱ, ㄷ
③ ㄴ, ㄹ   ④ ㄷ, ㄹ

14 ㉠에 들어갈 대답으로 적절하지 <u>않은</u> 것은?

세계화 시대에 우리는 어떤 자세를 지녀야 할까요?

㉠

① 다른 문화를 무조건 수용해야 합니다.
② 외국인에 대해 개방적인 태도를 취해야 합니다.
③ 세계 시민으로서 보편적 가치를 추구해야 합니다.
④ 지구촌 문제에 적극적으로 관심을 가져야 합니다.

15 정의로운 국가가 추구하는 가치가 <u>아닌</u> 것은?

① 공정   ② 차별
③ 평등   ④ 복지

16 다음 사례에 해당하는 정보화 시대의 도덕적 문제는?

> ○○와 그의 친구들은 나를 단체 대화방으로 초대해 욕을 하며 괴롭히기 시작하였다. 내가 대화방에서 퇴장하면 ○○는 바로 다시 나를 초대해 대화방에 가둔 채 끊임없이 조롱하고 욕설을 퍼부었다.

① 사이버 폭력
② 저작권 침해
③ 바이러스 유포
④ 인터넷 게임 중독

17 다음에서 설명하는 것은?

> 1. 의미: 성품과 행실이 깨끗하고 맑으며 탐욕이 없는 것
> 2. 실천 방법
>   ○ 맡은 일을 공정하게 처리하기
>   ○ 청탁 금지법을 준수하기

① 참여   ② 분배
③ 청렴   ④ 부패

18 ㉠에 들어갈 용어는?

> (㉠)은 주로 삶의 시련이나 고난을 겪더라도 곧 이겨 내고 본래 자리로 돌아오는 긍정적인 마음의 힘을 뜻한다.

① 황금률   ② 고정관념
③ 갈등 비용   ④ 회복 탄력성

19 다음에서 자연을 바라보는 관점은?

> ○ 인간은 자연의 일부라고 여김
> ○ 자연의 본래적 가치를 중시함

① 생태 중심주의
② 개발 중심주의
③ 물질 중심주의
④ 인간 중심주의

20 ㉠에 공통으로 들어갈 용어는?

> 평화 감수성을 기르기 위해서는 폭력에 대한 민감성과 (㉠) 능력을 갖추어야 한다. 여기서 (㉠)(이)란 다른 사람의 감정을 함께 느끼고 이해하는 것이다.

① 공감
② 혐오
③ 방관
④ 억압

21 바람직한 시민의 자세로 가장 적절한 것은?

① 공직자의 잘못을 항상 용서한다.
② 시민 각자가 주인 의식을 가져야 한다.
③ 국가 구성원의 책임과 의무를 소홀히 한다.
④ 자신의 권리를 추구하기 위해 공익을 침해한다.

22 다음 내용에 해당하는 용어는?

> ○ 폭력이나 전쟁이 없는 상태
> ○ 고통과 갈등이 없는 안정된 마음의 상태

① 욕구
② 당위
③ 불안
④ 평화

23 북한 이탈 주민을 대하는 올바른 자세를 〈보기〉에서 고른 것은?

> ● 보기 ●
> ㄱ. 관계 맺기를 회피한다.
> ㄴ. 필요한 도움을 주기 위해 노력한다.
> ㄷ. 남한에 대한 부정적인 인식을 심어 준다.
> ㄹ. 편견을 갖거나 차별하는 일이 없어야 한다.

① ㄱ, ㄴ
② ㄱ, ㄷ
③ ㄴ, ㄹ
④ ㄷ, ㄹ

24 교사의 질문에 대한 대답으로 적절하지 <u>않은</u> 것은?

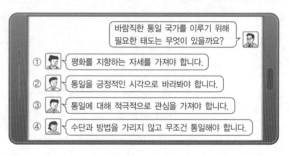

> 바람직한 통일 국가를 이루기 위해 필요한 태도는 무엇이 있을까요?
> ① 평화를 지향하는 자세를 가져야 합니다.
> ② 통일을 긍정적인 시각으로 바라봐야 합니다.
> ③ 통일에 대해 적극적으로 관심을 가져야 합니다.
> ④ 수단과 방법을 가리지 않고 무조건 통일해야 합니다.

25 삶을 의미 있게 살아가기 위한 노력이 <u>아닌</u> 것은?

① 명확한 목표 설정하기
② 현재의 삶에 충실하기
③ 보람된 삶을 추구하기
④ 사회적 관계 단절하기

01 공감하며 반응하는 대화로 ㉠에 들어가기에 가장 적절한 것은?

> 동아리 기타 연주회를 앞두고 있는데 연주가 잘 안 돼서 속상해.

> ㉠

① 동아리에서 배운 대로만 하는데 그게 어려워?
② 그럼 지금이라도 그만둬! 괜히 피해 주지 말고.
③ 거봐, 그럴 줄 알았다. 어쩐지 연습을 안 하더라.
④ 그렇구나! 연주회를 앞두고 있어서 걱정이 되는구나.

02 다음은 토론의 일부이다. ㉠에 들어갈 내용으로 가장 적절한 것은?

> **논제: 학교 내 복도에 무인 방범 카메라를 설치하자.**
>
> 찬성 측: 교내의 모든 복도에 무인 방범 카메라가 설치되어야 합니다. 학교의 사각지대가 사라진다면 학생들이 자신의 행동을 스스로 조심하게 되어 학교 폭력이 줄어들 것입니다.
>
> 반대 측: 저는 바로 그 점 때문에 교대 복도 무인 방범 카메라 설치에 반대합니다. 학교의 모든 복도에 카메라가 설치되어 학생들의 일거수일투족이 빠짐없이 촬영된다면 ㉠
>
> ⋮

① 사생활 침해 우려가 크기 때문입니다.
② 초기 설치 비용이 많이 들기 때문입니다.
③ 유지 및 보수 관리가 어렵기 때문입니다.
④ 교내에 외부인 출입이 어려워지기 때문입니다.

03 다음 표준 발음법 규정에 맞지 않는 것은?

> ■ **표준 발음법** ■
> [제9항] 받침 'ㄲ, ㅋ', 'ㅅ, ㅆ, ㅈ, ㅊ, ㅌ', 'ㅍ'은 어말 또는 자음 앞에서 각각 대표음[ㄱ, ㄷ, ㅂ]으로 발음한다.

① 낮[낟]   ② 밖[박]
③ 옷[옷]   ④ 앞[압]

04 밑줄 친 단어의 품사가 다른 것은?

① 오늘은 어느 집에서 모이나요?
② 모든 학생은 강당으로 모여 주세요.
③ 언제나 시작할 때의 첫 마음을 잊지 말자.
④ 엄마가 들려주신 이야기는 매우 흥미로웠다.

05 ㉠과 같은 어휘를 사용하는 이유로 가장 적절한 것은?

> (엄마가 아들에게) 당근은 가늘고 길게 채 썰어 줘.
> (요리사들의 대화) 당근은 ㉠ 쥘리엔¹⁾으로 썰어 주세요!
>
> 1) 쥘리엔: 채소나 고기를 길고 가는 모양으로 채 써는 것을 가리키는 요리 용어.

① 고유어를 사용하여 생생하게 표현하기 위해
② 지역 방언을 사용하여 동질감을 형성하기 위해
③ 전문어를 사용하여 소통을 효율적으로 하기 위해
④ 유행어를 사용하여 문화적 특징을 드러내기 위해

06 밑줄 친 문장 성분이 ㉠에 해당하는 것은?

> 문장을 이루는 데 필요한 주성분에는 주어, 목적어, ㉠ 보어, 서술어가 있다.

① 아침에 <u>까치가</u> 울었다.
② 내 동생이 <u>반장이</u> 되었다.
③ 형이 <u>강가에서</u> 산책을 한다.
④ 여름에는 <u>수박을</u> 많이 먹는다.

07 ㉠에 해당하지 <u>않는</u> 것은?

> 훈민정음의 자음 글자 'ㄱ, ㄴ, ㅁ, ㅅ, ㅇ'은 상형의 원리로 만들어진 기본 글자이다. ㉠ <u>이 기본 글자에 가획의 원리에 따라 획을 더하여 글자를 추가로 만들었다.</u>

① ㅋ
② ㄲ
③ ㄷ
④ ㅈ

08 다음 개요에서 통일성을 고려할 때 적절하지 <u>않은</u> 것은?

제목	지진의 피해와 대처 방안
처음	지진의 개념
중간	○ 지진 피해의 실태 • 지진과 태풍의 원인 비교 ………… ① • 각국의 지진 피해 사례 …………… ② ○ 지진 발생 시 대처 방안 • 지진 발생 시 장소에 따른 대피 방법 … ③ • 지진 강도에 따른 행동 요령 ……… ④
끝	당부의 말

09 (가)를 활용하여 표현하기에 적절한 것을 (나)의 ㉠~㉣에서 고른 것은?

> (가) 속담: 울며 겨자 먹기
>
> (나) 어제 아버지께서 등산을 가자고 하셨다. ㉠ <u>가기 싫었지만 억지로 따라갔다.</u> 급하게 올라가려니 너무 힘들었다. 아버지께서 ㉡ <u>힘들면 내려가자고</u> 하셨다. 그때는 ㉢ <u>포기하고 싶다는</u> 생각이 들었다. 그런데 산 정상에 도착하니 눈앞에 펼쳐진 풍경에 ㉣ <u>올라갈 때의 고통이 사라지는 것</u> 같았다.

① ㉠
② ㉡
③ ㉢
④ ㉣

10 ㉠~㉣에 대한 고쳐쓰기 방안으로 적절하지 <u>않은</u> 것은?

> 종묘는 1995년에 유네스코 세계 문화유산으로 지정된 우리나라의 대표적인 문화재이다. ㉠ <u>유네스코는 프랑스 파리에 본부를 두고 있다.</u> 종묘는 조선 시대에 왕과 왕비의 위패를 모시고 제사를 지내던 공간이다. ㉡ <u>조상은</u> 추모하는 장소이므로 화려한 단청 같은 장식은 없다. 모든 건축물이 단순하고 절제된 아름다움을 ㉢ <u>드러내고</u> 있어서 방문한 사람들도 ㉣ <u>경박함을</u> 느낄 수 있는 곳이다.

① ㉠: 글의 흐름에서 벗어난 내용이므로 삭제한다.
② ㉡: 조사의 쓰임이 맞지 않으므로 '조상을'로 바꾼다.
③ ㉢: 문장의 호응을 고려하여 '드러나고'로 바꾼다.
④ ㉣: 문맥에 맞지 않으므로 '경건함'으로 바꾼다.

[11~13]

다음 글을 읽고 물음에 답하시오.

"이제부터 내가 노새다. 이제부터 내가 노새가 되어야지 별수 있니? 그놈이 도망쳤으니까 이제 내가 노새가 되는 거지."

기분 좋게 취한 듯한 아버지는 놀라는 나를 보고 히힝 한 번 웃었다. 나는 어쩐지 그런 아버지가 무섭지만은 않았다. 그러면 형들이나 나는 노새 새끼고, 어머니는 암노새고, 할머니는 어미 노새가 되는 것일까? 나도 아버지를 따라 히히힝 웃었다. 어른들은 이래서 술집에 오는 모양이었다. 나는 안주만 집어먹었는데도 술 취한 사람마냥 턱없이 즐거웠다. 노새 가족……. 노새 가족은 우리 말고는 이 세상에 또 없을 것이다.

그러나 그러한 생각은 아버지와 내가 집에 당도했을 때 무참히 깨어지고 말았다. ㉠ 우리를 본 어머니가 허둥지둥 달려 나와 매달렸다.

"이걸 어쩌우, 글쎄 경찰서에서 당신을 오래요. 그놈의 노새가 사람을 다치고 ⓐ 가게 물건들을 박살을 냈대요. 이걸 어쩌지."

"노새는 찾았대?"

"찾으나 그러면 괜찮게요? 노새는 긴데온데없고 사람들만 다치고 하니까, 누구네 노새가 그랬는지 수소문 끝에 우리집으로 순경이 찾아왔지 뭐유."

오늘 낮에 지서에서 나온 사람이 우리 노새가 튀는 바람에 많은 피해를 입었으니 도로 무슨 법이라나 하는 ⓑ 법으로 아버지를 잡아넣어야겠다고 이르고 갔다는 것이었다. 아버지는 술이 확 깨는 듯 그 자리에 선 채 한동안 눈만 데룩데룩 굴리고 서 있더니 힝 하고 코를 풀었다. 그러고는 아무 말 없이 스적스적 문밖으로 걸어 나갔다. 나는 '아버지'하고 따랐으나 아버지는 돌아보지도 않고 어두운 골목길을 나가고 있었다. 나는 그 순간 또 한 마리의 노새가 집을 나가는 것 같은 착각을 일으켰다. 그러고는 무엇인가가 뒤통수를 때리는 것을 느꼈다. 아, 우리 같은 노새는 어차피 이렇게 비행기가 붕붕거리고, 헬리콥터가 앵앵거리고, ⓒ 자동차가 빵빵거리고, 자전거가 쌩쌩거리는 대처에서는 발붙이기 어려운 것인가 하는 생각이 들었다. 언젠가 남편이 택시 운전사인 칠수 어머니가 하던 말, '최소한도 자동차는 굴려야지 지금이 어느 땐데 노새를 부려.' 했다는 말이 생각났다. 그러나 그것은 잠깐 동안이고 나는 금방 아버지를 쫓았다. ⓓ 또 한 마리의 노새를 찾아 캄캄한 골목길을 마구 뛰었다.

– 최일남, 「노새 두 마리」 –

11 윗글에 대한 설명으로 가장 적절한 것은?

① '나'의 시각을 통해 이야기를 전개하고 있다.

② 구체적 지명을 제시하여 사실성을 높이고 있다.

③ 배경 묘사를 통해 향토적 분위기를 드러내고 있다.

④ 대화를 통해 등장인물 간 갈등 해소를 나타내고 있다.

12 ㉠의 이유로 가장 적절한 것은?

① 노새가 죽었다는 소식을 들었기 때문에

② 노새를 찾으러 나갔던 형이 다쳤기 때문에

③ 노새가 난동을 부려 순경이 찾아왔기 때문에

④ 경찰서에서 노새를 잡았다는 얘기를 들었기 때문에

13 ⓐ~ⓓ 중 다음 설명에 해당하는 것은?

> 산업화·도시화에 적응하지 못하는 '아버지'의 삶을 비유하는 소재

① ⓐ   ② ⓑ

③ ⓒ   ④ ⓓ

[14~16]

다음 글을 읽고 물음에 답하시오.

> [A] ┌ 나는 나룻배
> └ 당신은 행인.
>
> 당신은 ⊙ 흙발로 나를 짓밟습니다.
> 나는 당신을 안고 물을 건너갑니다.
> 나는 당신을 안으면 깊으나 얕으나 급한 여울이나 건너갑니다.
>
> 만일 ⓛ 당신이 아니 오시면 나는 바람을 쐬고 눈비를 맞으며 밤에서 낮까지 당신을 기다리고 있습니다.
> 당신은 물만 건너면 ⓒ 나를 돌아보지도 않고 가십니다그려.
> 그러나 ⓔ 당신이 언제든지 오실 줄만은 알아요.
> 나는 당신을 기다리면서 날마다 날마다 낡아 갑니다.
>
> 나는 나룻배
> 당신은 행인.
>
> ― 한용운, 「나룻배와 행인」 ―

14 윗글에 대한 설명으로 적절하지 <u>않은</u> 것은?

① 묻고 답하는 형식을 활용하고 있다.
② 비유적 표현을 통해 시상을 전개하고 있다.
③ 첫 연을 마지막 연에서 다시 제시하고 있다.
④ '-ㅂ니다'의 반복을 통해 운율을 살리고 있다.

15 ⊙~ⓔ 중 다음 밑줄 친 부분이 가장 잘 드러난 것은?

> 일제 강점기라는 시대 배경을 고려할 때, 이 작품에는 <u>조국 독립에 대한 확신</u>이 담겨 있다.

① ⊙
② ⓛ
③ ⓒ
④ ⓔ

16 [A]로 볼 때, '당신'에 대한 '나'의 태도로 적절하지 <u>않은</u> 것은?

① 인내하는 태도
② 도전하는 태도
③ 희생하는 태도
④ 헌신하는 태도

[17~19]

다음 글을 읽고 물음에 답하시오.

> "여봐라, 사령들아. 너희 사또께 여쭈어라. 먼 데 있는 걸인이 마침 잔치를 만났으니 고기하고 술이나 좀 얻어먹자고 여쭈어라."
> 사령 하나가 뛰어나와 등을 밀쳐 낸다.
> "어느 양반인데 이리 시끄럽소. 사또께서 거지는 들이지도 말라고 했으니 말도 내지 말고 나가시오."
> 운봉 수령이 그 거동을 지켜보다가 무슨 짐작이 있었는지 변 사또에게 청했다.
> "⊙ 저 걸인이 옷차림은 남루하나 양반의 후예인 듯하니 저 끝자리에 앉히고 술이나 한잔 먹여 보내는 것이 어떻겠소?"
> "운봉 생각대로 하지요마는……."
> 마지못해 입맛을 다시며 허락을 한다. ⓛ 어사또 속으로,
> '오냐, 도적질은 내가 하마. 오랏줄은 ⓒ 네가 져라.'
> 되뇌이며 주먹을 꽉 쥐고 있는데 운봉 수령이 사령을 부른다.
> "ⓔ 저 양반 드시라고 해라."
> 어사또 들어가 단정히 앉아 좌우를 살펴보니 마루 위의 모든 수령이 다과상을 앞에 놓고 진양조 느린 가락을 즐기는데, 어사또 상을 보니 어찌 아니 통분하랴. 귀퉁이가 떨어진 개다리소반에 닥나무 젓가락, 콩나물에 깍두기, 막걸리 한 사발이 놓였구나. 상을 발로 탁 차 던지며 운봉의 갈비를 슬쩍 집어 들고,
> "갈비 한 대 먹읍시다."
> "다리도 잡수시오."
> 하고 운봉이 하는 말이,
> "이런 잔치에 풍류로만 놀아서는 맛이 적으니 운자를 따라 시 한 수씩 지어 보면 어떻겠소?"
> "그 말이 옳다."
> 다들 찬성을 했다. 운봉이 먼저 운을 낼 때 '높을 고(高)' 자, '기름 고(膏)' 자 두 자를 내놓고 차례로 운을 달아 시를 지었다. 앞사람이 끝나면 뒷사람이 받아 시를 지을 때 어사또 끼어들어 하는 말이,
> "이 걸인도 어려서 글을 좀 읽었는데, 좋은 잔치를 맞아 술과 안주를 포식하고 그냥 가기가 염치가 아니니 한 수 하겠소이다."
> 운봉이 반갑게 듣고 붓과 벼루를 내주니, 백성들의 사정과 변 사또의 정체를 생각하여 시 한 편을 써 내려갔다.
>
> [A] ┌ 금 술잔의 좋은 술은 수많은 사람의 피요
> │ 옥쟁반의 좋은 안주는 만백성의 기름이라
> │ 촛농이 떨어질 때 백성들 눈물도 떨어지고
> └ 노랫소리 높은 곳에 원망의 소리도 높구나
>
> 이렇게 시를 지어 보이니 술에 취한 변 사또는 무슨 뜻인지도 모르지만, 글을 받아 본 운봉은 속으로
> '아뿔싸! 일 났다.'
> 가슴이 철렁 내려앉았다.
>
> ― 작자 미상, 「춘향전」 ―

17 윗글의 인물에 대한 설명으로 일치하는 것은?

① '사령'은 '어사또'를 잔치에 몰래 들여보냈다.

② '운봉'은 '어사또'의 시가 의미하는 바를 파악하였다.

③ '어사또'는 자신의 지조를 자연물에 빗대어 표현하였다.

④ '변 사또'는 '어사또'의 정체를 알아보려고 시를 지었다.

18 ㉠~㉣ 중 가리키는 대상이 <u>다른</u> 것은?

① ㉠   ② ㉡

③ ㉢   ④ ㉣

19 [A]의 기능으로 가장 적절한 것은?

① 비유를 통해 대상을 비판하고 있다.

② 후렴구를 활용하여 흥을 돋우고 있다.

③ 과거에 즐거웠던 한때를 떠올리게 한다.

④ 헤어진 인물들이 서로의 사랑을 의심하게 한다.

[20~22]
다음 글을 읽고 물음에 답하시오.

> 겨울만 되면 정전기가 기승을 부린다. ㉠ <u>정전기란 전하[1]가 정지 상태로 있어 그 분포가 시간적으로 변화하지 않는 전기 및 그로 인한 전기 현상을 말한다.</u>
>
> 정전기로 고생하는 정도는 사람마다 다르다. 정전기는 건조할 때 잘 ㉡ <u>생긴다.</u> 습도가 높으면 공기 중의 수분이 전하가 흘러갈 수 있는 도체 역할을 하여 정전기가 수시로 방전된다. 따라서 습도가 높으면 정전기도 잘 생기지 않는다. 땀을 많이 흘리는 사람보다는 적게 흘리는 사람에게 정전기가 많이 생기는 것도 같은 까닭에서이다.
>
> 또한 정전기는 전자를 쉽게 주고받을 수 있는 마찰에 의해 잘 생긴다. 마찰할 때 전자를 쉽게 잃는 물체가 있고, 전자를 쉽게 얻는 물체가 있다. 예를 들면, 털가죽 종류는 전자를 쉽게 잃고, 플라스틱 종류는 전자를 쉽게 얻는다. 우리 몸은 전자를 잘 잃는 편이므로 전자를 쉽게 얻는 나일론, 아크릴, 폴리에스테르 같은 합성 섬유로 된 옷을 자주 입는 사람은 정전기와 친할 수밖에 없다.
>
> 정전기는 우리 생활을 편리하게 하는 데에도 이용되고 있다. 복사기는 정전기를 이용한 대표적인 제품이다. 복사기는 정전기를 이용해 토너의 잉크 가루를 종이에 붙인다. 식품을 포장할 때 쓰는 랩이 그릇에 잘 달라붙는 것도 정전기 때문이다.
>
> – 김정훈, 「정전기가 겨울로 간 까닭은?」 –
>
> 1) 전하: 물체가 띠고 있는 정전기의 양.

20 윗글에서 알 수 있는 내용으로 가장 적절한 것은?

① 습도가 높으면 정전기가 잘 생긴다.

② 마찰에 의해 정전기를 줄일 수 있다.

③ 정전기는 포장용 랩이 그릇에 붙지 않게 한다.

④ 마찰할 때 털가죽 종류는 전자를 쉽게 잃는다.

21 ㉠에 사용된 설명 방법이 쓰인 예로 가장 적절한 것은?

① 시계는 태엽, 초침, 분침, 시침 등으로 구성되어 있다.

② 요구르트, 된장, 치즈는 발효 식품의 예로 들 수 있다.

③ 지구의 기온이 상승하면 남극과 북극의 빙하가 녹게 되어 해수면이 상승한다.

④ 마술이란 재빠른 손놀림이나 여러 장치 등을 써서 불가사의한 일을 해 보이는 것을 말한다.

22 밑줄 친 부분이 ⓒ과 같은 의미로 쓰인 것은?

① 그녀는 이국적으로 <u>생겼다</u>.

② 비가 와서 무지개가 <u>생겼다</u>.

③ 은밀히 한 일이 발각되게 <u>생겼다</u>.

④ 그 약은 맛있는 사탕처럼 <u>생겼다</u>.

23 윗글의 내용 전개 방식으로 가장 적절한 것은?

① 가설을 통해 중심 화제를 검증하고 있다.

② 중심 화제의 원리를 단계별로 설명하고 있다.

③ 전문가의 견해를 인용하여 신뢰성을 높이고 있다.

④ 통계 자료를 통해 중심 화제의 장점을 부각하고 있다.

[23~25]
다음 글을 읽고 물음에 답하시오.

> 옛날 우리 조상들이 겨울철에 저장한 얼음을 여름까지 보관할 수 있었던 방법은 무엇이었을까? 비밀은 석빙고에 있다. 석빙고의 얼음 저장 과정은 냉각과 저온 ⓐ 유지의 두 단계로 나뉜다. 얼음을 넣기 전에 내부를 냉각하는 것이 첫 번째 단계이고, 얼음을 넣은 뒤 7~8개월 동안 내부 온도를 낮게 유지하는 것이 두 번째 단계이다.
>
> 첫 번째 단계는 우선 겨울에 석빙고의 내부를 냉각하는 것부터 시작한다. 경주 석빙고의 겨울철 내부 온도는 평균 영상 3.9도 정도이다. 일반적으로 건물의 지하실 내부 평균 온도가 영상 15도 안팎이니 석빙고 내부가 얼마나 차가운지 쉽게 알 수 있다.
>
> 우리 조상들은 어떻게 석빙고 ⓑ 내부를 냉각할 수 있었을까? 그 비밀은 석빙고 출입문 옆에 세로로 튀어나온 '날개벽'에 숨어 있다. 겨울에 부는 찬 바람은 날개벽에 부딪히면서 소용돌이로 변한다. 이 소용돌이는 추진력이 있어 힘차게 석빙고 내부 깊은 곳까지 밀고 들어가게 되고, 석빙고 내부는 이렇게 ⓒ 냉각이 된다.
>
> 두 번째 단계는 2월 말 무렵 얼음을 저장하고 나서 7~8개월 동안 석빙고 내부를 저온 상태로 유지하는 것이다. 저장한 얼음은 봄이 지나고 여름이 되어도 녹지 않아야 한다. 그렇다면 어떻게 한여름에도 저온 상태를 유지할 수 있었을까? 그 비밀은 석빙고의 절묘한 천장 구조에 있다. 석빙고의 천장은 1~2미터 ⓓ 간격을 두고 나란히 배치된 4~5개의 아치형 구조물로 되어 있다. 각각의 아치 사이에는 움푹 들어간 공간이 있는데, 이를 '에어 포켓'이라고 한다. 얼음이 저장된 후 조금씩 더워진 내부 공기가 위로 뜨면 그 공기는 에어 포켓에 갇혀 아래로는 내려올 수 없게 된다. 이곳에 갇힌 더운 공기는 에어 포켓 위쪽에 설치된 환기구를 통해 밖으로 배출된다. 이렇게 해서 석빙고 내부는 한여름에도 저온 상태를 유지할 수 있었다.
>
> – 이광표, 「조상의 슬기가 낳은 석빙고의 비밀」 –

24 윗글의 내용과 일치하지 <u>않는</u> 것은?

① 얼음 저장은 석빙고 내부를 냉각하는 것부터 시작한다.

② 석빙고의 겨울철 내부 온도는 일반적인 건물의 지하실 내부 평균 온도보다 낮다.

③ 석빙고 내부의 '날개벽'은 더운 공기를 위로 뜨게 한다.

④ '에어 포켓' 위쪽에 설치된 환기구는 내부를 저온 상태로 유지하는 장치이다.

25 ⓐ~ⓓ의 사전적 의미로 적절하지 <u>않은</u> 것은?

① ⓐ: 낮은 데서 위로 올라감.

② ⓑ: 안쪽의 부분.

③ ⓒ: 식어서 차게 됨.

④ ⓓ: 공간적으로 벌어진 사이.

01 다음과 같이 40을 소인수분해하면 $2^a \times 5$이다. a의 값은?

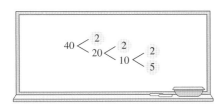

① 1   ② 2
③ 3   ④ 4

02 $a = 2$일 때, $5a - 1$의 값은?

① 1   ② 3
③ 6   ④ 9

03 일차방정식 $3x - 2 = 4$의 해는?

① 2   ② 4
③ 6   ④ 8

04 y가 x에 정비례할 때, ㉠에 알맞은 수는?

x	1	2	3	4	5
y	4	8	12	㉠	20

① 16   ② 17
③ 18   ④ 19

05 그림과 같이 두 직선 l과 m이 한 점에서 만날 때, $\angle a$의 크기는?

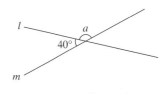

① 130°   ② 140°
③ 150°   ④ 160°

06 그림과 같이 직사각형 ABCD를 직선 l을 회전축으로 하여 1회전 시킬 때 생기는 입체도형은?

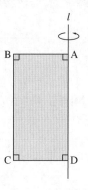

① 구
② 원뿔
③ 원기둥
④ 사각기둥

07 다음은 어느 학급의 학생 20명을 대상으로 지난 올림픽 기간의 경기 시청 시간을 조사하여 나타낸 도수분포표이다. 이 학급의 학생들 중 경기 시청 시간이 6시간 미만인 학생 수는?

시청 시간(시간)	학생 수(명)
0^{이상} ~ 3^{미만}	1
3 ~ 6	4
6 ~ 9	7
9 ~ 12	5
12 ~ 15	3
합계	20

① 5명
② 6명
③ 7명
④ 9명

08 분수 $\frac{1}{3}$을 순환소수로 나타낼 때, 순환마디는?

① 1
② 3
③ 5
④ 7

09 $x^4 \times x^3 \div x^2$을 간단히 한 것은?(단, $x \neq 0$)

① x^2
② x^3
③ x^4
④ x^5

10 일차부등식 $2x - 2 \leq 4$를 풀면?

① $x \leq 3$
② $x \geq 3$
③ $x \leq 4$
④ $x \geq 4$

11 함수 $f(x) = 3x$에 대하여 $f(-2)$의 값은?

① -6　　　　② -5

③ -4　　　　④ -3

14 그림과 같이 집에서 학교까지 가는 길과 학교에서 도서관까지 가는 길은 각각 3가지이다. 집에서 출발하여 학교를 거쳐 도서관까지 가는 모든 경우의 수는?
(단, 같은 지점은 두 번 이상 지나지 않는다.)

① 3　　　　② 5

③ 7　　　　④ 9

12 그림과 같이 $\overline{AB} = \overline{AC}$인 이등변삼각형 ABC에서 $\angle A = 80°$일 때, $\angle x$의 크기는?

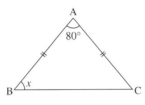

① $30°$　　　　② $40°$

③ $50°$　　　　④ $60°$

15 $3\sqrt{2} = \sqrt{a}$일 때, a의 값은?

① 17　　　　② 18

③ 19　　　　④ 20

13 그림과 같이 삼각형 ABC에서 두 변 AB, AC의 중점을 각각 M, N이라고 하자. $\overline{BC} = 12\,\text{cm}$일 때, $\overline{MN}$의 길이는?

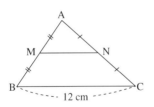

① 4 cm　　　　② 6 cm

③ 8 cm　　　　④ 10 cm

16 다항식 $x^2 + 2x + 1$을 인수분해하면?

① $(x-2)^2$

② $(x-1)^2$

③ $(x+1)^2$

④ $(x+2)^2$

17 이차방정식 $(x-2)(x+3) = 0$의 한 근이 -3이다. 다른 한 근은?

① -2

② -1

③ 1

④ 2

18 이차함수 $y = 2x^2$의 그래프에 대한 설명으로 옳은 것은?

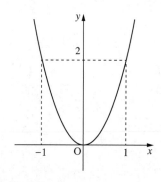

① 위로 볼록하다.

② 점 $(1, 0)$을 지난다.

③ 직선 $x = 1$을 축으로 한다.

④ 꼭짓점의 좌표는 $(0, 0)$이다.

19 그림과 같이 원 O의 중심에서 현 AB에 내린 수선의 발을 M이라고 하자. $\overline{AM} = 2\,cm$일 때, $\overline{AB}$의 길이는?

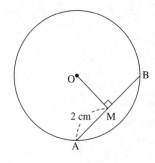

① $4\,cm$

② $5\,cm$

③ $6\,cm$

④ $7\,cm$

20 다음 자료는 어느 학급의 학생 5명이 1년 동안 이웃 돕기 행사에 참가한 횟수를 조사하여 나타낸 것이다. 이 자료의 중앙값은?

(단위: 회)

3, 1, 2, 4, 6

① 1회

② 2회

③ 3회

④ 4회

01 다음 밑줄 친 단어의 뜻으로 가장 적절한 것은?

> Tom is watching a popular Korean drama on TV.

① 예의 바른   ② 용기 있는
③ 인기 있는   ④ 전통적인

02 다음 밑줄 친 두 단어의 의미 관계와 다른 것은?

> I don't know who will win or lose.

① ask − answer
② begin − start
③ open − close
④ forget − remember

03 다음 빈칸에 들어갈 말로 가장 적절한 것은?

> He will _____ here for the interview tomorrow.

① be   ② am
③ is   ④ was

[04~06]
대화의 빈칸에 들어갈 말로 가장 적절한 것을 고르시오.

04

> A: Is this salt from France?
> B: _____, It's from Korea.

① Yes, it is
② Yes, it does
③ No, it isn't
④ No, it doesn't

05

> A: Who is the man wearing glasses?
> B: That's our new teacher. Let's _____ hello to him.

① come   ② say
③ take   ④ walk

06

> A: You look sad. _____?
> B: I broke my favorite watch.

① What happened
② How's the weather
③ Who did you go with
④ Where are you staying

07 다음 빈칸에 공통으로 들어갈 말로 가장 적절한 것은?

○ Why don't you _____ your bike to school?
○ I can give you a _____ after work.

① cost   ② fall
③ live   ④ ride

08 다음은 Tony가 집에서 할 일이다. 금요일에 할 일은?

Thursday	Friday	Saturday	Sunday
doing the dishes	making cookies	cleaning the room	throwing out the garbage

① 설거지하기   ② 쿠키 만들기
③ 방 청소하기   ④ 쓰레기 버리기

09 다음 그림으로 보아 빈칸에 들어갈 말로 가장 적절한 것은?

The girl is _____ a tree.

① crying   ② drawing
③ eating   ④ planting

10 다음 대화의 마지막 말로 가장 적절한 것은?

A: John, did you find your phone?
B: Yes, Jane found it for me.
A: _____.

① Not really
② That's too bad
③ You're welcome
④ Glad to hear that

11 다음 대화의 주제로 가장 적절한 것은?

A: Did you see the movie, *The Higher*?
B: No, I didn't. What is it about?
A: It's about flying an airplane.

① 영화 내용
② 휴가 계획
③ 회원 가입
④ 병원 예약

12 다음 공연 포스터를 보고 알 수 <u>없는</u> 것은?

Summer Rock Concert

When?   August 15th
Where?   Grand Park
How much? $30 per ticket
Watch your favorite singers perform live!

① 공연 날짜
② 가수 이름
③ 공연 장소
④ 티켓 가격

13 다음 방송의 목적으로 가장 적절한 것은?

Welcome, visitors! When you go up the mountain, please keep these things in mind. First, watch out for wild animals. Second, come down before it gets dark. Lastly, take your trash back with you. Enjoy your hike!

① 관광 명소 홍보
② 일정 변경 공지
③ 멸종 위기 동물 소개
④ 등산 시 유의 사항 안내

14 다음 대화에서 Bora가 주말에 파티에 가지 못하는 이유는?

> A: Bora, let's go to a party this weekend.
> B: I'm sorry, but I can't. I'm going on a family trip.

① 친구와 약속이 있어서
② 가족 여행을 가야 해서
③ 남동생을 돌봐야 해서
④ 집 청소를 해야 해서

15 Star Flea Market에 관한 다음 글의 내용과 일치하지 않는 것은?

> Next to the Natural History Museum, you can find Star Flea Market. It opens every Saturday from 9 a.m. to 6 p.m. You can buy clothes, shoes, and toys at low prices. You can get more information on the website.

① 박물관 안에 위치한다.
② 매주 토요일에 열린다.
③ 옷, 신발, 장난감을 낮은 가격에 살 수 있다.
④ 웹사이트에서 더 많은 정보를 얻을 수 있다.

16 주어진 말에 이어질 두 사람의 대화를 〈보기〉에서 찾아 순서대로 가장 적절하게 배열한 것은?

> Would you like some cake?

─── 보기 ───
> (A) Then, could I get you something to drink?
> (B) A cup of coffee, please.
> (C) No, thanks. I'm trying to lose weight.

① (A) − (C) − (B)
② (B) − (A) − (C)
③ (C) − (A) − (B)
④ (C) − (B) − (A)

17 다음 동아리 홍보문을 보고 알 수 없는 내용은?

> We are looking for new members!
> **English Book Club**
> ○ We read English books and talk about them after school on Wednesdays.
> ○ To sign up, come to the English classroom.

① 활동 내용
② 신청 기간
③ 활동 요일
④ 신청 장소

18 다음 글의 흐름으로 보아 어울리지 않는 문장은?

> Octopuses are very smart. ⓐ They use coconut shells for protection. ⓑ When they can't find a good hiding place, they hide under coconut shells. ⓒ Many people like to swim in the ocean. ⓓ Some octopuses even save coconut shells for later. Aren't they really smart?

① ⓐ　　　　　　② ⓑ
③ ⓒ　　　　　　④ ⓓ

19 다음 글에서 *haka*춤을 췄던 이유로 가장 적절한 것은?

> Have you heard of *haka*? It is a famous New Zealand dance. This dance was originally performed by the Maori before a fight. They used the dance to show their strength to the enemy.

① 힘을 보여 주려고
② 행복을 기원하려고
③ 손님을 맞이하려고
④ 아름다움을 표현하려고

20 그래프로 보아 빈칸에 들어갈 말로 가장 적절한 것은?

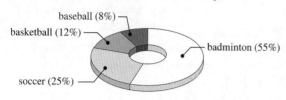

Hankuk School Students' Favorite Sports

baseball (8%)
basketball (12%)
badminton (55%)
soccer (25%)

Hankuk School students like _____ the most.

① badminton
② baseball
③ basketball
④ soccer

21 Central Library에 관한 다음 글에서 언급된 내용이 아닌 것은?

Central Library is located across from City Hall. It has a collection of about 400,000 books. It opened its doors in 2013. Since then, many people have visited this library.

① 위치
② 보유 도서 권수
③ 개관 연도
④ 일일 방문객 수

22 다음 밑줄 친 They가 가리키는 것으로 가장 적절한 것은?

Eating vegetables and fruits is good for your health. If you want to have healthy skin, try some lemons. They contain a lot of vitamin C. If you want to have a healthy heart, eat more tomatoes.

① apples
② carrots
③ lemons
④ tomatoes

23 온라인상에서 지켜야 할 사항으로 언급되지 않은 것은?

<Online Manners>
○ Don't use bad language.
○ Don't leave rude comments.
○ Don't post false information.

① 나쁜 언어 사용하지 않기
② 무례한 글 남기지 않기
③ 개인 정보 유출하지 않기
④ 거짓 정보 게시하지 않기

24 다음 글의 주제로 가장 적절한 것은?

People in Vietnam love their traditional hat, *non las*, because it has various uses. In the summer, it protects the skin from the sun. When it rains, people use it as an umbrella. It can also be used as a basket.

① 베트남의 유명한 관광지
② 베트남과 한국의 공통점
③ 베트남 음식이 유행하는 이유
④ 베트남 전통 모자의 다양한 용도

25 다음 글의 바로 뒤에 이어질 내용으로 가장 적절한 것은?

Living without smartphones is difficult these days. However, using smartphones too much can cause several problems. Let's talk about them in more detail.

① 올바른 스마트폰 사용 사례
② 스마트폰이 우리 생활에 주는 도움
③ 과도한 스마트폰 사용으로 인한 문제점
④ 스마트폰 중독에서 벗어날 수 있는 방법

01 다음에서 ㉠에 들어갈 것은?

> 지구의 경도를 결정할 때 기준이 되는 선으로, 영국의 그리니치 천문대를 지나는 경선을 ㉠ (이)라 한다.

① 적도
② 북회귀선
③ 날짜 변경선
④ 본초 자오선

02 다음에서 ㉠에 들어갈 것은?

> ○ 건조 기후는 연 강수량 250mm를 기준으로 사막 기후와 ㉠ 로 구분됨.
> ○ ㉠ 지역의 주민들은 염소, 양 등을 기르며 물과 풀을 찾아 이동하는 유목 생활을 함.

① 빙설 기후
② 스텝 기후
③ 툰드라 기후
④ 열대 우림 기후

03 다음에서 설명하는 지형은?

> ○ 산봉우리를 뜻하는 제주도 방언으로, 제주도 곳곳에 발달한 300여 개의 작은 화산체이다.
> ○ 큰 화산의 사면에 형성된 측화산 또는 기생 화산을 의미한다.

① 오름
② 피오르
③ 시 스택
④ 해식 동굴

04 다음에서 ㉠에 들어갈 것으로 가장 적절한 것은?

> ㉠ 의 사례
> ○ 세계 여러 지역의 식생활과 전통을 반영한 햄버거
> ○ 외국에서 들어온 침대와 한국의 전통 온돌이 만나 새롭게 만들어진 돌침대

① 1차 집단
② 귀속 지위
③ 역할 갈등
④ 문화 변용

05 그래프를 통해 알 수 있는 현상으로 옳은 것은?

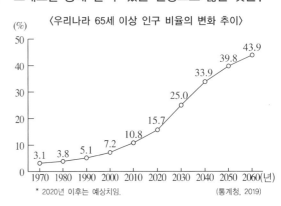

〈우리나라 65세 이상 인구 비율의 변화 추이〉

* 2020년 이후는 예상치임. (통계청, 2019)

① 인플레이션
② 인구 고령화
③ 다문화 사회
④ 오존층 파괴

06 다음에서 설명하는 것은?

> 선진국의 대도시에서 주로 발생하며, 도시의 인구가
> 도시 이외의 지역이나 촌락으로 이동하는 현상

① 세계화   ② 정보화
③ 역도시화   ④ 이촌 향도

07 다음에서 설명하는 것은?

> ○ 밀과 함께 대표적인 식량 자원이다.
> ○ 아시아 계절풍 기후의 평야 지역에서 주로 생산
> 된다.

① 쌀   ② 커피
③ 대추야자   ④ 사탕수수

08 다음에서 설명하는 것은?

> 기업의 본사, 연구소, 공장 등이 각각의 기능을 수행
> 하는 데 적합한 지역으로 분산되는 현상

① 탈공업화
② 공정 무역
③ 전자 상거래
④ 공간적 분업

09 다음에서 ㉠에 들어갈 것은?

> 헌법 제1조 ① 대한민국은 민주공화국이다.
> ② 대한민국의 ㉠ 은/는
> 국민에게 있고, 모든 권력은
> 국민으로부터 나온다.

① 자유   ② 정치
③ 주권   ④ 평등

10 문화 상대주의에 대한 설명으로 적절하지 <u>않은</u> 것은?

① 문화의 다양성을 존중한다.
② 문화의 고유한 가치를 인정한다.
③ 문화를 비교하여 우열을 평가한다.
④ 문화가 형성된 배경 속에서 문화를 이해한다.

11 다음에서 설명하는 정치 주체는?

> ○ 정치적 의견이 같은 사람들이 모여서 만든 단체
> 이다.
> ○ 정치권력 획득을 목적으로 한다.

① 법원
② 정당
③ 감사원
④ 헌법 재판소

12 다음에서 ㉠에 들어갈 기본권으로 가장 적절한 것은?

> 대한민국 국민의 ㉠ !
>
> ○ 국민이 선거에 참여해 대통령을 직접 뽑을 수 있
> 어요.
> ○ 국가의 중요한 일을 결정하는 투표에 참여할 수 있
> 어요.

① 노동권
② 사회권
③ 참정권
④ 청구권

13 다음에서 ㉠, ㉡에 들어갈 경제 활동을 알맞게 짝지은 것은?

> ○ ㉠ : 재화나 서비스를 만들거나 가치를 높이는 활동
>
> ○ ㉡ : 재화나 서비스를 구입하여 사용하는 활동

	㉠	㉡
①	분배	생산
②	분배	소비
③	생산	분배
④	생산	소비

14 표는 초콜릿의 수요량과 공급량을 나타낸 것이다. 이에 대한 설명으로 옳은 것은? (단, 다른 조건은 일정함.)

가격(원)	수요량(개)	공급량(개)
1,000	400	200
2,000	300	300
3,000	200	400
4,000	100	500

① 균형 가격은 4,000원이다.
② 균형 거래량은 300개이다.
③ 가격이 1,000원일 때, 초과 공급이 발생한다.
④ 가격이 3,000원일 때, 초과 수요가 발생한다.

15 다음에서 ㉠에 해당하는 것으로 가장 적절한 것은?

> 현대 사회에서 부각되고 있는 주요한 사회 문제로는 ㉠ <u>노동 문제</u>, 인구 문제, 환경 문제 등이 있다.

① 노사 갈등
② 영토 분쟁
③ 해양 오염
④ 지구 온난화

16 퀴즈에 대한 정답으로 옳은 것은?

> 공정한 선거를 위해 국가가 선거를 관리하고, 국가나 지방 자치 단체가 비용 일부를 지원하는 제도는 무엇일까요?

① 심급 제도
② 게리맨더링
③ 선거 공영제
④ 보통 선거 제도

17 다음 유물이 처음으로 제작된 시대는?

주먹도끼

① 구석기 시대
② 신석기 시대
③ 청동기 시대
④ 철기 시대

18 고구려 장수왕의 업적으로 옳은 것은?

① 서원 철폐
② 과거제 실시
③ 경국대전 편찬
④ 한강 유역 차지

19 다음에서 설명하는 인물은?

> ○ 완도에 청해진을 설치해 해적을 소탕함.
> ○ 당과 신라, 일본을 연결하는 해상 무역을 장악하여 해상왕이라고 불림.

① 원효
② 혜초
③ 이차돈
④ 장보고

20 다음에서 ㉠에 들어갈 내용으로 옳은 것은?

> ⊙ 역사 인물 카드 ⊙
>
> ○ 재위 연도 : 918~943
> ○ 주요 활동 ・고려를 건국함.
>   ・사심관 제도와 기인 제도를 시행함.
>   ・ ㉠ 을/를 남김.

① 동의보감
② 훈요 10조
③ 대동여지도
④ 몽유도원도

21 다음 중 조선 후기 서민 문화에 대한 설명으로 옳은 것을 〈보기〉에서 고른 것은?

> ─── 보기 ───
> ㄱ. 판소리가 유행하였다.
> ㄴ. 한글 소설이 보급되었다.
> ㄷ. 상감 청자의 사용이 보편화되었다.
> ㄹ. 커피와 케이크 등 서양 음식이 유행하였다.

① ㄱ, ㄴ   ② ㄱ, ㄷ
③ ㄴ, ㄹ   ④ ㄷ, ㄹ

22 다음에서 ㉠에 들어갈 내용으로 옳은 것은?

> 광해군 집권 당시 만주 지역에서 여진족이 세력을 키워 후금을 세웠다. 후금이 명과 대립하자 광해군은 두 나라 사이에서 ㉠ 을/를 추진하였다.

① 남진 정책
② 대몽 항쟁
③ 중립 외교
④ 나・제 동맹

23 다음에서 ㉠에 들어갈 내용으로 옳은 것은?

> 〈조선 세종의 업적〉
> ○ 측우기 제작
> ○ ㉠
> ○ 앙부일구와 자격루 제작

① 대동법 실시
② 훈민정음 창제
③ 노비안검법 실시
④ 팔만대장경 제작

24 일제의 식민지 지배 정책이 <u>아닌</u> 것은?

① 국채 보상 운동
② 산미 증식 계획
③ 토지 조사 사업
④ 헌병 경찰 제도

25 다음에서 ㉠에 들어갈 내용으로 옳은 것은?

> 〈6・25 전쟁의 전개 과정〉
> 북한의 남침 ➡ ㉠ ➡ 중국군 참전
> ➡ 1・4 후퇴 ➡ 정전 협정

① 3・1 운동
② 4・19 혁명
③ 인천 상륙 작전
④ 부・마 민주 항쟁

01 그림은 물 위에 배가 떠 있는 모습이다. 다음 중 물이 배를 밀어 올리는 힘은?

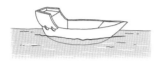

① 부력　　　　　② 마찰력
③ 자기력　　　　④ 탄성력

02 다음 중 일정한 속력으로 운동하는 물체의 시간에 따른 속력 그래프로 옳은 것은?

03 그림은 니크롬선에 걸어 준 전압에 따른 전류의 세기를 나타낸 것이다. 이 니크롬선의 저항은?

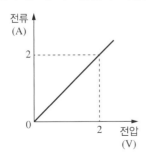

① 1 Ω　　　　　② 3 Ω
③ 5 Ω　　　　　④ 7 Ω

04 다음은 A 지점에서 공을 가만히 놓았을 때, A∼D에서의 위치 에너지와 운동 에너지를 나타낸 것이다. ㉠의 크기는? (단, 공기 저항은 무시한다.)

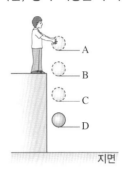

지점	위치 에너지(J)	운동 에너지(J)
A	100	0
B	75	25
C	50	50
D	(㉠)	75

① 0　　　　　② 25
③ 75　　　　　④ 100

05 그림과 같이 평면거울 면에 입사 광선을 비추었을 때 반사 광선의 진행 경로로 옳은 것은?

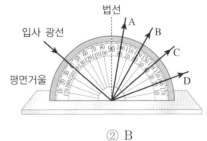

① A　　　　　② B
③ C　　　　　④ D

06 다음 중 대전된 풍선을 실에 매달았을 때의 모습으로 옳은 것은? (단, 풍선에 대전된 전하량의 크기는 모두 같다.)

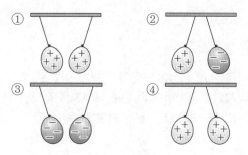

07 그림은 압력에 따른 기체의 부피 변화를 나타낸 것이다. 4기압일 때의 부피 ㉠은? (단, 온도는 일정하고 기체의 출입은 없다.)

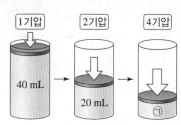

① 3 mL
② 5 mL
③ 10 mL
④ 15 mL

08 그림은 액체와 기체 사이의 상태 변화를 나타낸 것이다. A에 해당하는 상태 변화는?

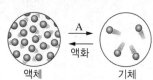

① 기화
② 승화
③ 융해
④ 응고

09 그림은 물(H₂O)의 분자 모형이다. 물 분자 1개를 구성하는 수소 원자의 개수는?

① 1개
② 2개
③ 3개
④ 4개

10 그림은 베릴륨(Be) 원자가 전자 2개를 잃고 이온이 되는 과정을 나타낸 것이다. 베릴륨 이온의 이온식은?

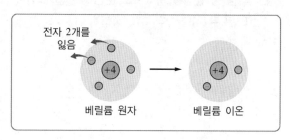

① Be^{3-}
② Be^-
③ Be^+
④ Be^{2+}

11 다음 설명에 해당하는 물질의 특성은?

> ○ 액체가 고체로 될 때 일정하게 유지되는 온도이다.
> ○ 1기압에서 순수한 물은 0 ℃에서 언다.

① 밀도
② 끓는점
③ 어는점
④ 용해도

12 다음은 구리 4 g과 산소 1 g이 모두 반응하여 산화 구리(Ⅱ)가 생성된 것을 모형으로 나타낸 것이다. 질량 ㉠은?

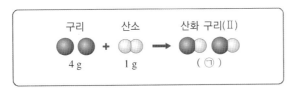

구리 　　 산소 　　 산화 구리(Ⅱ)

4 g 　　 1 g 　　 (㉠)

① 2 g
② 3 g
③ 4 g
④ 5 g

13 다음 설명에 해당하는 생물 분류의 단위는?

○ 자연 상태에서 짝짓기하여 생식 능력이 있는 자손을 낳을 수 있는 생물 무리를 뜻한다.
○ 생물을 분류하는 기본 단위이다.

① 종
② 속
③ 과
④ 목

14 그림은 생물을 5계로 분류한 것이다. 버섯이 속하는 계는?

식물계 　 균계 　 동물계
원생생물계
원핵생물계

① 균계
② 동물계
③ 원생생물계
④ 원핵생물계

15 다음 중 식물이 빛에너지를 이용하여 스스로 양분을 만드는 과정은?

① 생식
② 호흡
③ 광합성
④ 체세포 분열

16 다음 설명에 해당하는 사람의 기관계는?

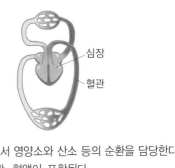

심장
혈관

○ 우리 몸에서 영양소와 산소 등의 순환을 담당한다.
○ 심장, 혈관, 혈액이 포함된다.

① 배설계
② 소화계
③ 순환계
④ 신경계

17 그림은 서로 다른 뉴런을 연결한 모습이다. 감각 기관에서 받아들인 자극을 연합 뉴런으로 전달하는 A는?

감각 기관 　 A 　 연합 뉴런 　 반응 기관

① 뇌
② 척수
③ 네프론
④ 감각 뉴런

18 다음 설명에 해당하는 과정은?

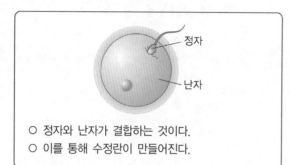

- 정자
- 난자

○ 정자와 난자가 결합하는 것이다.
○ 이를 통해 수정란이 만들어진다.

① 배설　　　　　② 수정
③ 소화　　　　　④ 유전

19 순종의 키 큰 완두(TT)와 순종의 키 작은 완두(tt)를 교배하여 얻은 잡종 1대의 유전자형은? (단, 돌연변이는 없다.)

① TT　　　　　② Tt
③ tt　　　　　④ t

20 다음 설명에 해당하는 지구 내부 구조 A는?

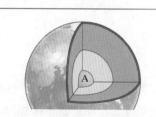

○ 철과 니켈 등의 무거운 물질로 이루어져 있다.
○ 지구의 가장 중심에 위치하며 고체 상태로 추정된다.

① 지각　　　　　② 맨틀
③ 외핵　　　　　④ 내핵

21 그림과 같이 우리나라에서 남동 계절풍의 영향을 받아 덥고 습한 날씨가 나타나는 계절은?

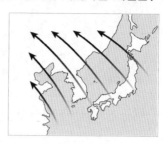

① 봄　　　　　② 여름
③ 가을　　　　　④ 겨울

22 그림은 지구의 수권에서 물의 부피를 비교한 것이다. 다음 중 가장 많은 양을 차지하는 것은?

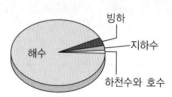

- 빙하
- 지하수
- 해수
- 하천수와 호수

① 빙하　　　　　② 해수
③ 지하수　　　　④ 하천수와 호수

23 그림과 같이 태양의 표면에 쌀알을 뿌려 놓은 것처럼 보이는 모습의 명칭은?

① 채층　　　　　② 홍염
③ 흑점　　　　　④ 쌀알 무늬

24 그림은 절대 등급이 같은 별 A∼D 의 위치를 나타낸 것이다. A∼D 중 지구에서 가장 어둡게 보이는 별은? (단, pc은 거리 단위이다.)

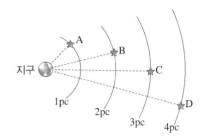

① A ② B
③ C ④ D

25 그림은 지구에서 관측한 별 S의 연주 시차를 나타낸 것이다. 별 A∼D 중 연주 시차가 가장 큰 별은?

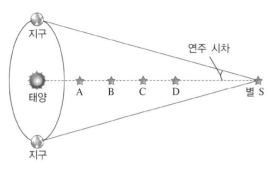

① A ② B
③ C ④ D

01 다음 중 도덕이 필요한 이유로 가장 적절한 것은?

① 훌륭한 인격을 갖추기 위해서이다.
② 혼자서만 잘 살아가기 위해서이다.
③ 타인의 행복을 방해하기 위해서이다.
④ 사회적 혼란을 일으키기 위해서이다.

02 다음에서 설명하는 용어로 옳은 것은?

> 어떤 상황을 도덕적 문제로 민감하게 느끼고 도덕적으로 반응할 수 있는 마음 상태.

① 삼단 논법
② 비판적 사고
③ 도덕적 민감성
④ 결과 예측 능력

03 다음 중 법을 지켜야 할 도덕적 이유로 가장 적절한 것은?

① 사회 질서를 유지하기 위해서이다.
② 공익 실현을 저해하기 위해서이다.
③ 폭력의 악순환을 만들기 위해서이다.
④ 차별받는 사회를 만들기 위해서이다.

04 ㉠에 들어갈 말로 옳은 것은?

정신적 가치에는 어떤 것이 있을까?

(㉠)과 같은 것이 있어.

① 돈
② 음식
③ 우정
④ 스마트폰

05 이성 친구와 바람직한 관계를 형성하기 위한 자세로 옳은 것을 〈보기〉에서 고른 것은?

> ─── 보기 ───
> ㄱ. 이성 친구를 외모로만 평가한다.
> ㄴ. 이성 친구의 요구에 무조건 따른다.
> ㄷ. 이성 친구의 공부를 방해하지 않는다.
> ㄹ. 이성 친구를 존중하며 고운 말을 사용한다.

① ㄱ, ㄴ
② ㄱ, ㄷ
③ ㄴ, ㄹ
④ ㄷ, ㄹ

06 다음에 해당하는 가족 간의 도리로 옳은 것은?

> 형은 동생을 사랑하고, 동생은 형을 공경해야 한다. 형제자매 간에 서로를 아끼고 사이를 돈독하게 해야 한다.

① 단절
② 무지
③ 우애
④ 방관

07 다음 중 부패 행위에 해당하지 <u>않는</u> 것은?

① 탈세 행위
② 뇌물 수수
③ 권력 남용
④ 자원 봉사

08 (가)에 들어갈 용어로 적절한 것은?

(가) ○ 의미: 다른 사람을 아끼고 소중히 여기는 마음
○ 종류: 아가페(agape), 필리아(philia), 에로스(eros)

① 욕구
② 사랑
③ 양심
④ 편견

09 다음 대화에서 공통으로 나타나는 삶의 자세는?

난 이번 방학에 물 공포증을 극복하기 위해 수영 강습을 신청했어.

그렇구나. 난 이번 방학에 어려운 수학 문제를 해결하기 위해 심화 학습을 듣기로 했어.

① 도전하는 삶의 자세
② 생명을 경시하는 삶의 자세
③ 수동적으로 살아가는 삶의 자세
④ 육체적 쾌락을 추구하는 삶의 자세

10 다음과 같은 문제를 해결하기 위해 필요한 도덕적 자세로 가장 적절한 것은?

○ 층간 소음으로 인한 갈등
○ 이웃 간 주차 문제로 인한 갈등

① 고집
② 배려
③ 탐욕
④ 효도

11 다음에서 설명하는 개념은?

1. 의미: 인간이라면 누구나 가지는 기본적인 권리.
2. 특징: 태어날 때부터 지니는 권리로 영원히 보장됨.

① 인권
② 용기
③ 봉사
④ 절제

12 ㉠에 공통으로 들어갈 말로 가장 적절한 것은?

(㉠)(이)란 오랫동안 반복하는 과정에서 몸에 익은 행동 방식을 의미한다. 올바른 (㉠)을/를 형성하게 되면 자신의 인격을 향상할 수 있다.

① 존중
② 습관
③ 성찰
④ 평화

13 다음 중 남북한이 분단국가로서 겪는 문제점이 <u>아닌</u> 것은?

① 분단 비용 지출
② 세계 평화에 기여
③ 이산가족의 고통
④ 남북 주민 간 이질화 심화

14 다음 설명에 해당하는 용어는?

> 인간의 존엄성을 최고의 가치로 여기고 인종, 민족, 국가, 종교 등의 차이를 초월하여 인류의 안녕과 복지를 꾀하는 것을 이상으로 하는 사상이나 태도.

① 경쟁심 ② 타율성
③ 인도주의 ④ 이기주의

15 다음 중 갈등을 일으키는 원인으로 옳지 <u>않은</u> 것은?

① 이해관계 충돌
② 가치관의 차이
③ 잘못된 의사소통
④ 공감과 경청의 자세

16 ㉠에 공통으로 들어갈 용어로 가장 적절한 것은?

> 갈등을 평화롭게 해결하기 위해서는 (㉠)의 자세가 필요하다. (㉠)(이)란 입장 바꿔 상대방의 처지에서 생각해 보는 것을 의미한다.

① 억압
② 복지
③ 역지사지
④ 해악 금지

17 다음 설명에 해당하는 문화를 바라보는 태도는?

> 자기가 속한 사회의 문화만이 가장 우수하다고 생각하면서 다른 사회의 문화를 부정적으로 평가하는 태도.

① 개인주의
② 문화 상대주의
③ 생태 중심주의
④ 자문화 중심주의

18 다음 대화에서 여학생이 사용하고 있는 도덕 원리 검사 방법은?

너무 바빠서 무단 횡단을 했어.
남학생

모든 사람이 바쁘다고 무단 횡단을 하면 사회가 어떻게 되겠니?
여학생

① 사실 판단 검사
② 편견과 오류 검사
③ 보편화 결과 검사
④ 정보의 원천 검사

19 다음 사례에 해당하는 폭력의 유형으로 가장 적절한 것은?

> 친구가 듣기 싫어하는 별명을 부르거나 외모를 비하하는 말로 친구를 괴롭힌다.

① 금품 갈취
② 언어 폭력
③ 신체 폭행
④ 강제 심부름

20 다음에서 설명하는 것은?

> 정의롭지 못한 법이나 제도를 폐지하거나 바꾸기 위해 공개적이고 평화적인 방법으로 법을 위반하는 행위.

① 준법 　　　　　② 관용
③ 세금 납부 　　　④ 시민 불복종

23 ㉠에 들어갈 대답으로 적절하지 않은 것은?

① 사회적 약자의 고통을 외면해야 합니다.
② 사회적 약자를 제도적으로 지원해야 합니다.
③ 사회적 약자의 입장에서 생각해 보아야 합니다.
④ 사회적 약자에 대한 잘못된 편견을 버려야 합니다.

21 다음 중 미움의 평화를 얻는 방법에 대한 조언으로 옳지 않은 것은?

① 평정심을 가지렴.　② 욕심과 집착을 버리렴.　③ 자신을 부정적으로만 바라보렴.　④ 다른 사람과 좋은 관계를 맺으렴.

24 다음 중 교사의 질문에 적절한 대답을 한 학생은?

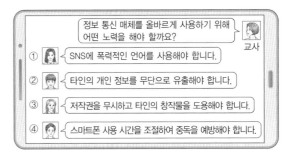

정보 통신 매체를 올바르게 사용하기 위해 어떤 노력을 해야 할까요?
① SNS에 폭력적인 언어를 사용해야 합니다.
② 타인의 개인 정보를 무단으로 유출해야 합니다.
③ 저작권을 무시하고 타인의 창작물을 도용해야 합니다.
④ 스마트폰 사용 시간을 조절하여 중독을 예방해야 합니다.

22 과학 기술 발달에 따른 부작용으로 옳은 것을 〈보기〉에서 고른 것은?

> ● 보기 ●
> ㄱ. 풍요롭고 편리한 삶
> ㄴ. 건강 증진과 생명 연장
> ㄷ. 환경 오염과 생태계 파괴
> ㄹ. 과학 기술에 대한 지나친 의존

① ㄱ, ㄴ　　　　　② ㄱ, ㄷ
③ ㄴ, ㄹ　　　　　④ ㄷ, ㄹ

25 다음 중 환경 친화적 소비에 해당하는 것은?

① 자연과의 조화를 추구하는 소비
② 자신의 욕구를 과도하게 충족하는 소비
③ 미래 세대의 소비 기반을 훼손하는 소비
④ 물질적 만족을 최고의 가치로 여기는 소비

배우기만 하고 생각하지 않으면 얻는 것이 없고, 생각만 하고 배우지 않으면 위태롭다.

- 공자 -

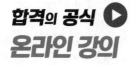

중 · 졸 · 검 · 정 · 고 · 시

2020년도

| 제1회 | 기출문제 |
| 제2회 | 기출문제 |

01 다음에 해당하는 담화의 유형은?

> 개인이나 집단 간에 이익과 주장이 상반될 때, 서로 협의하여 모두가 이익을 얻을 수 있는 결론을 이끌어 내는 것

① 강연   ② 협상
③ 소개   ④ 발표

02 토의에서 사회자의 역할로 적절하지 <u>않은</u> 것은?

① 참여자에게 토의 주제를 제시한다.
② 참여자들의 발언 순서를 안내한다.
③ 참여자에게 자신의 주장을 내세운다.
④ 참여자들의 발언을 정리하여 말한다.

03 밑줄 친 부분에 해당하는 글자는?

> 훈민정음 해례본에 따르면, 한글의 <u>모음 기본자</u>는 상형의 원리에 따라 하늘의 둥근 모양, 땅의 평평한 모양, 사람이 서 있는 모양을 본떠 만들었다

① ·, ㅡ, ㅣ   ② ·, ㅏ, ㅗ
③ ㅏ, ㅓ, ㅡ   ④ ㅗ, ㅜ, ㅣ

04 다음에서 설명하는 음운 변동이 일어나는 예로 적절한 것은?

> 자음 'ㄷ, ㅌ'이 'ㅣ' 모음을 만나 'ㅈ, ㅊ'으로 바뀌어 소리 나는 현상

① 국물   ② 따님
③ 맏이   ④ 축하

05 다음 밑줄 친 단어들의 공통점으로 적절한 것은?

> ○ 화단에 국화가 <u>활짝</u> 피었다.
> ○ 아기가 엄마 품에서 <u>방긋</u> 웃는다.

① 체언을 꾸며준다.
② 용언을 꾸며준다.
③ 대상의 움직임을 나타낸다.
④ 부름이나 대답을 나타낸다.

06 ㉠에 들어갈 말로 가장 적절한 것은?

> ○ 그의 단점은 (㉠) 씻고 찾아 봐도 없었다.
> ○ 할아버지께서 글을 읽으시던 모습이 (㉠)에 밟혔다.
> ○ 나는 전화를 오래 붙들고 있다가 할머니의 (㉠) 밖에 났다.

① 입   ② 눈
③ 발   ④ 손

07 밑줄 친 부분의 예로 적절하지 <u>않은</u> 것은?

> 문장에서 주어와 서술어의 관계가 한 번만 나타나는 문장을 <u>홑문장</u>이라고 하며, 주어와 서술어의 관계가 두 번 이상 나타나는 문장을 겹문장이라고 한다.

① 새 옷이 무척 예쁘다.
② 비가 주룩주룩 내린다.
③ 동생이 노래를 부른다.
④ 사과는 빨갛고, 귤은 노랗다.

08 다음 개요에서 ㉠의 세부 내용으로 가장 적절한 것은?

제목: 우리 고장을 알립니다.	
처음	우리 고장의 위치
중간	• 우리 고장의 문화재 • 우리 고장의 행사 ········ ㉠ • 우리 고장의 향토 음식
끝	우리 고장의 누리집 소개

① 우리 고장의 산업 시설
② 우리 고장의 인구 밀도
③ 우리 고장의 재정 현황
④ 우리 고장의 농산물 축제

09 ㉠~㉣에 대한 고쳐쓰기 방안으로 적절하지 않은 것은?

> 춤 동아리 '춤꾼'에서 신입 회원을 ㉠ 소집합니다. 우리 동아리는 회원 간에 ㉡ 따뜻한 온정이 넘쳐요. ㉢ 요즘은 춤보다 노래 연습을 많이 해요. 우리 동아리에 가입한다면, 춤을 잘 추고 싶은 당신의 ㉣ 바램이 이루어질 겁니다.

① ㉠: 문맥에 맞지 않으므로 '응모'로 바꾼다.
② ㉡: 의미가 중복되므로 '따뜻한'을 삭제한다.
③ ㉢: 통일성에 어긋나므로 삭제한다.
④ ㉣: 한글 맞춤법에 어긋나므로 '바람'으로 바꾼다.

10 다음 광고에 대한 설명으로 가장 적절한 것은?

당신의 땅은 나의 하늘입니다.

집은 자신만의 공간이기도 하지만 다른 사람들의 안식처이기도 합니다. 당신의 배려로 소음을 줄일 수 있습니다.

① 비유적 표현을 활용하였다.
② 다양한 의성어를 사용하였다.
③ 특정 집단의 은어를 사용하였다.
④ 대화를 주고받는 형식을 활용하였다.

[11~13]
다음 글을 읽고 물음에 답하시오.

> 먼 훗날 당신이 찾으시면
> 그때에 내 말이 '잊었노라.'
>
> 당신이 속으로 나무라면
> '무척 그리다가 잊었노라.'
>
> 그래도 당신이 나무라면
> '믿기지 않아서 잊었노라.'
>
> 오늘도 어제도 아니 잊고
> 먼 훗날 그때에 ㉠ '잊었노라.'
>
> – 김소월, 「먼 후일」 –

11 윗글에 대한 설명으로 적절하지 않은 것은?

① 각 연을 모두 2행으로 배열하였다.
② 다양한 감각적 심상을 사용하였다.
③ 반복적으로 동일한 어휘를 사용하였다.
④ 미래 상황을 가정하는 표현을 사용하였다.

12 윗글에 나타난 화자의 주된 정서로 가장 적절한 것은?

① 그리움   ② 두려움
③ 무관심   ④ 질투심

13 ㉠에 쓰인 표현 방법으로 가장 적절한 것은?

① 도치법   ② 반어법
③ 의인법   ④ 직유법

[14~16]

다음 글을 읽고 물음에 답하시오.

급한 걸음으로 문기는 네거리 하나를 지났다. 또 하나를 지났다. 또 하나를 지났다. 걸음은 차차 풀이 죽는다. 그리고 문기는 이런 생각을 하였다.

'나는 몰래 작은어머니 돈을 축냈다. 그러나 갚으면 고만 아니냐. 그 돈 값어치만큼 밥도 덜 먹고 학용품도 아껴 쓰고 옷도 조심해 입고 이렇게 갚으면 고만 아니냐.'

몇 번이고 이 소리를 속으로 되뇌며 문기는 떳떳이 얼굴을 들고 집으로 들어갈 수 있을 만한 뱃심을 만들려 한다. 그러나 일없이 공원으로 거리로 돌며 해를 보낸다.

날이 저물어서 문기는 풀이 죽어 집 마루에 걸터 앉았다. 숙모가 방에서 나오다 보고,

"너 학교에서 인제 오니?"

그리고 이어,

"너 혹 붓장¹⁾ 안의 ㉠ 돈 봤니?"

하다가는 채 문기가 입을 열기 전에 숙모는,

"학교서 지금 오는 애가 알겠니. 참 점순이 고년 앙큼헌 년이드라. 낮에 내가 뒤꼍에서 화초 모종을 내고 있는데 집을 간다고 나가더니 글쎄 돈을 집어 갔구나."

문기는 잠잠히 듣기만 한다. 그러나 속으로는 갚으면 고만이지 소리를 또 한 번 외워 본다.

그날 밤이었다. ㉡ 아랫방 들창 밑에 훌쩍훌쩍 우는 어린 아이 울음소리가 났다. 아랫집 심부름하는 아이 점순이 음성이었다. 숙모가 직접 그 집에 가서 무슨 말을 한 것은 아니로되 자연 ㉮ 그 말이 한 입 건너 두 입 건너 그 집에까지 들어갔고, 그리고 그 집 주인 여자는 점순이를 때려 쫓아낸 것이다. 먼저는 동네 아이들이 모여 지껄지껄하더니 차차 하나 가고 둘 가고 훌쩍훌쩍 우는 그 소리만 남는다. 방안의 문기는 그 밤을 뜬눈으로 새웠다.

이튿날 아침이다. 문기는 밥을 두어 술 뜨다가는 고만둔다. 그 돈을 갚기 위한 그것이 아니다. 도무지 입맛이 나지 않았다. 학교에 갔다. 첫 시간은 수신²⁾ 시간, 그리고 공교로이 제목이 '정직'이다. 선생님은 뒷짐을 지고 교단 위를 왔다갔다 하며 거짓이라는 것이 얼마나 악한 것이고 정직이 얼마나 귀하고 중한 것인가를 누누이 말씀한다. 그리고 안경 쓴 선생님의 그 눈이 번쩍 하고 문기 얼굴에 머물렀다 가고가고 한다. 그럴 때마다 문기는 가슴이 뜨끔뜨끔해진다. 문기는 자기 한 사람에게만 들리기 위한 정직이요, ㉢ 수신 시간인 듯싶었다. 그만치 선생님은 제 속을 다 들여다보고 하는 말인 듯싶었다.

운동장에서도 문기는 풀이 없다. 사람 없는 교실 뒤 버드나무 옆 그런 데만 찾아다니며 고개를 숙이고 깊은 생각에 잠기거나 팔짱을 찌르고 왔다 갔다 하기도 한다. 그러다 누가 등을 치면 소스라쳐 깜짝깜짝 놀란다.

언제나 다름없이 ㉣ 하늘은 맑고 푸르건만 문기는 어쩐지 그 하늘조차 쳐다보기가 두려워졌다.

– 현덕, 「하늘은 맑건만」 –

1) 붓장: 무엇을 보관하는 장의 한 가지.
2) 수신: 예전의 도덕 교과를 이르는 말.

14 윗글의 인물에 대한 설명으로 적절하지 <u>않은</u> 것은?

① 문기는 숙모에게 점순이의 잘못을 일렀다.
② 선생님은 정직이 귀한 가치라고 강조하였다.
③ 숙모는 점순이가 돈을 훔쳤다고 생각하였다.
④ 점순이는 누명을 쓰고 주인집에서 쫓겨났다.

15 ㉠~㉣에 대한 설명으로 가장 적절한 것은?

① ㉠: 문기를 죄책감에서 벗어나게 한다.
② ㉡: 문기로 하여금 깨달음을 얻게 한다.
③ ㉢: 문기와 선생님의 외적 갈등을 강화한다.
④ ㉣: 문기의 심리적 상황과 대비된다.

16 ㉮에 어울리는 속담으로 가장 적절한 것은?

① 발 없는 말이 천 리 간다.
② 아 해 다르고 어 해 다르다.
③ 말 한 마디에 천 냥 빚을 갚는다.
④ 가는 말이 고와야 오는 말이 곱다.

[17~19]

다음 글을 읽고 물음에 답하시오.

어느 날 강원도 감사가 정치의 잘잘못을 가리고 백성의 형편을 살피기 위해 정선 고을에 들렀다. 감사는 관곡¹⁾의 출납을 조사하다가 몹시 노하였다.

"어떤 놈의 양반이 이렇게 ㉠ 많은 관곡을 축냈단 말이야?"

감사는 양반을 당장 잡아 가두라고 불호령을 내렸다.

'그 양반이 무슨 수로 천 석을 갚는단 말인가?'

영을 받은 군수는 마음속으로 측은하게 여겼지만 달리 뾰족한 수가 없었다. 그래서 차마 잡아 가두지도 못하고 ㉡ 감사의 서슬 퍼런 영을 거역할 수도 없어서 그저 한숨만 내쉬고 있었다.

양반 역시 곧 이 소식을 전해 들었지만 밤낮으로 훌쩍훌쩍 울기만 할 뿐 아무런 대책을 세우지 못하였다.

양반의 아내가 이 꼬락서니를 보고 있자니 기가 막히고 어이가 없어 혀를 끌끌 찼다.

㉮ "당신은 평생 글만 읽더니 이제는 관가에서 꾸어다 먹은 곡식도 못 갚는구려, 양반, 양반 하더니 참 딱하오, 그놈의 양반이란 것이 한 푼 값어치도 안 나간단 말이오!"

때마침 그 마을에 한 부자가 살고 있었다. 부자는 양반이 곧 붙잡혀 가게 생겼다는 말을 듣고는 식구들을 모두 모아 놓고 의논하였다.

"양반은 아무리 가난해도 늘 귀하게 대접받고 떵떵거리며 사는데 우리는 아무리 돈이 많아도 늘 천한 대접만 받는단 말야. 말 한번 거들먹거리며 타 보지도 못하고, 양반만 보면 저절로 기가 죽어 굽실거리며 섬돌2) 아래 엎드려 절하고, 늘 코를 땅바닥에 대고 엉금엉금 기어야 하니 참 더러운 일이야. 이제 저 © 건넛집 양반이 관곡을 갚지 못해 곧 붙잡혀 가게 생긴 모양인데, 그 형편에 도저히 양반 자리를 지켜 내지 못할 거란 말이야. 이 기회에 내가 그 자리를 사서 양반 행세를 한번 해 보면 어떨까?"

[중간 줄거리] 부자는 양반의 관곡을 갚아 주고 양반 신분을 샀다. 군수는 양반이 지켜야 할 규범들을 담은 증서를 작성해 주었다. 부자는 양반이 되면 지킬 것이 너무 많다는 이유로 증서를 다시 작성해 달라고 하였다. 이에 군수는 두 번째 증서를 작성하였다.

하늘이 백성을 낼 때 사농공상3), 네 가지로 구분하였느니라. 이 가운데 가장 으뜸가는 것이 선비요 곧 양반이니 이보다 더 좋은 것은 없느니라. 양반은 몸소 농사짓지 않고 장사도 하지 않으며, 조금만 글을 읽으면 크게는 문과에 급제하고 작게는 진사가 되느니라. 문과에 급제하게 되면 홍패4)를 받는데, 그 길이는 비록 두 자밖에 안 되지만 이것만 받게 되면 백 가지를 두루 갖추게 되니 돈 자루나 다름없는 것이니라. 진사가 나이 서른에 첫 벼슬을 하더라도 오히려 늦은 것이 아니니 이름 높은 음관5)이 될 수 있느니라. 게다가 남인에게 잘만 보이면 큰 고을 수령 자리는 따 놓은 당상이니 귓바퀴가 일산6) 덕분에 하얘지고, 종놈들의 "예이." 하는 소리에 먹지 않아도 절로 배가 부르고, 방 안에는 어여쁜 기생을 데려다 앉혀 놓고, 뜰에는 학을 길러 날게 할 수 있느니라. 하다못해 시골에서 가난한 선비로 살더라도 자기 멋대로 할 수 있으니, 이웃집 소를 빌려 자기 밭을 먼저 갈게 하고, 마을 사람을 불러다가 자기 밭을 먼저 김매게 할 수 있느니라. 만일 어떤 놈이 양반을 업신여기고 말을 듣지 않을 때는 그놈의 코에다 잿물을 들이붓고 상투 꼬투리를 잡아 휘휘 돌리고 수염을 잡아 뽑는다 하더라도 감히 원망할 수 없으니……

② 새로 고쳐 쓴 증서가 거의 반쯤 되었을 때, 부자는 기가 막히고 어이가 없어 귀를 꽉 막고 혀를 설레설레 내둘렀다.

"제발 그만! 그만하시오! 양반이라는 것이 참 맹랑하기도 하오. 나리님네들은 지금 나를 날도둑놈으로 만들 작정이오?"

– 박지원, 「양반전」 –

1) 관곡: 국가나 관청에서 가지고 있는 곡식.
2) 섬돌: 집채의 앞뒤에 오르내릴 수 있게 놓은 돌층계.
3) 사농공상: 백성을 나누는 네 가지 계급. 선비, 농부, 공장(工匠), 상인.
4) 홍패: 문관을 뽑던 과거 시험에 합격한 사람에게 주던 증서.
5) 음관: 과거를 거치지 않고 조상의 공덕에 의하여 맡은 벼슬.
6) 일산: 햇볕을 가리기 위하여 세우는 큰 양산.

17 윗글에 나타난 내용으로 적절하지 <u>않은</u> 것은?

① 사농공상 중에 양반의 지위가 가장 높았다.
② 당시에는 신분을 돈으로 사고팔 수 있었다.
③ 부자여도 신분이 낮으면 천한 대접을 받았다.
④ 관청에서 양반에게 무료로 곡식을 나눠 주었다.

18 ㉮에서 비판하는 양반의 모습으로 가장 적절한 것은?

① 근엄함　　　② 냉정함
③ 무능함　　　④ 인색함

19 ㉠~㉢ 중, 다음 설명에 해당하는 것은?

'부자'가 양반 되기를 포기하는 결정적 계기

① ㉠　　　② ㉡
③ ㉢　　　④ ㉣

[20~22]
다음 글을 읽고 물음에 답하시오.

웃음은 심리학적으로 볼 때 우리의 내면적 긴장 상태가 일순간에 해소되면서 나타나는 현상이다. ㉠ 예컨대, 생후 5개월 된 아기가 엄마와 까꿍을 하면서 깔깔대며 웃는 것을 볼 수 있는데, 이때 엄마가 손수건으로 얼굴을 가리면 아기는 엄마 얼굴이 보이지 않음으로써 일시적으로 긴장감을 느낀다. 그런데 다음 순간 엄마가 얼굴에서 손수건을 떼면 다시 엄마 얼굴이 나타남으로써 순식간에 긴장이 풀리면서 유쾌한 웃음을 웃게 된다.

웃음에는 여러 가지가 있다. 자연스러운 웃음, 과장된 웃음, 혼자 웃는 웃음, 함께 웃는 웃음, 즐겁고 유쾌한 웃음, 당황해서 얼버무리는 웃음, 무언가 감추려는 웃음, 무의식적인 웃음, 남을 비웃는 웃음, 남을 놀리면서 웃는 웃음, 괴로워서 웃는 쓴웃음, 헛웃음, 찬웃음 등 수없이 많다. 어떤 종류의 웃음이든 웃음은 모두 다 부분적으로 스트레스를 해소해 주는 긍정적 측면이 있다.

하지만 자세히 살펴보면 상대적으로 더 건강한 웃음과 덜 건강한 웃음이 있다. 건강한 웃음은 즐겁고 유쾌한 기분이 뒤따르며 심리적 안도감과 해방감이 뒤따르는 데 반해 상대적으로 덜 건강한 웃음은 뒷맛이 어딘가 공허하고 허전하다. 그리고 어떤 종류의 웃음은 내면의 슬픔이나 분노의 감정을 표현하지 못하도록 막아 버려 오히려 장기적으로 정신 건강에 좋지 않은 영향을 ㉡ 미치는 것들도 있다.

– 김정규, 「웃음의 심리학」 –

20 윗글에서 알 수 있는 내용으로 적절하지 <u>않은</u> 것은?

① 웃음은 긴장 상태가 해소되면서 나타난다.

② 덜 건강한 웃음은 뒷맛이 공허하고 허전하다.

③ 웃음은 스트레스를 해소해 주는 긍정적 측면이 있다.

④ 모든 웃음은 장기적으로 정신 건강에 좋은 영향을 준다.

21 ㉠에 사용된 설명 방식으로 가장 적절한 것은?

① 분류　　　　　② 열거

③ 예시　　　　　④ 정의

22 다음 밑줄 친 부분이 ㉡과 같은 의미로 쓰인 예는?

① 기가 막혀 <u>미칠</u> 지경이다.

② 그는 라디오를 조립하는 데 <u>미쳐</u> 있다.

③ 버스가 목적지에 약간 못 <u>미쳐서</u> 멈추었다.

④ 이 광고는 판매량을 높이는 데에 큰 영향을 <u>미쳤다</u>.

[23~25]

다음 글을 읽고 물음에 답하시오.

> 현대의 자본주의 사회에서 경쟁은 '빨리빨리'를 전제한다. 가장 빠른 자가 경쟁에서 이기는 경우가 많기 때문이다. 그래서 많은 사람이 속도, 그것도 가속도를 삶의 원리로 삼고 있다. 하지만 우리는 이 사회의 요구에 맞추어 빠른 속도로 생산·소비하며 살아가는 가운데 정작 중요한 것을 잃어버리고 있다. 가령 참된 의미의 사랑, 우정, 교육, 예술, 학문 같은 것을 우리는 모두 상실하고 있는 것이 아닐까?
> '빨리빨리'에 반대되는 행동으로 '느리게'를 중시하자는 것이 아니다. 지금부터라도 우리는 '빨리빨리'가 아니라 '적정 속도'를 생각하며 살아야 한다. 이는 막연한 타협이나 적당한 중간을 뜻하지 않는다. 그 기준은 현대의 사회와 문화가 지닌 속도의 과도함을 비판적으로 인식하고, 그 한계를 깊이 자각하는 태도를 통해 스스로 세울 수 있다. 즉 적정 속도로 살아가는 삶이란 나태한 게으름이 아니라 우리 사회에서 맹목적으로 좇고 있는 속도의 지나침을 의식하며 사는 것이다. ㉠ <u>이러한 삶</u>은 사회에 대한 비판 정신과 역사의식, 문화에 대한 다양한 지식을 길러 나갈 때 비로소 가능해진다.

> 이를 위해서는 무엇보다도 '천천히' 생각할 시간이 필요하다. ㉡ '<u>빨리빨리</u>' 문화는 우리가 시간을 들여야 경험할 수 있는 소중한 것들을 놓치게 하였다. 특히, 교육을 통해 스스로 성찰할 수 있는 지혜를 익히는 것은 충분한 시간을 들여서 천천히 해야 비로소 가능한 일이 아닐까? '적정 속도'에 대해 천천히 생각해 보는 시간을 가짐으로써 우리는 오히려 신속함과 정확함을 추구하는 지혜를 얻을 수 있을 것이다.
> － 박홍규, 「진정한 의미의 속도」 －

23 윗글에 나타난 서술상의 특징으로 가장 적절한 것은?

① 고사성어를 활용하였다.

② 전문가의 의견을 인용하였다.

③ 구체적인 통계를 제시하였다.

④ 질문 형식의 표현을 사용하였다.

24 문맥상 ㉠에 해당하는 내용은?

① 나태한 삶

② 소비하는 삶

③ 적정 속도로 사는 삶

④ 빠름을 추구하며 사는 삶

25 ㉡에 대한 글쓴이의 관점으로 가장 적절한 것은?

① 천천히 생각할 시간을 갖게 한다.

② 사회에 대한 비판 정신을 기르게 한다.

③ 참된 의미의 사랑, 우정 등을 놓치게 한다.

④ 스스로 성찰할 수 있는 지혜를 익히게 한다.

01 다음은 72를 소인수분해하는 과정을 나타낸 것이다. 72를 소인수분해한 결과로 옳은 것은?

```
2 ) 72
2 ) 36
2 ) 18
3 ) 9
      3
```

① 2×3^3 ② $2^2 \times 3^2$
③ $2^3 \times 3$ ④ $2^3 \times 3^2$

02 다음 수 중에서 음의 정수의 개수는?

$$-3, \ 0, \ 2, \ -5, \ 17$$

① 1개 ② 2개
③ 3개 ④ 4개

03 다음을 문자를 사용한 식으로 바르게 나타낸 것은?

형의 나이가 a살일 때, 형보다 3살 어린 동생의 나이

① $(a+3)$살 ② $(a-3)$살
③ $(a \times 3)$살 ④ $(a \div 3)$살

04 일차방정식 $2x - 1 = 7$의 해는?

① 1 ② 2
③ 3 ④ 4

05 표는 어느 학급 학생 20명의 하루 휴대전화 통화 시간을 조사하여 만든 도수분포표이다. 통화 시간이 30분 이상 90분 미만인 학생의 수는?

통화 시간(분)	도수(명)
0이상 ～ 30미만	5
30 ～ 60	8
60 ～ 90	5
90 ～ 120	2
합계	20

① 11명 ② 12명
③ 13명 ④ 14명

06 그림과 같이 평행한 두 직선 l, m이 다른 한 직선 n 과 만날 때, $\angle x$의 크기는?

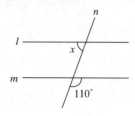

① 55°   ② 60°

③ 65°   ④ 70°

07 그림의 삼각형 ABC에서 $\angle A = 50°$, $\angle B = 45°$ 일 때, $\angle x$의 크기는?

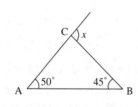

① 85°   ② 90°

③ 95°   ④ 100°

08 다음 분수 중 유한소수로 나타낼 수 <u>없는</u> 것은?

① $\dfrac{1}{2}$ ② $\dfrac{1}{3}$

③ $\dfrac{1}{4}$ ④ $\dfrac{1}{5}$

09 $x^7 \div x^2$을 간단히 하면?

① x^5 ② x^6

③ x^7 ④ x^8

10 그림은 연립일차부등식을 풀기 위하여 각 부등식의 해를 수직선 위에 함께 나타낸 것이다. 이 연립일차부 등식의 해는?

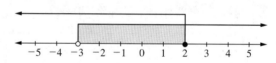

① $x \geq -3$

② $x < 2$

③ $x < -3$, $x \geq 2$

④ $-3 < x \leq 2$

11 그림의 일차함수 $y = ax + 2$의 그래프이다. 상수 a의 값은?

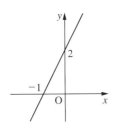

① -2　　　② -1

③ 1　　　④ 2

12 한 개의 주사위를 한 번 던질 때, 홀수의 눈이 나오는 경우의 수는?

① 1　　　② 2

③ 3　　　④ 4

13 그림에서 $\triangle ABC \backsim \triangle DEF$일 때, x의 값은?

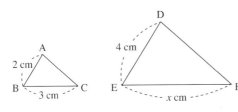

① 6　　　② 7

③ 8　　　④ 9

14 $5\sqrt{2} - 3\sqrt{2}$를 간단히 한 것은?

① $\sqrt{2}$　　　② $2\sqrt{2}$

③ $3\sqrt{2}$　　　④ $4\sqrt{2}$

15 $x^2 + 3x + 2$를 인수분해하면?

① $(x+1)(x+2)$

② $(x+1)(x-2)$

③ $(x-1)(x+2)$

④ $(x-1)(x-2)$

16 이차함수 $y = -(x-2)^2 + 1$의 그래프에 대한 설명으로 옳은 것은?

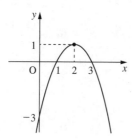

① 최솟값은 1이다.

② $(0, 1)$을 지난다.

③ 아래로 볼록하다.

④ 꼭짓점의 좌표는 $(2, 1)$이다.

17 다음은 어느 학생 5명이 여름 방학 동안 봉사 활동을 한 시간을 나타낸 것이다. 이 자료의 중앙값은?

(단위: 시간)

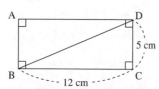

① 4시간

② 6시간

③ 7시간

④ 8시간

18 그림과 같이 직사각형 ABCD의 가로의 길이가 12 cm, 세로의 길이가 5 cm일 때, 대각선 BD의 길이는?

A ─── D

B ─── C

5 cm

12 cm

① 13 cm

② 14 cm

③ 15 cm

④ 16 cm

19 $\angle B = 90°$인 직각삼각형 ABC에서 $\overline{AB} = 4$, $\overline{BC} = 3$, $\overline{CA} = 5$일 때, $\tan A$의 값은?

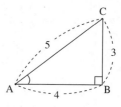

① $\dfrac{3}{4}$

② $\dfrac{5}{4}$

③ $\dfrac{3}{5}$

④ $\dfrac{4}{5}$

20 그림과 같이 원 O에서 호 AB에 대한 원주각 $\angle APB$의 크기가 $30°$일 때, 그 호에 대한 중심각 $\angle AOB$의 크기는?

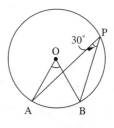

① $50°$

② $55°$

③ $60°$

④ $65°$

01 다음을 모두 포함할 수 있는 단어로 가장 적절한 것은?

arm   head   leg   neck

① job
② body
③ color
④ season

02 두 단어의 의미 관계가 나머지 셋과 <u>다른</u> 것은?

① rich — poor
② glad — happy
③ tall — short
④ strong — weak

03 빈칸에 들어갈 말로 가장 적절한 것은?

_____ are really delicious.

① It
② That
③ They
④ This

[04~06]
대화의 빈칸에 들어갈 말로 가장 적절한 것을 고르시오.

04

A: How _____ does it take to get there?
B: It takes one hour by train.

① old
② long
③ many
④ often

05

A: What's the weather like?
B: It's _____.

① big
② rainy
③ young
④ expensive

06

A: _____?
B: I want to be a doctor.

① When did you see a nurse
② What kind of animals do you like
③ How often do you go to the movies
④ What do you want to be in the future

07 대화의 빈칸에 공통으로 들어갈 말로 가장 적절한 것은?

A: Jenny, can you _____ off your hat?
B: Why? I like my hat.
A: But I want to _____ a picture of you without the hat.
B: Okay.

① come
② have
③ make
④ take

08 다음 관찰 일지를 보고 알 수 없는 것은?

When: May 25ᵗʰ, 14:00~15:00
Where: School playground
What: Ants
Ants live together and each one has a special job.

① 관찰 도구
② 관찰 일시
③ 관찰 장소
④ 관찰 대상

09 다음 그림을 보고 빈칸에 들어갈 말로 가장 적절한 것은?

He is _____ from a headache.

① eating
② cooking
③ suffering
④ volunteering

10 두 사람이 이번 주 금요일에 할 일로 가장 적절한 것은?

A: Why don't we eat out this Friday?
B: That's good idea. What do you want to eat?
A: How about a steak?
B: I'd love it.

① 책 사기
② 운동하기
③ 외식하기
④ 학원 가기

11 다음은 Mina의 주간 계획표이다. 수요일에 해야 할 일은?

Monday	Tuesday	Wednesday	Thursday	Friday
Do my homework	Clean my room	Practice the piano	See the doctor	Meet friends

① 숙제하기
② 방 청소하기
③ 피아노 연습하기
④ 친구 만나기

12 다음 그림을 보고 빈칸에 들어갈 말로 가장 적절한 것은?

The rabbit is the _____ animal of there.

① biggest
② longest
③ tallest
④ smallest

13 다음 대화의 주제로 가장 적절한 것은?

A: How was your trip to Busan?
B: It was a good experience.
A: What did you do there?
B: I spent all day swimming at the beach.

① 공부 방법
② 여행 경험
③ 장래 희망
④ 친구 소개

14 다음 대화에서 밑줄 친 말의 의도로 가장 적절한 것은?

> A: Do you want to go to the library together?
> B: Sure. What time shall we meet?
> A: Let's meet at 6.
> B: Great! See you then.

① 감사하기　　　　② 사과하기

③ 제안하기　　　　④ 칭찬하기

15 다음 대화에서 B가 버스를 놓친 이유는?

> A: Did you miss the bus?
> B: Yes, I did. I got up late this morning.

① 늦잠을 자서

② 등산을 하다가

③ 친구를 기다리다가

④ 지갑을 두고 와서

16 다음 안내 방송을 들을 수 있는 장소로 가장 적절한 것은?

> Thank you for visiting our department store. We'll be closing in ten minutes. We hope you've enjoyed shopping here. Thank you.

① 경찰서　　　　② 독서실

③ 백화점　　　　④ 응급실

17 주어진 말에 이어질 두 사람의 대화를 〈보기〉에서 찾아 순서대로 가장 적절하게 배열한 것은?

> What are you doing?

──── • 보기 •────
(A) I'm making a cake for my dad.
(B) I hope he will.
(C) It's a nice of you. Your father will like it.

① (A) － (B) － (C)

② (A) － (C) － (B)

③ (B) － (A) － (C)

④ (C) － (B) － (A)

18 다음 글의 주제로 가장 알맞은 것은?

> Hi, my name is Sora. I am 14 years old. I love watching movies and playing the guitar. My favorite subject is math. I want to be a teacher. Nice to meet you all.

① 자기소개

② 대회 홍보

③ 악기 판매

④ 영화 예매

19 다음 안내문에서 손을 씻어야 하는 경우로 언급되지 <u>않은</u> 것은?

> You should wash your hands:
> ○ after arriving home
> ○ after coughing
> ○ before eating food

① 집에 도착한 후

② 기침을 한 후

③ 음식을 먹기 전

④ 동물을 만지기 전

20 다음 중 밑줄 친 It(it)이 가리키는 것으로 적절한 것은?

> _It_ can live with people. _It_ has four legs and a tail. Many people have _it_ as a pet. When _it_ is young, _it_ is called a puppy.

① dog
② lion
③ bird
④ snake

21 다음 대화의 마지막 응답으로 가장 적절한 것은?

> A: One large pizza and a can of cola, please.
> B: That'll be 10 dollars. How will you pay for that?
> A: _____.

① I'll pay in cash
② She can bring a chair
③ My dream comes true
④ Your order will be ready soon

22 다음 글을 쓴 목적으로 가장 적절한 것은?

> Are you interested in space? Then, join our club, _Big Bang_. We meet every Friday after school and learn about space. Come and study together.

① 전학생 소개
② 식당 사용 안내
③ 안전 수칙 제시
④ 동아리 회원 모집

23 다음 글의 주제로 가장 적절한 것은?

> You can improve yourself by reading books. Reading gives you chance to learn new things. It also helps you to understand others. The more you read, the more you learn. Reading makes you much smarter and happier.

① 배려의 필요성
② 교통 법규 준수
③ 독서의 이로운 점
④ 시간 활용의 중요성

24 다음 글의 바로 뒤에 이어질 내용으로 가장 적절한 것은?

> Most of us want to help save the Earth. We can start this by recycling at home. Here are some simple ways to recycle more effectively at home.

① 대기 오염의 원인
② 산림 보호의 실천 사례
③ 단체 생활 시 질병 예방 수칙
④ 가정에서의 효율적 재활용 방법

25 다음 글에서 지난 주 토요일에 Sumi가 한 일은?

> Last weekend, Sumi went to Jeju-do with her family. On Saturday, she went fishing. On Sunday, she went to the beach and made a sand castle. She had lots of fun.

① 낚시하기
② 승마 체험
③ 박물관 관람
④ 모래성 쌓기

제 4 교시 **사회**

01 우리나라가 여름일 때, 겨울인 지역을 지도에서 고른 것은?

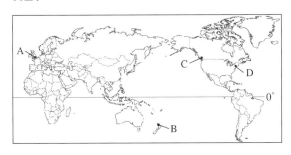

① A
② B
③ C
④ D

02 다음에서 설명하는 기후는?

○ 가장 추운 달의 평균 기온이 18 ℃ 이상이고 연중 강수량이 많은 기후이다.
○ 이 기후가 나타나는 지역에서는 지표면의 열기와 습기를 피하기 위해 지면에서 높이 띄운 가옥을 볼 수 있다.

① 고산 기후
② 스텝 기후
③ 지중해성 기후
④ 열대 우림 기후

03 ㉠에 들어갈 자연재해는?

건물을 지을 때 내진 설계를 하는 것은 (㉠)을/를 대비하기 위해서야.

맞아. 그 외에도 피해를 줄이기 위해 평상시에 대피 훈련을 실시하는 것이 필요해.

① 지진
② 가뭄
③ 폭설
④ 황사

04 다음에서 설명하는 산의 위치를 지도에서 고른 것은?

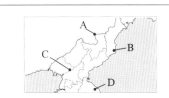

○ 백두대간의 시작 지점이다.
○ 산 정상에 칼데라 호가 있다.
○ 한반도에서 가장 높은 산이다.

① A
② B
③ C
④ D

05 ㉠에 들어갈 내용으로 옳지 <u>않은</u> 것은?

◈ 기본권의 제한과 한계 ◈
1. 기본권 제한의 요건: (㉠)을/를 위해 필요한 경우
2. 기본권 제한의 한계: 기본권의 본질적인 내용은 침해할 수 없다.

① 공공복리
② 사적 이익
③ 질서 유지
④ 국가 안전 보장

06 ㉠에 들어갈 용어는?

제주도에는 (㉠)이/가 식는 과정에서 다각형의 기둥 모양으로 쪼개진 주상절리가 있다.

① 모래
② 빙하
③ 용암
④ 석회암

07 다음에서 설명하는 섬은?

> ○ 우리나라의 가장 동쪽에 있는 화산섬이다.
> ○ 1999년에 천연 보호 구역으로 지정되었다.
> ○ 해저에는 메탄하이드레이트가 다량 매장되어 있다.

① 독도
② 거제도
③ 마라도
④ 연평도

08 다음에서 설명하는 국가 영역은?

> ○ 항공 교통과 국가 방위 측면에서 중요하다.
> ○ 일반적으로 대기권 내로 그 범위를 제한한다.
> ○ 국가의 주권이 미치는 땅과 바다의 수직 상공이다.

① 영공
② 영토
③ 영해
④ 공해

09 대한민국 대통령에 대한 설명으로 옳지 <u>않은</u> 것은?

① 행정부 수반이자 국가 원수로서의 지위를 가진다.
② 법을 해석하고 적용하여 최종적인 재판을 담당한다.
③ 국무 회의의 의장이 되어 국가 중요 정책을 심의한다.
④ 대한민국을 대표하여 외국과 조약을 체결할 권한을 가진다.

10 다음에 해당하는 사례로 적절하지 <u>않은</u> 것은?

> 인간이 환경에 적응하면서 만들어 온 공통된 생활 양식을 문화라고 한다.

① 친구와 악수를 한다.
② 젓가락으로 음식을 먹는다.
③ 횡단보도에서 우측통행을 한다.
④ 매운 냄새를 맡으면 재채기가 나온다.

11 다음의 요청에 의해 시작되는 재판의 종류는?

> 피고인 A씨는 길에서 마주친 B씨를 아무 이유 없이 폭행하였습니다. 공소를 제기합니다.

① 민사 재판
② 선거 재판
③ 형사 재판
④ 행정 재판

12 다음의 역할을 담당하는 국가 기관은?

> ○ 위헌 법률 심판
> ○ 탄핵 심판
> ○ 정당 해산 심판
> ○ 권한 쟁의 심판

① 국회
② 감사원
③ 대법원
④ 헌법 재판소

13 인권에 대한 설명으로 옳지 <u>않은</u> 것은?

① 자연권 또는 천부 인권이라고도 한다.
② 국가의 법으로 보장되기 이전부터 주어진 권리이다.
③ 성인만 가질 수 있는 기본적이고 보편적인 권리이다.
④ 인간이라는 이유만으로 누구에게나 차별 없이 부여된다.

14 다음에서 설명하는 것은?

> ○ 빛을 전기 에너지로 변환한다.
> ○ 일사량이 풍부한 지역이 발전에 유리하다.

① 화력 발전
② 수력 발전
③ 태양광 발전
④ 원자력 발전

15 다음에서 설명하는 경제 지표는?

> ○ 한 나라의 경제 규모와 생산 능력을 알려 주는 지표이다.
> ○ 한 나라의 국경 안에서 일정 기간(보통 1년) 동안 새롭게 생산된 최종 생산물의 시장 가치의 합을 말한다.

① 환율
② 실업률
③ 물가 지수
④ 국내 총생산

16 다음의 내용을 통해 알 수 있는 것은?

> 더위를 식혀 주는 에어컨의 경우, 한대 기후 지역에서는 희소성이 없으나 열대 기후 지역에서는 희소성이 있다.

① 한 번 희소한 자원은 영원히 희소하다.
② 지역에 따라 자원의 희소성이 달라질 수 있다.
③ 시대가 달라져도 자원의 희소성은 달라지지 않는다.
④ 자원의 희소성은 자원의 절대적인 양에 의해서만 결정된다.

17 다음 유물이 처음 제작되었던 시기는?

비파형 동검

① 구석기 시대
② 신석기 시대
③ 청동기 시대
④ 철기 시대

18 ㉠에 들어갈 문화유산의 제작 배경으로 옳은 것은?

> ┌─────────┐
> │   ㉠   │은/는 부처의 힘으로 국난을 극복하
> └─────────┘
> 고자 하는 염원에서 제작되었다. 현재 유네스코 세계 기록 유산에 등재되었으며 해인사에 보관되어 있다.

① 을미사변
② 몽골의 침입
③ 청·일 전쟁
④ 홍경래의 난

19 다음에서 설명하는 고려 후기 정치 세력은?

> ○ 정몽주, 정도전 등이 대표적인 인물임
> ○ 권문세족의 비리를 비판하고 사회 개혁을 주장함
> ○ 성리학을 공부하고 과거를 통해 중앙 관리로 진출함

① 호족
② 진골
③ 문벌 귀족
④ 신진 사대부

20 신라 법흥왕의 업적으로 옳은 것을 〈보기〉에서 고른 것은?

― 보기 ―

ㄱ. 불교 공인
ㄴ. 율령 반포
ㄷ. 경복궁 중건
ㄹ. 훈민정음 창제

① ㄱ, ㄴ   ② ㄱ, ㄹ
③ ㄴ, ㄷ   ④ ㄷ, ㄹ

21 ㉠에 해당하는 인물은?

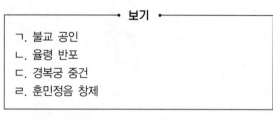

■ 역사 인물 카드 ■
○ 이름: ㉠
○ 생몰 연도: 1762년~1836년
○ 주요 활동: 여전론 주장, 거중기 고안
○ 주요 저서: 『목민심서』, 『경세유표』 등

① 허준   ② 신채호
③ 정약용   ④ 장보고

22 다음에서 설명하는 사건은?

> 도요토미 히데요시는 일본의 전국 시대를 통일한 후 대륙 침략을 결정하였다. 일본은 명을 정벌하러 가는 길을 빌려 달라는 구실로 조선을 침략하였다(1592년).

① 병자호란   ② 임진왜란
③ 귀주 대첩   ④ 살수 대첩

23 다음에서 설명하는 사건은?

> 미국은 제너럴 셔먼호 사건을 구실로 강화도를 공격하였다. 어재연 장군이 이끄는 조선군은 광성보에서 항전하였고, 조선이 수교 협상에 응하지 않자 미국은 단념하고 물러갔다.

① 신미양요   ② 간도 참변
③ 아관 파천   ④ 6·25 전쟁

24 ㉠에 해당하는 사건은?

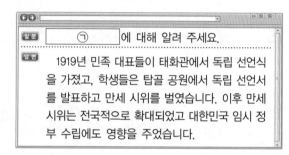

질문 ㉠ 에 대해 알려 주세요.

답변 1919년 민족 대표들이 태화관에서 독립 선언식을 가졌고, 학생들은 탑골 공원에서 독립 선언서를 발표하고 만세 시위를 벌였습니다. 이후 만세 시위는 전국적으로 확대되었고 대한민국 임시 정부 수립에도 영향을 주었습니다.

① 3·1 운동
② 원산 총파업
③ 새마을 운동
④ 물산 장려 운동

25 ㉠에 들어갈 내용은?

〈수행 평가 계획서〉
○ 주제: 김대중 정부 시기의 주요 사건
○ 조사할 내용: • 외환 위기 극복을 위한 노력
          • 노벨 평화상 수상
          • ㉠

① 의열단 조직
② 헤이그 특사 파견
③ 강화도 조약 체결
④ 남북 정상 회담 개최

01 그림과 같이 $3 \, \text{m/s}$ 의 일정한 속력으로 $15 \, \text{m}$ 의 거리를 이동하였을 때 걸린 시간은?

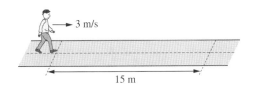

① 1초   ② 3초
③ 5초   ④ 7초

02 다음 실험을 통해 알 수 있는 열의 이동 방법은?

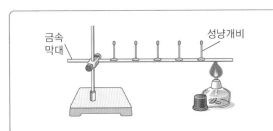

〈실험 과정〉
금속 막대에 일정한 간격으로 같은 양의 촛농을 떨어뜨려 성냥개비를 붙인 후, 알콜 램프로 금속 막대를 가열한다.
〈실험 결과〉
알콜 램프에서 가까운 성냥개비부터 차례로 떨어진다.

① 굴절   ② 대류
③ 반사   ④ 전도

03 공기 중에서 렌즈를 통과한 빛의 진행 경로로 옳은 것은?

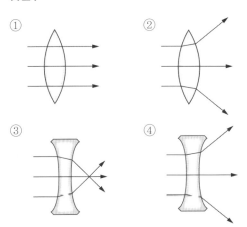

04 어떤 물체가 지표면에서 $10 \, \text{m}$ 높이까지 올라갈 때, 높이와 중력에 의한 위치 에너지의 관계를 옳게 나타낸 것은?

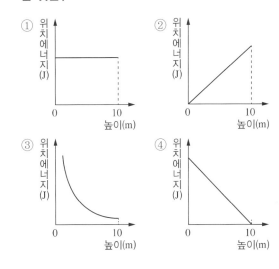

05 그림과 같이 (−) 전하로 대전된 플라스틱 막대를 알루미늄 막대에 가까이 하였을 때, 알루미늄 막대의 양 끝 ㉠과 ㉡에 대전되는 전하의 종류는?

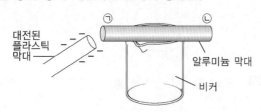

대전된 플라스틱 막대
알루미늄 막대
비커

	㉠	㉡
①	(＋)	(＋)
②	(＋)	(−)
③	(−)	(＋)
④	(−)	(−)

06 표는 전기 기구의 소비 전력과 사용한 시간을 나타낸 것이다. 사용한 전력량이 가장 큰 전기 기구는?

전기 기구	소비 전력	사용한 시간
선풍기	20 W	6시간
텔레비전	300 W	5시간
진공청소기	1,000 W	1시간
에어컨	2,000 W	3시간

① 선풍기
② 에어컨
③ 텔레비전
④ 진공청소기

07 다음 설명에 해당하는 원소의 이름과 원소 기호를 옳게 짝지은 것은?

> ○ 물질의 연소와 사람의 호흡에 필요하다.
> ○ 지구 대기 성분의 약 21%를 차지한다.

① 수소 − H
② 수소 − C
③ 산소 − N
④ 산소 − O

08 그림과 같이 1기압일 때 부피가 20 L인 어떤 기체가 있다. 압력을 2기압으로 높일 때 이 기체의 부피는?
(단, 온도는 일정하고 기체의 출입은 없다.)

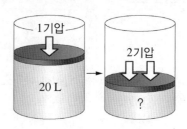

1기압
20 L
2기압
?

① 5 L
② 10 L
③ 20 L
④ 40 L

09 다음과 같이 실생활에서 혼합물을 분리할 때 공통적으로 이용하는 물질의 특성은?

> ○ 원심 분리기를 이용하여 혈액을 혈구와 혈장으로 분리한다.
> ○ 좋은 볍씨를 고를 때 소금물에 넣어 물에 뜬 쭉정이를 체로 걸러 낸다.

① 밀도
② 녹는점
③ 어는점
④ 끓는점

10 다음은 수소와 산소가 반응하여 수증기를 생성하는 화학 반응식이다. ㉠에 알맞은 숫자는?

$$2H_2 + O_2 \rightarrow (㉠)H_2O$$

① 1
② 2
③ 3
④ 4

11 다음 중 염산, 질산, 아세트산 수용액에 공통적으로 들어 있는 이온은?

① H^+

② Na^+

③ OH^-

④ Cl^-

12 다음 중 식물 세포에서 녹색을 띠며 광합성을 하는 곳은?

① 핵

② 세포막

③ 엽록체

④ 미토콘드리아

13 그림은 물질의 상태 변화를 나타낸 것이다. 다음 중 얼음 조각이 녹는 현상에 해당하는 것은?

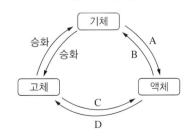

① A

② B

③ C

④ D

14 그림은 ㉠과 광합성량의 관계를 나타낸 것이다. ㉠에 해당하는 것은?

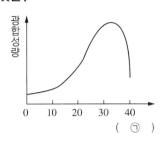

① 온도

② 상대 습도

③ 산소 농도

④ 이산화 탄소 농도

15 다음 설명에 해당하는 기관은?

○ 펩신이 들어 있는 소화액을 분비한다.
○ 소화 기관으로 안쪽 벽에는 주름이 많다.

① 간

② 위

③ 심장

④ 이자

16 다음 중 폐포로 이루어져 있으며 기체 교환이 일어나는 호흡 기관은?

① 코

② 폐

③ 콩팥

④ 가로막

17 중추 신경계에서 뇌의 대부분을 차지하며 추리와 분석 등의 복잡한 정신 활동을 담당하는 곳은?

① 간뇌　　　　　② 대뇌
③ 소뇌　　　　　④ 척수

18 다음 중 식물 세포의 체세포 분열 과정을 순서대로 옳게 나타낸 것은?

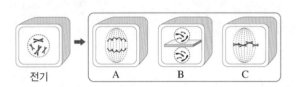

① A → B → C
② B → A → C
③ B → C → A
④ C → A → B

19 그림은 지구 내부의 층상 구조를 나타낸 것이다. 지구 전체에서 가장 큰 부피를 차지하는 곳과 그 명칭을 옳게 짝지은 것은?

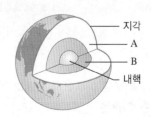

① A - 맨틀　　　② A - 외핵
③ B - 맨틀　　　④ B - 외핵

20 그림은 순종의 둥근 완두(RR)와 주름진 완두(rr)의 교배 실험을 나타낸 것이다. 잡종 1대에 해당하는 유전자형은? (단, 돌연변이는 없다.)

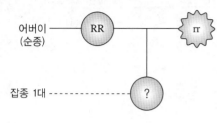

① RR　　　　　② Rr
③ rr　　　　　　④ RRr

21 다음 설명에 해당하는 것은?

> ○ 육지의 물 중에서 가장 많은 양을 차지한다.
> ○ 극지방이나 고산 지대에 얼음의 형태로 분포한다.

① 빙하　　　　　② 호수
③ 지하수　　　　④ 하천수

22 그림은 대기권의 높이에 따른 기온 변화를 나타낸 것이다. 위로 갈수록 기온이 낮아지며, 구름이나 비 등의 기상 현상이 일어나는 곳은?

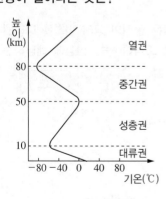

① 열권　　　　　② 중간권
③ 성층권　　　　④ 대류권

23 그림은 우리나라 날씨에 영향을 주는 기단을 나타낸 것이다. 한랭건조하며 우리나라 겨울철 날씨에 주로 영향을 주는 기단은?

① 양쯔 강 기단
② 북태평양 기단
③ 시베리아 기단
④ 오호츠크 해 기단

24 다음 설명에 해당하는 태양계의 행성은?

○ 지구형 행성이다.
○ 초저녁이나 새벽에만 볼 수 있다.
○ 대기의 대부분이 이산화 탄소로 이루어져 있다.

① 금성　　　　② 토성
③ 천왕성　　　④ 해왕성

25 표는 별의 겉보기 등급을 나타낸 것이다. 지구에서 맨눈으로 보았을 때 가장 밝은 별은?

별	겉보기 등급
데네브	1.3
베텔게우스	0.5
리겔	0.1
시리우스	−1.5

① 리겔
② 데네브
③ 시리우스
④ 베텔게우스

01 ㉠에 공통으로 들어갈 용어는?

> ○ (㉠)을/를 어길 때 스스로 부끄러움을 느낀다.
> ○ (㉠)은/는 도덕적 삶으로 안내하는 마음의 명령이다.

① 양심　　　　② 타율
③ 집착　　　　④ 탐욕

02 다음 일기를 통해 배울 수 있는 삶의 자세는?

> ○월 ○일 ○요일
> 　청소 시간에 친구와 싸웠다. 나를 놀렸다고 오해해서 생긴 일이다. 내가 친구의 말을 경청하였다면 다투지 않았을 텐데…. 내 잘못을 알게 된 후 친구에게 사과하였다.

① 충동적으로 행동해야 한다.
② 성찰하는 삶을 살아야 한다.
③ 타인의 처지에 무관심해야 한다.
④ 잘못을 절대로 용서하면 안 된다.

03 다음 설명에 해당하는 상부상조의 전통은?

> 노동력이 부족할 때 이웃 사람끼리 도움을 주고받는 일대일의 노동 교환 방식이다.

① 계　　　　　② 두레
③ 향약　　　　④ 품앗이

04 ㉠에 들어갈 내용으로 적절하지 <u>않은</u> 것은?

> ○ 주제: 바람직한 가정을 이루기 위한 노력
> ○ 내용: (　　　　　㉠　　　　　)

① 가까운 사이라도 예의를 지키며 존중한다.
② 다양한 방법으로 대화하며 서로 이해한다.
③ 함께 할 수 있는 일에 공동으로 참여한다.
④ 각자 역할이 있으므로 관심을 두지 않는다.

05 ㉠에 들어갈 용어로 적절한 것은?

> 〈　　　　㉠　　　　〉
> ○ 의미: 자신의 도덕적 결정과 행동이 자신과 타인에게 미치는 영향을 이해하고 느끼는 것
> ○ 구성 요소: 공감, 도덕적 민감성, 행위 결과 예측

① 도덕적 해이
② 도덕적 강제력
③ 도덕적 상상력
④ 도덕적 불감증

06 다른 문화를 존중하는 올바른 태도는?

① 다른 문화의 열등성만 강조한다.
② 문화의 차이를 이해하려고 노력한다.
③ 다른 문화를 맹목적으로 받아들인다.
④ 자신의 문화에 대해서만 우월감을 갖는다.

07 (가)에 들어갈 알맞은 덕목은?

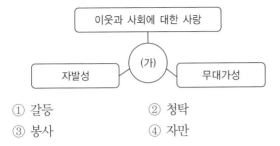

이웃과 사회에 대한 사랑

자발성 — (가) — 무대가성

① 갈등   ② 청탁
③ 봉사   ④ 자만

08 환경 친화적 삶을 실천하는 올바른 자세는?

① 환경 문제에 관심을 두지 않는다.
② 편리한 생활을 위해 자원을 낭비한다.
③ 물질 중심적 태도로 생산하고 소비한다.
④ 생태계 보호를 위해 생활 쓰레기를 줄인다.

09 도덕 추론 과정에서 ㉠에 들어갈 용어는?

○ 도덕 원리: 법을 어기는 행동을 하면 안 된다.
○ 사실 판단: 무임승차는 법을 어기는 행동이다.
○ (㉠): 무임승차를 해서는 안 된다.

① 도덕 판단   ② 가치 전도
③ 자아 성찰   ④ 진로 선택

10 사이버 공간에서 지켜야 할 덕목이 <u>아닌</u> 것은?

① 예의   ② 존중
③ 절제   ④ 해악

11 바람직한 국가의 역할을 〈보기〉에서 고른 것은?

┌─────── 보기 ───────
│ ㄱ. 국민의 생명 보호
│ ㄴ. 집단 간의 갈등 조성
│ ㄷ. 국민 삶의 질 향상
│ ㄹ. 특권층의 이익 극대화
└──────────────────

① ㄱ, ㄴ   ② ㄱ, ㄷ
③ ㄴ, ㄹ   ④ ㄷ, ㄹ

12 도덕적 자아상 확립을 위한 노력으로 적절한 것은?

① 훌륭한 사람의 인격을 본받고자 한다.
② 자신에게 주어진 역할과 책임을 외면한다.
③ 타인에게 보여지는 자신의 모습만을 중시한다.
④ 나와 다른 생각을 무시하고 독단적으로 행동한다.

13 ㉠에 들어갈 대답으로 적절하지 <u>않은</u> 것은?

 윤리적 책임을 고려할 때 과학 기술의 바람직한 활용 방향은 무엇일까요?  ㉠

① 평화적으로 이용해야 합니다.
② 인류의 공공선에 기여해야 합니다.
③ 미래 세대에 미칠 영향을 고려해야 합니다.
④ 무분별한 과학 지상주의를 강화해야 합니다.

14 다음 내용에 해당하는 덕목은?

○ 성품과 행실이 높고 맑아 탐욕이 없는 상태
○ 공직자가 갖추어야 할 올바른 자세

① 위선   ② 부정
③ 청렴   ④ 부패

15 어느 학생의 서술형 평가 답안이다. 밑줄 친 ㉠~㉢ 중 옳지 않은 것은?

> ○ 문제: 사회적 약자를 보호하기 위한 올바른 자세를 서술하시오.
> ㉠ 사회적 약자에 대한 선입견을 갖지 말아야 하고, ㉡ 그들은 특별하므로 무조건 차별해야 한다. 그리고 ㉢ 사회적 약자들이 겪는 어려움에 공감할 수 있어야 하며, ㉣ 그들의 정당한 권리를 존중해야 한다.

① ㉠   ② ㉡
③ ㉢   ④ ㉣

16 폭력에 대처하는 가장 바람직한 방법은?

① 보복을 피하기 위해 가해자를 돕는다.
② 폭력 행위를 보면 방관하고 회피한다.
③ 폭력이 발생하면 주변에 도움을 요청한다.
④ 피해를 당한 사람이 문제가 있다고 생각한다.

17 ㉠, ㉡에 들어갈 알맞은 덕목은?

> ○ (㉠): 상대방이 처한 입장을 고려하여 도와주고 보살펴주는 것
> ○ (㉡): 생각과 추구하는 가치가 다를 수 있음을 인정하고 존중하는 것

	㉠	㉡		㉠	㉡
①	배려	관용	②	배척	관용
③	편견	이해	④	편견	독선

18 남북한 평화 교류의 목적을 〈보기〉에서 고른 것은?

> ┌─────────── 보기 ───────────┐
> ㄱ. 군사적 긴장 강화
> ㄴ. 남북한 간의 신뢰 형성
> ㄷ. 경제적 불평등 심화
> ㄹ. 남북한 간의 동질성 회복
> └──────────────────────────┘

① ㄱ, ㄴ   ② ㄱ, ㄷ
③ ㄴ, ㄹ   ④ ㄷ, ㄹ

19 외모 지상주의를 극복하기 위한 노력으로 적절한 것은?

20 다음 대화에 담긴 욕구로 가장 적절한 것은?

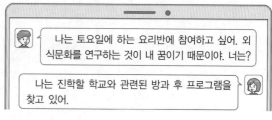

① 생리적 욕구
② 안전의 욕구
③ 과시적 욕구
④ 자아실현의 욕구

21 다음 내용이 설명하는 것은?

○ 유교에서 제시하는 이상 사회로 공동체 전체를 한 가족처럼 여겨서 모든 사람이 보호받는 평화로운 사회를 말한다.

○ 큰 도(道)가 행해지고, 어진 사람과 능력 있는 사람을 지도자로 뽑고, 신의와 화목을 가르치기 때문에 모든 사람이 보살핌을 받을 수 있다. …… 남의 재물을 탐하지 않고 자기만을 위하지 않는다.

– 『예기(禮記)』 –

① 부국강병(富國强兵)
② 소국과민(小國寡民)
③ 불국정토(佛國淨土)
④ 대동사회(大同社會)

22 도덕적 자율성을 발휘하기 위해 필요한 것은?

① 복종
② 책임
③ 억압
④ 방종

23 참된 행복을 추구하는 삶으로 가장 적절한 것은?

① 바람직한 가치를 추구한다.
② 감각적인 즐거움만 추구한다.
③ 순간적 유혹과 쾌락을 선택한다.
④ 물질적 풍요를 위해 재물에 집착한다.

24 ㉠에 들어갈 내용으로 적절하지 않은 것은?

탐구 주제: 지구 공동체 문제를 어떻게 해결할까?
탐구 내용: 문제 해결을 위한 실천 방안
　　　　　– (　　　　　㉠　　　　　)

① 인류 평화를 위해 국가 간에 협력하기
② 빈곤 국가에 대해 관심을 갖고 후원하기
③ 질병 예방을 위해 비정부 기구 활동 금지하기
④ 지구 온난화 문제 해결을 위해 적극적으로 참여하기

25 다음 내용으로 알 수 있는 인권의 특징이 아닌 것은?

인권은 국적, 인종, 성별, 종교 등에 관계없이 인간이 존엄하게 살아가기 위해 필요한 권리이며, 모든 인간이 누려야 할 권리이다. 그리고 인권은 태어날 때부터 가지는 권리이며 어느 누구도 절대 침해할 수 없다.

① 천부성
② 폭력성
③ 보편성
④ 불가침성

01 다음 대화에서 '아저씨'의 말하기 목적으로 가장 적절한 것은?

> 아저씨, 근처에 문구점이 어디에 있나요?
>
> 저기 보이는 건물 안에 있어.

① 위로하기
② 칭찬하기
③ 감사 표현하기
④ 정보 제공하기

02 빈칸에 들어갈 말로 가장 적절한 것은?

> 오늘 삼촌을 따라서 의사들이 모이는 저녁 식사 자리에 놀러갔다. 의사인 삼촌은 '어레스트[1], 시저[2], 등 어려운 ▢▢▢를 쓰면서 동료 분들과 대화를 했다. 나는 무슨 뜻인지 알아들을 수 없었다.
>
> 1) 어레스트: 심장이 갑자기 멈추는 일.
> 2) 시저: 발작.

① 금기어　　　　② 비속어
③ 유행어　　　　④ 전문어

03 다음 표준 발음법 규정에 해당하는 단어의 예로 적절하지 <u>않은</u> 것은?

> **■ 표준 발음법 ■**
> [제19항] 받침 'ㅁ, ㅇ' 뒤에 연결되는 'ㄹ'은 [ㄴ]으로 발음한다.

① 담요　　　　② 담력
③ 침략　　　　④ 항로

04 밑줄 친 부분과 문장 성분이 같은 것은?

> 가을 <u>하늘은</u> 매우 높다.

① 들판에 첫눈이 내렸다.
② 조카의 <u>행동이</u> 귀엽다.
③ 형은 <u>동생보다</u> 키가 크다.
④ <u>맛있는</u> 음식을 먹고 싶다.

05 언어의 역사성에 대한 예로 적절하지 <u>않은</u> 것은?

① '인공지능'과 '컴퓨터'는 예전에 없던 말이 새로 만들어져 사용되는 것이다.
② '어리다'는 예전에 '어리석다'라는 뜻으로 쓰였으나, 지금은 '나이가 적다'라는 뜻으로 쓰인다.
③ 한국어에서 '나무'라고 부르는 것을 영어에서는 '트리(tree)', 중국어에서는 '슈(樹)'라고 부른다.
④ 과거에는 '천(千), 백(百)'을 '즈믄, 온'으로 사용하기도 하였으나 오늘날에는 잘 사용하지 않는다.

06 〈보기〉에서 문장 종결 표현과 예가 적절하게 연결된 것은?

> **보기**
> ㄱ. 평서형: 우리 도서관에 가자.
> ㄴ. 명령형: 누나랑 도서관에 가라.
> ㄷ. 의문형: 누나는 도서관에 갔니?
> ㄹ. 감탄형: 누나와 함께 도서관에 가 보렴.
> ㅁ. 청유형: 누나는 도서관에 갔을 것이다.

① ㄱ, ㄴ　　　　② ㄴ, ㄷ
③ ㄷ, ㄹ　　　　④ ㄹ, ㅁ

07 밑줄 친 상황과 어울리는 관용 표현으로 가장 적절한 것은?

> 요즘 동생이 내가 사 둔 간식을 허락 없이 자주 먹는다. 내가 "네가 먹었지?"라고 물으면 자기가 먹었으면서도 안 먹은 척한다.

① 입이 짧다.
② 시치미를 떼다.
③ 김칫국부터 마신다.
④ 눈코 뜰 사이 없다.

08 인터넷 공간에서의 쓰기 윤리에 대한 설명으로 적절하지 **않은** 것은?

① 자료의 출처를 밝힌다.
② 상대방을 배려하며 글을 쓴다.
③ 좋은 글을 허락 없이 공유한다.
④ 정보의 정확성을 확인하며 쓴다.

09 ㉠~㉣을 한글 맞춤법에 맞게 고쳐 쓴 것으로 적절하지 **않은** 것은?

◈ 차림표 ◈
○ ㉠ 김치찌게   ○ ㉡ 순대국
○ ㉢ 떡복기   ○ ㉣ 조기졸임
○ 육개장   ○ 생선 매운탕

① ㉠: '김치찌개'로 바꾼다.
② ㉡: '순댓국'으로 바꾼다.
③ ㉢: '떡복기'로 바꾼다.
④ ㉣: '조기조림'으로 바꾼다.

10 ㉠에 해당하는 내용으로 가장 적절한 것은?

> △△△ 문학촌 답사 보고서 쓰기 계획
> ○ 목적: _____㉠_____
> ○ 일시 및 장소: 2020년 ○월 ○일 ○○시, ○○면
> ○ 내용: 작가의 생가 및 작품 배경지 탐방
> ○ 방법: 사전 조사 및 현장 답사

① 지역 특산물을 조사하기 위해
② 게임 사용 실태를 파악하기 위해
③ 과학 실험을 통해 정보를 얻기 위해
④ 작가와 작품을 더 깊이 이해하기 위해

[11~13]
다음 글을 읽고 물음에 답하시오.

> 죽는 날까지 ㉠ 하늘을 우러러
> 한 점 부끄럼이 없기를,
> 잎새에 이는 바람에도
> 나는 괴로워했다.
> 별을 노래하는 마음으로
> 모든 죽어 가는 것을 사랑해야지.
> 그리고 나한테 주어진 길을
> 걸어가야겠다.
>
> 오늘 밤에도 별이 바람에 스치운다.
>
> – 윤동주, 「서시」 –

11 윗글에 대한 설명으로 가장 적절한 것은?

① 동일한 구절이 반복되고 있다.
② 후각적 이미지가 강조되고 있다.
③ 소리를 흉내 내는 말이 나타나고 있다.
④ 의미가 대립되는 시어가 제시되고 있다.

12 ㉠의 함축적 의미를 설명한 것으로 가장 적절한 것은?

① 문명의 발전을 가로막는 방해물
② 인간에 대한 차별과 불신의 사회
③ 화자가 양심을 비추어 보는 거울
④ 현실과 대비되는 자연 친화적 공간

13 윗글에 나타난 화자의 태도로 가장 적절한 것은?

① 냉소적　　　　　② 의지적

③ 체념적　　　　　④ 해학적

[14~16]

다음 글을 읽고 물음에 답하시오.

나는 그 아저씨가 어떤 사람인지는 몰랐으나 첫날부터 내게는 퍽 고맙게 굴고, 나도 그 아저씨가 꼭 마음에 ㉮ 들었어요. 어른들이 저희끼리 말하는 것을 들으니까, 그 아저씨는 돌아가신 우리 아버지와 어렸을 적 친구라고요. 어디 먼 데 가서 ㉠ 공부를 하다가 요새 돌아왔는데, 우리 동리 학교 교사로 오게 되었대요. 또, 우리 큰외삼촌과도 동무인데, 이 동리에는 하숙도 별로 깨끗한 곳이 없고 해서 윗사랑으로 와 계시게 되었다고요.

〈중략〉

어느 날은 점심을 먹고 이내 살그머니 사랑에 나가 보니까, 아저씨는 그때에야 점심을 잡수세요. 그래 가만히 앉아서 점심 잡숫는 걸 구경하고 있노라니까, 아저씨가

"옥희는 어떤 반찬을 제일 좋아하노?"

하고 묻겠지요. 그래 삶은 달걀을 좋아한다고 했더니, 마침 상에 놓인 삶은 달걀을 한 알 집어 주면서 나더러 먹으라고 합니다.

나는 그 달걀을 벗겨 먹으면서,

"아저씨는 무슨 반찬이 제일 맛나요?"

하고 물으니까, 아저씨는 한참이나 빙그레 웃고 있더니,

"나도 삶은 달걀."

하겠지요. 나는 좋아서 ㉡ 손뼉을 짤깍짤깍 치고,

"아, 나와 같네. 그럼 가서 어머니한테 알려야지."

하면서 일어서니까, 아저씨가 꼭 붙들면서,

"그러지 마라."

그러시겠지요. 그래도 나는 한 번 맘을 먹은 다음엔 꼭 그대로 하고야 마는 성미지요. 그래 안마당으로 뛰어 들어가면서,

"엄마, 엄마, 사랑 아저씨도 나처럼 삶은 달걀을 제일 좋아한대."

하고 소리를 질렀지요.

"떠들지 마라."

하고 어머니는 눈을 흘기십니다. 그러나 사랑 아저씨가 달걀을 좋아하는 것이 내게는 썩 좋게 되었어요. 그다음부터는 어머니가 달걀을 많이씩 사게 되었으니까요. 달걀 장수 노파가 오면 한꺼번에 열 알도 사고 스무 알도 사고, 그래선 두고두고 삶아서 아저씨 상에도 놓고, 또 으레 나도 한 알씩 주고 그래요. 그뿐만 아니라, 아저씨한테 놀러 나가면 가끔 아저씨가 책상 서랍 속에서 ㉢ 달걀을 한두 알 꺼내서 먹으라고 주지요. 그래 그 담부터는 나는 아주 실컷 달걀을 많이 먹었어요.

나는 아저씨가 매우 좋았어요. 그렇지만 외삼촌은 가끔 툴툴하는 때가 있었어요. 아마 아저씨가 마음에 안 드나 봐요. 아니, 그것보다도 아저씨 ㉣ 잔심부름을 꼭 외삼촌이 하게 되니까, 그것이 싫어서 그러나 봐요.

– 주요섭, 「사랑손님과 어머니」 –

14 윗글에 대한 설명으로 가장 적절한 것은?

① 인물의 사회 비판 의식을 강조한다.

② 어린아이 서술자가 사건을 전달한다.

③ 주인공의 영웅적 활약상이 드러난다.

④ 인물과 자연의 대립이 주로 나타난다.

15 ㉠~㉣ 중, 다음 설명에 해당하는 것은?

○ 옥희와 아저씨가 더욱 친해지도록 하는 소재
○ 아저씨를 위한 어머니의 배려

① ㉠　　　　　　② ㉡

③ ㉢　　　　　　④ ㉣

16 다음 밑줄 친 부분의 의미가 ㉮와 가장 유사한 것은?

① 그 방은 볕이 잘 들었어요.

② 세수를 하고 잠자리에 들었어요.

③ 새 옷을 사느라 돈이 많이 들었어요.

④ 만두를 잘 빚어서 할머니 눈에 들었어요.

[17~19]

다음 글을 읽고 물음에 답하시오.

[앞부분의 줄거리] 조선 세종 시절 명망이 높던 홍 공에게는 정실부인 유 씨가 낳은 아들 인형과 여종 춘섬이 낳은 둘째 아들 길동이 있었다. 홍 공은 영웅호걸의 기상을 지닌 길동이 서자(庶子)의 신분인 것을 한탄하였다.

"㉠대장부가 세상에 나서 공자와 맹자를 본받지 못할 바에야 차라리 병법이라도 익혀 대장인(大將印)¹⁾을 허리춤에 비스듬히 차고 동서로 정벌하여 나라에 큰 공을 세우고 이름을 만대에 빛내는 것이 장부의 통쾌한 일이 아니겠는가? 나는 어찌하여 이렇게 외롭고, 아버지와 형이 있는데도 아버지를 아버지라 부르지 못하고 형을 형이라 부르지 못하니 심장이 터질 지경이라, 이 어찌 통탄할 일이 아니겠는가!"

말을 마치자 뜰로 내려가 검술을 익히기 시작하였다. 그때 마침 홍 공이 달빛을 구경하다가 길동이 서성거리는 것을 보고 즉시 불러 물었다.

"너는 무슨 흥이 있어서 밤이 깊도록 잠을 자지 않고 있느냐?"

길동은 공손한 태도로 대답하였다.

"소인은 마침 달빛을 즐기는 중입니다. 만물이 생겨날 때부터 오직 사람이 귀하게 태어났으나 소인에게는 이런 귀함이 없사오니 어찌 사람이라 하겠는지요?"

공은 그 말의 뜻을 짐작은 했지만 모른 척하고 꾸짖기를,

"그게 무슨 말이냐?"

하니 길동이 절하고 말씀드리기를,

"소인이 평생 서러워하는 바는 대감의 정기를 받아 당당한 남자로 태어났고, 낳으시고 길러 주신 부모님의 은혜를 입었음에도 아버지를 아버지라 부르지 못하옵고 형을 형이라 부르지 못하오니, 어찌 사람이라 하겠습니까?"

하고 눈물을 흘려 적삼을 적셨다. 공이 듣고 보니 불쌍한 생각은 들었으나 그 마음을 위로하면 방자(放恣)해질까 염려되어 크게 꾸짖었다.

"재상가의 천한 자식이 너뿐이 아닌데, 네 어찌 이다지 방자하냐? 앞으로 다시 이런 말을 하면 내 눈앞에 두지 않겠다."

이렇게 꾸짖으니 길동은 감히 한마디도 더 하지 못하고, 다만 땅에 엎드려 눈물만 흘릴 뿐이었다. 공이 물러가라 하자 그제야 길동은 잠자리로 돌아와 슬퍼해 마지않았다.

[A] ┌ 길동이 본래 재주가 뛰어나고 도량(度量)²⁾이 활달하여 마음을 가라앉히지 못하고 밤이면 잠을 이루지 못하다가 하루는 어머니 방에 가 울면서 아뢰었다.

"소자가 모친과 전생의 인연이 중하여 이승에서 모자 사이가 되었으니 그 은혜가 지극합니다. 그러나 소자의 팔자가 기박(奇薄)하여³⁾ 천한 몸이 되었으니 품은 한이 깊사옵니다. 대장부가 세상에 살면서 남의 천대를 받음이 불가한지라, 소자는 이 설움을 억제하지 못하여 모친 슬하를 떠나려 하옵니다. 엎드려 바라건대 모친께서는 소자를 염려하지 마시고 귀하신 몸을 잘 돌보십시오."

그 어미가 듣고 나서 깜짝 놀라며,

└ "재상가의 천한 자식이 너뿐이 아닌데 어찌 마음을 좁게 먹어 어미 간장을 태우느냐?"

하니 길동이 대답하였다.

"옛적에 장충의 아들 길산(吉山)은 천생(賤生)⁴⁾이었지만 열세 살에 그 어머니를 이별하고 운봉산에 들어가 도를 닦아 아름다운 이름을 후세에 전하였습니다. 소자도 그를 본받아 세상을 벗어나려 하오니 모친은 안심하고 후일을 기다리시옵소서. 근래에 곡산 어미의 눈치를 보니 상공의 사랑을 잃을까 하여 우리 모자를 원수같이 여기고 있습니다. 이에 장차 큰 화를 입을까 하오니 모친께서는 소자가 나감을 염려하지 마십시오."

그 어미가 이 말을 듣고 같이 슬퍼하였다.

— 허균, 「홍길동전」 —

1) 대장인: 대장이 가지던 도장. 대장의 신분을 알리는 증표가 됨.
2) 도량: 사물이나 상황을 받아들이는 마음의 크기.
3) 기박하다: 팔자, 운수 따위가 사납고 복이 없음.
4) 천생: 천첩에게서 난 자손.

17 윗글에 대한 설명으로 가장 적절한 것은?

① 운율을 통해 정서를 드러낸다.
② 장과 막을 나누어 사건을 전개한다.
③ 의인화된 사물의 일대기를 보여 준다.
④ 시대적 상황이 갈등 양상에 영향을 미친다.

18 ㉠으로 보아, '대장부'에 대한 '길동'의 생각으로 가장 적절한 것은?

① 예술적 재능을 갖추고 있어야 한다.
② 공자의 뜻에 따라 병법을 익혀야 한다.
③ 장사로 돈을 벌어 재물을 쌓아야 한다.
④ 나라에 공을 세워 이름을 후세에 알려야 한다.

19 [A]에 대한 이해로 적절하지 않은 것은?

① 어머니는 길동의 대범함을 칭찬하였다.
② 길동은 사례를 들어 어머니를 설득하였다.
③ 어머니는 길동의 말을 듣고 속상해하였다.
④ 길동은 자신의 처지에 대한 불만을 드러내었다.

[20~22]

다음 글을 읽고 물음에 답하시오.

먼저 냉장고를 사용하면 전기를 낭비하게 된다. 언제 먹을지 모를 음식을 보관하는 데 필요 이상으로 전기를 쓰게 되는 것이다. 전기를 낭비한다는 것은 전기를 만드는 데 쓰이는 귀중한 자원을 낭비하는 것과 같다.

(㉠   ) 냉장고가 없던 시절에는 식구가 먹고 남을 정도의 음식을 만들거나 얻게 되면 미련 없이 이웃과 나누어 먹었다. 여러 가지 이유가 있겠지만 그 이유 가운데 하나는 남겨 두면 음식이 상한다는 것이었다. 그런데 냉장고를 사용하게 되면서 그 이유가 사라지게 되고, 이에 따라 이웃과 음식을 나누어 먹는 일이 줄어들게 되었다. 냉장고에 넣어 두면 일주일이고 한 달이고 오랫동안 상하지 않게 보관할 수 있기 때문이다. 냉장고는 점점 커지고, 그 안에 넣어 두는 음식은 하나둘씩 늘어난다.

㉡ 냉장고는 당장 소비할 필요가 없는 것들을 사게 한다. 그리하여 애꿎은 생명을 필요 이상으로 죽게 만들어서 생태계의 균형을 무너뜨린다. 짐승이나 물고기 등을 마구 잡고, 당장 죽이지 않아도 될 수많은 가축을 죽여 냉장고 안에 보관하게 한다. 대부분의 가정집 냉장고에는 양의 차이는 있지만 닭고기, 쇠고기, 돼지고기, 생선, 멸치, 포 등이 쌓여 있다. 이것을 전국적으로, 아니 전 세계적으로 따져 보면 엄청난 양이 될 것이다. 우리는 냉장고를 사용함으로써 애꿎은 생명들을 필요 이상으로 죽여 냉동하는 만행을 습관적으로 저지르고 있는 셈이다.

– 박정훈, 「냉장고의 이중성」 –

20 윗글의 내용으로 가장 적절한 것은?

① 냉장고를 쓰면서 상하는 음식이 많아졌다.
② 냉장고를 사용하면 전기를 절약할 수 있다.
③ 냉장고는 수많은 가축을 살리는 데 기여한다.
④ 냉장고는 당장 소비할 필요가 없는 것들을 사게 한다.

21 글의 흐름으로 볼 때, ㉠에 들어갈 문장으로 가장 적절한 것은?

① 우리는 냉장고를 쓰면서 인정을 잃어 간다.
② 냉장고는 커지고 있지만 보관할 음식은 줄고 있다.
③ 가정집 냉장고에는 육류나 어류를 보관하지 않는다.
④ 냉장고는 생태계의 균형을 유지하는 데 중요한 역할을 한다.

22 문맥상 ㉡에 들어갈 말로 가장 적절한 것은?

① 또한   ② 만약
③ 설마   ④ 하지만

[23~25]

다음 글을 읽고 물음에 답하시오.

(가) ㉠ 동물 행동학이란 동물의 본능이나 습성, 일반 행동의 특성이나 의미, 진화 등을 비교·분석하여 연구하는 생물학의 한 분야이다. 동물들이 서로 어떻게 얘기하고 알아듣는지에 관한 연구, 즉 의사소통에 관한 연구는 동물 행동학에서 가장 중심이 된다.

(나) 아프리카나 열대 호수에 사는 민물고기 중에 시클리드라는 물고기가 있다. 시클리드는 기분 상태에 따라 색깔이 변한다. 또 정면에서 보면 마치 귀가 있는 것처럼 보이는데, 귀에 점이 생겼다 없어졌다 한다. 이 점이 생기면 지금 기분이 좋지 않다는 것으로 "너, 내가 공격할 테니까 빨리 피해."라는 뜻이다. 그리고 점이 없어지면 "알았습니다. 제가 순응할테니 좀 봐주십시오."라는 뜻이다.

(다) 다음으로 중남미에서 흔히 볼 수 있는 고함원숭이를 보자. 이 원숭이는 개 짖는 소리를 낸다고 해서 '고함원숭이'라는 이름이 붙여졌다. 사실 몸집으로 보면 작은 원숭이지만, 소리만 들으면 거대한 고릴라가 나타났나 하는 생각이 들 정도로 엄청나게 큰 소리를 낸다. 학자들이 파나마나 코스타리카 같은 열대 지방에 연구하러 모이면 고함원숭이의 소리를 흉내 내는 대회를 열기도 한다. 고함원숭이가 이렇게 큰 소리를 지르는 이유는 제 영역에서 다른 영역에 사는 수컷에게 "여기는 내 땅이야."라고 경고하기 위해서이다.

(라) 지금까지 동물들이 시각과 청각을 통해 아주 많은 것을 서로 이야기하고 알아듣는다는 것을 살펴보았다. 물론 어느 동물이나 한 가지 방법으로만 의사소통을 하는 것은 아니다. 인간도 그렇듯이, 시각으로도 많은 의사를 표현하며 청각으로도 많은 것을 전달한다.

– 최재천, 「동물들의 의사소통」 –

23 윗글에서 글쓴이가 말하고자 하는 바로 가장 적절한 것은?

① 동물들도 다양한 방법으로 의사소통을 한다.
② 시클리드는 몸에 점이 생기지 않는 바닷물고기이다.
③ 고함원숭이는 세계에서 몸집이 가장 큰 원숭이이다.
④ 고함원숭이는 자기 고유의 영역이 없이 공동생활을 한다.

24 (가)~(라)에서 알 수 있는 내용이 <u>아닌</u> 것은?

① (가): 동물 행동학은 생물학의 한 분야이다.

② (나): 시클리드는 기분에 따라 색깔이 변한다.

③ (다): 고함원숭이는 큰 소리를 내어 친근함을 표시한다.

④ (라): 동물들도 시각과 청각으로 많은 것을 표현한다.

25 ㉠과 같은 설명 방법이 쓰인 예로 가장 적절한 것은?

① 벚꽃은 봄에 피지만 국화는 가을에 핀다.

② 여우비란 볕이 난 날 잠깐 내리다 그치는 비이다.

③ 지구의 기온이 상승하면 극지방의 빙하가 녹게 된다.

④ 가야금과 하프는 줄을 튕겨서 연주한다는 공통점이 있다.

01 다음은 60을 소인수분해하는 과정을 나타낸 것이다. 60을 소인수분해한 것은?

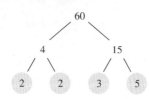

① 4×15
② $2 \times 2 \times 15$
③ $2^2 \times 3 \times 5$
④ $4 \times 3 \times 5$

02 다음 수를 작은 수부터 차례대로 나열할 때, 세 번째 수는?

$$-3, \quad 2, \quad -5, \quad 4, \quad -1$$

① -5
② -1
③ 2
④ 4

03 가로의 길이가 a, 세로의 길이가 20인 직사각형 모양의 그림이 있다. 이 그림의 둘레의 길이를 a를 사용한 식으로 나타낸 것은?

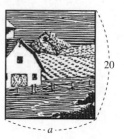

① $a + 20$
② $a + 40$
③ $2a + 20$
④ $2a + 40$

04 일차방정식 $3x - 2 = 2x + 3$의 해는?

① 3
② 4
③ 5
④ 6

05 함수 $f(x) = 4x$에 대하여 $f(2)$의 값은?

① 4
② 6
③ 8
④ 10

06 다음은 학생 20명의 수학 점수를 줄기와 잎 그림으로 나타낸 것이다. 수학 점수가 90점 이상인 학생의 수는?

수학 점수

(6|3은 63점)

줄기	잎
6	3 5 8
7	0 2 4 5 6 8
8	1 2 5 5 6 7 9
9	0 4 5 8

① 3   ② 4

③ 6   ④ 7

07 다음 그림에서 $l /\!/ m$일 때, $\angle x$의 크기는?

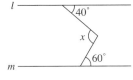

① 70°   ② 80°

③ 90°   ④ 100°

08 그림의 원 O에서 부채꼴 COD의 넓이는 부채꼴 AOB의 넓이의 2배이다. $\angle AOB = 60°$일 때, $\angle x$의 크기는?

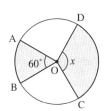

① 100°   ② 110°

③ 120°   ④ 130°

09 다음 문장을 부등식으로 나타낸 것은?

> 한 개에 x원인 빵 3개의 가격은 4500원 이상이다.

① $3x \geq 4500$

② $3x > 4500$

③ $3x \leq 4500$

④ $3x < 4500$

10 두 일차함수 $y = 2x + 1$과 $y = ax$의 그래프가 서로 평행할 때, 상수 a의 값은?

① -2 ② -1

③ 1 ④ 2

11 1부터 10까지의 숫자가 각각 적힌 10장의 카드가 있다. 이 중에서 한 장의 카드를 뽑을 때, 짝수가 적힌 카드가 나오는 경우의 수는?

① 5   ② 6

③ 7   ④ 8

12 그림과 같이 $\overline{AB} = \overline{AC}$인 이등변삼각형 ABC에서 ∠A = 40°일 때, ∠x의 크기는?

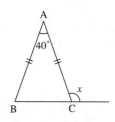

① 100°   ② 110°

③ 120°   ④ 130°

13 그림과 같이 평행사변형 ABCD에서 $\overline{AD} = 7\,\text{cm}$, $\overline{AC} = 6\,\text{cm}$일 때, x와 y의 값은? (단, 점 O는 두 대각선의 교점이다.)

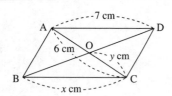

① $x = 7$, $y = 2$

② $x = 7$, $y = 3$

③ $x = 8$, $y = 2$

④ $x = 8$, $y = 3$

14 그림에서 △ABC∽△DEF이고 닮음비가 1 : 2이다. $\overline{BC} = 3\,\text{cm}$일 때, $\overline{EF}$의 길이는?

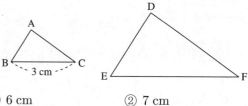

① 6 cm   ② 7 cm

③ 8 cm   ④ 9 cm

15 $\sqrt{2} \times \sqrt{3}$을 간단히 한 것은?

① 2   ② $\sqrt{5}$

③ $\sqrt{6}$ ④ $\sqrt{7}$

16 다항식 $x^2 - 4$를 인수분해한 것은?

① $(x+1)^2$

② $(x+2)^2$

③ $(x+1)(x-1)$

④ $(x+2)(x-2)$

17 이차함수 $y = x^2 - 1$의 그래프에 대한 설명으로 옳은 것은?

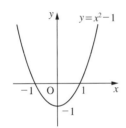

① 위로 볼록하다.

② 최솟값은 1이다.

③ 점 $(1, -1)$을 지난다.

④ 꼭짓점의 좌표는 $(0, -1)$이다.

18 다음 자료의 최빈값은?

3, 4, 5, 3, 6, 3, 5

① 3

② 4

③ 5

④ 6

19 그림과 같이 한 변의 길이가 $2\,\mathrm{cm}$인 정사각형 ABCD에서 대각선 BD의 길이는?

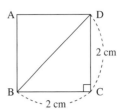

① $2\,\mathrm{cm}$

② $2\sqrt{2}\,\mathrm{cm}$

③ $3\,\mathrm{cm}$

④ $2\sqrt{3}\,\mathrm{cm}$

20 그림과 같이 원 O에서 호 AB에 대한 원주각 $\angle\mathrm{APB} = 50°$일 때, 중심각 $\angle\mathrm{AOB}$의 크기는?

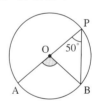

① $90°$

② $100°$

③ $110°$

④ $120°$

01 다음을 모두 포함할 수 있는 단어로 가장 적절한 것은?

> math   music   science   English

① body
② color
③ fruit
④ subject

02 다음 중 두 단어의 의미 관계가 나머지 셋과 <u>다른</u> 것은?

① new － old
② good － bad
③ glad － happy
④ clean － dirty

03 빈칸에 들어갈 말로 가장 적절한 것은?

> He _____ very sick yesterday.

① am
② be
③ are
④ was

[04~06]
대화의 빈칸에 들어갈 말로 가장 적절한 것을 고르시오.

04

> A: I have to clean my room. Can you help me?
> B: _____.

① Yes, I can
② Yes, I am
③ No, I don't
④ No, I am not

05

> A: How _____ members are there in your club?
> B: There are twenty members.

① high
② long
③ many
④ often

06

> A: _____?
> B: I go to school at eight thirty.

① Where do you live
② How do you go to school
③ What did you have for lunch
④ What time do you go to school

07 그림이 의미하는 것으로 가장 적절한 것은?

① No diving
② No cooking
③ No parking
④ No swimming

08 다음 대화의 빈칸에 공통으로 들어갈 말로 가장 적절한 것은?

> A: What do you usually do on the weekend?
> B: I _____ basketball with my friends.
> A: Where do you _____?
> B: In the school gym.

① help
② smell
③ drink
④ play

09 그래프로 보아 빈칸에 들어갈 말로 기장 적절한 것은?

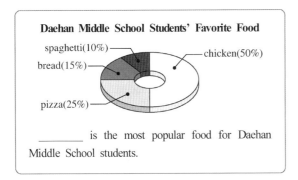

Daehan Middle School Students' Favorite Food

spaghetti(10%)
bread(15%)
chicken(50%)
pizza(25%)

> _____ is the most popular food for Daehan Middle School students.

① Pizza
② Chicken
③ Spaghetti
④ Bread

10 다음 대화에서 B가 제안을 거절한 이유는?

> A: Let's go to the movies.
> B: Sorry, I can't. I have a cold.

① 감기에 걸려서
② 날씨가 더워서
③ 숙제가 많아서
④ 동생을 돌봐야 해서

11 다음 대화에서 밑줄 친 말의 의도로 가장 적절한 것은?

> A: Mom, I finished my homework.
> B: Can I see it?
> A: Of course. Here it is. What do you think?
> B: Wonderful! <u>You did really well!</u>

① 거절하기
② 사과하기
③ 칭찬하기
④ 허락하기

12 다음 대화에서 A가 찾아가려는 위치로 옳은 것은?

> A: Excuse me. Can you tell me where the bank is?
> B: Go straight two blocks and turn left.
>   It's on your right.
> A: Thank you.

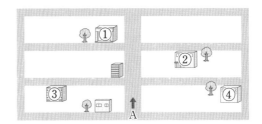

13 다음 글에서 언급된 내용이 <u>아닌</u> 것은?

> I go to the library every weekend with my family. We read lots of books there. My dad and I like reading novels. My mom and my younger sister like reading comic books.

① 어머니는 도서관에서 근무한다.
② 나는 주말마다 가족과 도서관에 간다.
③ 아버지와 나는 소설 읽기를 좋아한다.
④ 어머니와 여동생은 만화책 읽기를 좋아한다.

14 다음 안내 방송이 이루어진 장소로 가장 적절한 것은?

> Ladies and gentlemen! The train is now arriving at Seoul Station. We hope you have enjoyed your trip. Please make sure that you take all your bags when you leave. Thank you.

① 기차 안
② 도서관
③ 버스 정류장
④ 야구 경기장

15 그림으로 보아 빈칸에 들어갈 말로 가장 적절한 것은?

Tony is running _____ than Mike.

① older
② faster
③ colder
④ younger

16 Jim Abbott에 관한 다음 글의 내용에서 알 수 없는 것은?

> Jim Abbott was born on September 19, 1967 in America without a right hand, but he really liked baseball. He practiced every day to be a good baseball player. Later, Jim Abbott became a famous baseball player.

① 태어난 해
② 태어난 나라
③ 졸업한 학교
④ 좋아한 운동

17 그림으로 보아 빈칸에 들어갈 말로 가장 적절한 것은?

Jenny is _____ in the park with her dog.

① walking
② driving
③ washing
④ swimming

18 다음 편지에 나타난 'I'의 고민으로 가장 적절한 것은?

> Dear Susan,
>   I want to be a nurse. When I go to college, I'd like to study nursing and become a nurse. But my parents want me to be an engineer. I don't want to be an engineer when I grow up. What should I do?
>   Jane

① 체중 조절에 실패해서
② 시간 관리를 잘 하지 못해서
③ 친구 관계가 원만하지 못해서
④ 장래 희망 직업이 부모의 의견과 달라서

19 안내문에서 박물관 관람 시 지켜야 할 규칙으로 언급되지 <u>않은</u> 것은?

○ Don't run.
○ Don't take pictures.
○ Don't bring food inside.

① 뛰지 않기
② 사진 촬영 하지 않기
③ 서로 대화하지 않기
④ 내부에 음식물 가져오지 않기

20 다음 중 밑줄 친 <u>them</u>이 가리키는 것으로 적절한 것은?

> Jisu makes delicious cookies. She sometimes brings her cookies to class and gives <u>them</u> to us. I ate her cookies yesterday. They were so good!

① books
② cookies
③ classes
④ friends

21 다음 대화의 마지막 말로 가장 적절한 것은?

> A: What's the matter? You look sad.
> B: My mother is in hospital. She is very sick. I'm so worried.
> A: _____.

① Excellent
② Sounds great
③ That's a good idea
④ I'm sorry to hear that

22 다음 글을 쓴 목적으로 가장 적절한 것은?

> I bought a shirt for my dad at your shop yesterday, but he doesn't like the color. Can I exchange it for a black one? Please let me know if it is possible. Thanks.

① 친구를 추천하기 위해
② 숙소를 예약하기 위해
③ 셔츠를 교환하기 위해
④ 파티에 초대하기 위해

23 다음 글의 주제로 가장 적절한 것은?

> If you want to get good grades, it is important to set goals and study every day. It is also a good idea to study together with your friends. This will help you get good grades.

① 좋은 성적을 얻는 방법
② 건강을 잘 관리하는 방법
③ 악기를 잘 연주하는 방법
④ 친구들과 사이좋게 지내는 방법

24 다음 글 바로 뒤에 이어질 내용으로 가장 적절한 것은?

> There are a lot of mountains in the world. Many people like to climb to the top of the mountains. However, climbing mountains can be dangerous. When you climb mountains, you need to follow these safety rules.

① 세계의 높은 산
② 등산하기에 좋은 산
③ 산 정상에 오르는 이유
④ 등산할 때 지켜야 할 안전 수칙

25 다음 글에서 John이 지난 일요일에 한 일은?

> John got up early last Sunday. He had breakfast and went out to exercise in the playground. In the afternoon, he read a book about Korean history. In the evening, he did his homework.

① 컴퓨터 게임을 하였다.
② 오전에 방 청소를 하였다.
③ 저녁에 숙제를 하였다.
④ 텔레비전을 시청하였다.

01 다음에서 설명하는 기후는?

> ○ 사막과 초원으로 구성되어 있음.
> ○ 연 강수량 500mm 미만이고, 기온의 일교차가 큼.
> ○ 전통적으로 오아시스 주변의 농업이나 유목이 발달함.

① 열대 기후
② 건조 기후
③ 온대 기후
④ 냉대 기후

02 다음 중 ㉠에 들어갈 말로 가장 적절한 것은?

> 1960년대 이후 공업화로 우리나라 경제가 빠르게 성장하면서 농촌의 인구가 일자리를 찾아 도시로 이동하는 ㉠ 이/가 나타났다.

① 슬로시티
② 국제 이동
③ 성비 불균형
④ 이촌 향도 현상

03 다음 설명에 해당하는 지역으로 가장 적절한 것은?

> ○ 주·야간 인구 차이가 큰 인구 공동화 현상이 나타남.
> ○ 한 도시의 중심에 위치하고, 교통이 편리하며 고층 건물이 밀집되어 있음.
> ○ 주요 관공업, 은행 본점, 고급 백화점, 대기업 본사 등 상업 및 업무 기능이 밀집된 중심 업무 지구임.

① 농촌
② 도심
③ 외곽 지역
④ 개발 제한 구역

04 다음과 같은 특성이 나타나는 문화 지역은?

> ○ 유교와 불교 문화가 발달함.
> ○ 한자를 사용하는 문화 지역임.
> ○ 쌀을 주식으로 하여 벼농사가 발달함.

① 동아시아 문화 지역
② 아프리카 문화 지역
③ 오세아니아 문화 지역
④ 라틴아메리카 문화 지역

05 그림의 ㉠이 가리키는 것은?

> ○ 군사적 충돌을 막기 위하여 군대와 무기의 배치가 금지되어 있음.
> ○ 6·25 전쟁이 끝날 무렵 휴전 협정에 의해 만들어짐.

① 영해선
② 백두대간
③ 비무장 지대(DMZ)
④ 배타적 경제 수역(EEZ)

06 다음 중 태양광 발전소의 입지 장소로 가장 적절한 곳은?

① 바람이 강한 곳
② 일사량이 많은 곳
③ 강수량이 많은 곳
④ 밀물과 썰물의 차가 큰 곳

07 다음에서 설명하는 도시는?

> ○ 전라남도에 있는 도시임.
> ○ '○○만 국제 정원 박람회'를 개최함.
> ○ 람사르 협약에 등록된 연안 습지가 있음.

① 강릉　　　　② 대전
③ 순천　　　　④ 제주

08 지도의 '사헬 지대'에서 발생하는 대표적인 자연재해로 가장 적절한 것은?

① 태풍　　　　② 폭설
③ 홍수　　　　④ 사막화

09 다음과 같은 제도를 시행하는 목적으로 가장 적절한 것은?

> ○ 사법권을 독립시켜 헌법과 법률, 법관의 양심에 따라 재판이 이루어지도록 보장하고 있다.
> ○ 하나의 사건에 대해 세 번까지 재판을 받을 수 있다.

① 기본권의 제한
② 행정부의 권한 강화
③ 재판의 공정성 확보
④ 법률 제정 절차의 간소화

10 다음 중 ㉠에 들어갈 법은?

> 학습 주제: ㉠
>
> ○ 공법의 한 종류이다.
> ○ 한 나라의 최고법이다.
> ○ 국민의 권리와 의무 및 국가의 통치 구조를 규정한다.

① 민법　　　　② 헌법
③ 형법　　　　④ 행정법

11 다음에서 설명하는 기본권으로 가장 적절한 것은?

> 누구든지 정치적·경제적·사회적·문화적 생활의 모든 영역에서 성별, 종교, 사회적 신분 등에 따라 부당하게 차별을 받지 않고 동등하게 대우받을 권리이다.

① 사회권　　　　② 평등권
③ 청구권　　　　④ 환경권

12 그림에서 'K씨'의 지위 중 귀속 지위에 해당하는 것은?

① 남편
② 중학교 교사
③ 아들
④ 축구 동호회 회장

13 다음 중 ㉠에 들어갈 용어는?

> 규모가 큰 현대 국가에서 모든 국민이 직접 국정을 운영하는 것은 현실적으로 불가능해.

> 그래서 현대 민주 국가에서는 대부분 ㉠ 을/를 실시하여 국민의 대표자를 뽑는 대의 민주제를 채택하고 있어.

① 선거
② 소송
③ 청원
④ 공청회

14 다음 헌법 조항의 ㉠에 들어갈 알맞은 말은?

> 제66조 ① ㉠ 은/는 국가의 원수이며, 외국에 대하여 국가를 대표한다.
> ④ 행정권은 ㉠ 을/를 수반으로 하는 정부에 속한다.

① 대통령
② 감사원장
③ 국무총리
④ 대법원장

15 다음에서 설명하는 문화 이해 태도는?

> ○ 자신이 속한 문화는 우수하다고 여기고 다른 문화는 미개하거나 열등하다고 여기는 태도이다.
> ○ 자신의 문화를 절대적 기준으로 삼아 다른 문화를 낮게 평가한다.

① 문화 사대주의
② 문화 상대주의
③ 자문화 중심주의
④ 극단적 문화 상대주의

16 다음 중 ㉠에 들어갈 경제 용어는?

> ○ ㉠ 은/는 나중에 대가를 지불할 것을 약속하고 현재 돈을 빌릴 수 있는 능력을 말한다.
> ○ ㉠ 을/를 활용하면 당장 현금이 없어도 거래할 수 있고, 현재의 소득보다 더 많은 소비를 할 수 있어 편리하다.

① 신용
② 이윤
③ 저축
④ 투자

17 다음에서 설명하는 나라는?

> ○ 단군왕검이 건국한 우리 역사상 최초의 나라이다.
> ○ 사회 질서를 유지하기 위한 8조의 법이 있었다.

① 가야
② 옥저
③ 신라
④ 고조선

18 다음 중 ㉠에 들어갈 풍습은?

> 동예에는 다른 부족의 생활권을 침범하면 소, 말 또는 노비로 갚게 하는 ㉠ (이)라는 풍습이 있었다.

① 책화
② 순장
③ 팔관회
④ 서옥제

19 다음에서 설명하는 백제의 왕은?

> ○ 4세기 백제의 전성기를 이룸.
> ○ 고구려를 공격하여 황해도 일부를 차지함.
> ○ 마한 지역을 통합하고 왕위 부자 상속을 확립함.

① 광해군　　　　② 공민왕
③ 신문왕　　　　④ 근초고왕

20 다음 중 ㉠에 들어갈 정책은?

> 고려 광종은 　㉠　 을 실시하여 호족이 불법으로 차지한 노비를 양인으로 해방시켜 호족 세력을 약화시키고자 하였다.

① 호패법　　　　② 대동법
③ 과전법　　　　④ 노비안검법

21 다음 중 ㉠에 들어갈 내용으로 가장 적절한 것은?

> 〈발해의 발전 과정〉
> ○ 고구려 유민 대조영이 건국함.
> ○ 무왕 때 당의 산둥 지방을 공격함.
> ○ 선왕 때 　㉠

① 경복궁을 중건함.
② 평양으로 천도함.
③ 해동성국이라 불림.
④ 교정도감을 설치함.

22 다음에서 설명하는 책은?

> ○ 조선 태조에서 철종까지 25대 472년간의 역사적 사실을 기록한 책이다.
> ○ 1997년 유네스코 세계 기록 유산으로 등록되었다.

① 발해고　　　　② 삼국사기
③ 조선왕조실록　　④ 동국문헌비고

23 다음과 같은 업적을 남긴 조선의 왕은?

> ○ 강우량을 측정하기 위해 측우기를 제작함.
> ○ 독창적이고 과학적인 원리로 훈민정음을 창제함.

① 태종　　　　② 세종
③ 성종　　　　④ 숙종

24 다음에서 설명하는 일제 강점기의 민족 운동은?

> ○ 1929년 한 · 일 학생 간의 충돌로 시작되었다.
> ○ 민족 차별 중지와 식민지 차별 교육 철폐를 요구하는 대규모 시위가 전국적으로 확산되었다.

① 홍경래의 난
② 물산 장려 운동
③ 임술 농민 봉기
④ 광주 학생 항일 운동

25 다음 사실이 원인이 되어 일어난 사건은?

> 1960년 3월 15일에 치러진 정 · 부통령 선거에서 이승만 정부는 선거에서 승리하기 위해 대대적인 부정을 저질렀다.

① 정미의병
② 4 · 19 혁명
③ 3 · 1 운동
④ 새마을 운동

01 그림은 외부에서 힘이 작용하지 않는 물체가 운동하는 모습을 0.1초 간격으로 나타낸 것이다. 이 물체의 시간에 따른 속력을 설명한 것으로 옳은 것은?

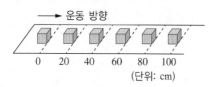

→ 운동 방향

0 20 40 60 80 100
(단위: cm)

① 일정하다.
② 증가한다.
③ 감소한다.
④ 증가하다가 감소한다.

02 어떤 사람이 물체를 5 N의 힘으로 밀어서 힘의 방향으로 2 m 이동시켰을 때 이 사람이 물체에 한 일의 양은?

① 2 J
② 5 J
③ 10 J
④ 20 J

03 표는 물체 A~D의 질량과 지면으로부터의 높이를 나타낸 것이다. A~D 중 위치 에너지가 가장 큰 것은? (단, 물체의 위치 에너지는 지면을 기준으로 한다.)

물체	A	B	C	D
질량(kg)	2	4	2	4
지면으로부터의 높이(m)	1	1	2	2

① A
② B
③ C
④ D

04 그림은 저항값이 같은 두 개의 저항 R_1, R_2를 병렬로 연결한 전기 회로도를 나타낸 것이다. R_1에 걸리는 전압 V_1과 R_2에 걸리는 전압 V_2의 비는?

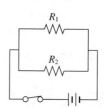

	V_1	:	V_2
①	1	:	1
②	1	:	2
③	1	:	3
④	1	:	4

05 $25\,°C$의 물 1 kg에 열량 5 kcal를 가하였을 때 물의 온도 변화량은? (단, 물의 비열은 $1\,kcal/(kg·°C)$이다.)

① $5\,°C$
② $10\,°C$
③ $15\,°C$
④ $20\,°C$

06 다음 중 소리의 3요소가 아닌 것은?

① 맵시
② 방향
③ 크기
④ 높낮이

07 그림은 물의 상태 변화를 나타낸 것이다. A~D 중 열에너지가 흡수되는 과정은?

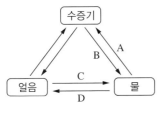

① A, B
② A, C
③ B, D
④ C, D

08 다음 중 중성인 원자가 전자 1개를 잃어 형성된 이온은?

① Na^+
② Mg^{2+}
③ Cl^-
④ O^{2-}

09 다음은 수소(H_2) 기체와 질소(N_2) 기체가 반응하여 암모니아(NH_3) 기체가 생성되는 반응을 화학 반응식으로 나타낸 것이다. 반응하는 수소 기체와 질소 기체의 부피비는? (단, 온도와 압력은 일정하다.)

$$3H_2 + N_2 \rightarrow 2NH_3$$

	수소	질소		수소	질소
①	1 : 2		②	1 : 3	
③	2 : 1		④	3 : 1	

10 표는 기체가 들어있는 주사기의 끝을 고무마개로 막고 압력을 증가시키며 측정한 부피를 나타낸 것이다. 다음 중 주사기 속 기체의 압력에 따른 부피의 관계를 나타낸 그래프로 옳은 것은? (단, 온도는 일정하다.)

압력(기압)	0.1	0.15	0.3	0.45	0.6	0.9
부피(mL)	90	60	30	20	15	10

①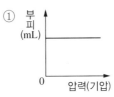
②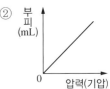
③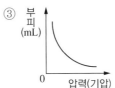
④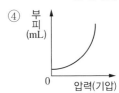

11 다음 설명에 해당하는 분자는?

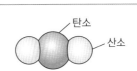

탄소 원자 1개, 산소 원자 2개로 이루어져 있다.

① 수소(H_2)
② 질소(N_2)
③ 물(H_2O)
④ 이산화 탄소(CO_2)

12 다음 중 밑줄 친 물질들을 산화시키는 것은?

○ $\underline{C} + O_2 \rightarrow CO_2$
○ $2\underline{Cu} + O_2 \rightarrow 2CuO$
○ $\underline{CH_4} + 2O_2 \rightarrow CO_2 + 2H_2O$

① 물(H_2O)
② 산소(O_2)
③ 산화 구리(CuO)
④ 이산화 탄소(CO_2)

13 다음 중 식물을 구성하는 기본 단위는?

① 기관　　　　　② 세포

③ 조직　　　　　④ 조직계

14 다음 중 호흡계에 속하지 않는 것은?

① 코　　　　　② 폐

③ 위　　　　　④ 기관지

15 그림은 사람의 콩팥 일부를 나타낸 것이다. 다음 중 사구체를 둘러싸고 있는 A는?

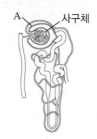

① 방광　　　　　② 세뇨관

③ 집합관　　　　④ 보먼주머니

16 그림은 뇌의 구조를 나타낸 것이다. 다음 중 심장 박동과 호흡 운동을 조절하는 중추는?

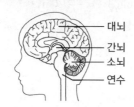

① 대뇌　　　　　② 간뇌

③ 소뇌　　　　　④ 연수

17 다음 중 인슐린을 분비하는 인체 기관은?

① 난소　　　　　② 소장

③ 이자　　　　　④ 정소

18 그림은 어떤 동물 세포 1개가 생식세포 분열하는 과정을 나타낸 것이다. 생식세포 분열이 완료되었을 때 생성되는 딸세포의 개수는?

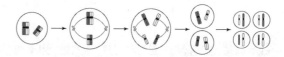

① 2개　　　　　② 3개

③ 4개　　　　　④ 5개

19 그림은 어느 집안의 색맹 가계도를 나타낸 것이다. 다음 중 색맹인 아들 (가)의 유전자형은? (단, 돌연변이는 없다.)

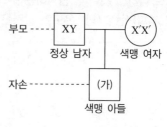

① XY　　　　　② $X'Y$

③ XY'　　　　　④ $X'Y'$

20 다음 중 마그마가 지표 위에서 빠르게 냉각되어 결정의 크기가 매우 작고 어두운 색을 띠는 암석은?

① 규암
② 석회암
③ 현무암
④ 화강암

21 그림은 깊이에 따른 해수의 수온 분포를 나타낸 것이다. A∼D 중 바람에 의해 혼합되어 수온이 일정한 층은?

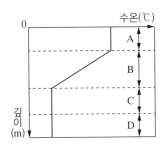

① A
② B
③ C
④ D

22 그림은 맑은 날 하루 동안 기온, 상대 습도, 이슬점의 변화를 나타낸 것이다. 이에 대한 설명으로 옳은 것은?

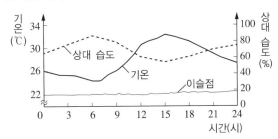

① 기온은 6시보다 15시에 높다.
② 15시에 이슬점은 기온보다 높다.
③ 상대 습도는 6시보다 15시에 높다.
④ 기온이 높아지면 상대 습도가 높아진다.

23 그림은 어느 날 A∼D 지역의 온대 저기압 단면을 나타낸 것이다. 그림의 A∼D에서 층운형 구름이 하늘을 덮고 있는 지역은?

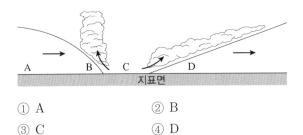

① A
② B
③ C
④ D

24 그림은 우리나라의 같은 장소에서 보름 동안 같은 시각에 관측한 달의 모습을 나타낸 것이다. 다음 중 초저녁 동쪽 하늘에 보름달이 관측된 날은? (단, 날짜는 음력이다.)

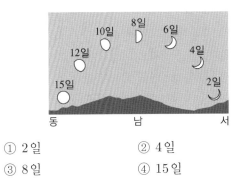

① 2일
② 4일
③ 8일
④ 15일

25 표는 우리 은하에 속한 별 A∼D의 색깔을 나타낸 것이다. 다음 중 표면온도가 가장 높은 별은?

별	A	B	C	D
색깔	파란색	흰색	노란색	붉은색

① A
② B
③ C
④ D

01 다음에서 설명하는 내용으로 가장 적절한 것은?

> ○ 인간으로서 마땅히 지켜야 할 도리
> ○ 옳고 그름을 판단할 수 있는 바람직한 가치나 규범

① 도덕　　　　　　② 명예
③ 욕망　　　　　　④ 제도

02 다음 중 행복한 삶을 위한 자세로 가장 적절한 것은?

① 다른 사람을 무시한다.
② 부정적인 생각으로 생활한다.
③ 물질적 가치만을 중요시 한다.
④ 다른 사람을 도우며 자신을 위해 정진한다.

03 다음에서 설명하는 도덕적 성찰 방법으로 가장 적절한 것은?

> 하루의 일과를 돌아보며 자신을 더 객관적으로 관찰하고 반성하며 새로운 각오와 다짐을 기록하는 행위

① 산책하기
② 운동하기
③ 일기쓰기
④ 잡담하기

04 다음과 관련이 깊은 우리 전통 사회의 정신으로 가장 적절한 것은?

> ○ 두레
> ○ 향약(鄕約)
> ○ 품앗이

① 개인주의
② 상부상조
③ 작심삼일
④ 진퇴양난

05 다음 중 ㉠, ㉡에 들어갈 가족 간의 도리를 알맞게 짝지은 것은?

> 부모가 자녀를 사랑하는 마음을 (　㉠　)(이)라 하고, 부모의 사랑에 보답하는 자녀의 행동을 (　㉡　)(이)라 한다.

	㉠	㉡
①	자애(慈愛)	효도(孝道)
②	경로(敬老)	자애(慈愛)
③	신의(信義)	공경(恭敬)
④	공경(恭敬)	신의(信義)

06 다음 중 아래 사자성어의 내용과 가장 관계 깊은 덕목은?

> ○ 죽마고우(竹馬故友)
> ○ 관포지교(管鮑之交)

① 성실　　　　　　② 우정
③ 용기　　　　　　④ 절제

07 다음 중 사이버 공간에서 지켜야 할 행위로 바람직한 것은?

① 비속어 사용
② 저작권 침해
③ 바른 언어 사용
④ 개인 정보 무단 유출

08 그림에서 양성평등을 실현하기 위한 주장으로 바람직하지 <u>않은</u> 것은?

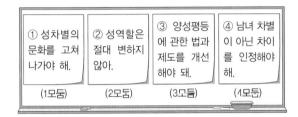

① 성차별의 문화를 고쳐 나가야 해.
(1모둠)

② 성역할은 절대 변하지 않아.
(2모둠)

③ 양성평등에 관한 법과 제도를 개선해야 돼.
(3모둠)

④ 남녀 차별이 아닌 차이를 인정해야 해.
(4모둠)

09 다음에서 설명하는 갈등 해결 방법으로 가장 적절한 것은?

> 갈등 당사자의 이야기를 각각 들어보고 중립적인 제3자가 해결책을 결정하는 것

① 경쟁
② 논쟁
③ 중재
④ 충돌

10 환경 친화적인 실천 자세로 옳은 것을 〈보기〉에서 고른 것은?

● 보기 ●

ㄱ. 일회용품 사용을 줄인다.
ㄴ. 쓰레기를 분리 배출한다.
ㄷ. 식사 후 음식물을 많이 남긴다.
ㄹ. 가까운 거리도 차량을 이용한다.

① ㄱ, ㄴ
② ㄱ, ㄷ
③ ㄴ, ㄷ
④ ㄷ, ㄹ

11 다음 중 진정한 봉사에 대한 설명으로 가장 적절한 것은?

① 무엇인가 대가를 바라고 한다.
② 타인의 지시에 의해서만 한다.
③ 봉사의 가치는 함께하는 마음에 있다.
④ 반복되는 행동보다는 일회성에 한정한다.

12 다음 내용에 해당하는 것으로 가장 적절한 것은?

> ○ "자기가 원하지 않은 것을 남에게 행하지 말라."
> [己所不欲 勿施於人]   − 『논어』 −
> ○ "무엇이든지 남에게 대접을 받고자 하는 대로 너희도 남을 대접하라."   − 『성경』 −

① 상처
② 욕구 충족
③ 자연 파괴
④ 타인 존중

13 다음 중 다문화 사회에서 필요한 덕목으로 알맞지 <u>않은</u> 것은?

① 고집과 편견
② 관용의 자세
③ 공감하는 능력
④ 타인에 대한 존중

14 다음 중 외모 지상주의를 극복하는 자세로 가장 바람직한 것은?

① 고가 상품을 충동 구매한다.
② 사람을 단지 외모로만 판단한다.
③ 오직 외적인 아름다움에만 집착한다.
④ 내면과 외면의 균형적 아름다움을 추구한다.

15 다음 내용에 해당하는 것으로 가장 적절한 것은?

○ 국가에 대한 사랑
○ 나라의 발전을 위해 헌신하는 마음

① 경쟁심   ② 부동심
③ 애국심   ④ 평정심

16 다음 중 자율적인 인간의 모습으로 가장 적절하지 않은 것은?

① 스스로 옳고 그름을 판단한다.
② 순간적인 충동을 적절하게 조절한다.
③ 다른 사람의 강요로 나쁜 행동에 가담한다.
④ 자신의 행동에 대한 결과를 예측하고 행동한다.

17 그림에서 (가)에 들어갈 질문으로 가장 적절한 것은?

① 욕망을 추구하나요?
② 밥을 먹어야 할까요?
③ 운동을 해야 할까요?
④ 도덕적이어야 하나요?

18 다음 중 마음의 평화를 이루기 위한 노력으로 적절하지 않은 것은?

① 인격 수양
② 순리에 따르는 삶
③ 지나친 욕망 추구
④ 긍정적인 마음 가지기

19 다음에서 설명하는 인간의 특성으로 가장 적절한 것은?

○ 동물은 본능에 따라 행동하지만, 인간은 옳고 그름을 따져 볼 수 있는 존재이다.
○ 인간은 자신의 행동을 스스로 선택하고, 반성할 수 있다.

① 도구적 존재
② 이성적 존재
③ 파괴적 존재
④ 충동적 존재

20 다음에서 설명하는 국가의 역할로 가장 적절한 것은?

> ○ 사회적 약자에게 의료비를 지원한다.
> ○ 어려움에 처한 국민들에게 생활비를 지원한다.

① 국토방위
② 영토 확장
③ 전통 문화 보존
④ 복지 혜택 제공

21 청소년기를 가치 있게 보내는 방법으로 옳은 것을 〈보기〉에서 고른 것은?

> ──── 보기 ────
> ㄱ. 비행과 일탈 행위를 반복한다.
> ㄴ. 청소년의 출입이 금지된 장소에 출입한다.
> ㄷ. 몸과 마음을 건강하게 유지하기 위해서 노력한다.
> ㄹ. 자신의 재능을 개발하기 위한 활동에 적극 참여한다.

① ㄱ, ㄴ
② ㄱ, ㄷ
③ ㄴ, ㄷ
④ ㄷ, ㄹ

22 다음 중 ㉠에 들어갈 말로 가장 적절한 것은?

> (㉠)는 사회 규칙이나 제도를 통해 사회 구성원을 공평하고 차별 없이 대하는 것이다.

① 사회정의
② 연고주의
③ 결과 지상주의
④ 물질 만능주의

23 다음에서 설명하는 한국인의 정체성으로 가장 적절한 것은?

> 인(仁)과 의(義)를 바탕으로 뜻을 세우고 경건한 마음으로 학문과 덕을 쌓아, 올바른 행동을 실천하려는 정신

① 군인 정신
② 선비 정신
③ 장인 정신
④ 저항 정신

24 그림에서 교사가 사용하고 있는 도덕 원리 검토 방법으로 가장 적절한 것은?

기분이 나빠서 친구를 때렸어요.
학생

그렇다면 기분이 나쁘다고 다른 친구가 너를 때려도 되겠니?
교사

① 포섭 검사
② 역할 교환 검사
③ 보편화 결과 검사
④ 정보의 원천 검사

25 다음의 설명에 해당하는 이상적 인간상으로 적절한 것은?

> ○ 유교에서 제시하는 이상적 인간상
> ○ 도덕적 수양을 통해 자신의 인격을 도야하고, 인간의 도리를 실천하여 사회에 기여하는 사람

① 군자(君子)
② 보살(菩薩)
③ 지인(至人)
④ 철인(哲人)

우리가 해야할 일은 끊임없이 호기심을 갖고 새로운 생각을 시험해 보고 새로운 인상을 받는 것이다.

– 월터 페이터 –

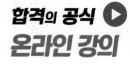

나에게 딱 맞는 한능검 교재를 선택하고 합격하자!

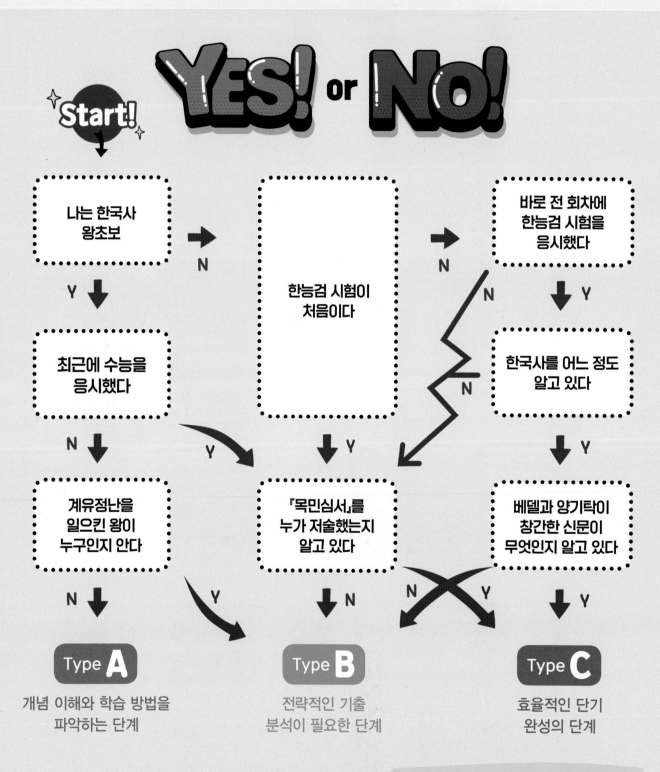

Start!

YES! or No!

나는 한국사 왕초보 → **N**

한능검 시험이 처음이다

바로 전 회차에 한능검 시험을 응시했다 → **N**

Y ↓

최근에 수능을 응시했다

Y ↓

한국사를 어느 정도 알고 있다

N ↓   **Y** ↘   ↓ **Y**   **N** ↙   ↓ **Y**

계유정난을 일으킨 왕이 누구인지 안다

『목민심서』를 누가 저술했는지 알고 있다

베델과 양기탁이 창간한 신문이 무엇인지 알고 있다

N ↓   **Y** ↘   ↓ **N**   **N** ⤬ **Y**   ↓ **Y**

Type **A**
개념 이해와 학습 방법을 파악하는 단계

Type **B**
전략적인 기출 분석이 필요한 단계

Type **C**
효율적인 단기 완성의 단계

옆 페이지로 커리큘럼 계획하러 가기

국어 | 수학 | 영어 | 사회 | 과학 | 도덕

편집기획실 편저

26년
명장 명품 노하우

STRONG

빛나는 당신의 내일을 위해 ———————— 시대에듀가 함께합니다.

2025

중졸 검정고시

5년간
기출문제

기출이 답이다

정답 및 해설

시대에듀

이 책의 차례

중·졸·검·정·고·시

2024년도

합격의 공식 시대에듀 www.sdedu.co.kr

| 제1회 | 정답 및 해설 |
| 제2회 | 정답 및 해설 |

2024년도 기출문제
정답 및 해설

제1교시 국어

01 ②	02 ④	03 ④	04 ③	05 ③
06 ①	07 ③	08 ③	09 ④	10 ①
11 ③	12 ②	13 ②	14 ①	15 ①
16 ④	17 ②	18 ③	19 ④	20 ②
21 ③	22 ①	23 ①	24 ②	25 ④

01 대화에서 '민재'는 노래 실력이 늘지 않아 걱정하는 친구의 감정을 이해하고 '많이 속상하겠다'라며 공감하면서 '힘내'라고 위로와 격려를 하고 있다.

02 좋아하는 운동은 '직업'과 관계없는 개인 정보이므로 직업 정보를 얻기 위한 질문으로 적절하지 않다.

03 표준 발음법 [제14항]에 의하면 '흙은'의 받침 'ㄺ'은 어미와 결합되는 경우 뒤엣것만 뒤 음절 첫소리로 옮겨 발음하므로 '흙은[흘근]'으로 발음해야 한다.

04 '영월'은 반모음 'ㅣ'로 시작하는 이중 모음 'ㅕ'가 들어 있는 단어이다.
이중 모음(11개): 발음할 때 입술이나 혀가 움직이는 모음
• 반모음 'ㅣ'로 시작하는 것: 'ㅑ, ㅒ, ㅕ, ㅖ, ㅛ, ㅠ'
• 반모음 'ㅗ/ㅜ'로 시작하는 것: 'ㅘ, ㅙ, ㅝ, ㅞ'
• 반모음 'ㅣ'로 끝나는 것: 'ㅢ'

05 '바다', '사탕', '엄마', '연필'은 모두 사람이나 사물의 이름을 나타내는 '명사'이다.
① 수량이나 순서를 나타내는 말은 수사이다.
② 대상의 동작이나 작용을 나타내는 말은 동사로, 어미가 변화하여 다양하게 쓰이는 가변어에 해당한다.
④ 대상의 성질이나 상태를 나타내는 말은 형용사로, 어미가 변화하여 다양하게 쓰이는 가변어에 해당한다.

06 '작은'의 어간은 '작-'이다. 따라서 '작은'의 기본형은 '작다'이다.
② '서니'의 어간은 '서-'로, 기본형은 '서다'이다. '섰다'는 '서다'의 활용형으로, 어간 '서-'에 과거 시제 선어말 어미 '-었-'이 붙어 '어'가 생략된 뒤 종결 어미 '-다'가 붙어서 이루어진 말이다.

③ '많은'의 어간은 '많-'으로, 기본형은 '많다'이다. '많았다'는 '많다'의 활용형으로, 어간 '많-'에 과거 시제 선어말 어미 '-았-'이 붙은 뒤 종결 어미 '-다'가 붙어서 이루어진 말이다.
④ '먹는'의 어간은 '먹-'으로, 기본형은 '먹다'이다. '먹는다'는 '먹다'의 활용형으로, 어간 '먹-'에 현재 사건이나 사실을 서술하는 뜻을 나타내는 종결 어미 '-는다'가 붙어서 이루어진 말이다.

07 ㉠은 서술어 '되었다'를 보충하는 문장 성분인 보어에 해당한다. '연예인이'는 서술어 '아니다'를 보충하므로 ㉠과 같은 문장 성분인 보어이다. '보어'는 서술어 '되다', '아니다'와 사용되는 '무엇이', '누가'에 해당하는 부분이다.
① '분다'는 동작이나 작용, 상태나 성질 등을 풀이하는 기능을 하는 서술어에 해당한다.
② '활짝'은 용언 '피었다'를 꾸며주는 문장 성분인 부사어에 해당한다.
④ '아기가'는 동작이나 작용, 상태나 성질 등의 주체인 주어에 해당한다.

08 '반드시'는 '틀림없이 꼭'이라는 의미의 부사로, 바른 표기이다.
① '부치지'는 '붙이지'로 표기되어야 한다. '붙이다'는 '맞닿아 떨어지지 아니하게 하다.'의 의미이고, '부치다'는 '편지나 물건을 상대에게 보내다.'의 의미이다.
② '낳아서'는 '나아서'로 표기되어야 한다. '나아서'는 '병이나 상처 따위가 고쳐져 본래대로 되다.'라는 뜻인 '낫다'의 활용형이다. 한글 맞춤법 [제18항]에 의하면 어간 끝 받침 'ㅅ'이 모음으로 시작하는 어미 앞에 나타나지 않으면 나타나지 않는 대로 적는다.
④ '마쳤다'은 '맞혔다'로 표기되어야 한다. '맞히다'는 '문제에 대한 답을 틀리지 않게 하다.'의 의미이고, '마치다'는 '어떤 일이나 과정, 절차 따위가 끝나다.'의 의미이다.

09 글의 제목이자 주제는 '동물이 행복한 동물원은 없다'이다. ㉣은 동물원이 야생 동물을 보호한다는 동물원의 긍정적인 측면을 제시하는 부분으로, 주제와 관련 없는 통일성이 떨어지는 부분이다.

10 수많은 생물들이 습지를 보금자리로 삼아 살아간다고 하였으므로 '습지의'로 조사를 바꾸는 것은 적절하지 않다. '의'는 앞 체언이 관형어 구실을 하게 하며, 뒤 체언이 나타내는 대상이 앞 체언에 소유되거나 소속됨을 나타내는 격 조사이다.

② '결코'는 '어떤 경우에도 절대로'라는 의미의 부사로, '아니다', '없다', '못하다' 따위의 부정어와 함께 쓰이기 때문에 적절하지 않다. 따라서 '혹시 있을지도 모르는 뜻밖의 경우'라는 의미의 '만일'로 고치는 것은 적절하다.

③ 가뭄과 홍수를 예방하는 역할은 '생물들의 보금자리'와 관계가 없으므로 ©을 삭제하는 것은 적절하다.

④ 한글 맞춤법 [제51항] 해설에 의하면 '-하다'가 붙는 어근 뒤 (단, 'ㅅ' 받침 제외)는 '-히'로 적는다. 따라서 '영원히'로 고치는 것은 적절하다.

작품 해설 현덕, 「하늘은 맑건만」

• 갈래: 현대 소설, 단편 소설, 성장 소설
• 성격: 사실적, 교훈적
• 제재: 잘못 받은 거스름돈
• 주제: 정직한 삶의 중요성
• 특징
 – 주인공의 갈등과 심리 변화가 섬세하게 드러남
 – 갈등의 해결 과정을 통해 소년이 성숙해 가는 과정을 드러냄

---

11 제시된 글은 서술자가 전지전능한 위치에서 인물이나 사건을 서술하는 '전지적 작가 시점'의 소설이다. 서술자가 등장인물의 속마음까지 상세하게 서술하는 특징이 있는 이 시점은 서술자가 작품에 직접 개입하는 특성이 있어 독자의 상상적 참여가 제한될 우려가 있다.

① 1인칭 주인공 시점에 대한 설명으로, 주인공의 내면세계를 그리는 데 효과적이며, 독자에게 친근감과 신뢰감을 준다. 단, 주인공의 입장에서만 서술되기 때문에 객관성을 유지하기 어려우며, 주인공 이외의 인물을 서술할 때 제약이 있다.

② 시점 전환에 대한 설명으로, 한 소설 내에서 시점을 바꾸어 가며 쓰는 방식을 말한다.

④ 1인칭 관찰자 시점에 대한 설명으로, 작품 속에 등장하는 인물인 '나'가 주인공을 관찰하고 경험한 내용을 서술한다.

12 제시된 글에서 수만이의 유혹에 넘어간 '문기'는 잘못 받은 거스름돈을 쓰게 되고, 이어지는 갈등 상황 속에서 양심의 가책을 느낀다. 이후 문기는 떳떳이 하늘을 쳐다볼 수 있고 떳떳이 남을 대할 수 있는 마음을 갖고 싶어 하므로 이 글을 읽은 학생의 반응으로 가장 적절한 것은 ②이다.

13 점순이가 숙모의 돈을 훔쳤다는 죄를 뒤집어쓴 밤 훌쩍훌쩍 우는 아이의 울음소리가 들렸고, 그 음성이 아랫집에서 심부름하는 점순이의 것이었다는 서술을 통해 알 수 있다.

작품 해설 김상옥, 「사향」

• 갈래: 현대 시조, 연시조, 정형시
• 성격: 회상적, 향토적, 묘사적, 애상적
• 제재: 봄길
• 주제: 고향에 대한 그리움
• 특징
 – 다양한 감각적 이미지를 활용함
 – 사투리를 사용하여 토속적 분위기를 형성함

---

14 제1수의 '구부러진 풀밭 길', '길섶으로 소리를 내며 흘러가는 개울물', '백양 숲 사이로 보이는 초가집'을 통해 화자가 떠올린 고향이 항구가 아님을 알 수 있다.

② '진달래'도 '저녁노을처럼 산을 둘러 퍼질 것'이라고 하는 부분을 통해 적절하다는 것을 알 수 있다.

③ '어마씨 그리운 솜씨에 향그러운 꽃지짐'을 통해 적절하다는 것을 알 수 있다.

④ '어질고 고운 그들 멧남새도 캐어 오리'를 통해 적절하다는 것을 알 수 있다.

15 제시된 글은 다양한 감각적 이미지를 통해 고향의 이미지를 형상화하고, 고향에 대한 그리움을 표현하고 있다.

16 ㉠은 눈을 감고 떠올린 고향의 모습을 시각적 이미지를 통해 제시하고 있다. ㉠과 같은 감각적 이미지가 쓰인 것은 노란색의 색채 이미지를 떠올리게 하는 ④이다.

① 후각적 이미지
② 청각적 이미지
③ 미각적 이미지

작품 해설 작가 미상, 「흥부전」

• 갈래: 고전 소설, 판소리계 소설
• 성격: 교훈적, 해학적, 풍자적
• 제재: 흥부의 선행과 놀부의 악행
• 주제: 형제간의 우애와 권선징악(인과응보)(표면적 주제)
  지배층의 허위와 탐욕 비판, 빈부 격차에 따른 갈등, 상위 계층과 하위 계층의 갈등(이면적 주제)
• 특징
 – 가정 내의 갈등을 통해서 사회 문제를 제시함
 – 평민 계층의 언어와 양반 계층의 이중적 언어를 사용함

---

17 "이놈아~없는 놈이로다."라는 말을 통해 가진 것이 많더라도 남을 돕지 않는 놀부의 성격을 알 수 있다. 이와 가장 비슷한 성격을 지닌 인물은 ②이다.

18 아내가 울자 읍내에 가서 양식을 꾸어 와 자식들을 먹이겠다는 말을 통해 흥부가 가족의 생계를 책임지려 하는 모습을 확인할 수 있다.
③ "가장이 나서는데~꺼내 오리다."라는 말을 통해 아내의 충고를 받아들이지 않고 있음을 알 수 있다.
④ '헌 망건을~대님이 희한하다'를 통해 초라한 행색을 알 수 있다.

19 [A]는 열거의 방식으로 인물의 겉모습을 해학적으로 표현하고 있다.

작품 해설 조준현, 「중학생인 나도 세금을 내고 있다고?」
• 갈래: 설명문
• 성격: 객관적, 설명적, 체계적
• 제재: 직접세와 간접세
• 주제: 직접세와 간접세의 특성
• 특징
 – 세금을 직접세와 간접세로 구분하여 체계적으로 설명함
 – 정의, 예시, 대조, 인과 등 다양한 설명 방법을 통해 효과적으로 설명함

---

20 2문단에서 직접세는 세금을 걷는 입장에서 모든 사람의 소득이나 재산을 일일이 조사하여 거두어야 한다는 번거로움이 있다고 하였고, 4문단에서 간접세는 세금을 걷는 입장에서 편리하게 걷을 수 있다고 하였다. 따라서 일치하지 않는 것은 ②이다.

21 ㉠은 대상을 일정한 기준에 따라 종류별로 묶어서 설명하는 '분류'에 해당한다. 이와 유사한 설명 방법이 사용된 것은 '소설'을 길이에 따라 묶어서 설명한 ③이다.
① 다른 사람이 한 말이나 글을 자신의 글 속에 끌어 써서 설명하는 '인용'의 설명 방법이 쓰였다.
② 설명하고자 하는 대상의 본질이나 뜻을 밝히는 '정의'의 설명 방법이 쓰였다.
④ 어떤 대상을 원인과 결과를 중심으로 설명하는 '인과'의 설명 방법이 쓰였다.

22 '그러나'는 앞의 내용과 뒤의 내용이 상반될 때 사용되는 대립의 접속어이다. ㉡ 앞의 문장은 직접세의 긍정적 효과를 제시하였고, 뒤의 문장은 직접세의 부정적 측면을 제시하였다. 앞과 뒤의 내용이 상반되므로 ㉡에는 '그러나'가 들어가는 것이 적절하다.
② '따라서'는 앞에서 말한 일이 뒤에서 말할 일의 원인, 이유, 근거가 됨을 나타낼 때 사용되는 접속어이다.
③ '그렇다면'은 주로 단락을 새로 시작하여 다른 내용을 제시할 때 사용되는 전환의 접속어이다.
④ '왜냐하면'은 원인과 결과를 제시할 때 사용되는 인과의 접속어이다.

작품 해설 클라우스 오버바일, 「소금의 덫」
• 갈래: 논설문
• 성격: 과학적, 객관적, 논리적
• 제재: 소금
• 주제: 과다한 소금 섭취의 위험성 경고
• 특징
 – 현실 상황을 제시하여 독자의 흥미를 유발함
 – 과학적 사실과 연구 결과를 근거로 주장을 뒷받침함

---

23 이 글은 논설문으로, 적절한 근거를 제시하여 의견이나 주장을 내세워 독자를 설득하는 특성이 있다. 논설문을 읽을 때는 주장과 근거를 중심으로 내용을 파악하고, 글쓴이가 의도한 요점을 이해하며 읽어야 한다.

24 이 글의 마지막 문단에서 글쓴이는 소금을 과하게 섭취할 경우 우리의 건강이 위협받을 수 있으므로 소금 섭취를 줄여야 한다고 주장하고 있다.

25 '부추기다'는 '감정이나 상황 따위가 더 심해지도록 영향을 미치다.'를 뜻하므로 ④에 제시된 사전적 의미는 적절하지 않다.

제2교시 수학

01 ③	02 ③	03 ④	04 ②	05 ①
06 ①	07 ④	08 ②	09 ④	10 ②
11 ③	12 ②	13 ③	14 ①	15 ①
16 ④	17 ②	18 ③	19 ①	20 ③

01 $24 = 2 \times 12 = 2 \times 2 \times 6$
$= 2 \times 2 \times 2 \times 3 = 2^3 \times 3$

02 작은 수부터 차례대로 나열하면
$-5, \ -\dfrac{2}{3}, \ 3, \ 4, \ 11$
따라서 세 번째 수는 3이다.

03 (직사각형의 넓이)=(가로)×(세로)이므로
이를 a를 사용한 식으로 나타내면
$(4 \times a) \, \text{cm}^2$

04 $a = 5$를 $2a + 3$에 대입하면
$2 \times 5 + 3 = 13$

05 좌표평면 위에 있는 점 A의 좌표는 A$(3, -2)$로 나타낸다.

06 두 직선 l, m이 평행하면 동위각의 크기는 서로 같으므로
$\angle x = 40°$

07 하루 수면 시간이 4시간 이상 5시간 미만인 학생 수는 5명이고, 하루 수면 시간이 5시간 이상 6시간 미만인 학생 수는 3명이다.
따라서 하루 수면 시간이 6시간 미만인 학생 수는
$5 + 3 = 8$ (명)

08 순환소수 $0.\dot{2}$를 기약분수로 나타내면 $\frac{2}{9}$이다

09 $2a \times 3a^2 = (2 \times 3)a^{1+2}$
$\qquad\qquad = 6a^3$

10 $20x \geq 40$의 양변을 20으로 나누면
$x \geq 2$

11 일차함수의 그래프가 y축과 만나는 점이 y절편이다.
따라서 이 일차함수의 그래프의 y절편은 3이다.

12 이등변삼각형의 꼭지각의 이등분선은 밑변을 수직이등분한다.
$\therefore \overline{BC} = 2 \times \overline{BD}$
$\qquad\qquad = 2 \times 4 = 8$ (cm)

13 서로 닮은 두 도형에서 대응하는 변의 길이의 비는 일정하다.
$5 : 10 = 8 : \overline{DE}$ 이므로
$5 \times \overline{DE} = 8 \times 10$
$\therefore \overline{DE} = 16$ (cm)

14 주머니 속에 모양과 크기가 같은 공이 8개 들어 있고, 이 중에서 흰 공은 3개이다.
따라서 이 주머니에서 임의로 한 개의 공을 꺼낼 때, 흰 공이 나올 확률은
$\frac{3}{8}$

15 $2\sqrt{5} + 3\sqrt{5} = (2+3)\sqrt{5}$
$\qquad\qquad\qquad = 5\sqrt{5}$

16 이차방정식 $(x-7)^2 = 0$은 $x = 7$을 중근으로 갖는다.

17 ① 아래로 볼록하다.
③ $y = \frac{1}{4}x^2$에 $x = -1$을 대입하여 풀면
$y = \frac{1}{4} \times (-1)^2 = \frac{1}{4}$
즉, 점 $\left(-1, \frac{1}{4}\right)$을 지난다.
④ 꼭짓점의 좌표는 $(0, 0)$이다.

18 $\cos B = \dfrac{\overline{BC}}{\overline{AB}} = \dfrac{12}{13}$

19 길이가 같은 두 현은 원의 중심으로부터 같은 거리에 있다.
따라서 $\overline{AB} = \overline{CD} = 8$ cm로 두 현의 길이가 같으므로
$\overline{OM} = \overline{ON}$ 이다.
$\therefore \overline{ON} = 5$ cm

20 학생 5명의 수학 점수가 낮은 순서대로 나열하면
$75, 80, 85, 90, 95$
따라서 중앙값은 85점이다.

제3교시 영어

01 ③	02 ④	03 ④	04 ①	05 ③
06 ①	07 ③	08 ③	09 ②	10 ①
11 ④	12 ①	13 ④	14 ④	15 ②
16 ③	17 ③	18 ①	19 ①	20 ②
21 ④	22 ④	23 ③	24 ②	25 ②

01 밑줄 친 delicious의 뜻으로 가장 적절한 것은 '맛있는'이다.
delicious는 형용사이며, 주어 ice cream을 보충 설명하는 주격보어이다.
• everyone: 모든 사람, 모두
• think: 생각하다

해석
> 모든 사람들은 아이스크림이 맛있다고 생각한다.

02 ④ 'tall(키가 큰, 높은) - high(높은)'는 유의어 관계인데, ①, ②, ③은 반의어 관계이므로 두 단어의 의미 관계가 나머지 셋과 다른 것은 ④이다.
① 큰 - 작은
② 마른 - 젖은
③ 늙은 - 젊은

03 빈칸 앞에 주어(A lot of students)가 있고, 빈칸 다음에 현재분사(standing)가 있으므로, 진행형 시제 동사인 be 동사가 들어가야 한다. 주어가 복수명사이므로, 빈칸에 들어갈 말로 적절한 것은 be 동사의 과거형 복수인 'were'이다. 'am'은 주어가 1인칭 현재, 'is'는 3인칭 현재, 'was'는 3인칭 과거 시제에 사용된다.
• stand in line: 줄서서 기다리다

> 많은 학생들이 줄서서 기다리고 있었다.

04 빈칸 앞에 How가 있고, 빈칸 다음에 'does it take to go to the train station?'이 있으므로, 시간이 얼마나 걸리는지 묻는 표현인 'How long does it take to~(~에 가는 데 시간이 얼마나 오래 걸리나요)?'라는 것을 유추할 수 있다. 따라서 빈칸에 들어갈 말로 적절한 것은 '오래'라는 뜻을 나타내는 'long(오래)'이다.
② 많은
③ 자주
④ 키가 큰
• How long does it take to ~?: ~까지 가는 데 시간이 얼마나 걸리나요?
• train station: 기차역

> 기차역까지 가는 데 시간이 얼마나 오래 걸리나요?

05 대화에서 A의 질문에 B가 'I usually get up at seven(나는 보통 7시에 일어나).'이라고 대답했으므로, 대화의 빈칸에 들어갈 말로 적절한 것은 '시간'을 묻는 의문사인 'When(언제)'이다.
① 어떻게
② 무엇
④ 어떤
• usually: 보통, 대개
• get up: (잠자리에서) 일어나다

> A: 너는 보통 언제 일어나니?
> B: 나는 보통 7시에 일어나.

06 대화에서 A가 'Can you ride a bike(너는 자전거 탈 수 있니)?'라고 조동사 의문문으로 물었으므로, 대화의 빈칸에 들어갈 말로 적절한 것은 조동사 can을 사용하여 나의 입장에서 대답한 'Yes, I can(응, 나는 탈 수 있어).'이다.
② 아니, 나는 안 해.
③ 응, 너는 할 수 있어.
④ 아니, 나는 아니야.
• ride: (자전거·오토바이 등을) 타다[몰다]
• bike: 자전거

> A: 너는 자전거 탈 수 있니?
> B: 응, 나는 탈 수 있어.

07 첫 번째 문장에서 빈칸 앞의 in my와 빈칸 다음의 time으로 미루어 빈칸에는 '자유로운'을 뜻하는 'free'가 들어가야 한다. free time은 '여가 시간'이라는 뜻이다. 두 번째 문장에서 빈칸 앞에 전치사 for가 있으므로, 빈칸에는 '무료의'를 뜻하는 'free'가 들어가야 한다. for free는 '공짜로, 무료로'라는 뜻이다. 따라서 빈칸에 공통으로 들어갈 말로 적절한 것은 'free'이다.
① 바쁜
② 가까운
④ 굳은, 딱딱한
• play: (음악·악기를) 연주하다
• have: 받다, 가지다

> ○ 나는 여가 시간에 피아노를 친다.
> ○ 이 사탕은 무료로 받을 수 있어요.

08 표에 따르면 Tom이 주말에 할 일은 'do the laundry'이므로, 정답은 '빨래하기'이다.
• water: 물을 주다
• plants: 식물
• clean: 닦다, 청소하다
• laundry: 빨랫감, 세탁물
• bake: (음식을) 굽다

아버지	어머니	Tom	Emma
식물 물 주기	창문 닦기	빨래하기	쿠키 굽기

09 그림에서 여자 아이가 그림을 그리고 있고 빈칸 앞에 is가 있으므로, 대화의 빈칸에 들어갈 말로 적절한 것은 'drawing a picture(그림을 그리다)'이다.
① 책 읽고 있는
③ 음악 듣고 있는
④ 농구하고 있는

> A: 여자 아이는 무엇을 하고 있나요?
> B: 그녀는 그림을 그리고 있어요.

10 대화에서 A가 'I'm worried about my leg. I can't walk easily (내 다리가 걱정돼. 나는 쉽게 걸을 수가 없어).'라고 하자 B가 'Why don't you see a doctor(의사의 진찰을 받는 게 어때)?'라고 대답하였고, A가 B에게 'Can you go with me now(지금 같이 가줄 수 있니)?'라고 묻자 B가 'Sure(물론이야).'라고 대답하였다. 따라서 대화가 끝난 후 두 사람이 함께 갈 장소는 '병원'이다.

- be worried about: ~에 대해 걱정하다
- leg: 다리
- walk: 걷다
- Why don't you ~ ?: ~ 하는 게 어때요?, ~ 하지 않겠어요?
- see a doctor: 진찰을 받다

A: 내 다리가 걱정돼. 나는 쉽게 걸을 수가 없어.
B: 의사의 진찰을 받는 게 어때?
A: 그래야 할 것 같아. 지금 같이 가줄 수 있니?
B: 물론이야.

11 대화에서 A가 'How's the weather outside(바깥 날씨는 어떠니)?'라고 묻자 B가 'It's raining(비가 오고 있어).'라고 대답하였고, 빈칸 다음에서 A가 'No, I don't. I have to buy one(아니, 없어. 하나 사야 해).'이라고 대답하였으므로 대화의 빈칸에 들어갈 말로 적절한 것은 'Do you have an umbrella(우산이 있니)?'이다.

① 몇 시니
② 잘 지냈니
③ 그것을 어디서 구하였니

- How's the weather ~?: ~는 날씨가 어때?
- outside: 바깥[겉]에, 밖에

A: 바깥 날씨는 어떠니?
B: 비가 오고 있어. 우산이 있니?
A: 아니, 없어. 하나 사야 해.

12 대화에서 A가 'We need to change the meeting time. It's too early(회의 시간을 변경할 필요가 있어요. 시간이 너무 일러요).'라고 하자 B가 동의하면서 'What about 10 a.m.(오전 10시는 어때요?)'라고 제안하였고, 이에 A는 'That's much better(그게 훨씬 낫네요).'라고 대답하였으므로 대화의 주제로 적절한 것은 '회의 시간 변경'이다.

- need to: ~할 필요가 있다
- change: 변경하다
- meeting time: 회의 시간
- early: 이른[빠른]
- agree: 동의하다
- What about ~ ?: ~하는 게 어때?(제안을 나타냄)

A: 회의 시간을 변경할 필요가 있어요. 시간이 너무 일러요.
B: 동의합니다. 오전 10시는 어때요?
A: 그게 훨씬 낫네요.

13 제시된 홍보문에는 행사 날짜(April 13th-14th), 행사 시간(11 a.m. - 4 p.m.), 행사 장소(Seaside Park)는 나와 있지만, 행사 참가비는 나와 있지 않으므로, 홍보문을 보고 알 수 없는 것은 '행사 참가비'이다.

- food: 음식
- festival: 축제
- place: 장소
- enjoy: ~을 즐기다
- try: (음식을) 맛보다
- all over the world: 세계 각지에

세계 음식 축제
○ 날짜: 4월 13일 - 14일
○ 시간: 11 a.m. - 4 p.m.
○ 장소: 씨사이드 파크
와서 즐겨요!
세계 각지에서 온 음식을 먹어 보세요!

14 제시문의 두 번째 문장에서 '내일 점심 메뉴(tomorrow's lunch menu)'에 대해서 말하겠다고 하면서 원래 메뉴는 스파게티, 케이크, 오렌지 주스였는데, 'we'll serve milk instead of orange juice(오렌지 주스 대신 우유로 제공하겠습니다).'라고 하였으므로, 방송의 목적으로 적절한 것은 '점심 메뉴 변경 공지'이다.

- something: 어떤 것[일], 무엇
- tomorrow: 내일
- original: 원래[본래]의
- serve: (식당 등에서 음식을) 제공하다
- instead of: ~대신에
- sorry about: ~에 대해 유감스러운
- change: 변경, 전환

안녕하세요 여러분. 내일 점심 메뉴에 대해 말씀드릴 것이 있습니다. 원래 메뉴는 스파게티, 케이크, 오렌지 주스였습니다. 하지만, 오렌지 주스 대신 우유로 제공하겠습니다. 변경해서 죄송합니다.

15 대화에서 A가 이번 토요일에 스티브와 수영장에 가는데 함께 가지 않겠는지 물어보자 B가 'I'm taking a trip with my family this weekend(이번 주말에 가족 여행을 갈 예정이야).'라고 대답하였으므로, B가 수영장에 가지 못하는 이유는 '가족 여행을 가야 해서'이다. be going to는 '~할 예정이다'의 뜻으로, 가까운 미래를 나타낼 때 쓰는 표현이다.

- swimming pool: 수영장
- join: 함께 하다[합류하다]
- take a trip: 여행하다
- weekend: 주말
- maybe: 어쩌면, 아마

> A: 스티브와 나는 이번 주 토요일에 수영장 갈 거야. 우리와 함께 갈래?
> B: 미안한데, 이번 주말에 가족 여행을 갈 예정이야.
> A: 알겠어. 다음에 가면 되지.

16 주어진 글의 네 번째 문장에서 'Most of them are about four meters tall, and the tallest one is around 20 meters tall(그것들 중 대부분은 높이가 약 4미터이고, 가장 높은 것이 약 20미터입니다).'이라고 하였으므로, Moai에 대한 설명과 일치하지 않는 것은 '대부분 높이가 약 20미터이다.'이다.

① 두 번째 문장에서 'They are on Easter Island.'라고 했으므로, 글의 설명과 일치한다.

② 세 번째 문장에서 'They are tall, human-shaped stones.'라고 했으므로, 글의 설명과 일치한다.

④ 마지막 문장에서 'They mainly face towards the village, ~'라고 했으므로, 글의 설명과 일치한다.

- Have you ever ~?: ~해 본 적이 있나요?
- human-shaped: 사람 모양의
- tall: 높이가 ~ 인
- around: 대략, 약
- mainly: 주로, 대개는
- face: ~을 마주보다[향하다]
- towards: 쪽으로, 향하여
- village: 마을, 부락

> Moai에 대해 들어본 적이 있나요? 그것들은 이스터 섬에 있습니다. 그것들은 키가 큰 사람 모양을 한 돌들입니다. 그것들 중 대부분은 높이가 약 4미터이고, 가장 높은 것이 약 20미터입니다. 그것들은 주로 마을 쪽으로 얼굴이 향하고 있으며, 일부는 바다를 바라보고 있습니다.

17 주어진 글의 두 번째 문장에서 열리는 요일(every Saturday), 세 번째 문장에서 열리는 장소(in front of the History Museum), 마지막 문장에서 판매 품목(clothes, shoes, books, and toys)은 언급되었지만, '주차 정보'는 언급되지 않았다.

- Flea Market: 벼룩시장
- shopper: 쇼핑객
- in front of: ~의 앞쪽에[앞에]
- at low prices: 저렴한 가격에

> 시티 벼룩 시장은 많은 쇼핑객들에게 좋은 장소이다. 그것은 매주 토요일마다 열린다. 그것은 역사박물관 앞에 있다. 여러분은 이 시장에서 의류, 신발, 책, 그리고 장난감을 저렴한 가격에 살 수 있다.

18 주어진 글의 네 번째 문장에서 'Jimin suggested making a study group(Jimin은 스터디 그룹을 만들 것을 제안하였다).'이라고 했고, 마지막 문장에서 친구들과 공부하는 것이 내가 시험을 더 잘 볼 수 있도록 도와줄 수 있다고 말하였으므로, Jimin이 제안한 것으로 가장 적절한 것은 '친구들과 함께 공부하기'이다.

- problem: 문제
- get poor grades: 형편없는 성적을 받다
- do well on: ~을 잘하다, 잘 보다
- ask: 부탁하다[요청하다]
- advice: 조언, 충고
- suggest: 제안[제의]하다

> 학교에서 나의 큰 문제는 시험에서 형편없는 성적을 받는 것이다. 나는 결코 시험을 잘 치지 못한다. 그래서 나는 Jimin에게 조언을 부탁하였다. Jimin은 스터디 그룹을 만들 것을 제안하였다. 그는 친구들과 공부하는 것이 내가 시험을 더 잘 볼 수 있도록 도와줄 수 있다고 내게 말하였다.

19 그래프에 의하면 우리 반 친구들의 관심사는 'Others(기타)'가 5%, 'Reading books(책 읽기)'가 10%, 'Listening to music(음악 듣기)'이 15%, 'Playing computer games(컴퓨터 게임하기)'가 25%, 'Playing sports(운동하기)'가 45%이므로, 우리 반 친구들의 40% 이상이 관심 있어 하는 것은 'playing sports(운동하기)'이다.

② 컴퓨터 게임하기
③ 음악 듣기
④ 책 읽기

> **우리 반 친구들의 관심사**
> 기타(5%) 책 읽기(10%) 음악 듣기(15%)
> 컴퓨터 게임하기(25%) 운동하기(45%)
> 우리 반 학생의 40% 이상이 <u>운동하기</u>에 관심이 있다.

20 주어진 글은 글쓴이가 작년에 산에 가서 케이블카를 타고, 정상까지 하이킹하고, 정상에서 단풍이 든 나무들을 보았다는 내용인데, 'My father bought a new car(아버지는 새 차를 샀다).'의 내용은 글의 흐름으로 보아 어울리지 않는 문장이다.
- mountain: 산
- take: 타다, 올라타다
- middle: 중앙, (한)가운데, 중간
- then: 그다음에, 곧이어
- hike: 도보 여행[하이킹]하다
- amazing: 대단한, 멋진
- exciting: 재미있는, 신나는

> 작년에, 나는 산에 갔다. 나는 케이블카를 타고 산 중턱으로 갔다. <u>아버지는 새 차를 샀다.</u> 그리고 나서, 나는 정상으로 하이킹했다. 정상에서, 나는 나무들이 빨간색과 노란색인 것을 발견하였다. 아름다운 가을 단풍을 봐서 놀랍고 신났다.

21 밑줄 친 It 바로 앞 문장에서 'Walking can offer lots of health benefits to people of all ages(걷기는 모든 연령대의 사람들에게 많은 건강상의 이점을 제공할 수 있다).'라고 하였고, 밑줄 친 It 다음에서 특정 질병을 예방하는 데 도움을 줄 수 있어서 여러분이 장수할 수 있다고 하였으므로, 문맥상 밑줄 친 It이 가리키는 것으로 적절한 것은 'Walking(걷기)'이다.
① 장비
② 생명
③ 스트레스
- walking: 걷기
- step: 걸음
- offer: 제공하다
- health benefit: 건강상의 이점[이익]
- prevent: 예방[막다/방지하다]
- certain: 특정한, 일부
- disease: 질환, 질병
- live a long life: 장수하다
- require: 필요하다, 요구하다
- special: 특별한
- equipment: 장비
- anywhere: 어딘가에, 어디든지

> 여러분은 걷기를 좋아하나요? 여러분은 하루에 얼마나 많은 걸음을 걷나요? 걷기는 모든 연령대의 사람들에게 많은 건강상의 이점을 제공할 수 있습니다. <u>그것(걷기)</u>은 특정 질병을 예방하는 데 도움을 줄 수 있어서 여러분이 장수할 수 있습니다. 그것은 또한 특별한 장비가 필요하지 않고 어디서나 할 수 있습니다.

22 도서관 이용 시 주의해야 할 사항에 따르면 'Return books on time(제시간에 책 반납하기).', 'Do not make loud noises(큰 소리 내지 않기).', 'Do not eat any food(음식 먹지 않기).'는 언급되었지만, '책에 낙서하지 않기'는 언급되지 않았다.

> **도서관 규칙**
> ○ 책을 제시간에 반납하기.
> ○ 큰 소리를 내지 않기.
> ○ 음식을 먹지 않기.

23 주어진 글의 첫 문장에서 'Do you know what to do when there is a fire(여러분은 불이 났을 때 해야 할 일을 알고 있나요)?'이라고 한 다음에 불이 나면 소리를 질러서 화재를 알리고, 젖은 수건으로 얼굴을 가리고 자세를 낮춰서 계단을 이용해 밖으로 나와야 한다고 하였다. 또한, 가능한 한 빨리 119에 신고해야 한다고 하였으므로, 글의 주제로 적절한 것은 '화재 발생 시 행동 요령'이다.
- fire: 화재, 불
- shout: 외치다, 소리지르다
- cover: 덮다, 가리다
- wet: 젖은, 축축한
- stay low: 자세를 낮추다
- get out: 떠나다[나가다]
- remember: 기억하다
- stair: 계단
- as soon as possible: 되도록 빨리, 가능한 한

> 여러분은 불이 났을 때 해야 할 일을 알고 있나요? 여러분은 "불이야!"라고 외쳐야 합니다. 젖은 수건으로 얼굴을 가려야 합니다. 자세를 낮게 유지하고 나가야 합니다. 엘리베이터가 아닌 계단을 이용하는 것을 기억하세요. 또한, 가능한 한 빨리 119에 신고해야 합니다.

24 주어진 글의 두 번째 문장에서 'I'd like to report a problem on Main Street(나는 메인 스트리트에서 발생한 문제를 신고하려고 합니다).'라고 한 다음에, 오늘 아침에 신호등이 고장 난 것을 보았는데, 혹시 사고가 날까 봐 걱정이라고 하였으므로, 글을 쓴 목적으로 가장 적절한 것은 '신고하려고'이다.
- report: 신고[보고]하다
- see: 보다, 목격하다
- traffic light: 신호등
- break: 고장나다
- afraid: 염려하는
- cause: ~을 야기하다[초래하다]
- accident: 사고[재해]
- check: 살피다[점검하다]
- right away: 곧바로, 즉시

해석

제 이름은 John Brown입니다. 메인 스트리트에서 발생한 문제를 신고하려고 합니다. 오늘 아침에 신호등이 고장 난 것을 보았습니다. 혹시 사고가 날까 봐 걱정이네요. 지금 바로 와서 확인해 주세요.

25 주어진 글의 첫 문장에서 요가는 힘과 균형을 기를 수 있는 정신과 신체 연습이라고 한 다음에, 세 번째 문장에서 요가에는 많은 종류가 있다고 하였다. 마지막 문장에서 'Let's take a look at the various types of yoga(다양한 종류의 요가를 살펴보자).' 라고 하였으므로, 글의 바로 뒤에 이어질 내용으로 적절한 것은 '다양한 요가의 유형'이다.

• mind: 정신
• practice: 연습, 실습
• build: 기르다
• strength: 힘, 강점
• balance: 균형
• manage: 관리하다
• reduce: 줄이다
• take a look at: ~을 보다
• various: 다양한

해석

요가는 힘과 균형을 기를 수 있는 정신과 신체의 연습이다. 요가는 또한 고통을 관리하고 스트레스를 줄이는 데 도움을 줄 수 있다. 요가에는 많은 종류가 있다. 다양한 종류의 요가를 살펴보자.

제4교시 사회

01 ③	02 ②	03 ①	04 ②	05 ①
06 ④	07 ②	08 ①	09 ①	10 ①
11 ②	12 ④	13 ③	14 ③	15 ④
16 ③	17 ③	18 ③	19 ②	20 ②
21 ①	22 ①	23 ③	24 ④	25 ④

01 희토류는 스마트폰, 전자기기, 가전제품, 자동차 등에 사용되는 반도체의 핵심 소재로 첨단 산업에서 필수적인 자원이며, 17개의 원소 그룹을 말한다. 희토류에 대한 수요는 많지만 생산하는 지역이 한정되어 있어 생산량에 따라 가격이 큰 영향을 받는다.
① 석탄: 제철 및 화학 공업의 원료로 화력 발전에 주로 이용되며, 석유에 비해 세계적으로 고르게 분포되어 있다.
② 철광석: 철 성분을 포함하고 있는 광석으로, 제철(철을 뽑아내는 일)의 원료가 되는 광석이다.
④ 천연 가스: 대기를 오염시키는 물질을 적게 배출시키는 청정 에너지이며, 저장·수송 기술의 발달로 국제적 이동과 소비가 급증하고 있다.

02 랜드마크는 도시나 거리의 이미지를 대표하는 특색있는 시설이나 건출물을 말하며, 지역을 대표하거나 구별하게 한다.

03 문화 지역은 특정한 문화와 문화 경관을 공통적으로 공유하는 공간적 범위를 이르는 말로, 의식주, 언어, 종교 등 다양한 문화 요소에 의해 구분된다. 건조 문화 지역은 북부 아프리카, 서남아시아, 중앙아시아 일대에서 나타나며, 건조 기후에 적합한 유목과 관개 농업을 한다. 이 지역 주민들은 아랍어를 사용하고 주로 이슬람교를 믿어 이슬람 문화 지역이라고도 한다.
② 북극 문화 지역: 한대 기후 지역인 북극해 연안의 툰드라 지역을 중심으로 분포하고 있으며, 눈과 얼음이 많은 지리적 특성을 이용하여 순록을 유목하고 사냥하면서 생활한다.
③ 유럽 문화 지역: 산업 혁명의 발상지로 일찍 산업화를 이루었으며, 크리스트교가 생활 방식과 제도에 큰 영향을 준 문화 지역이다.
④ 오세아니아 문화 지역: 북서유럽 문화의 이식과 정착으로 형성된 문화 지역으로, 원주민 문화는 대부분 말살되었다.

04 고산 기후는 열대 기후 지역의 고지대에 나타나는 기후로, 기온이 높은 저지대보다 사람이 살기에 적합한 봄철과 같은 기후가 나타난다.
① 건조 기후: 강수량이 매우 적어 물이 부족하고 초원이나 사막이 분포한다. 강한 햇볕을 차단하기 위해 벽을 두껍게 하고 창문을 작게 한 흙집에서 생활하며 온몸을 감싸는 옷을 입는다.
③ 열대 기후: 1년 내내 기온이 높고 강수량이 많으며 열대림이 분포한다. 뜨거운 열기와 습기를 막기 위해 고상 가옥에서 생활하며, 통풍이 잘되는 옷을 입는다.

④ 한대 기후: 가장 따뜻한 달의 평균 기온이 10℃ 미만이며, 백야, 빙하, 오로라 등을 체험하려는 관광객을 위한 산업이 발달하였다.

05 천연기념물 제366호인 독도는 우리나라의 가장 동쪽에 위치한 영토이며, 동도와 서도 그리고 89개의 부속 도서로 이루어진 바위섬이다. 제주도와 울릉도보다 형성 시기가 빠르며 해양성 기후를 띄고 있어 겨울철에 눈이 많이 내린다. 한류와 난류가 교차하여 조경 수역이 형성되고 다양한 동식물이 서식하여 천연 보호 구역으로 지정되었다. 풍부한 자원이 매장되어 있고 군사적 요충지로서의 역할을 한다는 점에 있어서 가치가 높은 섬이다.

06 플랜테이션은 선진국의 자본과 기술력을 바탕으로 열대 기후 지역에서 개발도상국(원주민)의 노동력을 결합하여 대규모 상품 작물을 생산하는 농업 방식을 말한다. 주요 상품 작물로는 천연고무, 카카오, 바나나, 사탕수수, 담배, 커피 등이 있다.
① 낙농업: 서안 해양성 기후에서 발달한 농업으로, 목초지가 잘 형성되어 젖소나 양, 염소 등을 사육하여 우유를 생산하고, 생산된 우유를 이용하여 유제품을 만든다.
② 수목 농업: 여름은 덥고 건조하지만 겨울은 따뜻하고 다습한 지중해성 기후에서 발달한 농업으로, 여름에는 포도, 올리브 등을 재배하고 겨울에는 밀, 보리 등의 곡물을 재배한다.
③ 혼합 농업: 곡물 경작과 축산을 함께 하는 집약적 농업을 말한다. 식용과 사료용 곡물을 함께 재배하여 식용 곡물은 자급하고, 사료용 곡물은 가축을 기르는 데 사용한다.

07 지진이 발생하면 각종 시설물이 파괴되면서 많은 피해가 발생한다. 이러한 상황에 대비하여 건물을 지을 때에는 방진 시설(내진 설계)을 하고 평상시에 예보 체계를 갖추어 대피 훈련을 하는 등의 대책 마련이 필요하다.
① 가뭄: 갑자기 줄어든 강수량이나 삼림의 개발 등으로 인해 하천과 지하수 고갈, 농업 생산력 저하, 식수·산업용수 부족, 산불 발생 등의 피해를 발생하는 자연재해이다.
③ 폭설: 많은 양의 눈이 내려 가옥이나 하우스 등 건축물 붕괴 등의 피해를 발생하는 자연재해이다.
④ 홍수: 짧은 시간에 많은 강수량이 집중되거나 빗물이 토양에 흡수되지 못하고 하천이 범람하여 발생하는 자연재해이다.

08 갯벌은 밀물 때는 물에 잠기고 썰물 때는 물 밖으로 드러나는 모래 점토질의 평탄한 땅으로 바다 정화에 큰 역할을 한다. 머드 축제를 여는 등 관광 자원으로 활용할 수 있으며, 철새들에게는 휴식처가 되기도 한다. 어민들은 갯벌에서 굴을 캐고 꼬막을 잡으며, 바닷물을 증발시켜 천일염을 얻기도 한다.
② 고원: 해발 고도가 높지만 비교적 평탄한 지형이며, 화산 활동에 의해 현무암의 분출로 형성된 평탄한 지형을 용암대지, 평탄하였던 지형이 융기하면서 형성된 곳을 융기 고원이라고 한다.

③ 피오르: 빙하의 침식으로 만들어진 골짜기에 생성된 좁고 깊은 만이며, 노르웨이 해안에 발달해 있다.
④ 용암 동굴: 화산의 용암이 흘러 굳으면서 형성된 동굴이다.

09 환율이란 자기 나라 돈과 다른 나라 돈의 교환 비율을 의미한다. 환율은 외환 시장에서 외화에 대한 수요와 공급이 일치하는 수준에서 결정되며, 외화의 값으로 각국의 화폐가 가지는 구매력에 의해 결정된다.

10 문화는 사회적 환경에 따라 계속해서 변화하는 비고정적인 것으로 변동성을 가지고 있다.

11 결혼·출산을 이유로 퇴직 강요하거나 정당한 사유 없이 근로자를 해고하는 것은 부당 해고이다. 구제 방법으로는 노동위원회에 구제를 요청하거나 법원에 소송을 제기하는 것이 있다.

12 선거구 법정주의는 국민의 의사를 바르게 반영하며, 특정 정당과 후보에 유리하지 않게 선거구를 자주 변경하지 못하도록 법률로 정하는 원칙이다.
① 심급 제도: 법관이 공개 재판과 증거 재판을 하더라도 오판을 할 수 있으므로 재판을 여러 번 받을 수 있도록 하는 제도이며, 우리나라는 3심제를 채택하고 있다.
② 지역화 전략: 경제·문화적 관점에서 해당 지역의 지역성을 상품화하고 홍보하는 전략이다.
③ 사법부의 독립: 공정한 재판을 위해 외부 세력이 재판에 영향을 끼칠 수 없도록 사법부를 입법부와 행정부로부터 독립시키는 것이다.

13 정부는 법률을 토대로 시민을 위한 다양한 정책을 수립하고 결정을 하는 역할을 하며, 정책 집행 과정을 통해 정책을 현실에 반영하고 정책의 목표가 달성될 수 있도록 한다.
① 언론: 정책에 대한 정확한 정보 및 해설과 비판을 제공하는 기관으로 여론 형성 과정에서 가장 중요한 역할을 담당한다.
② 정당: 정치적 견해를 같이하는 사람들이 정권 획득을 목적으로 모인 단체이다. 국민이나 이익 집단에 의해 표출된 다양한 의견들을 조직하고 체계화하여 정부에 전달하는 역할을 한다.
④ 이익 집단: 자신의 특수 이익을 실현하기 위해 정치적 영향력을 행사하고자 하는 단체이다. 다양한 사람들의 이익을 대변하며 정책 결정에 도움을 줄 수 있지만, 이기적인 행동을 행사하는 경우에는 사회적 혼란을 초래할 수도 있다.

14 헌법 재판소는 헌법 재판으로 인권을 보호하고 헌법 질서를 유지하는 국가 기관이다.
① 국회: 국민의 대표 기관으로서 법률을 제정·개정·폐기하는 역할을 하며, 이를 통해 정치 문제 해결 과정에 참여하여 시민의 요구를 반영한다.
② 지방 법원: '지원'이라고도 하며 1심 판결을 담당한다.
④ 선거 관리 위원회: 선거·투표의 공정한 관리와 정당 및 정치 자금 사무를 위해 독립된 기관이다.

15 부동산은 실물 자산이며 토지나 건물 등과 같이 움직여 옮길 수 없는 재산이다. 자산 관리 방법 중 하나인 부동산 투자는 부동산을 통해 임대 소득이나 자산 가치의 상승효과를 얻는 것이다.

16 균형 가격은 수요량과 공급량이 일치하는 점에서 형성되며, 이 때의 거래량을 균형 거래량이라고 한다. 이를 통해 그래프에서 알 수 있는 빵의 균형 가격은 2,000원이다.

17 고인돌은 청동기 시대 지배층의 무덤이며, 이 시대에는 지배자인 군장이 등장하였다.

18 조선 후기 성리학 중심의 학문 활동에 대한 반성과 몰락 양반이 증가하고 영세 상인이 몰락하는 등 사회적 모순의 발생으로 실학이 대두되었다. 현실 문제를 해결하기 위한 개혁들을 주장하였는데, 정약용은 토지의 공동 소유와 공동 경작과 생산물의 공동 분배를 주장하였다. 상공업 중심의 개혁을 주장한 박지원은 화폐 사용을 강조하였고, 박제가는 소비를 통한 생산 확대를 주장하였다.

19 조선 영조와 정조는 붕당 정치의 폐해를 막고 능력에 따른 인재를 등용하기 위해 탕평책을 실시하였다.
① 호패법: 조선 태종의 정책
③ 과전법: 고려 말 이성계가 실시한 토지 정책
④ 위화도 회군: 고려 말 이성계가 위화도에서 군사를 돌려 개경으로 돌아와 정치적 실권을 장악한 사건

20 신라의 삼국 통일 이후 신문왕은 토지 제도 및 지방 제도를 정비하고 교육 제도를 확립하였으며, 김흠돌의 난과 같은 진골 세력들의 반란을 눌러 전제 왕권을 확립하였다.

21 병자호란으로 청에게 당한 치욕을 씻기 위해 조선 효종 때 청에게 복수하고자 하는 북벌 운동이 추진되었다.
② 화랑도 조직: 신라 진흥왕이 화랑도를 국가적 조직으로 개편
③ 별무반 편성: 고려 숙종 때 윤관이 여진 정벌을 위해 조직
④ 광주 학생 항일 운동: 1929년 광주에서 한일 학생 사이에 일어난 충돌이 계기가 되어 반일 시위로 전개된 민족 운동

22 신라가 백제 의자왕의 공격을 받은 후, 신라 김춘추가 고구려와 왜에 도움을 요청하였지만 거절당하였다. 이에 김춘추는 고구려 침략에 실패한 당과 군사 동맹을 맺어 사비성을 함락하여 백제를 멸망시켰고(660), 평양성을 함락하여 고구려를 멸망시켰다(668). 이후 당나라가 한반도를 지배하려는 야욕을 보이자 신라는 고구려·백제 유민과 연합하여 매소성 전투(675)와 기벌포 전투에서 당군을 격퇴하며 삼국 통일을 이루었다(676).

23 고려의 최씨 무신 정권 시기에 최우는 몽골과의 장기 항쟁을 위해 강화도로 천도하였고, 최씨 무신 정권의 사병이었던 삼별초를 몽골의 침략에 대항하는 정규군으로 편성하였다. 삼별초는 개경 환도 이후에도 마지막까지 몽골에 항전하였다. 팔만대장경은 초조대장경이 몽골의 침략으로 인해 소실되면서 고종 때 부처의 힘으로 몽골의 침략을 물리치려는 고려인들의 소망을 담아 다시 만들어진 것이다.

24 박정희 정부의 정책
• 한·일 국교 정상화: 1965년 한·일 협정을 체결하여 경제 개발 자금을 획득하였지만, 식민 지배에 대한 사과 등 과거사 문제는 미해결됨
• 베트남 파병: 1964년부터 1973년까지 국군을 베트남에 파병하는 대가로 미국으로부터 경제 원조를 제공 받음
• 새마을 운동: 1970년대부터 정부 주도 아래 시작된 범국민적 지역사회 개발 운동
• 유신 헌법 선포: 유신 헌법을 선포하여 대통령 임기 6년과 중임 제한 조항 삭제 및 통일 주체 국민 회의를 통한 대통령 간접 선거의 내용을 담은 제7차 헌법 개정을 단행함

25 1930년대 이후 일본은 한국인을 침략 전쟁에 효율적으로 동원하기 위해 민족 말살 통치를 시행하였다. 인력과 물자 수탈을 위해 국가 총동원법을 만들어 일본군 '위안부'를 강제 동원하고 징병제를 실시하여 청년들을 전쟁터에 강제 동원하였으며, 국민 징용령 시행으로 노동력을 수탈하였다.

제5교시 **과학**

01 ①	02 ③	03 ④	04 ③	05 ①
06 ①	07 ④	08 ②	09 ③	10 ④
11 ②	12 ④	13 ③	14 ④	15 ③
16 ②	17 ②	18 ①	19 ①	20 ③
21 ①	22 ④	23 ③	24 ①	25 ②

01 액체나 기체 속에서 물체를 밀어올리는 힘은 부력이다.
부력의 특징
• 부력의 방향: 중력과 반대 방향
• 부력의 이용: 튜브, 화물선, 열기구 등
• 액체나 기체에 잠긴 물체의 부피가 클수록 부력이 더 크게 작용한다.

02 평면거울에 빛이 입사하여 반사될 때 입사각과 반사각의 크기는 같다(반사의 법칙). 따라서 반사각의 크기가 60°이면, 입사각의 크기도 60°이다.

03 (+)대전체를 알루미늄 막대에 가까이 하면, (+)대전체와 가까운 ㉠에는 전기적 인력에 의해 (−)전하가 유도되며, (+)대전체와 먼 ㉡에는 (+)전하가 유도된다.

정전기 유도
금속에 대전체를 가까이할 때, 대전체와 가까운 쪽은 다른 종류의 전하를, 먼 쪽은 같은 종류의 전하를 띠는 현상이다.

04 전류가 흐르는 직선 도선 주위에는 자기장이 생기는데, 이 자기장의 방향은 나침반으로 확인할 수 있다. 이때 전류의 방향을 반대로 하면 자기장의 방향도 반대가 된다. 따라서 처음 오른쪽을 가리키던 나침반의 N극은 반대 방향인 왼쪽을 가리키게 된다.

직선 도선 주위의 자기장

자기장의 모양	도선을 중심으로 동심원 모양
자기장의 방향	• 오른손 엄지손가락을 전류의 방향과 일치시키고 네 손가락으로 도선을 감싸 쥘 때 네 손가락이 가리키는 방향 • 전류의 방향이 반대로 바뀌면 자기장의 방향도 반대가 된다.

05 물체가 2 s 동안 4 m 를 이동하였으므로

물체의 속력은 $\dfrac{\text{이동 거리}}{\text{시간}} = \dfrac{4\,\text{m}}{2\,\text{s}} = 2\,\text{m/s}$ 이다.

06 위치 에너지는 기준면보다 높은 곳에 놓여 있는 물체가 가지는 에너지로, 물체의 질량과 높이에 각각 비례한다. 따라서 질량이 같다면 높이가 높을수록 위치 에너지가 크므로, A~D 중 중력에 의한 위치 에너지가 가장 큰 것은 A이다.

위치 에너지 $= 9.8 \times$질량$\times$높이, $E_p = 9.8mh$ (J)

07 물질을 이루는 입자가 스스로 운동하여 퍼져 나가는 현상을 확산이라고 한다.
① 융해: 고체가 액체로 변하는 현상이다.
② 응결: 기체인 수증기가 액체인 물로 변하는 현상이다.
③ 응고: 액체가 고체로 변하는 현상이다.

08 기화는 액체가 기체로 변하는 현상이므로 B 이다.
① A: 융해
③ C: 응고
④ D: 액화

09 암모니아(NH_3) 분자 1개는 질소 원자(N) 1개와 수소 원자(H) 3개로 구성되어 있다.

10 밀도가 큰 물질은 가라앉고, 밀도가 작은 물질은 뜬다. 따라서 A~D 중 밀도가 가장 큰 것은 D이다.

$$\text{밀도} = \dfrac{\text{질량}}{\text{부피}} \ (\text{단위: } g/cm^3, g/mL, kg/m^3 \text{ 등})$$

11 과산화 수소(H_2O_2) 2분자가 분해되면 물(H_2O) 2분자와 산소(O_2) 1분자가 생성된다.

$$2H_2O_2 \ \rightarrow \ 2H_2O \ + \ O_2$$

12 산화 마그네슘 생성 반응에서 마그네슘과 산소, 산화 마그네슘의 질량비는 3 : 2 : 5이다.
따라서 마그네슘 3 g 을 모두 연소시켰을 때 생성되는 산화 마그네슘의 질량은 5 g이다.

산화 마그네슘 생성 반응에서의 질량비

마그네슘 + 산소 → 산화 마그네슘
질량비 → 　3 ： 2 ： 5

13 무궁화는 식물계에 속한다. 식물계는 광합성을 하여 스스로 양분을 만들며, 세포벽이 있고, 다세포 생물이다.
① 균계: 몸이 균사로 이루어져 있고, 운동성이 없으며 광합성을 하지 못한다.
② 동물계: 광합성을 하지 못하며, 먹이를 섭취하여 양분을 얻는다. 대부분 운동 기관이 있어 이동이 가능하다.
④ 원생생물계: 핵막으로 둘러싸인 뚜렷한 핵을 가지고 있으며, 균계, 식물계, 동물계 중 어디에도 속하지 않은 생물들을 말한다. 짚신벌레, 아메바, 미역, 다시마 등이 해당한다.

14 생물의 호흡은 산소를 이용해 포도당을 분해하여 생명 활동에 필요한 에너지를 얻는 작용이며, 호흡 결과 이산화 탄소와 물이 생성된다. 따라서 ㉠에 해당하는 것은 이산화 탄소이다.

포도당 + 산소(O_2)
→ 이산화 탄소(CO_2) + 물(H_2O) + 에너지

15 폐는 소화계가 아닌 호흡계에 속하는 호흡 기관이다. 사람의 소화계를 이루는 소화 기관에는 입, 식도, 위, 소장, 대장 등이 있으며, 간, 쓸개도 음식물이 직접 통과하지는 않지만 소화가 잘 되도록 돕는 소화 기관에 해당한다.

16 심장의 심방과 심실 사이, 심실과 동맥 사이에서 혈액이 거꾸로 흐르는 것을 막아주는 것은 판막이다.

심장 판막의 종류

삼첨판	우심방과 우심실 사이의 판막
이첨판	좌심방과 좌심실 사이의 판막
반월판(폐동맥판)	우심실과 폐동맥 사이의 판막
반월판(대동맥판)	좌심실과 대동맥 사이의 판막

17 내분비샘에서 만들어져 혈액을 따라 이동하는 것은 호르몬이며, 우리 몸의 여러 생리 작용을 조절한다.

호르몬의 특성
- 내분비샘에서 만들어진다.
- 혈액을 통해 온몸으로 전달된다.
- 표적 세포 및 기관에만 작용한다.
- 적은 양으로 생리 작용을 조절한다.

호르몬 분비샘
뇌하수체, 갑상샘, 부신, 이자, 정소(남성), 난소(여성) 등

18 생식세포를 형성할 때 일어나는 세포분열은 감수 분열이며, 1개의 모세포로부터 절반의 염색체를 갖는 4개의 딸세포(생식세포)가 형성된다. 이러한 감수 분열 결과 동물의 난소, 정소에서는 각각 생식세포인 난자, 정자가, 식물의 꽃밥, 씨방에서는 각각 화분, 배낭이 형성된다.

19 혈액형 가계도에서 아버지의 유전자형은 AA이므로 자손에게 대립 유전자 A만을 물려줄 수 있으며, 어머니의 유전자형은 OO이므로 자손에게 대립 유전자 O만을 물려줄 수 있다. 따라서 딸 ㉠은 아버지로부터 대립 유전자 A, 어머니로부터 대립 유전자 O를 물려받아 AO의 혈액형 유전자형을 갖게 된다.

20 지진이 발생할 때 생긴 진동을 분석하여 지구 내부 구조를 연구하는 방법은 지진파 연구이다.

지진파 연구
- 지구 내부에서 지진이 발생하면 지진파는 모든 방향으로 전달되며, 물질에 따라 전달되는 빠르기가 다르다.
- 지구 내부를 통과하여 지표에 도달하는 지진파를 연구하면 지구 내부의 구조를 알아낼 수 있다.

21 열과 압력을 받아 성질이 변한 암석은 변성암이며, 알갱이들이 재배열되어 나타난 줄무늬인 엽리가 나타나기도 한다.
② 심성암: 마그마가 지하 깊은 곳에서 천천히 식어 큰 결정을 갖는 화성암으로, 반려암, 화강암 등이 해당한다.
③ 퇴적암: 자갈, 모래, 진흙 등의 퇴적물이 쌓여 만들어진 암석으로, 사암, 역암, 석회암 등이 해당한다.
④ 화산암: 마그마가 지표 부근에서 빠르게 식어 작은 결정을 갖는 화성암으로, 현무암, 유문암 등이 해당한다.

22 월식은 태양 – 지구 – 달 순으로 일직선을 이룰 때 나타난다. 따라서 ①~④ 중 월식이 일어날 수 있는 달의 위치는 ④이다.

23 지구형 행성은 질량이 작고 평균 밀도가 높은 행성들로, 수성, 금성, 지구, 화성이 해당한다. 목성은 목성형 행성에 속한다.

지구형 행성과 목성형 행성

구분	지구형 행성	목성형 행성
행성	수성, 금성, 지구, 화성	목성, 토성, 천왕성, 해왕성
반지름	작다	크다
질량	작다	크다
밀도	크다	작다
고리	없다	있다
위성수	없거나 적다	많다
구성 물질	철, 규소	수소, 헬륨
자전속도	느리다	빠르다

24 따뜻한 기단이 찬 기단 위로 타고 올라갈 때 만들어지는 전선은 온난 전선으로, 전선면 기울기가 완만하고 층운형 구름이 생성되는 특징이 있다. 온난 전선은 이동 속도가 느리며, 전선 통과 후에는 기온이 상승한다.
② 정체 전선: 두 전선의 세력이 비슷해 움직이지 않는 전선이다.
③ 폐색 전선: 한랭 전선과 온난 전선이 합쳐진 전선으로, 대체로 오랫동안 비가 내리고 기온이 하강한다.
④ 한랭 전선: 찬 공기가 더운 공기 밑으로 파고들면서 더운 공기를 밀어 올리는 전선으로, 전선면의 기울기가 가파르다.

25 지구의 공전으로 인해 6개월의 시간차를 두고 별을 관측하면 시차(시선의 차이각)가 생기게 되며, 이러한 시차의 절반이 연주 시차에 해당한다. 즉, 연주 시차가 발생하는 원인은 지구의 공전 때문이다.

연주 시차
- 지구와 별을 잇는 직선과 태양과 별을 잇는 직선이 이루는 각으로, 시차의 $\frac{1}{2}$이다.
- 일반적으로 가까이 있는 별은 연주 시차가 크고, 멀리 있는 별은 연주 시차가 작다.

제6교시 도덕

01 ②	02 ①	03 ②	04 ①	05 ④
06 ①	07 ②	08 ③	09 ③	10 ④
11 ①	12 ③	13 ②	14 ③	15 ①
16 ②	17 ④	18 ④	19 ③	20 ③
21 ①	22 ④	23 ④	24 ③	25 ②

01 사람은 더불어 살아가야 한다고 설명하는 인간의 특성은 사회적 존재이다.

인간의 특성
- 사회적 존재: 사람들 사이의 관계를 형성함으로써 사회를 구성하고 서로 도움을 주고받으며 성장하는 존재
- 도구적 존재: 여러 가지 도구를 만들어 사용하는 존재
- 윤리적 존재: 도덕적 주체로서 스스로 가치 있다고 생각하는 것을 행할 수 있는 존재

02 도덕 판단에 대한 근거인 도덕 원리에 해당하는 것은 '정직해야 한다.'이다.

도덕 추론의 과정
도덕적 문제 발생 → 도덕 판단에 대한 근거(도덕 원리, 사실 판단) → 도덕 판단

03 자비는 불교의 핵심 원리로서 남을 깊이 사랑하여 행복을 베풀고, 가엾게 여기어 고뇌를 제거해 주는 것을 이르는 말이다.

04 이웃 간에 생겨난 갈등을 해결하기 위해서는 이웃을 공동체의 구성원으로 받아들이고 존중하는 태도인 배려를 가져야 한다. 또한, 자신의 주장보다는 남의 의견을 들어주는 양보의 자세를 가져야 한다.

05 자아는 개인적 자아와 사회적 자아로 나누어진다. 소망, 능력, 가치관은 개인적 자아의 구성요소이며, 사회적 관습은 사회적 자아에 속한다.

06 매연과 배기가스로 인한 대기 오염과 폐수, 생활 하수로 인한 물의 오염은 지구 공동체의 도덕 문제 중 환경 문제를 말한다.

07 사랑, 감사, 진리 등은 물질과 상관없이 보람을 느낄 수 있는 정신적 가치이며, 용돈은 물질적 가치에 해당한다.

08 스마트폰 등 정보 통신 매체를 사용할 때는 무분별하게 사용하거나 중독에 빠져 일상생활에 지장을 주지 않도록 절제하는 덕목이 필요하다.

09 봉사 활동에 바람직하게 참여하기 위해서는 자신의 이익보다는 타인과 사회, 즉 공익을 추구해야 하고, 물질적인 보상이나 대가를 기대하지 않고 무보수로 이루어져야 한다. 또한, 누군가의 명령에 의한 것이 아니라 자발적으로 참여해야 하며, 지속적으로 활동해야 한다.

10 학생 3이 말한 것은 진정한 우정을 맺기 위한 방법이 아니다.

올바른 친구 관계
- 서로에 대한 믿음과 존중을 바탕으로 바람직한 친구 관계를 형성해야 한다.
- 도움이 되는 비판과 충고를 아끼지 않고, 이러한 비판과 충고를 긍정적으로 받아들일 수 있어야 한다.
- 선의의 경쟁을 통해 서로가 더욱 분발하고 함께 발전하는 관계이어야 한다.
- 고민을 공유하고 이를 해결하기 위해 협력하는 관계이어야 한다.

11 인권은 태어날 때부터 주어지는 천부적인 권리로 인종, 피부색, 언어, 종교 등과 관계없이 누구에게나 동등하게 주어진다는 보편성을 지닌다.

12 도덕적 실천 의지를 기르기 위해서는 도덕적으로 옳지 않다는 것을 알면서도 도덕적 문제 상황을 그냥 지나치는 무관심을 버리고, 다른 사람의 어려움을 이해하고 함께 공감하며 용기있는 도덕적 행동을 실천해야 한다.

13 혐오는 정의로운 국가가 추구하는 가치가 아니다.

정의로운 국가가 추구하는 가치
- 자유: 자유에는 그에 합당한 책임이 뒤따르므로 다른 사람의 자유를 함부로 침해해서는 안 된다.
- 평화: 국민 개개인이나 집단 사이에서 갈등이나 대립이 일어나지 않는 상태를 말한다.
- 평등: 권리, 의무, 자격 등이 모든 사람에게 고르게 적용되는 것이다.
- 공정: 사회를 유지하고 구성하는 데 있어서 옳고 그름을 중립적인 입장에서 객관적으로 평가하는 공정함을 말한다.
- 복지: 삶의 질을 높이고, 국민 전체가 행복하게 살아갈 수 있도록 하는 정책적인 노력이다.

14 통일은 이산가족 또는 실향민의 고통을 해소하고 한반도가 공유하는 문화적·역사적 동질성을 회복하기 위해 필요하다.
ㄱ·ㄷ 통일이 이루어진다면 국방비 등 분단 비용을 복지 사회 건설을 위해 사용할 수 있고, 군사적 긴장 관계가 완화되어 전쟁의 공포에서 벗어날 수 있다.

15 문화 상대주의는 인류의 보편적 가치를 바탕으로 문화의 다양성을 인정하고 각 문화가 생기게 된 배경을 그 사회의 독특한 환경과 역사적·사회적 관점에서 바라보는 태도를 말한다.
② 문화 절대주의: 다른 문화를 이해하는 데 있어 특정 문화를 절대적인 기준으로 삼아 평가하고 우열을 가리는 태도
③ 문화 이기주의: 자기 문화만을 중요시하며, 다른 문화는 배려하지 않는 태도
④ 자문화 중심주의: 자기 문화의 우월성에 빠져서 자기 집단의 문화만을 우월하게 여기고 다른 문화는 부정하는 태도

16 환경 보호를 위해 일회용품 사용을 줄이는 것이 환경 친화적인 삶의 태도이다.

17 회복 탄력성이란 어려움을 겪어도 이를 이겨 내고 건강한 상태로 돌아올 수 있는 마음의 힘을 말한다.

18 아리스토텔레스는 인간은 정치적 동물로서 자연스럽게 어울려 가족을 이루고 가족이 모여 마을이 생겨났으며, 마을이 커지면서 국가가 형성되었다는 자연발생설을 주장하였다.

19 생태 중심주의 자연관은 자연을 그 자체로 소중하다고 보며, 생태계 전체에 대한 배려를 강조하는 관점이다.

자연을 바라보는 관점

생태 중심주의	전일론적 관점. 생명체뿐만 아니라 자연 속 모든 환경을 존중하여 인간과 자연을 공생적 관계로 엮어 자연 그 자체로 가치를 지닌다고 여긴다.
인간 중심주의	이분법적 관점. 인간을 자연보다 우월한 존재로 여기고 풍요로운 삶을 위한 도구로 인간이 자연을 이용할 권리를 지닌다고 여긴다.

20 언어 폭력은 인격을 모독하는 말로 상대방에게 정신적인 피해를 주는 폭력의 유형이다.

폭력의 3가지 차원
• 신체적 폭력
• 언어적 폭력
• 정서적 폭력

21 시민은 국가라는 공동체 안에서 공동체 의식과 주인 의식을 가지고 국가의 정책과 법을 만드는 과정에 자발적으로 참여하여 자신이 누리는 자유와 권리를 올바르게 행사해야 한다.

22 가정의 화합과 사회의 통합을 이루기 위해서 세대 간 소통이 필요하다. 특히, 부모와 자녀는 역지사지의 태도를 통해 서로의 처지를 이해하려고 노력해야 한다.

23 부패 행위로 인해 국가의 투명도가 감소한다.

부패의 문제점
• 타인의 권리와 이익 훼손: 공정하지 못한 방법을 통해 자격이 없는 사람이 기회를 얻게 되면, 능력 있는 사람은 그만큼의 기회를 빼앗기게 된다.
• 구성원의 불신 조장: 사회 구성원 사이에 불신이 형성되어 사회 통합을 저해한다.
• 국가 발전 저해: 국제 사회에서 부패 국가로 인식되면 해외 자본 유치와 해외 진출이 곤란해진다.

24 **과학 기술의 바람직한 활용 방안**
• 미래 세대에 미칠 영향을 고려해야 한다.
• 인간 존중을 실천하는 방향으로 개발해야 한다.
• 환경 오염과 생태계 파괴를 방지하기 위해 노력해야 한다.

25 마음의 평화를 얻기 위해서는 타인의 실수를 용서하고, 원한과 증오심을 버리는 등 감정과 욕구 조절을 통해 마음을 잘 다스려야 한다. 또한, 긍정적인 마음가짐과 생활 태도를 지녀야 한다.

제1교시 국어

01 ②	02 ④	03 ③	04 ④	05 ④
06 ②	07 ②	08 ①	09 ④	10 ①
11 ④	12 ③	13 ③	14 ②	15 ②
16 ①	17 ③	18 ①	19 ③	20 ④
21 ①	22 ②	23 ④	24 ①	25 ②

01 민재는 연습할 때의 일을 언급하며 잘할 수 있을 것이라고 지후를 격려하고 있다.

02 토론은 찬성과 반대 입장으로 나뉘는 주제에 대해서 각각 서로의 입장을 관철시키기 위해 근거를 들어 자기의 주장을 논리적으로 펼치는 말하기이다. 토론 참여자는 효과적인 토론을 위해 상대방의 주장을 논리적으로 반박할 수 있는 근거를 미리 마련해야 한다.

토론의 과정
논제 정하기 → 내 주장 정하기 → 주장에 대한 근거 마련하기 → 상대의 주장을 반박할 근거 마련하기 → 토론 규칙을 지키며 토론하기 → 평가·정리하기

03 언어는 그 언어를 사용하는 사람들 사이의 약속이므로 개인이 마음대로 바꾸면 의사소통이 되지 않는다. 이러한 특성을 '언어의 사회성'이라고 한다.

언어의 특성
• 기호성: 언어는 음성과 의미로 이루어진 일종의 기호이다.
• 자의성: 언어의 의미와 기호 사이에는 필연적인 관계가 없다.
• 사회성: 언어는 그것을 사용하는 사람들 사이의 약속이다.
• 역사성: 언어는 시대에 따라 의미나 형태가 변한다.
  – 생성: 새로운 말이 생기는 것
  – 변화: 의미 축소, 의미 확대, 의미 이동 등
  – 소멸: 사용하던 말이 사라지는 것
• 규칙성: 언어에는 문법 등 일정한 법칙이 있다.
• 창조성: 한정된 단어로써 상황에 따라 무한히 많은 새로운 문장을 만들 수 있다.

04 '부쳤어'는 '편지나 물건 따위를 일정한 수단이나 방법을 써서 상대에게로 보내다.'라는 뜻의 '부치다'의 활용형으로, 한글 맞춤법에 맞게 쓰였다.
① '된장찌게'는 '된장찌개'로 표기되어야 한다. '뚝배기나 작은 냄비에 국물을 바특하게 잡아 고기·채소·두부 따위를 넣고, 간장·된장·고추장·젓국 따위를 쳐서 갖은 양념을 하여 끓인 반찬.'을 이르는 말은 '찌개'이다.
② '맞히고'는 '마치고'로 표기되어야 한다. '마치다'는 '어떤 일이나 과정, 절차 따위가 끝나다.'의 의미이고, '맞히다'는 '문제에 대한 답을 틀리지 않게 하다.'의 의미이다.
③ '웬지'는 '왠지'로 표기되어야 한다. '왠지'는 '왜 그런지 모르게. 또는 뚜렷한 이유도 없이.'라는 뜻으로, '왜인지'에서 줄어든 말이므로 '왠지'로 써야 한다. '웬지'를 쓰는 것은 잘못이다.

05 잇몸소리(치조음)에는 'ㄷ, ㅌ, ㄸ, ㅅ, ㅆ, ㄴ, ㄹ'이 있다.
① 여린입천장소리(연구개음)로 혀의 뒷부분과 연구개 사이에서 나는 소리이다.
② 입술소리(양순음)로 두 입술에서 내는 소리이다.
③ 센입천장소리(경구개음)로 혀의 앞부분을 경구개 부위에 대어 내는 소리이다.

06 표준 발음법 [제11항]에 의하면 '맑게'의 받침 'ㄺ'은 자음 'ㄱ' 앞에서 'ㄹ'로 발음해야 하므로 '맑게[말께]'가 되어야 한다.
① '굵고[굴ː꼬]'는 받침 'ㄺ'이 자음 'ㄱ' 앞에서 'ㄹ'로 발음한 것이다.
③ '읊고[읍꼬]'는 받침 'ㄿ'이 자음 'ㄱ' 앞에서 'ㅂ'으로 발음한 것이다.
④ '젊지[점ː찌]'는 받침 'ㄻ'이 자음 'ㅈ' 앞에서 'ㅁ'으로 발음한 것이다.

07 '아름답다'는 주체가 되는 말의 모양, 성질, 상태 등을 나타내는 형용사로, 어미가 변화하여 다양하게 쓰이는 가변어에 해당한다. '아름답다'와 품사가 같은 것은 '작다'이다.
① '정말'은 문장에서 용언이나 다른 부사, 또는 문장 전체를 꾸며주는 부사이다.
③ '옛'은 체언 앞에 놓여서 그 말을 꾸며 주는 관형사이다.
④ '운동장'은 사물의 이름을 나타내는 명사이다.

의미를 기준으로 한 품사의 종류

명사	사물의 이름을 나타내는 말이다.
대명사	사물이나 사람, 장소 대신 쓰이는 말이다.
수사	앞에 나온 명사의 수효나 순서를 가리키는 말이다.
동사	주체가 되는 말의 움직임을 나타내는 말로서, 어미가 변화하여 다양하게 쓰인다.
형용사	주체가 되는 말의 모양·성질·상태 등을 나타내는 말로서, 어미가 변화하여 다양하게 쓰인다.
부사	문장에서 용언이나 다른 부사, 또는 문장 전체를 꾸며주는 말이다.
관형사	체언 앞에 놓여서 그 말을 꾸며 주는 말이다.
조사	주로 체언 뒤에 붙어서 그 말과 다른 말의 문법적 관계를 나타내거나(격조사), 특별한 뜻을 더한다(보조사).
감탄사	화자의 부름·느낌·놀람·대답을 나타내는 말로서, 문장에서 조사와 결합하지 않고 독립적으로 쓰인다.

08 주어 '토끼가'와 서술어 '뜯는다.'가 한 번씩 나타나는 홑문장에 해당한다.
② '바람이 불고'와 '나무가 흔들린다.'가 대등하게 이어져서 더 큰 문장을 이루고 있다. 이는 겹문장 중 대등적으로 이어진 문장에 해당한다.
③ '겨울이 오기'라는 명사절이 문장 내에서 목적어의 역할을 한다. 이는 겹문장 중 안긴문장에 해당한다.
④ '비가 와서'라는 원인으로 인해 '소풍을 연기했다.'라는 결과가 발생하였다. 이는 겹문장 중 종속적으로 이어진 문장에 해당한다.

겹문장
• 안긴문장: 다른 문장 속에 들어가 하나의 문장 성분처럼 쓰이는 문장이다.

명사절	문장 내에서 주어나 목적어 등의 역할을 한다.
관형절	문장 내에서 체언을 꾸며주는 역할을 한다.
부사절	문장 내에서 서술어를 꾸며주는 역할을 한다.
서술절	문장 내에서 서술어의 역할을 한다.
인용절	직접·간접적으로 인용하는 말이다.

• 이어진문장: 둘 이상의 문장들이 나란히 이어져서 더 큰 문장을 이루는 문장이다.

대등적으로 이어진문장	나열, 대조 등의 관계로 이어진다.
종속적으로 이어진문장	이유나 원인, 조건과 가정 등의 관계로 이어진다.

09 타인과의 유대감을 강화할 수 있는 것은 '웃음의 사회적 효과'에 해당하므로 ㉠에 들어갈 세부 내용으로 적절하다.
①·③ '웃음의 신체적 효과'에 해당하는 내용이다.
② '웃음의 정신적 효과'에 해당하는 내용이다.

10 '할 것이다'에서 '−ㄹ것'은 관형사형 어미와 의존 명사의 결합형으로 사건시(동작이나 상태가 일어나는 시점)가 발화시(말을 하는 시점)보다 뒤인 시점인 미래 시제를 나타낸다. 제시문은 과거의 경험 중 기억에 남은 일에 대해 말하고 있으므로 '했다'를 '할 것이다'로 고쳐 쓰는 것은 적절하지 않다. '하다'는 동사이므로 사건시가 발화시보다 앞서는 시점인 과거 시제로 표현하기 위해서는 동사 어간에 관형사형 어미 '−(으)ㄴ'을 결합하여 '한 것이다' 정도로 고치는 것이 적절하다.

> **작품 해설** 하근찬, 「수난이대」
> • 갈래: 단편 소설, 가족사 소설, 전후 소설
> • 성격: 향토적, 사실적
> • 제재: 태평양 전쟁과 6·25 전쟁으로 인한 아버지와 아들 두 세대의 비극
> • 주제: 민족적 수난과 극복 의지
> • 특징
> – 과거와 현재를 교차하여 서술함
> – 부자(父子)가 겪는 수난을 통해 민족사적 비극을 드러냄

11 진수는 외나무다리에서 만도에게 업히면서 황송하고 미안한 마음을 느끼고 있다. 제시문에 진수가 증오심을 느끼는 부분은 나타나지 않는다.
① '만도의 두~딱 벌어졌다.'를 통해 한쪽 다리를 잃은 아들을 보고 만도가 매우 놀랐다는 것을 알 수 있다.
② '아버지의 등에~하고 중얼거렸다.'를 통해 진수가 만도에게 업히는 것을 미안해하고 있음을 알 수 있다.
③ '이제 새파랗게~똥이다, 똥!'이라는 만도의 생각을 통해 만도가 진수의 상황을 안타까워하고 있음을 알 수 있다.

12 '진수'는 고등어와 지팡이를 각각 한 손에 쥐고 만도에게 업혔다.

13 '외나무다리'는 민족의 역사적 현실(고난의 현장)과 고난 극복 의지의 상징물이자 '만도'와 '진수'가 서로 의지하게 되는 화합의 매개물이다. 진수는 만도의 손이 되어 고등어를 대신 들고, 만도는 진수의 발이 되어 진수를 업은 채 조심조심 외나무다리를 건너가는 모습은 두 사람이 고난을 극복해 나가는 모습을 상징적으로 형상화한 것이다.

작품 해설 김소월, 「먼 후일」

- 갈래: 자유시, 서정시
- 성격: 서정적, 민요적, 애상적
- 제재: 사랑하는 임과의 이별
- 주제: 떠난 임을 잊을 수 없는 마음
- 특징
  − 가정적 상황을 통해 정서를 드러냄
  − 반어적 표현을 사용하여 주제를 강조함
  − 같거나 비슷한 시어와 시구를 반복하여 운율을 형성함

14 미래 상황을 가정하는 표현인 '−면'을 반복적으로 사용하고 있다.

15 각 연은 '먼', '당신이', '그래도', '오늘도'로 시작하고 있으므로 동일한 글자로 시작하고 있지 않다.
① 3음보의 규칙적인 율격이 드러나 있다.
③ '먼 훗날', '당신이', '잊었노라'와 같은 동일한 시어를 반복적으로 사용하고 있다.
④ 1연에서 3연까지 유사한 문장 구조인 '−면 ~ 잊었노라'를 반복하여 임을 잊을 수 없는 마음을 더욱 강조하여 표현하고 있다.

16 이 글은 떠난 임에 대한 그리움을 노래한 시로, 민요적·애상적·서정적인 성격을 지니고 있으며, '−면'이라는 가정적 표현을 반복적으로 사용하여 시적 화자의 정서를 드러내고 있다.

작품 해설 박지원, 「호질」

- 갈래: 고전 소설, 한문 소설, 풍자 소설
- 성격: 비판적, 풍자적, 우의적
- 제재: 양반 계급의 부패한 도덕 관념
- 주제: 양반의 위선과 가식을 비판(북곽 선생). 유교적 정절에 대한 비판(동리자)
- 특징
  − 인간의 부정적 모습을 희화화함
  − 우의적 수법을 통해 당시의 지배층을 비판함

17 "가까이 오지도~말을 곧이듣겠느냐?"라는 '범'의 말을 통해 범이 '북곽 선생'의 교언영색을 꾸짖고 있음을 알 수 있다.
① '북곽 선생'은 사람들이 자신을 알아볼까 겁이 나 귀신 춤을 추고 귀신 웃음소리를 내면서 달아났다.
② '북곽 선생'은 도망치다가 똥이 그득 차 있는 움에 빠져 지독한 냄새를 풍겼다.
④ '범'의 답이 없어서 '북곽 선생'이 살펴보니 범은 이미 사라진 뒤였다.

18 '북곽 선생'는 정신없이 머리를 조아리고 목숨만 살려주기를 빌다가 아침에 농사일을 하러 가던 농부가 왜 벌판에서 절을 하고 있는지 묻자 "내가 『시경』에 있는~없네.' 하였다네."라며 자신의 비굴한 모습을 그럴듯하게 합리화하며 허세를 부리고 있다.

19 ⓒ '내'는 범이 북곽 선생을 호통 치며 한 말이므로 '범'을 가리킨다.
①·②·④ 북곽 선생을 가리키는 말이다.

작품 해설 박경화, 「플라스틱은 전혀 분해되지 않았다」

- 갈래: 논설문
- 성격: 논리적, 설득적
- 제재: 재활용이 어려운 플라스틱이 미칠 수 있는 악영향
- 주제: 플라스틱의 사용을 줄이려고 노력하자
- 특징: 구체적인 사례를 제시하여 주장을 뒷받침함

20 제시된 글은 논설문으로, 플라스틱의 사용을 줄이자는 주장을 뒷받침하기 위해 '플라스틱 쓰레기로 인한 구체적 피해 사례.'를 제시하여 설득력을 높이고 있다.

21 [A]는 바다에 버려진 플라스틱으로 인한 피해를 제시하고 있다. 따라서 토양을 오염시킨다는 내용은 ㉮에 들어갈 내용으로 적절하지 않다. 한편, 2문단에서 지금까지 사람들이 만들어 낸 모든 플라스틱 쓰레기는 썩지 않고 지구 어딘가에 존재하고 있다고 하였으므로 플라스틱은 쉽게 분해되지 않는다는 것 또한 유추할 수 있다.

22 ㉠의 앞 뒤 문장은 모두 플라스틱으로 인한 피해에 대해서 말하고 있으므로 두 문장을 나열 관계로 연결할 수 있는 '또한'이 들어가는 것이 가장 적절하다.
① '결코'는 '어떤 경우에도 절대로'라는 의미의 부사로, '아니다', '없다', '못하다' 따위의 부정어와 함께 쓰인다.
③ '그렇지만'은 앞의 내용을 인정하면서도 앞의 내용과 뒤의 내용이 대립될 때 쓰는 접속어이다.
④ '왜냐하면'은 원인과 결과를 제시할 때 사용하는 인과의 접속어이다.

작품 해설 이명옥, 「그림에서 들려오는 소리」
• 갈래: 설명문
• 성격: 설명적, 분석적
• 제재: 공감각이 드러난 그림
• 주제: 그림을 활용한 공감각에 대한 이해
• 특징
 – 정의, 예시, 분석 등 다양한 설명 방법을 사용하여 이해를 도움
 – 독자에게 직접 말을 거는 듯한 구어체를 사용하여 친근한 느낌을 줌

23 5문단에서 수영장의 수평선, 다이빙 보드의 대각선이 야자수 줄기의 수직선과 대비를 이룬다고 하였다.
① 2문단에서 호크니의 그림 〈풍덩〉은 수영장에서 다이빙할 때 들리는 '풍덩' 소리를 그림에 표현한 것이라고 하였다.
② 3문단에서 유화 물감보다 빨리 마르고 색채도 더 선명한 아크릴 물감을 사용하였기 때문에 색이 무척 선명하게 보인다고 하였다.
③ 4문단에서 물보라가 일어나는 부분은 붓으로 흰색을 거칠게 칠하였다고 하였다.

24 3문단은 수영장의 파란색과 다이빙 보드의 파란색에 사용한 물감에 대해 설명하고 있다. 아크릴 물감을 사용해 색채가 더 선명하고 강렬하다고 하였으므로 ㉠에는 '색채'가 들어가는 것이 적절하다.

25 ㉡은 '위로 솟거나 부풀어 오르다.'라는 의미로, 이와 같은 뜻으로 쓰인 것은 ②이다.
① '잠에서 깨어나다.'라는 의미이다.
③ '누웠다가 앉거나 앉았다가 서다.'라는 의미이다.
④ '자연이나 인간 따위에게 어떤 현상이 발생하다.'라는 의미이다.

제2교시 수학

01 ③	02 ②	03 ②	04 ④	05 ③
06 ③	07 ①	08 ④	09 ④	10 ②
11 ④	12 ③	13 ①	14 ③	15 ①
16 ②	17 ③	18 ④	19 ①	20 ②

01 $84 = 2 \times 42 = 2 \times 2 \times 21$
$= 2 \times 2 \times 3 \times 7 = 2^2 \times 3 \times 7$

02 ① $-4 < -3$
② $-\dfrac{1}{2} < \dfrac{5}{2}$
③ $(-3)^2 = 9$이므로 $0 < (-3)^2$
④ $5 > 4$
따라서 수의 대소 관계가 옳은 것은 ②이다.

03 (직각삼각형의 넓이)$= \dfrac{1}{2} \times$(밑변)$\times$(높이)이므로 이를 a를 사용한 식으로 나타내면
$\dfrac{(6 \times a)}{2}\ \mathrm{cm}^2$

04 $3x - 5 = 3 + x$에서
$3x - x = 3 - (-5)$
$2x = 8$
$\therefore\ x = 4$

05 x축은 시간, y축은 이동거리를 나타내므로 x좌표 10이 만나는 y좌표는 3이다.
따라서 이 학생이 집을 출발한 후 10분 동안 이동한 거리는 $3\ \mathrm{km}$이다.

06 두 직선 l, m이 평행하면 동위각의 크기는 서로 같으므로
$\angle x + 35° = 180°$
$\therefore\ \angle x = 145°$

07 통학 시간이 0분 이상 10분 미만인 학생 수는 2명, 10분 이상 20분 미만인 학생 수는 6명, 20분 이상 30분 미만인 학생 수는 10명이다.
따라서 통학 시간이 30분 미만인 학생 수는
$2 + 6 + 10 = 18$(명)

08 정수가 아닌 분수를 기약분수로 나타내었을 때, 분모의 소인수가 2 또는 5뿐이어야 유한소수로 나타낼 수 있다.
즉, 분수 $\dfrac{x}{2^2 \times 7}$를 유한소수로 나타내려면 x는 7의 배수이어야 한다.
따라서 x의 값이 될 수 있는 가장 작은 자연수는 7이다.

09 $(2x^3)^2 = 2^2 \times x^{3 \times 2} = 4x^6$

10 $(5a - 2b) + (2a + 3b) = 5a - 2b + 2a + 3b$
$= 5a + 2a - 2b + 3b$
$= (5 + 2)a + (-2 + 3)b$
$= 7a + b$

11 $5x - 20 \geq 0$에서 $5x \geq 20$

$\therefore \ x \geq 4$

이를 수직선 위에 나타내면 다음 그림과 같다.

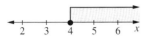

12 $\begin{cases} x + y = 3 & \cdots \ \bigcirc \\ 3x - y = 1 & \cdots \ \bigcirc \end{cases}$ 이라 하자.

y의 값을 소거하기 위해 $\bigcirc + \bigcirc$을 하면

$4x = 4 \quad \therefore \ x = 1$

$x = 1$을 $\bigcirc$에 대입하여 풀면

$1 + y = 3 \quad \therefore \ y = 2$

13 삼각형 ABC에서 변 BC와 변 DE가 평행일 때

$\overline{AD} : \overline{DB} = \overline{AE} : \overline{EC}$ 이므로

$4 : x = 6 : 9, \ 6x = 36$

$\therefore \ x = 6$

14 4의 배수는 4, 8이고 6의 배수는 6이므로 구하는 경우의 수는

$2 + 1 = 3$

15 $7\sqrt{5} - 4\sqrt{5} = (7 - 4)\sqrt{5} = 3\sqrt{5}$

16 이차방정식 $(x - 2)(x + 5) = 0$의 근은

$x - 2 = 0$ 또는 $x + 5 = 0$이다.

즉, $x = 2$ 또는 $x = -5$이다.

따라서 구하는 다른 한 근은 2이다.

17 ① 아래로 볼록하다.

② $y = (x - 2)^2$에 $x = 4$를 대입하면

$y = (4 - 2)^2 = 2^2 = 4$

즉, 점 $(4, \ 4)$를 지난다.

④ 직선 $x = 2$를 축으로 한다.

18 $\tan B = \dfrac{\overline{AC}}{\overline{BC}} = \dfrac{8}{6} = \dfrac{4}{3}$

19 한 원에서 한 호에 대한 원주각의 크기는 모두 같다.

$\therefore \ \angle ADB = \angle ACB = 40°$

20 평균은 전체 변량의 총합을 변량의 개수로 나눈 값이므로

$\dfrac{4 + 5 + 7 + 8}{4} = 6$ (시간)

제3교시 영어

01	④	02	②	03	①	04	①	05	③
06	①	07	②	08	④	09	③	10	④
11	③	12	①	13	③	14	①	15	①
16	③	17	②	18	④	19	①	20	④
21	②	22	②	23	④	24	③	25	④

01 밑줄 친 shy의 뜻으로 가장 적절한 것은 '부끄러운'이다.

• feel: (감정·기분이[을]) 들다[느끼다]

• speak: 말하다

• in front of: ~의 앞쪽에[앞에]

나는 사람들 앞에서 말할 때 부끄러움을 느낀다.

02 밑줄 친 loud(소리가 큰, 시끄러운)와 quiet(조용한)은 서로 반의어 관계인데, 'kind(친절한) – nice(좋은, 친절한)'는 유의어 관계이므로, 의미 관계가 다른 것은 ②이다.

① 부유한 – 가난한

③ 깨끗한 – 더러운

④ 가득 찬 – 빈

• make: 만들다, 야기하다

• noise: 소리, 소음

• area: 지역, 구역

조용한 지역에서 시끄러운 소리를 내지 마세요.

03 빈칸 앞에 There(유도부사)가 있고 빈칸 다음에 many wonderful places(복수명사)가 있으므로 빈칸에 들어갈 말로 적절한 것은 be동사의 복수형인 'are'이다. There is[are] ~ 구문은 '~이 있다'의 뜻으로 be 동사 다음에 나오는 명사에 be 동사를 수 일치한다.

• wonderful: 아주 멋진

• place: 장소

한국에는 멋진 장소들이 많이 있다.

04 빈칸 앞에서 'I called him yesterday(나는 어제 그를 불렀다)'라고 하였고, 빈칸 다음에서 'he didn't answer(그는 대답하지 않았다).'라고 하였으므로, 문맥상 빈칸에 들어갈 적절한 것은 역접의 접속사인 'but(하지만)'이다.

• call: 부르다, 전화하다

• yesterday: 어제

• answer: 대답하다

05 대화에서 A가 '~ color do you like more, yellow or blue(노란색과 파란색 중에 ~ 색을 더 좋아하니)?'라고 묻자 B가 'I prefer blue to yellow(나는 노란색보다는 파란색을 더 좋아해).'라고 대답하였으므로, 대화의 빈칸에 들어갈 말로 적절한 것은 의문문에서 '~ 중에서 어느[어떤] 것'이라는 의미의 의문사인 'Which(어느 것)'이다.
① 어떻게
② 어디에[로]
④ 왜, 어째서
• like: 좋아하다
• prefer A to B: B보다 A를 더 좋아하다

06 대화에서 A가 'What's the matter, John? Are you okay(무슨 일이니, John? 괜찮니)?'라고 묻자 B가 'I hurt my back when I lifted a box yesterday(어제 상자를 들어 올리다가 허리를 다쳤어).'라고 대답하였으므로, 흐름상 대화의 빈칸에 들어갈 말로 적절한 것은 'That's too bad(안됐구나).'이다.
② 유감스럽게도 그럴 수 없어
③ 기대할게
④ 물을 잠궈라
• hurt: 다치게[아프게] 하다, 아프다
• back: 등, 허리
• lift: 들어 올리다[올리다]

07 첫 번째 문장에서 빈칸 앞의 'Please take a'와 빈칸 다음의 'at this picture'로 미루어 빈칸에는 '보다'를 의미하는 단어가 와야 하므로 빈칸에 들어갈 말로 적절한 것은 'look'이다. 'take a look at'은 '~을 보다'라는 뜻이다. 두 번째 문장에서 빈칸 앞의 'He will'과 빈칸 다음의 'after my dog'로 미루어 빈칸에는 '돌보다'를 의미하는 단어가 와야 하므로, 빈칸에 들어갈 말로 적절한 것은 'look'이다. 'look after'는 '~을 돌보다'라는 뜻이다. 따라서 빈칸에 공통으로 들어갈 말로 적절한 것은 'look'이다.
① 사다
③ 말하다
④ 입다, 착용하다

• picture: 사진
• be away: 떨어져 있다, 부재 중이다

08 일정표에 따르면 Julia가 내일 오후 8시에 할 일은 'do English homework'이므로, 정답은 '영어 숙제 하기'이다.
• exercise: 운동하다
• gym: 체육관
• go shopping: 쇼핑하러 가다

09 그림에서 여자 아이가 공을 던지고 있고 빈칸 앞에 is가, 빈칸 다음에 'a ball'이 있으므로, 대화의 빈칸에 들어갈 말로 적절한 것은 'throwing'이다. 'throwing'은 'throw(던지다)'의 현재분사이다. 현재진행 시제는 'be 동사 + 동사원형 + -ing'로 표현하며 '~하고 있다'라는 뜻으로 지금 하고 있는 동작을 나타낼 때 사용된다.
① buy(사다)의 현재분사
② kick(차다)의 현재분사
④ wash(씻다)의 현재분사

10 대화에서 A가 오늘 오후에 여유시간이 있는지 묻자 B가 그 이유를 물었다. A가 'I was thinking we could go to the library and study together(도서관에 가서 함께 공부할 수 있을지 생각하고 있었어).'라고 하자 B가 'Okay. That sounds like a good plan(알겠어. 좋은 생각이야).'라고 대답했으므로, 대화가 끝난 후 오후에 두 사람이 함께 할 일은 '도서관에서 공부하기'이다.
• free: 다른 계획[약속]이 없는, 한가한
• think: 생각하다
• library: 도서관
• sound like: ~처럼 들린다

11 대화에서 A가 'What should we do for Jane's birthday(Jane의 생일에 어떻게 할까)?'라고 묻자 B가 'Let's have dinner at her favorite restaurant(그녀가 좋아하는 식당에서 저녁을 먹자).'라고 제안했으므로, 흐름상 대화의 빈칸에 들어갈 말로 적절한 것은 '좋은 생각이야'이다.
① 그는 피곤할 거야
② 만나서 반가워
④ 네 잘못이 아니야
• have dinner: 저녁을 먹다
• favorite: 매우 좋아하는
• restaurant: 식당, 레스토랑

해석
> A: Jane의 생일에 어떻게 할까?
> B: 그녀가 좋아하는 식당에서 저녁을 먹자.
> A: 좋은 생각이야.

12 대화에서 A가 'what do you do in your free time(여가시간에 무엇을 하니)?'라고 묻자 B가 'I like watching movies. What about you(나는 영화 보는 것을 좋아해. 너는 어떠니)?'라고 물었다. A가 'I enjoy playing the guitar(나는 기타 치는 것을 좋아해).'라고 대답했으므로, 대화의 주제로 적절한 것은 '여가 활동'이다.
• free time: 여가시간
• watch: 보다
• movie: 영화
• enjoy: 즐기다
• play the guitar: 기타를 퉁기다[치다]

해석
> A: Sam, 여가시간에 무엇을 하니?
> B: 나는 영화 보는 것을 좋아해. 너는 어떠니?
> A: 나는 기타 치는 것을 좋아해.

13 제시된 홍보문에는 행사 장소(National Science Museum), 행사 날짜((August 10th – 11th, 2024), 신청 방법(To sign up, visit www.sciencecamp.org.)은 나와 있지만, '참가 인원'은 나와 있지 않다.
• sign up: 참가하다
• real: 실제의
• scientist: 과학자

해석
> **여름 과학 캠프**
> ○ **장소:** 국립과학관
> ○ **날짜:** 2024년 8월 10일 – 11일
> ○ 신청하려면, www.sciencecamp.org를 방문하세요.
>   실제 과학자들을 만나고 배워 보세요!

14 두 번째 문장에서 'The musical is going to start soon(뮤지컬이 곧 시작될 예정입니다).'이라고 한 다음에 휴대폰을 끄고 공연 도중에 사진 촬영을 피하라고 했으므로, 방송의 목적으로 적절한 것은 '관람 예절 안내'이다.
• turn off: 끄다
• take photos: 사진을 찍다
• hope: 바라다, 희망[기대]하다

해석
> 신사 숙녀 여러분, 안녕하세요. 뮤지컬이 곧 시작될 예정입니다. 휴대폰을 꺼주세요. 또한, 공연 도중에는 사진 촬영을 피하세요. 즐거운 관람 시간이 되시길 바랍니다!

15 대화에서 A가 'I won't be able to make it to our club meeting today(오늘 동아리 모임에 참석하지 못할 것 같아).'라고 하자 B가 'I'm sorry to hear that(유감이구나).'이라고 말하면서 이유를 물었고, A가 'I have a bad cold(독감에 걸렸어).'라고 대답하였으므로, A가 동아리 활동에 참여하지 못하는 이유는 '감기에 걸려서'이다.
• make it: (모임 등에) 가다[참석하다]
• I'm sorry to hear that.: 유감이네요.
• have a bad cold: 독감에 걸리다

해석
> A: 오늘 동아리 모임에 참석하지 못할 것 같아.
> B: 이런, 유감이구나. 왜 못 오는데?
> A: 독감에 걸렸어.

16 세 번째 문장에서 'You can enjoy a big water fight at the festival(여러분은 축제에서 큰 물싸움을 즐길 수 있다).'이라고 했으므로, Songkran에 대한 설명과 일치하지 않는 것은 '축제 기간 동안 소싸움을 즐길 수 있다.'이다.
① 첫 번째 문장에서 'Songkran, a big festival in Thailand, is held in April.'이라고 했으므로, 글의 내용과 일치한다.
② 두 번째 문장에서 'This festival celebrates the traditional Thai New Year.'라고 했으므로, 글의 내용과 일치한다.
④ 마지막 문장에서 'You can also try traditional Thai food.'라고 했으므로, 글의 내용과 일치한다.
• festival: 축제[기념제]
• Thailand: 타이, 태국
• hold: (모임, 행사 등)을 개최하다, 열다
• celebrate: 기념하다, 축하하다
• traditional: 전통의
• water fight: 물 싸움
• try ~: 써보거나 해보다

Songkran은 태국의 큰 축제로, 4월에 열린다. 이 축제는 태국의 전통적인 새해를 기념한다. 여러분은 축제에서 큰 물싸움을 즐길 수 있다. 여러분은 또한 태국의 전통 음식을 맛볼 수 있다.

17 'Siberian tiger'에 대해 서식지(It lives in cold places in eastern Russia.), 털 무늬(It has orange fur with black stripes.), 먹이(It likes to eat big animals like deer. A hungry tiger can eat almost 30 kilograms in one night.)는 언급되어 있지만, '수명'은 언급되어 있지 않다.

• Siberian tiger: 시베리아호랑이
• cat: 고양잇과 동물
• fur: (일부 동물의) 털
• stripe: 줄무늬
• deer: 사슴
• hungry: 배고픈
• almost: 거의, 약

시베리아호랑이는 세계에서 가장 큰 고양잇과 동물이다. 그것은 러시아 동부의 추운 지역에 산다. 그것은 검은 줄무늬가 있는 주황색 털을 가지고 있다. 그것은 사슴과 같은 큰 동물을 먹는 것을 좋아한다. 굶주린 호랑이는 하룻밤에 거의 30킬로그램을 먹을 수 있다.

18 세 번째 문장에서 글쓴이가 'I asked Yumi for advice(나는 Yumi에게 조언을 요청하였다).'라고 했고, 네 번째 문장에서 'She suggested making a list of things to do(그녀는 할 일들의 목록을 만들 것을 제안하였다).'라고 했으므로, Yumi가 제안한 것으로 가장 적절한 것은 '할 일 목록 작성하기'이다.

• forget: 잊다, 잊어버리다
• bring: 가져오다
• soccer uniform: 축구 유니폼
• ask for: 요청하다
• advice: 조언, 충고
• suggest: 제안[제의]하다
• make a list of: ~에 대한 목록을 작성하다
• helpful: 도움이 되는

요즘, 나는 내가 해야 할 일들을 자주 잊어버린다. 예를 들면, 나는 오늘 축구 유니폼을 가져오는 것을 잊어버렸다. 나는 Yumi에게 조언을 요청했다. 그녀는 할 일들의 목록을 만들 것을 제안했다. 그것은 도움이 될 수 있다.

19 그래프에 의하면 우리 학교 학생들이 좋아하는 스마트폰 활동은 'Texting friends(친구들에게 문자 보내기)'가 11%, 'Playing games(게임하기)'가 23%, 'Watching videos(비디오 보기)'가 25%, 'Using social media(소셜 미디어 사용하기)'가 41%이므로. 우리 학교 학생들은 그들의 스마트폰으로 비디오를 보는 것보다 소셜 미디어 사용하는 것을 더 좋아한다.

② 친구들에게 전화하기
③ 게임하기
④ 친구들에게 문자 보내기

우리 학교 학생들이 가장 좋아하는 스마트폰 활동
친구들에게 문자 보내기(11%) 게임하기(23%)
비디오 보기(25%) 소셜 미디어 사용하기(41%)
우리 학교 학생들은 그들의 스마트폰으로 비디오를 보는 것보다 소셜 미디어 사용하는 것을 더 좋아한다.

20 주어진 글은 글쓴이가 여름을 좋아해서 해변에 가서 모래에서 놀고, 바다에서 수영하고, 아이스크림을 먹는 것을 즐긴다는 내용인데, 'Earth's ice is melting fast(지구의 얼음은 빠르게 녹고 있다).'는 내용은 글의 흐름으로 보아 어울리지 않는 문장이다.

• season: 계절
• summer: 여름
• sand: 모래
• cool down: 식다, 식히다
• melt: 녹다[녹이다]
• have fun: 즐거운 시간을 보내다

내가 가장 좋아하는 계절은 여름이다. 나는 해변에 가서 모래에서 노는 것을 좋아한다. 바다에서 수영하는 것은 기분이 좋다. 나는 또한 더위를 식히기 위해 아이스크림을 먹는 것을 즐긴다. 지구의 얼음은 빠르게 녹고 있다. 여름은 즐거운 시간을 보내기에 가장 좋은 때이다.

21 네 번째 문장에서 'But eagles can(하지만 독수리들은 볼 수 있다).'라고 한 다음에, 바로 다음 문장에서 'They are great hunters because of their powerful eyes(그들은 강력한 눈 때문에 대단한 사냥꾼들이다).'라고 했는데, 이때 They는 바로 앞 문장의 'eagles(독수리들)'를 가리킨다. 이어서 밑줄 친 They가 있는 문장에서 그들은 3.2 킬로미터까지 떨어진 위에서도 토끼를 볼 수 있다고 했으므로, 문맥상 밑줄 친 They가 가리키는 것으로 적절한 것은 'eagles(독수리들)'이다.

① 개미들
③ 토끼들
④ 킬로미터
• imagine: 상상하다
• floor: (건물의) 층
• ant: 개미
• street: 거리

- eagle: 독수리
- hunter: 사냥꾼
- because of: ~ 때문에
- powerful: 강력한
- up to: ~까지, ~이르기까지

> **해석**
>
> 여러분이 10층에 있다고 상상해 보라. 여러분은 거리에 있는 개미들을 볼 수 있는가? 물론 볼 수 없다. 하지만 독수리들은 볼 수 있다. 그들은 강력한 눈 때문에 대단한 사냥꾼들이다. 그들은 3.2 킬로미터까지 떨어진 높이에서도 토끼들을 볼 수 있다.

22 동물원 안전 수칙에 따르면 'Don't feed the animals(먹이 주지 않기).', 'Don't enter any cages(우리에 들어가지 않기).', 'Keep your voice down(목소리 낮춰 말하기).'는 언급되었지만, '사진 찍지 않기'는 언급되지 않았다.

- feed: 먹이를 주다
- enter: 들어가다[오다]
- cage: 우리, 새장
- keep ~ down: 억제하다[낮추다]

> **해석**
>
> **동물원 안전 수칙:**
> - 동물들에게 먹이 주지 않기.
> - 어떤 우리에도 들어가지 않기.
> - 목소리 낮춰 말하기.

23 첫 문장에서 'I'll share some tips on how I reduce my stress(나는 스트레스를 줄이는 방법에 대한 몇 가지 조언을 공유할 것이다).'라고 한 다음에 산책하러 밖으로 나가서 신선한 공기를 마시고 좋아하는 음악을 들으면 기분이 나아지고 휴식을 취하는 데 도움이 된다고 했으므로, 글의 주제로 적절한 것은 '스트레스를 줄이는 방법'이다.

- share: 함께 쓰다, 공유하다
- reduce: 줄이다[축소하다]
- outside: 밖[바깥]
- fresh: 신선한
- listen to: 듣다
- relax: 안심[진정]하다
- stressed: 스트레스를 받는[느끼는]

> **해석**
>
> 스트레스를 줄이는 방법에 대한 몇 가지 조언을 공유할 것이다. 첫째, 산책을 하러 밖으로 나간다. 나는 신선한 공기를 마시면, 기분이 더 나아지는 것을 느낀다. 또한, 좋아하는 음악도 듣는다. 그것은 내가 휴식을 취하는 데 도움이 된다. 이런 조언들이 여러분이 스트레스를 덜 느끼는 데 도움이 되기를 바란다.

24 마지막 문장에서 'Please return my money when you receive the brown cap(갈색 모자를 받으면 환불해 주세요).'라고 했으므로, 글을 쓴 목적으로 가장 적절한 것은 '환불을 요청하려고'이다.

- order: (상품을) 주문하다
- black: 검은, 검은색
- brown: 갈색의, 갈색
- send back: ~을 돌려주다, 되돌려 보내다
- return: 돌려주다
- receive: 받다

> **해석**
>
> 7월 3일에 귀사의 웹사이트에서 검은색 모자를 주문했습니다. 하지만 내가 받은 모자는 검은색이 아니라 갈색입니다. 잘못 배달된 모자를 귀사에 보냅니다. 갈색 모자를 받으시면 환불해 주세요.

25 첫 문장에서 우리는 독서를 함으로써 많은 유용한 것들을 배울 수 있다고 했으며, 다음 문장에서 좋은 책을 읽으면 사고력을 기르고 다른 사람들의 감정을 이해하는 데 도움이 된다고 했다. 세 번째 문장에서 'What kinds of books should we read, then(그러면, 우리는 어떤 종류의 책을 읽어야 할까)?'이라고 했고, 마지막 문장에서 'Here is how to choose the right books(여기 올바른 책을 고르는 방법이 있다).'라고 했으므로, 글의 바로 뒤에 이어질 내용으로 적절한 것은 '적절한 책을 고르는 방법'이다.

- useful: 유용한
- thinking skill: 사고력
- understand: 이해하다
- feeling: 느낌[기분]
- Here is ~: 여기에 ~이 있다
- how to ~: ~ 하는 법
- choose: 선택하다

> **해석**
>
> 우리는 독서를 함으로써 많은 유용한 것들을 배울 수 있다. 좋은 책을 읽는 것은 우리가 사고력을 기르고 다른 사람들의 감정을 이해하는 데 도움을 준다. 그러면, 우리는 어떤 종류의 책을 읽어야 할까? 여기 올바른 책을 고르는 방법이 있다.

제4교시 사회

01 ①	02 ④	03 ②	04 ④	05 ④
06 ①	07 ③	08 ③	09 ①	10 ③
11 ③	12 ②	13 ①	14 ③	15 ②
16 ④	17 ④	18 ②	19 ②	20 ②
21 ③	22 ①	23 ①	24 ④	25 ②

01 경도는 본초 자오선(경도 0°)을 기준으로 동서로 떨어진 정도를 나타낸 선이다.

경도와 생활
- 시차: 지구는 24시간 360° 자전을 하므로 시차가 발생한다.
- 시차 계산: 본초 자오선(경도 0°)을 기준으로 동쪽으로 15°씩 갈수록 1시간씩 빨라지고, 서쪽으로는 1시간씩 늦어진다.
- 날짜 변경선: 경도 180°선을 기준으로 각 나라의 영토를 고려하여 태평양에 그어진 선이다. 예 '동 → 서'로 넘어가면 하루를 더하고, '서 → 동'으로 넘어가면 하루를 뺀다.

02 열대 우림 기후는 1년 내내 더운 날씨가 지속되고 연교차보다 일교차가 더 큰 것이 특징이며, 열대 우림 기후 지역은 적도를 중심으로 분포해 있다. 연중 강수량이 많아서 매우 습하고, 열대성 소나기인 스콜이 거의 매일 내린다.
- ① 냉대 기후: 겨울은 매우 길고 추우며 여름은 짧다. 대규모 침엽수림(타이가)이 분포한다.
- ② 한대 기후: 극지방과 가까워 1년 내내 기온이 낮고 눈과 얼음으로 덮여 있으며, 이끼와 풀(툰드라) 등이 분포한다.
- ③ 지중해성 기후: 여름은 덥고 건조하지만 겨울은 따뜻하고 다습하다.

03 제주도는 화산 활동으로 인해 형성된 우리나라에서 가장 큰 섬으로, 오름과 용암동굴, 주상절리 등 관광 자원이 풍부하여 우리나라를 대표하는 관광지이다. 대표적인 자연 경관으로 남한에서 제일 높은 화강암 산지인 한라산이 있으며, 세계 문화 유산이자 천연기념물인 성산일출봉, 만장굴 등이 있다.

04 건조 기후 지역은 물 자원 부족 현상이 나타나, 물 부족 문제를 해결하기 위해 지하수를 개발하거나 해수 담수화 시설을 구축하는 등의 방안을 활용하고 있다. 물 자원을 가지고 국제 갈등도 겪고 있는데, 여러 나라가 하천을 공동으로 소유하게 되는 국제 하천에서 주로 발생한다. 인구 증가와 산업 발전 등으로 물 수요가 증가면서 하천 및 지하수가 오염되고, 사막화가 발생하는 등이 물 분쟁의 원인이 된다.

05 다국적 기업은 생산비 절감, 해외 시장의 확대, 무역 규제 완화를 위해 다른 나라에 자회사, 영업소, 생산 공장을 설립·운영하는 기업이다.

06 도심은 도시의 중심업무지구(CDB)이고 교통 요충지이며 중심 업무 기능, 관리 기능, 상업 기능 등을 수행한다. 주간에는 유동 인구가 많고 야간에는 인구 공동화 현상(도심의 주거 기능 약화로 낮과 밤의 인구 밀도 차이가 큰 현상)이 나타난다.

07 **지구 온난화**
지구의 평균 기온 상승으로 지구가 더워지는 현상
- 원인: 화석연료의 사용으로 이산화 탄소 및 온실가스 발생량의 증가
- 피해: 빙하 붕괴, 해양 생태계 변화, 기상 이변 증가, 해수면 상승 등

08 지리적 표시제는 그 지역의 자연환경에서 생산·가공된 우수한 품질의 특산품에 국가가 해당 지역명을 상표권으로 사용할 수 있게 인정하는 제도이다.
- ① 인플레이션: 통화량의 증가로 화폐가치가 하락하고, 모든 상품의 물가가 전반적으로 꾸준히 오르는 경제 현상이다.
- ② 생태 발자국: 인간이 지구에서 살아가기 위해 식량, 목재, 도로 등의 자원을 생산하고, 또 그것을 없애는 데 드는 비용을 측정하여 토지 면적으로 환산한 개념이다.
- ④ 기후 변화 협약: 온난화를 막기 위해 이산화 탄소 등 온실가스 발생을 억제하기 위한 최초의 국제 협약이다.

09 재사회화는 급격한 사회 변동으로 새로운 사회 규범과 행동 양식이 생겨났을 때 이에 적응하기 위하여 새로운 지식, 기술, 생활 양식 등을 학습하는 과정을 의미한다. 교도소 교육, 직업상의 재교육, IT 기계 활용 교육 등이 그 예이다.
- ② 귀속 지위: 개인의 기능이나 업적에 의하지 않고, 사회 속에서 계승된 신분에 의하여 얻은 지위
- ③ 역할 갈등: 한 개인이 여러 가지 역할을 동시에 수행하는 과정에서 나타나는 긴장이나 갈등을 말한다.
- ④ 지방 자치 제도: 주민과 주민이 뽑은 대표들이 지역의 사무를 자율적으로 처리하는 제도이다.

10 학습성은 문화의 속성 중 하나로, 문화는 선천적으로 타고 나는 것이 아니라 후천적인 학습의 결과로 얻게 되는 속성을 말하는 것이다.

11 국회는 선거를 통해 국민이 직접 선출한 의원들로 구성된 국민의 대표 기관이다. 국회는 입법권을 가지고 있어 법률을 제정·개정하는 역할을 한다.

12 민주 선거의 기본 4원칙은 보통선거, 평등 선거, 직접 선거, 비밀 선거이다.

13 심급 제도는 법관이 공개 재판과 증거 재판을 하더라도 오판할 수 있으므로 재판을 여러 번 받을 수 있도록 하는 제도이며, 우리나라는 3심제를 채택하고 있다.
　② 선거 공영제: 국가가 선거를 관리하고, 선거에 필요한 비용 중 일부를 국가에서 지원하는 것으로 공정한 선거와 기회 균등을 보장하기 위해서 실시한다.
　③ 선거구 법정주의: 선거구를 특정 정당과 후보에 유리하지 않게 법률로 정하는 원칙이다.
　④ 국민 참여 재판 제도: 국민이 배심원으로서 형사재판에 참여하는 제도로, 유무죄 판단을 하여 판사에게 권고적 효력이 있는 평의 결과와 양형 의견을 내놓는 재판제도이다.

14 균형 가격은 수요량과 공급량이 일치하는 점에서 형성되며, 이때의 거래량을 균형 거래량이라고 한다. 이를 통해 그래프에서 알 수 있는 빵의 균형 가격은 3,000원이며 균형 거래량은 150개이다.

15 실업은 일자리를 잃거나 일할 기회를 얻지 못하는 것이다. 개인적으로는 소득과 자신감 그리고 자아 실현의 기회가 상실되며, 사회적으로는 인적 자원이 낭비되고 경제 성상이 낮아시는 등 사회적 불안이 커지는 결과를 가져온다.
　① 신용: 나중에 그 대가를 지불하기로 약속하고 재화나 서비스를 제공받거나 돈을 빌릴 수 있는 능력을 말한다.
　③ 환율: 자기 나라 돈과 다른 나라 돈의 교환 비율
　④ 물가 지수: 물가 변동을 나타내는 지수

16 노동 3권은 근로자의 인간다운 생활을 보장하기 위해 헌법에 보장된 세 가지의 기본권으로 단결권, 단체 교섭권, 단체 행동권이 있다.

17 뗀석기인 주먹도끼를 처음으로 제작한 구석기 시대에는 사냥과 채집을 하며 생활을 하였고, 이동 생활을 하며 동굴이나 강가에 막집을 짓고 살았다. 철제 농기구를 제작하기 시작한 것은 철기 시대부터이다.

18 세도 정치는 조선 후기 왕실의 일부 유력 외척 가문이 정치 권력을 독점하면서 펼친 정치를 말한다. 이로 인해 인사 행정이 어지러워지고, 관직을 사고팔거나 백성들을 수탈하는 등 부패한 관리의 횡포가 심해졌으며 삼정(전정, 군정, 환곡)의 문란이 심화되었다.

19 고이왕, 무령왕, 성왕이 다스렸던 나라는 백제이다. 고이왕은 주변 마한의 소국을 병합하고, 중앙 집권 국가의 토대를 마련하였다. 무령왕은 지방에 22담로를 설치하고 왕족을 파견하여 지방에 대한 통제를 강화하였다. 성왕은 웅진(공주)에서 사비(부여)로 수도를 옮기고 국호를 남부여로 고쳤다.

20 고구려의 장군 출신이자, 고구려 유민과 말갈인 일부를 이끌고 지린성 동모산 근처에 도읍을 정하여 발해를 건국한 인물은 대조영이다.
　① 원효: 신라의 승려인 원효는 불교 종파 간의 대립과 분열을 끝내고 화합하기 위해 화쟁 사상을 바탕으로 『십문화쟁론』을 저술하였다.
　③ 정약용: 조선 후기 실학자인 정약용은 거중기를 제작하여 수원 화성 축조에 기여하였다.
　④ 흥선 대원군: 조선 고종의 아버지이자 어린 아들을 대신하여 조선의 국정을 주도하였던 인물이다.

21 고려 인종은 김부식에게 명을 내려 『삼국사기』를 편찬하도록 하였고, 유교적 사관을 바탕으로 서술되었다. 또한, 신라, 고구려, 백제 세 나라의 정치적인 흥망과 변천을 중심으로 다루고 있으며, 현존하는 우리나라 최초의 관찬 역사서이다.
　① 천마도: 신라의 대표적인 돌무지덧널무덤인 경주 천마총 내부에서 경주 천마총 장니 천마도가 출토되었다.
　② 『농사직설』: 조선 세종은 정초, 변효문 등을 시켜 우리 풍토에 맞는 농서인 『농사직설』을 간행하였다.
　④ 대동여지도: 조선 후기 김정호가 10리마다 눈금을 표시하여 거리를 알 수 있게 제작한 전국 지도첩이다.

22 조선 세종은 학문 연구를 위해 집현전을 설치하고, 집현전 학자들에게 학문 연구와 경연, 서연을 담당하게 하여 유교 정치의 활성화를 꾀하였다.
　② 화랑도 조직: 신라 진흥왕은 화랑도를 국가적 조직으로 개편하고, 인재 양성에 힘썼다.
　③ 유신 헌법 제정: 박정희 정부는 유신 헌법을 제정하여 대통령 임기 6년과 중임 제한 조항 삭제 및 통일 주체 국민 회의를 통한 대통령 간접 선거의 내용을 담은 제7차 헌법 개정을 단행하였다.
　④ 한국 광복군 창설: 대한민국 임시 정부는 직할 부대로서 충칭에 한국 광복군을 창설하였으며 지청천을 총사령, 이범석을 참모장으로 두었다.

23 우리나라 영토 중 동쪽 끝에 위치한 독도는 동도와 서도 그리고 89개의 부속 도서로 이루어진 바위섬이다. 독도가 우리 고유의 영토인 근거는 대한 제국이 칙령 제41호를 통해 울릉도를 군으로 승격시키고 독도를 관할하게 하여 우리의 영토임을 명시하였다는 점이다. 또한, 1877년 일본의 최고 국가 기관인 태정관이 외교 문서에 울릉도와 독도가 일본의 영토가 아님을 명시하였다는 것이 독도가 우리 고유의 영토라는 근거이다.

24 조선 선조 때 왜군의 침입으로 임진왜란이 발발하였다. 이때 이순신 장군은 거북선을 만들어 조선의 수군을 더 강력하게 하였으며, 학익진 전법을 활용하여 한산도 대첩에서 왜군을 크게 물리쳤다. 또한, 13척의 배로 울돌목(명량)의 좁은 수로를 활용하여 왜군 133척의 배에 맞서 싸워 큰 승리를 거두었다. 노량해전은 이순신 장군이 노량 앞바다에서 일본 수군과 벌인 마지막 해전이다.
① 강감찬: 고려 현종 때 거란군을 귀주에서 크게 물리친 인물이다.
② 김유신: 신라의 삼국 통일에 크게 기여한 인물이다.
③ 윤봉길: 한인 애국단원 윤봉길은 상하이 훙커우 공원에서 열린 일본군 전승 축하 기념식장에서 폭탄을 던지며 독립을 위한 적극적인 투쟁 활동을 전개하였다.

25 1960년 이승만과 자유당이 장기 독재를 위해 3·15 부정 선거를 자행하자 이에 저항하는 시위가 전국적으로 확산되어 4·19 혁명이 발발하였다. 이 결과 이승만이 하야하고 과도 정부가 수립되었다.
① 3·1 운동: 1919년에 일어난 3·1 운동은 일제 강점기 최대 규모의 민족 운동이며, 민족 지도자와 학생 단체들을 중심으로 일본의 식민 지배에 저항하여 전국적으로 일어난 독립 만세 운동이다.
③ 6·25 전쟁: 1950년 북한의 불법 남침으로 시작된 6·25 전쟁은 유엔군과 중국군의 참여로 이어졌고, 전쟁이 교착 상태에 빠지자 1953년 유엔군과 공산군이 판문점에서 정전 협정을 체결하였다.
④ 광주 학생 항일 운동: 1929년 광주에서 한·일 학생 간의 충돌을 계기로 일어난 광주 학생 항일 운동은 민족 차별과 식민지 교육에 저항하며 전개되었다.

제5교시 과학

01 ③	02 ②	03 ③	04 ②	05 ④
06 ④	07 ④	08 ③	09 ①	10 ④
11 ①	12 ②	13 ④	14 ①	15 ①
16 ①	17 ③	18 ③	19 ②	20 ②
21 ④	22 ②	23 ②	24 ②	25 ①

01 접촉면에서 물체의 운동 방향과 반대 방향으로 작용하는 힘 A는 마찰력이다.

마찰력의 특징
• 접촉면이 거칠수록 마찰력이 크다.
• 물체의 무게가 무거울수록 마찰력이 크다.
• 접촉면의 넓이는 마찰력의 크기와 무관하다.

02 ⊙은 파동의 진동 중심에서 마루까지의 높이에 해당하므로 진폭을 나타낸다.
① 주기: 매질의 한 점이 한 번 진동하는 데 걸리는 시간
③ 파장: 파동의 마루에서 다음 마루까지 또는 골에서 다음 골까지의 거리
④ 진동수: 파동이 1초 동안 진동하는 횟수(단위: Hz(헤르츠))

03 옴의 법칙에 의해

$$R(저항) = \frac{V(전압)}{I(전류)} = \frac{2}{1} = 2\,\Omega \text{ 이다.}$$

옴의 법칙

$$V = IR, \ R = \frac{V}{I} \ (I: \text{전류의 세기}, V: \text{전압}, R: \text{저항})$$

04 액체나 기체 분자들이 직접 순환하여 열을 전달하는 것은 대류이다. 에어컨을 켜니 방 전체가 시원해진다거나 난로를 방 아래쪽에 두면 방 전체가 따뜻해지는 것은 대류의 예에 해당한다.
① 단열: 열의 이동을 막는 것이다.
③ 복사: 높은 온도의 물체에서 낮은 온도의 물체로 열이 빛에너지 형태로 이동하는 것이다.
④ 전도: 주로 고체에서 일어나며, 온도가 높은 곳에서 낮은 곳으로 분자들의 운동에 의해 열에너지가 이동한다.

05 '일(W)=힘(F)×힘의 방향으로 이동한 거리(s)'이므로, 중력에 대하여 한 일은 양은 $20\,\text{N} \times 5\,\text{m} = 100\,\text{J}$이다.

06 물체의 위치 에너지와 운동 에너지의 합을 역학적 에너지라고 한다.

역학적 에너지 = 위치에너지 + 운동 에너지

역학적 에너지의 전환
위치 에너지와 운동 에너지 중 어느 한쪽이 증가하면 다른 한쪽은 감소한다.
역학적 에너지의 보존
마찰력이나 공기 저항 같은 힘이 작용하지 않으면 그 물체의 역학적 에너지는 항상 일정하게 보존된다.

07 피스톤을 누르면 기체의 입자 수는 일정한데 부피가 줄어들므로, 주사기 속 기체의 압력은 증가하며, 입자 사이의 거리는 감소한다.

기체의 압력

| 기체 압력의 크기 | 단위 면적에 기체 입자가 충돌하는 횟수가 많을수록 크다. |
| 기체 압력의 방향 | 기체 분자는 모든 방향으로 운동하므로 기체의 압력은 모든 방향에 같은 크기로 작용한다. |

08 쇳물이 식어 단단한 철이 되는 현상은 액체가 고체로 상태 변화한 것이므로 C(응고)에 해당한다.
① A: 융해
② B: 기화
④ D: 액화

09 ㉠에 공통으로 해당하는 것은 원소이다. 원소는 물질을 이루는 기본 성분이며, 현재까지의 원소는 약 110여 종이 존재한다. 일부 금속 원소는 불꽃 속에 넣었을 때, 독특한 불꽃 반응 색을 나타낸다.

10 밀도는 단위 부피에 해당하는 물질의 질량을 나타낸다.

$$밀도 = \frac{질량}{부피} \ (단위: g/cm^3, \ g/mL, \ kg/m^3 \ 등)$$

따라서 물질 A~D의 밀도를 각각 구하면,

A: $\frac{10}{10} = 1 \, (g/mL)$, B: $\frac{20}{10} = 2 \, (g/mL)$,

C: $\frac{30}{20} = 1.5 \, (g/mL)$, D: $\frac{50}{20} = 2.5 \, (g/mL)$ 이므로

밀도가 가장 큰 물질은 D이다.

11 두 종류 이상의 기체가 반응할 때 반응하는 기체와 생성되는 기체의 부피 사이에 간단한 정수비가 성립되며, 기체 사이의 부피비는 화학 반응식에서의 계수비와 같다.

$$3H_2 \ + \ N_2 \ \rightarrow \ 2NH_3$$

수소　　질소　　암모니아

계수비 → 　3 ： 1 ： 2

수소와 질소가 반응하여 암모니아 분자가 생성될 때, 화학 반응식의 계수비는 3 ： 1 ： 2이므로, 수소 분자 3개와 질소 분자 1개가 모두 반응할 때 생성되는 암모니아 분자는 2개이다.

12 산화 구리(Ⅱ) 생성 반응에서 구리, 산소, 산화 구리(Ⅱ)의 질량비는 4 ： 1 ： 5이다. 따라서 구리 8 g과 반응하는 산소의 질량은 2 g이며, 이때 생성되는 산화 구리(Ⅱ)의 질량은 10 g이다.

산화 구리(Ⅱ) 생성 반응에서의 질량비

구리 ＋ 산소 → 산화 구리(Ⅱ)
질량비　　4 ： 1 ：　　 5

13 광합성은 식물이 이산화 탄소와 물을 재료로 하여, 빛에너지를 이용해 스스로 양분을 만드는 과정이다.

이산화 탄소 ＋ 물 $\xrightarrow[엽록체]{빛에너지}$ 포도당 ＋ 산소

따라서 광합성에 필요한 물질 ㉠은 이산화 탄소이다.

14 다른 생물로부터 양분을 얻는 생물 무리 중에서 버섯과 곰팡이가 포함되는 것은 균계이다.

균계의 특징
• 핵막으로 둘러싸인 뚜렷한 핵이 있음
• 세포벽이 있고 광합성을 못함
• 몸이 균사로 이루어져 있고, 운동성이 없음
　예 효모, 버섯, 곰팡이 등

15 ㉠에 해당하는 것은 세포이다. 세포는 생명체를 구성하는 기본 단위이며, 모양과 기능이 비슷한 세포가 모여 조직을 이룬다.

생물체의 구성 단계
• 식물의 구성 단계: 세포 → 조직 → 조직계 → 기관 → 개체
• 동물의 구성 단계: 세포 → 조직 → 기관 → 기관계 → 개체

16 좌우 두 개의 반구로 이루어져 있으며, 기억, 추리, 판단, 학습 등의 정신 활동을 담당하는 것은 A(대뇌)이다.
② B(간뇌): 혈당량, 체온 등 항상성 조절 중추
③ C(중간뇌): 동공 반사, 안구 운동 조절
④ D(연수): 호흡 운동, 심장 박동, 소화 운동, 무조건 반사(재채기, 침, 눈물 분비)의 중추

17 ㉠은 폐포이며, 폐를 이루고 있는 얇은 공기 주머니이다. 수많은 폐포의 표면을 모세혈관이 둘러싸고 있으며, 폐포와 모세혈관 사이에서는 산소와 이산화 탄소의 기체 교환이 일어난다.
① 융털: 소장 벽의 표면에 존재하며, 영양소를 흡수한다.
② 이자: 소화 분해 효소를 분비하는 외분비기관이면서, 혈당량 조절을 위한 호르몬(인슐린, 글루카곤)을 분비하는 내분비기관이기도 하다.
④ 네프론: 콩팥에 존재하는 오줌 생성의 기본 단위로, 사구체, 보먼주머니, 세뇨관으로 이루어져 있다.

18 체세포 분열은 한 개의 체세포가 두 개의 딸세포로 나누어지는 것으로, 체세포 분열로 생성되는 각 딸세포의 염색체 수는 모세포의 염색체 수와 동일하다. 따라서 전기 단계에서 세포 1개 당 염색체 수가 4개라면, 1개의 딸세포 A에 존재하는 염색체 수도 4개이다.

19 아버지의 유전자형은 TT이므로 아버지 생식세포의 유전자형은 T이며, 어머니의 유전자형은 tt이므로 어머니 생식세포의 유전자형은 t이다. 따라서 아들 ㉠은 아버지로부터 유전자 T, 어머니로부터 유전자 t를 물려받아 Tt의 유전자형을 갖게 된다.

20 지권의 층상 구조는 위에서부터 '지각 – 맨틀 – 외핵 – 내핵'으로 구분할 수 있는데, 이 중 가장 두꺼우며 지구 전체 부피의 약 80%를 차지하는 것은 맨틀이다.

지권의 층상 구조

지각	지권의 가장 바깥쪽 층으로, 대륙 지각과 해양 지각으로 구분
맨틀	• 지각 아래부터 약 2,900 km 까지의 층 • 지구 전체 부피의 약 80%를 차지함 • 지각보다 무거운 물질로 이루어짐
핵 외핵	• 맨틀 아래부터 약 5,100 km 까지의 층 • 주로 철과 니켈로 이루어짐 • 액체 상태
핵 내핵	• 외핵 아래에서부터 지구 중심까지의 층 • 주로 철과 니켈로 이루어짐 • 고체 상태

21 북극성을 중심으로 별들이 시계 반대 방향으로 하루에 한 바퀴(2시간에 30°)씩 이동하는 현상은 별의 일주 운동이다. 이것은 지구가 자전축을 중심으로 하루에 한 바퀴씩 시계 방향(서→동)으로 회전하는 자전을 하기 때문에 상대적으로 나타나는 현상이다.

22 화성은 지구와 환경이 가장 비슷한 행성으로, 과거에 물이 흘렀던 흔적이 있으며, 극지방에 얼음과 드라이아이스로 된 흰색의 극관이 있다.
① 금성: 지구에서 가장 가깝고 밝은 행성으로, 표면 온도가 약 460℃ 정도이다.
③ 목성: 태양계에서 가장 큰 행성으로, 수소, 헬륨 등의 기체로 되어 있으며 가로줄 무늬와 붉은 점이 있다.
④ 토성: 태양계에서 밀도가 가장 작은 행성으로, 얼음과 먼지의 입자로 이루어진 고리가 있다.

23 염분 35 psu는 해수 1000 g에 염류가 35 g 녹아 있음을 의미한다. 이 중 27.2 g으로 가장 많은 양을 차지하는 염류 ㉠은 염화 나트륨이다.

염류의 종류와 양
염화 나트륨 > 염화 마그네슘 > 황산 마그네슘 > 황산 칼슘 > 황산 칼륨 등

염분비 일정의 법칙
바다의 염분은 지역에 따라 조금씩 다르지만, 녹아있는 염류 사이의 비율은 거의 일정하다.

24 포화 상태는 어떤 공기가 수증기를 최대로 포함하고 있는 상태를 말한다. 따라서 공기 A∼D 중 기온에 따른 포화수증기량 곡선의 최대 수증기량까지 수증기가 포함된 A와 D가 포화 상태의 공기에 해당한다.

25 맨눈으로 보았을 때 가장 밝게 보이는 별은 겉보기 등급이 가장 작은 별이다. 따라서 별 A∼D 중 겉보기 등급이 −2.0 등급인 A가 맨눈으로 보았을 때 가장 밝게 보인다.

겉보기 등급과 절대 등급

겉보기 등급	• 우리 눈에 보이는 별의 밝기 등급 • 겉보기 등급이 작을수록 우리 눈에 밝게 보인다. • 별까지의 거리는 고려하지 않았다.
절대 등급	• 모든 별을 10 pc(32.6광년)의 거리에 놓았다고 가정하였을 때 별의 밝기 등급 • 별의 실제 밝기이다. • 절대 등급이 작을수록 실제로 밝은 별이다.

제6교시 도덕

01 ②	02 ④	03 ③	04 ①	05 ③
06 ④	07 ③	08 ④	09 ②	10 ③
11 ①	12 ④	13 ①	14 ②	15 ①
16 ①	17 ②	18 ④	19 ②	20 ①
21 ④	22 ③	23 ③	24 ④	25 ②

01 도덕이란 인간이 지켜야 할 도리나 바람직한 행동 기준을 일컫는 말로, 도덕적으로 잘못된 어떤 행동을 하려고 할 때 옳은 일을 자발적으로 실천할 수 있도록 돕는다.

02 보편화 결과 검사는 문제가 되는 도덕 원리를 모든 사람이 보편적으로 실천하였을 때 나타날 수 있는 결과를 예상하여 도덕 원리의 적절성 여부를 검토하는 방법이다.

도덕 원리 검사의 종류
• 보편화 결과 검사
• 반증 사례 검사
• 역할 교환 검사
• 포섭 검사

03 진정한 의미의 행복은 일시적 만족감에 의한 즐거움이 아니라 바람직한 가치의 추구를 통하여 삶 전체에 걸쳐 느끼는 지속적·정신적인 만족감이다. 따라서 행복한 삶을 위해 올바른 행동을 습관화하고 정서적인 건강을 가꾸는 것이 중요하므로, 독서를 생활화하고 건강을 위해 꾸준히 운동해야 한다.

04 인권은 태어날 때부터 하늘로부터 부여받은 권리로, 인간이라면 누구나 누려야 한다. 또한, 누구도 절대 침해해서는 안 되는 불가침과 인종이나 성별에 따라 차별할 수 없는 보편성을 갖는다.

05 인간은 무엇을 위해 살아야 하는지 고민하면서 삶을 의미 있게 만들 수 있다. 바람직한 삶의 목적을 설정할 때는 본질적이면서도 정신적인 가치를 추구해야 한다. 따라서 돈을 많이 벌기 위해 법을 어기는 것은 옳지 않다.

06 사이버 폭력은 인터넷이나 사회 관계망 서비스(SNS) 등의 사이버공간에서 상대방에게 수치심을 느끼게 하는 언어나 사진, 동영상을 이용하여 정신적 피해를 줌으로써 인간 존엄성을 훼손하는 행위이다.

07 도덕 추론은 도덕적 판단을 내릴 때 그것을 지시하는 이유 또는 근거를 대면서 그 판단이 옳다고 주장하는 과정이다. 모든 사람이나 행위 전체에 대해 보편적으로 평가하는 도덕 원리와 참과 거짓을 객관적으로 판단하는 사실 판단을 기반으로 어떤 구체적인 도덕 문제에 대한 도덕 판단을 내릴 수 있다.

도덕적 추론의 과정
도덕적 문제 발생 → 도덕 판단에 대한 근거(도덕 원리, 사실 판단) → 도덕 판단

08 아리스토텔레스는 우리가 궁극적으로 추구하는 최고선이 '행복'이라고 규정하였으며, 이 행복은 도덕적 행복을 습관화할 때 얻을 수 있다고 보았다.

09 우정이란 친구 사이에서 주고받는 따뜻하고 친밀한 정서적 유대감이나 정(情)을 의미한다.

10 세계 시민은 국가나 민족 같은 특정 지역 공동체를 넘어 지구촌의 관점에서 지구촌의 문제를 해결하고자 노력하는 사람을 뜻한다. 세계 시민은 세계 시민 의식, 연대 의식, 평화 의식, 인류애 등의 도덕적 가치를 갖추어야 하며, 차별적인 생각을 가져서는 안 된다.

11 이웃 간에는 상대방을 존중하고, 차이와 다양성을 인정하는 배려의 자세가 필요하다.

이웃 관계에서 필요한 도덕적 자세

배려	• 이웃을 공동체의 구성원으로 받아들이고 이해하려는 태도를 말한다. • 상대방을 존중하고 차이와 다양성을 인정해야 한다.
봉사	• 이웃에 대한 배려를 적극적으로 표현하고 실천하는 자세를 말한다. • 이웃에게 어려움이 있을 때 도움을 주고 고통을 함께 나눈다. • 다른 사람을 존중하는 마음과 공동체 정신을 길러야 사회를 건강하게 만들 수 있다.
서(恕)의 자세	• 공자가 이야기한 것으로, 내가 원하지 않는 것을 남에게 하지 않는 것이다. • 역지사지(易地思之)의 자세로, 나의 처지를 헤아려 남을 이해하는 마음이다. • 배려의 기본으로, 인(仁)을 실천하는 최소한의 방법이다.

12 정보 통신 매체를 올바르게 활용하기 위해서는 사이버공간에서의 비도덕적 행동을 지양하고 타인에게 피해를 끼치지 않아야 하므로 해악은 덕목이라고 할 수 없다.

정보화 시대에 가져야 하는 도덕적 원리
• 존중의 원칙: 사이버공간에서도 현실 공간에서 사람들을 대하는 것과 동일하게 서로 존중하는 의무를 지녀야 함
• 책임의 원칙: 정보 제공자 및 이용자는 자신의 행동이 가져올 결과를 신중히 생각하고 책임 있게 행동해야 함
• 정의의 원칙: 정보의 진실성과 공정성, 완전성을 추구하며 다른 사람의 기본적 자유와 권리를 침해하지 않아야 함
• 해악 금지의 원칙: 사이버공간에서의 비도덕적 행동을 지양하고 타인에게 피해를 끼치지 않아야 함

13 간디는 인도의 민족 운동 지도자이자 인도 건국의 아버지로, 영국에 대해 반영·비협력 운동 등 평화적인 방법으로 비폭력 저항 운동을 전개하여 독립에 기여하였다. 소금법 폐지 운동은 그가 행한 시민 불복종이자, 비폭력 저항 운동이다.

14 다문화 사회는 다양한 문화로 인해 언어와 종교, 가치관, 생활 방식 등에서 차이가 존재한다. 따라서 인류의 보편적 가치를 추구하며 서로 다른 문화의 다양성을 인정하고 존중하는 자세가 필요하다.

15 마음의 평화를 얻기 위해서는 삶에 대해 긍정적인 태도를 유지해야 하며, 타인의 잘못을 용서하고, 미움과 원한을 버리는 등 감정과 욕구 조절을 통해 마음을 잘 다스려야 한다.

16 평화 통일을 이루기 위해서 남북한 간의 신뢰를 바탕으로 서로의 차이를 좁히면서 함께 통일을 위한 준비를 해야 한다.

17 **평화적 갈등 해결 방법**
• 협상: 갈등 당사자 간에 문제점을 확인하고 협의하는 방법
• 조정: 제3자가 개입하여 당사자 간의 갈등 해결을 도와주는 방법
• 중재: 제3자가 갈등에 대한 해결책을 결정하는 방법

18 과학 기술을 바람직하게 활용하기 위해서는 인간 존중을 실천하는 방향으로 개발해야 하며 물질적 풍요와 안락한 삶, 건강 증진과 위험 예방 등 인류의 복지 증진에 이바지하는 방향으로 활용해야 한다. 또한, 현재 세대만이 아니라 미래 세대에까지 미칠 영향을 고려해야 한다.

19 공직자가 갖춰야 할 올바른 자세로, 성품과 행실이 높고 탐욕이 없는 상태는 '청렴'이다.

20 **통일 한국의 바람직한 모습**
자유 민주 국가, 자주 민족 국가, 정의 복지 국가, 문화 국가

21 오늘날 과학 기술의 발달, 인간의 무관심과 무지, 이기심 등으로 환경 파괴가 발생하였다. 이에 대응하기 위해 세계 각국은 온실가스 배출량을 제한하고, 유해 폐기물의 불법 이동을 막는 바젤 협약 등을 체결하였다.

22 바람직한 시민의 자질로는 맹목적이거나 배타적이지 않는 애국심, 국가라는 공동체 안에서 자신이 누리는 자유와 권리를 올바르게 행사하는 책임 의식, 국가의 정책이나 법을 만드는 과정에서 적극적으로 참여하는 참여 의식 등이 있다.

23 도덕적 성찰은 자신을 반성해 보는 것뿐 아니라 자신의 삶을 객관적인 입장에서 바라보며 바람직한 삶을 살기 위한 구체적인 방법을 찾는 것이다. 따라서 자신의 나쁜 습관을 반성하고 반복하지 않도록 다짐하는 것이 바람직한 도덕적 성찰의 방법이다.

24 바람직한 국가는 공정한 법과 제도를 마련하고 집행하면서 사회 질서를 확립해야 한다. 또한, 자연재해로부터 국민의 생명과 재산을 보호하고, 인간다운 삶을 영위하기 위해 복지 제도를 운영해야 한다.

25 환경 친화적 삶을 살기 위해서 다회용품을 사용해야 하며, 가까운 거리는 걷거나 대중교통을 이용해야 한다. 또한, 에너지 절약을 위해 사용하지 않는 전기 플러그는 뽑아야 하며, 쓰레기를 줄이기 위해 먹을 만큼만 음식을 담아야 한다.

중·졸·검·정·고·시

2023년도

합격의 공식 시대에듀 www.sdedu.co.kr

| 제1회 | 정답 및 해설 |
| 제2회 | 정답 및 해설 |

합격의 공식 시대에듀 www.sdedu.co.kr

제1교시 국어

01 ②	02 ②	03 ④	04 ④	05 ①
06 ③	07 ④	08 ④	09 ②	10 ④
11 ③	12 ③	13 ④	14 ①	15 ①
16 ①	17 ②	18 ②	19 ③	20 ②
21 ②	22 ③	23 ③	24 ②	25 ①

01 대화에서 '나윤'은 자선 바자회 행사의 의의와 장점을 설명하면서 ㉠을 통해 '강현'에게 바자회에 참석할 것을 설득하고 있다.

02 공감하며 대화하기는 상대의 관점에서 문제를 바라보고, 상대방의 생각이나 감정을 이해하는 것을 말한다. 열심히 공부하였으나 시험을 못 봐서 장래 희망을 이루지 못할까 봐 걱정하는 상대방에게는 '그랬구나.', '너무 속상하겠다.'와 같이 상대방의 생각이나 감정을 이해하였음을 나타내는 것이 바람직하다.

공감하며 대화하기

개념	상대방의 관점에서 문제를 바라보고, 상대의 생각이나 감정을 이해하는 것을 말한다.
효과	부드럽게 대화를 이어 나갈 수 있고, 원만한 인간관계를 유지할 수 있다.
유의 사항	• 상대방과 협력적으로 의사소통을 한다. • 신뢰감과 유대감을 형성하기 위해 노력한다. • 상대방의 말을 끝까지 듣고 적절한 반응을 보인다. • 명령, 강요, 지시의 말투를 사용하지 않도록 주의한다. • 상대방을 무시하는 말, 함부로 평가하는 말을 하지 않는다.

03 시간의 흐름에 따라 언어가 새로 생기기도, 변하기도, 사라지기도 하는 언어의 특성은 '역사성'이다. 우리가 '나비[나비]'라고 부르는 곤충을 영어에서 'butterfly[버터플라이]'라는 아예 다른 표현으로 부르는 현상은 언어의 의미와 기호 사이에는 필연적인 관계가 없다는 특성인 '자의성'에 해당한다.
① '스마트폰'은 새로운 물건의 발견과 함께 새로운 말이 생긴 것으로, 언어의 역사성 중 '생성'에 해당한다.
② '어리다'는 의미가 변화한 것으로, 언어의 역사성 중 '변화'에 해당한다.
③ '즈믄'은 사용하던 말이 거의 쓰이지 않아 사라진 것으로, 언어의 역사성 중 '소멸'에 해당한다.

언어의 특성

자의성	언어의 의미와 기호 사이에는 필연적인 관계가 없다.
사회성	언어는 그 언어를 사용하는 사람들 사이의 약속이다.
역사성	언어는 시간의 흐름에 따라 끊임없이 변한다. • 생성: 새로운 말이 생기는 것 • 변화: 의미 축소, 확대, 이동 등이 발생하는 것 • 소멸: 사용하던 말이 사라지는 것
창조성	한정된 단어로써 상황에 따라 무한히 많은 새로운 문장을 만들 수 있다.
규칙성	언어마다 원활한 언어생활을 위해 정해 놓은 규칙이 있다.

04 이중 모음은 발음할 때 입술이나 혀가 움직이는 모음으로, 반모음 'ㅣ'로 시작하는 'ㅑ, ㅒ, ㅕ, ㅖ, ㅛ, ㅠ', 반모음 'ㅗ/ㅜ'로 시작하는 'ㅘ, ㅙ, ㅝ, ㅞ', 반모음 'ㅣ'로 끝나는 'ㅢ'가 있다. '예의'는 반모음 'ㅣ'로 시작하는 이중 모음 'ㅖ'와 반모음 'ㅣ'로 끝나는 이중모음 'ㅢ'가 사용된 단어이다.

05 표준 발음법 [제10항]에 의하면 '넓다'의 받침 'ㄼ'은 자음 'ㄷ' 앞에서 'ㄹ'로 발음되어야 하므로 '넓다[널따]'가 되어야 한다.
② '앉다[안따]'는 받침 'ㄵ'이 자음 'ㄷ' 앞에서 'ㄴ'으로 발음된 것이다.
③ '없다[업따]'는 받침 'ㅄ'이 자음 'ㄷ' 앞에서 'ㅂ'으로 발음된 것이다.
④ '핥다[할따]'는 받침 'ㄾ'이 자음 'ㄷ' 앞에서 'ㄹ'로 발음된 것이다.

06 '파랗다', '예쁜', '즐겁게'는 모두 주체가 되는 말의 모양, 성질, 상태 등을 나타내는 말인 형용사로, 어미가 변화하여 다양하게 쓰이는 가변어에 해당한다.
① 사물의 이름을 나타내는 말은 명사이다.
② 대상의 움직임을 나타내는 말은 동사로, 어미가 변화하여 다양하게 쓰이는 가변어에 해당한다.
④ 놀람, 느낌, 부름, 대답을 나타내는 말은 감탄사로, 문장에서 조사와 결합하지 않고 독립적으로 쓰인다.

형태를 기준으로 한 품사 분류

불변어	형태가 변하지 않는 낱말 예 명사, 대명사, 수사, 관형사, 부사, 조사(서술격 조사 '이다' 제외), 감탄사
가변어	형태가 변하는 낱말 예 동사, 형용사, 서술격 조사 '이다'

07 ㉠은 체언 '꽃잎'을 꾸며주는 문장 성분으로, 관형어에 해당한다. '독서의' 또한 체언 '계절'을 꾸며 주므로 ㉠과 같은 문장 성분인 관형어임을 알 수 있다.
① '활짝'은 용언 '피었다'를 꾸며 주는 문장 성분으로, 부사어에 해당한다.
② '우유를'은 동사 행위나 동작의 대상을 나타내는 문장 성분으로, 목적어에 해당한다.
③ '어른이'는 용언 '되었다'를 보충하는 문장 성분으로, 보어에 해당한다.

08 '메다'는 '어깨에 걸치거나 올려놓다.'라는 의미의 동사로, 바른 표기이다.
① '오십시요'는 '오십시오'로 표기되어야 한다. '-십시오'는 상대 높임의 종결 어미로, 정중한 명령이나 권유를 나타낸다.
② '깨끗히'는 '깨끗이'로 표기되어야 한다. 한글 맞춤법 [제51항]에 의하면 '깨끗이'는 [깨끄시]로 발음되므로 부사의 끝음절이 분명히 '이'로만 나기 때문에 '-이'로 표기해야 한다.
③ '몇일'은 '며칠'로 표기되어야 한다. '그달의 몇째 되는 날.', '몇 날.' 등의 의미를 나타낼 때 '몇 일'로 적는 경우는 없으며, 항상 '며칠'로 적는다.

09 [A]를 나타내기 위해 활용된 '힘없는 강아지 소리'는 장면의 실감을 더하기 위해 넣는 '효과음'에 해당한다.

10 '결코'는 '어떤 경우에도 절대로.'라는 의미의 부사로, '아니다', '없다', '못하다' 따위의 부정어와 함께 쓰이기 때문에 적절하지 않다. ㉣의 경우, 문장 호응이 맞지 않으므로 삭제하거나, '일이 마무리되는 마당이나 일의 결과가 그렇게 돌아감을 이르는 말.'이라는 의미의 '결국'으로 고치는 것이 적절하다.

작품 해설 김애란, 『두근두근 내 인생』
• 갈래: 현대 소설, 장편 소설, 성장 소설
• 성격: 비판적, 교훈적
• 제재: 조로증을 앓고 있는 소년의 삶과 사랑
• 주제: 죽음을 앞둔 소년의 삶에 대한 소망, 힘든 상황 속에서도 서로를 의지하는 부모와 자식 간의 사랑
• 특징
  – 인물이 상상하는 장면을 통해 인물의 심리를 묘사함
  – 투병 중인 소년의 삶을 밝게 형상화하여 유쾌한 시각으로 그려냄

---

11 이 글은 방송에 나온 자신의 모습을 보는 주인공 '아름', 즉 '나'의 관점과 생각이 직접적으로 서술된 1인칭 주인공 시점이다. 이는 주인공의 내면세계를 그리는 데 효과적이며, 독자에게 친근감과 신뢰감을 준다. 단, 주인공의 입장에서만 서술되기 때문에 객관성을 유지하기 어려우며, 주인공 이외의 인물을 서술할 때 제약이 있다.

① 시점 전환에 대한 설명으로, 한 소설 내에서 시점을 바꾸어 가며 쓰는 방식을 말한다.
② 전지적 작가 시점에 대한 설명으로, 서술자가 전지전능한 위치에서 인물이나 사건을 서술하는 방식을 말한다. 서술자가 직접 작품에 개입하여 사건을 진행시키고 논평하기도 한다. 단, 독자의 상상적 참여가 제한될 우려가 있다.
④ 3인칭 관찰자 시점에 대한 설명으로, 서술자가 외부 관찰자의 위치에서 이야기를 서술하는 방식을 말한다. 서술자는 주관을 배제한 채 객관적인 태도로 대상을 관찰하고 묘사한다. 단, 서술자가 해설이나 평가를 내리지 않기 때문에 독자의 상상력이 개입되는 경우가 많다.

12 이 글에서 '아름'은 방송에 나온 자신의 모습을 보며 '아, 나는 저거보단 훨씬 괜찮게 생겼는데……'와 같이 생각하며 억울하고 섭섭한 감정을 느낀다.

13 제시된 감상에서 독자는 문학 작품을 감상할 때 방송에 출연하였던 자신의 경험을 바탕으로 '아름'의 마음에 공감하고, 더 깊이 감상하고 있다.

작품 해설 정호승, 「봄 길」
• 갈래: 자유시, 서정시
• 성격: 긍정적, 희망적
• 제재: 봄길
• 주제: 스스로 사랑이 되어 절망을 극복하려는 의지
• 특징
  – '있다', '보라'와 같은 단정적 어조를 통해 주제를 강조함
  – 유사한 문장 구조의 반복을 통해 운율을 형성하고 의미를 강조함

---

14 이 글에서는 색채 대비 및 색상과 관련된 표현이 나타나 있지 않다.
② '강물', '새', '꽃잎'과 같이 현실의 절망적인 상황을 자연물에 빗대어 표현하였다.
③ '길이 끝나는 곳에서도', '~이 있다'와 같이 유사한 문장 구조의 반복을 통해 절망적인 현실을 극복할 수 있다는 주제 의식을 강조하였다.
④ '있다', '보라'와 같이 딱 잘라 말하는 단정적 어조를 반복적으로 활용하여 사랑을 통해 절망을 극복하고자 하는 화자의 강한 의지와 믿음을 드러내었다.

15 제시된 글에서 '길'은 희망을 의미한다. ㉠은 '스스로 봄 길'이 되겠다고 표현하며 절망을 극복할 희망을 전해 주는 사람이 되겠다는 희망적인 의지를 함축적으로 나타내고 있다. 반면, ㉡, ㉢, ㉣은 사랑이 끝난 순간의 절망적 상황을 구체적으로 비유하여 표현한 것으로, 그 의미가 다르다.

16 [A]에는 '길이 끝나는 곳'에도 '길'이 있다고 말하며, 겉으로 보기에는 이치에 맞지 않지만 그 속에 진실을 담고 있는 '역설법'이 사용되었다. 이러한 표현은 '이것은 소리 없는 아우성'에도 나타나는데, 겉으로는 모순된 것 같으나, 오히려 이상을 향한 간절한 그리움을 강조하여 나타낸 것이다.
② 원관념과 보조 관념을 '−같이', '−처럼', '−양', '−듯이' 등의 연결어를 사용하여 비유하는 방법인 '직유법'이 사용되었다.
③ 문장의 구조를 같거나 비슷하게 짝을 지어 나란하게 배열하는 방법인 '대구법'이 사용되었다.
④ 쉽게 판단할 수 있는 사실을 의문의 형식을 사용하여 표현하는 방법인 '설의법'이 사용되었다.

시의 표현 방법 − 비유

직유법	원관념과 보조 관념을 특정 연결어를 사용하여 연결하는 방법
은유법	원관념과 보조 관념을 'A는 B이다'의 형식으로 연결하는 방법
의인법	사람이 아닌 대상에 사람과 같은 성질을 부여하는 방법
의성법	사람·사물의 소리를 그대로 묘사하여 표현하는 방법
의태법	사물의 모양·태도를 그대로 모방하여 표현하는 방법

작품 해설 박지원, 「허생전」
• 갈래: 고전 소설, 한문 소설, 풍자 소설
• 성격: 비판적, 풍자적
• 제재: 허생의 비범한 재주와 기이한 행적
• 주제: 무능한 지배층에 대한 비판 및 개혁 촉구
• 특징
– 실학을 바탕으로 당대 현실을 비판함
– 전형적 고전 소설의 특징에서 벗어나서 미완의 결말 구조를 취함

17 이 글에서 '아내'가 '당신은 평생 과거도 보러 가지 않으면서'라고 말한 부분을 통해 '허생'이 과거 시험을 치르지 않았다는 사실을 알 수 있다. 허생이 10년 동안 기약하였던 글공부는 개인적인 깨달음을 위함이지, 과거 시험에 합격하기 위함이 아니다.

18 [A]에서 '아내'가 '허생'에게 화를 내는 이유는 허생이 돈을 벌어 오지 않고 학문 수양에만 몰두하였기 때문이다. 「허생전」에서 '아내'는 작가 박지원의 의식을 대변하는 인물로, 실리를 추구하는 실용적 가치관을 바탕으로 당시 지배층의 경제적 무능력을 비판하는 역할을 한다.

19 ㉠은 과일의 매점매석으로 나라의 경제가 흔들리는 현실을 지적하는 표현으로, 경제 구조가 취약한 당시 조선의 현실을 비판하는 의미를 내포하고 있다.

작품 해설 진소영, 『맛있는 과학 44−음식 속의 과학』
• 갈래: 설명문
• 성격: 사실적, 설명적
• 제재: 발효 식품
• 주제: 발효 식품의 우수성
• 특징
– 질문을 통해 독자의 흥미를 유발하고, 앞으로 설명할 내용을 제시함
– 정의, 예시, 비교, 대조, 인과 등 다양한 설명 방법을 통해 효과적으로 설명함

20 이 글은 발효 식품의 정의를 제시하고, 다양한 예시를 들며 우리의 건강에 유용한 물질을 만들고, 음식을 오랫동안 저장하여 먹을 수 있도록 하는 발효 식품의 우수성을 설명하고 있다.

21 ㉠은 발효와 부패의 차이점을 밝히는 설명 방법인 '대조'를 활용하였다. 대조는 대상이나 현상의 차이점이 두드러질 때 사용하며, 발효 식품의 장점을 부각하여 나타내는 역할을 한다.

22 '그렇다면'은 전환의 접속어로, 주로 단락을 새로 시작하여 다른 내용을 제시할 때 사용된다. 제시된 글은 3문단에서 발효의 정의에 대해 언급한 후, 4문단에서 발효를 거쳐 만들어지는 전통 음식이라는 새로운 내용을 제시하였으므로 내용을 전환하는 접속어 '그렇다면'이 들어가는 것이 가장 적절하다.
① '그래도'는 뒤 문장의 내용이 앞 문장을 양보한 사실과는 상관이 없음을 나타내는 대립의 접속어이다.
② '그러나'는 앞의 내용과 뒤의 내용이 상반될 때 사용하는 대립의 접속어이다.
④ '왜냐하면'은 원인과 결과를 제시할 때 사용하는 인과의 접속어이다.

작품 해설 김산하, 『김산하의 야생 학교』
• 갈래: 논설문
• 성격: 논리적, 비판적, 설득적
• 제재: 더위, 기후 변화
• 주제: 기후 변화 문제 인식과 해결 방안 모색의 필요성
• 특징
– 서두에 질문을 던져 독자의 주의를 환기함
– 통계 자료를 활용하여 주장에 신뢰성을 더함
– 실생활과 관련이 있는 소재를 통해 사회적 문제를 제시함

23 이 글은 논설문으로, 적절한 근거를 제시하여 의견이나 주장을 내세워 독자를 설득하는 특징이 있다. 논설문을 읽을 때는 주장과 근거를 중심으로 내용을 파악하고, 글쓴이가 의도한 요점을 이해하며 읽어야 한다.

24 이 글의 2문단에서 지구의 자원 소모량을 측정하여 자원이 고갈되는 기간을 예측한 실험을 통해 우리의 자원 소비 속도가 빠름을 나타내었다. 특히, 현재 자원을 지속적으로 사용할 수 있는 상태를 유지하기 위해서는 지구가 3.3개가 필요할 정도라는 설명을 통해 우리의 에너지 사용량과 그 증가량이 심하다는 사실을 강조하고 있다.

25 이 글의 마지막 문단에서 글쓴이는 기후 변화의 위험성을 인식하고 이를 해결하기 위해 자원을 아끼며 지속 가능한 녹색 성장을 준비할 것을 당부하고 있다. 더위에 익숙해지는 것은 문제 해결 방법으로 언급되지 않았으며, 실질적으로 도움이 되지 않으므로 적절하지 않다.

제2교시 수학

01 ③	02 ③	03 ③	04 ②	05 ④
06 ④	07 ④	08 ③	09 ①	10 ①
11 ③	12 ②	13 ①	14 ④	15 ②
16 ①	17 ④	18 ②	19 ②	20 ③

01
$$54 = 2 \times 27$$
$$= 2 \times 3 \times 9$$
$$= 2 \times 3 \times 3 \times 3$$
$$= 2 \times 3^3$$

02 작은 수부터 차례대로 나열하면
$$-7, \ -1, \ \frac{1}{2}, \ 1, \ 3$$
따라서 넷째 수는 1이다.

03 $3a+1$에 $a=2$를 대입하면
$$3a+1 = 3 \times 2 + 1 = 7$$

04 $4x-4 = x+2$에서
$$4x - x = 2 - (-4)$$
$$3x = 6$$
$$\therefore x = 2$$

05 순서쌍 $(2, -3)$을 좌표평면 위에 나타낸 점은 D이다.
  ① A$(2, 3)$
  ② B$(-3, 2)$
  ③ C$(-3, -2)$

06

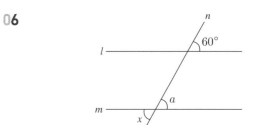

두 직선 l, m이 평행하면 동위각의 크기는 서로 같으므로
$$\angle a = 60°$$
맞꼭지각의 크기는 서로 같으므로
$$\angle x = \angle a = 60°$$

07 윗몸 일으키기 기록이 40회 이상인 학생의 수는 줄기가 4인 잎의 개수와 줄기가 5인 잎의 개수의 합과 같으므로
$$4 + 3 = 7 \,(명)$$

08 순환소수 $0.\dot{5}$를 기약분수로 나타내면 $\dfrac{5}{9}$이다

09 $a^2 \times a^2 \times a^3 = a^{2+2+3} = a^7$

10 한 권에 700원인 공책 x권의 가격은 $700x$이다.
$700x$가 3500원 이상이므로 부등식으로 나타내면
$$700x \geq 3500$$

11 일차함수 $y = 2x + k$의 그래프는 점 $(0, 4)$를 지나므로
$x = 0$, $y = 4$를 각각 대입하여 풀면
$4 = 2 \times 0 + k$에서
$$k = 4$$

12 이등변삼각형의 꼭지각의 이등분선은 밑변을 수직이등분하므로
$$\overline{BD} = \frac{1}{2} \times \overline{BC} = \frac{1}{2} \times 10 = 5 \,(\text{cm})$$

13 서로 닮은 두 원기둥에서 높이의 비, 밑면의 반지름의 길이의 비는 일정하다.
$2 : 3 = 4 :$ (원기둥 B의 높이)에서
$2 \times$ (원기둥 B의 높이) $= 3 \times 4$
$\therefore$ (원기둥 B의 높이) $= 6 \,(\text{cm})$

14 1부터 10까지의 자연수 중에서 짝수는 2, 4, 6, 8, 10이므로 이 주머니에서 공 한 개를 꺼낼 때 짝수가 적힌 공이 나올 경우의 수는 5이다.
따라서 구하는 확률은 $\dfrac{5}{10} = \dfrac{1}{2}$

15 $\sqrt{8}=\sqrt{2\times 2\times 2}=2\sqrt{2}$ 이므로
$a=2$

16 $x^2-5x+6=(x-2)(x-3)$

따라서 한 근이 2이면 다른 한 근은 3이다.

17 ① 위로 볼록하다.
② $y=-(x-1)^2+1$에 $x=0$을 대입하여 풀면
$y=-(0-1)^2+1=0$
즉, 점 $(0,\ 0)$를 지난다.
③ 직선 $x=1$을 축으로 한다.

18 $\tan B=\dfrac{\overline{AC}}{\overline{BC}}=\dfrac{3}{4}$

19 원에서 한 호에 대한 원주각의 크기는 그 호에 대한 중심각의 크기의 $\dfrac{1}{2}$이다.
$\therefore \angle APB=\dfrac{1}{2}\times \angle AOB=\dfrac{1}{2}\times 80°=40°$

20 학생 5명이 방학 동안 읽은 책의 권수가 적은 수부터 순서대로 나열하면
0, 1, 2, 3, 3
따라서 중앙값은 2권이다.

제3교시 영어

01	④	02	③	03	③	04	③	05	①
06	①	07	③	08	②	09	②	10	④
11	③	12	①	13	①	14	④	15	④
16	②	17	③	18	④	19	③	20	②
21	②	22	①	23	②	24	①	25	④

01 밑줄 친 'funny'는 '우스운, 재미있는'의 의미이다. 'funny'는 주어(My sister)를 설명하는 주격 보어(형용사)로, 부사(really)의 수식을 받고 있다.

> **해석**
> 내 여동생은 정말 재미있다. 그녀는 나를 많이 웃게 한다.

02 'say(말하다)'와 'tell(말하다)'은 유의어 관계이며, ①, ②, ④는 반의어 관계이다.
① pass(합격하다) - fail(실패하다)
② sit(앉다) - stand(서다)
④ begin(시작하다) - end(끝내다)

03 주격 보어인 'my Korean teacher(나의 한국어 선생님)'와 부사 'last year(작년)'이 사용되었으므로 빈칸에 들어갈 말로 적절한 것은 be 동사의 과거형 단수인 'was'이다.

> **해석**
> Mr. Kim은 작년에 나의 한국어 선생님이었다.

04 'It was raining(비가 오고 있었다).'이라는 표현과 'I took my umbrella(나는 우산을 가져갔다).'라는 표현이 원인과 결과 관계이므로 빈칸에 들어갈 말로 가장 적절한 것은 'so(그래서)'이다.
① ~면(조건을 나타내는 접속사)
② (그것이) 아니면, 또는
④ ~을 위해

> **해석**
> 비가 오고 있어서, 나는 우산을 가져갔다.

05 대화에서 A의 질문에 B가 'Because I missed the bus(버스를 놓쳤기 때문이에요).'라고 대답하였으므로 빈칸에 들어갈 말로 가장 적절한 것은 이유를 묻는 의문사인 'Why(왜, 어째서)'이다.
② 무엇, 무슨
③ 언제
④ 어디에
• be late for: 지각하다
• because: 때문에, ~해서[여서/니까]
• miss: 놓치다

> **해석**
> A: 왜 학교에 늦었니?
> B: 버스를 놓쳤기 때문이에요.

06 대화에서 A가 'I am not feeling well(몸이 안 좋아).'이라고 말하였으므로 흐름상 빈칸에 들어갈 말로 가장 적절한 것은 'That's too bad(안됐구나).'이다. 'That's too bad.'는 '그것참 안됐구나.'의 뜻으로, 위로할 때 쓰는 표현이다.
② 응, 나도 그러고 싶어
③ 천만에
④ 도와줘서 고마워

> **해석**
> A: 몸이 안 좋아. 감기에 걸린 것 같아.
> B: 그것참 안됐구나.

07 첫 번째 문장에서 빈칸 앞의 주어(Some shops)와 빈칸 다음의 부사구(on Sundays)를 통해 빈칸에는 '(상점 등의) 문을 닫다'라는 뜻의 동사인 'close'가 들어가야 함을 알 수 있다. 두 번째 문장에서 빈칸 앞의 'My school is(나의 학교는)'와 빈칸 다음의 'to the post office(우체국에서)'를 통해 문맥상 빈칸에는 '~와 가깝다'라는 뜻의 'be close to'가 들어가야 함을 알 수 있다. 따라서 빈칸에 공통으로 들어갈 말로 가장 적절한 것은 'close'이다.
① 자유로운
② 다음[뒤/옆]의
④ ~중[사이]에
• some: 일부의[어떤]
• shop: 가게, 상점
• be close to: ~에 가깝다

> **해석**
> ○ 어떤 가게들은 일요일에 문을 닫는다.
> ○ 우리 학교는 우체국에서 매우 가깝다.

08 대화에서 A가 'how can I get to the library(노서관에 어떻게 가지요?)'라고 묻자, B가 'Go straight two blocks and turn right. It's on your left(두 블록 직진하고 오른쪽으로 도세요. 그것은 왼쪽에 있어요).'라고 대답하였으므로 A가 가려는 곳의 위치로 가장 적절한 것은 ②이다. 'How can I get to~?'는 길을 물어볼 때 쓰는 표현으로, '~에 어떻게 가지요?'라는 뜻이다.
• turn right: 우회전하다
• left: 왼쪽(의)

> **해석**
> A: 실례합니다만, 도서관에 어떻게 가지요?
> B: 두 블록 직진하고 오른쪽으로 도세요. 그것은 왼쪽에 있어요.
> A: 감사합니다.

09 그림에서 소년은 사진을 찍고 있고, 빈칸 앞뒤로 'is'와 'a picture'가 있으므로 빈칸에는 'taking'이 가장 적절하다. 'take a picture'는 '사진 찍다'라는 뜻이다.
① 사고 있는
③ 앉아 있는
④ 놀고 있는

> **해석**
> A: 그 소년은 무엇을 하고 있나요?
> B: 그는 사진을 찍고 있어요.

10 대화에서 A가 'What are you going to do on sports day(운동회 날에 무엇을 할 예정이니?)'라고 묻자, B가 'I am going to play soccer(축구를 할 거야).'라고 대답하였다. 그에 대해 A가 'Me, too(나도야).'라고 하였으므로 두 사람이 할 운동으로 가장 적절한 것은 '축구'이다. 'be going to + 동사 원형'은 '~일[할 것이다]'의 뜻으로, 가까운 미래를 나타내는 표현이다.
• sports day: 운동회
• look forward to: ~을 기대하다
• do one's best: 최선을 다하다

> **해석**
> A: 운동회에 무엇을 할 예정이니?
> B: 나는 축구를 할 거야.
> A: 나도야. 나는 정말 그것을 기대하고 있어.
> B: 행운을 빌어. 최선을 다하자.

11 대화에서 A가 'Are you happy with your school uniform(교복이 마음에 드니?)'이라고 묻자, B가 'I don't like the color(색깔이 마음에 안 들어).'라고 대답하였으므로 대화의 빈칸에 들어길 말로 가장 적절한 것은 'No, I'm not very happy with it(아니, 별로 마음에 안 들어).'이다.
① 응, 나는 그것을 정말 좋아해
② 너 때문에 정말 기뻐
④ 너는 네 점심을 가져와야 해
• happy with: ~으로 행복해하는[만족하는]
• school uniform: 교복

> **해석**
> A: Jane, 교복이 마음에 드니?
> B: 아니, 별로 마음에 안 들어.
> A: 왜 안 드는데?
> B: 색깔이 마음에 안 들어.

12 대화에서 A가 아버지의 생신 선물로 무엇을 사야 할지 묻자, B가 'How about a nice tie(멋진 넥타이는 어때?)'라고 제안하였다. 이에 대해 A가 'That sounds good(좋은 생각이야).'이라고 대답하였으므로 대화의 주제로 가장 적절한 것은 '생일 선물'이다. 'My father's birthday is coming.'에서 'is coming'은 가까운 미래를 나타내고 있다.
• How about~?: (제의를 할 때) ~는 어때요?

> **해석**
> A: 아버지 생신이 다가오고 있어. 아버지를 위해 무엇을 사야 할까?
> B: 멋진 넥타이는 어때?
> A: 좋은 생각이야. 필요하실 것 같아.

13 홍보문에는 행사 일시(May 6th (Saturday), 2023), 행사 장소 (City Library), 활동 내용(Talking about books, Meeting authors)은 나와 있지만, 참가 인원은 언급되어 있지 않다.
• activity: 활동
• talking about: ~에 대해 말하기

> **해석**
>
> **시티 도서관 북 캠프**
> **날짜:** 2023년 5월 6일 (토요일)
> **시간:** 오전 9:00 – 오전 11:00
> **장소:** 시티 도서관
> **활동:**
> – 책에 대해 이야기하기
> – 작가와의 만남

14 두 번째 문장에서 'some safety tips in case of a fire(화재 발생 시 몇 가지 안전 수칙들)'을 말하겠다고 한 다음, 젖은 천으로 입을 가리고 엘리베이터 대신 계단을 이용하라고 하였으므로 방송의 목적으로 가장 적절한 것은 '화재 안전 수칙 안내'이다.
• safety: 안전(함)
• tip: (실용적인, 작은) 조언
• in case of: 만일 ~한다면
• make sure: 반드시 (~하도록) 하다
• cover: 씌우다[가리다]

> **해석**
>
> 여러분, 좋은 아침이에요. 나는 여러분에게 화재 발생 시 몇 가지 안전 수칙들을 알려드리고 싶습니다. 여러분은 반드시 젖은 천으로 입을 가려야 합니다. 또한, 엘리베이터 대신 계단을 이용하세요.

15 대화에서 A가 내일 회의 시간을 바꿔야 한다고 한 다음에, 'It's too early(시간이 너무 일러요).'라고 하자, B가 찬성하며 'How about 10 a.m.(오전 10시가 어떨까요)?'이라고 말하였다. 이에 대해 A가 'That's much better(훨씬 낫네요).'라고 대답하였으므로 회의 시간을 바꾸려는 이유는 '너무 이른 시간이어서'이다. 'I agree.'는 '동의해요[찬성이에요].'라는 뜻으로, 어떤 의견에 대해 동의할 때 사용하는 표현이다.
• need to: ~을 할 필요가 있다, ~해야 한다
• change: 변화시키다, 바꾸다

> **해석**
>
> A: 내일 회의 시간을 변경해야 해요. 시간이 너무 일러요.
> B: 찬성이에요. 오전 10시는 어때요?
> A: 훨씬 낫네요.

16 세 번째 문장에서 'It is a cookie made in the shape of a cup (이것은 컵 모양으로 만들어진 쿠키이다).'이라고 하였으므로 글의 내용과 일치하지 않는 것은 '유리로 만든다.'이다.
① 첫 번째 문장에서 'Here's an eco-friendly item(여기 친환경 제품이 있어요)!'이라고 언급한 부분을 통해 알 수 있다.
③ 네 번째 문장에서 'you can just eat it instead of throwing it away(그것을 버리는 대신에 그냥 먹을 수 있어요).'라고 언급한 부분을 통해 알 수 있다.
④ 마지막 문장에서 'you can make less trash(여러분은 쓰레기를 덜 만들 수 있습니다).'라고 언급한 부분을 통해 알 수 있다.
• eco-friendly: 친환경적인, 환경친화적인
• in the shape of: ~의 형태로[의]
• instead of: ~ 대신에
• throw ~ away: ~을 버리다[없애다]
• By doing ~: ~을 함으로써
• less: 더 적은[덜한] (little의 비교급)

> **해석**
>
> 여기 친환경 제품이 있어요! 쿠키 컵입니다. 이것은 컵 모양으로 만들어진 쿠키에요. 컵을 사용한 후에, 여러분은 그것을 버리는 대신에 그냥 먹을 수 있어요. 이렇게 함으로써, 여러분은 쓰레기를 덜 만들 수 있습니다.

17 첫 번째 문장에서 글쓴이는 학교 노래 부르기 대회에서 우승하고 싶다고 언급한 다음, 노래 부르는 것을 좋아하고(ⓐ) 좋은 목소리를 가졌지만(ⓑ), 부끄러워서 많은 사람들 앞에서 노래 부를 수 없으므로(ⓒ) 어떻게 하면 무대에서 노래하는 것을 더 편하게 느낄 수 있을지라는 고민을 제시하였다. 따라서 글의 흐름으로 보아 어울리지 않는 문장은 'ⓒ I'm a really poor tennis player(나는 정말 테니스를 정말 못 친다).'이다.
• win: 이기다, 우승하다
• too ~ to: 너무 ~해서 ~할 수 없다
• in front of: ~의 앞쪽에[앞에]
• feel: 느끼다
• comfortable: 편안한
• stage: 무대

> **해석**
>
> 나는 학교 노래 부르기 대회에서 우승하고 싶다. 나는 노래하는 것을 좋아한다. 그리고 나는 좋은 목소리를 가졌다고 생각한다. 나는 테니스를 정말 못 친다. 하지만, 나는 너무 부끄러워서 많은 사람들 앞에서 노래를 부를 수 없다. 어떻게 하면 무대에서 노래하는 것을 더 편하게 느낄 수 있을까?

18 마지막 문장에서 'Gina suggested that we take it to an animal doctor(Gina는 우리에게 그 개를 수의사에게 데리고 가야 한다고 제안하였다).'라고 하였으므로 Gina가 제안한 것으로 가장 적절한 것은 '개를 수의사에게 데려가기'이다.
- on one's way to: ~으로 가는 길[도중]에
- seem to~: ~인[하는] 것 같다
- be worried about~: ~에 대해 걱정하다
- suggest: 제안[제의]하다

> Gina와 나는 학교로 가는 길에 작은 개를 한 마리 보았다. 그 개는 다리가 부러진 것 같았고, 우리는 그것에 대해 걱정하였다. Gina는 우리에게 그 개를 수의사에게 데리고 가야 한다고 제안하였다.

19 그래프를 보면 Daehan 학교 학생들이 좋아하는 클럽 활동은 'drawing cartoons(만화 그리기)'가 26%, 'riding a bicycle(자전거 타기)'이 17%, 'baking cookies(쿠키 굽기)'가 30%, 'playing the guitar(기타 연주하기)'가 9%, 'others(기타)'가 18%이므로 가장 인기 있는 클럽 활동은 'baking cookies(쿠키 굽기)'임을 알 수 있다.
① 만화 그리기
② 자전거 타기
④ 기타 연주하기
- favorite: 마음에 드는, 매우 좋아하는
- club activities: 클럽 활동
- popular: 인기 있는

> **Daehan 학교 학생들이 가장 좋아하는 클럽 활동**
> 만화 그리기(26%) 자전거 타기(17%)
> 쿠키 굽기(30%) 기타 연주하기(9%) 기타(18%)
> Daehan 학교 학생들 사이에서 가장 인기 있는 클럽 활동은 쿠키 굽기이다.

20 글에는 Daivid가 잘하는 것(painting.), 장래 희망(artist), 가장 좋아하는 그림(The Starry Night)은 나와 있지만, '출신 학교'는 언급되어 있지 않다.
- be good at: ~에 능숙하다
- painting: 그림 그리기
- starry: 별이 총총한
- check out: 살펴보다[보다]
- artwork: 작품, 미술품

> 내 이름은 Daivid입니다. 나는 그림을 잘 그려요. 나는 Vincent Van Gogh와 같은 유명한 화가가 되고 싶습니다. 내가 가장 좋아하는 그림은 '별이 빛나는 밤'입니다. 내 블로그를 방문해서 내 작품을 확인해 보세요.

21 밑줄 친 'It'의 바로 앞 문장에서 'Honey is a truly wonderful food(꿀은 정말 훌륭한 음식이다).'라고 하였으므로 문맥상 It이 가리키는 것으로 가장 적절한 것은 'honey(꿀)'이다.
① 새
③ 사과
④ 복숭아
- helpful: 도움이 되는
- human: 인간, 사람
- truly: 정말로
- be good for: ~에 좋다

> 벌들은 인간에게 매우 유익하다. 첫째, 벌들은 우리에게 꿀을 준다. 꿀은 정말 훌륭한 음식이다. 그것은 우리의 건강에 좋고 맛이 좋다. 둘째, 벌들은 사과와 복숭아와 같은 많은 과일을 생산하는 것을 돕는다.

22 수업 규칙에 따르면 'Help each other(서로 도와주기).', 'Take notes in class(수업 중 필기하기).', 'Bring your textbooks(교과서 가져오기).'는 언급되었지만, '활동 시간 지키기'는 언급되어 있지 않다.
- rule: 규칙
- each other: 서로
- take notes: 필기하다
- textbook: 교과서

> **수업 규칙**
> - 서로 도와주기.
> - 수업 중 필기하기.
> - 교과서 가져오기.

23 첫 번째 문장에서 'I will talk about what makes a good leader(나는 좋은 리더를 만드는 것에 대해 말할 것이다).'라고 한 다음에 좋은 리더는 친근하고 말 걸기 쉬워야 하고, 사람들에게 조언을 하고, 다른 사람들의 말을 주의 깊게 듣는다고 하였으므로 글의 주제로 가장 적절한 것은 '좋은 리더의 특징'이다.
- friendly: 다정한, 친숙한
- lastly: 마지막으로
- listen to: 귀를 기울이다

> 오늘 나는 좋은 리더를 만드는 것에 대해 말할 것이다. 첫째, 좋은 리더는 친근하고 말 걸기 쉽다. 둘째, 좋은 리더는 사람들에게 조언을 한다. 마지막으로, 좋은 리더는 다른 사람들의 말을 주의 깊게 듣는다.

24 첫 번째 문장에서 'Thank you for inviting me to your home last Friday(지난 금요일에 나를 네 집에 초대해 줘서 고마워).'라고 한 다음, 그곳에서 정말 좋은 시간을 보냈고, 불고기가 매우 맛있었다고 언급하였다. 또한, 편지 마지막에서 떡볶이 만드는 법을 알려줘서 고맙다고 하였으므로 편지의 목적으로 가장 적절한 것은 '감사'이다.

- Thank you for ~ing :~해 줘서 감사합니다
- invite: 초대[초청]하다
- have a good time: 즐겁게 보내다
- how to~: ~하는 법

> 지난 금요일에 나를 네 집에 초대해 줘서 고마워. 나는 정말 좋은 시간을 보냈고, 음식도 훌륭했어. 불고기는 매우 맛있었어. 그리고 떡볶이 만드는 법도 알려줘서 고마워.

25 첫 번째 문장에서 'Smartphones can cause some health problems(스마트폰은 몇 가지 건강 문제를 일으킬 수 있다).'라고 한 다음, 스마트폰이 유발하는 건강상의 문제들을 나열하고 있다. 마지막 문장에서 'Here are some tips to solve these problems(여기 이러한 문제들을 해결하기 위한 몇 가지 조언들이 있다).'라고 하였으므로 바로 뒤에 이어질 내용으로 가장 적절한 것은 '스마트폰 사용으로 인한 건강 문제 해결 방법'이다.

- cause: ~을 야기하다[초래하다]
- dry eyes: 안구건조증
- blink: 눈을[눈이] 깜박이다
- neck pain: 목 통증
- look down at: ~을 내려다보다
- solve: 해결[타결]하다

> 스마트폰은 몇 가지 건강 문제를 일으킬 수 있다. 한 가지 문제는 우리가 스마트폰을 사용할 때 눈을 자주 깜빡이지 않기 때문에 안구건조증이다. 또 다른 문제는 목 통증이다. 아래를 내려다보는 것은 목의 통증을 유발할 수 있다. 여기 이러한 문제를 해결하기 위한 몇 가지 조언들이 있다.

제4교시 사회

01 ②	02 ①	03 ④	04 ②	05 ④
06 ①	07 ④	08 ③	09 ①	10 ②
11 ③	12 ①	13 ④	14 ②	15 ③
16 ④	17 ③	18 ②	19 ④	20 ①
21 ④	22 ①	23 ①	24 ③	25 ④

01 위도는 적도를 기준으로 지역의 위치가 남북으로 떨어진 정도를 나타낸 선을 말한다. 적도 기준 북쪽은 북위 0°~90°, 남쪽은 남위 0°~90°로 구분하여 나타낸다.

① 경도: 본초 자오선을 기준으로 동서로 떨어진 정도를 나타낸 선이다.
③ 랜드마크: 어떤 지역을 대표하는 사물로, 주위 경관 중 눈에 띄기 쉬운 것을 의미한다.
④ 도로명 주소: 도로에는 도로명을 부여하고, 건물에는 도로에 따라 규칙적으로 건물 번호를 부여하여 건물의 주소를 표기하는 방식이다.

02 건조 기후 중 하나인 사막 기후는 연 강수량 250mm 미만으로 식생의 생존이 불가하며, 모래와 암석으로 된 사막이 넓게 분포한 지역에서 나타난다.

② 툰드라 기후: 한대 기후 중 최난월 평균기온이 0~10℃인 기후 지역으로, 극지방과 가까워 1년 내내 기온이 낮고 눈과 얼음으로 덮여 있다.
③ 열대 우림 기후: 열대 기후의 한 종류로 적도 저압대의 영향으로 연중 고온 다우하며, 거의 매일 대류성 강우인 스콜이 내리기 때문에 연 강수량이 2,000mm를 넘는다. 풍부한 강수량으로 인해 생겨난 상록 활엽수들로 밀림을 이루고 있다.
④ 서안 해양성 기후: 온대 기후 중 하나로 강수량이 연중 고르고 연교차가 적다. 편서풍의 영향으로 비가 자주 내리고 일조량이 부족하다.

03 석회 동굴은 지하에 있는 석회암층이 지하수로 인해 녹아 형성된 동굴이다.

① 갯벌: 밀물 때는 잠기고 썰물 때는 드러나는 평탄한 퇴적 지형으로, 미세한 흙 등이 퇴적되어 형성된다.
② 오름: 한라산을 중심으로 제주도 전역에 분포하며, 언덕처럼 보이는 작고 둥근 산들을 말한다.
③ 주상 절리: 화산 폭발 후 흘러나온 용암이 식으면서 만들어진 육각기둥 모양의 지형이다.

04 자원의 특징 중 하나인 편재성은 자원이 고르게 분포하는 것이 아니라 일부 지역에 치우쳐 분포하는 것을 말한다.

05 성비는 남성과 여성의 인구 비율로, 여성 100명당 남자의 수를 의미한다. 주로 아시아 국가에서 남아 선호 사상, 여성의 낮은 지위 등으로 인해 성비 불균형 문제가 발생하기도 한다.

06 내집단은 자신이 소속된 집단으로, 공동체 의식, 충성심 등이 강한 것이 특징이다.
② 외집단: 자신이 소속되지 않은 집단으로, 이질감과 적대 의식의 대상이다.
③ 역할 갈등: 한 개인이 여러 가지 역할을 동시에 수행하는 과정에서 나타나는 긴장이나 갈등을 말한다.
④ 역할 행동: 한 개인이 각자의 방식에 따라 자신의 지위에 맞는 역할을 인식하고 수행하는 구체적 행동이다.

07 이익 집단은 자신의 특수 이익을 실현하기 위해 정치적 영향력을 행사하고자 하는 단체를 의미한다. 다양한 사람들의 이익을 대변하고 해당 분야의 전문성을 살려 정책 결정에 도움을 준다는 점에서는 순기능을 갖지만, 집단만의 이익을 위한 이기적인 행동으로 사회적 혼란을 초래하기도 한다.

08 태풍은 기후로 인해 일어나는 자연재해 중 하나로, 바닷물의 온도가 높을 때 주로 발생한다. 해일의 영향으로 저지대가 침수되거나 강풍의 영향으로 차량, 가옥 등이 파괴되기도 하며, 집중 호우로 인한 홍수와 산사태가 발생하는 등의 피해를 준다.
① 황사: 중국과 몽골 내륙에서 발생한 모래 먼지가 편서풍을 타고 날아오는 현상이다. 주로 봄철에 우리나라에 영향을 주며, 미세한 모래 먼지로 인해 호흡기 질환, 눈병 등의 질환이 발병될 수 있다.
② 가뭄: 갑자기 줄어든 강수량이나 삼림의 개발 등으로 발생하는 자연재해이다. 하천과 지하수 고갈, 농업 생산력 저하, 식수·산업용수 부족, 산불 발생 위험 증가 등의 피해가 발생할 수 있다.
④ 폭설: 많은 양의 눈이 내리는 자연재해이다. 가옥이나 하우스 등의 건축물 붕괴로 인한 재산·인명 피해와 교통 대란 등의 피해를 준다.

09 ㉠에 들어갈 말은 영토, ㉡에 들어갈 말은 영공이다.
우리나라의 영역
• 영토: 일반적으로 토지로 이루어진 국가의 영역을 말하며, 영해와 영공을 설정하는 기준이 된다.
• 영공: 영토와 영해의 상공으로, 대기권까지 인정한다.
• 배타적 경제 수역(EEZ): 연안국이 바다의 경제적 자원에 대해 배타적 권리를 행사할 수 있는 수역으로, 한 나라의 연안으로부터 200해리까지의 수역 중 영해를 제외한 수역을 말한다.

10 사회화는 개인이 자기가 속해 있는 사회 집단의 행동 양식과 규범, 가치 등 문화를 배우고 형성하는 과정이다. 개인적 차원에서는 남들과 다른 자신만의 독특한 자아를 형성하도록 하며, 사회적 차원에서는 그 사회의 규범과 가치 등을 다음 세대에 전달하여 사회를 유지·발전시키는 기능을 한다.

11 ㉠은 도시화, ㉡은 개발 제한 구역에 대한 설명이다.
도심과 인구 공동화 현상
• 도심: 도시의 중심 업무 지구(CDB)로, 교통의 요충지이며, 중심 업무 기능, 관리 기능, 상업 기능 등을 수행한다. 주간에는 유동 인구가 많고 야간에는 인구 공동화 현상이 나타난다.
• 인구 공동화: 도심의 주거 기능 약화로 낮과 밤의 인구 밀도 차이가 큰 현상이다.

12 법원은 분쟁이 일어났을 때 재판을 통해 법을 해석하고 적용하여 법률 또는 정책 관련 문제를 해결해 주는 국가 기관이다.
② 국세청: 국민들에게 세금을 부과·감면하고 징수하는 국가 기관이다.
③ 기상청: 우리나라의 기상 상태를 관측하고 예보하는 국가 기관이다.
④ 금융 감독원: 우리나라의 금융 기관에 대한 감사·감독 업무를 수행하는 국가 기관이다.

13 민사 재판은 개인 사이의 다툼을 해결하기 위한 재판이다.
① 선거 재판: 선거 절차나 당선에 관한 다툼을 해결하기 위한 재판이다.
② 행정 재판: 행정 기관의 부당한 권리 침해 등의 문제를 다루는 재판이다.
④ 형사 재판: 범죄의 유무와 형벌을 결정하기 위한 재판이다.

14 수요의 증가로 수요 곡선이 우측으로 이동하면 균형 가격이 상승하고 균형 거래량도 증가한다.

15 선거 공영제는 국가가 선거를 관리하고, 선거에 필요한 비용 중 일부를 국가에서 지원하는 제도로, 공정한 선거와 기회균등을 보장하기 위해 실시한다.
① 의원 내각제: 국민 선거를 통해 의회를 구성하면 의회가 내각을 구성하는 형태로, 행정부와 입법부가 밀접하게 연관되어 있는 것이 특징이다.
② 주민 투표제: 지방 자치 단체의 장이 지방 자치 단체가 시행하는 사안에 대해 선거권이 있는 주민 전체의 의사를 묻기 위해 진행하는 투표이다.
④ 주민 소환제: 지방 의회 의원이나 지방 자치 단체의 장에게 문제가 있을 때 임기 중이라도 주민 투표에 의해 해임할 수 있도록 하는 제도로, 정치권력을 지역 주민이 직접 견제할 수 있는 강력한 제도이다.

16 ㉠은 생산, ㉡은 소비에 대한 설명이다.
경제 활동의 종류
• 생산: 재화와 서비스를 만들거나 가치를 증가시키는 활동
• 소비: 재화와 서비스를 사용하거나 소모하는 활동
• 분배: 생산 활동에 대한 기여를 시장 가격으로 보상받는 활동

17 비파형 동검은 청동기 시대의 대표적인 유물이다. 청동기 시대의 유물에는 반달 돌칼, 민무늬 토기, 고인돌 등이 있다.

선사 시대 대표 유물

구석기 시대	주먹도끼, 찍개, 긁개, 슴베찌르개 등
신석기 시대	갈돌, 갈판, 가락바퀴, 뼈바늘, 빗살무늬 토기, 이른 민무늬 토기 등
청동기 시대	반달 돌칼, 비파형 동검, 미송리식 토기, 민무늬 토기, 거친무늬 거울 등
철기 시대	철제 농기구, 철제 무기, 덧띠토기, 검은 간 토기, 잔무늬 거울 등

18 고구려 장수왕은 수도를 국내성에서 평양성으로 옮기고 남쪽으로 영토를 확장하는 남진 정책을 시행하였다. 이에 백제를 공격하고 수도 한성을 점령하여 한강 유역을 차지하였다.

19 신진 사대부는 고려 후기에 등장한 새로운 정치 세력으로, 공민왕의 반원 정책과 왕권 강화 정책을 통해 정권에 진출하였다. 대표적인 인물로는 정몽주와 정도전이 있으며, 성리학을 바탕으로 당시 집권 세력인 권문세족을 비판하였다.
　① 사림: 조선 성종이 훈구파를 견제하기 위해 김종직 등을 등용하면서 성장한 세력이다.
　② 진골: 신라 시대의 신분 제도인 골품제 내에서 최고층인 성골 다음의 계급이다.
　③ 6두품: 골품제 안에서 가장 높은 두품으로, 주로 당에서 유학하였으며, 국내에서는 주로 학문과 종교 분야에 종사하였다. 관등 승진에 한계가 있었던 골품제의 모순을 비판하면서 새로운 사회를 건설하고자 하였다.

20 고구려가 멸망한 뒤 고구려 장군 출신 대조영이 유민들을 이끌고 지린성 동모산에서 발해를 건국하였다. 선왕 때 이르러 고구려의 옛 땅을 대부분 회복하면서 전성기를 이루었으며, 당으로부터 해동성국(동쪽에 크게 성장한 나라)이라고 불렸다.
　② 신라: 기원전 57년 박혁거세가 건국한 진한의 소국인 사로국에서 시작한 나라로, 이후 6세기에 법흥왕과 진흥왕 때 대내외적인 발전을 이루면서 전성기를 맞이하였다.
　③ 고조선: 기원전 2333년 단군왕검이 청동기 문화를 기반으로 건국한 나라이다.
　④ 후백제: 통일 신라 말인 900년 견훤이 완산주에서 건국한 나라이다.

21 『조선왕조실록』은 조선 태조부터 철종까지의 역사를 편년체(사건을 연월일 순서로 정리)로 기록한 책이다. 방대한 분량과 그 내용의 객관성을 인정받아 1997년 유네스코 세계 기록 유산으로 등재되었다.
　①『농사직설』: 조선 세종의 명으로 정초와 변효문이 농민의 실제 경험을 종합하여 편찬한 책이다.
　②『동의보감』: 조선 선조 때 허준이 우리의 전통 한의학 체계를 정리하여 광해군 때 완성한 책이다.
　③『고려사절요』: 조선 시대에 고려의 역사를 정리하여 편찬한 책이다.

22 3·1 운동은 일제 강점기 최대 규모의 민족 운동으로, 민족 지도자와 학생 단체들을 중심으로 일본의 식민 지배에 저항하여 일으킨 만세 운동이다. 서울에서 시작된 만세 운동은 전국으로 확대되었으며, 이를 계기로 대한민국 임시 정부가 수립되었다.
　② 새마을 운동: 1970년대부터 정부 주도 아래 시작된 범국민적 지역 사회 개발 운동이다.
　③ 국채 보상 운동: 1900년대에 서상돈, 김광제 등을 중심으로 대구에서 시작된 운동으로, 경제적 주권의 회복을 목표로 하였다.
　④ 물산 장려 운동: 1920년대에 실시된 애국 계몽 운동으로, 일제의 경제적 수탈에 항거하고 민족 자본을 육성하기 위해 전개되었다.

23 1608년 조선의 광해군은 공납의 폐단을 극복하고 국가 재정을 늘리고자 토지를 기준으로 쌀, 옷감, 돈을 징수하는 대동법을 시행하였다.

24 임진왜란은 도요토미 히데요시가 일본의 전국 시대를 통일한 후 명을 공격한다는 구실로 1592년 조선을 침략하여 일어난 전쟁이다. 특히, 이순신의 수군은 옥포·사천·당항포 해전과 학익진 전법(학의 날개를 본뜬 공격법)을 사용한 한산도 대첩을 승리로 이끌면서 전라도 곡창지대를 방어하고 왜군의 보급로를 차단하였다.
　① 병자호란(1636): 조선이 청의 군신 관계 요구를 거절하자 청이 조선을 침략하여 병자호란이 발생하였다. 인조는 남한산성으로 피란하여 항전하였으나, 결국 청의 요구를 수용하고 삼전도에서 항복하였다.
　② 신미양요(1871): 흥선 대원군 집권 시기 미국이 제너럴셔먼호 사건을 구실로 강화도를 침략하며 일어난 사건이다.
　④ 정묘호란(1627): 후금이 인조반정으로 폐위된 광해군의 복수를 명분으로 정묘호란을 일으켰고 이로 인해 후금과 조선이 형제 관계를 맺게 되었다.

25 2000년 김대중 정부 시기 남북 정상 회담이 최초로 이루어지고, 6·15 남북 공동 선언이 발표되었다. 이를 통해 남북의 경제, 문화 전반에 걸쳐 교류와 협력을 활성화하고 이산가족 문제를 해결하기로 협의하였다.

통일을 위한 노력
• 박정희 정부: 7·4 남북 공동 성명(1972)
• 전두환 정부: 최초 남북 이산가족 상봉(1985)
• 노태우 정부:
　− 남북한 유엔 동시 가입(1991)
　− 남북 기본 합의서 채택(1991)
　− 한반도 비핵화 공동 선언 합의(1992)
• 김대중 정부: 6·15 남북 공동 선언 채택(2000)
• 노무현 정부: 10·4 남북 공동 선언(2007)
• 문재인 정부: 판문점 선언(2018)

제5교시 과학

01 ③	02 ④	03 ①	04 ②	05 ③
06 ②	07 ③	08 ①	09 ②	10 ①
11 ①	12 ②	13 ①	14 ②	15 ④
16 ②	17 ④	18 ①	19 ③	20 ④
21 ④	22 ③	23 ①	24 ④	25 ③

01 용수철의 늘어난 길이는 추의 무게에 비례한다.
따라서 $1\,N : 1\,cm = x : 3\,cm$ 이므로 $x = 3\,N$, 즉 추 A의 무게는 $3\,N$이다.

02 진동수는 파동이 1초 동안 진동하는 횟수를 나타내며, 단위는 Hz(헤르츠)를 쓴다. 따라서 가장 진동수가 큰 파동은 $2\,Hz$로 같은 시간 동안 진동한 횟수가 가장 많은 ④이다.
①·③ $1\,Hz$
② $\frac{1}{3}\,Hz$

03 그래프에 의하면 온도가 다른 두 물체 A와 B를 접촉시켜 놓았을 때, 3분 이후 더 이상 온도 변화가 없는 열평형 상태에 도달하였으며, 이때의 온도가 $20\,°C$임을 알 수 있다.
② 1분일 때 열은 온도가 높은 A에서 온도가 낮은 B로 이동한다.
③ 2분일 때 A의 온도는 B의 온도보다 높다.
④ 열평형에 도달할 때까지 걸린 시간은 3분이다.

04 전기 기구를 어느 시간 동안 사용하였을 때 소비된 총 전기 에너지의 양은 전력량에 해당한다.

전력량(Wh) = 소비 전력(W) × 시간(h)

따라서 선풍기와 텔레비전을 동시에 1시간 사용하였을 때,
전력량 = 선풍기의 전력량 + 텔레비전의 전력량
= $(50\,W × 1\,h) + (100\,W × 1\,h)$
= $150\,Wh$

05 공기 저항을 무시할 때, 물체의 역학적 에너지는 항상 일정하게 보존된다. 즉, 역학적 에너지는 위치 에너지 + 운동 에너지이므로 물체가 자유 낙하할 때 위치 에너지가 감소하면, 그만큼 운동 에너지는 증가한다. 따라서 감소한 위치 에너지가 $10\,J$이므로 증가한 운동 에너지의 크기도 $10\,J$이다.

06 주사기의 피스톤을 누르면 주사기 속 기체에 작용하는 압력이 증가하면서 기체의 부피가 줄어든다.
①·③ 입자 수는 그대로이기 때문에 질량은 변함없다.
④ 입자들 사이의 거리가 좁아진다.

07 차가운 음료가 담긴 컵의 표면에 물방울이 맺힌 것은 공기 중 기체(수증기)가 차가운 컵 표면에 닿아 액체(물)로 상태 변화한 것이므로 액화에 해당한다. 추운 겨울날 실내에 들어가면 안경이 뿌옇게 흐려지는 것 또한 공기 중 기체(수증기)가 차가운 안경에 닿아 액체(물)로 상태 변화한 액화 현상이다.

08 리튬 원자(Li)는 $(-)$전하를 띠는 전자 1개를 잃고 리튬 이온(Li^+)이 된다.

$$Li → Li^+ + \ominus$$

09 녹는점은 고체가 녹아 액체로 상태 변화하는 동안 일정하게 유지되는 온도이다. 따라서 A~D 중 팔미트산의 녹는점에 해당하는 온도는 B이다.

10 물질이 뜨거나 가라앉는 것은 물질마다 갖은 고유의 특성인 밀도가 각각 다르기 때문이다. 밀도는 단위 부피에 해당하는 물질의 질량으로, 밀도가 큰 물질은 가라앉고 밀도가 작은 물질은 뜬다. 따라서 그림의 물질을 밀도의 크기순으로 나타내면 '쇠구슬 > 물 > 식용유 > 스타이로폼 공'이다.

11 수소와 산소가 반응하여 수증기가 생성될 때 부피비는 '수소 : 산소 : 수증기 = 2 : 1 : 2'로 일정하다. 이것은 기체 사이의 부피비는 화학 반응식에서 계수비와 같기 때문이다(기체 반응 법칙). 따라서 수소(H_2) 기체 $2\,L$가 모두 반응할 때 생성되는 수증기의 부피는 $2\,L$이다.

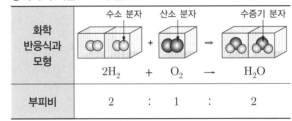

화학 반응식과 모형	수소 분자		산소 분자		수증기 분자	
	$2H_2$	+	O_2	→	H_2O	
부피비	2	:	1	:	2	

12 식물계에 속하는 생물은 '소나무'이다.
① 대장균: 원핵생물계에 속하는 생물이다.
③ 아메바: 원생생물계에 속하는 생물이다.
④ 호랑이: 동물계에 속하는 생물이다.

13 검정말이 광합성을 통해 생성한 기체는 산소이다.
광합성

물(H_2O) + 이산화 탄소(CO_2) —빛에너지/엽록체→ 포도당 + 산소(O_2)

광합성에 필요한 물질	물, 이산화 탄소
광합성으로 생성되는 물질	포도당, 산소

14 혈액의 구성 성분 중 몸속에 침입한 세균을 잡아먹는 것은 백혈 구이다.

혈액의 구성 성분

- 혈장: 액체 성분으로, 영양분, 노폐물, 이산화 탄소를 운반한다.
- 혈구: 세포 성분으로, 적혈구, 백혈구, 혈소판으로 구성된다.

적혈구	원반 모양이며, 헤모글로빈이 있어 산소를 운반한다.
백혈구	핵이 있으며, 일정한 모양이 없고 식균 작용을 한다.
혈소판	파편 모양으로 핵이 없고, 혈액을 응고시킨다.

15 사람의 소화 기관 중 이자액을 만들어 십이지장으로 분비하는 기관은 D(이자)이다. 이자는 소화액을 만들어 십이지장으로 분비하는 외분비기관이면서, 혈당량 조절에 관여하는 호르몬을 직접 혈액으로 분비하는 내분비기관이기도 하다.

16 심장은 순환계에 속한다.

사람의 기관계

소화계	위, 소장, 대장 등으로 구성
순환계	심장, 혈관, 혈액 등으로 구성
호흡계	코, 기관, 기관지, 폐 등으로 구성
배설계	콩팥, 오줌관, 방광 등으로 구성

17 순종의 황색 완두(YY)와 순종의 녹색 완두(yy)를 교배하면 자손 1대에서는 모두 Yy의 유전자형을 가진 황색 완두(Yy)가 나온다. 따라서 자손 1대에서 얻은 완두가 100개라면, 100개가 모두 황색 완두이다.

18 체세포 분열은 체세포 한 개가 두 개로 나누어지는 것으로, 단세포 생물의 경우에는 체세포 분열이 곧 생식(개체수 증가)에 해당한다. 따라서 단세포 생물인 짚신벌레 1마리가 체세포 분열을 마친 경우, 짚신벌레의 개체 수는 2마리가 된다.

19 이동한 거리는 속력 × 시간이므로 등속운동 그래프에서 면적이 이동한 거리에 해당한다. 따라서 0~4초 동안 이동한 거리는 $5\,\text{m/s} \times 4\,\text{s} = 20\,\text{m}$ 이다.

20 광물의 특성 중 묽은 염산을 떨어뜨려 거품이 발생하는 것으로 알 수 있는 것은 염산 반응이다. 방해석의 경우, 탄산 칼슘으로 이루어져 있어 묽은 염산을 떨어뜨리면 반응하여 이산화 탄소 기체가 발생한다.

광물의 특성

색	광물의 겉보기 색
조흔색	광물을 조흔판에 긁었을 때 나타나는 광물 가루의 색
굳기	광물의 단단한 정도
자성	자석처럼 쇠붙이를 끌어당기는 성질
염산 반응	묽은 염산과 반응하여 기체가 발생하는 성질

21 달이 지구를 중심으로 태양의 반대편 (라)에 있을 때, 우리 눈에 보름달(망)로 보인다.

① (가): 태양, 지구, 달이 직각을 이룰 때로, 왼쪽 반달, 즉 하현 달로 보인다.

② (나): 달이 태양과 지구 사이에 있을 때로, 달이 보이지 않는다(삭).

③ (다): 태양, 지구, 달이 직각을 이룰 때로, 오른쪽 반달, 즉 상현달로 보인다.

22 태양계의 행성 중 목성형 행성에 해당하며, 대적점이 있고, 태양계 행성 중 반지름이 가장 큰 것은 목성이다.

① 수성: 태양에서 가장 가까운 행성으로, 태양계 행성 중 크기가 가장 작다.

② 금성: 지구에서 가장 가깝고 밝은 행성으로, 지구와 크기 및 질량이 비슷하지만 표면 온도는 약 460 ℃ 정도이다.

④ 토성: 태양계에서 밀도가 가장 작은 행성으로, 얼음과 먼지의 입자로 이루어진 고리가 있다.

23 A – 혼합층, B – 수온약층, C·D – 심해층이다. A – 혼합층은 해수 표면 부근으로, 바람에 의해 혼합되어 깊이에 따른 수온의 변화가 거의 없다.

② B – 수온약층은 상층부의 수온은 높고, 하층부의 수온은 낮아 위아래가 잘 섞이지 않는 매우 안정한 층이다.

③ A – 혼합층은 수온이 가장 높은 층이다.

④ D – 심해층에 도달하는 태양 에너지가 가장 적다.

24 우리나라의 한여름 날씨에 주로 영향을 주는 고온다습한 기단은 D–북태평양기단이다.

① A – 시베리아기단으로, 차고 건조하며 우리나라의 겨울철에 영향을 준다.

② B – 오호츠크해기단으로, 차고 습하며 우리나라의 초여름에 영향을 준다.

③ C – 양쯔강기단으로, 따뜻하고 건조하며 우리나라의 봄, 가을에 영향을 준다.

25 지구로부터의 거리가 10 pc(32.6광년)에 있는 별은 겉보기 등급과 절대 등급이 같다. 따라서 겉보기 등급과 절대 등급이 1.0으로 같은 C가 지구로부터 10 pc 거리에 있는 별이다.

별의 등급과 거리 관계

10 pc보다 멀리 떨어진 별	겉보기 등급 > 절대 등급
10 pc 떨어진 별	겉보기 등급 = 절대 등급
10 pc보다 가까운 별	겉보기 등급 < 절대 등급

제6교시 도덕

01 ①	02 ②	03 ①	04 ③	05 ④
06 ③	07 ①	08 ④	09 ③	10 ③
11 ①	12 ③	13 ③	14 ①	15 ④
16 ②	17 ④	18 ②	19 ①	20 ②
21 ③	22 ②	23 ②	24 ④	25 ④

01 인간으로서 마땅히 지켜야 할 도리를 의미하는 것은 도덕이다.

도덕의 의미
- 인간이 살아가는 동안 지켜야 할 도리 또는 바람직한 행동 기준이다.
- 개인의 양심적 판단에 맡겨지는 삶의 규범적 양식이다.
- 도덕적인 삶은 생활 속에서 규범을 실천하고 지키는 것으로부터 시작된다.

02 세대 간 갈등 해결을 위해서는 비난하는 자세가 아닌, 공감과 격려 및 소통의 자세가 필요하다.

세대 간 소통과 대화의 자세
- 각 세대가 자존감을 가지며, 지킬 수 있게 공감과 배려를 해 주어야 한다.
- 특정 세대에 대한 오해와 편견을 극복할 수 있도록 세대 간에 관심과 이해를 가진다.
- 다른 세대를 존중하며, 세대 간 협력을 할 수 있어야 한다.

03 전 세계의 교류가 일상화되어 정치, 경제, 사회, 문화 등 여러 분야에서 서로 연결되는 현상은 세계화이다. 현대의 국제 사회에서는 세계화가 점점 가속화되고 있으며, 국가 간 활발한 교류로 국경의 의미가 약화되고 국가 간 접촉이 증대되고 있다.

04 도덕 원리 검사 방법 중 입장을 바꿔서 도덕 원리를 적용해 보는 것은 역할 교환 검사이다. 역할 교환 검사는 상대방의 입장에서 생각해 보게 함으로써 그 도덕적 판단이 옳은 것인지 다시 점검할 수 있게 한다.

05 과학 기술의 발달은 우리 삶의 긍정적 변화를 주기도 하지만, 문제점을 발생시키기도 한다. 촬영 장비의 발달로 불법 촬영이 증가한 것은 과학 기술의 발달로 인한 문제점에 해당한다.
① · ② · ③ 과학 기술 발달에 따른 삶의 긍정적 변화에 해당한다.

06 인간 존엄성
- 인간은 누구나 소중한 존재로 대우받아야 한다.
- 인간은 누구나 자유롭게 살아갈 권리가 있다.
- 누구도 다른 사람을 함부로 괴롭힐 권리가 없다.

07 뇌물 수수를 허용하는 것은 오히려 부패를 조장하는 결과를 낳는다.

부패 방지를 위한 노력
- 청렴 교육 실시
- 공익 신고자 보호
- 부패에 대한 처벌 강화
- 부패 행위 감시 활동

08 각종 정보 통신 기술을 활용하여 다양한 정보를 생산하고 전달하는 일이 생활의 중심이 된 사회는 정보화 사회이다. 정보화 사회가 되면서 재택근무의 보편화, 국민의 정치 참여 확대, 홈쇼핑 및 홈뱅킹 보편화 등 생활의 편리성이 증대되었지만, 개인 정보 유출에 의한 인권 침해, 정보 격차에 따른 빈부 격차 발생 등과 같은 문제점도 대두되고 있다.

09 진정한 친구의 모습은 친구를 믿어 주고 배려하는 것이다.

올바른 친구 관계
- 서로에 대한 믿음과 존중을 바탕으로 바람직한 친구 관계를 형성해야 한다.
- 도움이 되는 비판과 충고를 아끼지 않고, 이러한 비판과 충고를 긍정적으로 받아들일 수 있어야 한다.
- 선의의 경쟁을 통해 서로가 더욱 분발하고 함께 발전하는 관계이어야 한다.
- 고민을 공유하고 이를 해결하기 위해 협력하는 관계이어야 한다.

10 밤늦은 시간에 시끄럽게 노래를 부르는 것은 이웃을 배려하는 도덕적 자세가 아니다.

이웃 관계에서 필요한 도덕적 자세
- 상대방을 존중하고 차이와 다양성을 인정해야 한다.
- 이웃에게 어려움이 있을 때 도움을 주고 고통을 함께 나누어야 한다.
- 내가 원하지 않는 것을 남에게 하지 않는 서(恕)의 자세가 필요하다.

11 폭력은 신체, 정신, 재산상의 피해를 가져오는 모든 행위이자, 타인에게 직간접적으로 피해를 주는 모든 공격적인 행위를 말한다. 이러한 폭력은 인간의 기본적인 권리를 침해하고 존엄성을 훼손시키며, 타인에게 고통을 주므로 비도덕적이다.

12 폭력은 오히려 또 다른 폭력으로 이어지게 되고, 악순환을 반복하여 갈등을 심화시킨다. 반면, 협상, 조정, 중재는 평화적 갈등 해결 방법에 해당한다.
① 협상: 갈등 당사자가 서로 의논하며, 문제점을 확인하고 합의하는 방법이다.
② 조정: 제3자가 개입하여 당사자 간의 갈등에 대한 해결을 도와주는 방법이다.
④ 중재: 제3자를 통해 갈등에 대한 해결책을 결정하는 방법이다. 제3자가 판정을 한다는 점에서 조정과 구분된다.

13 정의로운 사회의 중요성
- 정의로운 사회에서는 모든 구성원들이 기본적인 권리를 동등하게 보장받기 때문에 차별받지 않으며, 자유롭고 행복하게 살아갈 수 있다.
- 구성원이 서로 협력하여 사회가 조화롭게 발전하기 위해서는 사회 정의가 실현되어야 한다.

14 부모에 대한 자녀의 도리이며, 부모를 공경하고 사랑하는 것은 효도이다.

자애, 효, 우애의 의미

자애(慈愛)	자식에게 아무런 대가를 바라지 않는 부모님의 희생적이고 헌신적인 사랑이다.
효(孝)	• 부모의 사랑에 대한 자녀의 도리로, 자녀가 부모를 받들어 섬기는 것이다. • 부모님에게 자식이 해야 할 마땅한 도리이다.
우애(友愛)	형제자매 간에 가깝고 정답게 지내는 것으로, 형은 아우를 사랑하고 아우는 형을 따르는 것이다.

15 자기 자신뿐만 아니라 타인 그리고 꽃과 같은 작은 생명체까지 귀한 존재로 생각하고, 생명을 위협하거나 해치지 않고, 생명의 가치를 지켜나가는 것은 생명 존중을 위한 노력이다.

16 스포츠부터 경제 활동까지 우리 삶 전반에는 경쟁이 늘 존재한다. 이때 개인과 사회 전체의 발전을 위하고, 서로 신뢰할 수 있는 사회를 만들기 위해서는 공정한 경쟁이 필요하다.
ㄴ·ㄹ. 공정한 경쟁은 안정된 사회 질서를 유지하고, 모든 사람에게 동등한 기회를 주기 위해 필요하다.

17 ㉠에 공통으로 들어갈 용어는 자연이다.

생태 중심주의
- 생명체뿐만 아니라 흙, 바위 등 자연에 속한 모든 환경을 존중하는 관점으로, 자연의 본래적 가치를 중시한다.
- 인간도 자연의 일부분이며, 자연은 모든 생명체가 서로 영향을 주고받으며 함께 살아가는 거대한 생태계로 본다.
- 인간과 자연을 서로 도우며 함께 사는 공생적 관계로 본다.

18 통일 한국의 바람직한 모습은 국민의 인권을 보장하는 선진 민주 국가의 모습이다.
① 세계 평화에 기여해야 한다.
③ 보편적 가치를 지향하고, 인간의 존엄성이 보장되어야 한다.
④ 문화 자원을 발굴하고 육성하여 세계적인 문화 선진국을 지향해야 한다.

19 환경친화적 소비 생활
- 소비하는 제품에 대해 생산, 유통, 소비, 폐기, 재생의 전 과정을 고려한다.
- 미래 세대를 고려한 환경 보전의 가치를 생각하여 자연과의 조화를 이루는 지속 가능한 소비 생활을 추구한다.

20 ㉠에 공통으로 들어갈 용어는 자유이다. 정의로운 국가는 기본적으로 인간의 존엄성을 존중해야 하며, 국민들이 자신의 생각과 의지대로 살아갈 수 있는 자유를 보장해야 한다.

21 양심은 나쁜 일을 하였을 때 죄책감을 느끼게 한다.

양심
- 도덕적 행동을 하라고 끊임없이 명령하는 윤리 의식이다.
- 도덕적으로 잘못된 행동을 한 경우 부끄러움을 느끼게 해 주는 것이다.

22 자신의 행동에 대한 책임을 지고, 자신에게 가치 있는 삶을 살기 위해 삶의 목적을 설정해야 한다.

삶의 목적 설정의 중요성
- 인간은 누구나 '무엇을 위해 살아야 하는가'에 대한 고민을 가지게 되며, 이러한 삶의 목적에 대한 고민은 삶을 더욱 의미 있고 가치 있게 만들어 준다.
- 사람들이 각자의 인생에서 어떤 부분에 가치를 두느냐에 따라 삶의 목적이 달라지고 살아가는 모습도 달라진다.

23 서로 다른 생활 양식을 가진 사람들이 함께 살면서 다양한 문화가 공존하는 사회는 다문화 사회이다. 다양한 문화로 인해 언어와 종교, 가치관, 생활 방식 등의 차이가 존재하므로 문화의 다양성을 인정하고 조화를 이루도록 노력해야 한다.

24 도덕적으로 옳다고 여기는 것을 굳게 믿고, 그것을 실천하려는 의지는 도덕적 신념이다.

도덕적 신념의 역할
- 독단적이고 잘못된 신념을 반성할 수 있게 한다.
- 악과 불의를 미워하며 선과 정의로운 삶을 추구하게 한다.
- 보다 가치 있는 삶의 방향을 제시하여 올바른 삶을 살아갈 수 있게 한다.
- 어려운 상황에서도 굴복하지 않고 도덕적 행동을 실천하게 하는 버팀목이 된다.

25 ㉠에 들어갈 용어는 희망이다. 희망은 현재보다 더 나은 미래를 바라고 믿는 마음이며, 뜻하는 일이 잘 이루어질 것이라는 긍정적인 생각이다. 희망을 가지면 어려운 일을 극복할 용기를 얻고 목표에 집중하여 문제를 해결할 수 있게 하며, 스스로를 신뢰하여 더 큰 어려움에 도전할 수 있는 용기를 준다.

제1교시 국어

01 ③	02 ④	03 ③	04 ①	05 ②
06 ④	07 ①	08 ④	09 ③	10 ②
11 ②	12 ②	13 ①	14 ④	15 ③
16 ④	17 ③	18 ②	19 ④	20 ①
21 ①	22 ③	23 ③	24 ④	25 ①

01 학생들은 긴장을 하면 제대로 말을 하지 못하는 상황에 대해 의논하고 있다. 학생의 고민에 대해 말하기 불안을 해결할 수 있는 심호흡하기, 연습하기, 메모 활용하기 등을 조언할 수 있다. 그러나 '동아리에 가입하는 방법을 찾아봐.'는 학생의 고민 상황과 어울리지 않으므로 ㉠에 들어갈 말로 적절하지 않다.

02 면담은 어떤 목적을 달성하기 위해 대상을 직접 만나 의견을 나누는 것을 의미한다. 효과적인 면담을 위해서는 준비 과정에서 면담 대상에 대한 사전 정보를 수집하고, 목적에 맞는 적절한 질문을 준비해야 한다.
   면담의 준비 과정
   • 면담의 목적과 대상을 결정한다.
   • 면담을 요청하고 날짜, 시간, 장소를 정한다.
   • 면담 대상에 대한 사전 정보를 수집한다.
   • 면담 목적에 맞게 질문을 준비한다.

03 '입[입]'의 받침 'ㅂ'은 받침소리로 발음되는 7개 자음 중 하나에 해당하므로 표기와 발음이 일치한다.
   ① '꽃'의 받침 'ㅊ'은 표준 발음법 [제9항]에 의해 대표음 'ㄷ'으로 발음되어 [꼳]이 된다.
   ② '밖'의 받침 'ㄲ'은 표준 발음법 [제9항]에 의해 대표음 'ㄱ'으로 발음되어 [박]이 된다.
   ④ '팥'의 받침 'ㅌ'은 표준 발음법 [제9항]에 의해 대표음 'ㄷ'으로 발음되어 [팓]이 된다.

04 대명사는 사물이나 사람, 장소 대신 쓰이는 말로, '여기', '저기'와 같이 말하는 주체, 상황에 따라 다르게 제시되기도 한다. 이러한 대명사에 해당하는 것은 '너'이다.
   ② '나무'는 사물의 이름을 나타내는 명사에 해당한다.
   ③ '예쁘다'는 주체가 되는 말의 모양, 성질, 상태 등을 나타내는 형용사에 해당한다.
   ④ '어머나'는 화자의 부름, 느낌, 놀람, 대답 등을 나타내는 감탄사에 해당한다.

05 ㉠은 서술어 '웃는다'를 꾸며 주는 역할을 하는 부사어에 해당한다. 부사어는 서술어 외에도 다른 부사어, 관형어, 문장 전체 등을 꾸미기도 한다. ㉡의 '빨리' 또한 서술어 '달린다'를 꾸며 주는 부사어에 해당한다.
   ① '얼음이'는 서술어를 보충하는 문장 성분인 보어에 해당한다. 서술어 '되다, 아니다'와 사용되며, '무엇이', '누가'에 해당하는 부분이다.
   ③ '새'는 체언을 꾸며 주는 관형어에 해당한다.
   ④ '별이'는 동작이나 작용, 상태나 성질 등의 주체인 주어에 해당한다.

06 '나았으면'은 '병이나 상처 따위가 고쳐져 본래대로 되다.'라는 뜻의 '낫다'의 활용형으로, 한글 맞춤법에 맞게 쓰였다.
   ① '않'은 '아니하다'의 준말로, '~지 않다'의 형태로 쓰여야 한다. 후행하는 말을 부정할 때 사용되었으므로 '안'으로 고쳐 써야 한다.
   ② '-데'는 화자가 직접 경험한 사실을 나중에 보고하듯이 말할 때 쓰이는 어미로, '~더라'라는 의미를 가진다. 학생은 자신이 들은 내용을 전하고 있으므로 화자가 직접 경험한 사실이 아니라 남이 말한 내용을 간접적으로 전달할 때 쓰이는 어미인 '-대'를 활용하여 '다쳤대'로 고쳐 써야 한다.
   ③ '되다'의 어간 '되-'에 '-어/-었-/-어서' 등이 붙어 활용될 때는 '되-'와 '-어'를 축약한 '돼'로 써야 하며, 자음 어미가 붙어 활용될 때는 축약되지 않으므로 '되-'로 써야 한다. 제시된 문장은 어미 '-어서'가 붙어 활용된 것이기 때문에 '잘 돼서'로 고쳐 써야 한다.

07 제시된 내용은 '고유어', '순우리말'에 대한 설명이다. 고유어는 오래전부터 사용되어 우리 민족 특유의 문화나 정서를 표현한다. 이 중 '구름'은 고유어에 해당한다.
   ② · ③ '육지(陸地)', '체온계(體溫計)'는 중국에서 유입되어 한자로 된 단어인 한자어에 해당한다.
   ④ '바이올린'은 외국으로부터 들여와 우리말처럼 쓰이는 단어인 외래어에 해당한다.

08 'ㅋ'은 가획의 원리를 바탕으로 기본자 'ㄱ'에 획을 더하여 창제된 글자이다.
   ① · ③ 'ㄴ', 'ㅇ'은 상형의 원리를 바탕으로 발음 기관의 모양을 본떠 창제된 글자이다.
   ② 'ㅆ'은 병서의 방법을 바탕으로 자음 둘 이상을 가로로 나란히 붙여 쓰는 창제된 글자이다.

09 두피 온도를 유지할 수 있게 도움을 주는 것은 '머리카락의 기능'에 해당하므로 ㉠에 들어갈 세부 내용으로 가장 적절하다.
①·② '머리카락의 특성'에 해당하는 내용이다.
④ '머리카락의 구조'에 해당하는 내용이다.

10 두 번째 문장의 주어는 '옛사람들'로, 집을 짓는 재료를 다듬는 행위의 능동적 주체에 해당한다. 따라서 능동 표현인 '다듬지'가 적절하다. 만약 문장의 주어가 '집을 짓는 재료'였다면, 다듬는 행위의 피동적 주체에 해당하므로 피동 표현인 '다듬어지지'가 적절하다.

작품 해설 김유정, 「동백꽃」

• 갈래: 현대 소설, 단편 소설, 농촌 소설
• 성격: 토속적, 해학적
• 제재: 사춘기 남녀의 사랑
• 주제: 사춘기 시골 남녀의 순박한 사랑
• 특징
  – '현재–과거–현재'의 역순행적 구성 방식을 취함
  – 토속어 어휘, 비속어, 사투리 등을 사용하여 생동감 있게 표현함
  – 순박하고 어수룩한 '나'를 서술자로 설정하여 작품의 해학성을 높임

---

11 이 글의 서술자는 '나'로, 작품 속 주인공이 직접 자신의 경험을 이야기하는 1인칭 주인공 시점을 취하고 있다. 1인칭 주인공 시점은 주인공의 내면세계를 그리는 데 효과적이며, 독자에게 친근감과 신뢰감을 준다는 특징이 있다.
① 서술자가 작품 밖에 위치하는 경우로는 3인칭 관찰자 시점과 전지적 작가 시점이 있다. 3인칭 관찰자 시점은 서술자가 외부 관찰자 입장에서 서술하는 방식이며, 전지적 작가 시점은 서술자가 전지전능한 위치에서 서술하는 방식이다.
③·④ 등장인물이 다른 인물의 속마음까지 상세하게 설명하는 것은 전지적 작가 시점에 해당한다. 이 시점은 서술자가 작품에 직접 개입하는 특성이 있어 독자의 상상적 참여가 제한될 우려가 있다.

12 '점순'은 '나'에게 맛있는 감자를 주면서 간접적으로 호감을 표현하였다. 그러나 '나'는 '점순'이 주는 감자가 집이 잘사는 것을 생색내는 것이라고 생각해 거절한다. 따라서 ㉮에는 마음이 거절당해 분하고 자존심이 상한 '점순'의 심리 상태가 나타나 있다.

13 '점순'은 ㉠을 통해 '나'에 대한 애정과 관심을 드러낸다. 그러나 '점순'의 마음을 알아차리지 못한 '나'는 감자를 거절하고, 마음이 상한 '점순'은 '나'를 괴롭히게 되는데, 이로 인해 감자는 '나'와 '점순'이 갈등하게 되는 계기가 된다.

작품 해설 이육사, 「청포도」

• 갈래: 자유시, 서정시
• 성격: 감각적, 상징적, 희망적
• 제재: 청포도
• 주제: 풍요롭고 평화로운 현실의 갈망
• 특징
  – 푸른색과 흰색의 색채 대비를 활용함
  – 상징적 시어를 통해 주제를 형상화 함
  – 각 연이 2행씩 구성되어 형식적 안정감을 줌

---

14 이 글은 3연의 '하늘 밑 푸른 바다가 가슴을 열고 / 흰 돛단배가 곱게 밀려서 오면'과 같이 푸른색과 흰색의 색채를 대비하여 선명한 이미지와 미래를 희구하는 분위기를 조성하고 있다.

15 4연의 '내가 바라는 손님'은 화자가 애타게 기다리고 있는 대상으로, 당시 시대 상황에 빗대어 해석해 보면 '조국 광복'을 상징함을 알 수 있다.

16 [A]에서는 화자가 손님을 맞이하기 위해 '은쟁반'과 '하이얀 모시 수건'과 같은 백색 이미지의 사물을 정갈하게 마련해 두려는 모습이 두드러진다. 이러한 화자의 자세로부터 '정성스러움'이라는 태도를 도출해 낼 수 있다.

작품 해설 허균, 「홍길동전」

• 갈래: 고전 소설, 한글 소설, 영웅 소설
• 성격: 비판적, 의지적, 전기적
• 제재: 홍길동의 영웅적 행각
• 주제: 사회 모순에 대한 비판과 개혁 의지
• 특징
  – 적서 차별과 사회 제도 모순을 적극적으로 비판함
  – 영웅 일대기적 구성과 전기적 요소 등 고전 소설의 특징이 드러남

---

17 "함경 감사가~상태라고 한다."라는 길동의 말을 통해 당시 탐관오리가 백성을 착취하였고, 그로 인해 백성들이 살아가는 데에 어려움을 겪었음을 알 수 있다.
① 이 글에서는 주변국과 교류가 활발하였던 사회적 모습을 찾을 수 없다.
② 당시 사회는 적서 차별 및 신분 차별이 심하였으므로 서자였던 길동이 능력이 충분함에도 출세하지 못하고 의적으로 활동할 수밖에 없었다.
④ 당시 사회는 물자가 풍족하지 못하고 빈부격차가 심하였으므로 길동과 도적들이 탐관오리들의 재물을 훔쳐 주변에 나누어 주는 행태가 벌어졌다.

18 고전 소설에서는 비현실적이고 신비로운 사건들이 많이 발생하게 되는데, 이러한 특성을 '전기성'이라고도 한다. 전기적인 요소 중에는 천상계와 같은 비현실적 공간이나, 죽은 사람과 산 사람 사이의 사랑, 특정 인물의 비현실적이고도 비범한 능력 등이 있다. ⓒ에서 길동이 '둔갑법', '축지법'과 같이 신비롭고 기이한 능력을 부리는 모습을 통해 전기성을 발견할 수 있다.

19 ㉠에 대한 내용은 마지막 문단을 통해 알 수 있다. 길동은 허수아비에 주문을 외워 가짜 길동들을 만들고, 함경 감사가 자신을 찾지 못하도록 하였다.

작품 해설 남종영, 「설탕 중독, 노예가 되어 버린 혀」

• 갈래: 설명문
• 성격: 사실적, 설명적
• 제재: 설탕 중독 현상
• 주제: 우리가 모르는 설탕 중독의 심각성
• 특징
 – 정의, 예시, 비교, 대조 등 다양한 설명 방법을 활용함
 – 다양한 예시를 활용하여 문제의 심각성을 효과적으로 제시함

---

20 이 글은 대상에 대한 지식이나 정보를 잘 이해할 수 있도록 쉽게 풀어서 쓴 설명문이다. 사실과 의견을 구분하며 읽는 방법은 적절한 근거를 제시하여 의견이나 주장을 내세워 독자를 설득하는 논설문을 읽는 방법에 해당한다.
②·③·④ 설명문을 읽는 중에 어려움이 발생하였다면 모르는 단어를 사전에서 찾아보고, 글의 앞뒤 맥락을 고려하여 글의 내용을 파악하거나, 내용을 이해하는 데 도움이 되는 참고 자료를 찾아보는 방법 등을 통해 해결할 수 있다.

21 2문단은 우리 몸의 소화 과정 중 물리적인 운동을 통해 음식물을 잘게 부수는 '기계적' 소화 과정에 대한 예이다. '사과를 먹는 과정을 예로 들어보자.'라는 1문단의 마지막 문장을 통해 기계적 소화의 예에 대한 설명이 올 것임을 유추할 수 있다.

22 ⓒ은 설명하고자 하는 대상의 의미를 밝히는 '정의'에 해당한다. 이와 유사한 설명 방법이 사용된 것은 '갯벌'의 사전적 의미를 밝힌 ③이다.
① 원인과 결과의 관계로 설명하는 '인과'가 활용되었다. 주로 사회 현상, 과학의 원리 등을 설명하는 데 많이 사용되며, 원인과 결과라는 관계가 명확하게 설정되는 설명 대상에 사용하기 적절한 방법이다.
② 대상을 일정한 기준에 따라 종류별로 묶어서 설명하는 '분류'가 활용되었다. 내용을 체계적으로 정리하여 설명할 수 있다는 장점이 있으며, 분류를 할 때는 기준에 따라 대상이 달라지기 때문에 기준을 정하는 것이 중요하다.
④ 둘 이상의 대상이나 현상의 차이점을 밝히는 '대조'가 활용되었다. 대상이나 현상의 차이점이 두드러질 때 사용한다.

작품 해설 이진숙, 「밤이 아름다운 도시」

• 갈래: 논설문
• 성격: 논리적, 설득적
• 제재: 야간 조명
• 주제: 아름다운 야경을 위한 야간 조명의 필요성
• 특징
 – 야간 조명의 긍정적 측면에 주목함
 – 다른 국가의 사례를 들어 주장을 뒷받침함

---

23 이 글은 논설문으로, 야간 조명의 필요성이라는 주장을 뒷받침하기 위해 '프랑스 리옹'과 같은 구체적 도시의 사례를 제시하여 설득력을 높였다.

24 마지막 문장에서 우리나라도 야간 조명을 통해 도시를 하나의 예술 작품으로 만들어 나가는 노력이 필요함을 강조하고 있다.
① 2문단에서 도시의 야간 조명이 단순히 어둠을 밝히기 위한 수단이 아닌 감성을 자극할 수 있는 역할을 해야 함을 주장하였다.
② 1문단에서 야간 경관 조성 사업에 예산을 투자하여 세계적인 관광 도시가 된 '프랑스 리옹'을 예로 들며 아름다운 도시 조성을 위한 투자와 노력을 강조하였다. 예산 삭감에 대한 내용은 제시되어 있지 않다.
③ 2문단에서 야간 조명을 무조건 밝고 화려하게 하는 것보다는 연출이 필요한 부분에 과감하게 조명 시설을 설치하고, 도시 전체적으로 인공조명을 최소화하는 절제된 조명 계획이 필요함을 역설하였다.

25 '공약'은 '정부, 정당, 입후보자 등이 어떤 일에 대해 국민에게 실행할 것을 약속함. 또는 그런 약속.'을 뜻하므로 ①에 제시된 사전적 의미는 적절하지 않다.

제2교시 수학

01 ②	02 ①	03 ①	04 ③	05 ④
06 ①	07 ②	08 ③	09 ④	10 ④
11 ①	12 ③	13 ③	14 ②	15 ③
16 ①	17 ④	18 ②	19 ③	20 ②

01 $28 = 2 \times 14 = 2 \times 2 \times 7 = 2^2 \times 7$

02 $(-2) \times (+3) = -(2 \times 3) = -6$

03 $a = -3$을 $4 + a$에 대입하면
$4 + a = 4 + (-3) = 1$

04 $1 - 2x = -5$에서
$-2x = -5 - 1$
$-2x = -6$
$\therefore \ x = 3$

05 ① $A(1, \ 2)$
② $B(-2, \ 3)$
③ $C(-2, \ -2)$

06 한 원에서 부채꼴의 호의 길이는 중심각의 크기에 정비례한다.
즉, $\overparen{AB} : \overparen{CD} = \angle AOB : \angle COD$이므로
$6 : 12 = x : 80°$
$12x = 480°$
$\therefore \ \angle x = 40°$

07 $10\,g$당 나트륨 함량이 $70\,mg$ 이상 $90\,mg$ 미만인 과자의 수는 3가지이고, $10\,g$당 나트륨 함량이 $90\,mg$ 이상 $110\,mg$ 미만인 과자의 수는 1가지이다.
따라서 $10\,g$당 나트륨 함량이 $70\,mg$ 이상인 과자의 수는
$3 + 1 = 4$ (가지)

08 분수 $\dfrac{x}{2^2 \times 3 \times 5}$가 유한소수가 되려면 분수 $\dfrac{x}{2^2 \times 3 \times 5}$를 기약분수로 나타내었을 때 분모의 소인수가 2 또는 5뿐이어야 한다. 즉, x는 3의 배수이어야 한다.
따라서 x의 값이 될 수 있는 가장 작은 자연수는 3이다.

09 $(2a)^3 = 2^3 \times a^3 = 8a^3$

10 $\begin{cases} x + y = 6 & \cdots \ \textcircled{\small ㉠} \\ x = 2y & \cdots \ \textcircled{\small ㉡} \end{cases}$ 이라 할 때
㉡을 ㉠에 대입하여 풀면
$2y + y = 6$에서 $3y = 6$
$\therefore \ y = 2$
$y = 2$를 ㉡에 대입하면
$x = 2 \times 2 = 4$

11 $x = 0$을 일차함수 $y = x - 3$의 그래프에 대입하여 풀면
$y = 0 - 3$에서
$y = -3$
따라서 이 그래프의 y절편은 -3이다.

12 삼각형의 세 내각의 크기의 합은 $180°$이므로
$\angle C = 180° - 100° - 40° = 40°$
삼각형 ABC의 두 밑각의 크기가 같으므로 이등변삼각형이다.
$\therefore \ x = \overline{AB} = 7$

13 $\overline{BC} \parallel \overline{DE}$이므로
$\overline{AE} : \overline{AC} = \overline{DE} : \overline{BC}$
즉, $8 : 24 = x : 30$이므로
$24x = 8 \times 30$
$\therefore \ x = 10$

14 서로 다른 두 개의 주사위를 동시에 던질 때, 나오는 두 눈의 수의 합이 4가 되는 경우를 순서쌍으로 나타내면 $(1, \ 3)$, $(2, \ 2)$, $(3, \ 1)$로 3가지이다.

15 $\sqrt{(-5)^2} = \sqrt{25} = 5$

16 이차방정식 $(x-1)(x+4) = 0$의 서로 다른 두 근은
$x = 1$ 또는 $x = -4$이다.
따라서 구하는 다른 한 근은 $x = 1$이다.

17 ① 아래로 볼록이다.
② $x = 1$을 대입하면 $y = \dfrac{1}{2} \times 1^2 = \dfrac{1}{2}$이므로 점 $(1, \ 1)$을 지나지 않는다.
③ 직선 $x = 0$을 축으로 한다.

18 $\sin B = \dfrac{\overline{AC}}{\overline{AB}} = \dfrac{8}{17}$

19 두 점 A, B는 점 P에서 원 O에 그은 두 접선의 접점이므로
$$\overline{PA} = \overline{PB}$$
따라서 삼각형 APB는 이등변삼각형이므로
$$\angle ABP = \angle PAB = 65°$$

20 학생 8명의 운동화 크기를 조사한 것을 표로 나타내면 다음과 같다.

크기 (mm)	230	250	265	270
학생 수(명)	2	3	2	1

따라서 이 자료의 최빈값은 250 mm 이다.

제3교시 영어

01 ③	02 ②	03 ②	04 ④	05 ②
06 ④	07 ①	08 ③	09 ①	10 ①
11 ③	12 ②	13 ③	14 ②	15 ①
16 ④	17 ④	18 ①	19 ②	20 ④
21 ②	22 ④	23 ④	24 ③	25 ③

01 밑줄 친 'special'은 '특별한'이라는 뜻이며, 형용사(special) 다음에 전치사구(to me)가 와서 '~에게 특별한'이라는 뜻으로 사용되었다.

> 나는 내 친구들을 사랑한다. 그들은 내게 매우 **특별하다**.

02 'large(큰)'와 'big(큰)'은 유의어 관계이며, ①, ③, ④는 반의어 관계이므로 그 의미 관계가 다르다.
① fast(빠른) – slow(느린)
③ late(늦은) – early(이른)
④ long(긴) – short(짧은)

03 'There is[are]~' 구문은 '~가 있다'라는 뜻으로, be 동사 다음에 나오는 명사의 수에 따라 '단수(is/was)' 또는 '복수(are/were)'를 쓴다. 빈칸 다음에 단수 명사(a big tree)가 있으므로 빈칸에 들어갈 말로 가장 적절한 것은 'is'이다.
• in front of: ~의 앞쪽에[앞에]

> 나의 집 앞에 큰 나무가 한 그루 **있다**.

04 빈칸 앞뒤로 완전한 문장 구조를 취하고 있으며, 빈칸 앞 문장에서 'She didn't eat dessert(그녀는 디저트를 먹지 않았다)'라고 하였고 빈칸 다음 문장에서 'She was too full(그녀는 너무 배가 불렀다).'이라고 하였으므로 문맥상 빈칸에 들어갈 말로 가장 적절한 것은 이유를 나타내는 접속사 'because(때문에)'이다.
① ~로[에], ~쪽으로
② 옆[가]에
③ ~에서(부터)
• eat: 먹다
• dessert: 디저트, 후식
• full: 배부르게 먹은

> 그녀는 너무 배가 불렀기 **때문에** 디저트를 먹지 않았다.

05 대화에서 A의 질문에 B가 'It looks good on you(잘 어울려요).'라고 대답하였으므로 A의 물음은 의견을 묻는 표현임을 유추할 수 있다. 빈칸 다음에 'do you think of my new skirt'가 있으므로 빈칸에 들어갈 말로 가장 적절한 것은 '~을 어떻게 생각하니?'와 같이 의견을 묻는 표현인 'What do you think of~'의 'What'이다.
① 누구
③ 어디에
④ 어느[어떤]
• skirt: 치마
• look good on: ~에게 어울리다

> A: 내 새 치마 어때요?
> B: 잘 어울려요.

06 대화에서 A가 'I can't walk. I broke my leg yesterday(나는 걸을 수가 없어. 어제 다리가 부러졌어).'라고 말하였으므로 흐름상 대화의 빈칸에는 위로하는 표현이 들어가야 함을 유추할 수 있다. 따라서 빈칸에 들어갈 말로 가장 적절한 것은 'I'm sorry to hear that(안됐구나)'이다.
① 응, 그래
② 만나서 반가워
③ 천만에
• walk: 걷다, 걸어가다
• break: 부러지다
• leg: 다리

> A: 나는 걸을 수가 없어. 어제 다리가 부러졌어.
> B: **안됐구나**.

07 첫 번째 문장에서 빈칸 다음의 'outside(밖에)'와 이어지는 문장에서 'You should wear a coat(너는 코트를 입어야 한다).'라고 하였으므로 빈칸에 들어갈 말로 가장 적절한 것은 'cold(추운)'이다. 두 번째 문장에서 빈칸 앞의 'He said he had a sore throat(그는 목이 아프다고 말했다).'와 빈칸 앞의 'catch a'로 미루어 빈칸에는 '감기 들다(catch a cold)'를 뜻하는 단어가 들어가야 함을 알 수 있다. 따라서 빈칸에 공통으로 들어갈 말로 가장 적절한 것은 'cold'이다.

② 부드러운
③ 키가 큰
④ 잘, 좋게, 제대로

• outside: 밖에[밖에서]
• wear: 입다
• coat: 외투, 코트
• have a sore throat: 목이 아프다
• catch a cold: 감기 들다

> ○ 밖이 <u>추워요</u>. 코트를 입어야 합니다.
> ○ 그가 목이 아프다고 말했어요. 그는 <u>감기 걸렸나요</u>?

08 대화에서 A가 'how can I get to City Hall(시청에 어떻게 가지요)?'이라고 물었고, B가 'Go straight one block and turn right. You'll find it on your left(한 블록 직진하고 우회전하세요. 그것은 왼쪽에 있어요).'라고 답하였으므로 A가 가려는 곳의 위치로 옳은 것은 ③이다. 'How can I get to~?'는 길을 물어볼 때 쓰는 표현으로, '~에 어떻게 가지요?'라는 뜻이다.

• City Hall: 시청
• go straight: 직진하다
• turn right: 우회전하다
• left: 왼쪽(의)

> A: 실례합니다만, 시청에 어떻게 가지요?
> B: 한 블록 직진하고 우회전하세요. 그것은 왼쪽에 있어요.
> A: 감사합니다.

09 그림에서 소년이 자전거를 타고 있고, 빈칸 앞뒤로 'is'와 'a bike'가 있으므로 빈칸에 들어갈 말로 가장 적절한 것은 'riding'이다. 'ride a bike'는 '자전거를 타다'라는 뜻이다.

② 먹고 있는
③ 노래하고 있는
④ 요리하고 있는

> A: 그 소년은 무엇을 하고 있나요?
> B: 그는 자전거를 <u>타고 있어요</u>.

10 대화에서 A가 B에게 'Where are you going(어디에 가고 있니)?'이라고 묻자, B가 'I'm going to the school gym to play basketball(나는 농구를 하러 학교 체육관에 갈 거야).'이라고 대답하였다. 이후 B가 'Let's go together(같이 가자).'라고 말하였으므로 두 사람이 두 사람이 함께 갈 장소는 '체육관'이다. 'be going to + 동사 원형'은 '~일[할 것이다]'라는 뜻으로, 가까운 미래를 나타내는 표현이다.

• school gym: 학교 체육관
• play basketball: 농구를 하다

> A: Minsu, 어디에 가고 있니?
> B: 나는 농구를 하러 학교 체육관에 갈 거야.
> A: 그래? 같이 가도 될까?
> B: 물론이지. 같이 가자.

11 대화에서 A가 'You look so happy today. What's up(오늘 정말 기분 좋아 보인다. 무슨 일이니)?'라고 물었고, 빈칸 다음에서 'where did you find your dog(어디서 강아지를 찾았니)?'라고 물었으므로 대화의 흐름상 빈칸에 들어갈 말로 가장 적절한 것은 'I found my missing dog(나는 잃어버린 강아지를 찾았어).'이다.

① 나는 시험에 떨어졌어
② 나는 캐나다 사람이야
④ 나는 야채를 좋아하지 않아

> A: 오늘 정말 기분 좋아 보인다. 무슨 일이니?
> B: <u>나는 잃어버린 강아지를 찾았어</u>.
> A: 오, 어디서 강아지를 찾았니?
> B: 우리 집 근처 공원에 있었어.

12 대화에서 A가 'what's your plan for this vacation(이번 방학 계획이 무엇이니)?'이라고 묻자, B가 'I plan to take guitar lessons(나는 기타 레슨을 받을 예정이야).'라고 한 다음에 'How about you(너는 어때)?'라고 물었다. 그러자 A가 'I'm going to visit my grandparents(조부모님 댁을 방문할 예정이야)'라고 대답하였으므로 대화의 주제로 가장 적절한 것은 '방학 계획'이다. 'plan'은 to 부정사를 목적어로 취하는 동사로, 'plan to~'는 '~할 작정이다'의 뜻이다.

> A: Boram, 이번 방학 계획이 무엇이니?
> B: 나는 기타 레슨을 받을 예정이야. 너는 어때?
> A: 나는 제주도에 있는 조부모님 댁을 방문할 예정이야.

13 제시된 홍보문에는 수업 날짜(August 25th, 2023), 수업 장소(Science Room), 수업 활동(make a robot, learn how to control it)은 나와 있지만, 수업료는 나와 있지 않으므로 홍보문을 보고 알 수 없는 것은 '수업료'이다. 'how to control'은 '의문사(how) + to 부정사(control)'로, '~하는 법'으로 해석되며, 동사(learn)의 목적어로 사용되었다.

- robot: 로봇
- learn: 배우다, 학습하다
- how to: ~하는 법
- control: (기계 시스템 등을) 조정[조절]하다

> **로봇 만들기 수업**
> **날짜**: 2023년 8월 25일
> **장소**: 과학실
> **활동**: 여러분은 로봇을 만들고 그것을 조종하는 법을 배울 것입니다.

14 두 번째 문장에서 'Tomorrow is Sports Day(내일은 체육 대회입니다.)'라고 한 다음, 편한 옷과 신발을 신고 오고, 규칙을 잘 지키라고 하였으므로 방송의 목적으로 가장 적절한 것은 '체육 대회 유의 사항 설명'이다.

- remember: 기억하다
- comfortable: 편(안)한
- keep: [법률, 조약, 비밀, 약속 등을] 지키다
- safely: 안전하게
- fairly: 공평[공정]하게
- stay: 계속[그대로] 있다[머무르다/남다]
- classmate: 급우, 반 친구
- event: 경기[종목]

> 학생 여러분, 안녕하세요. 내일은 체육 대회입니다. 편한 옷과 신발을 착용하는 것을 기억하세요. 안전하고 공정하게 경기를 할 수 있도록 규칙을 지키세요. 경기 동안 반 친구들과 함께 있어요. 즐겁게 보내세요!

15 대화에서 A가 'I want to travel to Nepal someday(나는 언젠가 네팔로 여행 가고 싶어.)'라고 하자 B가 그 이유를 물었는데, A가 'I want to climb the wonderful mountains(나는 멋진 산을 오르고 싶어.)'라고 답하였으므로 A가 Nepal로 여행 가고 싶은 이유는 '멋진 산을 오르고 싶어서'이다. 'What makes you ~?'는 이유, 동기를 묻는 표현으로, '~하는 이유는 뭔가요?'라는 뜻이다.

- travel: 여행하다
- someday: 언젠가
- What makes you ~?: ~하는 이유는 뭔가요?
- climb: 오르다, 올라가다
- mountain: 산

> A: 나는 언젠가 네팔로 여행 가고 싶어.
> B: 그곳에 가고 싶어 하는 이유가 뭐니?
> A: 나는 멋진 산을 오르고 싶어.

16 마지막 문장에서 'Musicians play live music at night(음악가들은 밤에 라이브 음악을 연주한다).'라고 하였으므로 White Winter Festival에 관한 글의 내용과 일치하지 않는 것은 '음악가들이 오전에 공연을 한다.'이다.

① 첫 번째 문장에서 'The White Winter Festival starts in the last week of January(White Winter Festival은 1월 마지막 주에 시작한다)'라고 하였으므로 글의 내용과 일치한다.

② 두 번째 문장에서 'People can enjoy ice fishing(사람들은 얼음낚시를 즐길 수 있다).'이라고 하였으므로 글의 내용과 일치한다.

③ 세 번째 문장에서 'There is also a snowman building contest(눈사람 만들기 대회도 있다).'라고 하였으므로 글의 내용과 일치한다.

- go on: 계속되다
- ice fishing: 얼음낚시
- snowman: 눈사람
- musician: 음악가(연주자, 작곡가)

> White Winter Festival은 1월 마지막 주에 시작하여 5일 동안 계속된다. 사람들은 얼음낚시를 즐길 수 있다. 눈사람 만들기 대회도 있다. 음악가들은 밤에 라이브 음악을 연주한다.

17 첫 번째 문장에서 '출신 국가(France)'를 언급하였고, 두 번째 문장에서 '장래 희망(fashion designer)'을 말하였다. 세 번째 문장에서 '한국 방문 연도(visited Korea in 2020)'를 언급하였으므로 Elena에 대해 언급된 내용이 아닌 것은 '반려동물'이다.

- fashion designer: 패션 디자이너
- try on: ~을 (시험 삼아) 해[입어] 보다
- style: (특히 옷 등의) 스타일
- future: 미래

> 나는 프랑스에서 온 Elena이다. 나는 언젠가 패션 디자이너가 되고 싶다. 나는 2020년에 한국을 방문하였을 때 한복을 입어 보았다. 나는 한복의 스타일을 매우 좋아하였다. 나의 꿈은 미래에 이렇게 아름다운 옷을 만드는 것이다.

18 마지막 문장에서 'Susan suggested that we paint pictures on the walls(Susan은 우리가 벽에 그림을 그릴 것을 제안하였다).'라고 하였으므로 Susan이 제안한 것으로 가장 적절한 것은 '벽에 그림 그리기'이다. 'suggest'가 '제안하다'의 뜻일 경우, 'suggest + that + 주어 + 동사' 구문에서 that 절의 동사는 본동사(suggested)의 시제와 관계없이 동사 원형(paint)이 오는데, 이는 that 절의 동사(paint) 앞에 'should'가 생략되었기 때문이다.

- together: 함께, 같이
- ugly: 못생긴, 추한, 보기 싫은
- suggest: 제안[제의]하다
- paint: 그리다[쓰다]

> Susan과 나는 어제 함께 집으로 걸어갔다. 우리는 학교 주변의 벽들이 흉하게 보이는 것을 보았다. 우리는 그것들을 예쁘고 다채롭게 만들고 싶었다. Susan은 우리가 벽에 그림을 그릴 것을 제안하였다.

19 그래프를 보면 Han-guk 학교 학생들이 선호하는 영화 유형은 'Action(액션 영화)'이 22%, 'Comedy(코미디 영화)'가 38%, 'Horror(공포 영화)'가 16%, 'Sci-fi(공상 과학 영화)'가 14%, 'Others(기타)'가 10%이므로 빈칸에 들어갈 말로 가장 적절한 것은 ②이다.

① 액션 영화
③ 공포 영화
④ 공상 과학 영화

- favorite: 마음에 드는, 매우 좋아하는
- movie: 영화
- type: 유형
- most: 가장

> **Han-guk 학교 학생들이 선호하는 영화 유형들**
> 액션 영화(22%)
> 코미디 영화(38%)
> 공포 영화(16%)
> 공상 과학 영화(14%)
> 기타(10%)
> Han-guk 학교 학생들은 <u>코미디 영화</u>를 가장 좋아한다.

20 주어진 글은 식당을 운영하는 Jiho의 아버지가 정말 맛있는 스파게티를 요리하며(①), Jiho도 아버지처럼 맛있는 스파게티를 만드는 법을 배우고 싶고(②), 아버지와 함께 연습할 것(③)이라는 내용이므로 글의 흐름으로 보아 어울리지 않는 문장은 'Burgers are his favorite food(햄버거는 그가 가장 좋아하는 음식이다).'이다.

- run: 운영[경영/관리]하다
- amazing: (감탄스럽도록) 놀라운
- practice: 연습하다

> Jiho의 아버지는 작은 식당을 운영한다. 그는 놀랍도록 맛있는 스파게티를 만든다. Jiho는 그것을 요리하는 법을 배우고 싶다. 그래서, 그는 이번 주에 아버지와 함께 스파게티를 요리하는 것을 연습할 예정이다. <u>햄버거는 그가 가장 좋아하는 음식이다.</u> 그는 그의 아버지같이 맛있는 스파게티를 만들기를 바란다.

21 밑줄 친 'them' 바로 앞 문장에서 'The buses have no steps and have very low floors(그 버스들은 계단이 없고 바닥이 매우 낮다).'라고 하였으므로 문맥상 밑줄 친 'them'이 가리키는 것으로 가장 적절한 것은 'buses(버스들)'이다.

① 책들
③ 사람들
④ 창문들

- newly: 최근에, 새로
- design: 만들다[고안하다]
- get on: (버스, 지하철 등을) 타다
- floor: (차량의) 바닥
- even: ~도[조차]
- wheelchair: 휠체어

> 나는 최근에 디자인된 버스에 대한 뉴스를 읽었다. 그것은 사람들이 이 버스들을 더 쉽게 탈 수 있다고 말한다. 그 버스들은 계단이 없고 바닥이 매우 낮다. 휠체어를 탄 사람도 어떤 도움 없이 <u>그것들을</u> 이용할 수 있다.

22 캠핑 시 주의해야 할 사항으로 'Don't put up a tent right next to the river(강 바로 옆에 텐트 치지 않기).'와 'Don't feed wild animals(야생 동물에게 먹이 주지 않기).', 'Don't leave your trash behind(쓰레기 남겨 두지 않기).'는 언급되었지만, '텐트 안에서 요리하지 않기'는 언급되지 않았다.

- put up: (건물 등을 어디에) 세우다[짓다]
- next to: ~바로 옆에
- river: 강
- feed: 먹이를 주다
- leave ~ behind: ~을 뒤에 남기다
- trash: 쓰레기

> ○ 강 바로 옆에 텐트 치지 않기.
> ○ 야생 동물에게 먹이 주지 않기.
> ○ 쓰레기 남겨 두지 않기.

23 두 번째 문장에서 'Here are some tips to help you feel better(여기 여러분의 기분이 나아지도록 도와줄 몇 가지 조언들이 있습니다).'라고 한 다음에 먼저 야외로 나가서 햇빛을 많이 받으면 여러분을 행복하게 만든다고 하였고, 또 다른 일은 운동을 하는 것이라고 하였으므로 글의 주제로 가장 적절한 것은 '기분이 나아지게 하는 방법'이다.

- feel down: 마음이 울적하다
- feel better: 기분이 나아지다
- outdoors: 옥외[야외]에서
- sunlight: 햇빛, 햇살, 일광
- forget about: ～에 대해 잊다
- work out: 운동하다

해석

마음이 울적한가요? 여기 여러분의 기분이 나아지도록 도와줄 몇 가지 조언들이 있습니다. 먼저, 야외로 나가세요. 햇빛을 많이 받는 것이 여러분을 행복하게 만듭니다. 여러분이 할 수 있는 또 다른 것은 운동입니다. 여러분은 운동하면서 걱정거리들에 대해 잊어버릴 수 있습니다.

24 네 번째 문장에서 'We need a place to practice together(우리는 함께 연습할 장소가 필요합니다).'라고 한 다음에 마지막 문장에서 'Can we please use your classroom this week(이번 주에 당신의 교실을 이용할 수 있을까요?)?'라고 하였으므로 글을 쓴 목적으로 가장 적절한 것은 '교실 사용을 허락받기 위해서'이다. 'a place to practice(연습할 장소)'에서 'to practice'는 부정사의 형용사적 용법으로, 명사(a place)를 수식하며, '～할, ～하는'이라는 뜻이다.

- member: 회원
- prepare for: ～를 준비하다
- concert: 연주회, 콘서트
- need: 필요로 하다
- place: 장소

해석

안녕하세요, Brown 선생님. 학교 음악회가 다가오고 있어요. 음악 동아리 회원들은 음악회를 준비하고 있습니다. 우리는 함께 연습할 장소가 필요합니다. 이번 주에 당신의 교실을 이용할 수 있을까요?

25 마지막 문장에서 'I'd like to introduce some famous markets around the world(나는 세계의 유명한 시장들을 소개하고 싶다).'라고 하였으므로 글의 바로 뒤에 이어질 내용으로 가장 적절한 것은 '세계의 유명한 시장들 소개'이다.

- learn about: ～에 대해 배우다
- culture: 문화
- country: 국가, 나라
- history: 역사
- introduce: 소개하다

해석

시장을 방문하는 것은 한 나라의 문화에 대해 배울 수 있는 좋은 방법이다. 여러분은 사람들을 만나고, 역사를 배우고, 현지 음식을 맛볼 수 있다. 나는 세계의 유명한 시장들을 소개하고 싶다.

제4교시 사회

01	02	03	04	05
③	③	③	①	②
06	07	08	09	10
④	②	②	③	②
11	12	13	14	15
④	①	②	②	④
16	17	18	19	20
④	①	④	①	③
21	22	23	24	25
①	①	④	②	②

01 지중해성 기후는 온대 기후의 일종으로, 지중해 지역과 캘리포니아, 오스트레일리아 남서부 지역 등에서 나타나며, 여름은 덥고 건조하지만 겨울은 따뜻하고 다습하다. 이러한 기후 조건에 맞게 여름에는 포도, 올리브 등의 수목 농업이 발달하였고, 겨울에는 서늘한 기후에 적합한 밀, 보리 등의 곡물을 재배한다.

① 고산 기후: 열대 기후 지역의 고지대에 나타나는 기후로, 기온이 높은 저지대보다 사람이 살기에 적합한 봄철과 같은 기후가 나타난다.

② 스텝 기후: 연 강수량이 250~500mm 미만인 스텝 지역에서 나타나는 기후로, 사막 기후 다음으로 건조한 기후이며, 초원 기후라고도 한다.

④ 열대 우림 기후: 열대 기후의 한 종류로, 적도 저압대의 영향을 받아 연중 고온 다우하며, 거의 매일 대류성 강우인 스콜이 내리기 때문에 연 강수량이 2,000mm를 넘는다. 또한, 강수량이 풍부하여 상록 활엽수들로 밀림을 이루고 있다.

02 문화 지역은 특정한 문화와 문화 경관을 공통적으로 공유하는 공간적 범위를 이르는 말로, 의식주, 언어, 종교 등 다양한 문화 요소에 의해 구분된다. 북극 문화 지역은 한대 기후 지역인 북극해 연안의 툰드라 지역을 중심으로 분포하고 있으며, 눈과 얼음이 많은 지리적 특성을 이용하여 순록을 유목하고 사냥하면서 생활한다.

① 건조 문화 지역: 이슬람 문화 지역이라고도 하며, 이 지역 주민 대부분은 이슬람교를 믿으며, 아랍어를 사용한다. 또한, 건조한 기후에 적응하여 유목 생활을 한다.

② 인도 문화 지역: 힌두교와 불교의 발상지로, 주민 대부분은 힌두교를 믿는다. 또한, 힌두교 교리에 따라 소를 신성시한다.

④ 아프리카 문화 지역: 사하라 사막 이남 지역이며, 과거 유럽의 식민 지배를 받았던 곳이다.

03 ㉠에 들어갈 지역은 B(제주도), ㉡에 들어갈 지역은 D(독도)이다. 제주도는 화산 활동으로 인해 형성된 오름과 용암동굴, 주상절리 등 관광 자원이 풍부하여 우리나라를 대표하는 관광지이다. 우리나라 영토 중 동쪽 끝에 위치한 독도는 동도와 서도 그리고 89개의 부속 도서로 이루어진 바위섬이다.

04 ㉠에 들어갈 말은 풍력, ㉡에 들어갈 말은 조력이다.

재생 에너지
- 풍력 발전: 바람의 힘을 이용해 발전기를 돌려 전기 에너지를 생산하는 방식을 말한다.
- 조력 발전: 바다의 밀물과 썰물의 차이를 이용해 전기 에너지를 생산하는 방식을 말한다.
- 지열 발전: 땅속에 있는 고온의 지하수와 수증기를 통해 열을 받아 전기 에너지를 생산하는 방식을 말한다.

05 장소 마케팅은 특정 장소만이 가지고 있는 자산적 가치나 특성을 발굴하여 해당 지역의 이미지로 홍보하여 판매하는 전략이다. 대표적인 사례로는 보령의 '머드 축제', 김제의 '지평선 축제'가 있다.

06 피오르는 빙하의 침식으로 만들어진 골짜기에 생성된 좁고 깊은 만이며, 노르웨이 해안에 발달해 있다.

07 공간적 분업은 기업의 여러 기능이 공간적으로 분화되어 이루어지는 방식을 말한다. 주로 기업의 본사는 자본과 우수 인력 확보가 쉬운 대도시에, 연구소는 연구 시설이나 관련 시설이 집중된 대학·대도시 인근 지역에 입지한다. 그리고 공장은 토지 비용이 저렴하거나 임금이 싼 곳에 위치한다.

08 미세 먼지는 우리 눈에 보이지 않을 정도로 입자가 아주 작은 먼지를 말한다. 공장의 매연, 배기가스, 화력 발전소에서 발생하는 먼지 등으로 발생하며, 호흡기 질환과 심혈관 질환을 일으키는 원인이 된다.

09 사회화 기관은 사람들과의 다양한 상호 작용을 통해 사회화가 이루어지는 집단이나 조직을 말하며, 1차적 사회화 기관과 2차적 사회화 기관으로 나눌 수 있다. 2차적 사회화 기관인 학교는 설립 목적 자체가 사회화인 공식적인 사회화 기관이며, 사회를 살아가는 데 필요한 다양한 지식과 규범, 가치 등을 교육한다.

10 문화 상대주의는 인류의 보편적 가치를 바탕으로 문화의 다양성과 고유한 가치를 인정하고 이해하는 태도이다.
① 문화 사대주의: 자기 문화는 가장 옳고 우수하다고 믿으면서 다른 문화를 부정적으로 평가하는 태도이다.
③ 문화 제국주의: 특정한 국가나 집단의 문화가 경제력, 군사력 등을 토대로 다른 문화를 파괴하거나 지배하는 태도이다.
④ 자문화 중심주의: 자기 문화의 우월성에 빠져 다른 문화는 부정적이고 열등한 것으로 평가하는 태도이다.

11 정치 참여 주체는 정치 과정에서 영향력을 행사하는 국가 기관이나 개인 및 집단을 말하며, 정책을 결정할 수 있는 공식적인 권한의 유무에 따라 공식적 주체와 비공식적 주체로 나눌 수 있다. 비공식적 주체인 시민 단체는 특정 집단의 이익 추구가 아닌 공공의 이익 추구를 위해 시민들이 자발적으로 결성한 집단으로, 국가 권력을 감시하고 시민의 정치 참여를 활성화하는 기능을 한다.

12 공정한 선거를 위한 제도와 기관
- 선거 공영제: 선거에 관한 경비 중 일부분을 국가 또는 지방 자치 단체가 부담하는 제도
- 선거구 법정주의: 선거구를 특정 정당과 후보에 유리하지 않게 법률로 정하는 원칙
- 선거 관리 위원회: 국민 투표의 공정한 관리 및 정당에 관한 사무를 관장하기 위해 설치된 헌법 기관

13 우리나라의 대통령은 5년에 한 번 국민의 선거를 통해 선출된다. 대통령은 행정부의 우두머리로서 행정부의 일을 최종적으로 결정하며, 장관이나 국무총리 등의 공무원이나 법원을 책임지는 대법원장, 감사원장 등을 임명할 수 있다.

14 대법원은 우리나라의 최고 법원으로, 대법원장과 대법관으로 구성되어 있다. 또한, 최종 재판인 3심 판결을 담당하며, 명령, 규칙, 처분의 위법 여부를 심사할 수 있는 권한을 가지고 있다.
① 감사원: 국가의 세입·세출 결산을 검사하고, 행정기관 및 공무원의 직무를 감찰하는 대통령 직속 기관이다.
③ 가정 법원: 가사 사건, 청소년 사건을 전문적으로 심판하기 위하여 설치된 기관이다.
④ 지방 의회: 조례를 재정하거나 고치고 예산을 확정·검토하며, 행정 사무를 감사하는 지방 자치 단체의 의결 기관이다.

15 시장 가격은 수요와 공급의 법칙에 따라 결정되며, 상품에 대한 정보 제공을 통해 생산자와 소비자 모두에게 무엇을 얼마만큼 생산 또는 소비할 것인가에 대한 신호를 보낸다.

16 국내 총생산(GDP)은 한 나라의 영토 안에서 일정 기간 동안 새롭게 생산한 재화와 서비스의 가치를 합산한 것으로, 국민 소득 측정에 가장 일반적으로 이용되는 지표가 된다. 국민 경제의 생산 수준, 고용 수준 및 물가 수준을 재는 척도가 되지만, 소득 분배의 상황을 간과하는 한계점을 가지고 있다.

17 주먹도끼는 구석기 시대 유물로, 우리나라에서는 경기 연천 전곡리에서 처음 발견되었다. 구석기 시대 사람들은 주먹도끼, 찍개, 긁개 등의 뗀석기를 이용하여 사냥이나 채집을 하거나 동물의 가죽을 벗겼다.

18 고구려 광개토 대왕은 백제를 공격하여 한강 유역에 진출하면서 고구려의 영토를 크게 넓혔으며, 신라의 요청을 받아 군사를 보내 신라를 공격한 백제와 왜를 격퇴하였다. 또한, '영락'이라는 독자적인 연호를 사용하고 스스로를 '태왕(황제)'이라 칭하였다.

19 원효는 신라의 승려로, 불교의 대중화를 위해 '나무아미타불'을 외우면 극락에 갈 수 있다고 주장하였으며, 불교의 교리를 쉬운 노래로 표현한 「무애가」를 지었다.

20 고려 광종은 쌍기의 건의를 받아들여 과거제를 실시하였다. 또한, 노비를 양인으로 해방시키는 노비안검법을 시행하여 국가 재정을 튼튼히 하고 호족의 세력을 약화시켰다.
ㄱ. 흥선대원군
ㄷ. 조선 세종

21 사림은 성종이 훈구 세력을 견제하기 위해 등용하였던 정치 세력으로, 주로 3사에 임명되어 훈구 세력의 부정과 권력 독점을 비판하였다. 이로 인해 훈구 세력과 대립이 일어나 무오, 갑자, 기묘, 을사사화 등을 겪으며, 화를 입었다.
② 개화파: 조선 후기에 서양 문물의 수용을 주장하였던 정치 세력으로, 그중 급진 개화파인 김옥균, 홍영식 등은 갑신정변을 일으켰다.
③ 권문세족: 고려 후기 대몽 항쟁 이후 원의 세력에 기대어 새로 형성된 정치 세력으로, 관직을 독점하고 대농장을 소유하는 등 특권을 누렸다.
④ 진골 귀족: 신라 시대의 신분 제도인 골품제 내에서 최고층인 성골 다음의 계급이다.

22 1636년 조선이 청의 군신 관계 요구를 거절하자 청이 조선을 침략하여 병자호란을 일으켰다. 인조는 남한산성으로 피란하여 항전하였으나, 결국 청의 요구를 수용하고 삼전도에서 항복하였다. 이때 소현 세자와 봉림 대군이 청의 볼모로 끌려가기도 하였다.
② 신미양요(1871): 미국이 제너럴셔먼호 사건을 구실로 조선에 개항을 요구하며 강화도에 침입한 사건이다.
③ 임진왜란(1592): 일본의 도요토미 히데요시가 전국 시대를 통일한 후 명을 공격한다는 구실로 조선을 침략하여 발발한 전쟁이다.
④ 살수대첩(612): 수 양제의 113만 대군이 고구려를 공격하자 을지문덕이 이들을 살수로 유인하여 대승을 거둔 전쟁이다.

23 고부 군수 조병갑이 강제로 세금을 징수하는 등 횡포를 부리자 농민들은 동학교도 전봉준을 중심으로 고부 농민 봉기를 일으켰다. 이후 안핵사 이용태가 농민 봉기의 참가자를 탄압하자 전봉준을 비롯한 동학 교도와 농민들은 동학 농민 운동을 일으켰다. 농민군은 황토현·황룡촌 전투에서 승리하여 전주성을 점령하고 전라도 일대를 장악하였다. 그러나 사태 진압을 위해 조선 정부의 요청으로 외세가 들어오자 농민군은 정부와 전주 화약을 맺고 집강소를 설치한 후 해산하였다.

24 조선 정조는 왕권과 정책을 뒷받침하는 기구인 규장각을 설치하였고, 방어뿐만 아니라 공격 기능을 겸한 수원 화성을 건설하였다. 또한, 법전인 『대전통편』을 편찬하여 문물제도를 정비하였다.

25 1987년 전두환 정부의 박종철 고문치사 사건과 4·13 호헌 조치에 반발하여 직선제 개헌과 민주 헌법 제정을 요구하는 6월 민주 항쟁이 전국적으로 확산되었다. 그 결과 5년 단임의 대통령 직선제를 바탕으로 한 개헌이 이루어졌다.

제5교시 과학

01 ②	02 ①	03 ②	04 ①	05 ④
06 ①	07 ③	08 ④	09 ③	10 ①
11 ②	12 ④	13 ②	14 ①	15 ③
16 ③	17 ④	18 ④	19 ③	20 ①
21 ②	22 ③	23 ②	24 ④	25 ④

01 공을 지구 중심 방향으로 떨어지게 하는 힘은 중력이다.
중력
• 방향: 지구 중심 방향
• 크기: 중력의 크기는 물체의 질량에 비례하며, 지구와 물체 사이의 거리가 멀어질수록 작아진다.

02 빛의 삼원색(빨간색, 초록색, 파란색)이 모두 합성되면 흰색으로 보인다. 따라서 ㉠은 흰색이다.

합성하는 색	보이는 색
빨간색 + 초록색	노란색
빨간색 + 파란색	자홍색
초록색 + 파란색	청록색
빨간색 + 초록색 + 파란색	흰색

03 저항$(R) = \dfrac{전압(V)}{전류(I)}$이므로 니크롬선의 저항은 $\dfrac{4}{2} = 2\,\Omega$이다.

04 각 물질 1 kg에 같은 열량을 가하였을 때 온도 변화가 큰 물질은 비열이 작은 물질이다. 따라서 표에 제시된 물질 중 온도 변화가 가장 큰 물질은 비열이 가장 작은 철이다.
비열
단위 질량(1 kg)의 물질을 단위 온도(1 ℃)만큼 높이는 데 필요한 열량
• 비열의 단위: kcal/(kg·℃)
• 온도 변화가 작은 물질은 비열이 큰 물질, 온도 변화가 큰 물질은 비열이 작은 물질이다.

05 레일을 따라 쇠구슬이 운동할 때 속력이 가장 큰 D에서 운동 에너지가 가장 크다.

운동 에너지
- 운동하는 물체가 지니는 에너지
- 운동 에너지는 물체의 질량과 속력의 제곱에 각각 비례한다.

$$운동\ 에너지 = \frac{1}{2} \times 질량 \times (속력)^2,\ E_k = \frac{1}{2}mv^2\ (J)$$

06 일정한 속력으로 4초 동안 4 m 이동하였으므로 이 물체의 속력 은

$$\frac{이동\ 거리}{시간} = \frac{4\ m}{4\ s} = 1\ m/s\ 이다.$$

07 기체의 온도가 높아지면 기체의 부피가 증가하고 기체 입자의 운동은 빨라진다.

샤를 법칙
압력이 일정할 때, 기체의 종류와 관계없이 기체의 부피는 온도 에 비례한다.

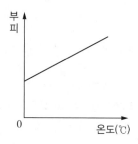

08 끓는점은 물질이 액체 상태에서 기체 상태로 변화할 때의 온도 로, 상태가 변하는 동안에는 열에너지가 상태 변화에 이용되어 온도의 변화가 없다. 따라서 주어진 표에서 20분 이후부터는 온도가 100 ℃에서 더 이상 변화가 없으므로 물의 끓는점은 100 ℃이다.

09 불꽃 반응 색이 노란색이며, 염화 나트륨과 질산 나트륨에 공통 으로 포함된 원소는 나트륨이다.

불꽃 반응
- 어떤 물질(금속)을 불꽃 속에 넣었을 때, 독특한 불꽃색을 나 타내는 반응이다.
- 구리 – 청록색, 칼륨 – 보라색, 스트론튬 – 빨간색

10 주어진 그래프에서 40 ℃의 물 100 g에 용해도가 가장 큰 물질 은 질산 나트륨임을 알 수 있다.

용해도
- 일정한 온도에서 일정량의 용매에 녹을 수 있는 용질의 최대량 으로, 보통 용매 100 g에 녹아 들어간 용질의 g수로 나타낸다.
- 일정한 온도에서 같은 용매에 대한 용해도는 물질마다 다르다.
- 같은 물질이라도 용매의 종류와 온도에 따라 용해도가 달라 진다.

11 구리와 산소가 반응하여 산화 구리(Ⅱ)를 생성할 때 질량비는 다음과 같다.

구리 + 산소 → 산화 구리(Ⅱ)		
질량비 4	: 1	: 5

따라서 구리 8 g이 모두 반응하여 산화 구리(Ⅱ) 10 g이 생성되 었다면, 이때 반응한 산소의 질량은 2 g이다.

12 해바라기는 식물계에 속한다.

동물계
- 광합성을 하지 못하며, 먹이를 섭취해서 영양분을 얻는다.
- 대부분 운동 기관이 있어 이동이 가능하다.
  예 나비, 참새, 개구리 등

13 두 종류 이상의 기체가 반응할 때 반응하는 기체와 생성되는 기체의 부피 사이에는 간단한 정수비가 성립된다(기체 반응 법 칙). 이때 기체 사이의 부피비는 화학 반응식에서 계수비와 같다. 따라서 질소 기체(N_2)와 수소 기체(H_2)가 반응하여 암모니아 기체(NH_3)가 생성될 때 화학 반응식은 $N_2 + 3\ H_2 \rightarrow 2\ NH_3$이 므로 ㉠에 알맞은 숫자는 2이다.

14 광합성은 식물이 물과 이산화 탄소를 재료로 빛에너지를 이용 하여 포도당과 산소를 만드는 과정이다. 따라서 광합성 결과 생 성된 물질 ㉠은 포도당이다.

15 동물의 구성 단계 중 연관된 기능을 하는 기관들이 모여 특정한 역할을 하는 단계는 기관계이다. 기관계는 동물에게만 존재하 는 단계이기도 하다.
① 세포: 생명체를 구성하는 기본 단위
② 조직: 모양과 기능이 비슷한 세포들의 모임
④ 개체: 하나의 독립된 생명체

16 음식물 속의 크기가 큰 영양소가 세포 안으로 흡수될 수 있도록 크기가 작은 영양소로 분해되는 과정은 소화이다. 녹말은 입, 위, 소장을 거치면서 최종적으로 포도당으로 분해되어 소장 벽 의 융털을 통해 흡수된다.

17 온몸에 그물처럼 퍼져 있으며, 물질 교환이 일어나는 혈관은 모 세 혈관이다.

혈관의 구분

동맥	심장에서 나오는 혈액이 흐르는 혈관으로, 혈압이 높고 혈관 벽이 두꺼우며, 탄력성이 강하다.
정맥	심장으로 들어오는 혈액이 흐르는 혈관으로, 혈압이 낮고 혈관 벽이 얇으며, 판막이 있다.
모세 혈관	온몸에 그물처럼 퍼져 있으며, 매우 가느다란 혈관 으로, 혈관 벽이 한 겹의 세포층으로 되어 있어 조직 세포와 물질 교환이 잘 일어난다.

18 눈의 구조 중 시각 세포가 분포하여 상이 맺히는 곳은 D(망막)이다.
① A(각막): 눈의 가장 앞에 있는 투명한 막으로, 외부로부터 눈을 보호한다.
② B(수정체): 빛을 굴절시켜 상이 망막에 맺히도록 한다.
③ C(유리체): 눈 속을 채우는 투명한 물질이다.

19 순종인 둥근 완두(RR)와 순종인 주름진 완두(㉠)를 교배하여 얻은 자손 1대가 모두 유전자형이 Rr인 둥근 완두이므로 자손 1대는 어버이로부터 각각 유전자형이 R와 r인 생식 세포를 받은 것이다. 따라서 어버이 중 순종인 주름진 완두(㉠)의 유전자형은 rr이다.

20 지구계의 구성 요소 중 지구를 둘러싸고 있는 대기이며, 여러 가지 기체로 이루어져 있는 것은 기권이다.

지구계의 구성 요소

기권	지구를 둘러싸고 있는 공기층
수권	빙하, 강물, 바닷물 등 지구상에서 물이 존재하는 영역(수증기는 기권)
지권	암석과 흙으로 이루어진 지구의 표면과 내부
생물권	인간을 비롯한 생물이 살고 있는 영역
외권	지구의 기권 바깥에 있는 우주 환경

21 광물의 특성 중 광물의 단단한 정도를 나타내는 것은 굳기이다. 굳기가 서로 다른 광물끼리 긁으면 덜 단단한 광물에 긁힌 자국이 남는다.
① 색: 광물의 겉보기 색으로, 석영은 무색 또는 흰색, 장석은 흰색 또는 분홍색, 흑운모는 검은색이다.
③ 자성: 자석처럼 쇠붙이를 끌어당기는 성질로, 자철석이 대표적인 예이다.
④ 염산 반응: 묽은 염산과 반응하여 기체가 발생하는 성질로, 방해석이 염산 반응을 나타낸다.

22 지구가 태양 주위를 1년에 한 바퀴씩 도는 운동은 지구의 공전이다. 지구의 공전으로 밤낮의 길이 변화, 계절별 별자리의 변화 등이 나타난다.
① 일식: 달이 태양을 가려 지구에서 태양이 보이지 않는 현상으로, 태양 – 달 – 지구 순으로 일직선을 이룰 때 나타난다.
② 월식: 달이 지구의 그림자 속에 들어가 달이 보이지 않는 현상으로, 태양 – 지구 – 달 순으로 일직선을 이룰 때 나타난다.
④ 지구의 자전: 지구가 자전축을 중심으로 하루에 한 바퀴씩 서에서 동으로 회전하는 운동이다.

23 밀물과 썰물에 의해 해수면의 높이가 주기적으로 높아졌다 낮아졌다 하는 현상은 조석이다. 조석 현상은 지구 – 달 – 태양 간의 인력에 의해 발생하며, 해수면이 가장 높아졌을 때를 만조, 해수면이 가장 낮아졌을 때를 간조라고 한다.

24 우리나라의 춥고 건조한 겨울 날씨에 영향을 주는 것은 한랭 건조한 성질을 가진 D 기단(시베리아기단)이다.
① A 기단은 온난 건조한 성질을 지닌 양쯔강기단으로, 우리나라의 봄과 가을 날씨에 영향을 준다.
② B 기단은 저온 다습한 성질을 지닌 오호츠크해기단으로, 우리나라의 초여름 날씨에 영향을 준다.
③ C 기단은 고온 다습한 성질을 지닌 북태평양기단으로, 우리나라의 여름 날씨에 영향을 준다.

25 별의 연주 시차는 별까지의 거리와 반비례한다.

$$별의 거리(\text{pc}) = \frac{1}{연주\ 시차}$$

따라서 별 A~D 중 지구에서 가장 가까운 별은 연주 시차가 가장 큰 D이다.

제6교시 도덕

01 ②	02 ③	03 ④	04 ②	05 ④
06 ①	07 ①	08 ④	09 ③	10 ④
11 ③	12 ④	13 ②	14 ④	15 ③
16 ①	17 ②	18 ①	19 ②	20 ①
21 ③	22 ②	23 ①	24 ③	25 ②

01 현대 사회의 이웃 간에는 사생활 침해, 소통 단절 등으로 인한 갈등이 나타나기도 하는데, 이러한 갈등의 발생을 해결하기 위해서는 상대방을 존중하고 다양성을 인정하며, 양보를 통해 이웃에 대한 배려를 적극적으로 표현하고 실천하는 자세가 필요하다.
①·③·④ 불신, 강요, 협박 등의 자세로 이웃을 대한다면 오히려 갈등이 심화될 수 있다.

02 생명은 한 번 잃으면 소생할 수 없기에 더욱 소중하며, 세상의 그 어느 것과도 바꿀 수 없다. 따라서 생명의 가치를 지키며, 생명 존중을 위해 노력하는 자세가 필요하다.

03 도덕적 성찰이 필요한 이유는 반성을 통해 자신의 삶을 되돌아보고, 객관적 입장에서 바라보며 더 나은 삶의 자세를 찾을 수 있기 때문이다.

04 국제 사회에는 환경 문제, 사회 정의 문제, 국제 평화 문제 등 다양한 문제가 존재한다. 이 중 영양실조와 같이 식량과 자원의 불균형한 분배로 인해 발생하는 빈곤과 기아는 세계 시민의 공적 원조 등의 도움이 절실히 필요한 문제이다.

05 부모와 자식 간의 윤리 중 부모가 자식에게 아낌없이 베푸는 사랑은 자애(慈愛)이다. 이와 반대로, 부모의 자애에 대해 자녀가 부모를 사랑하고 정성껏 잘 섬기는 도리는 효도이다.

06 도덕적 신념은 올바른 도덕적 가치를 지켜 올바르게 살아가고자 하는 믿음으로, 도덕적 행위를 이끄는 원동력이 된다.

07 진정한 우정을 맺기 위해서는 서로 배려하는 마음을 지녀야 한다. 또한, 서로에게 진실함을 느끼도록 해 주고, 올바른 길로 이끌어 주어야 한다.

우정의 중요성

인격적 성장	좋은 친구는 인생의 보배로, 친구를 잘 사귀는 것은 인격을 수련하는 좋은 공부가 될 수 있다.
정서적 안정과 행복감	친구와의 교제를 통해 정서적 유대감을 형성하여 안정과 행복감을 느낄 수 있다.
우정의 사회적 확대	올바른 친구 관계를 통해 시민 사회와 소통하고 교류, 협력하여 따뜻한 공동체를 만들 수 있다.

08 인권은 인간이라면 누구나 가지는 기본적 권리로, 인간답게 살기 위해 꼭 필요한 권리이자 반드시 보장받아야 할 권리이다. 따라서 차별이나 편견 등으로 인권을 보장받지 못할수록 개인은 불행해진다.

09 이성 교제 시 성별이 다르다는 이유로 차별해서는 안 되며, 상대방을 있는 그대로 인정해야 한다. 이성에 대한 고정관념이나 편견으로부터 벗어나 올바른 양성평등 의식을 형성해야 한다.

10 ㄱ. 우리 문화만 최고라고 생각하는 자문화 중심주의에서 벗어나 문화의 다양성을 인정하고 조화를 이루도록 노력해야 한다.
ㄴ. 타 문화를 무조건적으로 수용하기보다는 타 문화의 장점은 받아들이고 자신의 문화는 바르게 성찰하여 개선해야 한다.

11 자신의 도덕적 행동이 나와 다른 사람에게 어떤 영향을 미칠지 상상해 보는 것은 도덕적 상상력이다. 어떤 도덕적 문제에 부딪혔을 때 도덕적 상상력을 통해 어떤 일들이 벌어질 것인지 생각해 보고 그에 따른 해결책을 제시할 수 있다.

12 인간의 존엄성은 사회적 지위나 신체적 또는 정신적 조건과 상관없는 가치이므로 사회적 약자 역시 존중받아야 할 권리가 있다. 따라서 최저 생계비 및 기본적인 의료비·교육비 지원 등 사회적 약자의 생활을 지원할 수 있는 제도를 마련하는 것이 적절하다.
① 사회적 약자의 의견 및 어려움에 공감하고 배려한다.
② 사회적 약자를 이유 없이 차별하지 않아야 하며, 차별 금지에 대한 법률 제정 등 사회적 약자를 배려하는 풍토를 조성해야 한다.
③ 사회적 약자에 대한 부정적인 편견을 버려야 하며, 이를 인권 문제로 민감하게 인식해야 한다.

13 삶의 목적을 고민해 보고 자신의 가치관에 따라 진정한 삶의 목적을 설정한다면, 앞으로 살아가면서 생길 수 있는 어려운 일을 극복하는 데 큰 힘이 될 수 있다.

14 욕심, 집착, 걱정은 마음의 고통을 유발하지만, 행복은 정서적 건강을 가져다준다.

정서적으로 건강한 사람의 특징
• 늘 자신을 존중하는 마음을 가지고 있다.
• 어려운 일이 있어도 상황에 맞게 자신의 정서를 잘 표현한다.
• 자신의 감정을 잘 통제하고, 타인의 정서도 잘 고려하여 현명하고 책임감 있게 처신한다.

15 두 가지 이상의 목표나 동기, 감정 등이 서로 충돌하고 대립하는 상태를 갈등이라고 하며, 이러한 갈등은 개개인에게 불편함을 느끼게 하여 사회적 혼란을 가져오기도 한다.

갈등의 원인
• 자원이나 기회가 제한되어 발생한다.
• 소통이 원활하지 않아 오해가 생기면서 발생한다.
• 개인이나 집단 간의 가치관과 관점의 차이로 인해 발생한다.

16 ㉠에 들어갈 용어는 폭력이다. 폭력은 신체, 정신, 재산상의 피해를 가져오는 모든 행위로, 다른 사람에게 직간접적으로 피해를 주는 모든 공격적인 행위를 말한다.

17 제삼자가 개입하여 갈등에 대한 해결책을 결정하는 방법은 중재이다.
①·③·④ 조롱, 비난, 회피는 갈등을 더욱 악화시킨다.

18 익명성, 비대면성의 특징을 가지는 정보화 사회에서는 더욱 타인을 존중하고 배려하며, 언어 예절을 지키는 자세가 필요하다.

정보화 시대에 가져야 하는 도덕적 원칙

존중의 원칙	사이버 공간에서도 현실 공간에서 사람들을 대하는 것과 동일하게 서로 존중하는 의무를 지녀야 한다.
책임의 원칙	정보 제공자 및 이용자는 자신의 행동이 가져올 결과를 신중히 생각하고 책임 있게 행동해야 한다.
정의의 원칙	정보의 진실성과 공정성, 완전성을 추구하며 다른 사람의 기본적 자유와 권리를 침해하지 않아야 한다.
해악 금지의 원칙	사이버상에서의 비도덕적 행동을 지양하고 타인에게 피해를 끼치지 않아야 한다.

19 애국심은 자신이 속해 있는 국가를 사랑하고 국가에 헌신하려는 마음으로, 국민으로서 주어진 권리와 의무를 다하는 것이 바람직한 애국심을 실천하는 자세이다.
①·④ 자기 나라만 맹목적으로 추종하고 다른 나라와 민족은 배려하지 않는 자세는 자민족 중심주의와 국수주의에 빠질 수 있다.
③ 법을 지키고 시민의 역할을 다하는 것이 바람직한 자세이다.

20 뇌물 수수, 권력 남용 등 공정한 절차를 무시하고 부당한 방법으로 자기 이익을 챙기는 행위는 부패이다. 부패는 타인의 권리와 이익을 침해하며, 사회 구성원 사이에 불신을 형성하여 사회 통합을 저해한다. 따라서 개인 차원에서의 청렴 의식 고취 및 사회적 차원에서의 부패 방지를 위한 제도적 노력 등이 반드시 필요하다.

21 평화 통일을 이루기 위해서는 상대방에 대한 적대와 불신의 관계를 청산하고 관용, 공존, 편견 해소, 상호 존중의 가치를 내면화해야 한다.

22 정의로운 국가는 기본적으로 인간의 존엄성을 존중해야 하며, 자유, 평등, 민주, 인권, 정의와 공정, 평화, 복지 등 여러 보편적인 가치를 추구해야 한다. 이 중 복지는 경제적 여건에 상관없이 국민 모두가 최소한의 인간다운 생활을 할 수 있도록 국가가 추구해야 하는 가치로, 국가는 국민 전체가 행복하게 살아갈 수 있도록 정책적인 노력을 추구해야 한다.

23 과학 기술의 활용은 우리 삶에 긍정적 변화를 주기도 하지만, 개인 정보 유출, 사이버 폭력 등 디지털 범죄를 일으키기도 한다. 또한, 무분별한 자연 훼손으로 인한 환경 파괴 문제를 가속화하는 문제점도 발생한다.
　ㄷ・ㄹ. 인류의 건강 증진과 시・공간을 초월한 다양한 교류는 과학 기술을 통한 삶의 긍정적인 변화이다.

24 ㉠에 들어갈 용어는 사실이다.

도덕 추론의 과정
• 형식: 도덕 원리 + 사실 판단 = 도덕 판단

도덕 원리	원리의 근거로, 모든 사람이나 행위 전체에 대해 보편적으로 평가하는 도덕 판단이다.
사실 판단	사실의 근거로, 참과 거짓을 객관적으로 확인하는 판단이다.
도덕 판단	어떤 구체적인 도덕 문제에 대해 도덕 원리와 사실 판단을 통해 내리는 판단이다.

• 과정: 도덕적 문제 발생 → 도덕 판단에 대한 근거(도덕 원리, 사실 판단) → 도덕 판단

25 물품을 구매할 때 장바구니를 사용하면 일회용 비닐 등의 쓰레기를 줄일 수 있다.

환경친화적 소비
• 소비하는 제품에 대해 생산, 유통, 소비, 폐기, 재생의 전 과정을 고려한다.
• 미래 세대를 고려한 환경 보전의 가치를 생각하여 자연과의 조화를 이루는 지속 가능한 소비 생활을 추구한다.

우리는 삶의 모든 측면에서 항상 '내가 가치있는 사람일까?' '내가 무슨 가치가 있을까?'라는 질문을
끊임없이 던지곤 합니다. 하지만 저는 우리가 날 때부터 가치있다 생각합니다.

– 오프라 윈프리 –

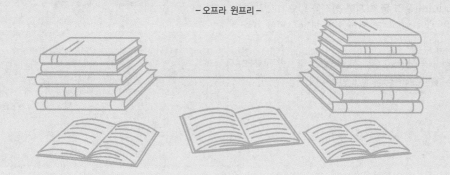

중·졸·검·정·고·시

2022년도

합격의 공식 시대에듀 www.sdedu.co.kr

2022년도 기출문제
정답 및 해설

제1교시 국어

01 ②	02 ②	03 ③	04 ②	05 ①
06 ②	07 ③	08 ①	09 ①	10 ③
11 ③	12 ②	13 ④	14 ①	15 ④
16 ②	17 ①	18 ①	19 ④	20 ④
21 ④	22 ④	23 ①	24 ②	25 ③

01 학생들은 학교 화단이 허전하다는 문제에 대한 최선의 해결안을 얻기 위해 의논하고 있다. 따라서 제시된 대화는 문제 해결을 위한 토의이다.

02 '민수'는 책들을 도서관으로 혼자 옮길 수 없는 상황에서 '재희'에게 ㉠과 같이 말하며 우회적으로 도움을 요청하고 있다.

03 '희망'은 이중모음 [ㅢ]가 자음을 첫소리로 가지고 있는 음절이므로 [희망]이 아닌 [히망]으로 발음해야 한다.
① '무늬'는 이중모음 [ㅢ]가 자음을 첫소리로 가지고 있는 음절이므로 [무니]로 발음한다.
② '의자'는 이중모음 [ㅢ]가 자음을 첫소리로 가지고 있지 않으므로 그대로 발음한다.
④ '띄어쓰기'는 이중모음 [ㅢ]가 자음을 첫소리로 가지고 있는 음절이므로 [띠어쓰기]로 발음한다.

04 시험에 틀림없이 꼭 합격할 것이라는 의미로 '반드시'를 사용한 ②가 가장 적절하다.
①·③·④ 자연스러운 이치에 대한 설명이므로 '반듯이'가 아니라 '반드시'가 쓰여야 한다.

05 '눈이 작아서'는 아이의 외양에 대한 설명일 뿐, 원래의 뜻과는 다른 특별한 뜻을 나타내지 않는다.
② 귀가 얇다: 남의 말을 쉽게 받아들인다.
③ 배꼽 빠지다: 몹시 우습다.
④ 발이 넓다: 사귀어 아는 사람이 많아 활동하는 범위가 넓다.

06 'ㅗ'는 입술을 둥글게 오므려 소리 내는 모음으로, ㉠에 해당한다.
①·③·④ 입술을 둥글게 오므리지 않고 발음하는 평순 모음이다.

07 '새'는 체언 '옷' 앞에 놓여서 그 말을 꾸며 주는 관형사이다.
① '매우'는 형용사 용언 '착하다'를 꾸며 주는 부사이다.
② '빨리'는 동사 용언 '끝내다'를 꾸며 주는 부사이다.
④ '살며시'는 동사 용언 '건네주다'를 꾸며 주는 부사이다.

08 주어 '국화가'와 서술어 '피었다'가 한 번씩 나타나는 홑문장으로, ㉠에 해당한다.
② '소리도 없이'라는 부사절이 문장 내에서 '다가왔다.'라는 서술어를 꾸며 주는 역할을 한다. 이는 겹문장 중 안긴문장에 해당한다.
③ '나는 노래하고'와 '영희는 춤춘다.'가 대등하게 이어져서 더 큰 문장을 이루고 있다. 이는 겹문장 중 대등적으로 이어진 문장에 해당한다.
④ '비가 그쳐서'라는 원인으로 인해 '지수는 외출하였다.'라는 결과가 발생하였다. 이는 겹문장 중 종속적으로 이어진 문장에 해당한다.

09 즉석식품은 몸에 필요한 영양소를 결핍시키고, 나트륨과 식품 첨가물이 과다하게 함유되어 있다는 두 근거를 바탕으로 '즉석식품의 과도한 섭취는 건강에 해롭다.'라는 주장을 도출할 수 있다.

10 이 글은 축제 방문자에게 축제의 만족도를 묻는 설문 조사를 바탕으로 한 글쓰기 계획이다. 제시된 설문 조사의 불만족 사항을 통해 문제점을 찾고, 만족 사항을 통해 발전 방안을 찾고자 한다. 따라서 이 글의 목적은 '우리 지역 축제의 문제점과 발전 방안을 찾기 위해'가 가장 적절하다.

> **작품 해설** 오정희, 「소음공해」
> • 갈래: 현대 소설, 단편 소설
> • 성격: 비판적, 교훈적
> • 제재: 소음공해
> • 주제: 이웃에 무관심한 현대인의 삶에 대한 반성
> • 특징
> – 수필의 성격을 지닌 소설임
> – 앞부분에서 궁금증을 불러일으키고, 절정 부분에서 반전을 통해 궁금증을 해소함
> – '인터폰'을 통해 이웃과 단절된 채 기계로만 대화하는 현대인의 모습을 단적으로 드러냄

11 '나'는 층간 소음으로 갈등을 빚던 위층 여자가 휠체어를 타고 나오는 모습을 보고 할 말을 잃은 채 부끄러움으로 얼굴만 붉혔다. 이를 통해 '나'가 위층 여자의 사정을 알고 부끄러움을 느꼈음을 알 수 있다.
① 경비원은 위층 여자와 '나' 사이의 말만 전달할 뿐, 문제를 적극적으로 해결하지 않았다.
② 위층 여자가 아닌, '나'가 위층의 소음에 대해 여러 번 항의한 것이다.
④ '나'는 위층 여자에게 슬리퍼를 선물하려고 찾아간 후에야 자신이 오해하였음을 알게 되었다.

12 윗글에서 '선물로 준비한 과일'은 나타나지 않았으므로 연극 공연에 준비할 소품이 될 수 없다.
① 휠체어를 타고 나타난 위층 여자가 덮고 있는 것으로, 필요한 소품이다.
③ '나'가 위층 여자에게 선물하려던 것으로, 필요한 소품이다.
④ 위층 여자가 내는 소음의 원인으로, 필요한 소품이다.

13 ㉣은 위층 여자가 안쪽에서 방문한 이가 누구인지 묻는 소리로, 그 성격이 다르다.
①·②·③ '나'와 위층 여자가 갈등을 빚는 원인인 소음이다.

> **작품 해설** 기형도, 「엄마 걱정」
> • 갈래: 자유시, 서정시
> • 성격: 회상적, 감각적, 서사적
> • 제재: 가난하였던 어린 시절
> • 주제: 시장에 간 엄마를 기다리던 어린 시절의 외로움
> • 특징
>   − 현재의 화자가 가난하고 외로웠던 어린 시절을 회상하고 있음
>   − 시각, 촉각, 청각적 심상으로 유년기의 고통스러운 기억을 형상화함

14 '아주 먼 옛날 / 지금도 내 눈시울을 뜨겁게 하는'과 같은 시구를 통해 어른이 된 화자가 가난하였던 어린 시절을 회상하고 있음을 알 수 있다.
② '어둡고 무서워'라는 정서를 드러내고 있지만 그와 상반되는 속마음은 드러나지 않으며, 현실 비판 의도 또한 없다.
③ '타박타박'이라는 의성어를 통해 고된 하루로 지친 어머니의 발소리를 표현하고 있다.
④ '찬밥', '배춧잎 같은 발소리', '금간 창 틈', '빗소리'와 같이 감각적 표현을 사용하고 있으나, 이는 행복하였던 기억이 아닌 가난하고 고달팠던 어린 시절을 생생하게 전달한다.

15 [A]는 시장에 간 어머니를 홀로 기다리는 화자의 모습을 나타내는 대목으로, '부끄러움'의 정서는 나타나지 않았다.

16 '나는 찬밥처럼 방에 담겨'에서 볼 수 있듯이, 일하러 가신 어머니를 기다리는 '나'의 모습은 '찬밥'에 빗대어 표현되었다. 이는 홀로 어머니를 기다리던 어린 시절의 화자의 쓸쓸한 모습을 나타낸다.

> **작품 해설** 규중의 어느 부인, 「규중의 일곱 벗」
> • 갈래: 고전 수필
> • 성격: 교훈적, 우화적
> • 제재: 바느질에 사용하는 도구
> • 주제: 자신에 대한 공치사만 일삼는 세태에 대한 풍자, 직분에 따른 성실한 삶의 추구
> • 특징: 의인화를 사용하여 인간 세태를 비판함

17 '척 부인이 긴 허리를 뽐내며 말하기를,', '길이와 넓이며 솜씨와 격식을 내가 아니면 어찌 이루리오.'와 같은 내용을 통해 ㉠이 치수를 재는 '자'임을 알 수 있다.
② ㉡은 '두 다리'를 가지고 '베어 내는' 행위를 하는 '가위'이다.
③ ㉢은 '붉으락푸르락한 얼굴'을 가졌으며, '솔기'를 꿰매는 역할을 하는 '실'이다.
④ ㉣은 '두꺼운 낯'을 지녀 '세요(바늘)의 귀'에 찔리더라도 견딜 수 있는 '골무'이다.

18 '칠우가 모여 바느질의 공을 의논하는데'와 같은 구절을 통해 칠우가 모여 함께 이루어 내는 일이 '옷 만들기'임을 알 수 있다.

19 ㉮는 '바늘 가는 데 실이 간다.'라는 속담과 같이 세요(바늘)의 뒤를 따르는 청홍흑백 각시(실)의 모습을 나타낸다. 따라서 그 의미는 '바늘귀에 꿰여 달려 있는 실의 모습'임을 알 수 있다.

> **작품 해설** 박경화, 「도시의 밤은 너무 눈부시다」
> • 갈래: 논설문
> • 성격: 설득적, 비판적
> • 제재: 야간의 인공 불빛(빛 공해)
> • 주제: 생물체의 건강한 삶을 위해 야간의 인공 불빛을 줄이자
> • 특징
>   − 야간의 인공 불빛으로 인한 문제점을 제시함
>   − 믿을 만한 자료를 인용하여 글의 신뢰성을 높이고 문제의 심각성을 강조함

20 이어지는 문장인 '밤새 가로수에 매달려 우는 매미 때문에 창문을 열어 놓을 수가 없다.'를 바탕으로 보았을 때, ㉠에는 '창밖에서 들리는 시끄러운 매미 울음소리'가 들어가는 것이 적절하다.

21 [A]는 세계적으로 유명한 과학 잡지 「네이처」의 조사 결과를 인용하여 '사람도 빛 공해의 피해를 입고 있다.'라는 주장의 신뢰도를 높이고 있다.

22 ㉤은 '시간이 들다.'라는 의미로, 이와 같은 뜻으로 쓰인 것은 ④이다.
① '병이 들다.'라는 의미이다.
② '어떤 물체가 떨어지지 않고 벽이나 못 따위에 매달리다.'라는 의미이다.
③ '막히거나 잡히다.'라는 의미이다.

> **작품 해설** 고현덕 외, 『살아있는 과학 교과서 1』
> • 갈래: 설명문
> • 성격: 객관적, 사실적
> • 제재: 남극과 북극의 차이
> • 주제: 남극과 북극의 지역·기후적 차이점
> • 특징: 남극과 북극의 특징을 비교·대조하여 내용을 전개함

23 '남극과 북극 가운데 어디가 더 추울까? 남극이 훨씬 춥다.'라는 첫 번째 문장을 통해 남극이 북극보다 춥다는 것을 알 수 있다. 따라서 일치하지 않는 것은 ①이다.

24 이 글은 남극과 북극의 기온을 비교하며 둘 중 더 추운 곳을 근거를 통해 가려내고 있다. 빈칸에 들어갈 말로 가장 적절한 것은 '기온, 비, 눈, 바람 따위의 대기(大氣) 상태'와 관련된 '기후적'이다.

25 ㉠ 이후의 문장은 '남극에는 연구를 목적으로 거주하는 사람들 외에는 원주민이 없다.'에 대한 이유를 설명한다. 이는 원인과 결과의 관계로 설명하는 '인과'의 방식이므로 ㉠에 들어갈 접속어로 가장 적절한 것은 '왜냐하면'이다.
① 여러 가지 예나 사실을 늘어놓고 설명하는 '열거'의 접속어이다.
② 여러 가지 예나 사실을 늘어놓고 설명하는 '역접'의 접속어이다.
④ 구체적이고 친근한 예를 제시하여 설명하는 '예시'의 접속어이다.

제2교시 수학

01 ②	02 ①	03 ④	04 ②	05 ②
06 ②	07 ③	08 ④	09 ④	10 ③
11 ①	12 ②	13 ③	14 ④	15 ④
16 ①	17 ①	18 ③	19 ③	20 ①

01
$$\begin{array}{r} 7\,)\,56 \\ 2\,)\,8 \\ 2\,)\,4 \\ 2 \end{array}$$
$\therefore\ 2^3 \times 7 = 56$

02 ② $-1 > -2$
③ $3 > -1$
④ $7 > 4$

03 $2x + y$에 $x = 3$, $y = -1$을 대입하여 풀면
$2x + y = 2 \times 3 + (-1) = 5$

04 직사각형의 둘레의 길이는 $2 \times ($가로의 길이 $+$ 세로의 길이$)$이다.
주어진 직사각형의 둘레의 길이는 $24\,\text{cm}$이므로
$2 \times (7 + x) = 24$에서
$14 + 2x = 24$, $2x = 10$
$\therefore\ x = 5$

05 아래 그림에서 $\angle a + 120° = 180°$이므로
$\angle a = 180° - 120° = 60°$

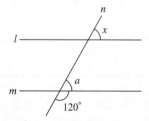

따라서 $l \,/\!/\, m$이므로
$\angle x = \angle a = 60°$

06 합동인 두 원에서 부채꼴의 호의 길이는 중심각의 크기에 정비례하므로 $30° : 90° = x : 12$에서
$1 : 3 = x : 12$, $3x = 12$
$\therefore\ x = 4$

07 일일 평균 스마트폰 사용 시간이 3시간 이상 4시간 미만인 청소년은 12명, 4시간 이상 5시간 미만인 청소년은 8명이다.
따라서 일일 평균 스마트폰 사용 시간이 3시간 이상은 청소년의 수는
$12 + 8 = 20$ (명)

08 $\dfrac{4}{9}$ 를 순환소수로 나타내면 $0.\dot{4}$ 이다.

09 $a \times a^2 \times a^3 = a^{1+2+3} = a^6$

10 $\begin{cases} x+y=1 & \cdots\cdots \ \bigcirc \\ 2x-y=2 & \cdots\cdots \ \bigcirc \end{cases}$

$\bigcirc$ 에서 $y=1-x$ $\cdots\cdots$ $\bigcirc$

$\bigcirc$ 에 $\bigcirc$ 을 대입하여 풀면

$2x-(1-x)=2$, $3x-1=2$

$3x=3$

$\therefore \ x=1$

$\bigcirc$ 에 $x=1$ 을 대입하여 풀면 $y=0$

11 일차함수 $y=ax$ 의 그래프를 y 축의 방향으로 2 만큼 평행이동 하면 $y-2=ax$, 즉 $y=ax+2$ 이다.

이 그래프는 일차함수 $y=-2x+2$ 의 그래프와 일치하므로

$a=-2$

12 평행사변형의 마주 보는 두 변의 길이는 서로 같으므로

$x=5$

평행사변형의 마주 보는 두 대각의 크기는 서로 같으므로

$y=120$

13 닮음비는 서로 닮은 두 평면도형에서 대응변의 길이의 비이 므로

$4:6$, 즉 $2:3$

14 주사위 한 개를 던질 때 일어날 수 있는 모든 경우의 수는 6 이다.

또, 한 번 던질 때 나오는 눈의 수가 3 이상인 경우는 3, 4, 5, 6 의 4 이다.

따라서 구하는 확률은 $\dfrac{4}{6}=\dfrac{2}{3}$

15 $3\sqrt{2}+\sqrt{2}=(3+1)\sqrt{2}=4\sqrt{2}$

16 이차방정식 $(x-1)(x-3)=0$ 의 두 근은 $x=1$ 또는 $x=3$ 이다.

따라서 구하는 다른 한 근은 $x=3$ 이다.

17 ② y 축에 대칭이다.

③ $x=1$ 일 때 $y=-2\times1^2=-2$ 이므로 점 $(1,\ -2)$ 를 지 난다.

④ 꼭짓점의 좌표는 $(0,\ 0)$ 이다.

18 $\cos B = \dfrac{\overline{BC}}{\overline{AB}} = \dfrac{4}{5}$

19 원에서 한 호에 대한 원주각의 크기는 그 호에 대한 중심각의 크기의 $\dfrac{1}{2}$ 이므로

$\angle APB = \dfrac{1}{2} \times \angle AOB$

$\therefore \ \angle AOB = 2 \times \angle APB = 2 \times 35° = 70°$

20 ② 양의 상관관계에 있다.

③·④ 상관관계가 없다.

제3교시 영어

01 ①	02 ②	03 ②	04 ④	05 ④
06 ①	07 ③	08 ③	09 ②	10 ③
11 ②	12 ②	13 ③	14 ④	15 ④
16 ③	17 ②	18 ④	19 ④	20 ①
21 ①	22 ④	23 ③	24 ①	25 ②

01 밑줄 친 'boring'은 '지루한'의 의미이다.

• hear: 듣다(hear-heard-heard)

• watch: 보다, 지켜보다

 해석

나는 이 영화가 <u>지루하다</u>고 들었어. 그래서 나는 그 영화를 보고 싶지 않아.

02 'tell(말하다)'과 'speak(말하다)'는 유의어 관계이며, ①, ③, ④ 는 반의어 관계이다.

① buy(사다) − sell(팔다)

③ push(밀다) − pull(당기다)

④ start(시작하다) − finish(끝나다)

03 '이것은 ~이다'라는 의미일 때, 주어(This)가 3인칭 단수이므로 동사는 'is'가 적절하다.

 해석

이것은 내가 좋아하는 노래들 중 하나<u>이다</u>.

04 '~얼마예요?'라고 가격을 물을 때는 'How much~?'를 사용 한다.

해석

A: 실례합니다. 이 책은 얼마예요?

B: 그것은 5달러 밖에 안 돼요.

05 대화에서 빈칸 다음에 'dishes'가 있으므로 문맥상 '설거지하다 (wash the dishes)'라는 의미가 되어야 한다. 따라서 빈칸에 적절한 것은 'wash'이다.
• wash the dishes: 설거지하다

> **해석**
> A: 설거지해 줄래?
> B: 미안하지만, 나는 시간이 없어. 내가 나중에 해줄게.

06 대화에서 A가 이 재킷을 매우 좋아한다고 하자 B가 그 재킷을 왜 좋아하냐고 묻고 있다. 따라서 A의 대답으로 적절한 것은 'I like the color(나는 그 색이 좋아)'이다.
② 그들은 매우 피곤해 보여
③ 그것에 대해 걱정하지 마
④ 나는 잡지를 읽고 있어

> **해석**
> A: 나는 이 재킷을 매우 좋아해.
> B: 너는 그 재킷을 왜 좋아하니?
> A: 나는 그 색이 좋아.

07 'park'는 동사로 쓰일 때는 '주차하다', 명사로 쓰일 때는 '공원'이라는 두 가지 뜻을 가지고 있다. 첫 번째 문장에서는 '주차하다', 두 번째 문장에서는 '공원'이라는 의미로 빈칸에 들어간다.
① fly: 동 날다, 명 파리
② cook: 동 요리하다, 명 요리사
④ watch: 동 보다, 명 시계

> **해석**
> ○ 당신은 여기에 당신의 차를 주차할 수 없어요.
> ○ 공원에 소풍 가자.

08 제시된 주간 계획표를 보면 목요일(Thursday)에 할 일은 '피자 만들기'이다.
• Tuesday: 화요일
• Wednesday: 수요일
• Thursday: 목요일
• Friday: 금요일

> **해석**
>
> | 화요일 | 수요일 | 목요일 | 금요일 |
> |---|---|---|---|
> | 자전거 타기 | 수영하기 | 피자 만들기 | 축구하기 |

09 그림에서 소년은 바이올린을 연주하고 있으므로 빈칸에 들어갈 말은 'playing'이 적절하다.
• play the violin: 바이올린을 연주하다

> **해석**
> A: 소년을 무엇을 하고 있나요?
> B: 그는 바이올린을 연주하고 있어요.

10 대화에서 B가 'Where shall we meet(우리 어디서 만날까)?'라고 묻자 A가 'How about school playground(학교 운동장은 어때)?'라고 제의한다. 그러자 B가 좋다고 대답하고 있으므로 두 사람이 만날 장소는 '운동장'이다.
• why don't we ~?: ~하는 게 어때?
• how about~ ?: ~는 어때?(제의를 할 때 씀)
• badminton: 배드민턴
• at 3 o'clock: 3시에

> **해석**
> A: 우리 오늘 배드민턴 치는 것 어때?
> B: 좋아. 우리 어디서 만날까?
> A: 학교 운동장 어때?
> B: 좋아. 거기서 3시에 보자.

11 대화에서 A가 B에게 영화 보러 가도 되냐고 물었더니, B가 누구와 함께 갈 거냐고 되물었으므로 A의 대답은 'I'm going to go with Sora(소라와 함께 갈 거예요)'가 가장 적절하다.
① 3시예요
③ 우리는 *The Planet*을 보러 갈 거예요
④ 우리는 극장 앞에서 만날 거예요

> **해석**
> A: 엄마, 영화 보러 가도 돼요?
> B: 누구랑 같이 갈 거니?
> A: 소라와 함께 갈 거예요.

12 A가 B에게 너는 어떤 계절을 좋아하냐고 물었더니 B는 해변에 갈 수 있어서 여름을 좋아한다고 답하고 있으며, 이에 A는 스키 타기를 즐겨서 겨울을 좋아한다고 말하고 있다. 따라서 대화의 주제로 가장 적절한 것은 '좋아하는 계절'이다.
• season: 계절
• beach: 해변
• skiing: 스키 타기

> **해석**
> A: 너는 어떤 계절을 좋아해?
> B: 나는 해변에 갈 수 있어서 여름을 좋아해.
> A: 나는 스키타기를 즐겨서, 겨울을 좋아해.

13 홍보문에는 장소(Place), 날짜(Date), 활동 내용(Activity)만 제시되어 있으므로 참가비에 대한 내용은 알 수 없다.
- modern: 현대의
- activity: 활동
- draw: 그리다

> **화가들에게 배우다**
> ○ 장소: 현대 미술 박물관
> ○ 날짜: 2022년 5월 7일
> ○ 활동 내용: 화가들과 함께 그림 그리기

14 글의 세 번째 문장에서 'We have a special event today(우리는 오늘 특별한 행사를 하고자 한다).'라고 되어 있으며, 이후 문장에서 Julia Smith가 새 책에 대해 이야기할 것이라는 내용이 나오므로 방송의 목적으로 적절한 것은 '도서관 특별 행사 안내'이다.
- downtown library: 시내 도서관
- special: 특별한
- event: 행사
- main: 주된, 가장 큰
- miss: 놓치다

> 안녕하세요. 시내 도서관에 오신 것을 환영합니다. 우리는 오늘 특별한 행사를 하고자 합니다. Julia Smith가 오후 2시 메인홀에서 그녀의 새 책 *Harry Botter*에 대해 이야기할 것입니다. 만약 당신이 팬이라면, 이 행사를 놓치지 마세요!

15 대화에서 A가 무슨 일 있냐고 묻자, B는 'I have to give a speech in English. I'm so nervous(나는 영어로 연설을 해야 해. 나는 너무 불안해).'라고 답하고 있다. 따라서 B가 긴장한 이유는 '영어로 연설을 해야 해서'이다.
- What's wrong?: 무슨 일 있니?
- give a speech: 연설하다
- nervous: 불안해하는, 두려워하는
- worry: 걱정하다

> A: 안녕, 주디야. 너 걱정 있어 보여. 무슨 일 있니?
> B: 나는 영어로 연설을 해야 해. 나는 너무 불안해.
> A: 걱정 마. 너는 잘 해낼 거야.

16 글의 네 번째 문장에서 'It moves slowly in the water(그것은 물에서 천천히 움직인다).'라고 하였으므로 '빠르게 이동한다.'는 글의 내용과 일치하지 않는다.
- seahorse: 해마
- interesting: 흥미로운
- in many ways: 여러모로
- danger: 위험
- change: 바꾸다, 변하다

> 해마는 여러모로 매우 흥미롭다. 해마는 물고기의 한 종류이지만, 말처럼 생겼다. 그것은 서서 헤엄친다. 그것은 물에서 천천히 이동한다. 위험에 닥쳤을 때, 그것은 색을 바꿀 수 있다.

17 주어진 말에서 어디에 가느냐는 물음에 가는 장소를 답하고(A), 다시 책이 무거워 보여 도와주겠다는 물음(C)에, 고맙다고 답하는 것(B)이 자연스럽다. 따라서 주어진 말에 이어질 적절한 배열 순서는 (A) - (C) - (B)이다.
- return: 놀려수나, 돌아오나
- heavy: 무거운

> 세호야, 어디 가니?
> (A) 도서관에. 나는 이 책들을 반납해야 해.
> (C) 그것들은 무거워 보인다. 내가 좀 도와줄까?
> (B) 응. 고마워!

18 글의 세 번째와 네 번째 문장을 보면, 리더기가 그의 카드에 돈이 충분하지 않다고 말하였고, 그래서 그는 버스에서 내렸다고 되어 있다. 따라서 Minsu가 버스에서 내린 이유는 '버스 카드 잔액이 부족해서'이다.
- reader: (카드) 리더기, 단말기
- pay: 지불하다
- fare: 요금
- machine: 기계
- enough: 충분한
- get off: (차에서) 내리다
- embarrassed: 당황스러운, 쑥스러운

> 어제, Minsu는 버스를 탔다. 그는 요금을 내기 위해 리더기에 그의 카드를 갖다 놓았다. 하지만 그 기계(리더기)는 그의 카드에 돈이 충분하지 않다고 말하였다. 그래서 그는 버스에서 내렸다. 그는 당황스러웠다.

19 그래프를 보면 학생 스트레스의 주된 원인으로 가족이 9%, 친구들이 13%, 미래가 12%, 학교 공부가 56%, 기타 다른 것들이 10%로 나와 있다. 따라서 50% 이상의 학생들이 스트레스의 주요 원인으로 선택한 것은 'schoolwork(학교 공부)'이다.
- future: 미래
- choose: 선택하다(choose-chose-chosen)
- schoolwork: 학교 공부, 학업
- main: 주된
- cause: 원인

> **해석**
>
> **학생들의 스트레스 주요 원인**
>
> 가족(9%) 친구들(13%) 미래(12%)
>
> 학교 공부(56%) 기타(10%)
>
> 50% 이상의 학생들이 <u>학교 공부</u>를 스트레스의 주요 원인으로 선택하였다.

20 제시된 글에서 Franz Liszt가 작곡한 작품의 수는 언급되지 않았다.
- born: 태어나다
- cello: 첼로
- become interested in: ~에 관심을 갖게 되다
- later: 나중에, 후에
- composer: 작곡가

> **해석**
>
> 당신은 Franz Liszt를 들어본 적 있는가? 그는 1811년에 헝가리에서 태어났다. 그의 아버지는 첼로를 연주하였고, 그래서 Liszt는 음악에 흥미를 가지게 되었다. Liszt는 7살일 때 처음 피아노를 연주하기 시작하였다. 그는 후에 훌륭한 피아니스트, 작곡가, 그리고 선생님이 되었다.

21 밑줄 친 they 바로 앞 문장에서 'but ants can live(그러나 개미들은 살 수 있다)~'라고 하였으므로 they가 가리키는 것은 'ants(개미들)'이다.
- survive: 살아남다, 생존하다
- difficult: 어려운
- environment: 환경
- body: 몸
- reflect: 비추다, 반사하다
- heat: 열

> **해석**
>
> 사하라 사막은 매우 뜨거운 곳이다. 그곳에서 생존하는 것은 동물들에게는 어려운 일이지만, 개미들은 이러한 환경에서 살 수 있다. <u>그들은(개미들은)</u> 어떻게 그렇게 할 수 있을까? 그들의 몸은 태양으로부터 오는 열을 반사하기 때문이다.

22 제시된 수영장 규칙에 '사진 촬영하지 않기'는 나와 있지 않다.
- pool: 수영장
- dive: 다이빙하다, 뛰어들다

> **해석**
>
> ○ 뛰지 않기.
> ○ 음식 먹지 않기.
> ○ 수영장 안으로 다이빙하지 않기.

23 글의 첫 문장에서 스마트폰 사용에는 많은 좋은 점이 있다고 언급하고 있고, 이후 문장들에서 언제든지 친구들과 연락할 수 있고 필요한 정보를 쉽게 얻을 수 있다는 내용이 나오므로 이 글의 주제는 '스마트폰 사용의 좋은 점'이다.
- anywhere: 어디서든
- get in touch: 연락을 취하다
- information: 정보
- useful: 유용한, 도움이 되는
- a lot of: 많은

> **해석**
>
> 스마트폰 사용에는 좋은 점이 많이 있다. 첫째로, 어디에서든지 나의 친구들과 연락할 수 있다. 또한, 내게 필요한 정보를 쉽게 얻을 수 있다. 이것은 내가 많은 양의 숙제를 해야 할 때 유용하다.

24 글쓴이는 브라운 의사 선생님에게 불필요한 물건을 사는 자신의 습관을 고치고 싶다고 말하고 있으므로 이 글을 쓴 목적은 '조언을 구하기 위해서'이다.
- problem: 문제
- keep ~ing: ~을 계속하다
- unnecessary: 불필요한
- thing: 물건, 사물
- habit: 버릇, 습관

> **해석**
>
> 안녕하세요, 브라운 의사 선생님. 저는 문제가 있습니다. 저는 계속 필요하지 않은 물건을 구매합니다. 그래서 저는 많은 불필요한 물건들을 가지고 있습니다. 저는 정말 이 나쁜 습관을 멈추고 싶습니다. 제가 무엇을 해야 할까요?

25 글의 마지막 문장에서 이제부터 세계의 다양한 종류의 춤을 살펴보자고 하였으므로 뒤에 이어질 내용은 '세계의 다양한 춤 소개'이다.
- express: 표현하다
- feeling: 느낌
- happiness: 행복
- themselves: 그들 자신
- around the world: 전 세계
- let's take a look at~: ~를 한번 살펴보자.

제4교시　사회

01 ④	02 ③	03 ④	04 ①	05 ②
06 ②	07 ③	08 ⑪	09 ③	10 ①
11 ④	12 ④	13 ①	14 ②	15 ③
16 ②	17 ②	18 ④	19 ②	20 ④
21 ①	22 ③	23 ②	24 ①	25 ④

01 지리 정보 시스템은 다양한 지리 정보를 컴퓨터에 저장하고 사용자이 용도에 맞게 분석·종합하여 제공하는 체계이다. 지리 정보를 쉽게 찾을 수 있다는 장점이 있어 시설물, 개인적 입지 선정 등의 공간적인 의사결정이 필요한 분야에서 활용된다.
③ 랜드마크: 어떤 지역을 대표하는 사물로, 주위 경관 중 눈에 띄기 쉬운 것을 의미한다.

02 지중해성 기후는 주로 지중해 연안, 캘리포니아, 오스트레일리아 남서부, 남아메리카 칠레 등에서 보이며, 여름은 덥고 건조하지만 겨울은 따뜻하고 다습하다. 이러한 기후 조건에 맞게 포도, 올리브 등의 수목 농업이 발달하였고, 겨울에는 서늘한 기후에 적합한 밀, 보리 등의 곡물을 재배한다.
① 고산 기후: 열대 기후 지역의 고지대에 나타나는 기후로, 사람이 살기에 적합한 봄철과 같은 기후가 나타난다.
② 툰드라 기후: 한대 기후에 속하며 1년 중 제일 따뜻한 달의 평균 기온이 0~10℃이다. 나무가 잘 자라지 못하는 대신 지표면에 이끼류와 지의류 등이 자라는 것이 특징이다.
④ 열대 우림 기후: 열대 기후의 한 종류로, 적도 저압대의 영향으로 연중 고온 다우하다. 거의 매일 대류성 강우인 스콜이 내리기 때문에 연 강수량이 2,000mm를 넘는다. 강수량이 풍부하여 상록 활엽수들이 밀림을 이루고 있다.

03 주상절리는 화산 폭발 후 흘러나온 용암이 식으면서 만들어진 육각기둥 모양의 지형이다. 우리나라는 주로 제주도에 주상절리가 해안 절벽을 이루고 있다.
① 갯벌: 밀물 때는 잠기고 썰물 때는 드러나는 평탄한 퇴적 지형으로, 미세한 흙 등이 퇴적되어 형성된다.
② 모래사장: 해안에 모래가 쌓여 형성된 퇴적 지형이다.
③ 석회 동굴: 지하에 있는 석회암층이 지하수에 녹아 형성된 동굴이다.

04 홍수는 짧은 시간에 많은 강수량이 집중되거나 빗물이 토양에 흡수되지 못하고 하천이 범람하여 발생하는 자연 재해이다. 농경지, 가옥, 도로 등의 침수와 산사태로 재산·인명 피해가 발생할 수 있다.
② 황사: 중국과 몽골 내륙에서 발생한 모래 먼지가 편서풍을 타고 날아오는 현상이다. 주로 봄철에 우리나라에 영향을 주며, 미세 먼지로 인해 호흡기 질환, 눈병 등의 질환을 유발한다.
③ 폭염: 이상 고온 현상으로 가축 및 인명 피해를 초래한다.
④ 가뭄: 갑자기 줄어든 강수량이나 삼림의 개발 등으로 발생하는 자연재해이다. 하천과 지하수 고갈, 농업 생산력 저하, 식수·산업용수 부족, 산불 발생 위험 증가 등의 문제가 발생할 수 있다.

05 석유는 현대 산업의 가장 중요한 에너지 자원으로 주로 서남아시아에 집중적으로 분포되어 있다. 미국, 일본, 중국 등이 주요 소비 지역이며, 국제 분쟁 발생의 원인이 되기도 한다.
③ 석탄: 제철 및 화학 공업의 원료로 화력 발전에 주로 이용된다. 석유에 비해 세계적으로 고르게 분포되어 있어 국제 이동량이 적다.

06 로컬 푸드 운동은 지역에서 생산된 먹거리를 그 지역에서 소비하도록 독려하는 운동이다. 농산물을 수입·수출하는 과정에서 많은 이산화 탄소를 배출하게 되어 이에 따라 증가되는 푸드 마일리지를 줄이기 위해 등장하였다.
① 공정 무역: 국제 무역을 하는 상호 국가 간에 무역 혜택이 동등한 가운데 이루어지는 무역을 말한다. 경제 발전의 혜택으로부터 소외된 저개발 국가의 생산자와 노동자들에게 더 나은 거래 조건을 제공하고, 그들의 권리를 보호함으로써 지속가능한 발전에 기여한다.
③ 혼합 농업: 곡물 경작과 축산을 함께 하는 집약적 농업을 말한다. 식용과 사료용 곡물을 함께 재배하여 식용 곡물은 자급하고, 사료용 곡물은 가축을 기르는 데 사용한다.
④ 플랜테이션: 선진국의 자본과 개발도상국의 노동력을 결합하여 대규모 상품 작물을 생산하는 농업 방식을 말한다.

07 개발 제한 구역은 도시의 지나친 확대를 막고 녹지 공간 확보와 환경 보전을 위해 대도시 주변에 설정한 곳이다.

08 ㉠에 들어갈 말은 영해, ㉡에 들어갈 말은 영공이다.
• 영토: 일반적으로 토지로 이루어진 국가의 영역을 말하며, 영해와 영공을 설정하는 기준이 된다.
• 영해: 영토와 인접한 바다로, 통상 기선과 직선 기선을 기준으로 12해리까지의 수역을 말한다.
• 영공: 영토와 영공의 상공으로 대기권까지 인정한다.

09 역할 갈등은 한 개인이 여러 가지 역할을 동시에 수행하는 과정에서 나타나는 긴장이나 갈등을 의미한다. 제시된 상황은 가수 그룹의 리더로서의 역할과 아들로서의 역할을 수행하는 과정에서 역할 갈등이 발생한 사례이다.
① 외집단: 자신이 소속되지 않은 집단으로, 이질감과 적대 의식의 대상이다.
② 재사회화: 변화된 사회에 적응하기 위해 새로운 기술과 지식을 학습하는 과정을 말한다.

10 문화의 공유성은 같은 사회 구성원들에게서 공통적인 행동 및 사고방식이 나타나는 문화의 속성이다.

11 지방 자치 단체는 의결 기관인 지방 의회와 집행 기관인 지방 자치 단체장으로 구성된다. 지방 의회는 조례 제정, 예산 확정 및 결산 승인, 행정 사무 감사·조사 등의 업무를 수행하며, 지방 자치 단체장은 규칙 제정, 주민 복지 사무, 지방 자치 단체의 재산 관리 등의 업무를 관장한다.
① 국회: 선거를 통해 국민이 직접 선출한 의원들로 구성된 국민의 대표 기관이다.
② 대통령: 행정부의 최고 책임자로 민주적인 절차에 의해 국민이 직접 선출한다. 대통령은 국가 원수로서의 권한과 행정부 수반으로서의 권한을 가지고 있다.
③ 국무회의: 주요 정책을 논의하고 결정하는 행정부의 최고 심의 기관으로 대통령, 국무총리, 국무위원으로 구성된다.

12 의원 내각제는 국민의 선거를 통해 선출된 의원들로 구성된 의회가 내각을 구성하는 정부 형태이다. 의회 다수당의 대표가 총리가 되며, 행정부와 입법부가 매우 밀접한 관계를 형성한다.
① 대통령제: 국민이 선출한 대통령이 행정부를 구성하는 정부 형태이다. 행정부와 입법부가 엄격히 분리되어 있으며, 의회는 대통령의 권한 통제를 위해 행정부를 견제할 수 있다.

13 기본권의 종류
• 행복 추구권: 인간의 존엄과 가치, 기본권 보장의 이념
• 평등권: 법 앞의 평등, 동등한 기회 보장, 다른 기본권 보장의 전제 조건
• 자유권: 국가의 간섭을 받지 않고 자신의 의사에 따라 행동할 수 있는 권리
• 사회권: 인간다운 생활을 위해 국가에 대하여 요구할 수 있는 권리
• 청구권: 국가에 대해 일정한 청구를 할 수 있는 권리
• 참정권: 정치에 능동적으로 참여할 수 있는 권리

14 선거 관리 위원회는 선거·투표의 공정한 관리와 정당 및 정치 자금 사무를 관장하는 독립된 기관이다. 주요 업무로는 후보자 등록 및 선거 운동 관리, 투표·개표 과정 관리, 선거법 위반 행위 단속, 선거 정보 제공, 유권자 선거 참여를 위한 홍보, 정당과 정치 자금에 대한 사무관리 등이 있다.

① 감사원: 대통령 직속 기관으로 독립적인 헌법 기관이다. 세입·세출 결산 검사, 행정 기관의 사무와 공무원의 직무를 감찰한다.
③ 헌법 재판소: 9명의 재판관으로 구성된 기관으로 헌법에 관한 분쟁이나 의심스러운 부분을 사법적 절차에 따라 해결하는 특별 재판소이다. 위헌 법률 심판, 탄핵 심판, 정당 해산 심판, 권한 쟁의 심판, 헌법 소원 심판 등을 담당한다.
④ 국가 인권 위원회: 인권의 전반적인 문제를 다루는 독립적인 국가 기관으로 인권 침해 조사, 인권 침해 개선 권고 등의 역할을 한다.

15 기회비용은 어떤 하나를 선택함으로써 포기해야만 하는 다른 것의 가치 중 최상의 가치를 말한다. 인간의 욕구는 무한한 반면 자원은 한정되어 있으므로 합리적 선택을 위해 고려해야 하는 요소 중 하나이다.

16 경제 주체에는 소비 활동의 주체인 가계, 생산 활동의 주체인 기업, 소비·생산 활동의 주체인 정부가 있다. 그중 정부는 가계와 기업의 경제 활동을 지원하고 세금 징수, 경제 질서 유지 등의 역할을 한다. 통화량의 증가로 화폐 가치가 하락하고, 모든 상품의 물가가 오르는 인플레이션이 발생하면 정부는 긴축 재정, 세금 징수 확대, 공공요금 인상 억제 등의 대책을 마련하여 경제 상황을 조절한다.

17 신석기 시대에는 농경과 목축이 시작되었으며, 강가나 바닷가에 움집을 짓고 정착 생활을 하였다. 대표적인 유물로는 식량을 저장하고 음식을 조리하는 데 사용한 빗살무늬 토기가 있다.

18 고구려의 광개토 대왕은 선비족과 부여, 말갈을 정벌하여 고구려의 영토를 요동 지방까지 크게 확장하였고, '영락'이라는 독자적 연호를 사용하였다. 신라의 요청으로 신라를 공격한 백제와 왜를 격퇴하고, 금관가야를 공격하기도 하였다.

19 발해는 고구려 장군 출신 대조영이 유민들을 이끌고 지린성 동모산에서 세운 국가이다. 주로 지배층은 고구려인, 피지배층은 말갈인으로 구성되었으며, 일본에 보내는 국서에 고구려왕이라고 표기하는 등 고구려를 계승한 국가임을 강조하였다. 선왕 때는 당으로부터 '해동성국'이라 불리며 전성기를 이루었다.

20 공민왕은 원의 내정 간섭을 탈피하기 위해 반원 자주 정책의 일환으로 정동행성을 폐지하고, 친원파를 숙청하였으며 쌍성총관부를 탈환하였다. 또한, 권문세족의 권력을 약화시키고자 정방을 폐지하고 전민변정도감을 설치하여 개혁을 도모하였다.
① 통일 신라 문무왕의 업적이다.
② 조선 흥선대원군의 업적이다.
③ 조선 세종의 업적이다.

21 1636년 조선이 청의 군신 관계 요구를 거절하자 청이 조선을 침략하여 병자호란을 일으켰다. 인조는 남한산성으로 피란하여 항전하였으나 결국 청의 요구를 수용하고 삼전도에서 항복하였다.
② 임진왜란(1592): 일본이 전국 시대를 통일한 후 명을 공격한다는 구실로 조선을 침략하여 발발한 전쟁이다.
③ 살수 대첩(1612): 수 양제의 113만 대군이 고구려를 공격하자 을지문덕이 이들을 살수로 유인하여 대승을 거둔 전쟁이다.
④ 봉오동 전투(1920): 홍범도의 대한 독립군을 포함한 연합 부대가 봉오동에서 일본군을 상대로 승리를 거둔 전투이다.

22 조선 후기에는 경제력이 상승하고 백성의 사회의식이 확대되면서 서민 문화가 발달하였다. 이에 따라 한글 소설, 사설시조, 판소리, 민화, 탈춤 등이 유행하였다.

23 청의 내정 간섭과 민씨 세력의 소극적 개화 정책에 반발하여 김옥균, 박영효, 서광범, 홍영식 등의 급진 개화파가 우정총국 개국 연회에서 갑신정변을 일으켰다. 이들은 14개조 개혁 정강을 발표하고 개혁을 추진하였으나, 청군의 개입으로 3일 만에 실패하였다.
① 3·1 운동(1919): 1910년대 일제의 무단 통치에 반발하여 민족 대표 33인의 독립 선언을 시작으로 전국 주요 도시에서 만세 시위가 전개되었다.
③ 홍경래의 난(1811): 세도 정권의 수탈과 서북 지방민에 대한 차별 대우에 반발하여 몰락 양반 홍경래의 주도로 농민들이 봉기하였다.
④ 만민 공동회: 1896년 설립한 독립 협회는 자유 민권 운동의 일환으로 만민 공동회와 관민 공동회를 개최하였다.

24 조선 영조는 농민들의 군역 부담을 줄이기 위해 군포를 2필에서 1필로 줄이는 균역법을 실시하였다. 이에 부족한 재정은 결작, 어장세, 선박세, 소금세 등과 선무군관포로 보충하였다.

25 전두환을 중심으로 한 신군부 세력이 군대를 동원하여 권력을 장악하자 학생들과 시민들이 신군부 퇴진과 민주화를 요구하는 시위를 전개하였다. 이에 신군부가 비상계엄을 전국으로 확대하였고, 광주에서는 계엄 철회와 신군부 퇴진을 요구하는 5·18 민주화 운동이 전개되었다. 신군부는 광주에 계엄군을 투입하여 시민군을 조직해 항전하는 시위대를 무력으로 진압하였다.

제5교시 과학

01 ①	02 ④	03 ④	04 ②	05 ③
06 ②	07 ④	08 ②	09 ③	10 ①
11 ②	12 ③	13 ④	14 ①	15 ④
16 ②	17 ④	18 ③	19 ②	20 ③
21 ①	22 ①	23 ③	24 ④	25 ②

01 탄성력은 원래의 상태로 되돌아가려는 힘으로, 변형된 방향과 반대로 작용한다. 따라서 물체에 작용하는 탄성력의 방향은 ①이다.

02 빛이 반사할 때 입사각과 반사각의 크기는 항상 같으므로 반사각의 크기는 $70°$이다.

03 열평형 상태란 온도가 다른 두 물체가 접촉하였을 때 두 물체의 온도가 같아져 더 이상 열의 이동이 일어나지 않는 상태를 말한다. A와 B의 온도가 같아져 더 이상 열의 이동이 일어나지 않는 시간은 8분이다.

04 전기 기구가 소비하는 전기 에너지의 양을 전력량이라고 하며, 전력량(Wh)은 소비 전력(W)×시간(h)으로 나타낸다. 따라서 소비 전력이 20 W인 전구를 4시간 동안 사용할 때, 소비하는 전기 에너지의 양은 $20\,W \times 4\,h = 80\,Wh$이다.

05 전류계를 이용하면 전기 회로의 전류 크기를 측정할 수 있다. 바늘이 가리키는 눈금을 읽으면 전류의 세기를 알 수 있으므로 전류의 세기는 3 A이다.

06 일(W)=힘(F)×힘의 방향이므로 이 사람이 물체에 한 일의 양은 $5\,N \times 4\,m = 20\,J$이다.

07 고무풍선을 씌운 삼각 플라스크를 가열하면 삼각 플라스크 내부에 있는 기체의 온도가 올라간다. 기체는 온도 증가 시 부피가 증가하므로 풍선의 부피가 커진다.

08 얼음은 고체이고 물은 액체이므로 얼음이 녹아 물이 되는 과정은 B이며, 이 과정을 융해라고 한다.
① A: 액체가 고체로 변하는 현상은 응고이다.
③ C: 액체가 기체로 변하는 현상은 기화이다.
④ D: 기체가 액체로 변하는 현상은 액화이다.

09 중성인 수소 원자가 전자 1개를 잃으면 (+)전하를 띠는 수소 이온(H^+)이 된다.

10 과산화 수소의 분자 모형에서 수소와 산소의 원자 수는 각각 2개이므로 1 : 1로 나타낼 수 있다.

11 원유를 가열하면 끓는점이 낮은 물질부터 증류탑의 위쪽에서 분리되어 나오므로 원유의 증류는 끓는점 차에 의한 분리 과정이다.
  ① 밀도: 어떤 물질의 질량을 부피로 나눈 값으로, 물질의 종류에 따라 달라 물질을 구별할 수 있는 특성이 된다.
  ③ 어는점: 액체가 얼어 고체로 되는 동안 일정하게 유지되는 온도를 말한다.
  ④ 용해도: 일정한 온도에서 일정량의 용매에 녹을 수 있는 용질의 최대량으로, 보통 용매 100 g에 녹아 들어간 용질의 g수로 나타낸다.

12 구리(Cu)는 산소(O_2)와 반응하여 산화 구리(CuO)가 된다. 따라서 ㉠에 해당하는 것은 O_2(산소)이다.

13 푸른곰팡이는 균계에 속하는 생물이다.
  ①·②·③ 민들레, 소나무, 옥수수는 식물계에 속하는 생물이다.

14 광합성은 식물이 빛에너지를 이용하여 이산화 탄소와 물을 재료로 포도당과 같은 양분을 만드는 과정이다. 따라서 ㉠은 광합성의 재료인 물이다.

15 공변세포는 식물 잎에 있는 반달 모양의 세포로, 두 개의 세포가 하나의 기공을 만들어 증산 작용을 조절한다. 공변세포에는 엽록체가 있어 광합성을 할 수 있다.
  ① 물관: 식물의 뿌리에서 흡수된 물이 이동하는 통로이다.
  ② 열매: 식물이 수정 후에 자라는 과육 부분이다.
  ③ 뿌리털: 뿌리의 세포가 변하여 자라난 것으로 표면적을 넓혀 물과 영양분을 흡수한다.

16 소화계는 음식물을 소화하고 흡수하는 데 관여하며, 입, 식도, 위, 소장 등으로 구성되어 있다.
  ① 배설계: 몸속의 노폐물을 몸 밖으로 보내는 데 관여한다. 콩팥, 오줌관, 방광 등으로 구성되어 있다.
  ③ 순환계: 혈액을 온몸에 순환시켜 영양분을 공급하고 노폐물을 이동시키는 데 관여한다. 심장, 혈관, 혈액 등으로 구성되어 있다.
  ④ 호흡계: 산소와 이산화 탄소의 교환에 관여한다. 코, 기관, 기관지, 폐 등으로 구성되어 있다.

17 A는 소리를 모아 귀로 들어가게 하는 귓바퀴, B는 외이도, C는 중이의 압력을 조절하여 고막을 보호하는 귀인두관, D는 청각 세포가 있는 달팽이관이다. 달팽이관의 청각 세포에서 소리를 감지하고 자극을 청각 신경으로 전달한다.

18 체세포 분열의 중기에 염색체가 세포의 중앙에 나란히 배열되며, 염색체를 가장 선명하게 관찰할 수 있다.
  ① 간기: 세포 분열 준비기로 핵막과 인이 뚜렷하며, 유전 물질이 염색사 형태로 관찰된다.
  ② 전기: 염색사가 염색체로 응축되는 시기이다.
  ④ 말기: 염색체가 염색사로 풀어지고, 핵막과 인이 다시 나타난다.

19 순종의 보라색 꽃 완두(AA)와 흰색 꽃 완두(aa)를 교배하여 얻은 잡종 1대는 보라색 꽃 어버이로부터 유전자 A를 물려받고, 흰색 꽃 어버이로부터 유전자 a를 물려받으므로 유전자형은 Aa가 된다.

20 광물을 조흔판에 긁었을 때 광물 가루가 나타내는 색을 조흔색이라고 한다. 조흔색은 색이 같은 광물을 구별하는 데 이용한다.
  ① 밀도: 어떤 물질의 질량을 부피로 나눈 값이다. 밀도는 물질의 종류에 따라 달라 물질을 구별할 수 있는 특성이 된다.
  ② 자성: 자석처럼 쇠붙이를 끌어당기는 성질이다.
  ④ 염산 반응: 묽은 염산과 반응하여 기체가 발생하는 성질이다.

21 판게아는 하나로 뭉쳐 이루어진 거대한 대륙을 말한다. 판게아(A)가 분리되면서 여러 대륙으로 갈라지고 이동하며 대서양, 인도양이 형성(C)되기 시작하였다. 이후 대서양과 인도양이 넓어지고, 태평양은 좁아지면서 현재와 비슷한 대륙 분포(B)가 되었다.

22 일식은 태양 − 달 − 지구 순으로 일직선을 이룰 때 달이 태양을 가려 지구에서 태양이 보이지 않는 현상이다. 달이 태양을 완전히 가리는 현상을 개기 일식, 일부를 가리는 현상을 부분 일식이라고 한다.

23 해수의 염분은 바닷물 1 kg에 함유된 전체 염류의 양을 그램(g)수로 나타낸 것이다.

$$\text{염분(psu)} = \frac{\text{염류의 질량}}{\text{해수의 질량}} \times 1000 \text{이므로}$$

$$35\,\text{psu} = \frac{\text{염류의 질량}}{2000} \times 1000$$

∴ 염류의 질량 = 70 g

24 겨울에는 대륙 위에 찬 공기가 쌓여 대륙에서 해양으로 북서 계절풍이 분다.
  ①·③ 봄과 가을에는 주로 양쯔강 기단의 영향을 받아 따뜻하고 건조한 날씨가 나타난다.
  ② 초여름에는 주로 오호츠크해 기단의 영향을 받아 차고 습한 날씨가 나타난다. 한여름에는 주로 북태평양 기단의 영향을 받아 덥고 습하며, 남동 계절풍이 분다.

25 반사성운은 스스로 빛을 내지는 않지만 주위에 있는 밝은 별빛을 반사함으로써 푸르게 보이는 먼지와 가스로 이루어진 성운이다. 성운물질이 푸른색 파장의 빛을 잘 반사하므로 푸르게 보이는 경우가 많다.
　① 암흑 성운: 성간 물질에 의해 별빛이 차단되어 검은 구름처럼 어둡게 보이는 성운이다.
　③ 산개 성단: 수백~수천 개의 별들이 엉성하게 흩어져 있는 성단으로, 푸른색 별이 많으며 젊은 별의 집단이다.
　④ 구상 성단: 수십만~수백만 개의 별들이 구형으로 빽빽하게 모여 있는 성단으로, 붉은색 별이 많으며 늙은 별의 집단이다.

제6교시 도덕

01	④	02	①	03	④	04	④	05	③
06	③	07	②	08	④	09	①	10	②
11	③	12	③	13	①	14	④	15	③
16	①	17	②	18	②	19	①	20	③
21	④	22	②	23	②	24	①	25	③

01 소크라테스는 고대 그리스의 사상가로, 끊임없는 질문을 통해 자신의 무지를 자각하고 성찰할 수 있도록 하는 산파술을 문답법으로 사용하였다. 또한, 반성하지 않는 삶은 살 가치가 없다라고 주장하며 반성적으로 검토하는 삶을 강조하였다.

02 정신적 가치는 물질과 상관없이 보람을 느끼는 가치이다.
　② 물질적 가치: 물질을 통해 만족감을 얻을 수 있는 것으로, 즐거움을 주는 쾌락 가치와 생활에 필요한 것을 주는 유용 가치가 있다.
　③・④ 수단적(도구적) 가치: 목표를 이루기 위한 도구로써의 가치로, 다른 목적의 수단이 되는 가치이다.

03 개인의 도덕성은 사회 전체에 영향을 미친다. 개인이 자신의 삶을 반성하며, 이를 통해 훌륭한 인격을 갖추고 올바른 삶을 추구한다면 이는 곧 사회의 유지 및 발전에 큰 공헌이 될 수 있다.

04 어떤 상황을 도덕 문제로 민감하게 느끼고 반응하는 마음의 상태를 의미하는 것은 도덕적 민감성이다. 도덕적 민감성이 높은 사람일수록 도덕적 행동을 실천할 가능성이 높다. 또한, 도덕적 민감성은 도덕적 행동을 하게 하는 시작점이라 할 수 있다.

05 참된 우정은 올바른 친구 관계를 형성하게 함으로써 시민 사회와 소통하고 교류, 협력하여 따뜻한 공동체를 만들 수 있게 한다. 공동체 의식의 훼손은 참된 우정이 필요한 이유로 적절하지 않다.

06 자애는 부모가 자녀에게 아무런 대가를 바라지 않고 자녀에게 베푸는 희생적이고 헌신적인 사랑을 의미한다.
　① 자녀가 부모님을 잘 섬기는 것은 효도이다.
　② 형제자매 간에 두터운 정과 사랑은 우애이다.
　④ 가까운 부부 사이일수록 예절을 지키고 배려하는 태도를 가져야 한다.

07 성의 인격적 가치를 소중히 하고, 성에 대한 균형 잡힌 시각을 가지는 것은 성에 대한 바람직한 관점에 해당한다.
　ㄴ. 성의 쾌락적 측면만 추구한다면 그 쾌락은 오래가지 못하고 오히려 허탈감만 가져오게 된다.
　ㄷ. 성을 상품화하는 수단으로 생각할 것이 아니라 상대방에 대한 배려나 예의, 존중을 바탕으로 성을 생각해야 한다.

08 좋은 습관이 외형적인 모습만 가꿀 수 있게 하는 것은 아니다. 좋은 습관은 품성의 기초가 되며, 이것이 쌓여 이루어진 좋은 품성은 행복을 불러온다.

09 이웃 간에는 상대방을 존중하고, 차이와 다양성을 인정하는 배려의 자세가 필요하다.

이웃 관계에서 필요한 도덕적 자세

배려	• 이웃을 공동체의 구성원으로 받아들이고 이해하려는 태도를 말한다. • 상대방을 존중하고 차이와 다양성을 인정해야 한다.
봉사	• 이웃에 대한 배려를 적극적으로 표현하고 실천하는 자세를 말한다. • 이웃에게 어려움이 있을 때 도움을 주고 고통을 함께 나눈다. • 다른 사람을 존중하는 마음과 공동체 정신을 길러야 사회를 건강하게 만들 수 있다.
서(恕)의 자세	• 공자가 이야기한 것으로, 내가 원하지 않는 것을 남에게 하지 않는 것이다. • 역지사지(易地思之)의 자세로, 나의 처지를 헤아려 남을 헤아리는 마음이다. • 배려의 기본으로, 인(仁)을 실천하는 최소한의 방법이다.

10 제시된 사이버 공간의 특성은 익명성이다.

사이버 공간의 특성

익명성	내 정체를 드러내지 않고 활동할 수 있다.
공유성	많은 사람들과 실시간 정보 공유를 할 수 있다.
개방성	모든 사람들에게 개방되어 있어 자유롭게 의견을 개진할 수 있다.
비대면성	상대방과 직접 만나지 않고도 자유롭게 의사소통을 할 수 있다.

11 정보화 시대의 도덕 문제 중 불법 다운로드는 저작권 침해에 해당한다.

12 학교 폭력을 당하였을 때는 혼자 참고 견디기보다 주변에 도움을 요청하고, 상담센터나 법률기관 등을 적극 활용해야 한다.

13 인권은 성인뿐만 아니라 인간이라면 남녀노소 누구나 가지는 기본적인 권리이다.

14 양성평등은 여성과 남성을 성별에 따른 차별 없이 동등한 인격체로 존중하는 것이다.
① 성별에 따라 부당하게 차별하지 않는 것이다.
② 성 역할에 대한 고정관념과 편견은 변화되어야 한다.
③ 여성과 남성을 차별 없이 동등하게 대하는 것이다.

15 제시문은 문화 상대주의에 대한 설명이다.
① 연고주의: 혈연, 지연, 학연이라는 전통적 사회관계를 우선시하는 태도이다.
② 사대주의: 주체성 없이 세력이 강한 나라나 사람을 받들어 섬기는 태도이다.
④ 자문화 중심주의: 자기 문화의 우월성에 빠져서 자기 집단의 문화만을 우월하다고 여기고 다른 문화는 부정적으로 열등하게 평가하는 태도이다.

16 ㉠에 들어갈 개념은 세계 시민이다.

세계 시민으로서의 도덕적 자세

세계 시민 의식	전 지구적 차원에서 지구 전체와 미래 세대까지 고려하는 모습을 보여야 한다.
적극적인 자세	봉사 활동, 후원 등 직접 참여할 수 있는 활동을 통해 문제를 해결하는 자세가 필요하다.
보편적인 예절	친절, 관용, 존중, 배려 등의 보편적인 지구촌 예절을 지켜야 한다.
개방적인 자세	다른 나라의 문화 가치를 인정하고 존중하여 전통 문화와 다른 문화를 함께 계승할 수 있는 태도를 가져야 한다.

17 제시된 설명은 사회 정의에 대한 개념이다.

사회 정의의 중요성
• 모든 구성원의 인간다운 삶 보장: 정의로운 사회에서는 모든 구성원들이 기본적인 권리를 동등하게 보장받기 때문에 차별받지 않으며 자유롭고 행복하게 살아갈 수 있다.
• 상호 협력을 통한 사회 발전: 구성원이 서로 협력하여 사회가 조화롭게 발전하기 위해서는 사회 정의가 실현되어야 한다.

18 바람직한 국가의 역할은 외적이나 자연재해로부터 국민의 생명과 재산을 보호하는 것이다.

바람직한 국가의 역할
• 국민들에게 소속감 같은 정신적 안정감을 줌으로써 더 행복하게 살 수 있게 한다.
• 법을 제정하고 집행하면서 사회 질서를 확립한다.
• 인간의 존엄성을 보장하며, 최소한의 경제적 기반을 형성할 수 있도록 해 준다.
• 국제 사회에서 국민들이 정당한 대우를 받을 수 있도록 한다.

19 그림과 같이 갈등 당사자 간의 문제점을 확인하고 합의하는 방법은 협상이다.

20 평화 통일을 이루기 위해서는 북한 주민에 대한 편견을 없애야 하며, 상호 존중의 가치를 내면화해야 한다.

21 주어진 제시문은 남북 분단에 따른 이산가족의 고통을 나타내고 있다. 따라서 이산가족이나 실향민의 고통을 해소하기 위해서라도 통일이 필요하다.

22 갑과 을의 대화에서 갑은 인간 중심적 가치관 입장으로 자연을 인간을 위한 수단이라고 생각하고 있으며, 을은 생태 중심적 가치관 입장으로 자연의 본래적 가치를 중시하고 있다.

23 과학 기술은 물질적 풍요와 안락한 삶, 건강 증진과 위험 예방 등 인류의 복지 증진에 이바지하는 방향으로 활용해야 한다.
① 학생 1: 인간 존중을 실천하는 방향으로 활용해야 한다.
③ 학생 3: 과학 기술이 비도덕적 요구나 상업적 이익, 특정 집단의 이익을 추구하는 등 부정적인 방향으로 사용되는 것을 최소화해야 한다.
④ 학생 4: 미래 세대에 미칠 영향을 고려해야 한다.

24 ㉠에 들어갈 용어는 도덕 원리이다.

도덕 추론의 과정
• 형식: 도덕 원리 + 사실 판단 = 도덕 판단
 − 도덕 원리: 원리의 근거로, 모든 사람이나 행위 전체에 대해 보편적으로 평가하는 도덕 판단이다.
 − 사실 판단: 사실의 근거로, 참과 거짓을 객관적으로 확인하는 판단이다.
 − 도덕 판단: 어떤 구체적인 도덕 문제에 대해 도덕 원리와 사실 판단을 통해 내리는 판단이다.
• 과정: 도덕적 문제 발생 → 도덕 판단에 대한 근거(도덕 원리, 사실 판단) → 도덕 판단

25 주체적으로 의미 있게 살기 위해서는 타인이 원하는 삶보다 내 삶에 관해 내가 좋아하는 것과 원치 않은 것을 파악하고, 내가 원하는 삶을 사는 것이 중요하다.

의미 있는 삶을 위한 노력
• 현재의 삶에 충실하며, 현재에 최선을 다한다.
• 시련과 고난이 와도 좌절하지 않고 이를 극복하는 과정에서 행복과 기쁨을 느낀다.
• 내 삶에 관해 내가 좋아하는 것과 원치 않는 것을 파악하고 주체적인 삶을 영위한다.
• 소질을 개발하고 재능을 발휘하여 자아실현을 하며, 이를 통해 인류에 봉사하는 등 보람된 삶을 추구한다.
• 삶에 대해 명확한 목표를 설정한다.

제1교시 국어

01 ②	02 ③	03 ③	04 ①	05 ④
06 ②	07 ①	08 ②	09 ③	10 ②
11 ③	12 ②	13 ④	14 ③	15 ②
16 ④	17 ①	18 ③	19 ①	20 ①
21 ④	22 ④	23 ④	24 ①	25 ②

01 민지는 청유문으로 상대에게 창문을 열어줄 것을 요청하고 있다.

02 상대방의 행동으로 인해 속상한 마음을 주어 '나'를 통해 나타내고 있으므로 적절하다.
① · ② · ④ 상대의 말과 행동을 표현하는 '너 전달법'이다.

03 ㉠과 ㉡에는 행위나 동작의 대상을 나타내는 문장 성분인 목적어가 들어가야 한다.
① 주어는 동작이나 작용, 상태나 성질 등의 주체이다.
② 보어는 서술어를 보충하는 문장 성분으로, 서술어 '되다', '아니다'와 사용되는 '무엇이', '누가'에 해당하는 부분이다.
④ 관형어는 주로 체언을 꾸며 주는 역할을 한다.

04 '꽃'을 소리대로 적으면 [꼳]이 된다. 따라서 ㉠의 예로 적절하지 않다.

05 밑줄 친 단어는 동사로, 주체가 되는 말의 움직임을 나타내는 특성이 있다.
① 수식언은 문장에서 다른 낱말을 꾸미거나 의미를 한정하는 말로, 관형사, 부사가 이에 속한다.
② 체언은 문장의 주체적인 성분을 이루는 말로, 문장에서 조사와 결합하여 주로 주어로 쓰인다.
③ 감탄사는 화자의 부름, 느낌, 놀람, 대답을 나타내는 말로, 문장에서 독립적으로 쓰인다.

06 언어는 시간의 흐름에 따라 끊임없이 변한다는 언어의 역사성에 대한 설명이다.
① 언어는 그 언어를 사용하는 사람들 사이의 약속이라는 특성이다.
③ 언어의 의미와 기호 사이에는 필연적인 관계가 없다는 특성이다.
④ 언어는 한정된 단어로 상황에 따라 무한히 많은 새로운 문장을 만들 수 있다는 특성이다.

07 'ㅁ, ㅂ, ㅃ, ㅍ'은 두 입술 사이에서 나는 입술소리이다.
② 울림소리에는 콧소리인 'ㄴ, ㅁ, ㅇ'과 흐름소리인 'ㄹ'이 있다.
③ 잇몸소리에는 'ㄷ, ㅌ, ㄸ, ㅅ, ㅆ, ㄴ, ㄹ'이 있다.
④ 거센소리에는 'ㅋ, ㅌ, ㅍ, ㅊ'이 있다.

08 훈민정음 자음자의 기본 글자는 'ㄱ, ㄴ, ㅁ, ㅅ, ㅇ'으로, 발음 기관을 본떠 만들어졌다. 'ㄹ'은 이체의 원리를 바탕으로 기본 자와 모양을 달리하여 만들어진 이체자이다.

09 보고서는 사실에 입각한 자료를 근거로 객관적으로 써야 한다. 또한, 정확하고 명료하게 작성하여 이해하기 쉽도록 해야 한다.

10 글의 제목이자 주제는 '자전거를 탈 때 안전모를 쓰자'이다. ㉡은 공유 자전거에 대한 설명으로, 주제와 관련 없는 통일성이 떨어지는 문장이다.

> **작품 해설** 윤흥길, 「기억 속의 들꽃」
> • 갈래: 현대 소설, 단편 소설
> • 성격: 비극적, 사실적
> • 제재: 들꽃
> • 주제: 어린아이의 죽음을 통한 전쟁의 비극성과 비인간성
> • 특징
>   – 상징적 제목으로 주인공 '명선'의 비극적 삶의 모습을 나타냄
>   – 사투리, 비속어를 사용하여 향토성과 사실성을 높임
>   – '금반지, 들꽃'과 같은 상징적 소재를 통해 작가가 말하고자 하는 바를 함축적으로 드러냄

11 작품 속에 등장하는 '나'가 주인공인 '명선'을 관찰하고 경험한 내용을 서술하는 1인칭 관찰자 시점이다.

12 글의 2문단에서 '명선이가 숙부에게 버림받은 게 아니라 스스로 도망쳤다'는 서술을 통해 알 수 있다.
① '아버지와 어머니'가 금반지를 숨겨둔 장소를 알고자 안간힘을 써도 '명선이'는 침묵하였다.
③ '나'와 '명선이'는 부서진 다리에서 곡예 장난을 하고 놀았다.
④ '명선이'는 6 · 25 전쟁의 경험으로 비행기를 병적으로 무서워하였다.

13 '강심을 겨냥하고 빠른 속도로 멀어져 가는 한 송이 쥐바라숭꽃'은 갑작스러운 비행기 소리에 놀라 강으로 떨어져 죽음을 맞이한 명선이를 상징한다.

<작품 해설> 윤동주, 「새로운 길」

• 갈래: 자유시, 서정시
• 성격: 의지적, 자기 고백적, 미래 지향적
• 제재: 새로운 길
• 주제: 새로운 인생의 길을 가고자 하는 굳은 의지와 신념
• 특징
 – 과거에서 미래로 이어지는 길이자 인생을 상징하는 '길'을 중심으로 시상이 전개됨
 – 종결 어미를 사용하지 않고 연과 연을 연결하여 '길'의 연속성을 표현함
 – 3연을 중심으로 1연 – 5연과 2연 – 4연이 대칭적 구조를 이루고 있음

---

14 1연과 3연의 수미상관 구성과 '나의 길', '새로운 길'이라는 시어를 반복하여 운율을 형성하고 있다.

15 1연과 5연에서 시적 화자는 '내'를 건너서 '숲'으로 가고자 하고, '고개'를 건너서 '마을'로 가고자 한다. 따라서 '내'와 같이 시련이나 장애물을 상징하는 소재는 ⓛ이다.

16 '내'에서 '숲', '고개'에서 '마을'이라는 공간의 이동을 통해 새로운 인생의 길을 가고자 하는 화자의 지향을 드러낸다.

<작품 해설> 작자 미상, 「심청전」

• 갈래: 고전 소설, 판소리계 소설
• 성격: 교훈적, 비현실적, 환상적
• 제재: 심청의 지극한 효심
• 주제: 부모에 대한 지극한 효심, 인과응보(因果應報)
• 특징
 – 전지적 작가 시점으로, 등장인물의 내면심리까지 분석하여 설명함
 – 유교적 덕목인 '효'를 중심으로 유·불·선 사상이 복합적으로 드러남
 – 현실 세계를 중심으로 펼쳐지는 전반부와 환상적인 이야기를 중심으로 하는 후반부로 내용이 구성됨

---

17 「심청전」은 전통적·유교적 덕목인 '효'를 중심으로 부모에 대한 지극한 효심을 주제로 드러내고 있는 작품이다.

18 '심청'은 아버지를 홀로 두고 인당수에 빠져야 하는 현실에 걱정, 긴장, 불안 등의 정서를 느끼고 있다.

19 '심 봉사'는 '심청'의 상황을 알지 못하고 반찬에 대한 이야기, 꿈에 대한 이야기를 하고 있다. 이러한 장면은 독자로 하여금 안타까움을 느끼게 한다.
 ② '심청'은 뱃사람에게 기다림에 대한 이유를 충분히 설명하였기 때문에 무례한 태도라고 말할 수 없다.
 ③ 날이 새면 죽게 되는 '심청'에게 새벽 닭이 우는 장면은 비극적 느낌을 준다.
 ④ 뱃사람들은 아버지에게 식사를 대접하고 떠나겠다는 '심청'의 부탁을 들어주었다.

<작품 해설> 김신, 「모두를 위한 디자인」

• 갈래: 설명문
• 성격: 객관적, 사실적
• 제재: 유니버설 디자인
• 주제: 유니버설 디자인의 정의와 다양한 실제 사례
• 특징
 – 예시의 진술 방식을 활용하여 유니버설 디자인을 설명함
 – 설명하려는 대상을 일상생활과 연결하여 독자의 관심과 호기심을 유발함

---

20 건물 출입구의 계단은 휠체어를 사용하는 사람들이 자유롭게 이용할 수 없으므로 '모두를 위한 디자인'이 적용된 예가 아니다.

21 ㉠에 나타난 '정의'는 설명하고자 하는 대상의 의미를 밝히는 방법으로, 설명하는 대상이나 현상의 뜻을 분명히 밝히는 데 효과적이다. 이와 같은 설명 방법이 사용된 것은 ④이다.
 ① 대상을 일정한 기준에 따라 종류별로 묶어서 설명하는 '분류'의 방법이다.
 ② 구체적이고 친근한 예를 제시하여 설명하는 '예시'의 방법이다.
 ③ 원인과 결과의 관계로 설명하는 '인과'의 방법이다.

22 잘못 다루었을 때 원래 상태로 되돌리기 어려운 디자인은 모두가 사용하기 어려운 것으로, '모두를 위한 디자인'이 아니다.

작품 해설 남창훈, 「의심, 생명을 불어넣는 마법사의 물」

- 갈래: 수필(과학 에세이)
- 성격: 과학적, 논리적, 귀납적
- 제재: 과학자들의 탐구 사례
- 주제: 당연하다고 믿는 사실을 의심하는 것에서 시작하는 탐구
- 특징
  - 영국 왕립 학회의 모토를 인용하여 주제를 뒷받침함
  - 구체적 사례를 제시하여 주장을 이끌어 내는 귀납 논증이 사용됨

23 갈릴레이는 여러 번의 실험을 통해 모든 물체는 무게와 관계없이 똑같은 속도로 자유 낙하한다는 사실을 증명해 냈다.
① 파스퇴르는 실험을 통해 멸균한 육즙은 발효가 일어나지 않는다는 사실을 밝혀냈다.
② 파스퇴르는 미생물이 무생물로부터 자연적으로 발생하는 것이 아니며, 생명을 지닌 고유한 존재라는 사실을 입증하였다.
③ 프톨레마이오스는 우주의 중심이 지구라는 잘못된 생각을 가지고 있었다.

24 파스퇴르가 권위 있는 학자들의 학설에 대한 반론을 펼친 내용이므로 앞의 내용과 반대되는 관계로 이어주는 접속어인 '그러나'가 적절하다.
② 앞의 내용을 그대로 이어주는 접속어이다.
③·④ 앞의 내용과 뒤의 내용이 원인과 결과의 관계일 때 두 내용을 이어주는 접속어이다.

25 아리스토텔레스는 권위 있는 학자로, 그의 주장은 잘못된 것이었으나 모두가 옳다고 생각하였다.
①·③·④ 모두가 당연하다고 여겼던 사실에 의문을 품고 실험을 통해 진실을 입증해 낸 인물들로, ㉃의 뒷받침 사례로 적절하다.

제2교시 수학

01 ④	02 ①	03 ③	04 ①	05 ②
06 ④	07 ②	08 ②	09 ①	10 ③
11 ①	12 ③	13 ④	14 ③	15 ④
16 ①	17 ③	18 ②	19 ④	20 ②

01 $36 = 4 \times 9 = 2^2 \times 3^2$

02 $(-3) + (+5) = 2$

03 한 개에 500원인 막대 사탕 a개의 가격은
$$500 + 500 + \cdots + 500 = (500 \times a) \text{ 원}$$
$$\underbrace{\qquad}_{a개}$$

04 $4x - 3 = 6 + x$ 에서
$4x - x = 6 - (-3)$
$3x = 9$
$\therefore x = 3$

05 좌표평면 위의 점 A의 좌표는 $(-2, 3)$이다.

06 한 원에서 부채꼴의 넓이는 중심각의 크기에 정비례하므로
$\angle AOB : \angle COD$
$=$(부채꼴 AOB의 넓이) : (부채꼴 COD의 넓이)
$30° : 150° = 5 :$ (부채꼴 COD의 넓이)
$30 \times$(부채꼴 COD의 넓이)$= 150 \times 5$
$\therefore$ (부채꼴 COD의 넓이)$= 25 \text{ (cm}^2)$

07 막대그래프 세로 2칸은 2명을 나타내므로 1칸은 1명을 나타낸다.
하루 평균 통화 시간이 40분 이상 50분 미만인 학생 수는 3명이고, 50분 이상 60분 미만인 학생 수는 2명이다.
따라서 하루 평균 통화 시간이 40분 이상인 학생 수는
$3 + 2 = 5$ (명)

08 정수가 아닌 분수를 기약분수로 나타내었을 때, 분모의 소인수가 2 또는 5뿐이면 그 분수는 유한소수로 나타낼 수 있다.
따라서 유한소수로 나타낼 수 있는 분수는 $\dfrac{1}{5}$이다.

09 $-2x^2 \times 3x^5 = (-2 \times 3)x^{2+5} = -6x^7$

10 일차부등식 $2x \leq 6$의 양변을 2로 나누면
$x \leq 3$
이것을 수직선 위에 나타내면

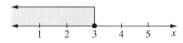

11 일차함수 $y = ax + 2$의 그래프는 점 $(1, 0)$을 지나므로
$x = 1$, $y = 0$을 각각 대입하여 풀면
$0 = a + 2$
$\therefore a = -2$

12 이등변삼각형의 두 밑각의 크기는 같으므로
$\angle C = \angle B = 45°$
따라서 삼각형의 세 내각의 크기의 합은 $180°$이므로
$\angle x = 180° - 45° - 45° = 90°$

13 서로 닮은 두 평면도형에서 대응변의 길이의 비는 일정하다.
$\overline{BC}$ 의 대응변은 $\overline{FG}$ 이고, 닮음비는 $5:3$ 이므로
$5:3 = \overline{BC} : \overline{FG}$ 에서
$5:3 = 10 : \overline{FG}$, $5 \times \overline{FG} = 3 \times 10$
$\therefore \overline{FG} = 6 \, (\text{cm})$

14 1부터 9까지의 자연수 중에서 3의 배수는 3, 6, 9이므로 이 항아리에서 공 한 개를 꺼낼 때 3의 배수가 적힌 공이 나올 경우의 수는 3이다.

15 $5\sqrt{3} - 3\sqrt{3} = (5-3)\sqrt{3} = 2\sqrt{3}$

16 $x^2 + 5x + 6 = (x+2)(x+3)$

$$\begin{array}{c} x \searrow 2 \\ x \nearrow 3 \end{array}$$

17 ① 아래로 볼록하다.
② $y = x^2 + 1$ 에 $x = 1$ 을 대입하여 풀면
$y = 1^2 + 1 = 2$
즉, 점 $(1, 2)$ 를 지난다.
④ 꼭짓점의 좌표는 $(0, 1)$ 이다.

18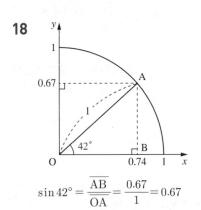

$\sin 42° = \dfrac{\overline{AB}}{\overline{OA}} = \dfrac{0.67}{1} = 0.67$

19 한 원에서 중심으로부터 같은 거리에 있는 두 현의 길이는 서로 같으므로
$\overline{AB} = \overline{CD} = 16 \, \text{cm}$
원의 중심에서 현에 내린 수선은 그 현을 이등분하므로
$\overline{AM} = \dfrac{1}{2}\overline{AB} = \dfrac{1}{2} \times 16 = 8 \, (\text{cm})$

20 학생 8명의 수학 퀴즈 점수를 낮은 점수부터 순서대로 나열하면
6, 7, 8, 8, 8, 9, 10, 10
따라서 최빈값은 8점이다.

제3교시 영어

01	②	02	④	03	③	04	②	05	③
06	④	07	②	08	③	09	④	10	①
11	②	12	①	13	②	14	④	15	②
16	④	17	③	18	③	19	①	20	④
21	①	22	③	23	①	24	①	25	④

01 밑줄 친 'famous'는 '유명한'이라는 뜻이다.
• singer: 가수
• fan: 팬

 해석
> 그는 매우 <u>유명한</u> 가수이고 많은 팬들을 가지고 있다.

02 'end(끝나다)'와 'finish(마치다)'는 유의어 관계이고 ①, ②, ③은 반의어 관계이다.
① rise(오르다) – fall(떨어지다)
② win(이기다) – lose(지다)
③ open(열다) – close(닫다)

03 'be good at~'은 '~을 잘하다'의 뜻인데, 다음에 'but'이 나오므로 부정의 의미인 'be not~' 형태의 문장이 오는 것이 적절하다.
• be good at: ~에 능숙하다. ~을 잘하다
• skating: 스케이트 타기
• skiing: 스키 타기

 해석
> 케이트는 스케이트를 잘 타지만, 스키는 잘 타지 <u>못한다</u>.

04 '얼마나 자주 ~하니?'라고 횟수를 물을 때는 'How often ~?'이라고 묻는다.
• basketball: 농구
• tall: 키 큰, 높은
• often: 자주
• many: 많은
• pretty: 매우, 꽤

해석
> A: 너는 농구를 <u>얼마나 자주</u> 하니?
> B: 일주일에 3번 해.

05 빈칸 다음에 목적어(my math textbook)와 'I can't find it(나는 그것을 찾을 수 없어요).'으로 미루어 빈칸에는 '~를 찾다(look for)'라는 의미가 들어가야 하는데, 현재진행형이므로 빈칸에 들어갈 적절한 것은 'looking'이다.
- look for: ~을 찾다
- math textbook: 수학 교과서
- why don't you~: ~하는 게 어때?
- check: 확인하다

> A: 톰, 뭐하고 있니?
> B: 엄마, 나는 수학 교과서를 찾고 있어요. 나는 그것을 찾을 수 없어요.
> A: 침대 아래를 확인해 보는 게 어때?

06 B가 몇 시에 가기를 원하느냐고 물었으므로 A의 응답으로 적절한 것은 'Let's leave home at 2 o'clock(2시에 집을 떠나자).'이다.
① 나는 모자를 살 거야
② 밋진 꽃이다
③ 나는 택시를 타고 있어
- How about ~ing?: ~하는 것이 어떨까?
- flower festival: 꽃 축제
- what time~: 몇 시에

> A: 제시카, 오늘 꽃 축제에 가는 것 어떠니?
> B: 좋아요, 아빠. 몇 시에 가기를 원하세요?
> A: 2시에 집을 떠나자.

07 첫 번째 문장에서 빈칸 앞의 'look'과 빈칸 다음의 'his father'가 나와 있으므로 '~처럼 보이다'의 뜻인 'look like~'가 되어야 한다. 두 번째 문장에서 빈칸 앞의 'What do you' 빈칸 다음의 'to do'가 나와 있으므로 '~을 하고 싶니?'의 뜻인 'What do you like~?'가 되어야 한다. 따라서 빈칸에 공통으로 들어갈 말로 적절한 것은 'like'이다.
- look like: ~처럼 보이다
- father: 아버지
- during: ~동안
- vacation: 방학

> ○ 그는 그의 아버지처럼 보인다.
> ○ 너는 방학 동안에 무엇을 하고 싶니?

08 우체국을 어떻게 가야 하느냐는 A의 질문에, B가 한 블록 직진 후 왼쪽으로 돌면 오른쪽에 우체국이 있다고 말하고 있으므로 A가 찾아가려는 곳의 위치는 ③이다.
- excuse me.: (모르는 사람의 관심을 끌려고 할 때) 실례합니다.
- how do I get ~?: ~를 어떻게 가나요?
- straight: 똑바로, 곧장
- block: (도로로 나뉘는) 구역, 블록
- turn left: 왼쪽으로 돌다

> A: 실례합니다. 우체국에 어떻게 가야 하나요?
> B: 한 블록 직진 후 왼쪽으로 도세요. 우체국은 당신의 오른쪽에 있어요.
> A: 고맙습니다.

09 그림에서 소년은 수영을 하고 있으므로 'swimming'이 가장 적절하다.

> A: 소년은 무엇을 하고 있나요?
> B: 그는 수영장에서 수영을 하고 있어요.

10 대화에서 A가 피자를 주문하는 것 어떠냐고 묻자 B가 좋다고 답하였으므로 두 사람이 주문할 음식은 '피자'이다.

> A: 저녁으로 무엇을 먹고 싶니?
> B: 햄버거 어때?
> A: 음, 나는 점심으로 먹었어. 피자를 주문하는 것은 어때?
> B: 좋아.

11 대화에서 A가 집에 일찍 가봐도 되냐고 묻자 B가 안색이 안 좋아 보인다며 무슨 일이 있는지 묻고 있다. 따라서 빈칸에 들어갈 적절한 것은 'I have a high fever(고열이 나요)'이다.
① 천만에요
③ 그 말을 들으니 기쁘네요
④ 당신은 운동을 더 해야 해요
- fever: 열
- look: ~해 보이다
- hear: 듣다
- exercise: 운동하다

> A: 스미스 씨, 오늘 집에 일찍 가 봐도 될까요?
> B: 오, 안색이 안 좋아 보여요. 무슨 일 있어요?
> A: 고열이 나요.

12 대화에서 A가 시간 날 때 무엇을 하냐고 묻자 B가 쿠키 굽는 것을 좋아한다고 대답하였다. 이어서 너는 어떠냐고 B가 묻자 A는 보통 영화를 본다고 답하였다. 따라서 이들의 대화 주제는 '여가 활동'이 적절하다.

- free time: 자유 시간
- bake: 굽다
- usually: 보통, 대개

> A: 너는 자유 시간에 무엇을 하니?
> B: 나는 쿠키 굽는 것을 좋아해. 너는 어때?
> A: 나는 보통 영화를 봐.

13 연습 요일(Friday), 모집 인원(five), 신청 방법(email)은 홍보문에 제시되어 있으나, '활동 장소'는 언급되어 있지 않다.

- practice: 연습하다
- need: 필요하다
- new member: 신입 회원
- sign up: 참가하다, 가입하다
- president: 회장

> **스타 댄스 클럽**
> ○ 우리는 매주 금요일 K-팝 댄스를 연습합니다.
> ○ 우리는 5명의 신입 회원이 필요합니다.
>
> ★ 가입하려면, 클럽 회장에게 dance@school.kr로 이메일을 보내세요.

14 방송에서는 자전거 탈 때 필요한 안전 수칙 두 가지를 언급하고 있다.

- safety rule: 안전 수칙
- put on: (옷을) 입다, (모자·안경 등을) 쓰다
- helmet: 헬멧
- protect: 보호하다
- bright: 밝은

> 안녕하세요, 여러분. 공원에서 자전거를 타기 위한 몇 가지 안전 수칙을 말씀드리겠습니다. 첫째, 머리를 보호하기 위해 헬멧을 쓰세요. 둘째, 사람들이 당신을 쉽게 볼 수 있도록 밤에는 밝은색 옷을 입으세요.

15 대화에서 A가 무슨 일이 있었냐고 묻자, B가 지하철을 잘못 탔다고 말하고 있으므로 B가 늦은 이유는 '지하철을 잘못 타서'이다.

- late: 늦은
- What happened?: 무슨 일이니?
- wrong: 잘못된

- subway: 지하철
- terrible: 끔찍한
- glad: 기쁜

> A: 늦었구나. 무슨 일이니?
> B: 정말 미안해. 나는 지하철을 잘못 탔어.
> A: 끔찍했겠다. 게임 시작 전에 와서 다행이야.

16 글의 마지막 문장에서 무료 보트 관광이 제공된다고 나와 있다.

> Ocean Hotel은 해변 옆에 있습니다. 모든 객실이 바다 전망입니다. 손님들은 호텔 식당에서 신선한 해산물을 드실 수 있습니다. 또한 모든 손님을 위한 무료 보트 관광이 제공됩니다.

17 새 오케스트라 단원을 소개하는 내용이므로 글의 흐름으로 보아 어울리지 않는 문장은 'ⓒ The violin is smaller than the guitar(바이올린은 기타보다 작습니다.)'이다.

- would like to~: ~하고 싶다
- introduce: 소개하다
- orchestra: 오케스트라
- experience: 경험
- contest: 대회, 콘테스트

> 나는 우리의 새 오케스트라 단원, Sophie를 소개하고자 합니다. ⓐ 그녀는 바이올린을 연주합니다. ⓑ 그녀는 오케스트라 연주에 많은 경험을 가지고 있습니다. ⓒ 바이올린은 기타보다 작습니다. ⓓ 그녀는 많은 바이올린 콘테스트에서 우승하였습니다. 모두 Sophie를 환영합시다.

18 글의 마지막 문장에서 'he couldn't borrow them because he left his library card at home(그는 도서관 카드를 집에 두고 왔기 때문에 그 책들을 빌리지 못하였다).'이라고 제시되어 있으므로 ③이 가장 적절하다.

- library: 도서관
- However: 그러나
- borrow: 빌리다
- leave: ~을 두고 오다[가다](leave-left-left)

> Mike는 그의 과학 프로젝트를 위해 몇 권의 책들을 읽어야 했다. 그래서 그는 어제 도서관에 갔다. 그는 거기서 책들을 찾았다. 그러나, 그는 그의 도서관 카드를 집에 두고 왔기 때문에 그 책들을 빌리지 못하였다.

19 그래프를 보면 학생들의 절반 이상이 좋아하는 음악은 힙합 (57%)임을 알 수 있다.

> **학생들은 어떤 종류의 음악을 좋아하나요?**
> 힙합(57%) 팝(21%) 락(7%) 클래식(5%) 기타(10%)
> 절반 이상의 학생들이 <u>힙합</u>을 가장 좋아한다.

20 글쓴이의 이름(David), 여동생의 학년(third grade), 아버지의 직업(teacher)은 글에 제시되어 있지만, 어머니의 나이는 언급되어 있지 않다.
- family photo: 가족 사진
- third grade: 3학년
- parents: 부모

> 나의 이름은 데이비드입니다. 이것은 나의 가족 사진입니다. 여기 나의 여동생, 크리스틴이 있습니다. 그녀는 3학년입니다. 그녀 옆에, 나의 부모님이 의자에 앉아 계십니다. 나의 아비지는 선생님이고, 니의 엄미는 의사입니다. 우리는 행복한 가족입니다.

21 두 번째 문장에서 당신의 눈을 감고, <u>그것들을</u> 손가락으로 부드럽게 누르라고 하였으므로 밑줄 친 그것들은 앞에서 언급한 눈 (eyes)을 가리킨다.
- relax: 긴장을 풀다, 휴식을 취하다
- tired: 피로한
- press: 누르다
- gently: 부드럽게

> 여기에 당신의 눈이 피로하다고 느낄 때 긴장을 푸는 방법이 있다. 당신의 눈을 감고 손가락으로 부드럽게 <u>그것들을</u> (눈을) 눌러라. 끝났다면, 당신의 눈을 따뜻한 수건으로 덮어라. 이 방법은 당신의 눈을 더 편안하게 만들 것이다.

22 영화관에서 지켜야 할 사항으로 '앞좌석 발로 차지 않기'는 언급되어 있지 않다.
- loudly: 크게
- throw: 던지다
- floor: 바닥

> ○ 크게 말하지 않기.
> ○ 휴대폰 사용하지 않기.
> ○ 바닥에 쓰레기 버리지 않기.

23 제시된 글은 로봇이 식당에서 주문을 받고, 카페에서 커피를 만들고, 공항에서 가이드로 일하는 등 다양한 역할을 한다고 말하고 있다. 따라서 글의 주제로 적절한 것은 '로봇의 다양한 역할'이다.
- different: 다른, 각양각색의
- take order: 주문받다
- even: 심지어

> 요즘 로봇들은 많은 다양한 역할들을 한다. 어떤 로봇들은 식당에서 주문을 받는다. 다른 로봇들은 카페에서 커피를 만든다. 그들은 또한 공항에서 가이드로 일한다. 그들은 심지어 친구로서 사람들과 이야기하기도 한다.

24 글쓴이는 마지막 문장에서 'So, why don't we change the plan(그래서, 우리 계획을 변경하는 것은 어떨까)?'라고 계획 변경을 제안하고 있다.
- until: ~까지
- tonight: 오늘 밤
- change: 변경하다
- plan: 계획

> 안녕, Sam. 나야, Chris. 나는 오늘 우리가 축구 게임을 할 예정이라는 것을 알아. 하지만 지금 비가 오고 있고, 나는 비가 오늘 밤까지도 그치지 않을 것이라고 들었어. 그래서, 우리 계획을 변경하는 것은 어떨까?

25 마지막 문장에서 'Now, let's take a look at the steps to make cheese with these three things(이제, 이 세 가지로 치즈 만들기 단계들을 살펴보자).'라고 하였으므로 뒤에 이어질 내용으로는 '치즈를 만드는 절차'가 가장 적절하다.
- It takes: (얼마의 시간이) 걸리다
- let's take a look at: ~에 대해 알아봅시다
- step: 단계

> 치즈를 좋아하는가? 집에서 치즈 만들기는 쉽고 재미있다. 그것은 단지 30분밖에 안 걸린다. 그리고 단지 약간의 우유, 레몬 주스, 그리고 소금만 필요하다. 이제, 이 세 가지로 치즈 만들기 단계들을 살펴보자.

제4교시 사회

01 ③	02 ④	03 ①	04 ①	05 ①
06 ③	07 ②	08 ④	09 ④	10 ①
11 ③	12 ②	13 ④	14 ③	15 ①
16 ②	17 ②	18 ④	19 ②	20 ②
21 ③	22 ④	23 ③	24 ④	25 ④

01 ㉠은 표준 경선, ㉡은 경도이다. 표준 경선은 나라의 표준시를 정하는 기준이 되는 선으로 경도가 0°이다. 지구는 24시간 동안 360°를 회전하므로 경도 15°(360°÷24시간)마다 1시간의 시차가 발생한다.

02 아마존 강 근처를 탐험하였으며, 덥고 습한 지역이라는 내용으로 보아 편지글에 나타난 지역의 기후는 열대 우림 기후이다.
① 스텝 기후: 사막을 둘러싼 지역에, 긴 건기와 짧은 우기가 특징인 기후이다. 연 강수량 250~500mm 미만이며, 짧은 풀의 초원지대에 해당하는 기후이다.
② 사막 기후: 연 강수량 250mm 미만으로 식생의 생존이 불가하다, 모래・암석의 사막이 넓게 분포한 지역의 기후이다.
③ 툰드라 기후: 한대 기후 중 최난월 평균 기온이 0~10℃인 기후 지역으로, 극지방과 가까워 1년 내내 기온이 낮고 눈과 얼음으로 덮여 있는 지역의 기후이다.

03 힌두교의 발상지인 곳은 인도 문화 지역이다. 인도 문화 지역은 다양한 종교와 언어가 나타나고 소를 신성시한다.
② 아프리카 문화 지역: 사하라 사막 이남의 열대 우림과 사바나 지역을 중심으로 형성된 부족 중심의 사회로, 원시 종교가 존재한다.
③ 오세아니아 문화 지역: 유럽 문화의 이식과 정착으로 형성된 문화 지역으로, 원주민 문화는 대부분 말살되었다.
④ 라틴 아메리카 문화 지역: 브라질, 아르헨티나, 멕시코 지역 등에 해당하며, 가톨릭교, 식민지배, 혼혈인, 고대 문명, 에스파냐어, 인디오 등이 특징이다.

04 가뭄에 대한 설명이다. 가뭄으로 인해 하천과 지하수가 고갈되고, 농업 생산력이 저하된다.
자연재해의 의미와 종류
• 의미: 인간의 생활에 피해를 입히는 자연 현상
• 종류
　－ 지각 변동 재해: 화산, 지진, 지진 해일(쓰나미) 등
　－ 기후 재해: 홍수, 가뭄, 태풍(열대성 저기압), 폭염, 폭설, 한파, 토네이도 등

05 도시의 중심부에 위치하여 접근성이 좋고 땅값이 비싼 곳은 도심이다.

06 영해는 국가의 주권이 미치는 바다로, 기선을 기준으로 12해리까지의 수역을 말한다.

07 바람을 이용하여 전력을 생산하는 (가)는 풍력 발전, 땅 속의 열을 이용하여 전력을 생산하는 (나)는 지열 발전이다.

08 히말라야 산맥은 인도와 중국, 네팔, 부탄 사이에 위치한 산맥으로, 지구상에서 가장 해발 고도가 높은 곳이다. 이 산맥과 인접한 국가들은 등반 목적의 관광 산업과 양, 야크 등의 목축업이 발달하였다.

09 교사, 대학생, 회사원은 사회적 지위 중 개인의 의지와 노력으로 얻게 되는 성취 지위에 해당한다.

귀속 지위와 성취 지위

귀속 지위	개인의 의지나 노력과는 관계없이 출생 시부터 결정되는 지위이다. 예 성별, 인종, 남자, 딸 등
성취 지위	노력과 능력에 따라 후천적으로 결정되는 지위이다. 예 학생, 회사원, 변호사, 교수 등

10 문화의 축적성은 한 세대에서 다음 세대로 전승되고 축적된 생활양식으로 새로운 문화 창조의 원동력이 된다는 문화의 속성이다.

11 일정한 연령 이상의 국민이면 누구나 선거권을 갖는 민주 선거의 원칙은 보통 선거이다. 대부분의 민주주의 국가에서는 공정한 선거를 위해 보통 선거, 평등 선거, 직접 선거, 비밀 선거의 선거 4대 원칙을 채택하고 있다.

12 공급 곡선이 A에서 B로 이동하였을 때, 가격은 가격$_0$에서 가격$_1$로 하락하였고, 수량은 수량$_0$에서 수량$_1$로 증가하였다. 따라서 균형 가격은 '하락', 균형 거래량은 '증가'가 옳다.

13 주민과 주민이 뽑은 대표들이 지역의 사무를 자율적으로 처리하는 지방 자치 제도이다. 지방 자치 제도는 주민이 정치에 참여할 수 있는 기회를 확대하고 지역의 주인임을 체험할 수 있으므로 '민주주의의 학교'라고 하며, 지역 주민 스스로 지역을 다스리므로 '풀뿌리 민주주의'라고도 한다.
① 심급 제도: 법관이 공개 재판과 증거 재판을 하더라도 오판할 수 있으므로 재판을 여러 번 받을 수 있도록 하는 제도로, 우리나라는 3심제를 채택하고 있다.
② 문화 사대주의: 다른 문화가 자신의 문화보다 우월하다고 믿고, 그것을 무비판적으로 동경하고 숭상하며 자신의 문화를 낮게 평가하는 주의이다.
③ 증거 재판주의: 법관이 주관적으로 판단하는 것을 막기 위해 명확한 증거를 가지고 판결하도록 하는 것이다.

14 검사가 법원에 공소를 제기하고, 범죄의 유무와 형벌을 결정하기 위한 재판에 해당하므로 ㉠은 형사 재판이다.

15 입법권은 국회에 속한다. 국회는 국민의 대표 기관으로서 법률을 제정하는 역할을 한다.

국회의 기능

입법 기능	법률의 개정과 수정, 헌법개정안의 제안과 의결, 조약체결에 대한 동의권
재정 기능	조세의 종목 및 세율 결정권, 예산안 심의 및 확정, 예산 집행의 결산 심사
국정 통제 및 감시 · 견제 기능	국정 감사, 국정 조사, 국무총리 · 감사원장 · 대법원장 · 헌법재판소장 · 대법관 임명 동의, 헌법재판소 재판관(3명) · 중앙 선거 관리 위원(3명) 선출, 탄핵소추 요구 예 대통령, 국무총리, 국무위원 등을 감시 · 견제

16 인간의 요구는 무한하지만 이를 충족시킬 수 있는 자원은 상대적으로 부족한 상태를 의미하는 것은 자원의 희소성이다. 자원의 희소성은 인간의 필요와 욕구에 따라 정도가 달라지는 상대성의 특징을 가지고 있다. 그 예로 난로는 북극 지방에는 많아도 희소성이 크며, 열대 지방에는 적어도 희소성이 작다.

17 빗살무늬 토기는 신석기 시대의 유물이다. 철제 무기를 제작한 것은 철기 시대 때이다.

신석기 시대의 특징

주거	강가나 바닷가의 움집(반지하 형태)
도구	간석기(돌낫, 돌보습, 갈돌, 갈판 등), 토기(빗살무늬 토기, 이른 민무늬 토기, 덧무늬 토기 등), 가락바퀴 · 뼈바늘(옷이나 그물 제작)
경제	농경과 목축 시작 → 정착 생활
사회	씨족 단위로 공동 작업, 평등 사회

18 호족 통합 및 견제 정책을 세우고, 훈요 10조를 남긴 고려의 왕은 태조 왕건이다.

태조의 정책

민생 안정 정책	세금 감면, 빈민 구제
호족 통합 · 견제 정책	혼인 정책, 왕씨 성 하사, 사심관 제도 · 기인 제도 실시
북진 정책	고구려 계승 의식(서경 중시), 청천강에서 영흥만에 이르는 국경선
민족 융합 정책	발해 유민 포용, 옛 고구려와 백제 세력을 지배 세력으로 수용
문화 정책	불교 장려, 유교 인정

19 승려 일연이 저술하였으며, 고대의 역사와 설화 등이 담긴 역사서는 『삼국유사』이다.
① 『경국대전』: 조선의 기본 법전으로, 세조 때 편찬을 시작하여 성종 때 완성 · 반포되었다.
③ 『동의보감』: 조선의 의학 서적으로, 허준이 저술하였다.
④ 『삼강행실도』: 조선의 윤리서로, 세종 때 편찬되었다.

20 신라 진흥왕은 화랑도를 국가적 조직으로 개편하고, 인재 양성에 힘썼다.

화랑도
• 기원: 원시 사회의 청소년 집단에서 기원
• 구성: 화랑(지도자)과 낭도(귀족~평민)로 구성, 계층 간의 대립과 갈등을 조절 · 완화
• 발전: 진흥왕 때 조직 확대, 진평왕 때 화랑도의 규율 제시(원광의 세속 오계)

21 조선의 건국 과정
요동 정벌 단행 → 이성계의 위화도 회군(1388) → 신진 사대부의 분열 → 과전법 시행(1391) → 혁명파의 온건 개혁파 제거, 도평의사사 장악 → 조선 왕조 건국(1392) → 한양 천도(1394)

22 조선 정조는 왕권과 정책을 뒷받침하는 기구인 규장각을 설치하였고, 방어뿐만 아니라 공격 기능을 겸한 수원 화성을 건설하였다.
ㄱ. 척화비 건립은 흥선 대원군 때의 일이다.
ㄷ. 훈민정음 창제는 세종의 업적이다.

23 동학 농민 운동은 농민 세금 가중, 탐관오리 수탈, 외국 상인의 경제 침탈로 인한 백성의 생활 곤란 등으로 일어난 반봉건 · 반외세 운동으로, 전봉준이 농민군을 이끌고 고부 관아를 습격하면서 시작되었다. 이는 황토현 전투 승리, 전주 화약 체결, 집강소 설치, 우금치 전투 패배, 전봉준 등의 지도자 체포 순으로 전개되었다.

24 대한민국 임시 정부는 3 · 1 운동을 계기로 체계적인 독립 운동의 필요성을 확인하고, 국내외 임시 정부를 통합하여 중국 상하이에 수립되었다. 구미 위원회 설치(미국), 연통제 · 교통제 운영, 독립 공채 발행, 독립신문 간행, 『한일관계사료집』 발간 등의 활동을 하였다.

25 4 · 19 혁명이 일어난 배경에는 이승만 정부의 3 · 15 부정 선거가 있다. 이승만 정부는 부통령에 이기붕을 당선시키기 위한 대대적인 부정 선거의 자행하였고, 이에 따라 학생과 시민들의 대대적인 시위가 전국에서 확산되었다. 그 결과 이승만 대통령의 하야와 독재 정권의 붕괴가 일어났다.

제5교시 과학

01 ②	02 ①	03 ③	04 ③	5 ④
06 ①	07 ③	8 ④	09 ①	10 ②
11 ②	12 ①	13 ④	14 ②	15 ③
16 ④	17 ①	18 ④	19 ④	20 ③
21 ④	22 ②	23 ①	24 ①	25 ①

01 지구가 물체를 당기는 힘은 중력이다. 중력의 방향은 지구 중심 방향이며, 힘의 크기는 물체의 질량에 비례한다.
① 부력: 물체가 액체나 기체 속에서 위쪽으로 받는 힘이다.
③ 마찰력: 두 물체의 접촉면 사이에서 물체의 운동을 방해하는 힘이다.
④ 탄성력: 탄성체가 변형되었을 때 원래의 상태로 되돌아가려는 힘이다.

02 빨간색 공이 우리 눈에 빨간색으로 보이는 이유는 빨간색 빛만 반사하고 나머지 색의 빛은 흡수하기 때문이다. 따라서 암실에서 빨간색 공에 파란색 빛을 비추면 공이 파란색 빛은 흡수하고 반사하는 빛은 없으므로 우리 눈에는 검은색으로 보인다.

03 전류의 방향이 반대로 바뀌면 자기장의 방향도 반대가 된다. 따라서 문제에서 제시된 그림의 나침반과 방향이 반대인 ③의 나침반 모습이 된다.

04 열의 이동 방법에는 전도, 대류, 복사가 있는데, 이 중 복사는 열이 물질을 거치지 않고 직접 이동하는 현상으로 태양 빛이 지구에 전달되는 원리와 같다.

05 위치 에너지는 질량이 클수록, 높이가 높을수록 크다. 따라서 A~D 중 위치 에너지가 많이 증가한 것은 D이다.

위치 에너지
• 중력이 있는 곳에서 기준면보다 높은 곳에 놓여 있는 물체가 가지는 에너지이다.
• 위치 에너지는 물체의 질량, 높이에 각각 비례한다.

$$위치\ 에너지 = 9.8 \times 질량 \times 높이,\ E_p = 9.8mh\ (J)$$

06 공기 저항이나 마찰력 같은 힘이 작용하지 않는다면, 물체가 가지고 있던 역학적 에너지는 일정하게 보존된다. 따라서 지점 A, B, C에서 쇠구슬의 역학적 에너지의 크기는 모두 같다 (A = B = C).

07 나트륨의 원소 기호는 Na이다. 원소 기호를 쓸 때 첫 글자는 대문자, 두 번째 글자는 소문자로 쓴다.

08 A → B의 상태 변화가 융해이고, C → B의 상태 변화가 액화이므로 A는 고체, B는 액체, C는 기체이다. 또한, (가)는 액체에서 기체로의 상태 변화(B → C)이므로 기화이다. 따라서 옳은 것은 ④이다.
① A는 고체이다.
② B는 액체이다.
③ C는 기체이다.

09 순물질은 한 종류의 물질만으로 이루어진 물질이다. 따라서 구리, 설탕, 우유, 소금물 중 순물질은 구리와 설탕이다. 우유와 소금물은 두 종류 이상의 순물질이 섞여 있는 혼합물이다.

10 그래프에서 압력이 2기압일 때, 부피는 20 mL임을 알 수 있다.

11 기체 사이의 부피비는 화학 반응식에서 계수비와 같다. 따라서 $N_2 + 3H_2 \rightarrow 2NH_3$에서 기체 사이의 부피비는 1 : 3 : 2가 되므로 질소(N_2) 기체 1 L와 수소(H_2) 기체 3 L가 모두 반응할 때 생성되는 암모니아(NH_3) 기체의 부피는 2 L가 된다.

12 김치가 시어지는 것은 물질의 성질이 달라지는 것이므로 화학 변화에 해당한다.
②・③・④ 모두 물리 변화에 해당한다.

화학 변화와 물리 변화

화학 변화	처음 물질과 성질이 다른 물질로 변하는 현상 예 철이 녹슨다, 양초가 빛과 열을 내며 탄다 등
물리 변화	성질의 변화 없이 모양이나 상태만이 변하는 현상 예 컵이 깨진다, 아이스크림이 녹는다 등

13 멸종 위기종 보호는 생물 다양성을 증가시키는 방법이다.

14 생물은 원핵생물계, 원생생물계, 균계, 식물계. 동물계로 분류할 수 있는데, 소나무는 식물계에 속한다.

원생생물계
• 핵막으로 둘러싸인 뚜렷한 핵이 있다.
• 균계, 식물계, 동물계 중 어디에도 속하지 않은 생물을 모아 놓았다.
예 단세포 생물: 짚신벌레, 아메바 등
다세포 생물: 김, 미역, 다시마 등

15 그림과 같이 순종의 황색 완두(YY)와 순종의 녹색 완두(yy)를 교배하여 얻은 잡종 1대는 모두 Yy의 유전자형을 가지게 되며, 이러한 잡종 1대(Yy)를 자가 수분시키면 YY, Yy, Yy, yy의 유전자형을 가진 잡종 2대를 얻게 된다. 이때 잡종 제2대의 표현형의 분리비는 황색 완두(YY, Yy) : 녹색 완두(yy) = 3 : 1이 된다.

16 석회수는 이산화 탄소와 반응하면 탄산칼슘 앙금이 생겨 뿌옇게 흐려지는데, 어두운 곳에 둔 시금치가 광합성은 하지 못하고 호흡만 하여 이산화 탄소를 방출하므로 석회수가 뿌옇게 흐려진 것이다.

17 쓸개즙을 생성하고 요소를 합성하는 기관은 A(간)이다.
② B: 위
③ C: 소장
④ D: 대장

18 감수 1분열 전기 단계의 염색체 수가 4개이므로 $2n = 4$이며, 딸세포 A는 염색체 수가 절반으로 줄어든 상태이므로 $n = 2$가 된다. 따라서 딸세포 A는 염색체 수는 2개이다.

19 광합성에 영향을 주는 요인은 온도, 빛의 세기, 이산화 탄소의 농도로 모두 해당된다.

광합성에 영향을 주는 요인

온도	온도가 높아질수록 광합성량이 증가하다가, 일정 온도보다 높아지면 광합성량이 급격히 감소한다.
빛의 세기	빛의 세기가 강할수록 광합성량이 증가하다가 어느 정도 이상이 되면 광합성량이 일정해진다.
이산화 탄소의 농도	이산화 탄소의 농도가 증가할수록 광합성량이 증가하다가 어느 정도 이상이 되면 광합성량이 일정해진다.

20 어두운색을 띠는 광물을 많이 포함하고 있는 화산암은 현무암이다.
① 대리암: 석회암이 변성되어 만들어진 변성암이다.
② 석회암: 석회질 물질이 쌓여 만들어진 퇴적암이다.
④ 화강암: 밝은색 광물을 많이 포함하고 있는 심성암이다.

21 태양계의 행성 중 주로 수소와 헬륨으로 이루어져 있으며, 부피와 질량이 가장 큰 행성은 목성이다.

22 태양의 표면에서 주변보다 온도가 낮아 어둡게 보이는 A는 흑점이다. 흑점은 크기와 모양이 불규칙하며, 11년을 주기로 그 수가 적어졌다 많아진다.
① 채층: 분홍색을 띤 얇은 대기층으로 광구 바깥쪽에 있다.
③ 코로나: 채층 바깥쪽의 청백색의 희미한 가스층으로, 개기 일식 때 관측이 가능하다.
④ 플레어: 흑점 부근에서 폭발이 일어나 순간 매우 밝아지는 현상이다.

23 성층권에는 오존층(높이 20~30 km 부근)이 존재하여 자외선을 흡수한다.
② 성층권은 대류 현상이 일어나지 않아 대기층이 안정적이다.
③ 성층권은 높이 올라갈수록 기온이 높아진다.
④ 기상 현상이 일어나는 곳은 지표와 가까운 대류권이다.

24 A는 겉보기 등급<절대 등급이므로 10 pc(32.6광년)보다 가까운 별이고, B, C, D는 겉보기 등급>절대 등급이므로 10 pc(32.6광년)보다 멀리 떨어진 별이다. 따라서 지구에서 가장 가까운 별은 A이다.

별의 등급과 거리 관계

10 pc보다 멀리 떨어진 별	겉보기 등급>절대 등급
10 pc 떨어진 별	겉보기 등급=절대 등급
10 pc보다 가까운 별	겉보기 등급<절대 등급

25 포화 수증기량은 기온이 높을수록 증가하고 기온이 낮을수록 감소한다. 따라서 기온 A~D 중 포화 수증기량이 가장 적은 것은 기온이 가장 낮은 A이다.

제6교시 **도덕**

01	②	02	③	03	②	04	①	05	②
06	①	07	④	08	③	09	①	10	④
11	①	12	④	13	④	14	③	15	②
16	③	17	①	18	③	19	②	20	③
21	④	22	②	23	①	24	④	25	①

01 양심의 가책을 느끼고 할머니를 도우러 간 행동을 통해, 인간은 스스로 가치 있다고 생각하는 행동 및 도리를 행할 수 있는 도덕적 존재임을 알 수 있다.
① 도구적 존재: 여러 가지 도구를 만들어 사용하는 존재이다.
③ 문화적 존재: 상징체계를 바탕으로 문화를 계승·창조하는 존재이다.
④ 유희적 존재: 생활상의 이해관계를 떠나 삶의 재미를 추구하는 존재이다.

02 교사는 학생의 문제가 되는 도덕 원리를 모든 사람이 채택하였을 때, 나타날 수 있는 결과를 예상하여 도덕 원리의 적절성 여부를 검토하는 방법을 사용하고 있다. 이는 보편화 결과 검사에 해당한다.

03 도덕 추론 과정은 도덕 원리와 사실 판단을 통해 도덕 판단으로 이어진다. 따라서 ㉠에 들어갈 용어는 도덕이다.

04 도덕적 신념 형성에 필요한 보편적 가치로 옳은 것은 평화이다.

도덕적 신념과 보편적 가치의 의미
• 도덕적 신념: 올바른 도덕적 가치를 지켜 올바르게 살아가고자 하는 믿음을 말한다.
• 보편적 가치: 전 인류에게 통용되는 가치이다. 자유, 평화, 평등, 인권, 박애 등이 있다.

05 진정한 의미의 행복은 일시적 만족감에 의한 즐거움이 아니라 바람직한 가치의 추구를 통해 삶 전체에 걸쳐 느끼는 지속적·정신적인 만족감이다. 행복한 삶을 위해서는 올바른 습관을 습관화하고, 정서적 건강을 가꾸는 것이 중요하다.

06 세계 시민으로서 세계 상황에 관심을 가지고 지구 공동체의 아픔에 공감하는 태도가 필요하다. 따라서 난민을 위해 기부를 하는 것이 세계 시민으로서 할 수 있는 도덕적 실천으로 적절하다.

07 현대 사회는 다양한 세대가 함께 살아가는 시대이므로 시대에 맞지 않는 전통 관습을 그대로 따르게 하는 것은 세대 간 갈등을 유발할 수 있다. 따라서 가정 내 가족 간의 충분한 의사소통을 통해 각 세대의 의견을 존중하고 배려하면서 다양한 가정 내 일들을 협력해 나가야 한다.

08 상대방의 처지와 감정을 헤아려 보살펴 주고 도와주는 것을 의미하는 덕목은 배려이다.

09 이성 교제 시, 서로를 존중하는 자세를 갖는 것이 바람직하다.
청소년기의 올바른 이성 교제 태도
• 상대방을 있는 그대로 인정하고 존중해야 한다.
• 상대를 구속하거나 상대방에 순종하지 말고 자신의 의사를 분명히 밝혀야 한다.
• 상대방을 성적 호기심의 대상으로 보지 않아야 한다.
• 상대방과 적정한 거리를 유지하여 불편하게 느끼지 않도록 한다.

10 개인의 자율성을 침해하기 위함은 인권의 필요성이 될 수 없다.
인권
• 인간이라면 누구나 가지는 기본적 권리로, 인간답게 살기 위해 꼭 필요한 권리이자 반드시 보장받아야 할 권리이다.
• 인간의 존엄성이라는 보편적인 가치를 개인이 누려야 할 권리로 구체화한 것이다.

11 늦은 저녁에 음악을 크게 트는 것은 이웃에게 소음 피해를 주는 것으로, 도덕적 자세가 아니다.
②·③·④ 층간 소음을 일으키지 않는 것, 예절을 지켜 인사하는 것, 어려울 때 서로 돕는 것은 이웃 사이에 필요한 도덕적 자세이다.

12 이기주의는 바람직한 시민이 갖추어야 할 자질이 아니다.
바람직한 시민의 자세
• 국가라는 공동체 안에서 공동체 의식과 책임의식을 가지고 자신이 누리는 자유와 권리를 올바르게 행사하며, 이에 대한 책임과 의무 또한 다해야 한다.
• 국가가 정한 공중도덕과 법을 준수하려는 준법정신을 가져야 한다.
• 국가가 바람직하지 못한 방향으로 나아갈 때는 이를 바로잡고 개선하려고 노력해야 한다.

13 다문화 사회는 다양한 문화로 인해 언어와 종교, 가치관, 생활 방식 등에서 차이가 존재한다. 따라서 서로 다른 문화의 다양성을 인정하고 존중하는 자세가 필요하다.
① 힘의 약한 나라의 문화라고 해서 편견을 가지거나 무시해서는 안 된다.
② 자기 문화의 우월성에 빠져서는 안 되며, 다른 문화를 존중하고 타 문화의 장점은 받아들이는 자세가 필요하다.
③ 다른 나라의 문화를 무조건 추종하고 받아들이는 태도는 옳지 않다.

14 사이버 공간의 익명성, 비대면성 등을 이용한 자유로운 유언비어 유포는 정보화 시대의 도덕적 자세라고 볼 수 없다.
정보화 시대에 가져야 하는 도덕적 원칙

존중의 원칙	사이버 공간에서도 현실 공간에서 사람들을 대하는 것과 동일하게 서로 존중하는 의무를 지녀야 한다.
책임의 원칙	정보 제공자 및 이용자는 자신의 행동이 가져올 결과를 신중히 생각하고 책임 있게 행동해야 한다.
정의의 원칙	정보의 진실성과 공정성, 완전성을 추구하며 다른 사람의 기본적 자유와 권리를 침해하지 않아야 한다.
해악 금지의 원칙	사이버상에서의 비도덕적 행동을 지양하고 타인에게 피해를 끼치지 않아야 한다.

15 일상생활에서 개인이나 집단 간의 가치관의 차이로 인해 갈등이 발생하며, 또한 서로의 생각이나 이해관계의 충돌이 일어나면서 갈등을 겪게 된다.

16 간디는 인도의 민족 운동 지도자이자 인도 건국의 아버지로, 영국에 대해 반영·비협력 운동 등 비폭력 저항 운동을 전개하여 독립에 기여하였다.

17 선생님 등 주변의 가까운 사람에게 알리고 함께 대책을 세우는 것이 바람직한 대처 방법이다.
② 괴롭히는 상대에게 자신의 의사를 명확히 표현해야 한다.
③ 혼자 참지 말고 상담센터, 법률기관 등을 적극적으로 활용해야 한다.
④ 돈을 주고 부탁하는 등 가해자의 폭력을 정당화하는 방법을 사용해서는 안 된다.

18 국가는 공정한 법과 제도를 마련하여 사회 질서를 확립해야 하는 역할을 가진다.
바람직한 국가의 모습
• 인간의 존엄성을 보장한다.
• 최소한의 경제적 기반을 형성할 수 있도록 해 준다.
• 사회적 합의에 따라 공정한 사회 제도를 확립한다.

19 재물은 물질적 가치에 해당한다.
①·③·④ 사랑, 우정, 평화는 정신적 가치에 해당한다.

20 사회 구성원들 사이에 공유된 청렴 의식은 부패를 예방한다.
부패의 문제점
- 타인의 권리와 이익 침해: 공정하지 못한 방법을 통해 자격이 없는 사람이 기회를 얻게 되면, 능력 있는 사람은 그만큼의 기회를 빼앗기게 된다.
- 구성원의 불신 조장: 사회 구성원 사이에 불신이 형성되어 사회 통합을 저해한다.
- 국가 발전 저해: 국제 사회에서 부패 국가로 인식되면 해외 자본 유치와 해외 진출이 곤란해진다.

21 분단의 장기화로 남북 간의 언어, 문화, 생활 차이가 심화되고 있다. 따라서 남북 간의 문화 차이를 축소시키기 위해 통일이 필요하다.

22 인간 중심주의 자연관은 인간이 자연의 주인이며, 자연보다 우월한 존재이므로 자연을 지배하여 인간의 풍요로운 삶을 위한 도구로 이용해야 한다는 관점이다.

23 쓰레기 분리배출 하기는 환경친화적 삶을 위한 실천 태도로 바람직하다.
② 일회용 종이컵의 사용을 줄인다.
③ 물건을 살 때 비닐봉지 대신 장바구니를 사용한다.
④ 장기 외출 시 사용하지 않는 전기 플러그는 빼놓는다.

24 과학 기술의 발달로 생활의 편리성이 증가하였다.
①·②·③ 환경 오염, 인간 소외, 새로운 질병 확산은 과학 기술 발달에 따른 부작용에 해당한다.

25 도덕적인 삶을 위해서는 보람된 삶을 추구하며, 가치 있는 목표를 설정하는 노력이 필요하다.
ㄷ·ㄹ. 도덕적인 삶을 위해서는 자신을 긍정적으로 바라보며, 이타적인 삶의 태도를 갖는 자세가 필요하다.

작은 기회로부터 종종 위대한 업적이 시작된다.

– 데모스테네스 –

2021년도

합격의 공식 시대에듀 www.sdedu.co.kr

제1회   **정답 및 해설**

제2회   **정답 및 해설**

제1교시 국어

01 ②	02 ①	03 ③	04 ④	05 ①
06 ②	07 ②	08 ④	09 ②	10 ③
11 ③	12 ③	13 ①	14 ①	15 ①
16 ③	17 ③	18 ④	19 ①	20 ④
21 ④	22 ①	23 ②	24 ④	25 ③

01 물건을 빌려달라고 상대방에게 부탁하고 있다.

02 가족 관계는 '직업'과 관계없는 개인 정보이므로 직업 정보를 얻기 위한 질문으로 적절하지 않다.

03 '달린다'의 품사는 동사이다.
① · ② · ④의 '즐겁다', '깨끗하다', '푸르다'는 모두 형용사이다.

04 '붙이자'는 '맞닿아 떨어지지 않게 하다'의 의미인 '붙다'의 사동사이다.
① '할게'가 바른 표현이다.
② '설거지'가 바른 표현이다.
③ '병이나 상처 따위가 고쳐져 본래대로 되다'의 의미인 '낫다'의 활용 형태 '낫기'가 바른 표현이다.

05 보기의 규정에 따라 ①은 놓는[논는]으로 소리 난다.
② · ③ 입학[이팍], 각해[가카]로 소리 난다. 받침 'ㄱ(ㄹㄱ), ㄷ, ㅂ(ㄹㅂ), ㅈ(ㄹㅈ)'이 뒤 음절 첫소리 'ㅎ'과 결합되는 경우, 두 소리를 합쳐서 [ㅋ, ㅌ, ㅍ, ㅊ]으로 발음한다.
④ 쌓으니[싸으니]로 소리 난다. 받침 'ㅎ(ㄶ, ㅀ)' 뒤에 모음으로 시작된 어미나 접미사가 결합되는 경우에는, 'ㅎ'을 발음하지 않는다.

06 입술을 작용시켜 발음하는 자음으로 양순음(입술소리)이라 부르며 'ㅂ', 'ㅃ', 'ㅍ', 'ㅁ'이 여기에 해당한다.
① · ③ 연구개음(여린입천장소리)으로 혀의 뒷부분과 연구개 사이에서 나는 소리이다.
④ 후음(목구멍소리)으로 성대를 막거나 마찰시켜서 내는 소리이다.

07 목적어는 목적격 조사 '을/를'과 결합한다.
①은 보어, ③은 부사어, ④는 주어이다.

08 '과도한 탄산음료 섭취 줄이기'를 주장하는 글에서 탄산음료 판매로 얻는 장점인 경제적 효과를 이야기할 필요는 없다. 따라서 ②은 통일성을 해치는 내용이다.

09 독도 주변에 독도 강치의 먹이가 풍부해 서식하기 용이하다는 내용이므로 '먹이에게'로 조사를 바꾸는 것은 적절하지 않다.
① 제시글은 독도에 대한 설명이 아닌, 독도 강치에 대한 글이므로 삭제하는 것이 적절하다.
③ '멸망'은 '망하여 없어짐'을 뜻한다. '생물의 한 종류가 아주 없어짐' 또는 '생물의 한 종류를 아주 없애 버림'을 뜻하는 '멸종'으로 바꾸는 것이 적절하다.

10 보고서 작성 시 쓰기 윤리를 지켜 연구 결과를 과장하거나 왜곡하지 않고 정확한 사실만을 기록해야 한다.

작품 해설 박완서, 「자전거 도둑」

• 갈래: 현대 소설, 성장 소설
• 성격: 교훈적, 비판적, 회상적
• 제재: 자전거
• 주제: 부도덕한 삶의 태도에 대한 비판
• 특징
　－ 순수한 어린아이의 눈을 통해 어른들의 부도덕한 삶을 부각시킴
　－ 현대인의 이기적인 삶에 대한 작가의 비판 의식을 드러냄

---

11 형의 도둑질 사건 이후 수남도 형이 그랬던 것과 마찬가지로 돈을 벌러 서울로 간다. 아버지는 수남의 상경을 말리지 않고 도둑질만은 하지 말 것을 당부하고 있다.

12 [가]는 형이 집으로 돌아온 후 가족들이 잔치를 여는 것은 물론 좋아하는 것조차 꺼려한다는 것을 보여준다. [가] 이후의 상황으로 볼 때 형이 사 온 것들은 떳떳하게 벌어서 산 선물들이 아니므로 주변 사람들이 알까 봐 불안하고 초조해하는 형의 모습이 드러난다.

13 ㉠은 물질적 탐욕과 비도덕성을 상징적으로 표현하는 말이다.
　② ㉡은 서양식 의류나 잡화를 파는 곳으로 작품의 시대상을 알 수 있다.
　④ ㉣은 내적 갈등 끝에 수남의 얼굴에서 누런 똥빛이 사라지고 양심적으로 살아야 한다는 아버지의 말씀을 떠올리며 고향으로 떠날 결심을 보여준다.

14 '-자'라는 청유형 문장을 반복적으로 사용하여 주제를 형상화하고 있다.

15 '진눈깨비'는 사람들을 힘들고 우울하게 하는 부정적인 존재이다.
　㉡, ㉢, ㉣은 사람들에게 위로와 희망을 주는 긍정적인 존재로 시적 화자가 지향하는 대상이다.

16 색채 이미지를 사용한 시각적 심상이 나타난다.
　① 후각적 심상
　② 미각적 심상
　④ 청각적 심상

17 계화는 도술을 써서 비와 눈을 부리는 능력을 보여준다. 초인적 능력을 가진 인물이 비현실적인 일들을 일으키는 고전 소설의 이러한 특징을 전기적 특성이라고 한다.

18 용골대는 무릎을 꿇고 박 씨에게 왕비를 모셔가지 않는 대신 길을 열어 달라 애원하였다.

19 '박 씨'는 전쟁에서의 패배를 깔끔히 인정하고 용골대의 목숨을 살려주며 후일을 경고하는 당당한 태도를 보인다.

작품 해설 전국지리교사모임, 『지리, 세상을 날다』
• 갈래: 설명문
• 성격: 객관적, 해설적
• 제재: 지리
• 주제: 일상에 대한 지리적 접근
• 특징
　– 다양한 사례를 바탕으로 내용을 전개함
　– 일상생활 속 공간 문제를 비판적으로 해석함

20 두 번째 문단의 '그렇다면 고추의 고향은 어디일까?'라는 물음을 던져 주의를 환기시키는 자문자답 형식으로 내용을 전개하고 있다.

21 ④는 '유효'의 사전적 의미이다.
　'발효'의 사전적 의미는 '효모나 세균 따위의 미생물이 유기 화합물을 분해하여 알코올류, 유기산류, 이산화 탄소 따위를 생기게 하는 작용을 이르는 말.'이다.

22 두 번째 문단을 통해 고추의 원산지는 중남미라는 것을 알 수 있다.

작품 해설 정용주, 「인권이 뭘까요」
• 갈래: 논설문
• 성격: 설득적, 논리적
• 제재: 인권
• 주제: 인권을 지키기 위한 노력의 필요성
• 특징: 인권을 지키기 위한 태도를 제시하여 주장을 구체화함

23 이 글의 갈래는 논설문으로 어떤 주제에 관해 자기의 생각이나 주장을 체계적으로 밝혀 쓴 글이다. 이 글에서는 인권을 지키는 것이 중요함을 주장하고 있다. 따라서 주장과 그를 뒷받침하는 근거를 찾아 읽는 것이 바람직하다.
　① 연극 대본을 읽는 방법이다.
　③ 자서전을 읽는 방법이다.
　④ 소설을 읽는 방법이다.

24 '인권은 누구에게나 적용되는 보편적인 권리이자 책임을 다할 때 누릴 수 있는 권리'이기 때문에 본인뿐만 아니라 다른 사람의 인권 또한 존중해 주어야 한다. 이 글에서 인권 존중보다 경제적 이익을 더 중시해야 한다는 내용은 나타나 있지 않다.

25 ㉡은 '관계나 인연 따위를 이루거나 만들다.'의 의미로 쓰였다.
　① '물방울이나 땀방울 따위가 생겨나 매달리다.'의 의미이다.
　② '열매나 꽃망울 따위가 생겨나거나 그것을 이루다.'의 의미이다.
　④ '하던 일을 끝내다.'의 의미이다.

제2교시 수학

01 ①	02 ①	03 ③	04 ④	05 ②
06 ②	07 ②	08 ③	09 ③	10 ④
11 ④	12 ③	13 ②	14 ①	15 ④
16 ④	17 ④	18 ①	19 ③	20 ①

01 소인수분해를 이용하여 최대공약수를 구할 때, 공통인 소인수를 곱하여 구한다. 이때 소인수의 지수가 같으면 그대로 곱하고, 다르면 작은 것을 택하여 곱하므로 두 수 24와 90의 최대공약수는 2×3이다.
∴ ㉠$= 2$

02 절댓값을 차례대로 구하면
① $|-5| = 5$
② $|-2| = 2$
③ $|1| = 1$
④ $|4| = 4$
따라서 절댓값이 가장 큰 수는 -5이다.

03 $a = 3$을 $2a + 1$에 대입하면
$2a + 1 = 2 \times 3 + 1 = 7$

04 $5x - 2 = 3x + 8$에서
$5x - 3x = 8 - (-2)$
$2x = 10$
∴ $x = 5$
따라서 주어진 일차방정식의 해는 5이다.

05 주어진 그래프는 시간에 따른 이동 거리를 나타낸 그래프이므로 이 학생이 출발한 후 30분 동안 이동한 거리는 x축의 좌표가 30일 때 그래프와 만나는 점의 y축의 좌표이다.
따라서 이 학생이 이동한 거리는 $2\,\mathrm{km}$이다.

06 각 정다면체의 모든 면의 모양은 다음과 같다.
① 정사면체: 정삼각형
② 정육면체: 정사각형
③ 정팔면체: 정삼각형
④ 정십이면체: 정오각형
따라서 모든 면의 모양이 정사각형인 정다면체는 정육면체이다.

07 주어진 도수분포표에서 독서한 시간이 6시간 이상 8시간 미만인 학생의 수는 4명, 8시간 이상 10시간 미만인 학생의 수는 1명이다.
따라서 구하는 학생의 수는
$4 + 1 = 5$(명)

08 순환소수 $0.\dot{7}$을 기약분수로 나타내면 $\dfrac{7}{9}$이다.

09 $2x \times x^2 = 2x^{1+2} = 2x^3$

10 연립방정식 $\begin{cases} y = 2x & \cdots ㉠ \\ x + y = 9 & \cdots ㉡ \end{cases}$에서
㉠을 ㉡에 대입하여 풀면
$x + 2x = 9, \ 3x = 9$
∴ $x = 3$
$x = 3$을 ㉠에 대입하면
$y = 2 \times 3 = 6$

다른풀이

연립방정식 $\begin{cases} y = 2x \\ x + y = 9 \end{cases}$에서 $\begin{cases} -2x + y = 0 & \cdots ㉠ \\ x + y = 9 & \cdots ㉡ \end{cases}$

㉠$-$㉡을 하면
$-2x - x = -9$ ∴ $x = 3$
$x = 3$을 ㉡에 대입하여 풀면
$3 + y = 9$
∴ $y = 6$

11 일차함수 $y = x$의 그래프를 y축의 방향으로 a만큼 평행이동한 것은 $y - a = x$, 즉 $y = x + a$이다.
이 그래프가 일차함수 $y = x + 2$의 그래프와 일치하므로
$a = 2$

12 △ABC에서 $\angle B = 50°$, $\angle C = 50°$이므로 이등변삼각형이다.
따라서 $\overline{AB} = \overline{AC}$이고 $\overline{AB} = 5\,\mathrm{cm}$이므로
$x = 5$

13 직각삼각형 ABC에서 피타고라스 정리에 의해
$x = \sqrt{6^2 + 8^2} = \sqrt{100} = \sqrt{10^2} = 10$

14 포도 맛 사탕 3개, 딸기 맛 사탕 7개가 들어있는 주머니에서 한 개의 사탕을 임의로 꺼낼 때, 포도 맛 사탕이 나올 확률은
$\dfrac{3}{3+7} = \dfrac{3}{10}$

15 $6\sqrt{3} - 2\sqrt{3} = (6-2)\sqrt{3} = 4\sqrt{3}$

16 $(x+1)(x+3) = x^2 + 3x + x + 3$
$\qquad\qquad\qquad = x^2 + 4x + 3$

17 ① 아래로 볼록하다.

② $x=1$일 때, $y=2\times1^2-2=0$이므로 점 $(1, 1)$을 지나지 않는다.

③ 직선 $x=0$을 축으로 한다.

18 직각삼각형 ABC에서

$$\sin B=\frac{\overline{AC}}{\overline{AB}}=\frac{5}{13}$$

19 점 P에서 원 O에 그은 두 접선의 길이는 서로 같으므로

$\overline{PA}=\overline{PB}$

이때 $\overline{PA}+\overline{PB}=12$이므로

$\overline{PA}+\overline{PA}=12$, $2\overline{PA}=12$

∴ $\overline{PA}=6$ (cm)

20 양의 상관관계는 x의 값이 증가함에 따라 y의 값도 대체로 증가하는 경향이 있는 관계이므로 이를 나타낸 것은 ①이다.

② 음의 상관관계이다.

③·④ 상관관계가 없다.

제3교시 영어

01 ①	02 ①	03 ③	04 ③	05 ②
06 ②	07 ④	08 ③	09 ①	10 ①
11 ②	12 ④	13 ③	14 ③	15 ④
16 ④	17 ④	18 ②	19 ④	20 ①
21 ③	22 ①	23 ④	24 ②	25 ③

01 밑줄 친 polite는 '예의 바른, 공손한, 정중한'의 뜻으로, 주어(You)를 설명하는 주격보어(형용사)이다.

너는 다른 사람에게 <u>공손해야</u> 한다.

02 밑줄 친 big과 small은 반의어 관계인데, fast(빠른) − quick(빠른, 신속한)은 유의어 관계이다.

나머지는 모두 반의어 관계이다.

② 높은 − 낮은

③ 가벼운 − 무거운

④ 동일한 − 다른

사자는 크고 고양이는 <u>작다</u>.

03 빈칸 앞의 주어(Those shoes)가 복수이고, 빈칸 다음에서 주격보어(really expensive)가 주어를 보충 설명하는 2형식 문장이므로, 빈칸에는 be 동사의 복수형인 'are'가 적절하다.

• expensive: 비싼, 돈이 많이 드는

이 신발은 정말로 비싸다.

04 대화에서 A가 'Can you sing well(노래를 잘 할 수 있니)?'라고 물었는데, B가 빈칸 다음에서 'but I can dance well(하지만 나는 춤을 잘 출 수 있어).'이라고 하였으므로 빈칸에는 'No, I can't'가 적절하다.

A: 노래를 잘 할 수 있니?

B: <u>아니, 할 수 없어.</u> 하지만 춤을 잘 출 수 있어.

05 대화에서 A가 은행의 위치를 물었는데, B가 빈칸 앞에서 두 블럭을 직진하라고 하였고, 빈칸 다음에 left가 있으므로 빈칸에는 'turn(돌다)'이 적절하다.

① 밀다

③ 사용[이용]하다

④ 쓰다

A: 실례합니다. 은행이 어디 있나요?

B: 두 블록을 직진해서 왼쪽으로 <u>도세요</u>. 오른쪽에 있을 거예요.

06 대화에서 A가 'What is Alice good at(앨리스는 무엇을 잘하니)?'이라고 물었으므로 빈칸에는 'She's good at drawing(그녀는 그림을 잘 그려)'이 적절하다. be good at은 '~에 능숙하다'의 뜻이다.

① 그녀는 저녁을 먹는 중이다.

③ 그녀는 음악을 좋아하지 않는다.

④ 그녀는 여동생이 있다.

A: 앨리스는 무엇을 잘하니?

B: <u>그녀는 그림을 잘 그려.</u>

07 대화에서 A가 빈칸 앞에서 'These plants look dry(이 식물들은 메말라 보여).'라고 하였으므로 첫 번째 빈칸에는 'water(물을 주다)'가 적절하다. B가 빈칸 앞에서 '그것들은 ~가 많이 필요해.'라고 하였으므로 두 번째 빈칸에는 'water(물)'가 적절하다. 이때 water는 첫 번째 빈칸에서는 '물을 주다'의 뜻인 동사로 쓰였으며, 두 번째 빈칸에서는 '물'의 뜻인 명사로 쓰였다.

① 음식
② 보여 주다
③ 말하다
• plant: 식물
• look: (보기에) ~한 것 같다
• dry: 마른, 건조한
• You're right: 네 말이 맞다
• need: 필요로 하다

> **해석**
>
> A: 이 식물들은 메말라 보여. 물을 줘야겠어.
> B: 네 말이 맞아. 그것들은 물이 많이 필요해.

08 여행 일정표에 따르면, 토요일에는 'Visit a museum'이라고 하였으므로 '박물관 방문하기'가 적절하다.

> **해석**
>
> | 목요일 | 금요일 | 토요일 | 일요일 |
> |---|---|---|---|
> | 해변에 가기 | 길거리 음식 먹기 | 박물관 방문하기 | 보트 타기 |

09 그림은 세차하는 장면이므로 빈칸에는 'washing a car'가 적절하다.
② 산책하기
③ 책상 옮기기
④ 드럼 연주하기

> **해석**
>
> A: 소년은 무엇을 하고 있나요?
> B: 그는 세차하고 있어요.

10 대화의 마지막에 A가 'I'll go by bus(난 버스로 갈게요).'라고 하였으므로 A가 이용할 교통수단은 '버스'이다.
• give (someone) a ride: (~을/를) 태워 주다
• by bus: 버스로

> **해석**
>
> A: 아빠, 학교까지 태워다 줄 수 있어요?
> B: 미안해, 데이비드. 난 업무 회의에 가야 해.
> A: 괜찮아요. 난 버스로 갈게요.

11 대화에서 B가 빈칸 다음에서 'because I love swimming(난 수영을 좋아하기 때문이야).'라고 하였으므로 빈칸에는 'I like the ocean better(나는 바다가 더 좋아).'가 적절하다.
① 나는 신선한 공기를 좋아해.
③ 그는 하이킹 가는 것을 좋아해.
④ 산은 아름다워.

• prefer: (다른 것보다) ~을/를 (더) 좋아하다
• mountain: 산
• ocean: 대양, 바다
• swimming: 수영

> **해석**
>
> A: 산과 바다 중 어느 것을 더 좋아하니?
> B: 난 바다가 더 좋아. 왜냐하면 난 수영을 좋아하기 때문이야.

12 대화에서 A가 장차 어떤 사람이 되고 싶은지 묻고, B는 작가가 되고 싶다고 하였고, A는 사진 찍기를 좋아해서 사진작가가 되고 싶다고 하였으므로 대화의 주제는 '장래 희망'이 적절하다.
• future: 미래, 장래
• writer: 작가
• be interested in: ~에 관심[흥미]이 있다
• photographer: 사진작가, 사진사
• perfect: 완벽한[완전한/온전한]

> **해석**
>
> A: 넌 장차 뭐가 되고 싶어?
> B: 난 작가가 되고 싶어. 너는?
> A: 음, 난 사진 찍는 데 흥미가 있어. 그래서, 난 사진작가가 되고 싶어.
> B: 멋지다. 그게 네게 완벽한 직업이네.

13 두 번째 문장에서 'Let me tell you the safety rules to follow (여러분이 지켜야 할 안전 수칙을 알려드리겠습니다).'라고 하고, 첫째, 보호 안경을 사용하고, 둘째, 과학실 내에서 뛰지 말라고 하였으므로 방송의 목적은 '과학실 안전 수칙 안내'가 적절하다.
• attention: (안내 방송에서) 알립니다, 주목하세요
• safety rules: 안전 수칙
• follow: (지시 등을) 따르다
• make sure: 반드시 (~하도록) 하다
• use: 사용[이용]하다
• safety glasses: 보호 안경
• run around: 뛰어다니다

> **해석**
>
> 알려드립니다, 학생 여러분. 오늘부터 새 과학실이 개방되었습니다. 여러분이 지켜야 할 안전 수칙을 알려드리겠습니다. 첫째, 반드시 보호 안경을 사용하세요. 둘째, 과학실 내에서 뛰어다니지 마십시오. 안전하고 즐겁게 지내세요.

14 대화에서 B가 'I went there to attend my uncle's wedding(난 삼촌 결혼식에 참석하려고 그곳에 갔어).'라고 하였으므로 B가 부산에 간 이유는 '삼촌 결혼식에 참석하려고'가 적절하다.
- attend: 참석하다
- wedding: 결혼식

> A: 너는 지난주에 부산에 갔었지, 그렇지?
> B: 맞아, 난 삼촌 결혼식에 참석하려고 그곳에 갔어.

15 빈칸 앞에서 B가 'What food did you try(어떤 음식을 먹어 봤니)?'라고 물었으므로 빈칸에는 'I tried the ice cream sandwich (아이스크림 샌드위치를 먹어 봤어).'가 적절하다.
- food festival: 음식 축제
- Good for you!: 좋았어!
- try: 써 보거나 해 보다

> A: 난 어제 음식 축제에 갔어.
> B: 좋았겠네! 어떤 음식을 먹어 봤니?
> A: 아이스크림 샌드위치를 먹어 봤어.

16 A가 티켓 판매기 사용법을 묻자, B가 사용법을 설명하고 있다. 사용법은 가려는 역을 고르고(c), 승차권 매수를 누르고(b), 카드를 넣는다(a)고 하였다. 따라서 순서대로 배열한 것은 (c) − (b) − (a)이다.
- Excuse me: 실례합니다
- choose: 고르다
- station: (기차)역
- press: 누르다
- put into: ~에 집어넣다

> A: 실례합니다. 이 티켓 판매기는 어떻게 사용하나요?
> B: 먼저, 가려는 역을 고르세요. 다음에, 승차권 매수를 누르세요. 그런 다음, 카드를 기계에 넣으세요.

17 연극 초대장에는 연극 제목(Title)과 공연 일시(When), 공연 장소(Where)는 나와 있지만 주연 배우에 대해서는 나와 있지 않다.

> **연극 초대장**
> 제목: 나무 장난감
> 일시: 6월 16일 오후 3시
> 장소: 학교 체육관
> 오셔서 연극을 즐겁게 감상하세요.

18 두 번째 문장에서 '인터넷상에는 우리 마을에 대한 정보가 충분하지 않기 때문'이라고 하였으므로 글의 내용과 일치하지 않는 것은 '인터넷상에는 마을에 대한 충분한 정보가 있다.'이다.
- information: 정보
- plan: 계획[의도/예상]하다
- create: 창조[창작]하다
- be going to: ~할 셈이다

> 요즘, 우리 마을에 방문객이 많지 않다. 그것은 인터넷상에는 우리 마을에 대한 정보가 충분하지 않기 때문이다. 그래서 우리는 마을 홈페이지를 만들 계획이다. 우리는 또한 우리 마을을 소개하는 비디오를 만들 예정이다.

19 첫 번째 문장에서 'Have you ever seen an elephant hit the ground with its feet(코끼리가 발로 땅을 치는 것을 본 적 있는가)?'라고 묻고, 두 번째 문장에서 'It does this to communicate with other elephants(코끼리는 다른 코끼리들과 소통하기 위해 이렇게 한다).'라고 하였으므로 정답은 '다른 코끼리와 소통하기 위해'가 적절하다.
- elephant: 코끼리
- hit: 때리다[치다]
- ground: 땅바닥, 지면
- communicate with: ~와/과 소통[연락]하다
- shaking: 흔들림, 떨림
- message: 메시지

> 코끼리가 발로 땅을 치는 것을 본 적이 있는가? 코끼리는 다른 코끼리들과 소통하기 위해 이렇게 한다. 코끼리는 발로 떨림을 느낄 수 있어서 멀리서도 메시지를 받을 수 있다.

20 그래프에 따르면, 십 대들 중 65%가 '친구와 이야기할 때' 행복을 느낀다고 나와 있다.

> **십 대들이 행복하다고 느낄 때**
> 친구와 이야기할 때 65%
> 게임을 할 때 15%
> 음식을 먹을 때 10%
> 부모님과 여행할 때 10%
>
> 절반이 넘는 십 대들이 친구와 이야기할 때 행복을 느낀다.

21 지문에는 영화 제목(Move to Mars)과 영화 장르(science fiction), 감독 이름(Seho Lee)은 나와 있는데, '영화관 위치'는 언급되어 있지 않다.

- move: 이동
- Mars: 화성
- science fiction movie: 공상 과학 영화
- favorite: 매우 좋아하는
- director: 감독[연출자]

> **해석**
>
> 오늘, 나는 *Move to Mars*라는 영화를 보았다. 이 영화는 화성에서 살려고 하는 한 남자에 관한 이야기이다. 이것은 내가 가장 좋아하는 이세호 감독이 만든 공상 과학 영화이다. 나는 그것이 재미있는 영화라고 생각한다.

22 밑줄 친 them 앞의 문장에서 'The second one is to read many books(두 번째 목표는 책을 많이 읽는 것이다.)'라고 하였으므로 밑줄 친 them이 가리키는 것은 'books'가 적절하다.

- goal: 목표
- get along with: ~와/과 잘 지내다
- hope: 바라다, 희망[기대]하다
- as often as possible: 가능한 한 자주

> **해석**
>
> 나는 올해 목표가 두 가지 있다. 첫 번째는 새로운 반 친구들과 사이좋게 지내는 것이다. 나는 그들이 다정했으면 좋겠다. 두 번째는 책을 많이 읽는 것이다. 나는 가능한 한 자주 <u>그것들을</u> 읽을 것이다.

23 첫 번째 문장에서 'I would like to join your project, "No Unhappy Dogs"(저는 여러분의 프로젝트인 "불행한 개는 없다."에 참가하고 싶습니다).'라고 하였으므로 글을 쓴 목적은 '프로젝트 참가 신청'이다.

- join: 가입[입회/입사/가담]하다
- project: 과제, 연구 프로젝트
- sure: 확신하는

> **해석**
>
> 안녕하세요, 저는 스티브입니다. 저는 여러분의 프로젝트인 "불행한 개는 없다."에 참가하고 싶습니다. 저는 개를 사랑하고 그들을 위해 많은 것을 할 수 있다면 행복할 것입니다. 제가 프로젝트에 큰 도움이 될 수 있다고 확신합니다.

24 첫 번째 문장에서 'Do you want to make special ramyeon(특별한 라면을 만들고 싶나요?)'라고 한 다음에, 두 번째 문장에서 'This is my recipe.'라고 하였으므로 글의 주제는 '특별한 라면 요리법'이다.

- recipe: 조리[요리]법
- boil: 끓다[끓이다]
- add: 첨가[추가]하다, 덧붙이다

> **해석**
>
> 특별한 라면을 만들고 싶나요? 이것은 나의 요리법이에요. 먼저 물을 끓이고 라면과 소스를 넣으세요. 당근과 김치를 넣으세요. 그리고 약간의 우유와 치즈를 넣으세요. 자, 즐기세요!

25 마지막 문장에서 'Let me tell you how we can reduce trash in our daily lives(우리가 일상생활에서 쓰레기를 줄일 수 있는 방법을 제가 알려 줄게요.)'라고 하였으므로 글의 바로 뒤에 이어질 내용은 '쓰레기를 줄일 수 있는 방법'이다.

- earth: 지구
- die: 죽다
- because of: ~때문에
- trash: 쓰레기
- think about: ~에 관해 생각하다
- plastic bag: 비닐 봉지
- paper box: 종이 상자
- throw away: 버리다[없애다]
- each day: 매일
- need: (~을) 필요로 하다
- let me ~: 내가 ~하게 해 주세요
- reduce: 줄이다[축소하다]
- daily life: 일상생활

> **해석**
>
> 지구가 쓰레기 때문에 죽어 가고 있습니다. 여러분이 매일 버리는 모든 비닐 봉지와 종이 상자에 대해 생각해 보세요. 우리는 이것에 대해 뭔가를 해야 합니다. 우리가 일상생활에서 쓰레기를 줄일 수 있는 방법을 제가 알려 줄게요.

제4교시 사회

01 ②	02 ②	03 ①	04 ④	05 ③
06 ③	07 ②	08 ④	09 ②	10 ①
11 ④	12 ②	13 ④	14 ①	15 ③
16 ②	17 ④	18 ④	19 ③	20 ①
21 ②	22 ①	23 ③	24 ③	25 ②

01 폭설은 가옥, 하우스 등 건축물 붕괴로 재산·인명 피해, 교통 대란을 초래한다.
① 가뭄: 하천과 지하수 고갈, 농업 생산력 저하, 식수·산업용수 부족, 산불 발생 위험을 증가시킨다.
② 폭염: 이상 고온 현상으로 가축 및 인명 피해를 초래한다.
④ 황사: 기관지염, 천식, 눈병 등 각종 질병을 유발하며 반도체, 항공기 등 정밀기계 작동에 문제를 일으킨다.

02 공정 무역은 저개발 국가에서 경제 발전의 혜택으로부터 소외된 생산자와 노동자들에게 더 나은 거래 조건을 제공하고, 그들의 권리를 보호함으로써 지속가능한 발전에 기여한다.
① 랜드마크: 어떤 지역을 대표하거나 다른 지역과 구별되는 지형이나 시설물
③ 원격 탐사: 관측 대상과의 접촉없이 정보를 얻어내는 기술
④ 노예 무역: 노예를 상품으로 거래한 근세 유럽의 무역 형태

03 저출산은 여성의 경제활동 증가로 양육 부담 증가와 만혼 및 비혼 문화의 확산 등으로 현대 사회에서 보편적으로 나타나는 현상이다. 이 현상에 대응하기 위해 정부는 출산 장려금과 영유아에 대한 보육 교육비 지원을 확대하고 방과 후 학교의 내실화를 통해 사교육비를 억제하는 등의 방안을 펼치고 있다.

04 배타적 경제 수역(EEZ)은 연안국이 바다의 경제적 자원에 대해 배타적 권리를 행사할 수 있는 수역으로 한 나라의 연안으로부터 200해리까지의 수역 중 영해를 제외한 수역을 말한다.

05 인구 공동화 현상은 도심의 대기 오염, 땅값 상승 등의 여러 문제로 주거 기능이 약화되면서 낮과 밤의 인구 밀도 차이가 큰 현상을 말한다. 주간에는 업무, 쇼핑 등으로 도심의 주간 인구가 증가하고, 야간에는 주변 지역으로 귀가하기 때문에 도심의 야간 인구는 감소된다.

06 제주도는 우리나라에서 가장 큰 섬이자 화산 활동으로 형성된 섬이므로 다른 곳에서 보기 드문 특이한 화산 지형이 많이 분포하는 것이 특징이다. 대표적인 자연 경관으로 남한에서 제일 높은 한라산과 세계 문화 유산이자 천연기념물인 제420호 성산일출봉, 제98호 만장굴 등이 있으며 이들 모두 화산 활동에 의해 형성되었다.

07 제시된 내용은 조력 발전에 대한 설명이다.
① 화력 발전: 석탄, 석유, 천연가스 등의 연소로 얻은 열에너지를 이용하여 전기를 생산
③ 지열 발전: 땅속에서 나오는 증기나 뜨거운 물을 이용하여 전기를 생산
④ 원자력 발전: 원자핵 분열에 의해 발생한 열에너지로 발전기를 돌려 전기를 생산

08 제시된 내용은 한대 기후에 대한 설명이다.
① 열대 기후: 1년 내내 기온이 높고 강수량이 많으며 열대림이 분포한다. 뜨거운 열기와 습기를 막기 위해 고상 가옥에서 생활하며, 통풍이 잘되는 옷을 입는다.
② 건조 기후: 강수량이 매우 적어 물이 부족하고 초원이나 사막이 분포한다. 강한 햇볕을 차단하기 위해 벽을 두껍게 하고 창문은 작게 한 흙집에서 생활하며 온몸을 감싸는 옷을 입는다.
③ 온대 기후: 중위도 지방에 나타나는 기후로 계절의 변화가 뚜렷하고 강수량이 적당하면서 온대림이 분포한다. 따뜻한 기온과 적당한 강수로 농업과 상공업이 발달하였다.

09 제시된 내용은 1차 집단에 대한 설명이다.
① 외집단: 자신이 소속되지 않은 집단으로 이질감과 적대 의식의 대상
③ 2차 집단: 목적의 달성을 위한 수단으로 결합된 집단
④ 이익 집단: 목적을 위해 자신의 의지에 따라 결합된 집단

10 ㉠에 들어갈 주제는 문화 사대주의이다.
② 문화 상대주의: 문화를 이해할 때 그 사회의 특수한 환경과 역사적 상황을 고려하여 그 사회의 입장에서 이해하고 존중
③ 문화 제국주의: 특정한 국가나 집단의 문화가 경제력, 군사력 등을 토대로 다른 문화를 파괴하거나 지배
④ 자문화 중심주의: 자기 문화의 우월성에 빠져서 자기 집단의 문화만을 우월하게 여기고 다른 문화는 부정

11 노동 3권은 근로자의 인간다운 생활을 보장하기 위해 헌법에 보장된 세 가지의 기본권으로 단결권, 단체교섭권, 단체행동권이 있다.
재판 청구권은 모든 국민이 헌법과 법률에 정한 법관에 의한 재판, 법률에 의한 재판, 신속한 공개재판 등을 받을 권리를 말한다.

12 제시된 내용은 형법에 대한 설명이다.
① 민법: 개인의 재산 관리와 가족 관계에 관한 법
③ 상법: 개인들 간의 상거래에 관한 법
④ 소비자 기본법: 소비자의 기본적인 권리와 이익을 도모하고 소비 생활의 향상과 합리화를 위해 제정된 법

13 감사원은 세입·세출 결산 검사와 행정 기관의 사무 및 공무원의 직무를 감찰하며 대통령 직속 기관으로서 독립적인 헌법 기관이다.
① 국회의 역할이다.
② 법원의 역할이다.
③ 선거 관리 위원회의 역할이다.

14 제시된 내용은 주식에 대한 설명이다.
② 보험: 재해나 각종 사고가 일어날 경우의 경제적 손해에 대비하여 공통된 사고의 위협을 피하고자 하는 사람들이 미리 일정한 돈을 함께 적립하여 두었다가 사고를 당한 사람에게 일정 금액을 주어 손해를 보상하는 제도
③ 적금: 일정 기간 매월 설정된 금액을 은행에 차곡차곡 저축하고 만기 후에 돌려받는 금융 상품
④ 예금: 일정 기간을 정해 은행에 돈을 맡겨 놓고 만기일에 이자와 원금을 받는 금융 상품

15 균형 가격은 수요량과 공급량이 일치하는 점에서 형성되며, 이때의 거래량을 균형 거래량이라고 한다. 이를 통해 그래프에서 알 수 있는 빵의 균형 가격은 3,000원, 균형 거래량은 3만 개이다.

16 역할 갈등은 한 개인이 여러 가지 역할을 동시에 수행하는 과정에서 나타나는 긴장이나 갈등을 말한다. 현대 사회의 복잡성과 다양한 사회적 관계의 형성으로 역할 갈등이 더욱 증가하였다.
① 재사회화: 사회 변동으로 인해, 혹은 새로운 환경에 적응하기 위해 새로운 규범이나 가치, 지식 등을 다시 습득하는 과정
③ 귀속 지위: 개인의 기능이나 업적에 의하지 않고, 사회 속에서 계승된 신분에 의하여 얻은 지위
④ 상호 작용: 사람이 주어진 환경에서 다른 사람이나 사물과 서로 관계를 맺는 모든 과정과 방식

17 고인돌은 청동기 시대 지배층의 무덤이다. 이 시대에는 지배자인 군장이 등장하였다.
① 구석기 시대
② 신석기 시대
③ 철기 시대

18 고구려 소수림왕은 중앙 집권적 국가의 기틀을 세우기 위해 율령을 반포하고 국가 교육 기관인 태학을 설립하여 인재를 양성하였다. 또한, 불교를 수용하여 왕실의 권위를 높이고자 하였다.

19 광해군은 명과 후금 사이에서 중립 외교 정책을 펼쳐 조선이 피해를 입지 않도록 노력하였다.
① 조선 세종
② 조선 정조
④ 고려 광종

20 조선 영조는 붕당 정치의 폐해를 막고 능력에 따른 인재를 등용하기 위해 탕평책을 실시하였다.
② 고구려 고국천왕
③ 흥선 대원군
④ 통일 신라 원성왕

21 서희는 거란의 1차 침입 당시 소손녕과의 외교 담판을 통해 강동 6주를 획득하였다.
① 신라 지증왕
③ 조선 세종
④ 조선 세종

22 신라의 승려 원효는 불교 종파의 대립과 분열을 종식시키고 화합을 이루기 위한 화쟁 사상을 주장하였다. 또한, 불교의 대중화를 위해 나무아미타불을 외우면 극락에 갈 수 있다고 하였다.

23 신민회는 안창호와 양기탁을 중심으로 조직된 비밀 결사 단체로 국권 회복을 목적으로 꾸준히 항일 활동을 벌였다. 국외에 독립운동 기지 건설을 추진하여 삼원보에 경학사를 조직하고 신흥 강습소를 설치하였다. 그러나 일제가 조작한 105인 사건을 계기로 해체되고 만다.

24 1987년 전두환 정부의 박종철 고문치사 사건과 4·13 호헌 조치에 반발하여 직선제 개헌과 민주 헌법 제정을 요구하는 6월 민주 항쟁이 전국적으로 확산되었다. 이 결과 5년 단임의 대통령 직선제를 바탕으로 한 개헌이 이루어졌다.

25 1920년대 민족 자본 육성을 통한 경제 자립을 위해 자급자족, 국산품 애용, 소비 절약 등을 강조하는 물산 장려 운동이 전개되었다. 평양에서 조만식, 이상재의 주도로 조선 물산 장려회가 설립되어 '내 살림 내 것으로' 등의 구호를 내세운 물산 장려 운동이 전국으로 확산되었다.

제5교시 과학

01 ①	02 ④	03 ①	04 ③	05 ②
06 ③	07 ④	08 ①	09 ③	10 ②
11 ③	12 ①	13 ②	14 ④	15 ①
16 ②	17 ③	18 ①	19 ②	20 ②
21 ③	22 ④	23 ②	24 ④	25 ④

01 탄성력은 탄성체가 변형되었을 때 원래의 상태로 되돌아가려는 힘이다. 이때 탄성력의 방향은 변형된 방향과 반대 방향으로 작용한다. 따라서 용수철이 오른쪽 방향으로 원래 길이보다 늘어났다면 나무 도막에 작용하는 탄성력의 방향은 왼쪽 방향이 된다.

02 파동에서 매질의 한 점이 1초 동안 진동하는 횟수를 진동수라고 하며, 단위로 헤르츠(Hz)를 사용한다.
① 골: 횡파에서 가장 낮은 부분
② 마루: 횡파에서 가장 높은 부분
③ 반사: 파동이 진행하다가 다른 매질을 만났을 때 그 경계면에서 일부 또는 전부가 다시 원래의 방향으로 되돌아오는 현상

03 $I=\dfrac{V}{R}$(I: 전류의 세기, V: 전압, R: 저항)이므로, 저항이 3Ω인 꼬마전구에 $3V$의 전압을 걸어주었을 때 흐르는 전류의 세기(I)는 $\dfrac{3V}{3\Omega}=1A$이다.

04 열평형 상태는 온도가 다른 두 물체를 접촉시켜 놓았을 때, 같은 온도가 된 후 더 이상의 온도 변화가 없는 상태를 말한다. 따라서 주어진 그래프를 볼 때, 두 물체 A와 B는 30℃에서 온도가 같아지게 되고, 더 이상의 온도 변화는 없으므로 열평형 상태의 온도는 30℃이다.

05 사람이 중력에 대하여 한 일(W)은 힘(F) × 힘의 방향으로 이동한 거리(s)이므로 $10N \times 1m = 10J$이다.

06 마찰력이 작용하지 않으면 그 물체의 역학적 에너지는 항상 일정하게 보존된다. 따라서 A에서의 위치 에너지가 모두 운동 에너지로 전환되는 C에서 물체의 속력이 가장 빠르다.

07 확산은 입자들이 스스로 기체나 액체 속으로 퍼져 나가는 현상이다. 이때 확산 속도는 온도가 높을수록 빠르므로, 25℃의 물과 비교하여 잉크가 더 빠르게 확산되는 물의 온도는 50℃이다.

08 여름철 물놀이 후 물 밖으로 나왔을 때 몸에 묻은 물이 수증기로 기화(액체 → 기체)하면서 기화열을 흡수하므로 상대적으로 추위를 느끼게 된다.
② 승화열: 고체 → 기체(또는 기체 → 고체)로 상태 변화하면서 흡수(또는 방출)되는 열
③ 액화열: 기체 → 액체로 상태 변화하면서 방출되는 열
④ 융해열: 고체 → 액체로 상태 변화하면서 흡수되는 열

09 원자는 원자핵의 (+)전하량과 전자의 총 (−)전하량이 같아 전기적으로 중성이다. 따라서 리튬(Li) 원자의 양성자 개수가 3개이므로 전자 개수도 3개이다.

10 칼슘의 원소 기호는 Ca이다.
① 황은 S이며, He는 헬륨이다.
③ 나트륨은 Na이며, Li는 리튬이다.
④ 플루오린은 F이며, K는 칼륨이다.

11 어떤 액체 물질을 가열하였을 때 액체의 온도가 높아지다가 액체에서 기체로 상태 변화가 일어날 때 온도가 일정하게 유지되는 구간이 나타나는데, 이때의 온도가 끓는점이다.
주어진 그래프에서 A~D 중 온도가 일정한 구간은 C이다.

12 메테인(CH_4)이 산소와 반응하여 이산화 탄소(CO_2)와 물(H_2O)을 생성하는 화학 반응을 식으로 나타내면 다음과 같다.

$$CH_4 + 2O_2 \rightarrow CO_2 + 2H_2O$$

따라서 ㉠에 해당하는 물질은 O_2(산소)이다.

13 광합성
식물이 빛에너지를 이용하여 이산화 탄소와 물을 원료로, 포도당과 같은 유기 양분과 산소를 생성하는 과정이다.

이산화 탄소(CO_2) + 물(H_2O) $\xrightarrow[\text{엽록체}]{\text{빛에너지}}$ 포도당 + 산소(O_2)

따라서 ㉠에 해당하는 것은 포도당이다.

14 증산 작용
• 식물체 내의 물이 잎의 기공을 통해 수증기 형태로 공기 중으로 빠져 나가는 현상이다.
• 빛이 강할 때, 온도가 높을 때, 습도가 낮을 때, 바람이 잘 불 때 잘 일어난다.

15 입에서는 침 속의 아밀레이스에 의해 녹말이 엿당으로 분해되는 소화 과정이 일어난다. 녹말은 단맛이 나지 않지만, 엿당은 단맛이 난다. 따라서 ㉠에 해당하는 물질은 엿당이다.

16 고무 막을 아래로 당길 때(들숨)

C의 부피 증가 → C의 압력 감소 → A를 통해 공기가 들어옴 → B가 부풀어 오름

17 사람의 혀에 있는 맛세포가 침에 녹은 화학 물질에 반응하여 일어나며 이를 통해 맛을 느끼는 감각을 미각이라 한다. 맛세포는 미각 신경에 전기적 신호를 유도하여 뇌로 미각 정보를 전달한다. 단맛, 짠맛, 신맛, 쓴맛의 네 가지 기본 미각이 있다.

18 혈액의 구성 성분 중 가운데가 오목한 원반 모양이며 산소를 운반하는 것은 A(적혈구)이다.
② B(백혈구): 핵이 있으며 일정한 모양이 없고 식균 작용을 한다.
③ C(혈소판): 파편 모양을 핵이 없고 혈액을 응고시킨다.
④ D(혈장): 혈액 중 액체 성분으로, 영양분, 노폐물, 이산화 탄소를 운반한다.

19 어버이 세대의 순종 황색 완두(YY)에서 나올 수 있는 생식 세포의 유전자형은 Y이고, 순종 녹색 완두(yy)에서 나올 수 있는 생식 세포의 유전자형은 y이다. 따라서 어버이 세대의 생식 세포가 결합하여 얻어진 잡종 1대에서 나올 수 있는 황색 완두의 유전자형은 모두 Yy이다.

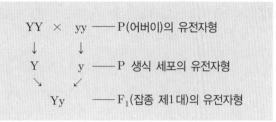

20 퇴적암은 퇴적물이 다져지고 굳어져서 생성된다. 따라서 B가 퇴적암이다.
① A는 다른 암석이 높은 열과 압력을 받아 생성되므로 변성암이다.
③ C는 마그마가 식어 생성된 암석이므로 화성암이다.
④ D는 다른 암석들이 녹아 생성된 마그마이다.

21 ① 빙하: 눈이 오랫동안 쌓여 다져져 육지의 일부를 덮고 있는 얼음층
② 성단: 은하보다 작은 규모로, 수백 개에서 수십만 개의 별로 이루어진 별들의 집단
④ 석회 동굴: 석회암 지대에서 지하수가 석회암을 녹여 생긴 동굴

화산 활동
• 지하 깊은 곳에서 형성된 마그마가 지각의 약한 틈을 뚫고 지표로 분출되는 현상이다.
• 지열 발전소 개발, 온천과 독특한 지형으로 인한 관광지 개발 등의 혜택도 주지만, 화산재로 인한 지구의 온도 하강, 이류 발생 등의 피해도 준다.

22 포화 수증기량은 포화 상태의 공기 1 kg에 함유된 수증기의 양을 질량(g)으로 나타낸 것으로, 온도가 높을수록 증가한다. 주어진 그래프에서 A~D 모두 포화 상태의 공기이며, 포화 수증기량이 가장 큰 것은 D이다.

23 수심이 깊어질수록 수온이 급격히 낮아지는 구간은 수온약층으로, B이다.
① A는 혼합층으로, 해수 표면 부근의 수온 변화가 거의 없는 층이다.
③·④ C와 D는 심해층으로, 연중 수온이 4 ℃ 이하로 낮으며, 계절이나 위도에 영향을 받지 않는 층이다.

24 목성형 행성에 속하는 것은 목성이다.

지구형 행성	• 질량과 크기가 작으며, 밀도가 높다. • 수성, 금성, 화성
목성형 행성	• 질량과 크기가 크며, 밀도가 작다. • 목성, 토성, 천왕성, 해왕성

25 태양계가 속해 있는 은하를 우리은하라고 한다. 지구에서 바라보면 밤하늘에 희뿌연 띠 모양으로 펼쳐진 우리은하의 일부분을 관측할 수 있는데, 이것이 은하수이다.
① 맨틀: 지구의 지각과 핵 사이의 부분
② 흑점: 태양 표면에 보이는 수명이 짧은 어두운 점들
③ 오존층: 성층권에서 많은 양의 오존이 있는 높이 25~30 km 사이에 해당하는 부분

제6교시 도덕

01 ①	02 ④	03 ①	04 ②	05 ②
06 ③	07 ④	08 ②	09 ②	10 ②
11 ③	12 ③	13 ③	14 ①	15 ②
16 ①	17 ③	18 ④	19 ①	20 ①
21 ②	22 ④	23 ③	24 ④	25 ④

01 인간은 본래부터 선한 본성을 타고 태어난다는 관점이다.

02 비판적 사고란 도덕적 추론 과정에서 제시된 근거가 신뢰할 만한지 합리적으로 검토하는 과정이다.

03 정신적 가치는 사랑, 지혜, 우정, 믿음 등 물질과 상관없이 보람을 느낄 수 있는 가치이다. 반면, 돈은 물질적 가치에 해당한다.

04 자아 정체성은 자기 자신의 독특성에 대해 안정된 느낌을 갖는 것으로, 행동이나 사고, 느낌의 변화에도 불구하고 내가 누구인가를 일관되게 인식하는 것을 말한다.
① 가치 전도: 철학자 니체가 정의한 용어로 모든 가치를 뒤집어 변화시키는 것을 말한다.
③ 도덕적 민감성: 어떤 상황을 도덕적인 문제 상황으로 민감하게 느끼고 도덕적으로 반응할 수 있는 마음을 말한다.
④ 도덕적 상상력: 자신의 도덕적 결정과 행동이 자신을 포함한 모든 사람에게 어떠한 영향을 끼치는지를 두루 살피고 타인의 처지를 이해하는 것을 의미한다.

05 평화적인 문제 해결 방법
- 협상: 갈등 당사자 간에 문제점을 확인하고 협의하는 방법
- 조정: 제3자가 개입하여 당사자 간의 갈등 해결을 도와주는 방법
- 중재: 제3자가 갈등에 대한 해결책을 결정하는 방법

06 도덕 공부의 목적은 올바른 인격 수양과 바람직한 가치 추구가 이루어지는지 성찰하여 삶의 목적을 제대로 설정하도록 하기 위한 것이다.

07 아리스토텔레스는 우리가 궁극적으로 추구하는 최고선이 '행복'이라고 규정하였으며, 이 행복은 도덕적 행복을 습관화할 때 이루어질 수 있다고 보았다.

08 세대 간에 올바르게 소통하기 위해서는 다른 세대의 이야기를 귀 기울여 듣고 서로의 입장을 살펴 마음을 써야 한다.
ㄴ·ㄹ. 명령과 무시는 올바른 소통 방법이 아니다.

09 사회적 약자를 지원하기 위한 방법으로는 장애인 차별 금지 법률 제정, 저소득층 소득 지원, 이주 노동자 지원 정책, 소외 계층을 위한 경제적 지원 등이 있다. 저소득층을 위한 장학금 제도 폐지는 적절하지 않다.

10 다문화 사회를 올바르게 바라보기 위해서는 다른 문화에 대한 편견을 갖지 않고 문화의 다양성을 인정해야 한다.

11 인권은 태어날 때부터 주어지는 천부적인 권리로, 누구에게나 필요한 권리이자 반드시 보장받아야 할 권리이다.

12 상대방의 부족한 면을 채워주기 위해 노력하는 것은 진정한 사랑을 실천하는 방법 중 하나이다.

13 과학 기술을 바람직하게 활용하기 위해서는 인간의 생활 수준 향상을 통한 인간 존중 실천을 궁극적 목적으로 삼고, 미래 세대에 미칠 영향까지 고려해야 한다.

14 세계화 시대의 바람직한 시민이 되기 위해서는 문화적 다양성을 인정하고 존중해야 한다. 다른 문화를 맹목적으로 수용한다면 고유 문화에 대한 자부심과 주체성을 상실하기 쉽다.

15 국가는 인간의 존엄성을 보호하고 공정, 평등, 자유, 복지 등을 추구해야 한다.
차별은 정의로운 국가가 추구해야 할 가치가 아니다.

16 사이버 폭력은 인터넷 상의 가상공간인 사이버공간에서 상대방이 원하지 않는 언어나 이미지를 이용하여 정신적 피해를 줌으로써 인간 존엄성을 훼손하는 행위이다.

17 공정하게 일을 처리하고 탐욕이 없는 청렴 상태는 공직자가 갖춰야 할 올바른 자세이다.

18 회복 탄력성이란 어려움을 겪어도 이를 이겨 내고 건강한 상태로 돌아올 수 있는 마음의 힘을 말한다.

19 생태 중심주의는 인간과 자연의 관계에서 인간의 이익보다 자연과의 안정을 먼저 고려하는 관점이다.

자연을 바라보는 관점

생태 중심주의	전일론적 관점. 생명체뿐만 아니라 자연 속 모든 환경을 존중하여 인간과 자연을 공생적 관계로 엮여 자연 그 자체로 가치를 지닌다고 여긴다.
인간 중심주의	이분법적 관점. 인간을 자연보다 우월한 존재로 여기고 풍요로운 삶을 위한 도구로 인간이 자연을 이용할 권리를 지닌다고 여긴다.

20 공감이란 다른 사람의 감정, 의견, 주장 따위에 대하여 이해하고 다른 사람의 기분을 같이 느낄 수 있는 능력을 말한다.

21 바람직한 시민이 되기 위해서는 국가라는 공동체 안에서 각자가 주인 의식을 가지고 국가가 잘못된 방향으로 나아갈 때 이를 바로잡기 위해 노력해야 한다.

22 평화란 전쟁, 분쟁 또는 일체의 갈등 상황과 신체적·정신적 고통이 없는 상태를 말한다.

23 북한 이탈 주민은 사회적 약자이므로 편견을 갖거나 차별 대우하지 않고, 우리 사회에서 느끼는 경제·사회·문화적 이질감을 극복하고 정착할 수 있도록 도움을 주어야 한다.

24 남북한이 바람직한 통일 국가를 이루기 위해서는 상대를 인정하고 궁극적으로 평화를 추구해야 하며, 모두가 적극적으로 관심을 가져야 한다. 또한, 점진적·단계적·평화적 교류를 통해 상호 협력해야 한다. 수단과 방법을 가리지 않는 무조건적 통일을 추진해서는 안 된다.

25 의미 있는 삶을 살아가기 위해서는 스스로 올바른 삶의 목표와 방향을 설정하고 이를 실현하기 위해 현재의 삶에 충실해야 한다. 사회적 관계를 단절하는 것은 의미 있게 살아가기 위한 적절한 노력이 아니다.

제1교시 국어

01 ④	02 ①	03 ③	04 ④	05 ③
06 ②	07 ②	08 ①	09 ①	10 ③
11 ①	12 ③	13 ④	14 ①	15 ④
16 ②	17 ②	18 ③	19 ①	20 ④
21 ④	22 ②	23 ②	24 ③	25 ①

01 대화를 할 때에는 상대의 마음을 살피며 말해야 한다. 따라서 상대방의 상황과 감정에 공감하며 말하는 방법으로는 ④가 가장 적절하다.

02 반대 측은 찬성 측 주장의 근거 때문에 무인 방범 카메라 설치를 반대하고 있다. 학교의 모든 복도에 무인 방범 카메라가 설치되면 사각지대가 사라진 만큼 학생들의 생활이 모두 촬영되기 때문에 사생활 침해를 당할 수 있다. 따라서 ⊙에 들어갈 내용으로 ①이 가장 적절하다.

03 '옷'에서 받침 'ㅅ'은 표준 발음법 규정에 따라 대표음 [ㄷ]으로 발음해야 하므로 [옫]으로 발음한다.

04 '매우'는 부사이다.
①·②·③ 관형사

05 ⊙과 같이 직업과 관련된 전문적인 용어를 사용하면 유사한 직업군에 속하는 사람들이 그 분야의 일을 효율적으로 할 수 있다. 따라서 ③이 가장 적절한 이유이다.

06 보어는 주어와 서술어만으로는 뜻이 완전하지 못한 문장에서 불완전한 곳을 보충하여 의미를 완성하는 말이다. 보격 조사 '이/가'와 결합하며 서술어 '되다/아니다'를 보충해 준다. 따라서 보어에 해당하는 것은 ②이다.
① 주어
③ 부사어
④ 목적어

07 'ㄲ'은 각자병서로 자음 'ㄱ'을 옆으로 나란히 쓴 것이다.
① ㅋ: 자음 'ㄱ'에 획을 더하였다.
③ ㄷ: 자음 'ㄴ'에 획을 더하였다.
④ ㅈ: 자음 'ㅅ'에 획을 더하였다.

08 개요표를 보면 제목에서 지진의 피해와 대처 방안에 대해 서술하고 있음을 알 수 있다. 따라서 통일성을 해치는 것은 지진과 태풍의 원인을 비교하는 ①이다.

09 속담 '울며 겨자 먹기'는 싫은 일을 억지로 하는 것을 이르는 말이다. (나)에서 글쓴이는 등산을 가기 싫었지만 억지로 따라갔으므로 속담의 의미를 활용하여 표현하기에 적절한 것은 ⊙이다.

10 동사 '드러내다'는 '가려 있거나 보이지 않던 것을 보이게 하다.'의 의미를 가진 '드러나다'의 사동사이다. 사동사는 문장의 주체가 자기 스스로 행하지 않고 남에게 그 행동이나 동작을 하게 함을 나타내는 것이 특징이다. 제시된 문장에서 건축물이 가지고 있는 아름다움을 보이도록 해야 하므로 목적어 '아름다움'과의 호응을 고려하여 고치지 않는 것이 적절하다.

작품 해설 최일남, 「노새 두 마리」
- 갈래: 단편 소설, 사회 소설
- 성격: 사실적, 현실 비판적
- 제재: 노새
- 주제: 급변하는 사회에 적응하지 못하는 도시 하층민의 고단한 삶
- 특징
  - 1970년대 급격한 산업화·도시화의 모습을 어린아이의 시점으로 서술함
  - 노새라는 소재를 통해 아버지의 고단한 삶을 상징적으로 보여 줌

---

11 '나'라는 표현을 통해 작품 속의 인물의 시점으로 이야기를 서술하고 있음을 알 수 있다.

12 ⊙ 이후의 대화를 보면 도망친 노새가 마을을 돌아다니며 사람들에게 피해를 입혀 순경이 집으로 찾아왔음을 알 수 있다.

13 '노새'는 급격한 산업화와 도시화 과정에서 소외되었지만 가장의 책임을 다하려는 고단한 삶의 아버지를 상징적으로 나타낸다. 따라서 답은 ④이다.

작품 해설 한용운, 「나룻배와 행인」

• 갈래: 자유시, 서정시
• 성격: 불교적, 상징적, 여성적
• 제재: 나룻배, 행인
• 주제: 인내와 희생을 통한 사랑의 실천
• 특징
 – 불교적 사상을 바탕으로 상징적 세계를 형상화함
 – 수미상관을 통해 시적 완결성을 보여 줌
 – '나'를 '나룻배', '당신'을 '행인'으로 비유함

14 제시된 시에서는 묻고 답하는 형식의 표현을 찾아볼 수 없다.
② 나는 나룻배로, 당신은 행인으로 비유하는 은유적 표현이 사용되었다.
③ 첫 연과 마지막 연에서 같은 내용을 반복하여 수미상관 구조를 보여 준다.
④ '짓밟습니다.', '건너갑니다.', '있습니다.', '낡아 갑니다.' 등 어미를 반복해 운율을 살리고 있다.

15 시인 한용운은 3.1 운동 때 민족 대표 33인의 한 사람으로 독립 선언서를 발표한 독립운동가이다. 임에 대한 헌신적인 사랑과 기다림의 의지를 나타내는 이 시의 창작 시대를 고려하면 화자에게 절대적이며 갈망하는 '당신'을 '조국의 독립'에 비유하였다고 볼 수 있다. 따라서 '당신'에 대한 절대적 믿음을 나타내는 ㉣에서 독립에 대한 확신을 찾을 수 있다.

16 시적 화자는 자신을 '나룻배'에, 임을 '행인'으로 비유하여 인내와 헌신적인 기다림을 바탕으로 한 관계를 강조하고 있다. 따라서 ②와 같은 태도는 적절하지 않다.

작품 해설 작자 미상, 「춘향전」

• 갈래: 판소리계 소설, 염정 소설
• 성격: 풍자적, 해학적
• 제재: 남녀 간의 사랑, 춘향의 정절
• 주제: 신분을 초월한 남녀 간의 사랑(표면적 주제)
  신분적 제약을 극복한 인간 해방(이면적 주제)
• 특징
 – 사회에 대한 민중의 비판 의식이 투영되어 있음
 – 지조와 정절의 가치를 강조한 '열녀불경이부 사상'이 드러남

17 '운봉'은 '어사또'의 시를 받아 보고 '어사또'의 정체를 알아챘다.
① '사령'은 '어사또'를 밀쳐 내며 잔치에 들어오는 것을 막았다.
③ '어사또'는 백성들의 고통과 '변 사또'의 잔치를 비유하여 시를 지었다.
④ '변 사또'는 술에 취해 '어사또'의 정체를 알지 못하였다.

18 ㉢ '네가 져라.'는 어사또가 변 사또를 향해 속으로 한 말이므로 변 사또를 가리킨다.
①·②·④ 어사또를 가리키는 말이다.

19 [A]는 어사또가 백성들의 사정과 변 사또의 정체를 생각하며 쓴 시이다. 술은 백성들의 피, 기름진 안주는 백성의 기름, 촛농은 백성들의 눈물, 잔치의 흥겨운 노랫소리는 백성들의 원망 소리에 비유하여 변 사또를 비판하고 있다.

작품 해설 김정훈, 「정전기가 겨울로 간 까닭은?」

• 갈래: 설명문
• 성격: 객관적, 사실적
• 제재: 정전기
• 주제: 정전기가 생기는 이유와 정전기 예방 방법
• 특징
 – 정의, 예시, 대조, 과정, 인과 등 다양한 설명 방법을 사용함
 – 생활 속 과학 현상을 알기 쉽게 설명함

20 세 번째 문단에서 털가죽 종류는 전자를 쉽게 잃고, 플라스틱 종류는 전자를 쉽게 얻는다고 언급하였으므로 알 수 있는 내용은 ④이다.
① 습도가 높으면 정전기가 잘 생기지 않는다.
② 정전기는 전자를 쉽게 주고받을 수 있는 마찰에 의해 잘 생긴다.
③ 포장할 때 쓰는 랩이 그릇에 잘 달라붙는 것은 정전기의 성질 때문이다.

21 ㉠에서 사용된 설명 방법은 정의이다. 정의는 어떤 말이나 사물의 뜻을 밝혀 풀이하는 방법이다. 따라서 ㉠과 같은 설명 방법이 쓰인 예로는 ④가 가장 적절하다.
① 분석
② 예시
③ 인과

22 ㉡ '생겼다.'는 '없던 것이 새로 있게 되다.'의 의미로 ②가 같은 의미로 쓰였다.
①·④ '사람이나 사물의 생김새가 어떠한 모양으로 되다.'의 의미이다.
③ '일의 상태가 부정적인 어떤 지경에 이르게 되다.'의 의미이다.

작품 해설 이광표, 「조상의 슬기가 낳은 석빙고의 비밀」
• 갈래: 설명문
• 성격: 객관적, 해설적
• 제재: 석빙고
• 주제: 석빙고에 담긴 과학적 원리와 우리 조상들의 슬기
• 특징: 석빙고의 얼음 저장 원리와 과정을 단계적으로 설명함

23 제시된 글은 석빙고의 얼음 저장 과정을 두 단계로 나누어 설명하고 있다.

24 '날개벽'은 겨울철 찬 바람이 날개벽에 부딪쳤을 때 석빙고 내부 깊은 곳까지 들어갈 수 있도록 해 준다.

25 '유지'는 '어떤 상태나 상황을 그대로 보존하거나 변함없이 계속하여 지탱함'을 말한다. ①은 '상승'의 사전적 의미이다.

제2교시 수학

01	③	02	④	03	①	04	①	05	②
06	③	07	①	08	②	09	④	10	①
11	①	12	③	13	②	14	④	15	②
16	③	17	④	18	④	19	①	20	③

01 40을 소인수분해하면 $2 \times 2 \times 2 \times 5 = 2^3 \times 5$이므로 a의 값은 3이다.

02 $5a - 1$에 $a = 2$를 대입하여 풀면
$5 \times 2 - 1 = 10 - 1 = 9$

03 일차방정식 $3x - 2 = 4$에서 -2를 우변으로 이항하면
$3x = 4 - (-2)$, $3x = 6$
$\therefore x = 2$

04 y가 x에 정비례하므로 y를 x에 대한 식으로 나타내면
$y = 4x$
$x = 4$를 위의 식에 대입하면
$y = 4 \times 4 = 16$
따라서 ㉠에 알맞은 수는 16이다.

05 $40° + \angle a = 180°$이므로 $\angle a = 180° - 40° = 140°$

06 직사각형을 한 직선을 회전축으로 하여 1회전 시킬 때 생기는 입체도형은 원기둥이다.
① 구는 반원을 1회전 시킬 때 생기는 입체도형이다.
② 원뿔은 삼각형을 1회전 시킬 때 생기는 입체도형이다.

07 주어진 도수분포표에서 경기 시청 시간이 0시간 이상 3시간 미만인 학생 수는 1명, 3시간 이상 6시간 미만인 학생 수는 4명이다.
따라서 구하는 학생 수는
$1 + 4 = 5$ (명)

08 $\dfrac{1}{3}$을 순환소수로 나타내면 $0.33333\cdots$이다.
따라서 순환마디는 3이다.

09 $x^4 \times x^3 \div x^2 = x^{4+3-2} = x^5$

10 일차부등식 $2x - 2 \leq 4$의 양변에 2를 더하면
$2x - 2 + 2 \leq 4 + 2$에서
$2x \leq 6$
이 부등식의 양변에 $\dfrac{1}{2}$을 곱하면
$2x \times \dfrac{1}{2} \leq 6 \times \dfrac{1}{2}$
$\therefore x \leq 3$

11 $f(x) = 3x$에 $x = -2$를 대입하면
$f(-2) = 3 \times (-2) = -6$

12 삼각형의 세 내각의 크기의 합은 $180°$이고, 이등변삼각형의 두 밑각의 크기는 서로 같다.
따라서 $80° + \angle x + \angle x = 180°$이므로
$2\angle x = 100°$
$\therefore \angle x = 50°$

13 삼각형의 두 변의 중점을 연결한 선분의 성질에 의해
삼각형 ABC에서 $\overline{AM} = \overline{MB}$, $\overline{AN} = \overline{NC}$이면
$\overline{MN} = \dfrac{1}{2}\overline{BC}$이다.
따라서 $\overline{BC} = 12 \text{ cm}$이므로
$\overline{MN} = \dfrac{1}{2} \times 12 = 6 \text{ (cm)}$

14 집에서 학교까지 가는 길이 3가지이고, 학교에서 도서관까지 가는 길이 3가지이므로 구하는 경우의 수는
$3 \times 3 = 9$

15 $3\sqrt{2} = \sqrt{3^2 \times 2} = \sqrt{18}$이므로 $a = 18$

16 $x^2 + 2x + 1 = (x+1)^2$

17 이차방정식 $(x-2)(x+3) = 0$에서
$x-2 = 0$ 또는 $x+3 = 0$이므로
$x = 2$ 또는 $x = -3$
따라서 구하는 다른 한 근은 2이다.

18 ① 아래로 볼록하다.
② $y = 2x^2$에 $x=1$을 대입하면 $y = 2 \times 1^2 = 2$이므로 이차함수의 그래프는 점 $(1, 0)$을 지나지 않는다.
③ 직선 $x=0$을 축으로 한다.

19 원의 중심에서 현에 내린 수선은 그 현을 이등분한다.
$\therefore \overline{AB} = 2 \times \overline{AM} = 2 \times 2 = 4 \,(\text{cm})$

20 주어진 자료를 크기가 작은 순서대로 나열하면
1, 2, 3, 4, 6이다.
따라서 이 자료의 중앙값은 3회이다.

제3교시 영어

01 ③	02 ②	03 ①	04 ③	05 ②
06 ①	07 ④	08 ②	09 ④	10 ④
11 ①	12 ②	13 ④	14 ②	15 ①
16 ③	17 ②	18 ③	19 ①	20 ①
21 ④	22 ③	23 ③	24 ④	25 ③

01 밑줄 친 popular는 '인기 있는'의 의미이다.
• watch: 보다, 지켜보다
• popular: 인기 있는

톰은 TV에서 인기 있는 한국 드라마를 보고 있다.

02 밑줄 친 win(승리하다)과 lose(패배하다)는 반의어 관계이므로, 두 단어의 의미 관계가 다른 것은 유의어 관계인 begin(시작하다) – start(시작하다)이다.
① 질문하다 – 대답하다
③ 열다 – 닫다
④ 잊다 – 기억하다

나는 누가 이길지 질지 모르겠다.

03 미래를 나타내는 조동사 will 뒤에는 동사 원형이 와야 한다. 따라서 빈칸에 들어갈 말로 적절한 것은 'be'이다.
• here: 여기에, 이리
• interview: 면접, 인터뷰
• tomorrow: 내일

그는 내일 면접을 보러 여기 있을 것이다.

04 B가 빈칸 다음에서 'It's from Korea(한국산이에요).'라고 하였으므로 빈칸에는 부정의 대답이 들어가야 한다. A가 'Is this ~?'로 물었으므로 빈칸에 적절한 것은 'No, it isn't(아뇨, 그렇지 않아요)'이다.
• salt: 소금
• be from: ~에서 오다, ~출신이다

A: 이것은 프랑스산 소금인가요?
B: 아뇨, 그렇지 않아요. 한국산이에요.

05 빈칸 다음에 hello로 미루어 문맥상 '인사하다'의 뜻이 되려면 빈칸에는 'say'가 적절하다.
• Who: 누구
• man: 남자
• wear: 입고[쓰고·끼고·신고·착용하고] 있다
• glasses: 안경
• let's~: ~하자(let us의 단축형)
• say hello to: ~에게 인사말을 건네다

A: 안경을 쓴 남자 분은 누구시니?
B: 새로 오신 선생님이셔. 그 분에게 인사하자.

06 대화 처음에 A가 'You look sad(너 슬퍼 보여).'라고 말하고, 빈칸 다음에서 B가 'I broke my favorite watch(내가 제일 좋아하는 시계를 망가뜨렸어).'라고 하였으므로 빈칸에는 'What happened(무슨 일이니)?'가 적절하다.
• look: ~해[처럼] 보이다, (보기에) ~한 것 같다
• sad: 슬픈
• What: 무엇
• happen: 있다[발생하다]
• break: 고장 나다, 고장 내다(break – broke – broken)
• watch: 시계
② 날씨는 어때?
③ 누구랑 갔니?
④ 어디에 머물거니?

A: 너 슬퍼 보여. 무슨 일이니?
B: 내가 제일 좋아하는 시계를 망가뜨렸어.

07 첫 번째 문장에서 빈칸 다음에 'your bike to school?'로 미루어 문맥상 빈칸에는 '타다'의 뜻인 'ride'가 적절하다. 두 번째 문장에서 빈칸 앞에 give you a로 미루어 '태워 주다'의 의미가 되려면 빈칸에는 'ride'가 적절하다.
• ride: 타다[몰다]
• bike: 자전거
• give + 사람 + a ride: (~를) 태워 주다
• work: 업무, 직무

○ 학교에 자전거를 타고 가는 게 어때요?
○ 퇴근 후에 태워 줄게요.

08 표에 따르면 Tony가 금요일에 할 일은 making cookies이므로, 정답은 '쿠키 만들기'이다.
• Thursday: 목요일
• Friday: 금요일
• Saturday: 토요일
• Sunday: 일요일
• doing the dishes: 설거지하기
• making cookies: 쿠키 만들기
• cleaning the room: 방 청소하기
• throwing out the garbage: 쓰레기 버리기

09 그림에서 소녀가 나무를 심고 있으므로, 빈칸에는 'planting'이 적절하다.
① 울고 있는
② 그림 그리고 있는
③ 먹고 있는

소녀가 나무를 심고 있다.

10 빈칸 앞에서 B가 'Yes, Jane found it for me(응, 제인이 찾아줬어).'라고 대답하였으므로 빈칸에 적절한 말은 'Glad to hear that(그 말을 들으니 기쁘네).'이 적절하다.
• find: (잃어버려서 찾고 있던 것을) 찾다
• phone: 전화
• Glad to ~: ~게 되어 기쁘다

A: 존, 핸드폰 찾았니?
B: 응, 제인이 찾아줬어.
A: 그 말을 들으니 기쁘네.

11 대화의 마지막에서 B가 'It's about flying an airplane(비행기 조종에 관한 거야).'이라고 하였으므로 대화의 주제로 적절한 것은 '영화 내용'이다.
• see the movie: 영화 보다
• about: ~에 대한
• flying: 비행[운항]
• airplane: 비행기

A: *The Higher*라는 영화 봤니?
B: 아니, 안 봤어. 무엇에 대한 영화인데?
A: 비행기 조종에 관한 거야.

12 공연 포스터에는 공연 날짜(August 15th), 공연 장소(Grand Park), 티켓 가격($30 Per ticket)이 나와 있는데, '가수 이름'은 알 수 없다.
• when: 언제
• where: 어디서
• how much: 얼마
• watch: 보다, 지켜보다
• favorite: 매우 좋아하는
• singer: 가수
• perform live: 라이브 공연을 하다

여름 록 콘서트
일시: 8월 15일
장소: 그랜드 파크
가격: 티켓 당 30달러
좋아하는 가수들의 라이브 공연을 보세요!

13 두 번째 문장에서 'When you go up the mountain, please keep these things in mind(산에 올라갈 때는 다음 사항들을 명심하세요).'라고 하였으므로 방송의 목적으로 적절한 것은 '등산 시 유의 사항 안내'이다.
• welcome: 환영하다
• visitor: 방문객, 손님
• when: ~할 때
• go up: 올라가다
• mountain: 산
• keep in mind: 명심하다
• first: 첫째
• watch out for: ~을 경계하다[조심하다]
• wild animal: 야생 동물
• second: 두 번째
• come down: 내려오다
• get dark: 어두워지다
• lastly: 마지막으로
• take back: 다시 가져오다
• trash: 쓰레기
• enjoy: 즐거운 시간을 보내다

> **해석**
>
> 환영합니다, 방문객 여러분! 산에 올라갈 때는 다음 사항들을 명심하세요. 첫째, 야생 동물을 조심하세요. 둘째, 어두워지기 전에 내려오세요. 마지막으로 쓰레기를 가지고 돌아가세요. 즐거운 하이킹 되세요!

14 대화에서 B가 'I'm sorry, but I can't. I'm going on a family trip(미안하지만, 갈 수 없어. 나는 가족 여행을 갈 예정이야).'이라고 답하였으므로 Bora가 주말에 파티에 가지 못하는 이유는 '가족 여행을 가야 해서'가 적절하다.

- go to a party: 파티에 가다
- weekend: 주말
- go on ~: ~을 가다
- family trip: 가족 여행

> **해석**
>
> A: 보라야, 이번 주말에 파티에 가자.
> B: 미안하지만, 갈 수 없어. 나는 가족 여행을 갈 예정이야.

15 첫 번째 문장에서 'Next to the Natural History Museum, you can find Star Flea Market(자연사 박물관 옆에는 스타 벼룩시장이 있다).'이라고 하였으므로 Star Flea Market에 관한 글의 내용과 일치하지 않는 것은 '박물관 안에 위치한다.'이다.

- next to: 바로 옆에
- Natural History Museum: 자연사 박물관
- flea market: 벼룩시장
- open: 열다
- at low prices: 싼 가격으로

> **해석**
>
> 자연사 박물관 옆에는 스타 벼룩시장이 있다. 벼룩시장은 매주 토요일 오전 9시부터 오후 6시까지 연다. 여러분은 옷, 신발, 장난감을 싸게 살 수 있다. 웹사이트에서 더 많은 정보를 얻을 수 있다.

16 주어진 문장에서 'Would you like some cake(케이크 좀 드시겠어요)?'라고 묻고 있으므로, (C)에서 거절하는 대답이 이어지는 것이 옳다. (A)에서 마실 것을 줄지 묻고, (B)에서 커피를 달라고 답하는 게 대화 흐름상 적절한 순서 배열이다.

- try: 노력하다, 애를 쓰다
- lose weight: 체중을 줄이다
- something to drink: 마실 것

> **해석**
>
> 케이크 좀 드시겠어요?
> (C) 괜찮아요. 체중을 줄이려고 노력하는 중이에요.
> (A) 그러면 마실 것 좀 가져다 드릴까요?
> (B) 커피 한 잔 주세요.

17 동아리 홍보문에 따르면, 'We read English books and talk about them after school on Wednesdays.'에서 활동 내용과 활동 요일을 알 수 있다. 'To sign up, come to the English classroom.'에서 신청 장소를 알 수 있으므로 홍보문을 보고 알 수 없는 내용은 '신청 기간'이다.

- look for: 찾다, 구하다
- member: 회원
- read: 읽다[판독하다]
- talk about: ~에 대해 이야기하다
- after school: 방과 후에
- sign up: 참가하다, 가입하다

> **해석**
>
> 우리는 신입 회원을 찾고 있습니다!
> **영어 북클럽**
> ○ 우리는 영어책을 읽고 수요일 방과 후에 그것에 대해 이야기합니다.
> ○ 가입하려면, 영어 교실로 오세요.

18 지문은 문어에 대해 설명하는 글인데, ⓒ 'Many people like to swim in the ocean.'은 '많은 사람들이 바다에서 수영하는 것을 좋아한다.'는 뜻이므로 글의 흐름에 어울리지 않는 문장이다.

- octopus: 문어
- smart: 똑똑한, 영리한
- use: 쓰다, 사용[이용]하다
- coconut shell: 코코넛 껍질
- protection: 보호
- find: 찾다[발견하다]
- hiding place: 은신처, 은폐 장소
- hide: 숨다
- swim: 수영하다
- ocean: 대양, 바다
- even: ~도[조차]
- save: 모으다, 저축하다

> **해석**
>
> 문어는 매우 영리하다. 그들은 보호를 위해 코코넛 껍질을 사용한다. 그들은 좋은 은신처를 찾지 못할 때 코코넛 껍질 아래에 숨는다. <u>많은 사람들이 바다에서 수영하는 것을 좋아한다.</u> 어떤 문어들은 심지어 코코넛 껍질을 모아두기도 한다. 그들은 정말 똑똑하지 않은가?

19 마지막 문장에서 'They used the dance to show their strength to the enemy(그들은 적에게 그들의 힘을 보여 주기 위해 춤을 추었다).'라고 하였으므로 haka춤을 췄던 이유로 가장 적절한 것은 '힘을 보여 주려고'이다.

- hear of: ～에 대해 듣다
- famous: 유명한
- originally: 원래, 본래
- perform: 공연[연주/연기]하다
- fight: 싸움, 전투
- show: 보여 주다[증명하다]
- strength: 힘, 용기
- enemy: 적

> haka에 대해 들어 보았는가 그것은 뉴질랜드의 유명한 춤이다. 이 춤은 원래 전투 전에 마오리족에 의해 공연되었다. 그들은 적에게 그들의 힘을 보여 주기 위해 춤을 추었다.

20 그래프에 따르면, 한국 학교 학생들이 선호하는 스포츠는 배드민턴(55%), 축구(25%), 농구(12%), 야구(8%) 순이므로 빈칸에 적절한 것은 'badminton(배드민턴)'이다.

② 야구
③ 농구
④ 축구

> 한국 학교 학생들은 배드민턴을 가장 좋아한다.

21 Central Library에 관한 글에서 언급된 내용은 'Central Library is located across from City Hall.'에서 위치, 'It has a collection of about 400,000 books.'에서 보유 도서 권수, 'It opened its doors in 2013.'에서 개관 연도가 언급되어 있지만, '일일 방문객 수'는 나와 있지 않다.

- be located: 위치해 있다
- across from: ～의 바로 맞은편에
- City Hall: 시청
- collection: 수집품, 소장품
- since: ～부터[이후]
- then: 그때
- visit: 방문하다[찾아가다]
- library: 도서관

> 중앙 도서관은 시청 맞은편에 있다. 그것은 약 40만 권의 책을 소장하고 있다. 그것은 2013년에 문을 열었다. 그 이후로 많은 사람들이 이 도서관을 방문하였다.

22 밑줄 친 <u>They</u> 앞 문장에서 'If you want to have healthy skin, try some lemons(건강한 피부를 갖고 싶다면 레몬을 먹어라).'라고 하였으므로 밑줄 친 They가 가리키는 것으로 가장 적절한 것은 'lemons(레몬)'이다.

① 사과
② 당근
④ 토마토

- eating: 먹기
- vegetable: 채소, 야채
- fruit: 과일
- be good for: ～에 좋다
- health: 건강
- healthy: 건강한
- skin: 피부
- try: ～해 보다
- lemon: 레몬
- contain: ～이 들어[함유되어] 있다
- vitamin: 비타민
- heart: 심장, 가슴

> 야채와 과일을 먹는 것은 건강에 좋다. 건강한 피부를 갖고 싶다면 레몬을 먹어라. 그것들은 비타민 C를 많이 함유하고 있다. 건강한 심장을 갖고 싶다면 토마토를 더 먹어라.

23 온라인상에서 지켜야 할 사항으로 언급된 것은 나쁜 언어 사용하지 않기(Don't use bad language), 무례한 글 남기지 않기(Don't leave rude comments), 거짓 정보 게시하지 않기(Don't post false information)이므로 언급되지 않은 것은 '개인 정보 유출하지 않기'이다.

- online: 온라인
- manner: 예의
- bad language: 상소리, 욕설
- leave: 남기고[전하고] 가다
- rude: 무례한
- comment: 논평, 언급
- post: (안내문 등을) 게시하다
- false information: 거짓 정보

> 〈온라인 매너〉
> ○ 나쁜 언어 사용하지 않기
> ○ 무례한 글 남기지 않기
> ○ 거짓 정보 게시하지 않기

24 첫 번째 문장에서 'People in Vietnam love their traditional hat, non las, because it has various uses(베트남 사람들은 그들의 전통 모자인 논 라스를 좋아하는데, 그것은 다양한 용도를 가지고 있기 때문이다).'라고 한 다음에, 모자의 여러 가지 쓰임새를 말하고 있으므로 글의 주제로 적절한 것은 '베트남 전통 모자의 다양한 용도'이다.

- traditional: 전통의
- various: 다양한
- use: 사용, 이용
- protect: 보호하다, 지키다
- rain: 비가 오다
- umbrella: 우산, 양산
- basket: 바구니

해석

> 베트남 사람들은 그들의 전통 모자인 논 라스를 좋아하는데, 그것은 다양한 용도를 가지고 있기 때문이다. 여름에는 그것은 햇빛으로부터 피부를 보호한다. 비가 오면 사람들은 그것을 우산으로 사용한다. 그것은 바구니로도 사용할 수 있다.

25 두 번째 문장에서 'using smartphones too much can cause several problems(스마트폰을 너무 많이 사용하면 여러 가지 문제를 일으킬 수 있다).'라고 하고, 다음 문장에서 'Let's talk about them in more detail(좀 더 자세하게 이야기해 봅시다).' 라고 하였으므로 글의 바로 뒤에 이어질 내용으로 적절한 것은 '과도한 스마트폰 사용으로 인한 문제점'이다.

- without: ~없이
- these days: 요즘에는, 근래에
- however: 하지만, 그러나
- cause: ~을 야기하다[초래하다]
- several: (몇)몇의
- problem: 문제
- in more detail: 좀 더 자세하게

해석

> 요즘에는 스마트폰 없이 살기 어렵다. 하지만, 스마트폰을 너무 많이 사용하면 여러 가지 문제를 일으킬 수 있다. 그것들에 대해 좀 더 자세히 이야기해 보자.

제4교시 사회

01	④	02	②	03	①	04	④	05	②
06	③	07	①	08	④	09	③	10	③
11	②	12	③	13	④	14	②	15	①
16	③	17	①	18	④	19	④	20	②
21	①	22	③	23	②	24	①	25	③

01 본초 자오선은 지구의 경도와 시간대의 기준이 되는 자오선으로 영국의 그리니치 천문대를 지나는 자오선을 기준으로 동쪽을 동경, 서쪽을 서경으로 구분한다.

① 적도: 위도의 기준이 되는 선으로 위도 0도에 해당한다. 지구의 남극과 북극으로부터 같은 거리에 있는 지구 표면의 점을 이은 선으로 적도의 북쪽은 북반구, 남쪽은 남반구라고 한다.

② 북회귀선: 북위 23도 27분의 위도선으로 태양이 천정을 통과하는 위선이면서 북반구에서 열대와 온대를 구분하는 경계선이기도 하다.

③ 날짜 변경선: 지구상에서 날짜를 구분하기 위해 편의상 만든 날짜 변경 기준선으로 경도 180도에 해당한다.

02 스텝 기후는 건조 기후에 해당하며 사막 기후보다 강수량이 많아 초원을 형성한다. 이 지역은 전통적으로 강수량의 부족으로 농경 문화가 발달하지 못하였으며 대신 드넓은 초원의 풀을 사료로 한 유목 생활이 이루어져왔다.

① 빙설 기후: 한대 기후에 속하며 1년 중 제일 따뜻한 달의 평균 기온이 0℃ 이하이다. 모든 기후 중 가장 추운 기후에 해당하며 대부분 눈이나 얼음으로 덮여 있다.

③ 툰드라 기후: 한대 기후에 속하며 1년 중 제일 따뜻한 달의 평균 기온이 0~10℃를 나타낸다. 나무가 잘 자라지 못하는 대신 지표면에 이끼류와 지의류 등이 자라는 것이 특징이다.

④ 열대 우림 기후: 열대 기후의 한 종류로 적도 저압대의 영향으로 연중 고온 다우하며 거의 매일 대류성 강우인 스콜이 내리기 때문에 연 강수량이 2,000mm를 넘는다. 강수량이 풍부하여 상록 활엽수들로 밀림을 이루고 있다.

03 오름은 한라산을 중심으로 제주도 전역에 분포하며 언덕처럼 보이는 작고 둥근 산들에 해당한다. 큰 화산 옆에 붙어서 생긴 작은 화산 때문에 생겨난 것으로 측화산 또는 기생 화산이라 불린다.

② 피오르: 빙하의 침식으로 만들어진 골짜기에 빙하가 없어진 후 바닷물이 들어와서 생긴 좁고 긴 만이다.

③ 시 스택: 암석 해안에서 파도에 의한 침식으로 육지로부터 분리되어 생긴 수직 기둥 모양의 암석이다.

④ 해식 동굴: 해안선 가까이에서 파도 · 조류 · 연안수 등의 침식 작용이 암석의 약한 부분을 파고 들어가면서 생긴 동굴이다.

04 문화 변용은 둘 이상의 서로 다른 문화가 접촉하였을 때, 한쪽 또는 양쪽의 문화 형태에 변화가 일어나는 현상이다.
① 1차 집단: 구성원들 사이의 친밀성, 정서적인 인간관계로 이루어진 집단을 말하며 가족, 또래 집단 등이 해당한다.
② 귀속 지위: 개인의 의사나 재능과 상관없이 태어나면서부터 운명적으로 갖게 되는 지위를 말한다.
③ 역할 갈등: 한 개인이 여러 가지 역할을 동시에 수행하는 과정에서 나타나는 긴장이나 갈등을 말한다.

05 그래프를 보면 65세 이상 인구 비율이 우상향하면서 전체 인구에서 고령층이 차지하는 비율이 높아지는 것을 알 수 있다. 이는 인구 고령화 현상에 해당하며 65세 이상 고령 인구 비율이 7% 이상이면 고령화 사회, 14~20% 미만은 고령 사회, 그리고 20% 이상인 경우를 초고령 사회로 구분한다.

06 역도시화는 도시화의 반대 현상으로 도시의 인구가 농촌 지역으로 이동하는 현상을 말한다. 이러한 요인으로는 도시 생활 비용 증대, 산업의 지방 분산, 쾌적한 환경을 선호하는 생활 양식의 변화 등을 들 수 있다.
① 세계화: 세계 여러 나라가 정치, 경제, 사회, 문화 등 다양한 분야에서 서로 많은 영향을 주고받으면서 교류가 많아지는 현상이다.
② 정보화: 정보가 사회의 가장 중요한 자원이 되고 정보를 중심으로 사회나 경제가 운영되고 발전되어 가는 것을 말한다.
④ 이촌 향도: 도시의 성장 및 도시화로 인하여 농촌 인구가 농촌을 떠나 도시로 이동하는 현상이다.

07 쌀은 밀, 옥수수와 더불어 세계 3대 작물 중 하나이다. 높은 기온과 풍부한 강수량이 있는 지역에서 잘 자라며, 아시아 계절풍 지역이 주요 생산지로 태국, 베트남 등이 해당한다.

08 공간적 분업은 기업의 여러 기능이 공간적으로 분화되어 이루어지는 방식을 말한다. 주로 기업의 본사는 자본과 우수 인력 확보가 쉬운 대도시에 입지하며, 연구소는 연구 시설이나 관련 시설이 집중된 대학·대도시 인근 지역에 입지한다. 그리고 생산 공장은 저렴한 임금, 토지 비용이 유리한 곳에 위치한다.

09 해당 자료는 대한민국 헌법 제1조의 내용으로 ㉠에 들어갈 것은 '주권'이다. 주권이란 국가의 의사를 최종적으로 결정하는 최고의 권력을 말하며 대한민국 헌법에서는 주권이 국민에게 있다고 규정하고 있다.

10 문화 상대주의는 문화의 다양성과 고유한 가치를 존중하고 인정하며, 그 사회의 특수한 환경과 역사적 상황을 고려하여 형성된 문화를 이해하는 관점을 말한다. 따라서 문화를 비교하여 우열을 평가하는 것은 문화 상대주의에 해당하지 않는다.

11 정당은 정치적 견해를 같이하는 사람들이 정권 획득을 목적으로 만들어진 단체를 말한다. 주로 국민이나 이익 집단에 의해 표출된 다양한 의견들을 조직하고 체계화하여 정부에 전달하는 역할을 한다.

12 ㉠에 들어갈 기본권은 참정권이다. 참정권은 정치에 능동적으로 참여할 수 있는 권리를 말하며, 선거권, 피선거권, 공무원이 될 수 있는 권리 등이 있다.
① 노동권: 근로 능력을 가진 사람이 국가에 대하여 근로 기회의 제공을 요구할 수 있는 권리이다.
② 사회권: 인간다운 생활을 위해 국가에 대하여 요구할 수 있는 권리로, 복지 국가에서 중요시되는 권리이다.
④ 청구권: 국가에 대하여 일정한 청구를 할 수 있는 권리로, 다른 기본권을 보장하기 위한 권리이다.

13 생산은 재화와 서비스를 만들거나 가치를 증가시키는 것을 말하며, 공장에서 물건을 만드는 일, 의사가 환자를 진료하는 행위 등에 해당한다. 소비는 재화와 서비스를 사용하거나 소모하는 것으로 시장에서 장보기, 영화 관람 등이 해당한다.

14 균형 거래량은 수요량과 공급량이 일치하는 지점에서 거래되는 양을 말한다. 제시된 표에서는 가격이 2,000원일 때 수요량과 공급량이 300개로 일치하기 때문에 균형 거래량은 300개이다.
① 균형 가격은 수요량과 공급량이 일치하는 점에서 형성되므로 수요량과 공급량이 300개로 일치하는 2,000원에 해당한다.
③ 가격이 1,000원일 때, 수요량이 공급량보다 200개 많기 때문에 초과 수요가 발생한다.
④ 가격이 3,000원일 때, 공급량이 수요량보다 200개 많기 때문에 초과 공급이 발생한다.

15 노동 문제에는 실업 문제, 임금 문제, 노사 갈등, 고용 문제 등이 있으며, 노사 갈등은 노동자와 사용자의 입장 차이로 발생하는 문제를 말한다.

16 선거 공영제는 국가가 선거를 관리하고, 선거에 필요한 비용 중 일부를 국가에서 지원하는 것으로 공정한 선거와 기회 균등을 보장하기 위해서 실시한다.
① 심급 제도: 법관이 공개 재판과 증거 재판을 하더라도 오판할 수 있기 때문에 재판을 여러 번 받을 수 있도록 하는 제도이다.
② 게리맨더링: 특정 정당이나 후보자에게 유리하도록 선거구를 변경하는 것을 말한다.
④ 보통 선거 제도: 성별이나 종교, 사회적 신분에 상관없이 일정한 연령 이상의 남녀에게 선거권을 부여하는 제도이다.

17 주먹도끼는 구석기 시대 사람들이 물건을 자르거나 땅을 파는 용도로 사용한 대표적인 유물이다.

18 고구려 장수왕은 수도를 국내성에서 평양으로 옮겨 남진 정책을 추진하였으며, 백제를 공격하여 한강 유역을 차지하였다.
① 흥선 대원군
② 고려 광종
③ 조선 성종

19 통일 신라 때 장보고는 완도에 청해진을 설치하고 해적을 소탕하였으며 당, 신라, 일본 간 해상 무역권을 장악하였다.
① 원효: 불교의 대중화와 여러 종파 간의 융합을 위해 노력한 신라의 승려이다.
② 혜초: 당을 거쳐 인도까지 순례하며 『왕오천축국전』을 저술한 통일 신라의 승려이다.
③ 이차돈: 불교의 공인을 위해 순교를 자청한 신라의 승려이다. 법흥왕은 이차돈의 순교를 계기로 불교를 신라의 국교로 공인하였다.

20 태조 왕건은 고려를 건국하고 후삼국 시대를 통일한 인물이다. 그는 지방 호족의 자제를 일정 기간 수도에 머무르게 하는 기인 제도와 지방 호족 출신자를 그 지역의 사심관으로 임명하는 사심관 제도를 시행하였다. 또한, 후대 왕들에게 숭불 정책, 북진 정책, 민생 안정책 등 10가지 지침이 담긴 훈요 10조를 남겼다.
① 허준
③ 김정호
④ 안견

21 조선 후기에는 판소리, 탈춤, 민화, 한글 소설 등 서민 문화가 발달하였다.
ㄷ. 상감 청자는 고려 시대에 보편화된 청자이다.
ㄹ. 조선 말 개항기 때는 서양인들에 의해 서양 음식이 전해지면서 커피와 케이크 등이 유행하였다.

22 광해군은 즉위 후 급박하게 변하는 국제 정세를 파악하고 명과 후금 사이에 중립 외교를 펼치면서 실리를 추구하였다.
① 고구려 장수왕
② 고려
④ 신라 눌지왕과 백제 비유왕

23 세종은 장영실에게 명하여 강우량을 관측할 수 있는 측우기와 자동으로 시간을 알려주는 물시계인 자격루, 해시계인 앙부일구를 제작하도록 하였다. 또한, 우리나라의 독창적인 문자인 훈민정음을 창제하고 반포하였다.
① 조선 광해군
③ 고려 광종
④ 고려 고종

24 국채 보상 운동은 일본에서 도입한 차관을 갚아 경제 주권을 회복하고자 김광제, 서광돈 등의 주도로 대구에서 처음 시작되었다.
②・③・④ 일제는 1910년대 무단 통치기에 강압적 통치를 목적으로 헌병 경찰 제도를 실시하였으며, 토지 조사국을 설치하고 토지 조사령을 발표하여 일정 기간 내 토지를 신고하도록 하면서 신고하지 않은 토지는 조선 총독부에서 강제로 몰수하였다. 1920년대에는 급격한 공업화로 일본 본토의 쌀이 부족하자 조선에서 쌀을 수탈하기 위해 산미 증식 계획을 실시하였다.

25 1950년 북한의 불법 남침으로 시작된 6・25 전쟁으로 낙동강까지 밀렸던 국군은 유엔군의 지원과 인천 상륙 작전의 성공으로 전세를 뒤집을 수 있었다.
6・25 전쟁의 전개 과정

북한의 남침 → 인천 상륙 작전 → 중국군 참전 → 1・4 후퇴 → 정전 협정

제5교시 과학

01 ①	02 ③	03 ①	04 ②	05 ③
06 ④	07 ③	08 ①	09 ②	10 ④
11 ③	12 ④	13 ①	14 ①	15 ③
16 ③	17 ④	18 ②	19 ②	20 ④
21 ②	22 ②	23 ④	24 ④	25 ①

01 물 위에 배가 떠 있을 때, 물이 배를 밀어 올리는 힘은 부력이다.
부력
물체가 액체나 기체 속에서 위쪽으로 받는 힘

부력의 방향	중력과 반대 방향
부력의 이용	튜브, 화물선, 열기구 등

02 일정한 속력으로 운동하는 물체는 시간에 따라 속력이 변하지 않고 일정하게 유지되므로 옳은 그래프는 ③이다.

03 니크롬선에 걸어 준 전압이 2 V일 때 전류의 세기는 2 A이므로 옴의 법칙을 이용하여 저항을 구하면, $R = \dfrac{V}{I} = \dfrac{2}{2} = 1\ \Omega$이다.

옴의 법칙

$$\text{전류의 세기}(A) = \dfrac{\text{전압}(V)}{\text{저항}(\Omega)}$$

$$\rightarrow I = \dfrac{V}{R},\ V = IR,\ R = \dfrac{V}{I}$$

04 공기 저항을 무시할 때, A~D에서의 역학적 에너지(위치 에너지 + 운동 에너지)는 보존된다. 따라서 A~D에서 위치 에너지와 운동 에너지를 합한 역학적 에너지가 모두 100 J이므로 D에서 ㉠ + 75 = 100이다.
∴ ㉠ = 25

05 빛이 평면거울 면에서 반사될 때 입사각과 반사각의 크기는 항상 같다. 그림에서 입사 광선과 법선이 이루는 각(=입사각)이 50°이므로 법선과 반사 광선이 이루는 각(=반사각)도 50°가 된다. 따라서 반사 광선의 진행 경로는 C이다.

06 ④는 풍선이 둘 다 같은 종류의 전하(+)를 띠므로 서로 밀어내는 척력이 작용한다.

전기력의 방향

인력	서로 다른 종류의 전하를 띤 물체가 끌어당기는 힘 $\oplus \rightarrow \leftarrow \ominus$
척력	서로 같은 종류의 전하를 띤 물체가 밀어내는 힘 $\leftarrow \oplus\oplus \rightarrow$ $\leftarrow \ominus\ominus \rightarrow$

07 일정한 온도에서 기체의 압력과 부피를 곱한 값이 일정하므로 1기압 × 40 mL = 4기압 × ㉠에서 ㉠ = 10 mL이다.

보일 법칙

$$P(\text{압력}) \times V(\text{부피}) = \text{일정}$$

08 A는 액체에서 기체로의 상태 변화를 나타내므로 기화이다.
② 승화: 고체에 열을 가하면 액체가 되는 일이 없이 곧바로 기체로 변하는 현상이다.
③ 융해: 고체에 열을 가하였을 때 액체로 되는 현상이다.
④ 응고: 액체 따위가 엉겨서 뭉쳐 딱딱하게 굳어서 고체로 되는 현상이다.

09 1개의 물 분자(H_2O)는 1개의 산소(O) 원자와 2개의 수소(H) 원자로 이루어져 있다. 따라서 물 분자 1개를 구성하는 수소 원자의 개수는 2개이다.

10 베릴륨(Be) 원자는 전자 2개를 잃고 양이온이 되므로 베릴륨 이온의 이온식은 Be^{2+}가 된다.

11 액체가 고체로 될 때 일정하게 유지되는 온도는 어는점이다. 1기압에서 순수한 물의 어는점은 0 ℃이다.
① 밀도: 단위 부피에 해당하는 물질의 질량으로, 밀도가 큰 물질은 가라앉고, 밀도가 작은 물질은 뜬다.
② 끓는점: 액체가 기체 상태로 변화될 때 일정하게 유지되는 온도이다.
④ 용해도: 일정한 온도에서 일정량의 용매에 녹을 수 있는 용질의 최대량이다.

12 구리와 산소가 결합하여 산화 구리(Ⅱ)가 생성될 때, 일정한 질량비에 따라 화합물이 생성된다.

산화 구리(Ⅱ) 생성 반응에서의 질량비
구리 + 산소 → 산화 구리(Ⅱ)
질량비 ⇨ 4 : 1 : 5

따라서 구리 4 g과 산소 1 g이 모두 반응하면 산화 구리(Ⅱ) 5 g이 생성된다.

13 자연 상태에서 짝짓기하여 생식 능력이 있는 자손을 낳을 수 있는 생물 무리를 뜻하며, 생물을 분류하는 기본 단위인 것은 종이다.

생물 분류 단계
생물을 가장 작은 단계인 '종'에서부터 점차 큰 단계로 분류하여 나타낸 것이다.

종 < 속 < 과 < 목 < 강 < 문 < 계

14 생물은 원핵생물계, 원생생물계, 균계, 식물계, 동물계의 5계로 분류할 수 있는데 이 중 버섯은 균계에 속한다.

균계
• 핵막으로 둘러싸인 뚜렷한 핵이 있다.
• 세포벽이 있고 광합성은 하지 못한다.
• 몸이 균사로 이루어져 있고, 운동성이 없다.
• 단세포 생물: 효모
• 다세포 생물: 버섯, 곰팡이 등

15 식물이 빛에너지를 이용하여 스스로 양분을 만드는 과정은 광합성이다. 광합성은 식물 세포에 있는 엽록체에서 일어나며, 광합성 결과 생기는 양분인 포도당은 대부분 녹말로 저장된다.

16 사람의 기관계 중 우리 몸에서 영양소와 산소 등의 순환을 담당하며 심장, 혈관, 혈액 등이 포함된 것은 순환계이다.
① 배설계: 노폐물을 몸 밖으로 내보내는 작용을 하며 콩팥, 오줌관, 방광, 요도 등이 포함된다.
② 소화계: 섭취한 음식물 속 영양소를 분해하고 흡수하는 작용을 하며 입, 위, 소장, 대장 등이 포함된다.
④ 신경계: 우리 몸 안팎의 자극을 빠르게 전달해 그에 대한 반응을 생성하는 작용을 하며 뇌, 척수 등이 포함된다.

17 감각 기관에서 받아들인 자극을 연합 뉴런으로 전달하는 A는 감각 뉴런이다.

자극의 전달 방향 및 경로

자극 → 감각 기관 → 감각 뉴런 → 연합 뉴런 → 운동 뉴런 → 반응 기관 → 반응

18 생식 세포인 정자와 난자가 결합하여 수정란이 만들어지는 과정은 수정이다.

19 순종의 키 큰 완두(TT)와 순종의 키 작은 완두(tt)에서 각각의 생식 세포의 유전자형은 T와 t이므로, 이를 교배하여 얻는 잡종 제1대(F_1)의 유전자형은 모두 Tt이다.

20 지구 내부 구조 중 철과 니켈 등의 무거운 물질로 이루어져 있으며, 고체 상태로 추정되는 구조는 내핵이다.

지권의 층상 구조

지각	• 지권의 가장 바깥쪽 층 • 대륙 지각과 해양 지각으로 구분
맨틀	• 지각 아래부터 약 $2,900\,km$까지의 층 • 지구 전체 부피의 약 80%를 차지
외핵	• 맨틀 아래부터 약 $5,100\,km$까지의 층 • 주로 철과 니켈로 이루어져 있으며, 액체 상태
내핵	• 외핵 아래에서부터 지구 중심까지의 층 • 주로 철과 니켈로 이루어져 있으며, 고체 상태

21 우리나라는 여름에 대륙이 해양보다 더 뜨거워져 해양에서 대륙으로 바람이 부는 남동 계절풍의 영향을 받는다. 따라서 여름에 덥고 습한 날씨가 나타난다.

22 수권에서 가장 많은 양을 차지하는 것은 해수로, 부피는 약 97.5% 정도이다.

수권의 분포

해수 ≫ 빙하 > 지하수 > 하천수와 호수

23 쌀알 무늬는 태양의 표면에 쌀알을 뿌려 놓은 것처럼 보이는 모습으로 대류 현상 때문에 나타난다.
① 채층: 분홍색을 띤 얇은 대기층이다.
② 홍염: 태양의 가장자리에 보이는 불꽃 모양의 가스이다.
③ 흑점: 크기와 모양이 불규칙한 어두운 무늬로, 낮은 온도 때문에 다른 부분보다 검게 보인다.

24 절대 등급은 모든 별을 $10\,pc$(32.6광년)의 거리에 놓았다고 가정하였을 때 별의 밝기 등급으로 별의 실제 밝기이다.
A~D는 절대 등급이 같은 별이라고 하였으므로 지구에서 가장 멀리 있는 D가 가장 어둡게 보인다.

25 연주 시차는 지구와 별을 잇는 직선과 태양과 별을 잇는 직선이 이루는 각으로, 연주 시차는 지구에서 별까지의 거리와 반비례한다. 따라서 A~D 중 연주 시차가 가장 큰 별은 지구에서 거리가 가장 가까운 A이다.

제6교시 도덕

01 ①	02 ③	03 ①	04 ③	05 ④
06 ③	07 ④	08 ②	09 ①	10 ②
11 ①	12 ②	13 ③	14 ④	15 ④
16 ③	17 ④	18 ③	19 ②	20 ④
21 ③	22 ④	23 ①	24 ④	25 ①

01 도덕은 인간이 살아가는 동안 지켜야 할 도리나 바람직한 행동 기준이다. 도덕이 필요한 이유는 개인이 훌륭한 인격을 갖추고 삶을 살아갈 수 있도록 도와주며 사회적으로는 사회를 유지하고 발전할 수 있게 하기 때문이다.

02 도덕적 민감성이란 도덕적 문제에 처한 상황에서 무엇이 도덕적으로 문제가 되는지 느끼고 섬세하게 반응하는 마음 상태이다.
② 비판적 사고: 도덕적 추론 과정에서 제시된 근거가 신뢰할 만한지 합리적으로 검토하는 과정이다.

03 법은 인간의 공동생활에서 필요한 최소한의 행동 규칙으로서 국가에 의하여 강제되는 사회 규범을 말하며, 사회 질서를 유지하기 위해 이를 지켜야 한다.

준법의 필요성
• 타인과 국가 권력으로부터 개인의 자유와 권리를 지킬 수 있다.
• 구성원 간의 충돌을 막아 사회 질서가 유지된다.
• 차별 없이 누구나 공정하게 대우받는 정의로운 사회가 형성된다.

04 가치란 인간의 욕구나 필요의 대상이 되는 것을 의미한다. 그중 정신적 가치는 물질과 상관없이 보람을 느끼는 지적·미적·도덕적·종교적 가치이며, 사랑, 우정, 믿음 등이 해당된다.

가치의 종류
• 물질적 가치: 물질을 통해 만족감을 얻을 수 있는 가치(즐거움을 주는 쾌락 가치, 생활에 필요한 것을 주는 유용 가치)이다.
• 정신적 가치: 물질과 상관없이 보람을 느끼는 가치이다.
• 도구적 가치: 목표를 이루기 위한 도구로써의 가치이다.
• 본래적 가치: 그 자체가 목적으로 추구되는 가치이다.

05 이성 친구와 바람직한 관계를 맺기 위해서는 상대방을 있는 그대로 인정하고 존중해야 하며, 상대방과 적정한 거리를 유지하여 불편함을 느끼거나 방해가 되지 않도록 해야 한다.

06 우애란 형제자매 간에 가깝고 정답게 지내는 것으로, 형은 아우를 사랑하고 아우는 형을 따르며 서로 예의를 지키는 것이다.

07 자원 봉사는 이웃에게 어려움이 있을 때 자발적으로 도움을 주고 고통을 함께 나누는 행위이다.

부패
부패란 공정하지 못한 방법을 통해 자신의 이익을 챙기는 행위로 탈세 행위, 뇌물 수수, 권력 남용 등이 있다.

08 사랑은 다른 사람을 아끼고 배려하며 헌신하는 마음이다.
① 욕구: 인간이 생존하기 위해 필요한 것들을 얻으려고 하거나 하고 싶은 일을 하고자 바라는 것이다.
③ 양심: 도덕적으로 잘못된 생각을 하거나 행동하였을 때 그에 대한 옳고 그름을 판단할 수 있는 윤리의식을 말한다.
④ 편견: 공정하지 못하고 한쪽으로 치우친 생각이다.

09 의미 있는 삶을 살기 위해서는 자신의 한계를 극복하고 주어진 능력을 발휘하며 도전하는 자세를 가져야 한다.

10 갈등을 해결하기 위해서는 타인의 처지를 공감하고 배려하는 자세가 필요하다.

11 인권이란 인간답게 살기 위해 꼭 필요한 보편적 가치로, 태어날 때부터 지니는 천부적 권리이다.

12 ㉠은 습관이다. 도덕적 행동을 습관화하면 자신의 인격을 향상할 수 있다.

13 남북한은 분단국가이기 때문에 분단 상황으로 인해 전쟁의 가능성이 있어 세계 평화를 위협하고 있다. 또한, 국방비 등의 분단 비용 문제, 이산가족 문제를 지속적으로 겪고 있다.

14 제시된 설명은 인간의 존엄성을 최고의 가치로 여기는 인도주의에 대한 설명이다.

15 갈등은 자원이나 기회가 제한될 때, 개인이나 집단 간의 이해관계나 가치관이 충돌하거나 의사소통이 원활하지 않아 오해가 생길 때 발생한다. 오히려 공감과 경청의 자세는 갈등을 해소시킨다.

16 갈등을 해결하기 위해서는 역지사지의 관점에서 상대방의 입장과 감정을 헤아려 보는 자세가 필요하다.

17 자문화 중심주의란 자기 문화의 우월성에 빠져 다른 문화는 부정적이고 열등한 것으로 평가하는 태도이다.
② 문화 상대주의: 인류의 보편적 가치를 바탕으로 문화의 다양성을 인정하고 이해하는 태도이다.
③ 생태 중심주의: 자연을 바라보는 관점 중 하나로, 생명체뿐만 아니라 자연에 속한 모든 환경을 존중하며 인간과 자연을 공생적 관계로 보는 태도이다.

18 보편화 결과 검사는 문제가 되는 도덕 원리를 모든 사람이 보편적으로 실천하였을 때 나타날 수 있는 결과를 예상하여 도덕 원리의 적절성 여부를 검토하는 방법이다.

도덕 원리 검사의 종류
• 보편화 결과 검사
• 반증 사례 검사
• 역할 교환 검사
• 포섭 검사

19 언어 폭력은 인격을 모독하는 말로 상대방에게 정신적인 피해를 주는 폭력의 유형이다.

폭력의 3가지 차원
• 신체적 폭력
• 언어적 폭력
• 정서적 폭력

20 시민 불복종이란 국가의 정의롭지 못한 법이나 정책을 변화시키기 위해 해당 법을 위반하는 행위를 말한다.

21 마음의 평화를 얻기 위해서는 고통을 주는 상황을 인정하고 현실을 받아들이는 태도가 필요하며, 이를 극복할 수 있다는 희망을 잃어서는 안 된다. 또한, 굳은 의지를 가지고 적극적으로 해결 방안을 찾아보아야 하며 쉽게 해결되지 않더라도 참고 인내하며 기다릴 수 있어야 한다. 따라서 자신을 부정적으로만 바라보는 태도는 고통을 극복하고 마음의 평화를 얻기 위한 방법이 될 수 없다.

22 과학 기술 발달에 따른 부작용
• 생명 윤리 훼손
• 환경 파괴와 자원 고갈
• 과학 기술에 대한 지나친 의존
• 개인 정보 유출, 사이버 폭력 등 인권과 사생활 침해

23 사회적 약자는 사회적으로 불리한 조건에 처해 인간다운 삶을 사는 데 어려움을 겪는 사람들을 일컫는다. 사회적 약자를 배려하기 위해서는 이들이 겪고 있는 어려움에 공감해야 하며 차별이나 편견을 버려야 한다. 또한, 제도적으로 차별을 금지하고 최소한의 지원을 하는 등의 대책이 필요하다. 따라서 사회적 약자의 고통을 외면하는 것은 적절하지 않다.

24 정보 통신 매체를 올바르게 사용하기 위해서는 무분별하게 사용하거나 중독에 빠지지 않도록 절제해야 한다.

25 환경 친화적 소비란 자연과의 조화와 미래 세대의 소비 기반을 고려하여 지속 가능한 발전을 추구하는 소비를 말한다.

중·졸·검·정·고·시

2020년도

합격의 공식 시대에듀 www.sdedu.co.kr

제1회 　정답 및 해설
제2회 　정답 및 해설

제1교시 국어

01 ②	02 ③	03 ①	04 ③	05 ②
06 ②	07 ④	08 ④	09 ①	10 ①
11 ②	12 ①	13 ②	14 ①	15 ④
16 ①	17 ④	18 ③	19 ④	20 ④
21 ③	22 ④	23 ④	24 ③	25 ③

01 제시된 내용은 협상에 대한 설명이다.
① 강연: 일정한 주제에 대해 청중 앞에서 강의 형식으로 말하는 것
③ 소개: 상대방이 잘 모르는 사실이나 내용을 잘 알도록 설명하는 것
④ 발표: 대중 앞에서 자신의 생각을 알리는 것

02 사회자는 토의를 시작할 때 토의의 주제를 알리고, 토의가 원활하게 이루어지도록 진행하며, 참여자들에게 발언권을 주는 역할을 한다.

03 한글의 모음 기본자는 하늘의 둥근 모양을 본떠 만든 'ㆍ', 땅의 평평한 모양을 본떠 만든 'ㅡ', 사람이 서 있는 모양을 본떠 만든 'ㅣ'이다.

04 제시된 설명은 구개음화에 대한 것으로, '맏이'는 'ㄷ'이 'ㅣ' 모음을 만나 'ㅈ'로 바뀌어 [마지]로 발음된다.
① 국물: 자음 동화의 예로, '국물'은 'ㄱ'이 'ㅁ' 앞에서 [ㅇ]으로 바뀌어 [궁물]로 발음된다.
② 따님: 음운 탈락의 예로, '따님'은 '딸＋님'에서 'ㄹ'이 탈락된 형태이다.
④ 축하: 음운 축약의 예로, '축하'는 'ㄱ'과 'ㅎ'이 'ㅋ'으로 합쳐져 [추카]로 발음된다.

05 '활짝'과 '방긋'은 주로 용언을 꾸며주는 부사로, 다른 부사나 관형사, 문장 전체를 꾸며주기도 한다.
① 관형사
③ 동사
④ 감탄사

06 '눈(을) 씻고 보다'는 '정신을 바짝 차리고 집중하여 보다.'라는 뜻, '눈에 밟히다'는 '잊히지 않고 자꾸 눈에 떠오르다.'라는 뜻, '눈 밖에 나다'는 '신임을 잃고 미움을 받게 되다.'라는 뜻을 지닌 관용구이다.

07 ④는 '사과는 빨갛다.'와 '귤은 노랗다.'가 대등하게 이어진 문장으로, 주어와 서술어의 관계가 두 번 나타나는 겹문장이다.

08 우리 고장을 알리는 글에서 '우리 고장의 행사'에 포함할 수 있는 내용은 '우리 고장의 농산물 축제'이다.

09 ㉠은 앞의 내용으로 보아 '사람이나 작품, 물품 따위를 일정한 조건 아래 널리 알려 뽑아 모음'을 뜻하는 '모집'으로 고쳐 쓰는 것이 적절하다. '응모'는 '모집에 응하거나 지원함'을 뜻하므로 적절하지 않다.

10 제시된 광고에서는 윗집의 바닥과 아랫집의 천장을 각각 땅과 하늘에 비유하여 전달하고자 하는 바를 효과적으로 나타내고 있다.

작품 해설 김소월, 「먼 후일」
- 갈래: 자유시, 서정시
- 성격: 서정적, 민요적, 애상적
- 제재: 사랑하는 임과의 이별
- 주제: 떠난 임을 잊을 수 없는 마음
- 특징
  - 같거나 비슷한 시어와 시구를 반복하여 운율을 형성함
  - 반어적 표현을 사용하여 의미를 강조함
  - 가정적 상황을 통해 정서를 드러냄

---

11 시각이나 청각 등 감각적 심상이 나타난 부분은 찾을 수 없다.
① 각 연을 미래(1행)와 과거(2행)를 묶은 2행으로 배열하여 반복함으로써 의미를 고조시켰다.
③ '～면', '잊었노라'와 같은 어휘가 반복적으로 사용되었다.
④ '먼 훗날'과 '～면'을 통해 미래 상황을 가정하고 있다.

12 이 시의 화자는 실제로는 임을 잊지 못하였지만 '잊었노라'라고 반어적으로 표현하여 임을 잊지 못하고 그리워하고 있음을 절실히 드러내고 있다.

13 ㉠과 같이 표현의 효과를 높이기 위해 속마음과 반대로 말하는 방법을 반어법이라고 한다. 반어법은 말하고자 하는 바를 강조하거나 비판의 의미를 나타낼 때 효과적으로 쓰인다.

현덕, 「하늘은 맑건만」

- 갈래: 단편 소설, 성장 소설
- 성격: 교훈적, 사실적
- 재재: 잘못 받은 거스름돈
- 주제: 양심을 지키며 사는 삶의 중요성
- 특징
  - 갈등을 겪으며 성장하는 인물의 모습이 잘 나타남
  - 사건 진행에 따른 인물의 심리 변화가 잘 나타남

14 문기가 숙모의 돈을 훔쳤지만, 숙모는 아랫집 심부름하는 아이인 점순이를 의심하였다. 문기가 숙모에게 점순이의 잘못을 이른 것은 아니다.

15 맑고 푸른 하늘은 양심을 속인 죄책감으로 괴로워하는 문기의 마음과 대비된다.
① 문기가 죄책감을 느끼게 하는 소재이다.
② 문기의 깨달음과는 관련이 없다.
③ 문기의 내적 갈등을 강화한다.

16 말은 비록 발이 없지만 천 리 밖까지도 순식간에 퍼지므로 말을 삼가야 한다는 뜻을 지닌 '발 없는 말이 천 리 간다.'가 적절하다.
② 같은 내용의 이야기라도 이렇게 말하여 다르고 저렇게 말하여 다르다는 말
③ 말만 잘하면 어려운 일이나 불가능해 보이는 일도 해결할 수 있다는 말
④ 자기가 남에게 말이나 행동을 좋게 하여야 남도 자기에게 좋게 한다는 말

박지원, 「양반전」

- 갈래: 단편 소설, 한문 소설
- 성격: 풍자적, 비판적, 사실적
- 재재: 양반 사회의 위선과 무능
- 주제: 양반들의 무능과 위선적인 태도 비판
- 특징
  - 조선 후기의 사회상을 사실적으로 보여 줌
  - 몰락하는 양반들의 위선적인 생활 모습을 비판하고 풍자함

17 이 글에서 양반은 관곡을 갚지 못해 붙잡혀 갈 위기에 처하였으므로, 관청에서 양반에게 무료로 곡식을 나누어 주었다는 내용은 적절하지 않다.

18 ㉮는 평생 글만 읽다가 관가에서 꾸어다 먹은 곡식도 갚지 못하는 양반의 무능한 모습을 비판적으로 드러낸 부분이다.

19 부자는 양반의 관곡을 갚아 주고 양반 신분을 사려고 하였으나 ㉣을 쓰는 과정에서 무능하고 부패한 양반의 모습에 혀를 내두르며 양반 되기를 포기하였다.

김정규, 「웃음의 심리학」

- 갈래: 설명문
- 성격: 객관적, 해설적
- 재재: 웃음
- 주제: 웃음의 종류와 기능
- 특징
  - 예시와 열거의 방법으로 웃음에 대해 설명함
  - 대조의 방법으로 웃음의 긍정적 측면과 부정적 측면을 설명함

20 글의 마지막 문장에서 어떤 종류의 웃음은 장기적으로 정신 건강에 좋지 않은 영향을 미친다고 하였으므로 ④의 내용은 적절하지 않다.

21 ㉠은 웃음의 심리학적 의미에 대해 구체적인 예를 들어 설명한 부분으로, '예컨대'라는 말을 통해서도 예시의 방법이 쓰였음을 알 수 있다.

22 ㉡과 ④에 쓰인 '미치다'는 '영향이나 작용 따위가 대상에 가해지다.'라는 의미이다.
① 정신이 나갈 정도로 매우 괴로워하다.
② 어떤 일에 지나칠 정도로 열중하다.
③ 공간적 거리나 수준 따위가 일정한 선에 닿다.

박홍규, 「진정한 의미의 속도」

- 갈래: 논설문
- 성격: 비판적, 설득적
- 재재: '빨리빨리' 문화
- 주제: '빨리빨리'가 아니라 '적정 속도'를 생각하며 살아야 한다.
- 특징
  - 속도를 중시하는 자본주의 사회의 세태를 비판함
  - 문제를 제기하고 그에 대한 대안을 제시함

23 글쓴이는 '가령 참된 의미의 ~ 있는 것은 아닐까?', '특히, 교육을 통해 ~ 비로소 가능한 일이 아닐까?'와 같이 질문 형식의 표현을 통해 내용을 전개하고 있다.

24 ㉠은 바로 앞 문장에서 설명한 '적정 속도로 살아가는 삶'을 가리킨다.

25 글쓴이는 '빨리빨리' 문화가 참된 의미의 사랑, 우정, 교육, 예술, 학문 같은 것을 상실하게 하고, 우리가 시간을 들여야 경험할 수 있는 소중한 것들을 놓치게 한다고 하였다.

제2교시 수학

01	④	02	②	03	②	04	④	05	③
06	④	07	③	08	②	09	①	10	④
11	④	12	③	13	①	14	②	15	①
16	④	17	③	18	①	19	①	20	③

01 72를 소인수분해하면
$$72 = 2 \times 2 \times 2 \times 3 \times 3$$
$$= 2^3 \times 3^2$$

02 주어진 수 중에서 음의 정수는 -3, -5이므로 그 개수는 2이다.

03 형의 나이가 a살이므로 형보다 3살 어린 동생의 나이는 $(a-3)$살이다.

04 $2x-1=7$에서 -1을 우변으로 이항하면
$$2x = 7+1 = 8$$
$$\therefore \ x = 4$$

05 통화 시간이 30분 이상 60분 미만인 학생의 수는 8명이고, 60분 이상 90분 미만인 학생의 수는 5명이므로 구하는 학생의 수는
$$8 + 5 = 13$$

06 동위각의 크기는 서로 같으므로
$$\angle x + 110° = 180°$$
$$\therefore \ \angle x = 70°$$

07 삼각형의 두 내각의 크기의 합은 다른 한 각의 외각의 크기와 같으므로
$$\angle x = 50° + 45° = 95°$$

08 분모의 소인수 중에서 2나 5 이외의 소인수가 있으면 유한소수로 나타낼 수 없으므로 유한소수로 나타낼 수 없는 수는 ②이다.

09 $x^7 \div x^2 = x^{7-2} = x^5$

10 x는 -3보다 크고 2보다 작다.
이때 -3은 포함하지 않고 2는 포함한다.
$$\therefore \ -3 < x \leq 2$$

11 일차함수 $y = ax+2$는 점 $(-1, \ 0)$을 지나므로
$$0 = -a+2$$
$$\therefore \ a = 2$$

12 한 개의 주사위를 한 번 던질 때 나올 수 있는 수는 1, 2, 3, 4, 5, 6이므로 홀수의 눈이 나오는 경우의 수는 1, 3, 5의 3이다.

13 $\triangle ABC$와 $\triangle DEF$는 닮은 도형이므로
$$2 : 4 = 3 : x$$
$$2x = 12$$
$$\therefore \ x = 6$$

14 $5\sqrt{2} - 3\sqrt{2} = (5-3)\sqrt{2}$
$$= 2\sqrt{2}$$

15 $x^2 + 3x + 2$
$$= (x+1)(x+2)$$

16 ① 최댓값은 1이고, 최솟값은 없다.
② $x=0$일 때, $y = -(0-2)^2 + 1 = -3$이므로 점 $(0, \ 3)$을 지난다.
③ 위로 볼록하다.

17 여름 방학 동안 봉사 활동을 한 시간을 작은 수부터 크기순으로 나열하면 4, 6, 7, 8, 10이므로 이 자료의 중앙값은 7시간이다.

18 삼각형 BCD에서 피타고라스 정리에 의해
$$\overline{BD} = \sqrt{\overline{BC}^2 + \overline{CD}^2} = \sqrt{12^2 + 5^2}$$
$$= \sqrt{169} = \sqrt{13^2} = 13 \, (\text{cm})$$

19 $\tan A = \dfrac{\overline{CB}}{\overline{AB}} = \dfrac{3}{4}$

20 $\angle AOB = 2 \times \angle APB$이므로
$$\angle AOB = 2 \times 30° = 60°$$

제3교시 영어

01 ②	02 ②	03 ③	04 ②	05 ②
06 ④	07 ④	08 ①	09 ③	10 ③
11 ③	12 ④	13 ②	14 ③	15 ①
16 ③	17 ②	18 ①	19 ④	20 ①
21 ①	22 ④	23 ③	24 ④	25 ①

01 팔, 머리, 다리, 목을 모두 포함하는 것은 'body(몸)'이다.
- job: 직업
- body: 몸
- color: 색
- season: 계절

해석
> 팔 머리 다리 목

02 ②는 유의 관계이고, ①, ③, ④는 반의 관계이다.

해석
> ① 부유한 – 가난한
> ② 기쁜 – 행복한
> ③ 키가 큰 – 키가 작은
> ④ 힘이 센 – 힘이 약한

03 'are'는 '~이다'라는 뜻이고 주어가 복수일 때 사용한다.
- really: 정말
- delicious: 맛있는

해석
> 그것들은 정말 맛있다.

04 시간이 얼마나 걸리는지 묻는 표현은 'How long does it take to ~'이다.
- get: 도착하다
- by train: 기차로

해석
> A: 그곳에 도착하려면 (시간이) 얼마나 걸려?
> B: 기차로 한 시간 걸려.

05 'What's the weather like?'는 날씨는 묻는 표현이다. 'How's the weather?'라고 물을 수도 있다.
- weather: 날씨
- young: 어린
- expensive: 비싼

해석
> A: 날씨가 어때?
> B: 비가 와.

06 의사가 되고 싶다고 답하였으므로 장래 희망을 묻는 질문이 먼저 나와야 한다. 장래 희망을 묻는 표현은 'What do you want to be in the future?'이다.
- doctor: 의사
- nurse: 간호사
- kind of: 종류의
- often: 자주

해석
> A: 미래에 무엇이 되고 싶니?
> B: 나는 의사가 되고 싶어.

07 '~을/를 벗다'라는 표현은 'take off ~'이고, '사진을 찍다'라는 표현은 'take a picture'이다.
- without: ~ 없이

해석
> A: Jenny야, 모자 좀 벗어 줄래?
> B: 왜? 난 내 모자가 마음에 드는데.
> A: 하지만 네가 모자를 쓰지 않은 사진을 찍고 싶은 걸.
> B: 알겠어.

08 'When(언제)', 'Where(어디에서)', 'What(무엇)'을 관찰하였는지는 일지에 나와 있지만, 어떤 도구를 사용하였는지는 알 수 없다.
- each: 각각의
- special: 특별한

해석
> 언제: 5월 25일, 14:00~15:00
> 어디서: 학교 운동장
> 무엇: 개미들
> 개미들은 함께 살고 각자는 특별한 (할) 일을 가지고 있다.

09 그림을 보면 소년은 두통으로 인해 고통받고 있다. 'eating(먹고 있다)', 'cooking(요리하고 있다)', 'volunteering(자원하고 있다)'은 모두 그림과 어울리지 않는다.
- headache: 두통
- suffer: 고통받다

해석
> 그는 두통으로 고통받고 있다.

10 'eat out'은 '외식하다'라는 의미이다. A의 제안에 B는 좋은 생각이라고 말하였으며 둘은 스테이크를 먹기로 하였다.
- Why don't we ~?: ~하는 게 어때?
- How about ~?: ~ 어때?

> A: 이번 금요일에 외식하는 게 어때?
> B: 좋은 생각이다. 뭐 먹고 싶어?
> A: 스테이크 어때?
> B: 좋아.

11 수요일은 'Wednesday'이며, 이날의 계획은 'Practice the piano(피아노 연습하기)'이다.
- homework: 숙제
- practice: 연습하다
- see a doctor: 병원 가다, 의사를 보러 가다
- meet: 만나다

> 월요일 – 숙제하기
> 화요일 – 방 청소하기
> 수요일 – 피아노 연습하기
> 목요일 – 병원 가기
> 금요일 – 친구 만나기

12 그림을 보면 토끼가 세 동물 중 크기가 가장 작다는 것을 알수 있다. '가장 작은'이라고 할 때에는 'the smallest'라고 한다.
- rabbit: 토끼
- animal: 동물

> 토끼는 세 동물 중 <u>가장 크기가 작다.</u>

13 A는 B에게 부산 여행이 어땠는지, 무엇을 하였는지를 묻고 있으므로 대화의 주제는 여행 경험이다.
- trip: 여행
- experience: 경험
- spend ~ing: ~하는 데 시간을 보내다
- beach: 해변

> A: 부산 여행은 어땠어?
> B: 좋은 경험이었어.
> A: 거기서 뭐 했는데?
> B: 해변에서 하루 종일 수영했어.

14 'Let's ~'는 '~하자.'라고 제안하는 표현이다.
- library: 도서관
- together: 함께
- meet: 만나다

> A: 도서관 같이 가고 싶니?
> B: 물론이지. 우리 몇 시에 만날까?
> A: <u>6시에 만나자.</u>
> B: 좋아! 그때 보자.

15 'get up late'은 '늦게 일어나다'라는 표현이다.
- miss: 놓치다, 그리워하다

> A: 버스 놓쳤니?
> B: 응. 오늘 아침에 늦게 일어났어.

16 'department store'는 '백화점'이다. 'enjoyed shopping here(여기에서 쇼핑을 즐겼다)'라는 표현을 통해서도 안내 방송을 들을 수 있는 장소가 백화점임을 알 수 있다.
- visit: 방문하다
- department store: 백화점
- hope: 희망하다, 바라다

> 저희 백화점을 방문해 주셔서 감사합니다. 저희는 10분 안에 문을 닫을 예정입니다. 이곳에서 쇼핑을 즐기셨길 바랍니다. 감사합니다.

17 무엇을 하고 있는지 묻는 질문에는 'I'm ~ing(~하고 있어)'라고 답한다. 아버지가 좋아하실 거라고 하는 말에는 자신도 그러길 바란다고 답하는 것이 자연스럽다.
- nice: 착한, 좋은

> 뭐 하고 있니?
> (A) 나는 아빠를 위해 케이크를 만들고 있어.
> (C) 착하구나. 아버지가 좋아하실 거야.
> (B) 그러시길 바랄게.

18 Sora는 자신의 이름, 나이, 취미, 좋아하는 과목, 장래 희망을 이야기하며 만나서 반갑다고 말하였으므로 글의 주제로 가장 알맞은 것은 자기소개이다.
- favorite: 가장 좋아하는
- subject: 과목
- math: 수학

안녕, 내 이름은 Sora야. 나는 14살이야. 나는 영화 보는 것과 기타를 연주하는 것을 좋아해. 내가 가장 좋아하는 과목은 수학이야. 나는 선생님이 되고 싶어. 모두 만나서 반가워.

19 'arrive home(집에 도착하다)', 'cough(기침하다)', 'eat food (음식을 먹다)'는 언급되었지만 동물은 만지는 것에 대한 내용은 찾아볼 수 없다.
- should: 반드시 ~해야 하다
- wash: 씻다

당신은 손을 반드시 씻어야 한다.
○ 집에 도착한 후
○ 기침을 한 후
○ 음식을 먹기 전

20 4개의 다리와 꼬리를 가졌으며 어릴 때 '강아지'라고 불리는 반려동물은 개이다.
- live with ~: ~와/과 살다
- tail: 꼬리
- puppy: 강아지

그것은 사람들과 살 수 있다. 그것은 4개의 다리를 가졌으며 꼬리가 있다. 많은 사람들이 그것을 반려동물로 데리고 있다. 그것이 어릴 때에는 '강아지'라고 불린다.

21 'How will you pay for that?'은 어떤 방식으로 돈을 지불할 것인지 묻는 표현이다. 'She can bring a chair(그녀는 의자를 가져올 수 있어요).', 'My dream comes true(내 꿈은 이루어진다).', 'Your order will be ready soon(주문하신 건 곧 준비될 거예요).'은 그에 대한 답이 될 수 없다.

A: 큰 피자 한 판이랑 콜라 한 캔 주세요.
B: 10달러입니다. 어떻게 지불하시겠어요?
A: 현금으로 낼게요.

22 'join our club(우리 클럽에 가입하세요)'라는 표현을 통해 동아리 회원을 모집하는 글임을 알 수 있다.
- be interested in ~: ~에 관심이 있다
- learn: 배우다
- space: 우주

우주에 관심이 있나요? 그렇다면, 우리 클럽, *Big Bang*에 가입하세요. 우리는 매주 금요일 방과 후에 만나고 우주에 대해 배웁니다. 와서 함께 공부합시다.

23 'reading(읽기)'을 통해 배울 기회를 얻고, 다른 사람들을 이해하며, 더 똑똑해지고 행복해진다고 하면서 독서의 이로운 점에 대해 설명하고 있다.
- improve: 향상시키다, 발전시키다, 나아지다
- chance: 기회

당신은 책을 읽음으로써 스스로를 발전시킨다. 읽기는 당신에게 새로운 것들을 배울 기회를 제공한다. 그것은 또한 당신이 다른 사람들을 이해하는 데 도움을 준다. 당신은 더 많이 읽을수록, 더 많이 배운다. 읽기는 당신이 훨씬 더 똑똑하고 행복하게 만들어 준다.

24 마지막 문장에서 가정에서 더 효율적으로 재활용하는 몇 가지 간단한 방법들이 있다고 하였으므로 그것에 대한 내용이 글 바로 뒤에 이어질 것임을 알 수 있다.
- help: 돕다
- recycle: 재활용하다
- effectively: 효율적으로

우리 대부분은 지구를 살리는 데 도움이 되고 싶어 한다. 우리는 이를 가정에서 재활용하는 것으로 시작할 수 있다. 여기 가정에서 더 효율적으로 재활용하는 몇 가지 간단한 방법들이 있다.

25 Sumi가 토요일(Saturday)에 한 일은 'go fishing(낚시 가다)'이다.
- weekend: 주말
- sand castle: 모래성

지난 주말 Sumi는 가족과 함께 제주도에 갔다. 토요일에 그녀는 낚시를 갔다. 일요일에 그녀는 해변으로 가서 모래성을 만들었다. 그녀는 굉장히 재미있었다.

제4교시 사회

01 ②	02 ④	03 ①	04 ①	05 ②
06 ③	07 ①	08 ①	09 ②	10 ④
11 ③	12 ④	13 ③	14 ③	15 ④
16 ②	17 ③	18 ②	19 ④	20 ①
21 ③	22 ②	23 ①	24 ①	25 ④

01 북반구와 남반구는 계절이 반대로 나타나므로 우리나라가 여름일 때 적도 반대쪽에 위치한 B는 겨울이 된다. 지구의 자전축은 기울어진 채 태양 주위를 돌기 때문에 북반구가 태양 쪽을 향해서 더워질 때, 남반구는 반대쪽을 향해 추워지는 것이다.

02 열대 우림 기후는 1년 내내 기온이 높고 강수량이 많다.
① 고산 기후: 열대 기후 지역의 고지대에 나타나는 기후로, 기온이 높은 저지대보다 사람이 살기에 적합한 봄철과 같은 기후가 나타난다.
② 스텝 기후: 연강수량 250~500mm 미만의 스텝 지역에서 나타나는 기후로, 사막 기후 다음으로 건조한 기후이며, 초원 기후라고도 한다.
③ 지중해성 기후: 온대 기후의 일종으로, 겨울에는 온난한 우기가 되고, 여름에는 고온의 맑은 날씨가 계속되는 건기가 된다.

03 지진이 일어나면 각종 시설물이 파괴되면서 많은 피해가 발생한다. 이러한 상황에 대비하여 건물을 지을 때에는 방진 시설(내진 설계)을 하고 평상시 예보 체계를 갖추어 대피 훈련을 하는 등의 대책 마련이 필요하다.

04 백두대간의 시작 지점인 A는 한반도에서 가장 높은 산인 백두산으로 산 정상에 칼데라 호인 천지(天池)가 있다.

05 기본권은 공공복리, 질서 유지, 국가 안전 보장을 위해 필요한 경우에 한하여 제한할 수 있다.

06 제주도에는 용암이 식으면서 만들어진 기둥 모양의 주상절리가 해안 절벽을 이루고 있다.
① 모래에 의해 지형은 사빈(모래사장), 석호 등이 있다.
② 빙하에 의한 지형은 호른, 빙식곡, 피오르 등이 있다.
④ 석회암이 녹아서 생기는 카르스트 지형에는 돌리네, 석회 동굴 등이 있다.

07 천연기념물 제366호인 독도는 우리나라의 가장 동쪽 끝에 위치한 화산섬이다. 제주도와 울릉도보다 형성 시기가 빠르며 해양성 기후를 띠고 있어 겨울철에 눈이 많이 내린다. 한류와 난류가 교차하여 조경 수역이 형성되고 다양한 동식물이 서식하여 천연 보호 구역으로 지정하였다. 풍부한 자원이 매장되어 있고 군사적 요충지로서의 역할을 한다는 점에 있어서 가치가 높은 섬이다.

08 영공은 주권을 행사할 수 있는 하늘의 범위로, 영토와 영해선으로부터 상공을 향해 수직으로 그은 선 안을 의미한다.
② 영토: 한 국가의 주권이 미치는 땅의 범위로서 국가 영역 중 가장 핵심적인 부분
③ 영해: 한 나라의 영토에 인접한 바다로 주권을 행사할 수 있는 바다의 범위

09 대통령은 국가 원수로서 나라를 대표해서 국제 회의에 참석하고 외국과의 조약을 체결할 수 있는 권한을 가진다. 또한, 행정부의 수반으로 국무 회의의 의장이 되어 국가의 중요 정책을 심의·결정하며 행정부를 지휘하고 감독하기도 한다.

10 문화는 인간이 만든 삶의 모습으로 구성원이 습득하고 공유·전달하는 행동 양식을 말한다. 매운 냄새를 맡으면 재채기가 나오는 것은 인간의 신체적인 반응이므로 문화와 관련이 없다.

11 형사 재판은 범죄의 유무와 형벌을 결정하기 위한 것이다.
① 민사 재판: 개인 간의 다툼에 대한 재판
② 선거 재판: 선거 절차나 당선에 관련 문제에 대한 재판
④ 행정 재판: 행정 기관의 부당한 권리 침해 등의 문제에 대한 재판

12 헌법 재판소는 헌법에 관한 분쟁이나 의의를 사법적 절차에 따라 해결하는 특별 재판소이다.
① 국회: 국민이 뽑은 국회의원이 모여 법을 만드는 기관
② 감사원: 국가의 세입·세출 결산을 검사하고, 행정기관 및 공무원의 직무를 감찰하는 대통령 직속 기관
③ 대법원: 법의 구체적 해석과 적용 등을 담당하는 사법부의 최고기관으로서 최종 판결을 내리는 곳

13 인권은 자연권 또는 천부 인권(태어날 때부터 하늘로부터 부여받은 권리)이라고 한다. 남이 빼앗을 수도 없고 남에게 양도할 수도 없으며 국가의 법으로 보장되기 이전부터 누구에게나 차별 없이 주어진 것으로, 성인뿐만 아니라 모든 인간이 가진 권리이다.

14 태양광 발전은 발전기의 도움 없이 태양 전지를 이용하여 태양빛을 직접 전기 에너지로 변환시키는 발전 방식이다.

15 국내 총생산(GDP)은 한 나라의 영토 안에서 일정 기간 동안 새롭게 생산한 재화와 서비스의 가치를 합산한 것이다. 국민 소득 측정에 가장 일반적으로 이용되는 지표이며 국민 경제의 생산 수준, 고용 수준 및 물가 수준을 재는 척도가 된다.
① 환율: 자기 나라 돈과 다른 나라 돈의 교환 비율
② 실업률: 한 나라의 경제 활동 인구 중에서 실업자가 차지하는 비율
③ 물가 지수: 물가 변동을 나타내는 지수

16 자원의 희소성은 장소나 환경 변화에 따라, 인간의 필요와 욕구에 따라 달라지는 상대적인 개념이다.

17 비파형 동검은 청동기 시대의 대표적인 유물이다. 이 시기의 유물에는 반달 돌칼, 민무늬 토기, 고인돌 등이 있다.
① 구석기 시대: 뗀석기, 주먹 도끼 등
② 신석기 시대: 간석기, 빗살무늬 토기, 가락바퀴 등
④ 철기 시대: 철기 농기구와 무기, 널무덤, 독무덤 등

18 팔만대장경은 부처의 힘으로 몽골의 침략을 물리치려는 고려인들의 소망을 담아 만들어진 것이다.
① 을미사변(1895): 명성황후 세력이 러시아를 통해 일본을 견제하려 하자 일본 자객들이 명성황후를 시해한 사건(1985년)
③ 청·일 전쟁(1894): 조선의 지배를 둘러싸고 청나라와 일본 간에 벌어진 전쟁
④ 홍경래의 난(1811): 평안북도에서 몰락 양반 홍경래가 서북 지방 차별과 세도 정치의 부패에 항거하여 일으킨 농민 항쟁

19 신진 사대부는 고려 말에 등장한 새로운 정치 세력으로, 성리학을 수용하고 과거를 통해 중앙 정계로 진출하였다. 기존 권력층이었던 권문세족의 불법성과 부패한 불교를 비판하고 농민 생활의 안정을 추구함으로써 고려 사회의 개혁을 추구하였다. 대표적인 인물로 이색, 정몽주, 정도전 등이 있다.
① 호족: 신라 말부터 고려 초에 활동한 지방 토착 세력
② 진골: 신라 시대 신분제도인 골품제 내에서 최고층인 성골 다음의 계급
③ 문벌 귀족: 지방 호족 출신으로 중앙 관료가 되어 고위직까지 오른 사람 혹은 신라 6두품 계통의 유학자로서 고려를 이끈 주도 세력

20 법흥왕은 율령 반포(17관등, 골품제 정비), 불교 공인, 병부 설치 등을 실시하여 신라의 중앙 집권 체계를 정립시켰다.
ㄷ. 조선 말기, 흥선대원군은 땅에 떨어진 왕실의 권위를 바로 세우기 위해 임진왜란 때 불탔던 경복궁을 재건하였다.
ㄹ. 조선 전기, 세종대왕은 훈민정음이라는 이름으로 우리 고유의 문자를 창제·반포하였다.

21 정약용은 조선 후기의 대표적인 실학자로, 마을 단위의 공동 농장 제도인 여전론을 주장하였고, 수원 화성을 건설할 때 무거운 돌을 들어 올리는 기계인 거중기를 발명하였다. 주요 저서로는 『목민심서』, 『경세유표』, 『흠흠신서』 등이 있다.
① 허준: 조선 중기의 의학자로, 당시 최고의 의사로서 선조와 광해군의 어의를 지냈으며, 우리나라의 현실에 맞는 의학 정보를 정리해 『동의보감』을 편찬하였다.
② 신채호: 일제강점기의 독립운동가·사학자·언론인으로, '황성신문', '대한매일신보' 등에서 활약하며 내외의 민족 영웅전과 역사 논문을 발표하여 민족의식 고취에 힘썼다.
④ 장보고: 신라 말기의 장군이자 정치가로, 완도에 청해진을 설치하고, 해적들을 소탕하여 황해의 해상권을 장악하였으며 국제 무역을 주도하였다.

22 임진왜란은 대륙 진출의 야욕을 가진 도요토미 히데요시가 일본의 전국 시대를 통일한 후 명나라를 친다는 구실로 조선을 침략하여 발발한 전쟁이다.
① 병자호란(1636년): 조선 인조 때 청나라가 조선을 침략해 일으킨 전쟁
③ 귀주 대첩(1019년): 고려 현종 때 고려의 강감찬이 거란군을 귀주에서 크게 물리친 싸움
④ 살수 대첩(1612년): 중국 수 양제의 113만 대군이 고구려에 침입하였을 때 을지문덕이 이들을 살수로 유인하여 대승을 거둔 싸움

23 신미양요는 미국 함대가 제너럴 셔먼호 사건을 구실로 조선에 개항을 요구하며 강화도에 침입한 사건이다. 어재연 등 조선의 수비대가 광성보와 갑곶에서 이들을 격퇴하였으며, 이후 흥선대원군은 전국에 척화비를 세워 통상 수교 거부 정책을 더욱 확고히 하였다.
② 간도 참변(1920): 독립군 소탕이라는 명분하에 일본군이 간도 한인을 학살하고 학교, 가옥, 교회 등을 불태운 사건
③ 아관 파천(1896): 을미사변 이후 신변의 위협을 느낀 고종이 러시아 공사관으로 처소를 옮긴 사건
④ 6·25 전쟁: 공산정권을 수립한 북한이 소련과 비밀 군사 협정을 맺고 1950년 6월 25일에 남한을 침략함으로써 일어난 전쟁

24 3·1 운동은 일본의 식민지 지배에 저항하여 1919년 고종의 인산일을 기점으로 일어난 전국적인 항일 독립운동이다. 민족 지도자와 학생 단체들이 중심이 되어 서울에서 시작된 만세 시위는 전국적으로 확산되었고 간도, 연해주, 하와이 등 국외에까지 영향을 미쳤다.
② 원산 총파업: 일제강점기 시절 한국노동운동 사상 최대 규모의 파업
③ 새마을 운동: 1970년대부터 정부 주도 아래 시작된 범국민적 지역사회 개발 운동
④ 물산 장려 운동: 1920년대에 실시된 애국 계몽 운동으로서 일제의 경제적 수탈에 항거하고 민족자본을 육성하기 위하여 전개한 민족경제 자립실천운동

25 김대중 정부는 IMF 외환위기를 극복하고 분단 이후 최초로 남북 정상 회담을 개최하였다. 또한, 김대중 대통령은 젊은 시절 민주화 투쟁과 남북 관계 개선의 공로를 인정받아 한국인 최초로 노벨 평화상을 받기도 하였다.
① 1919년 김원봉, 윤세주 등은 만주에서 항일 비밀 결사 조직인 의열단을 조직하였다.
② 1907년 고종은 네덜란드 헤이그에서 열린 만국 평화 회의에 특별 사절단을 파견하여 을사조약이 일본의 강압으로 이루어진 것임을 세계에 알리고 무효로 만들려고 하였으나, 일본의 방해로 결국 실패하였다.

③ 1876년 조선은 강화도에서 일본과 조일 수호 조규(수호 통상 조약)를 맺었다. 이는 우리나라가 외국과 맺은 최초의 근대적 조약이지만 사실 운요호 사건을 구실로 일본이 군함을 파견해 문호 개방을 무력으로 요구한 데에다 자신들에게 일방적으로 유리하게 작성한 불평등 조약이었다.

제5교시 과학

01 ③	02 ④	03 ④	04 ②	05 ②
06 ②	07 ④	08 ②	09 ①	10 ②
11 ①	12 ③	13 ③	14 ①	15 ②
16 ②	17 ②	18 ④	19 ①	20 ②
21 ①	22 ④	23 ③	24 ①	25 ③

01 (시간) $= \dfrac{(거리)}{(속력)}$ 이므로

$\dfrac{15}{3} = 5$(초)

02 열의 이동 방법에는 전도, 반사, 대류가 있다. 전도는 주로 고체에서 일어나며, 물체를 이루는 분자들의 충돌에 의해 열이 전달된다. 전도에 의한 현상으로는 뜨거운 국에 담긴 금속 쇠숟가락이 뜨거워지는 현상과 겨울철 자전거의 금속 부분을 만지면 플라스틱 부분보다 더욱 차갑게 느껴지는 현상 등이 있다.

03 오목 렌즈는 가운데가 얇은 렌즈로 빛을 퍼지게 하는 성질이 있고, 볼록 렌즈는 가운데가 두꺼운 렌즈로 빛을 모으는 성질이 있다.

04 물체의 질량이 일정할 때, 중력에 의한 위치 에너지는 높이에 비례한다. 따라서 높이가 높아질수록 위치 에너지는 커지므로 이 관계를 바르게 나타낸 것은 ②이다.

05 전기력은 서로 다른 종류의 전하를 띤 물체는 끌어당기고, 서로 같은 종류의 전하를 띤 물체는 밀어낸다. 따라서 ㉠은 (+)전하, ㉡은 (−)전하이다.

06 (전력량) = (소비 전력) × (사용한 시간)이므로 각 전기 기구가 사용한 전력량을 구하면 선풍기는 120 Wh, 텔레비전은 1,500 Wh, 진공청소기는 1,000 Wh, 에어컨은 6,000 Wh이다. 따라서 사용한 전력량이 가장 큰 전기 기구는 에어컨이다.

07 산소는 무색, 무취, 무미의 기체로 지각에서 가장 풍부한 원소이다. 대기의 약 21 %, 지각의 약 46 %, 물의 약 89 %가 산소로 이루어져 있다. 산소는 생물의 호흡에 필요하고 물질의 연소에 도움을 준다.
② 원소 기호가 C인 것은 탄소이다.
③ 원소 기호가 N인 것은 질소이다.

08 보일의 법칙에 의해 $1 \times 20 = 2 \times x$이므로 이 기체의 부피는 $x = 10$ L이다.

보일의 법칙
일정한 온도에서 기체의 부피는 압력에 반비례한다.

09 제시된 혼합물을 분리하는 방법은 밀도 차이를 이용한 것이다. 밀도가 다른 혼합물은 두 물질을 녹이지 않고 두 물질의 중간 정도의 밀도를 갖는 액체에 넣어서 분리한다.

10 수소 분자(H_2) 2개와 산소 분자(O_2) 1개가 결합하면 물 분자(H_2O)가 2개 생성된다.

11 염산(염화수소)의 원자식은 HCl, 질산의 원자식은 HNO_3, 아세트산 수용액의 원자식은 CH_3COOH이므로 공통적으로 들어 있는 이온은 H^+이다.

12 엽록체는 식물 세포에 있는 녹색의 알갱이로 광합성이 일어나는 장소이다.

13 얼음 조각이 녹는 현상은 고체가 액체로 변하는 융해로, C에 해당한다.
① A: 액화
② B: 기화
④ D: 응고

14 광합성에 영향을 미치는 환경 조건은 빛의 세기, 온도, 이산화탄소의 농도이다. 온도는 광합성 속도에 거의 영향을 미치지 못하지만, 빛이 강할 때는 5~35 ℃ 범위에서 온도가 10 ℃ 올라갈 때마다 광합성 속도가 약 2배씩 증가한다. 그러나 35 ℃가 넘으면 광합성 속도는 급격히 감소한다.

15 위는 식도와 십이지장 사이에 있는 주머니 모양의 소화 기관으로 안쪽 벽에 주름이 많다. 위의 연동 운동으로 음식물과 위액이 골고루 섞여 소화가 일어나는데, 위샘에서 펩신이 들어 있는 소화액이 분비되어 단백질을 분리한다.

16 폐는 늑골과 횡격막으로 둘러싸여 있으며 수많은 폐포로 구성되어 있다.
  ① 코: 공기의 온도를 체온과 비슷하게 해 주고 공기 속의 먼지와 세균을 걸러 낸다.
  ③ 콩팥: 혈액 속의 노폐물을 걸러 오줌을 만드는 기관이다.
  ④ 가로막: 가슴과 배 사이에 있는 막으로, 횡격막 또는 늑막이라고도 한다.

17 대뇌에 대한 설명이다. 대뇌는 좌우 두 개의 반구로 나뉘며 주름이 많아 표면적이 넓다. 대뇌는 고등 정신 활동의 중추로 자극을 느끼고 적절한 반응을 하도록 명령을 내리는 역할을 한다.
  ① 간뇌: 체온 조절, 체액의 농도 유지 등 항상성 조절에 관여한다.
  ③ 소뇌: 몸의 근육 운동 조절, 몸의 균형 유지에 관여한다.
  ④ 척수: 자극과 명령을 전달하는 통로 역할을 한다.

18 체세포 분열은 '간기 → 전기 → 중기 → 후기 → 말기'의 순서로 일어난다. A는 후기, B는 말기, C는 중기에 해당하므로 순서대로 나열하면 C → A → B이다.

19 A는 맨틀이며, 지각보다 밀도가 큰 암석으로 지구 부피의 약 80% 이상 차지한다. 핵은 외핵과 내핵으로 구분되는데, 이 중 B가 외핵에 해당하는 곳이며 액체 상태로 되어 있다.

20 순종끼리 교배하면 잡종 1대(자손)에서는 우성 형질만 나타난다. 순종의 둥근 완두(RR)와 주름진 완두(rr)를 교배하면 잡종 1대에서는 둥근 완두(Rr)만 나온다.

21 빙하는 눈이 오랫동안 쌓여 다져져 육지의 일부를 덮고 있는 얼음 층으로, 빙하가 저장하고 있는 물은 지구 전체 민물의 75%를 차지한다.

22 대류권은 대기권에 분포하는 공기의 약 75%가 존재하며, 위로 갈수록 지표에서 방출되는 지구 복사 에너지가 적어 기온이 내려간다. 이곳에서는 대류 현상과 구름, 비, 눈 등의 기상 현상이 일어난다.
  ② 중간권도 위로 갈수록 기온이 낮아지지만, 수증기가 거의 없어 기상 현상은 일어나지 않는다.

23 시베리아 기단에 대한 설명이다.
  ① 양쯔 강 기단: 따뜻하고 건조한 날씨를 보이며 우리나라 봄·가을철 날씨에 영향을 준다.
  ② 북태평양 기단: 한여름의 무더위 현상, 장마 전선 형성에 따른 집중 호우 등 우리나라 여름철 날씨에 영향을 준다.
  ④ 오호츠크 해 기단: 5월과 6월에 걸쳐 아직 추위가 풀리지 않은 우리나라의 초여름 날씨에 영향을 준다.

24 금성에 대한 설명이다.
  ② 토성: 가장 많은 위성을 가지고 있는 행성으로, 목성과 같이 가로줄 무늬가 나타나며 얼음과 먼지의 입자로 이루어진 고리가 있다.
  ③ 천왕성: 망원경으로 발견된 최초의 행성으로, 고리 4개와 위성이 있다.
  ④ 해왕성: 검은 점이 있는 초록색 행성으로, 고리와 위성을 가지고 있다.

25 겉보기 등급은 별들을 현재의 위치에서 육안으로 보았을 때의 밝기를 등급으로 나타낸 것으로, 지구에서 맨눈으로 보았을 때 가장 밝은 별은 시리우스이다.

제6교시 도덕

01 ①	02 ②	03 ④	04 ④	05 ③
06 ②	07 ③	08 ④	09 ①	10 ④
11 ②	12 ①	13 ④	14 ③	15 ②
16 ③	17 ①	18 ③	19 ③	20 ④
21 ④	22 ②	23 ①	24 ③	25 ②

01 양심은 도덕적으로 잘못된 행동을 하려고 하거나 그런 행동을 하고 있을 때 착한 행동을 하라고 명령하는 윤리 의식을 말한다. 양심은 인간을 도덕적 삶으로 안내하는 마음의 명령이며 양심을 어길 시에는 스스로 부끄러움을 느끼게 된다.

02 도덕적 성찰은 자신을 반성하고, 객관적 입장에서 바라보며 바람직한 삶을 살기 위한 구체적인 방법을 찾는 것이다. 도덕적 성찰을 통해 인간은 다른 사람에게 공감할 수 있는 사람으로 성장하며 자신의 잘못을 바로잡고 더 나은 사람으로 성장하게 된다.

03 품앗이에 대한 설명이다.
  ① 계: 우리나라에 보편적으로 존재하였던 협동 단체
  ② 두레: 사람들이 모여 협력하여 농사를 짓거나 길쌈을 하던 공동 노동 조직
  ③ 향약: 향촌 사회의 자치 규약이자 향촌 사회 구성원들이 서로 도우며 살아가자는 약속

04 ④는 바람직한 가정을 이루기 위한 노력과 거리가 멀다. 각자의 역할이 있지만 서로에게 관심을 가져야 건강한 가정을 이룰 수 있다.

05 도덕적 상상력은 상대방의 입장을 헤아려 그 사람에게 도움이 되는 행동들을 상상하고 결과를 예측하는 능력으로, 자신의 도덕적 결정과 행동이 스스로를 비롯해 타인에게 미치는 영향까지 이해하고 느끼는 것을 말한다.

06 다른 문화를 존중하는 태도는 문화의 차이를 인정하고 이해하려고 노력하는 것이다. 다른 문화가 가진 부족한 점만을 강조하거나 자신의 문화에 대한 우월감만 갖는 것은 옳지 않으며, 그렇다고 맹목적으로 다른 문화를 받아들이기만 하는 태도도 옳지 못하다.

07 이웃과 사회에 대한 사랑을 근간으로 자발성과 무대가성의 특성을 갖는 것은 봉사이다.

08 ①, ②, ③은 환경문제를 악화하는 행동들이다. 생태계 보호를 위해 생활 쓰레기를 줄이는 것이 환경 친화적 삶의 태도이다.

09 도덕적 추론의 과정은 '도덕적 문제 발생 → 도덕 판단에 대한 근거(도덕 원리, 사실 판단) → 도덕 판단'이다.

10 사이버 공간이라도 타인에게 해악을 끼치는 것은 옳지 못하다.

11 바람직한 국가는 국민의 생명을 보호하고 국민 삶의 질을 향상해야 한다. 집단 간의 갈등을 조성하고 특권층의 이익을 극대화하는 것은 바람직한 국가의 역할이 아니다.

12 ②, ③, ④는 도덕적 자아상 확립과 거리가 멀다. 도덕적 자아상 확립을 위해서는 훌륭한 사람의 인격을 본받고, 자신에 대해 끊임 없이 성찰하며, 자신의 모습을 바탕으로 미래의 모습을 설계하려고 노력해야 한다.

13 무분별한 과학 지상주의를 강화하는 것은 윤리적 책임을 회피하는 것이다. 윤리적 책임을 고려한다면 과학 기술을 평화적으로 이용해 인류의 공공선에 기여해야 하고, 미래 세대에 미칠 영향까지 고려해야 한다.

14 공직자가 갖춰야 할 올바른 자세로 탐욕이 없는 상태는 '청렴'이다.

15 사회적 약자 보호와 차별은 전혀 관련이 없으며, 어떤 이유에서든 차별은 옳지 않다. 사회적 약자에 대한 선입견을 버리고 그들의 어려움에 공감하며 그들이 가진 권리를 존중하고 사회적 약자 보호이다.

16 폭력은 어떤 상황에서도 정당화 될 수 없다. 폭력 행위가 발생하였을 때에는 방관거나 회피해서는 안 되며, 주변에 도움을 요청해야 한다. 그리고 폭력 상황에서는 가해자의 편에 서는 것은 바람직하지 않다.

17 상대방이 처한 입장을 고려하여 도와주고 보살펴주는 것은 배려에 대한 설명이고, 생각과 추구하는 가치가 다를 수 있음을 인정하고 존중하는 것은 관용에 대한 설명이다.
- 배척: 사회의 사람들이 특정 개인을 상대하지 않으며 무관심으로 대응하는 것으로, 다른 말로 왕따, 집단 괴롭힘, 따돌림 등이 있다.
- 편견: 공정하지 못하고 한쪽으로 치우친 생각을 의미하며, 상대에 공감하지 못하는 태도를 가리킨다.
- 독선: 자기 혼자만이 옳다고 믿고 행동하는 것을 말한다.

18 남북한 평화 교류는 남북한 간의 신뢰를 형성하고 동질성을 회복하는 데에 있다. 군사적 긴장 강화, 경제적 불평등 심화는 평화 교류와 관계가 없다.

19 ①, ②, ④는 외모 지상주의를 극복하기 위한 노력이 아니라 외모 지상주의를 더욱 강화하는 생각이나 행동이다. 외모 지상주의를 극복하기 위해서는 겉모습보다 내면의 아름다움을 중시해야 한다.

20 자신의 장래 희망과 진로에 대해 대화를 나누고 있으므로 자아를 실현하고자 하는 욕구가 담겨 있는 것으로 볼 수 있다.

21 대동사회(大同社會)는 큰 도가 행해지고 모두 하나가 되는 사회로 가장 이상적인 사회를 이르는 말이다.
① 부국강병(富國强兵): 나라를 부유하게 하고 군대를 강하게 함
② 소국과민(小國寡民): 작은 나라와 적은 백성
③ 불국정토(佛國淨土): 부처나 보살이 사는, 번뇌의 굴레를 벗어난 세상

22 도덕적 자율성 발휘에 복종이나 억압, 방종은 필요하지 않다.

23 감각적인 즐거움, 순간적 유혹과 쾌락, 물질적 풍요는 참된 행복과는 거리가 멀다. 참된 행복을 위해서는 물질적 가치에만 집착해서는 안 된다.

24 비정부 기구의 활동을 금지하는 것은 지구 공동체 문제 해결에 도움이 되지 않는다. 비정부 기구(NGO)는 정부에 소속되지 않은 채 개인이나 기업의 이익이 아닌 사회 공동의 이익을 위해 사회적 문제 해결을 목표로 활동하는 단체이다.

25 인권은 태어날 때부터 주어지는 천부적인 권리로, 누구에게나 보편적으로 주어지며, 어떤 경우에도 침해하거나 침해당해서는 안 된다는 불가침성을 지닌다. 폭력성은 인권의 특징이 아니다.

제1교시 국어

01	④	02	④	03	①	04	②	05	③
06	②	07	②	08	③	09	③	10	④
11	④	12	③	13	②	14	②	15	③
16	④	17	④	18	④	19	①	20	④
21	①	22	①	23	①	24	③	25	②

01 아저씨는 학생에게 문구점의 위치에 대한 정보를 제공하고 있다.

02 의사인 삼촌이 '어레스트, 시저' 등의 어려운 말을 썼고, '나'는 알아듣지 못하였다는 것을 보아, '전문어'에 대한 설명이라는 것을 알 수 있다. 전문어란 전문적인 분야에서 그 일의 효율성을 위해 사용하는 것으로, 일반 사회에서는 잘 쓰지 않는 전문 개념을 표현하는 말이다.
① 금기어란 사회적이고 문화적인 관습 등에 의하여 신성시되거나 부정한 것이라고 생각되어 사용하기에 꺼려지는 말을 이른다.
② 비속어란 격이 낮고 속된 말로, 예절에 어긋나게 대상을 낮추거나 품위 없이 천한 말을 이른다.
③ 유행어란 비교적 짧은 시기에 여러 사람들 사이에서 많이 쓰이는 말을 이른다.

03 해당 규정은 자음동화와 관련된 설명이나, ①의 '담요'는 사잇소리 현상과 관련된 예시이다. 합성어인 '담요(담(毯)- + 요)'의 앞 단어의 끝이 자음이고, 뒤 단어의 첫음절이 '이, 야, 여, 요, 유' 중 '요'이므로 'ㄴ' 음을 첨가하여 [담뇨]로 발음한다.
②·③·④ 각각 [담녁], [침냑], [항노]로 발음하며, 자음동화에 대한 적절한 예이다.

04 밑줄 친 '하늘은'은 체언 '하늘'과 주격 조사 '은'이 결합되어 서술어 '높다'의 주체가 되므로 주어에 해당하며, ②의 '행동이' 또한 체언 '행동'과 주격 조사 '이'가 결합되어 서술어 '귀엽다'의 주체가 되므로 주어에 해당한다.
① 체언 '들판'과 부사격 조사 '에'가 결합되어 서술어 '내리다'를 수식하는 부사어에 해당한다.
③ 체언 '동생'과 부사격 조사 '보다'가 결합되어 '키가 크다'라는 서술절을 꾸며주는 부사어에 해당한다.
④ '음식'이라는 체언을 수식하는 관형어에 해당한다.

05 '언어의 역사성'이란 시간의 흐름에 따라 언어의 형태와 의미가 새로 만들어지고, 변화하고, 사라지기도 하는 것을 의미한다. 반면, ③은 하나의 대상에 대해 국가마다 다른 언어로 부르고 있음을 나타내는데, 이는 언어와 의미의 결합이 필연적인 것이 아니라 자의적임을 의미하는 '언어의 자의성'에 적절한 예이다.
①·②·④ '언어의 역사성'에 대한 예이다.

06 ㄴ은 '가다'에 명령형 어미 '-아라'가 결합한 형태로 명령형 종결 표현의 적절한 예이며, ㄷ은 '가다'에 과거 시제 선어말 어미 '-았-'과 의문형 어미 '-니'가 결합한 형태로, 의문형 종결 표현의 적절한 예이다.
ㄱ은 '가다'에 청유형 어미 '-자'가 결합한 형태로, 청유형 종결 표현의 예이나.
ㄹ은 '가다'에 보조 동사 '보다', 명령형 어미 '-(으)렴'이 결합한 형태로, 명령형 종결 표현의 예이다.
ㅁ은 '가다'에 과거 시제 선어말 어미 '-았-', 미래 시제의 특수한 형태인 '-ㄹ/을 것'과 평서형으로 쓰인 서술격 조사 '이다'가 결합한 형태로, 평서형 종결 표현의 예이다.

07 밑줄 친 상황과 어울리는 관용 표현으로는 '(사람이) 자기가 한 일을 하지 않았다고 하거나 알면서 모르는 체하다.'라는 뜻의 '시치미를 떼다'가 가장 적절하다.
① 입이 짧다: (사람이) 음식을 적게 먹거나 가려 먹는 버릇이 있다.
③ 김칫국부터 마신다: 해 줄 사람은 생각지도 않는데 미리부터 다 된 일로 알고 행동한다.
④ 눈코 뜰 사이 없다: 정신 못 차리게 몹시 바쁘다.

08 어떤 글이라도 작성자의 허락을 받아야 한다.

09 ⓒ의 '떡볶기'는 '떡볶이'로 고쳐 써야 한다.

10 △△△ 문학촌에서 작가의 생가 및 작품 배경지를 탐방한다는 것으로 보아, 보고서에 들어갈 답사 목적은 작가 및 작품과 관련되어 있음을 알 수 있다. 따라서 보고서의 목적으로는 ④의 '작가와 작품을 더 깊이 이해하기 위해'가 들어가는 것이 가장 적절하다.

> **작품 해설** 윤동주, 「서시」
>
> • 갈래: 자유시, 서정시
> • 성격: 성찰적, 고백적, 의지적
> • 제재: 별
> • 주제: 부끄러움이 없는 삶에 대한 간절한 소망
> • 특징
> – 과거(소망) → 미래(결의) → 현재(고난)의 시간 구성으로 시상을 전개함
> – 자연적 소재에 상징적 의미를 부여하여 주제를 형상화함

> **작품 해설** 허균, 「홍길동전」
>
> • 갈래: 고전 소설, 한글 소설
> • 성격: 사회 비판적, 의지적, 전기적
> • 제재: 홍길동의 영웅적 행각
> • 주제: 사회 모순에 대한 비판과 개혁 의지
> • 특징
> – 적서 차별과 사회 제도의 모순을 적극적으로 비판함
> – 영웅 일대기적 구성과 전기적 요소 등 고전 소설의 특징이 드러남

11 이 시는 의미상 서로 대립되는 시어로 시적 상황을 제시하고 있다. '하늘'과 '별'은 '밝음'과 '희망'의 이미지로 화자가 추구하는 이상적 세계를 상징하며, 반대로 '바람'과 '밤'은 '어둠'과 '시련'의 이미지로 현실적 세계를 상징한다.

12 '하늘'은 화자가 한 점 부끄럼이 없이 우러러 볼 수 있기 바라는 대상으로, 윤리적 판단의 절대적 기준 또는 양심을 의미한다. 따라서 '하늘'의 함축적 의미를 설명한 것으로는 ③의 '화자가 양심을 비추어 보는 거울'이 가장 적절하다.

13 화자는 이 시를 통해 일제 강점기의 암울한 시대 상황에서도 현실에 타협하지 않고 부끄러움이 없도록 도덕적 순결성과 양심을 지켜나가겠다는 의지를 드러내고 있다.

14 이 소설은 어린아이를 서술자로 내세워 1인칭 관찰자 시점으로 전개함으로써 친밀감을 주고, 통속적일 수 있는 사랑 이야기를 어린아이의 눈을 통해 순수하고 아름답게 그리고 있다. 또한 어린아이이기 때문에 나타나는 한계를 통해 재미를 자아내고, 어린아이인 서술자가 말해줄 수 없는 내용을 상상하며 읽는 즐거움을 준다.

15 옥희가 어머니에게 "사랑 아저씨도 나처럼 삶은 달걀을 제일 좋아한대."라고 소리를 지르자 어머니가 아저씨를 배려해 달걀을 많이씩 사서 삶아 두게 되었으며, 옥희가 아저씨에게 놀러 가면 가끔 아저씨가 옥희에게 책상 서랍 속의 달걀을 꺼내 주면서 둘의 사이가 더욱 가까워지게 되었다. 이를 통해 설명에 해당하는 소재는 ⓒ의 '달걀'이라는 것을 알 수 있다.

16 ㉮는 '마음에 들었어요.'라고 표현된 것으로 보아, '('눈', '마음' 따위의 뒤에 쓰여) 어떤 물건이나 사람이 좋게 받아들여지다.'의 의미로 쓰였음을 알 수 있으며, '할머니의 눈에 들었어요.'라고 표현된 ④의 의미와 가장 유사하다.
① '빛, 볕, 물 따위가 안으로 들어오다.'의 의미로 쓰였다.
② '수면을 취하기 위한 장소에 가거나 오다.'의 의미로 쓰였다.
③ '어떤 일에 돈, 시간, 노력, 물자 따위가 쓰이다.'의 의미로 쓰였다.

17 이 소설은 조선 인조 때를 배경으로 하여, 적서차별이라는 시대적 상황에 대해 고발하고, 새로운 세상의 건설을 주장하는 내용을 담고 있다. 또한 이 소설의 주된 갈등은 극복할 수 없는 신분제로부터 나타난다. 이를 통해 시대적 상황이 갈등 양상에 영향을 미치고 있음을 알 수 있다.

18 홍길동은 '공자와 맹자를 본받지 못할 바에야 병법을 익혀 나라에 큰 공을 세우는 것이 대장부'라고 생각하고 있으므로, ④의 '나라에 공을 세워 이름을 후세에 알려야 한다.'가 가장 적절하다.

19 [A]는 홍길동이 서자의 신분임을 한탄하며 모친의 곁을 떠나겠다고 말하자, 모친이 같이 슬퍼하는 부분이다. "재상가의 천한 자식이 너뿐이 아닌데 어찌 마음을 좁게 먹어 어미 간장을 태우느냐?"와 '그 어미가 이 말을 듣고 같이 슬퍼하였다.'를 통해 어머니는 길동의 대범함을 칭찬한 것이 아니라 길동의 말에 속상해하였음을 알 수 있다.

20 세 번째 문단의 '냉장고는 당장 소비할 필요가 없는 것들을 사게 한다.'를 통해 ④가 가장 적절함을 알 수 있다.
① 냉장고가 없던 시절에는 음식을 남겨 두면 음식이 상하기 때문에 많은 음식을 만들거나 얻게 되면 이웃과 나누어 먹었다는 내용으로 미루어 보아, 냉장고를 쓰기 시작하면서 상하는 음식이 적어졌다고 볼 수 있다.
② 냉장고를 사용하면 전기를 낭비하게 된다.
③ 냉장고는 애꿎은 생명을 필요 이상으로 죽게 만들어서 생태계의 균형을 무너뜨린다.

21 ㉠의 뒤, 냉장고가 없던 시절에는 이웃과 음식을 나누어 먹었으나 냉장고를 쓰면서 이웃과 음식을 나누어 먹는 일이 줄어들게 되었다는 내용이 이어지므로 ①의 '우리는 냉장고를 쓰면서 인정을 잃어 간다.'라는 문장이 들어가는 것이 가장 적절하다.

22 두 번째 문단과 세 번째 문단의 내용이 모두 냉장고의 단점에 대해서 말하고 있으므로 단점을 나열 관계로 연결할 수 있는 '또한'이 가장 적절하다.

작품 해설 최재천, 「동물들의 의사소통」

- 갈래: 설명문
- 성격: 객관적, 사실적
- 제재: 동물과 의사소통
- 주제: 다양한 방법으로 의사소통 하는 동물들
- 특징: 다양한 사례를 바탕으로 내용을 전개함

23 동물 행동학에서 의사소통에 관한 연구가 가장 중심이 되고, 그 예로 시클리드와 고함원숭이가 있다는 내용을 통해 동물들도 다양한 방법으로 의사소통을 하고 있음을 설명하고 있다.

24 고함원숭이가 큰 소리를 지르는 이유는 제 영역에서 다른 영역에 사는 수컷에게 "여기는 내 땅이야."라고 경고하기 위해서이다.

25 ㉠은 어떤 말이나 사물의 뜻을 밝혀 풀이하는 '정의'의 설명 방법이 쓰인 예로, '동물 행동학'의 뜻에 대해 풀이하고 있으므로 '여우비'의 뜻에 대해 풀이하고 있는 ②가 가장 적절하다.
① 둘 이상의 대상의 차이점을 드러내는 '대조'의 설명 방법이 쓰였다.
③ 어떤 대상을 원인과 결과를 중심으로 설명하는 '인과'의 설명 방법이 쓰였다.
④ 둘 이상의 대상의 공통점을 드러내는 '비교'의 설명 방법이 쓰였다.

제2교시 수학

01 ③	02 ②	03 ④	04 ③	05 ③
06 ②	07 ④	08 ③	09 ①	10 ④
11 ①	12 ②	13 ②	14 ①	15 ③
16 ④	17 ④	18 ①	19 ②	20 ②

01 60을 소인수분해하면
$60 = 4 \times 15 = 2 \times 2 \times 3 \times 5 = 2^2 \times 3 \times 5$

02 주어진 수를 작은 수부터 차례대로 나열하면 $-5, -3, -1, 2, 4$이므로 세 번째 수는 -1이다.

03 직사각형의 둘레의 길이는
$2 \times ($가로의 길이$+$세로의 길이$)$이므로
$2 \times (a + 20) = 2a + 40$

04 $3x - 2 = 2x + 3$에서
$3x - 2x = 3 + 2$
$\therefore x = 5$

05 $f(x) = 4x$에서 x에 2를 대입하면
$f(2) = 4 \times 2 = 8$

06 수학 점수가 90점 이상은 90, 94, 95, 98이므로 구하는 학생의 수는 4명이다.

07 그림과 같이 두 직선 l, m에 평행한 직선 n을 그으면 평행선에서의 엇각의 성질에 의하여

$\therefore \angle x = 40° + 60° = 100°$

08 부채꼴의 넓이는 중심각의 크기에 비례한다. 부채꼴 COD의 넓이는 부채꼴 AOB의 넓이의 2배이므로
$\angle x = 2 \times \angle AOB = 2 \times 60° = 120°$

09 주어진 문장을 부등식으로 나타내면 $3x \geq 4500$이다.
부등식을 문장으로 나타내면 다음과 같다.
② 한 개에 x원인 빵 3개의 가격은 4500원 초과이다.
③ 한 개에 x원인 빵 3개의 가격은 4500원 이하이다.
④ 한 개에 x원인 빵 3개의 가격은 4500원 미만이다.

10 두 일차함수의 그래프가 서로 평행하면 기울기가 같다.
따라서 일차함수 $y = 2x + 1$의 그래프의 기울기는 2이므로
$a = 2$

11 짝수가 적힌 카드가 나오는 경우의 수는 2, 4, 6, 8, 10의 5이다.

12 이등변삼각형의 두 밑각의 크기는 서로 같으므로
$\angle ACB = \frac{1}{2} \times (180° - 40°)$
$= \frac{1}{2} \times 140° = 70°$
$\therefore \angle x = 180° - 70° = 110°$

13 평행사변형의 마주보는 두 변의 길이는 서로 같으므로 $x = 7$
평행사변형의 두 대각선을 서로 다른 것을 이등분하므로
$y = \frac{1}{2} \times 6 = 3$

14 두 삼각형의 닮음비가 $1 : 2$이고 변 $\overline{BC}$의 대응변은 $\overline{EF}$이므로
$1 : 2 = \overline{BC} : \overline{EF}$에서 $1 : 2 = 3 : \overline{EF}$
$\therefore \overline{EF} = 6 \, (cm)$

15 $\sqrt{2} \times \sqrt{3} = \sqrt{2 \times 3} = \sqrt{6}$

16 $x^2 - 4 = (x+2)(x-2)$

17 ① 아래로 볼록하다.
② 최솟값은 -1이다.
③ $x = 1$일 때 $y = 0$이므로 점 $(1, -1)$을 지나지 않는다.

18 최빈값은 주어진 자료 중 가장 많은 빈도로 나타나는 변량이다. 따라서 주어진 자료의 최빈값은 3이다.

19 한 변의 길이가 $2\,cm$인 정사각형 ABCD에서 대각선 BD의 길이는 피타고라스 정리에 의해
$$\sqrt{2^2 + 2^2} = \sqrt{8} = 2\sqrt{2}\ (cm)$$

20 한 호에 대한 중심각의 크기는 그 호에 대한 원주각의 크기의 2배이다.
$\angle \text{AOB} = 2 \times \angle \text{APB}$이므로
$\angle \text{AOB} = 2 \times 50° = 100°$

제3교시 영어

01 ④	02 ③	03 ④	04 ①	05 ③
06 ④	07 ②	08 ④	09 ②	10 ①
11 ③	12 ①	13 ①	14 ①	15 ②
16 ③	17 ①	18 ④	19 ③	20 ②
21 ④	22 ③	23 ①	24 ④	25 ③

01 'math'는 '수학', 'music'은 '음악', 'science'는 '과학', 'English'는 '영어'이므로 모두 포함할 수 있는 적절한 단어는 '과목'을 뜻하는 'subject'이다.

02 'new – old'는 '새로운 – 오래된', 'good – bad'는 '좋은 – 나쁜', 'clean – dirty'는 '깨끗한 – 더러운'이란 의미로 이 세 선택지는 두 단어가 반의어 관계이지만 'glad – happy'는 '기쁜 – 행복한/기쁜'이란 의미로 유의어 관계이다.

03 주어인 'He'는 3인칭 단수이며, 시간 부사 'yesterday'는 '어제'라는 뜻으로 과거 시제를 나타내기 때문에 3인칭 단수 과거형을 나타내는 be동사인 'was'가 답이다.

그는 어제 매우 아팠다.

04 조동사 의문문은 조동사로 답변해야 한다. 'Can you help me?'는 '나를 도와줄 수 있어?'라는 의미이며, 이에 대한 답변으로 조동사 can을 사용해서 대답한 'Yes, I can.'이 적절하다.

A: 내 방을 청소해야 해. 나를 도와줄 수 있어?
B: 응, 할 수 있어(도와 줄게).

05 '회원'을 뜻하는 'member'와 같이 셀 수 있는 수량을 질문할 땐 'How many~?'로 질문한다.

A: 너희 동아리에는 회원이 몇 명이야?
B: 20명이야.

06 'I go to school at eight thirty.'는 '난 8시 30분에 학교에 가.'라는 의미로 시간을 대답하는 표현이다. 따라서 앞에 나오는 질문으로는 시간을 묻는 표현인 'What time do you go to school(몇 시에 학교에 가니)?'가 적절하다.
• Where do you live?: 어디에 사니?
• How do you go to school?: 학교에 어떻게 가니?
• What did you have for lunch?: 점심 뭐 먹었니?

07 취사 금지를 나타내는 그림으로 'No cooking'이 정답이다.
• No diving: 다이빙 금지
• No parking: 주차 금지
• No swimming: 수영 금지

08 'What do you usually do on the weekend?'는 주말에는 주로 뭐하는지 묻는 표현이다. 동사 'play'는 'basketball(농구)'와 같은 스포츠 앞에서 '스포츠 경기를 하다'라는 의미를 나타낸다.

A: 주말에는 주로 뭐 해?
B: 친구들과 농구를 해.
A: 어디서 해?
B: 학교 체육관에서 해.

09 'the most popular food'는 '가장 인기 있는 음식'이란 뜻의 최상급 표현이며, 그래프에 따르면 가장 인기 있는 음식은 'Chicken'이다.

치킨은 대한 중학교 학생들에게 가장 인기 있는 음식이다.

10 'I have a cold.'는 '감기에 걸렸어.'라는 의미이다.

> **해석**
>
> A: 영화 보러 가자.
> B: 미안해, 난 못 가. 감기에 걸렸어.

11 'You did really well!'은 '너 진짜 잘했어!'라는 의미로 칭찬하는 표현이다.

> **해석**
>
> A: 엄마, 저 숙제 다 했어요.
> B: 보여 주겠니?
> A: 물론이죠. 여기 있어요. 어떻게 생각하세요?
> B: 훌륭해! 진짜 잘 했구나!

12 'Go straight two blocks and turn left.'는 '곧장 두 블록 가셔서 왼쪽으로 도세요.'라는 의미이며 'It's on your right.'는 '오른편에 있어요.'라는 의미이다. 따라서 A가 찾아가려는 위치는 ①이다.

> **해석**
>
> A: 실례합니다. 은행이 어디에 있는지 말씀해 주시겠어요?
> B: 곧장 두 블록 가셔서 왼쪽으로 도세요. 은행은 오른편에 있어요.
> A: 감사합니다.

13 '어머니는 도서관에서 근무한다.'라는 내용은 언급되어 있지 않다.

> **해석**
>
> 나는 주말마다 가족과 도서관에 간다. 우리는 그곳에서 많은 책을 읽는다. 아버지와 나는 소설 읽기를 좋아한다. 어머니와 여동생은 만화책 읽기를 좋아한다.

14 'The train is now arriving at Seoul Station.'은 '기차는 지금 서울역에 도착하고 있습니다.'라는 의미이다. 따라서 안내 방송이 이루어진 장소는 기차 안이다.

> **해석**
>
> 신사 숙녀 여러분! 기차는 지금 서울역에 도착하고 있습니다. 즐거운 여정이 되셨기를 바랍니다. 내리실 때 가방을 꼭 챙겨서 가시기 바랍니다. 감사합니다.

15 그림에서 Tony는 Mike보다 빨리 달리고 있다. 따라서 가장 적절한 것은 'faster(더 빠른)'이다.

> **해석**
>
> Tony는 Mike보다 더 빨리 달리고 있다.

16 'Jim Abbott was born on September 19, 1967 in America'에서 Jim Abbott가 1967년에 미국에서 태어난 것을 알 수 있고, 'he really liked baseball'에서 그가 야구를 좋아한 것을 알 수 있다.

> **해석**
>
> Jim Abbott는 미국에서 1967년 9월 19일에 오른손이 없이 태어났지만 그는 야구를 정말 좋아하였습니다. 그는 훌륭한 야구 선수가 되기 위해 매일 연습하였습니다. 후에 Jim Abbott는 유명한 야구 선수가 되었습니다.

17 Jenny가 개와 함께 걷고 있는 그림으로 보아 'walking'이 정답이다.

> **해석**
>
> Jenny는 그녀의 개와 공원에서 함께 걷고 있다.

18 'I want to be a nurse.'에서 글쓴이는 간호사가 되길 원하지만 'But my parents want me to be an engineer.'에서 부모님은 엔지니어가 되길 바란다고 언급하고 있다. 따라서 글쓴이의 고민으로 '장래 희망 직업이 부모의 의견과 달라서'가 적절하다.

> **해석**
>
> Susan에게,
> 나는 간호사가 되고 싶어. 내가 대학에 가면 간호학을 공부해서 간호사가 되고 싶어. 하지만 부모님께서는 내가 엔지니어가 되길 원하셔. 난 커서 엔지니어가 되고 싶지 않아. 어떻게 해야 할까?
>
> Jane

19 '서로 대화하지 않기'는 규칙으로 언급되지 않았다.

> **해석**
>
> ○ 뛰지 않기.
> ○ 사진 촬영 하지 않기.
> ○ 내부에 음식물 가져오지 않기.

20 'She sometimes brings her cookies to class and gives them to us.'는 '그녀는 때때로 쿠키를 학급에 가져와 그것들을 우리에게 준다'라는 의미이다. 따라서 them이 가리키는 것은 쿠키(cookies)이다.

> **해석**
>
> Jisu는 맛있는 쿠키를 만든다. 그녀는 쿠키를 학급에 가져와 그것들을 우리들에게 준다. 나는 어제 그녀의 쿠키를 먹었다. 쿠키는 너무 맛있었다!

21 어머니께서 매우 아프셔서 걱정하고 있는 상대방에게 할 수 있는 말로는 'I'm sorry to hear that(그 말을 듣게 되니 유감이에요).'라는 표현이 적절하다.

- Excellent: 훌륭해
- Sounds great: 그거 좋은데
- That's a good idea: 좋은 생각이야

> **해석**
>
> A: 무슨 일이야? 너 슬퍼 보여.
> B: 엄마가 병원에 계셔. 엄마가 많이 아프셔. 너무 걱정 돼.
> A: 그 말을 듣게 되니 유감이야.

22 'I bought a shirt ~'에서 글쓴이는 셔츠를 구매하였다는 것을 알 수 있으며, 'Can I exchange it for a black one?'에서 검은 색상의 셔츠로 교환할 수 있는지 묻고 있다.

> **해석**
>
> 제가 어제 당신의 가게에서 아버지 셔츠를 구입했는데요, 아버지께서 색상을 좋아하시지 않아요. 검은색 셔츠로 교환할 수 있을까요? 교환이 가능하다면 저에게 알려 주시기 바랍니다. 감사합니다.

23 'If you want to get good grades, it is important to ~'에서 '좋은 성적을 얻길 원한다면 ~하는 것이 중요하다'고 언급하고 있다. 따라서 글의 주제로 '좋은 성적을 얻는 방법'이 적절하다.

> **해석**
>
> 당신이 좋은 성적을 받고 싶다면 매일 목표를 세워서 공부하는 것이 중요합니다. 당신의 친구들과 함께 공부하는 것도 좋은 생각입니다. 이것은 당신이 좋은 성적을 받도록 도와줄 것입니다.

24 글의 마지막 문장인 'When you climb mountains, you need to follow these safety rules.'에서 등산을 할 때 지켜야 할 안전 수칙이 있다는 것을 언급하고 있다. 따라서 글 바로 뒤에 이어질 내용으로는 '등산할 때 지켜야 할 안전 수칙'이 적절하다.

> **해석**
>
> 세상에는 많은 산들이 있습니다. 많은 사람들은 산꼭대기까지 오르는 것을 좋아합니다. 하지만 등산은 위험할 수 있습니다. 당신이 등산할 땐 이러한 안전 수칙들을 따라야만 합니다.

25 'In the evening, he did his homework.'에서 저녁에 John은 숙제를 하였다는 것을 알 수 있다.

> **해석**
>
> John은 지난 일요일에 일찍 일어났다. 그는 아침 식사를 한 후 운동장에 운동하러 나갔다. 오후에 그는 한국 역사에 대한 책을 읽었다. 저녁에 그는 숙제를 하였다.

제4교시 사회

01 ②	02 ④	03 ②	04 ①	05 ③
06 ②	07 ③	08 ④	09 ③	10 ②
11 ②	12 ③	13 ①	14 ①	15 ③
16 ①	17 ④	18 ①	19 ③	20 ④
21 ③	22 ③	23 ②	24 ④	25 ②

01 건조 기후는 강수량이 매우 적어 물이 부족하고 주로 초원이나 사막이 분포되어 있다.
① 열대 기후는 1년 내내 기온이 높고 강수량이 많다.
③ 온대 기후는 계절의 변화가 뚜렷하며 온대림이 분포한다.
④ 냉대 기후는 겨울이 매우 길고 추우며 여름이 짧다.

02 이촌향도 현상은 산업화에 따른 2·3차 산업의 발달로 도시에 일자리가 많이 창출되어 농촌 인구가 도시로 이동하는 현상을 말한다.

03 도시의 내부 구조 중 도심 지역에 대한 설명이다.

04 우리나라, 중국, 일본을 중심으로 하며 유라시아 대륙의 동쪽에 위치한 동아시아 문화 지역의 특징이다.

05 군사분계선을 기준으로 남북 각각 2 km씩의 구간에 설정된 비무장 지대(DMZ)는 군대 주둔이나 군사 시설 설치가 금지된 지역으로, 남북 교류와 협력의 기지로서의 의미를 지닌다.

06 태양광 발전은 발전기의 도움 없이 태양 전지를 이용하여 태양 빛을 직접 전기 에너지로 변환시키는 발전 방식이므로 일사량이 풍부한 지역에 설치하는 것이 적절하다.

07 전라남도 순천에는 세계 5대 연안 습지인 순천만이 있다. 연안 습지란 바닷물이 드나드는 해안에 있는 습지로, 갯벌과 습지의 풍부한 먹이와 갈대밭 덕분에 세계적으로 보호받고 있는 철새들이 날아와 겨울을 나기도 한다. 이로 인해 순천만 습지는 2008년부터 람사르 협약의 보호를 받게 되었다.

08 사헬 지대와 같은 사막 지역에서는 건조 기후로 인해 사막화, 가뭄 등의 자연재해가 발생한다. 이에 대비하여 다목적 댐을 건설하거나 지하수를 개발하고 빗물 재활용 시설을 설치하는 등의 대책 마련이 필요하다.

09 공정한 재판을 위해 사법권의 독립과 심급 제도(우리나라는 3심제)를 시행하고 있다.

10 헌법이란 국가에 관한 근본 규범을 규정한 국가의 가장 으뜸이 되는 법이다.
① 개인의 재산 관리와 가족 관계에 대한 법이다.
③ 범죄의 구성 요건과 형벌을 규정한 법이다.
④ 행정권의 조직, 작용 및 행정구제에 관한 법이다.

11 헌법에 보장된 기본권 중 평등권은 모든 사람이 법 앞에 평등하며 기회를 동등하게 보장받고 다른 기본권을 보장받을 수 있는 전제 조건이 되는 것으로, 성별이나 종교, 직업 등 어떤 이유에 의하여 차별받지 않을 권리를 말한다.

12 한 개인이 사회에서 차지하는 위치 중 귀속 지위란 태어날 때부터 결정되는 지위를 말한다.
①·②·④ 성취 지위에 해당한다.

13 현대 민주주의 국가에서는 선거를 실시하여 투표를 통해 공직자나 국민의 대표자를 선출한다.

14 우리나라의 헌법은 대통령제를 규정하고 있다. 이에 따라 국민이 선출한 대통령이 행정부의 수반으로서 행정권을 가지고, 대외적으로 국가를 대표하는 국가 원수로서의 지위를 가진다.

15 자문화 중심주의는 자기 민족의 경험과 전통에 비추어 자신의 문화만 우월하다고 고집하며 다른 사회의 문화는 수준이 낮거나 나쁜 것으로 생각하는 태도로, 문화 정체와 낙오, 도태를 야기할 수 있다.

16 신용이란 나중에 그 대가를 지불하기로 약속하고 재화나 서비스를 제공받거나 돈을 빌릴 수 있는 능력을 말한다. 개인의 신용 관리를 위해서는 소득을 초과하는 소비를 자제하고, 상품 대금을 지불하거나 돈을 갚기로 한 약속을 반드시 지켜야 한다.
② 이윤: 총수입에서 지출을 빼고 남은 순이익을 말한다.
③ 저축: 미래를 위해 현재의 소비를 억제하고 다양한 형태의 자산을 보유하는 것을 말한다.
④ 투자: 더 큰 이익을 얻기 위해 부동산, 채권, 주식 등을 구입하는 자산 관리의 방법이다.

17 기원전 2333년 단군이 만주 요령 지방과 한반도의 서북 지방을 다스리는 군장을 통합하여 건국한 고조선은 기원전 4세기경 연맹 왕국으로 발전하였다. 이후 위만이 철기 문화를 보급하며 세력을 확장하였고 진과 한 사이에서 중계 무역을 통해 성장하였으나 한의 침략으로 멸망하게 되었다.

18 동예는 산천을 중요하게 여겨 각 부족이 소유한 산천에 다른 부족 사람의 출입을 막고 이를 침범하면 소나 말, 노비 등으로 갚게 하는 책화라는 풍습이 있었다.

19 근초고왕은 마한을 정복하고 요서, 산동, 규슈 지방 등에 진출하여 세력을 넓히며 백제의 전성기를 이끌었다.

20 고려 광종은 노비를 양인으로 해방시키는 노비안검법을 실시하여 국가 재정을 튼튼히 하는 동시에 호족의 세력을 약화시켰다.

21 발해 선왕은 영토를 크게 확장하여 지방 행정 제도를 정비하고 전성기를 누리면서 주변 국가로부터 해동성국이라 불리게 되었다.

22 조선 시대에는 국왕 사후에 사관이 기록한 사초와 시정기를 정리하여 조선왕조실록을 편찬하였다.

23 훈민정음을 창제한 세종은 민생 안정을 위해 과학 기술을 중요시하였고, 이에 따라 전국 각지의 강우량을 측정할 수 있는 측우기를 제작하였다.

24 1929년 광주에서 한·일 학생 간의 충돌을 계기로 일어난 광주 학생 항일 운동은 민족 차별과 식민지 교육에 저항하며 전개되었으며, 3·1 운동 이후 가장 큰 규모의 항일 운동이었다.

25 이승만과 자유당이 장기 독재를 위해 3·15 부정 선거를 사행하자 이에 저항하는 시위가 전국적으로 확산되어 4·19 혁명이 발발하였다. 이 결과 이승만이 하야하고 과도 정부가 수립되었다.

제5교시 과학

01 ①	02 ③	03 ④	04 ①	05 ①
06 ②	07 ②	08 ①	09 ④	10 ③
11 ④	12 ②	13 ②	14 ③	15 ④
16 ④	17 ③	18 ③	19 ②	20 ③
21 ①	22 ①	23 ④	24 ④	25 ①

01 0.1초당 이동거리가 20 cm 씩 일정하게 증가하므로 속력은 2 m/s 로 일정하다.

02 일(W) = 힘(F) × 힘의 방향으로 이동한 거리(s)이므로
$5\,N \times 2\,m = 10\,J$이다.

03 위치에너지는 중력이 있는 곳에서 기준면보다 높은 곳에 놓여 있는 물체가 가지는 에너지로, 물체의 질량과 높이에 각각 비례한다.

위치 에너지 $= 9.8 \times$ 질량 $\times$ 높이, $E_p = 9.8mh\,(J)$

따라서 위치 에너지가 가장 큰 것은 D이다.

04 저항을 병렬로 연결하였을 때 각 저항(R_1, R_2)에 걸리는 전압은 같다. 이때 회로 전체의 저항은 작아지므로 회로 전체에 흐르는 전류의 세기는 커진다.

05 물의 비열이 $1\,kcal/(kg\cdot℃)$이므로, 물 $1\,kg$을 $1\,℃$ 올리는데 필요한 열량은 $1\,kcal$이다. 따라서 물 $1\,kg$에 열량 $5\,kcal$를 가하였다면 물의 온도 변화량은 $5\,℃$이다.

06 소리의 3요소는 소리의 크기, 소리의 높낮이, 소리의 맵시(음색)이다.

소리의 크기	진폭이 클수록 소리의 세기도 커진다.
소리의 높낮이	진동수가 많을수록 높은 소리이다.
소리의 맵시(음색)	파형에 따라 소리의 음색이 달라진다.

07 A: 기화(액체 → 기체), B: 액화(기체 → 액체), C: 융해(고체 → 액체), D: 응고(액체 → 고체)이다. 이 중 열에너지가 흡수되는 상태 변화는 A(기화), C(융해)이다.

08 중성인 원자가 전자 1개를 잃어 형성된 이온은 Na^+이다.
② Mg^{2+}: 중성인 원자가 전자 2개를 잃어 형성된 양이온
③ Cl^-: 중성인 원자가 전자 1개를 얻어 형성된 음이온
④ O^{2-}: 중성인 원자가 전자 2개를 얻어 형성된 음이온

09 기체 사이의 부피비는 화학 반응식에서 계수비와 같다(기체 반응 법칙). 따라서 수소 기체와 질소 기체의 부피비는 $3:1$이다.

10 주어진 표의 자료를 분석해보면, 압력이 증가할수록 부피는 줄어든다. 즉, 일정한 온도에서 기체의 부피는 압력에 반비례한다(보일 법칙).

11 탄소 원자(C) 1개와 산소 원자(O) 2개로 이루어진 분자는 이산화 탄소(CO_2)이다.

12 · 탄소(C)는 산소(O_2)에 의해 산화되어 이산화 탄소(CO_2)가 된다.
· 구리(Cu)는 산소(O_2)에 의해 산화되어 산화구리(CuO)가 된다.
· 메테인(CH_4)은 산소(O_2)에 의해 산화되어 이산화 탄소(CO_2)와 물(H_2O)이 된다.

13 · 식물을 구성하는 기본 단위는 세포이다.
· 식물의 구성 단계: 세포 → 조직 → 조직계 → 기관 → 개체

14 호흡계에 속하는 것은 코, 폐, 기관지이다. 위는 소화계에 속한다.

15 사구체를 둘러싸고 있는 A는 보먼주머니이다. 보먼주머니는 사구체에서 여과된 물질을 모아 세뇨관으로 보내는 역할을 한다.

16 심장 박동과 호흡 운동의 조절 중추는 연수이다.
① 대뇌: 자극을 통합·해석·판단 후 명령을 내리는 곳으로, 의식적인 반응의 중추이다.
② 간뇌: 혈당량, 체온 등 항상성 조절에 관여하는 중추이다.
③ 소뇌: 대뇌와 함께 근육 운동 조절, 몸의 균형 유지에 관여한다.

17 인슐린을 분비하는 기관은 이자이다. 이자는 호르몬을 분비하는 내분비샘 중 하나로, 인슐린과 글루카곤 분비를 통해 혈당량 조절에 관여한다.

18 생식세포 분열(감수 분열)은 감수 1분열과 감수 2분열이 연속해서 일어난다. 이러한 생식세포 분열의 결과로, 1개의 모세포로부터 4개의 딸세포가 형성된다.

19 색맹인 아들 (가)는 정상인 아버지(XY)로부터 Y염색체, 색맹인 어머니($X'X'$)로부터 X염색체(X')를 물려받으므로 (가)의 유전자형은 $X'Y$이다.

20 마그마가 식어 만들어진 화성암 중 지표 위에서 빠르게 냉각되어 결정의 크기가 매우 작고 어두운 색을 띠는 것은 현무암이다.

화성암

결정의 크기/색	어두운색	밝은색
화산암(지표 부근에서 빠르게 식음, 작은 결정)	현무암	유문암
심성암(지하 깊은 곳에서 천천히 식음, 큰 결정)	반려암	화강암

21 A: 혼합층, B: 수온 약층, C와 D: 심해층이다.
이 중 바람에 의해 혼합되어 수온이 일정한 층은 A: 혼합층이다.

22 ② 15시에 이슬점은 기온보다 낮다.
③ 상대 습도는 6시보다 15시에 낮다.
④ 기온이 높아지면 상대 습도는 낮아진다.

23 온대 저기압은 중위도 지방에 자주 발생하는 저기압으로, 중심에서 남서쪽에는 한랭 전선, 남동쪽에는 온난 전선이 형성된다. 이 중 더운 공기가 찬 공기를 타고 올라가는 온난 전선이 전선면 기울기가 완만하며, 층운형 구름이 생성된다. 따라서 층운형 구름이 하늘을 덮고 있는 지역은 D이다.

24 달의 위상은 약 한 달 주기로 변하는데, 초저녁 동쪽 하늘에서 보름달이 관측되는 날은 달이 지구를 중심으로 태양 반대편에 있을 때이며, 이때는 음력 15일이다.

25 별의 표면 온도가 높을수록 푸른색($30,000\,℃$)을 띠며, 낮을수록 붉은색($3,000\,℃$)을 나타낸다. 따라서 표면 온도가 가장 높은 별은 A이다.

제6교시 | 도덕

01 ①	02 ④	03 ③	04 ②	5 ①
06 ②	07 ③	8 ②	09 ③	10 ①
11 ③	12 ④	13 ①	14 ④	15 ③
16 ③	17 ④	18 ③	19 ②	20 ④
21 ④	22 ①	23 ②	24 ②	25 ①

01 도덕이란 인간이 지켜야 할 도리나 바람직한 행동 기준을 일컫는 말이다.
② 명예: 세상에서 훌륭하다고 인정되는 존엄이나 품위
③ 욕망: 충족될 수 없는 사회적 구성물
④ 제도: 관습이나 도덕, 법률 등의 규범이나 사회 구조의 체계

02 행복한 삶을 위해서는 다른 사람을 존중하고, 긍정적인 생각으로 생활하며, 정신적 가치 또한 중요시 여길 줄 알아야 한다.

03 그날 있었던 구체적 사건을 통해 자신의 문제점을 되짚어 보고, 새로운 각오와 다짐이 드러나도록 일기를 작성하는 것은 도덕적 성찰 방법 중 하나이다.

04 상부상조
서로 의지하고 돕는 모습을 가리킬 때 쓰는 표현이다.
• 두레: 농촌 사회의 상호 협력, 감찰을 목적으로 조직된 공동 노동체 조직
• 향약(鄕約): 조선 시대 향촌 사회의 자치 규약
• 품앗이: 농촌에서 힘든 일을 서로 거들어 주며 품을 지고 갚고 하는 일

05 가족 간의 도리
부모가 자녀를 사랑하는 마음인 자애, 부모의 사랑에 보답하는 자녀의 행동인 효도, 형제간의 정과 사랑을 의미하는 우애 등이 있다.

06 • 죽마고우(竹馬故友): 함께 죽마를 타던 벗으로, 어린 시절 함께 소꿉장난을 하며 자란 친구
• 관포지교(管鮑之交): 관중(管仲)과 포숙아(鮑叔牙)의 사귐으로, 형편이나 이해관계에 상관없이 친구를 무조건 위하는 두터운 우정

07 사이버 공간에서는 상대방을 존중하는 언어를 사용해야 하며, 저작권 보호, 개인 정보 보호 등 현실과 마찬가지로 올바른 정보 윤리 의식을 가져야 한다.

08 양성평등을 실현하기 위해서는 남녀 차별이 아닌 차이를 인정하고, 사회적 인식을 개선하여 올바른 양성평등의 문화를 확립해야 한다. 이를 위해서는 법과 사회적 제도 개선을 통한 제재도 필요하다.

09 제3자가 갈등 당사자 사이에서 갈등을 조정하고 해결하는 일은 중재라고 한다.

10 환경 보호를 실천하려면 일회용품 사용을 줄이고, 쓰레기를 분리 배출해야 한다. 식사 시 음식물은 남기지 않고, 가까운 거리는 도보로 이동하는 것이 좋다.

11 진정한 봉사란 대가를 바라지 않고, 자발적으로 함께하는 마음을 통해 꾸준히 행동하는 것이다.

12 자기가 원하지 않는 것을 남에게 행하지 않고, 남에게 대접 받고자 하는 대로 남을 대접하는 것은 타인을 존중하는 역지사지(易地思之)의 자세에서 나온다.

13 다문화 사회에서 필요한 덕목으로는 관용의 자세, 공감하는 능력, 타인에 대한 존중 등이 있다. 자신만의 문화를 고집하고 다른 문화에 대해 편견을 갖는 것은 잘못된 태도이다.

14 겉으로 드러나는 겉에만 가치의 중심을 두면 자신뿐 아니라 다른 사람까지 단지 외모로만 판단하는 그릇된 행동을 하게 된다. 따라서 내면과 외면의 균형적 아름다움을 추구하려고 노력하는 자세를 통해 외모 지상주의를 극복해야 한다.

15 국가에 대한 사랑, 나라의 발전을 위해 헌신하는 마음은 애국심이다.
① 경쟁심: 다른 사람과 겨루어 이기거나 앞서려는 마음
② 부동심: 흔들리지 않는 마음
④ 평정심: 감정의 기복이 없어 편안하고 고요한 마음

16 자율적인 인간은 스스로 옳고 그름을 판단하며, 순간적인 충동을 적절하게 조절한다. 다른 사람에게 휩쓸려 잘못된 행동을 저지르지 않으며, 자신의 행동에 대한 결과를 예측하고 행동한다.

17 인간은 사회의 질서를 유지하고, 인간으로서 마땅히 지녀야 할 덕이자 의무가 존재하므로 도덕적이어야 한다.

18 욕망은 생물학적 욕구와 달리 충족될 수 없는 사회적 구성물을 가리키는 말이다. 따라서 지나친 욕망 추구는 마음의 평화를 이루기 위한 노력이 될 수 없다.

19 동물과 달리 인간은 자신의 행동을 스스로 선택·반성할 수 있고, 옳고 그름을 따져 볼 수 있는 이성적 존재이다.

20 국가는 사회적 약자에게 의료비를 지원하고, 어려움에 처한 국민들에게 생활비를 지원하는 등의 복지 혜택을 제공하는 역할이 있다.

21 청소년기에는 청소년 출입이 금지된 장소에 출입하는 등의 비행과 일탈 행위를 하지 않고, 몸과 마음을 건강하게 유지하려고 노력해야 한다. 자신의 재능을 개발하기 위한 활동에 적극 참여하는 등 청소년기를 가치 있게 보낼 수 있어야 한다.

22 사회 규칙이나 제도를 통해 사회 구성원을 공평하고 차별 없이 대하는 것은 사회정의이다.
② 연고주의: 혈연, 지연, 학연이라는 전통적 사회관계를 중요하게 여기는 사고방식
③ 결과 지상주의: 일의 과정보다 일의 결과를 가장 중요하게 여기는 사고방식
④ 물질 만능주의: 인간이 가져야 할 본연의 가치를 상실하고, 경제적·물질적 가치만을 중요시 여기는 사고방식

23 선비 정신은 조선 시대 유교 사상 중 유교적 인간상을 설명하는 것으로, 검소와 절약을 중시하고 인간의 도리와 도덕적 함양에 관해 이야기한다.

24 교사는 학생과 친구의 역할을 바꾸어 생각해 보게 함으로써 학생이 자신의 잘못된 행동을 깨달을 수 있도록 돕고 있다. 따라서 도덕 원리를 자신의 입장에 적용하였을 때에도 그 결과를 받아들일 수 있는지 알아보는 방법인 역할 교환 검사가 교사가 사용하고 있는 도덕 원리 검토 방법으로 가장 적절하다.

25 군자(君子)는 유교에서 도덕적으로 완성된 인격자를 가리키는 말이다.
② 보살(菩薩): 대승불교에서의 이상적인 인간상
③ 지인(至人): 도가에서 도덕이 지극한 경지에 이른 인간상
④ 철인(哲人): 플라톤의 이데아론에서 인격과 지혜를 갖춘 통치자

중학교 졸업학력 검정고시 답안지

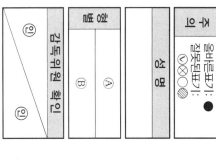

주의

올바른표기: ●
잘못된표기: ⊘ ⊗ ◍

성 명	
영 어	Ⓐ
한글	Ⓑ

감독위원 확인	
(인)	(인)

수 험 번 호

0	⓪	⓪	⓪	⓪	⓪	⓪
1	①	①	①	①	①	①
2	②	②	②	②	②	②
3	③	③	③	③	③	③
4	④	④	④	④	④	④
5	⑤	⑤	⑤	⑤	⑤	⑤
6	⑥	⑥	⑥	⑥	⑥	⑥
7	⑦	⑦	⑦	⑦	⑦	⑦
8	⑧	⑧	⑧	⑧	⑧	⑧
9	⑨	⑨	⑨	⑨	⑨	⑨

응시자 유의사항

1. 답안지 작성 필기구는 반드시 컴퓨터용 수성 사인펜을 사용해야 함
2. 문제지 유형을 정확하게 표기하지 않은 답안지는 무효 처리됨
3. 수험번호는 상단에 아라비아 숫자로 기입하고 하단에 정확히 표기하여야 함
4. 감독위원의 날인이 없는 답안지는 무효 처리됨
5. 질문은 가수에 의하여 인쇄 식별 여부에 대해서만 할 수 있으며, 문제 내용에 관한 질문은 일체 할 수 없음
6. 시험을 마친 답안지는 종이 울리면 감독위원의 지시에 따라 문제지와 답안지를 함께 제출하여야 하며, 문제지 미제출자는 0점 처리함

문항 번호 / 과목	1교시 국 어	2교시 수 학	3교시 영 어	4교시 사 회	5교시 과 학	6교시 선 택
1	①②③④	①②③④	①②③④	①②③④	①②③④	①②③④
2	①②③④	①②③④	①②③④	①②③④	①②③④	①②③④
3	①②③④	①②③④	①②③④	①②③④	①②③④	①②③④
4	①②③④	①②③④	①②③④	①②③④	①②③④	①②③④
5	①②③④	①②③④	①②③④	①②③④	①②③④	①②③④
6	①②③④	①②③④	①②③④	①②③④	①②③④	①②③④
7	①②③④	①②③④	①②③④	①②③④	①②③④	①②③④
8	①②③④	①②③④	①②③④	①②③④	①②③④	①②③④
9	①②③④	①②③④	①②③④	①②③④	①②③④	①②③④
10	①②③④	①②③④	①②③④	①②③④	①②③④	①②③④
11	①②③④	①②③④	①②③④	①②③④	①②③④	①②③④
12	①②③④	①②③④	①②③④	①②③④	①②③④	①②③④
13	①②③④	①②③④	①②③④	①②③④	①②③④	①②③④
14	①②③④	①②③④	①②③④	①②③④	①②③④	①②③④
15	①②③④	①②③④	①②③④	①②③④	①②③④	①②③④
16	①②③④	①②③④	①②③④	①②③④	①②③④	①②③④
17	①②③④	①②③④	①②③④	①②③④	①②③④	①②③④
18	①②③④	①②③④	①②③④	①②③④	①②③④	①②③④
19	①②③④	①②③④	①②③④	①②③④	①②③④	①②③④
20	①②③④	①②③④	①②③④	①②③④	①②③④	①②③④
21	①②③④	①②③④	①②③④	①②③④	①②③④	①②③④
22	①②③④	①②③④	①②③④	①②③④	①②③④	①②③④
23	①②③④	①②③④	①②③④	①②③④	①②③④	①②③④
24	①②③④	①②③④	①②③④	①②③④	①②③④	①②③④
25	①②③④	①②③④	①②③④	①②③④	①②③④	①②③④

중학교 졸업학력 검정고시 답안지

주의	올바른표기: ● 잘못된표기: ⓥ⊗○◍

성 명

형별	
	Ⓐ
	Ⓑ

감독위원 확인
㉥ ㉥

수 험 번 호						
0	⓪	⓪	⓪	⓪	⓪	⓪
1	①	①	①	①	①	①
2	②	②	②	②	②	②
3	③	③	③	③	③	③
4	④	④	④	④	④	④
5	⑤	⑤	⑤	⑤	⑤	⑤
6	⑥	⑥	⑥	⑥	⑥	⑥
7	⑦	⑦	⑦	⑦	⑦	⑦
8	⑧	⑧	⑧	⑧	⑧	⑧
9	⑨	⑨	⑨	⑨	⑨	⑨

응시자 유의사항

1. 답안지 작성 필기구는 반드시 컴퓨터용 수성 사인펜을 사용하여야 함
2. 문제지 유형을 정확하게 표기하지 않은 답안지는 무효 처리됨
3. 수험번호는 상단에 아라비아 숫자로 기입하고 하단에 정확히 표기하여야 함
4. 감독위원의 날인이 없는 답안지는 무효 처리됨
5. 질문은 거수에 의하여 인쇄 식별 여부에 대해서만 할 수 있으며, 문제 내용에 관한 질문은 일체 할 수 없음
6. 시험을 마치는 종이 울리면 감독위원의 지시에 따라 문제지와 답안지를 함께 제출하여야 하며, 문제지 미제출자는 0점 처리함

교 시	1교시	2교시	3교시	4교시	5교시	6교시
문항번호 \ 과목	국 어	수 학	영 어	사 회	과 학	선 택
1	① ② ③ ④	① ② ③ ④	① ② ③ ④	① ② ③ ④	① ② ③ ④	① ② ③ ④
2	① ② ③ ④	① ② ③ ④	① ② ③ ④	① ② ③ ④	① ② ③ ④	① ② ③ ④
3	① ② ③ ④	① ② ③ ④	① ② ③ ④	① ② ③ ④	① ② ③ ④	① ② ③ ④
4	① ② ③ ④	① ② ③ ④	① ② ③ ④	① ② ③ ④	① ② ③ ④	① ② ③ ④
5	① ② ③ ④	① ② ③ ④	① ② ③ ④	① ② ③ ④	① ② ③ ④	① ② ③ ④
6	① ② ③ ④	① ② ③ ④	① ② ③ ④	① ② ③ ④	① ② ③ ④	① ② ③ ④
7	① ② ③ ④	① ② ③ ④	① ② ③ ④	① ② ③ ④	① ② ③ ④	① ② ③ ④
8	① ② ③ ④	① ② ③ ④	① ② ③ ④	① ② ③ ④	① ② ③ ④	① ② ③ ④
9	① ② ③ ④	① ② ③ ④	① ② ③ ④	① ② ③ ④	① ② ③ ④	① ② ③ ④
10	① ② ③ ④	① ② ③ ④	① ② ③ ④	① ② ③ ④	① ② ③ ④	① ② ③ ④
11	① ② ③ ④	① ② ③ ④	① ② ③ ④	① ② ③ ④	① ② ③ ④	① ② ③ ④
12	① ② ③ ④	① ② ③ ④	① ② ③ ④	① ② ③ ④	① ② ③ ④	① ② ③ ④
13	① ② ③ ④	① ② ③ ④	① ② ③ ④	① ② ③ ④	① ② ③ ④	① ② ③ ④
14	① ② ③ ④	① ② ③ ④	① ② ③ ④	① ② ③ ④	① ② ③ ④	① ② ③ ④
15	① ② ③ ④	① ② ③ ④	① ② ③ ④	① ② ③ ④	① ② ③ ④	① ② ③ ④
16	① ② ③ ④	① ② ③ ④	① ② ③ ④	① ② ③ ④	① ② ③ ④	① ② ③ ④
17	① ② ③ ④	① ② ③ ④	① ② ③ ④	① ② ③ ④	① ② ③ ④	① ② ③ ④
18	① ② ③ ④	① ② ③ ④	① ② ③ ④	① ② ③ ④	① ② ③ ④	① ② ③ ④
19	① ② ③ ④	① ② ③ ④	① ② ③ ④	① ② ③ ④	① ② ③ ④	① ② ③ ④
20	① ② ③ ④	① ② ③ ④	① ② ③ ④	① ② ③ ④	① ② ③ ④	① ② ③ ④
21	① ② ③ ④		① ② ③ ④	① ② ③ ④	① ② ③ ④	① ② ③ ④
22	① ② ③ ④		① ② ③ ④	① ② ③ ④	① ② ③ ④	① ② ③ ④
23	① ② ③ ④		① ② ③ ④	① ② ③ ④	① ② ③ ④	① ② ③ ④
24	① ② ③ ④		① ② ③ ④	① ② ③ ④	① ② ③ ④	① ② ③ ④
25	① ② ③ ④		① ② ③ ④	① ② ③ ④	① ② ③ ④	① ② ③ ④

[이 답안지는 마킹 연습용 모의 답안지입니다.]

절취선

2025 기출이 답이다 중졸 검정고시 5년간 기출문제

개정21판1쇄 발행	2025년 01월 10일 (인쇄 2024년 10월 15일)
초 판 발 행	2005년 09월 24일
발 행 인	박영일
책 임 편 집	이해욱
편 저	편집기획실
편 집 진 행	이미림 · 백나현 · 김하연 · 박누리별
표지디자인	하연주
편집디자인	장성복 · 김기화
발 행 처	㈜시대에듀
출 판 등 록	제10-1521호
주 소	서울시 마포구 큰우물로 75 [도화동 538 성지 B/D] 9F
전 화	1600-3600
팩 스	02-701-8823
홈 페 이 지	www.sdedu.co.kr

I S B N	979-11-383-7682-2 (13370)
정 가	24,000원

2025
중졸 검정고시
한 권 합격

5 년간
기출문제

STRONG

빛나는 당신의 내일을 위해 ─────── 시대에듀가 함께합니다.

시대에듀 한국사능력검정시험
심화(1·2·3급) 대비서 시리즈

개념 정복

Type A 개념 이해와 학습 방법을 파악하는 단계

PASSCODE 한국사능력검정시험 한권으로 끝내기 심화
• 황의방 교수 저자 직강 무료
• 알짜만 모은 핵심 이론
• 시험에 자주 등장하는 키워드를 통한 철저한 기출문제 분석
• 한능검을 정복하는 20가지 유형별 문제 풀이 스킬 제시

Type B 전략적인 기출 분석이 필요한 단계

PASSCODE 한국사능력검정시험 주제·시대 공략 기출문제집 심화
• 시대 통합·시대별 핵심 주제로 구성된 이론 및 문제를 통해 신유형 완전 정복
• 실제 기출된 사료와 선지를 재구성한 미니 문제를 통해 핵심 키워드 파악
• 전 문항 개별 QR코드로 나 홀로 학습 가능

Type C 효율적인 단기 완성의 단계

PASSCODE 한국사능력검정시험 7일 완성 심화
• 기출 빅데이터 분석으로 50개 주제별 빈출 키워드와 문제 유형 제시
• 오디오북으로 스마트하게 학습 가능한 꼭 나오는 기출 선택지 제시
• 최종 모의고사 1회분과 시대별 연표로 마지막 1문제까지 완벽 케어

나의 학습 단계에 맞는 한능검 교재를 통해
한국사 개념을 정복하고 문제 풀이 스킬을 업↑ 시켰다면,

최종 마무리 단계로 실전 감각 익히기!

기출 정복

마무리 한국사에 대한 개념이 빠삭한 단계

PASSCODE 한국사능력검정시험 기출문제집 800제 16회분 심화
• 회차별 최신 기출문제 최다 수록
• 오답부터 정답까지 기본서가 필요 없는 상세한 해설
• 기출 해설 무료 강의
• 회차별 모바일 OMR 자동채점 서비스 제공

※ 도서의 구성과 이미지는 변경될 수 있습니다.